Aprendiendo
Microsoft® Office 97

Iris Blanc
Kathy Vento

A nuestras familias

Alan, Pamela, and Jaime–*I.B.*
Jim, Chris, Dirk, Jimmy, Mindi, and Anthony–*C.V.*

traducción del inglés por
Cherry Creek Language Centre, Inc.
Michael Hickey, Director

Managing Editor
Jennifer Frew
New York, NY

Contributing Author
Kathy Berkemeyer
Westmont, IL

Technical Editors
Katherine Bernthal
Westmont, IL

Carol Havlicek
Long Beach, NY

Cathy Vesecky,
Westmont, IL

Design and Layout
Elviro Padro
New York, NY

Georgia Canterbury
New York, NY

Paul Wray
New York, NY

©Copyright 1998 by DDC Publishing

Published by DDC Publishing

First DDC Publishing Inc. Printing

10 9 8 7 6 5 4 3 2 1

Impreso en Los Estados Unidos de América.

Contenido

Combinar correspondencia

MICROSOFT EXCEL 97 .... **177**

**Lección 1: Crear, guardar y salir
de una hoja de cálculo**

**Lección 2: Usar fórmulas; dar formato;
copiar; imprimir**

**Lección 3: Usar fórmulas y funciones; editar;
opciones para imprimir**

Microsoft® Office 97 Professional

Microsoft ® Office 97 Professional incluye Word, Excel, Access, PowerPoint®, Outlook™, Bookshelf Basics y varios otros programas tales como Microsoft Internet Explorer. Cada una de las aplicaciones incluida en este paquete puede usarse conjuntamente o por separado para producir escritos de apariencia profesional.

✓ *Si usted usa el paquete suite estándar de Microsoft Office 97, éste no incluirá Access y otras aplicalaciones de regalo. Este manual no trata sobre estas últimas aplicaciones.*

Learning Microsoft Office 97 trata en detalle sobre las siguientes aplicaciones de software:

- **Word 97:** un programa para tratamiento de textos usado para crear y editarlos.

- **Excel 97:** programa para hojas electrónicas de cálculo usado para el análisis y el trazado de gráficas sobre información relativa a números.

- **Access 97:** un programa para bases de datos usado para organizar y clasificar información.

- **PowerPoint 97:** un programa para presentación de gráficos usado para crear material visual para exposiciones.

La información creada para una aplicación puede ser usada en otras aplicaciones. Por ejemplo, una hoja electrónica para cálculo creada en Excel o una base de datos creada en Access puede ser fácilmente aprovechada en un memorandum o una carta creados en Word. Los textos creados en Word, Excel o Access también pueden usarse en PowerPoint. Este tema será tratado en la sección "Intergración" de este manual.

Este manual

Learning Microsoft Office 97 le enseñará a usar e integrar las cuatro aplicaciones previamente mencionadas del paquete suite de Microsoft Office Professional 97 tanto en una computadora IBM como en cualquier otro dispositivo compatible.

En cada lección de este libro se explican conceptos, se incluyen ejercicios de aplicación y se dan ejemplos de cómo usar las teclas o el ratón para completar los mencionados ejercicios.

Asimismo, se presentan ejercicios al final de cada lección para reforzar y poner a prueba los conceptos aprendidos.

Luego de haber terminado los ejercicos de este libro, usted estará en condiciones de utilizar, sin problemas, las funciones básicas de cada aplicación de Office 97.

Cómo usar este manual

Cada ejercicio consta de cuatro partes:

NOTAS	explican un concepto y la aplicación presentada.
INSTRUCCIONES PARA EL EJERCICIO	explican cómo hacer el ejercicio.
EJERCICIOS	le permitirá poner en práctica el nuevo concepto aprendido.
USO DE LAS TECLAS	muestra cómo usar las teclas y el ratón para hacer un ejercicio.

✓ *El tema de cómo usar las teclas y el ratón solo se trata cuando ser introduce un nuevo concepto; por lo tanto, si usted olvida alguno de los pasos necesarios, puede usar tanto la función "Ayuda" (explicada en la sección "Fundamentos") o el índice de este libro para refrescar la memoria.*

Antes de hacer los ejercicios de cualquier aplicación de Office 97, debe leer la primera sección introductoria, titulada "Fundamentos". Dicha sección le describirá las pantallas, la función "Help", cómo utilizar Windows, las barras de herramientas y los menúes; asimismo, le brindará toda la información preliminar que sea necesaria.

Archivos de datos y de soluciones

Los archivos de datos se encuentran en el CD-ROM adjunto. Por favor, lea las instrucciones para la instalación de la página VIII para ver cómo se accede a esos archivos. Los discos con las soluciones pueden comprarse por separado en la editorial DDC Publishing. Es posible usar los archivos de datos para hacer un ejercicio sin tener que entrar textos largos ni ningún otro tipo de información. Sin embargo, las instrucciones para los ejercicios valen tanto para los discos de datos como para los discos sin datos. Las instrucciones para los ejercicios incluirán un icono como éste 🖮 (teclado) para que los usuarios de discos sin datos abran los trabajos creados en ejercicios previos; asimismo, incluirán un icono como éste 💾 (disco) para que los usuarios de discos de datos abran el documento ubicado en el CD. Por ejemplo, una directiva habitual puede ser: "open 🖮**TRY**" o "open 💾**03TRY**".

El disco con soluciones debe usarse para comparar su trabajo con la versión final o solución ofrecida por el disco. Todos los nombres de los archivos con soluciones comienzan con la letra "S" seguida del número de ejercicio y el nombre del archivo. Por ejemplo, **S03TRY** contiene la solución final para las [instrucciones] del ejercicio del ejercicio tres.

Un disco con un directorio de datos y los nombres de los archivos para los discos con soluciones pueden encontrarse en la sección "Cuaderno de ejercicios" de este manual.

> ✓ *Guardar los archivos en una red truncará automáticamente todos los nombres de archivos de hasta un máximo de ocho caracteres. Por lo tanto, aunque Windows 95 permite usar nombres de archivos más largos, usted solo podrá guardar en una unidad de red aquellos que cuenten con ocho caracteres.*

El manual para el maestro (en inglés solamente)

Si bien este libro puede usarse como instrumento para la autocapacitación, también existe un completo Manual para el maestro (en inglés solamente) que cubre los siguientes temas:

- objetivos de las lecciones

- objetivos del ejercicio

- vocabulario

- temas para resaltar

- información previa para ejercicios

- un "Cuaderno de ejercicios" en donde se elencan todos los nombres de los archivos según el número de orden

- una "Lista de archivos" en donde se elencan por orden alfabético los nombres de los archivos junto con los correspondientes números de ejercicio

- ilustraciones para las soluciones

El CD-ROM incluye . . .

Imitación de Internet

El CD-ROM que acompaña a este libro contiene una imitación de los sitios del Internet para usarla en la lección sobre integración. Esto quiere decir que usted puede terminar los ejercicios sin necesidad de estar conectado al Internet, a módems, sin pérdida de tiempo conconexiones o el pago de derechos de acceso, sin pasearse por otros sitios no relacionados con el trabajo y sin largas esperas hasta que se cumpla el teleenvío del sitio en la Web. Es como estar en el mismo Internet sin ninguna de las molestias habituales.

Por ejemplo, en el ejercicio 10, usted tendrá que hacer una búsqueda de muchos niveles en un sitio que brinda información sobre el Brasil. Ponga en funcionamiento la imitación siguiendo las detalladas instrucciones y obedezca los mensajes-guía ubicados en la parte inferior de la pantalla para encontrar la información que necesite. Luego copiará los resultados de la búsqueda en un documento de Word y usará la inforrmación para una exposición en la que va a usar PowerPoint. Aun cuando nunca antes haya usado el Internet, usted podrá hacer los ejercicios. Como resultado de todo este trabajo, usted aprenderá a integrar la capacidad de Office 97 con la del Internet. (*Vea las instrucciones para la instalación a la derecha.*)

Ejercicios con multimedios para examinar el Internet

Pensando en alguien que nunca ha usado el Internet, el CD-ROM incluye una capacitación básica, basada en el uso de conmputadoras, sobre cómo orientarse en el Internet usando un examinador [browser]. Un examinador es un programa que sirve para organizar el proceso de ubicación de la información en la Word Wide Web. En estos ejercicos se explican los conceptos necesarios y luego se muestra cómo aplicarlos. (*Vea las instrucciones para la instalación a la derecha.*)

Ejercicios con multimedios para demostración de DD'C Office 97

En este extracto del DDC's Office 97 CBT (Capacitación Basada en Computadoras), usted recibirá una muestra de las instrucciones, paso a paso, de las ilustraciones, de la imitación del uso de las teclas y el ratón, y de los problemas de aplicación. (*Vea las instrucciones para la instalación a la derecha.*)

Instrucciones para instalación

Cada programa debe ser instalado por separado. Siguiendo el mensaje-guía correspondiente, indique qué programa desea instalar. Una vez que haya terminado de instalarlo, podrá volver a empezar desde el principio (encima, a la derecha) a instalar otro.

Requisitos del Sistema

Software	Windows 95 o Windows NT 3.51 (o más alto)
Hardware	80486DX o más alto, 16 MB RAM, 256 Monitor de Color y Unidad para CD-ROM
Espacio en el Disco	40 MB de espacio disponible en el disco duro

Para instalar los programas, coloque el CD en la unidad correspondiente de su computadora y siga los pasos elencados más abajo:

1. **Para instalarlos partiendo de Windows 95:** Oprima "Start" en el escritorio y luego oprima "Run";
   o bien,
   para instalarlos partiendo de Windows NT: Vaya al "Program Manager" en la carpeta "Main" y oprima "File".

2. En la ventana "Run", comience a programar la instalación entrando una de las siguientes directivas:
   - *CD-ROM drive letter:*\OFF97INT\SETUP para instalar la Imitación de Internet;
   - *CD-ROM drive letter:*\OFFICE97\SETUP para instalar Office 97 CBT;

x

- *CD-ROM drive letter:*\NETSIM\SETUP para instalar los "Ejercicios para examinar el internet".

3. Oprima "NEXT" en la pantalla "Setup Wizard".

4. En la pantalla siguiente, oprima "NEXT" para crear un directorio DDCPUB para almacenar archivos de programas. Luego oprima "YES" para confirmar la elección de directorio.

5. En la pantalla siguiente, haga que la carpeta predeterminada se llame **DDC Publishing** y oprima "NEXT".

6. En la pantalla siguiente, elija una de las siguientes opciones basándose en las necesidades particulares del sistema que esté usando:

    ✓ *NOTA: La instalación **Typical** es estándar para la mayoría de las instalaciones individuales.]*

    - **Typical:** instala un número mínimo de archivos en la unidad fija mientras la mayoría de los archivos permanecen en el CD-ROM.
    NOTA: con esta instalación, el CD tiene que permanecer en la unidad de CD-ROM mientras el programa esté en funcionamiento.
    - **Custom:** instala en la unidad fija solo aquellos archivos elegidos por usted. Generalmente, se recomienda el uso de esta aplicación para usuarios con un buen conocimiento del software Innovus Multimedia.
    - **Servidor:** instala los programas en el servidor de la red.

7. Oprima "NEXT" para comenzar a copiar los archivos necesarios para su sistema.

8. Oprima "OK" en la ventana "Set Up Status" y luego oprima "YES" para reposicionar Windows.

Para poner en funcionamiento un programa, oprima la tecla "Start" en el escritorio de Windows 95, elija "Programs, DDC Publishing" y luego elija uno de los siguientes mandatos:

- **OFF97INT** (para iniciar la Imitación de Internet)
- **DEMO97** (para iniciar Office97 CBT)
- **NETCBT** (para iniciar los "Ejercicios para examinar el internet")

Archivos de datos

Dado que este manual ha sido diseñado para que usted aprenda a usar las funciones propias de Microsoft Office 97, no para que aprenda a escribir a máquina, usted puede usar los archivos de datos para

evitar dactilografiar los extensos documentos que se usan para la realización de muchos de los ejercicios.

Un icono como éste ⊞ (disco) ubicado antes de los nombres de los archivos significa que hay un archivo de datos correspondiente al ejercicio en cuestión. Siga la consiga del ejercicio para abrir el archivo de datos y realice el ejercicio según se le indique.

✓ *Guardar los archivos en una red truncará automáticamente todos los nombres de archivos de hasta un máximo de ocho caracteres. Por lo tanto, aunque Windows 95 permite usar nombres de archivos más largos, usted solo podrá guardar en una unidad de red aquellos que cuenten con ocho caracteres.*

Copiar archivos de datos en la unidad fija:

- abra el explorer de Windows 95 (oprima el lado derecho de la tecla **Start** y luego **E**xplore).

- cerciórese de que el CD esté en la unidad para CD-ROM. Elija la letra correspondiente a la unidad para CD-ROM mirando la sección "All Folders" de la ventana "Explorer".

- oprima la tecla correspondiente para elegir la carpeta **DDCdata** ubicada en el lado denominado Contents de la ventana "Explorer" (letra correspondiente a la unidad para CD-ROM).

- lleve la carpeta hasta la letra correspondiente a la unidad fija (generalmente **C:**) ubicada en el lado denominado "All Folders" de la ventana "Explorer".

Ejercicios avanzados

En el CD-ROM adjunto, además de las ocho lecciones comprensivas incluidas en el libro, se ofrecen otras lecciones.

Para el contenido de estas lecciones, vea la seccion "Contenido" que precede esta introducción.

Microsoft Word 97 (3 lecciones)

Trabajo con documentos múltiples; macros
Columnas y tablas; calcular y ordenar
Combinar correspondencia (Mail Merge)

Microsoft Excel 97 (1 lección)

Elaboración de gráficos

Microsoft Acces 97 (1 lección)

Informes

Para comenzar con las lecciones, siga las instrucciones para instalación listadas abajo. Luego puede imprimir y conseguir así otra copia de los ejercicios que desee hacer.

Instalación de las lecciones avanzadas:

Las lecciones avanzadas están almacenadas en el CD-ROM en el formato PDF de Adobe. Estos archivos .PDF pueden verse e imprimirse usando Acrobat Reader, incluido en el CD. Instálelo en la computadora si no tiene este programa. Para hacerlo:

1. ubique la carpeta Acrobat Reader en el CD;
2. oprima dos veces el icono "Setup";
3. obedezca los mensajes-guía para instalar Acrobat Reader 3.0.

Luego de haber instalado Acrobat Reader, usted puede:

- dejar los archivos correspondientes a las lecciones más complejas en el CD para luego abrirlos, verlos e imprimirlos;

- copiar algunos o todos en la unidad fija de su computadora usando Windows Explorer.

Las lecciones más complejas se encuentran en la carpeta ADVANCED en el CD y se titulan de la siguiente manera:

Word Lección Trabajo con documentos múltiples; macros
      W97multi01.pdf
      W97multi02.pdf
      W97multi03.pdf
      W97multi04.pdf
      W97multi05.pdf
      W97multi06.pdf
      W97multi06.pdf

Word Lección Columnas y tablas; calcular y ordenar
      W97colse01.pdf
      W97colse02.pdf
      W97colse03.pdf
      W97colse04.pdf
      W97colse05.pdf
      W97colse06.pdf
      W97colse06.pdf
      W97colse07.pdf
      W97colse08.pdf

Word Lección Combinar Correspondencia (Merge)
      W97merge01.pdf
      W97merge02.pdf
      W97merge03.pdf

Excel Lección Elaboración de gráficos
      X97graficos01.pdf
      X97graficos02.pdf
      X97graficos03.pdf
      X97graficos04.pdf
      X97graficos05.pdf

Access Lección Informes
      A97informes01.pdf
      A97informes02.pdf
      A97informes03.pdf
      A97informes04.pdf
      A97informes05.pdf
      A97informes06.pdf
      A97informes07.pdf

El archivo .PDF ADVCONT.PDF contiene una tabla de materias que resume los temas explicado en las lecciones para un nivel más avanzado.

Catálogo de Ejercicios

Word

Lección	Ejercicio	Archivo de datos	Archivo de solución
1	1		S01TRY
	2		S02TRYAGAIN
	3		S03LETTE
	4		S04BLOCK
	5		S05PERSONAL
	6		S06OPEN
2	7	07TRY	S07TRY
	8	08TRYAGAIN	S08 TRYIT
	9	09DIVE	S09DIVE
	10	10LETTER	S10LETTER
	11	11BLOCK	S11BLOCK S11BLOCA
	12	12PERSON 12TRYIT 12OPEN	S12OPEN
	13	13REGRET	S13REGRET
	14		S14COMPANY
3	15	15ESTATE	S15ESTATE
	16	16GLOBAL	S16GLOBAL
	17	17CAFE	S17CAFE
	18	18DESIGN	S18DESIGN
	19	19COLOR	S19COLOR
4	20	20DIVE	S20DIVE
	21		S21CONNE
	22	22TIPS	S22TIPS
	23	23CONNECT	S23CONNECT
	24	24TIPS	S24TIPS
	25	25DIVE	S25DIVE
5	26	26SOD	S26SOD
	27	27CONNECT	S27CONNECT
	28		S28CARS
	29		S29GREEN
	30	30BRANCH	S30BRANCH
6	31	31SEMINAR	S31SEMINAR
	32	32PREVIEW	S32PREVIEW
	33	33VOYAGE	S33VOYAGE
	34	34USA	S34USA
	35	35PREVIEW 35USA	S35PREVIEW S35USA
	36	36BRAZIL	S36BRAZIL
7	37		S37COASTAL
	38		S38JOURNEY
	39		S39ANNOUCE
	40		S40FAX
	41	41REGRET	S41REGRET S41LABEL
	42		S42CABLE

Excel

Lección	Ejercicio	Archivo de datos	Archivo de solución
1	2		S02SALES
	3		S03PAY
	4		S04INVEN
2	5		S05PRICE
	6	06PRICE	S06PRICE
	7	07PAY	S07PAY
	8	08SALES	S08SALES
	9		S09WAGON
3	10	10PRICE	S10PRICE
	11	11REPORT	S11REPOR
	12	12PAY	S12PAY
	13	13REPORT	S13REPOR
	14	14EXPENSE	S14EXPEN
	15	15INCOME	S15INCOM
	16		S16MKTG
4	17	17PAY	S17PAY
	18	18INCOME	S18INCOM
	19	19INCOME	S19INCOM
	20	20PAY	S20PAYTE
	21	21REPORT	S21REPOR
	22	22REPORT	S22RPTSU
	23	23INCOME	S23INQTRS
	24		S24SABRI
	25	25COMM	S25COMM
	26	26PAYTEM	S26PAYTE
	27	27MKTG	S27MKTGS
5	28	28MKTGSU	S28MKTGS
	29	29SALARY	S29SALAR
	30	30ACCREC	S30ACCRE
	31	31PAYMEN	S31PAYME
	32	32PAYMEN	S32DREAM
	33	33ACCREC	S33ACCRE
	34	34RATE	S34RATE

Access

Lección	Ejercicio	Archivo de datos	Archivo de solución
1	1		S01COMPA
	2	02COMPAN	S02COMPA
	3		S03HUGCL
	4	04COMPAN	S04COMPA
	5		S05CLUBS
	6	06COMPAN	S06COMPA
2	7	07CLUBS	S07CLUBS
	8	08COMPAN	S08COMPA
	9	09HUGCLB	S09MEMFO
	10	10CLUBS	S10CLUBS
	11	11COMPAN	S11COMPA

Lección	Ejercicio	Archivo de datos	Archivo de solución
	12	12COMPAN	S12HARDF
3	13	13HUGCLB	S13HUGCL
	14	14COMPAN	S14COMPA
	15	15HUGCLB	S15HUGCL
	16	16CLUBS	S16CLUBS
	17	17JANE	S17JANESH S17JANE
4	18	18HUGCLB	S18HUGCL
	19	19COMPAN	S19COMPA
	20	20COMPAN	S20COMPA
	21	21COMPAN	S21COMPA
	22	22COMPAN	S22COMPA
	23	23COMPAN	S23COMPA
	24	24COMPAN	S24COMPA

PowerPoint

Lección	Ejercicio	Archivo de datos	Archivo de solución
1	1		S01KIT S01FLAGSHIP
	2	02FLAGSHIP 02KIT	S02FLAGSHIP S02KIT
	3	03FLAGSHIP 03KIT	S03FLAGSHIP S03KIT
	4	04KIT	S04KIT
	5		S05FOOD
	6		S06BRAZIL
2	7	07KIT	S07KIT
	8	08BRAZIL	S08BRAZIL
	9	09FLAGSHIP	S09FLAGSHIP
	10	10FOOD	S10FOOD
	11	11FLAGSHIP	S11FLAGSHIP
	12	12KIT	S12KIT
	13		S13INVEST
3	14	14BRAZIL	S14BRAZIL
	15	15FOOD	S15FOOD

Lección	Ejercicio	Archivo de datos	Archivo de solución
	16	16FLAGSHIP	S16FLAGSHIP
	17	17FOOD	S17FOOD
	18	18INVEST	S18INVEST

Integración

Ejercicio	Archivo de datos	Archivo de solución
1	01WAGON.XLS 01PAYMEN.XLS 01PRICE.XLS 01INVEN.XLS 01BLOCK.DOC	
2	02SKI.DOC 02CURRENCY.XLS	S02SKICUR.DOC
3	03INVEST.DOC 03STOCK.XLS	S03INVSTK.DOC S03STOCK.XLS
4	04SKICUR.DOC 04CURREN.XLS	S04SKICU.DOC S04CURRE.XLS
5	05JANSHOP.MDB	S05STOCK.XLS
6	06NYMEET.DOC 06HUGCLU.MDB	S06NYHUG.DOC
7	07SKIOUT.DOC 07CURREN.XLS	S07SKIOUT.PPT
8	08TICKLE.DOC 08TOYS.XLS	S08TICKLE.DOC
9	09MEMO.DOC 09FRANCE.PPT 09APPROV.DOC	S09FRANC.PPT S09APPRO.DOC
10	10SHOW.DOC 10BRAZIL.PPT 10REPLY.DOC 10INFLAT.XLS 10INVITE.DOC 10COLLEGE.MDB	S10SHOW.DOC S10REPLY.DOC S10BRAZI.PPT S10INVIT.DOC S10BRAZI.DOC

Directorio de Documentos

Word

Nombre	Ejercicio
ANNOUNCE	39
BLOCK	4, 11
BRANCH	30
BRAZIL	36
CABLE	42
CAFE	17
CARS	28
COASTAL	37
COLOR	19
COMPANY	14
CONNECT	21, 23, 27
DESIGN	18
DIVE	9, 20, 25, Avanzada 1
ESTATE	15, Avanzada 2
FAX	40
GLOBAL	16, Avanzada 1
GREEN	29
HOMES	Avanzada 2
HOTELS	Avanzada 1
JOURNEY	38
LABEL	41
LETTER	3, 10
MACRO	Avanzada 4
OPEN	6, 12
PERSONAL	5, 12
PREVIEW	32, 35
REGRET	13
REGRETS	41
SEMINAR	31
SETTLE	Avanzada 5
SOD	26
TIPS	22, 24
TRY	1, 7
TRYAGAIN	2, 8
TRYIT	12
USA	34, 35
VOYAGE	33
WILL	Avanzada 3
WORKOUT	Avanzada 6

Excel

Nombre	Ejercicio
ACCREC	30, 33
COMM	25
DREAM	32
EXPENSE	14
INCOME	15, 18, 19, 23
INVENTORY	4
MKTG	16, 27
MKTGSUM	28
PAY	3, 7, 12, 17, 20
PAYMENT	31, 32
PAYTEMP	26
PRICE	5, 6 , 10
RATE	34
REPORT	11, 13, 21, 22
SABRINA	24
SALARY	29
SALES	2, 8
SPORTS	Avanzada 1, 2, 3
TOYS	Avanzada 5
WAGON	9, Avanzada 4

Access

Nombre	Ejercicio
ADDRBOOK	Avanzada 4
CLUBS	5, 7, 10, 16
COLLEGE	Avanzada 5
COMPANY	1, 2, 4, 6, 8, 11, 12, 14, 19, 20, 21, 22, 23, 24, Avanzada 2, 3
HUGCLUB	3, 9, 13, 15, 18
JANE	17
JANESHOP	17, Avanzada 1

PowerPoint

Nombre	Ejercicio
BRAZIL	6, 8, 14
FLAGSHIP	1
FLAGSHIP	2, 3, 9, 11, 16
FOOD	5, 10, 15, 17
INVEST	13, 18
KIT	1, 2, 3, 4, 7, 12

Integration

Filename	Exercise
BLOCK	1
BRAZIL	10
COLLEGE	10
CURRENCY	4
FRANCE	9
HUGCLUB	6
INFLATION	10
INVENTORY	1
INVEST STOCK	3
INVITE	10
JANESHOP	5
MEMO	9
NYMEET	6
PAYMENT	1
PRICE	1
REPLY	10
SHOW	10
SKI	4
SKI CURRENCY	2
SKIOUT	7
STOCKEX	5
TICKLE	8
TOYS	8
WAGON	1

Conceptos básicos de Microsoft Office 97

Microsoft Word

Microsoft Excel

Microsoft Access

Microsoft PowerPoint

Ejercicio 1

- Acerca de Microsoft® Office 97 para Windows® 95
- Uso del *Mouse* ■ Barra de acceso directo de Microsoft Office
- Cómo se inicia Microsoft Office 97

NOTAS

Acerca de Microsoft® Office 97

- Microsoft® Office 97 Profesional para Windows® 95 contiene un grupo completo de programas poderosos que pueden utilizarse ya sea de manera independiente o integrada para llevar a cabo eficientemente todas sus aplicaciones de oficina. Microsoft® Office incluye Microsoft Access® (programa de base de datos), Microsoft Binder® (programa de organización de proyectos), Microsoft Excel® (programa de hoja de cálculo), Microsoft Outlook® (programa de administración de información), Microsoft PowerPoint® (programa para hacer presentaciones), Microsoft Word (programa de procesamiento de textos) y Microsoft Bookshelf Basics (herramientas de referencia).

- Este texto contiene instrucción relativa a todos los programas, con excepción de Microsoft Outlook, Microsoft Bookshelf Basics, y Binder.

Uso del *Mouse*

- Debe usar el *mouse* para tener acceso a muchas de las características de Microsoft Office. Por lo tanto, es necesario que se familiarice con su funcionamiento.

- Cuando el m*ouse* se mueve sobre la superficie de la mesa, un movimiento correspondiente del puntero del *mouse* tiene lugar en la pantalla. El puntero cambia de forma, dependiendo del programa en uso, el objeto al que señala y la acción realizada.

- Las formas específicas que adopta el puntero del *mouse* se explicarán dentro de cada aplicación según se vayan activando.

- Todas las referencias al uso de los botones del *mouse* que se hacen en este manual se refieren al botón *izquierdo* de éste, a menos que se especifique otra cosa.

- La terminología del *mouse* y las acciones correspondientes se describen a continuación y son las que se utilizarán en todo este curso:

Señalar	Mueva el *mouse* (en la superficie de la mesa) de manera que el puntero toque un elemento específico.
Hacer clic	Señale un elemento, presione y suelte rápidamente el botón *izquierdo* del *mouse*.
Hacer clic con el botón derecho	Señale un elemento, presione y suelte enseguida el botón *derecho* del *mouse*.
Hacer doble clic	Señale un elemento y presione el botón izquierdo del *mouse* dos veces en sucesión rápida.
Arrastrar	Señale un elemento, presione y mantenga oprimido el botón izquierdo del *mouse* mientras lo mueve.
Deslizar	Mueva el *mouse* en la mesa para resaltar un menú.
✔Nota:	Para realizar las siguientes acciones con el mouse, debe usar un IntelliMouse.
Desplazarse	Gire la rueda central del IntelliMouse hacia delante o hacia atrás para moverse por un documento.

2

Recorrer	Presione la rueda central del *IntelliMouse* y arrastre el puntero arriba o abajo del lugar donde hizo clic. Mientras más lejos arrastre desde el punto donde hizo el primer clic, más rápido se moverá el documento.
Autodesplazarse	Haga clic con la rueda central del *IntelliMouse* para desplazarse automáticamente hacia abajo en un documento. Desplácese hacia arriba moviendo el puntero encima del punto donde hizo el primer clic.
Zoom	Mantenga presionada la tecla Ctrl mientras gira la rueda central del *IntelliMouse* para ampliar o reducir la imagen en pantalla en incrementos o decrementos del 10%.

La Barra de acceso directo de Microsoft Office

■ Después de instalar el software, la barra de acceso directo de Microsoft Office aparece en la ventana de su pantalla. La barra de acceso directo muestra botones (símbolos) que representan las características que incluye Microsoft Office. Esta barra de acceso directo permanece en pantalla en todo momento, de modo que pueda tener acceso a los recursos de Office desde Windows, o desde cualquier aplicación de Office.

■ La barra de acceso directo contiene botones para: Getting Results Book (Libro de resultados), New Office Document (Nuevo documento de Office), Open a File (Abrir un archivo), Internet Explorer, Bookshelf Basics, New Note (Nueva nota), New Message (Nuevo mensaje), New Journal Entry (Nueva entrada del Diario), Microsoft Outlook, New Appointment (Nueva cita), New Task (Nueva tarea) y New Contact (Nuevo contacto). Conocerá los botones de la barra de acceso directo y se explicarán cuando sean necesarios para realizar un ejercicio.

Barra de acceso directo

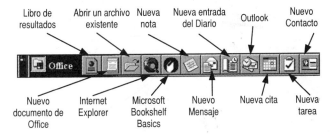

✓ *Nota: Su barra de acceso directo puede diferir, dependiendo de los componentes de Office que se encuentren instalados en su equipo.*

■ Cuando se señala un botón de la barra de acceso directo, una **Pista** aparece en pantalla con una explicación de la función de dicho botón.

■ Es posible agregar o borrar botones de la barra de acceso directo para que ésta muestre aquellas características que usted usa con mayor frecuencia.

✓ *Nota: Si la barra de acceso directo no aparece después de la instalación, haga clic en Start (Inicio), Programs (Programas), Start Up (Arranque). A continuación, seleccione la barra de acceso directo de Microsoft Office.*

Cómo se inicia Microsoft® Office 97

■ Hay dos maneras de iniciar Microsoft Office 97. Puede hacer clic en el botón Nuevo documento de Office en la barra de acceso directo, o hacer clic en el botón Start (Inicio) en la barra de tareas de Windows® 95. La barra de tareas aparece en pantalla cuando se instala Windows 95. Se utiliza para iniciar aplicaciones así como para cambiar entre uno y otro programa.

Barra de tareas de Windows 95

Uso de la barra de acceso directo

■ Una vez que se selecciona el botón Nuevo documento de Office, aparece una nueva pantalla que muestra las fichas que representan varias aplicaciones. La ficha General contiene los iconos que representan archivos nuevos de Word, Excel, PowerPoint, Access y Binder. Por ejemplo, para abrir el programa Word *y* empezar un documento nuevo, tendría que hacer clic en Blank Document (Documento en blanco), que aparece debajo del símbolo de Word y después hacer clic en OK (Aceptar).

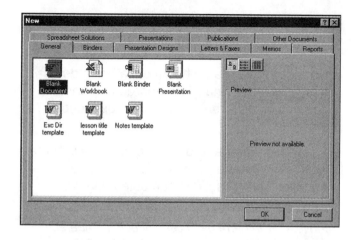

Uso del botón Inicio en la barra de tareas de Windows

- Después de hacer clic en el botón Start (Inicio) de la Barra de tareas de Windows, aparece un menú. Deslice el *mouse* para resaltar Programs (Programas). Una vez que Programas esté resaltado, aparece un segundo menú con una lista de los programas instalados en su computadora. Deslice el *mouse* para resaltar la aplicación deseada y haga clic para seleccionarla.

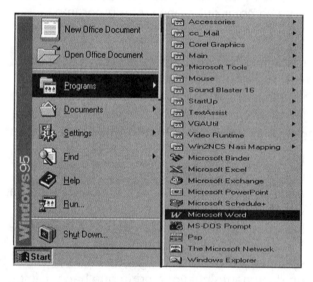

- Observará también que las mismas dos opciones: Nuevo documento de Office y Abrir documento de Office, aparecen en la Barra de tareas *tanto* en la barra de acceso directo *como* en el menú Inicio. Puesto que estas opciones abren la aplicación *y* empiezan o abren un documento en una sola acción, constituyen la manera más eficiente de comenzar.

- Si selecciona Nuevo documento de Office en el menú Inicio, aparecerá en pantalla el mismo cuadro de diálogo New (Nuevo) con las fichas de selección de opciones, como se ilustró en la página anterior.

Para cerrar un programa utilizando el *Mouse*

- Para salir rápidamente de un programa utilizando el *mouse*, haga clic en el botón Cerrar programa (la X en la esquina superior derecha de la pantalla). En la ilustración que se muestra a continuación, observará que hay dos botones de Cierre. El botón Cerrar de arriba cierra el programa; el botón Cerrar de abajo cierra la ventana del documento. Se explicarán con detalle otros métodos para cerrar los programas en el Ejercicio 2.

Cierra el programa

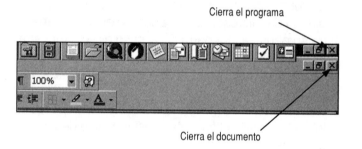

Cierra el documento

En este ejercicio, usará el mouse para iniciar y cerrar los programas de Office.

INSTRUCCIONES PARA EL EJERCICIO:

1. Ruede el *mouse* arriba, abajo, a la izquierda y derecha de la mesa o del cojinete para el *mouse*.

2. Coloque el puntero del *mouse* en cada botón de la barra de acceso directo y observe la indicación de las Pistas para cada botón.

3. Haga clic en el botón Nuevo documento de Office.

   ✓ *La pantalla Nuevo (cuadro de diálogo) aparece con la opción Documento en blanco resaltada*

4. Haga clic en OK para abrir un documento nuevo en Word.

5. Haga clic en el botón inferior Cerrar para salir del documento nuevo de Word.

6. Haga clic en el botón superior Cerrar para salir del programa Word.

7. Haga clic en Inicio en la barra de tareas de Windows.

8. Deslice el *mouse* para resaltar Programas y después resalte y haga clic en Microsoft Word.

9. Haga clic en el botón superior Cerrar para salir del programa Word.

10. Haga clic en Inicio en la barra de tareas de Windows.

11. Haga clic en Nuevo documento de Office.

    ✓ *La pantalla Nuevo (cuadro de diálogo) aparece con la opción Documento en blanco resaltada.*

12. Haga clic en cada ficha para ver las opciones y regrese a la ficha General.

13. Haga doble clic en Blank Workbook (Libro de trabajo en blanco) para abrir un libro de trabajo nuevo en Excel.

14. Haga clic en el botón inferior Cerrar para salir del libro de trabajo nuevo.

15. Haga clic en el botón superior Cerrar para salir de Excel.

COMBINACIONES DE TECLAS

INICIAR OFFICE

1. Haga clic en **Start** en la Barra de tareas .... Ctrl + Esc

2. Haga clic en **Programs** .... P

3. Seleccione el programa:

   Microsoft Access

   Microsoft Excel

   Microsoft PowerPoint

   Microsoft Word

4. Presione **Enter** .... ↵

CERRAR EL PROGRAMA

Haga clic en el botón Cerrar

programa ....

Ejercicio 2

- **Las ventanas de Office** ■ **Menús, barras de herramientas y comandos**
- **Seleccionar elementos de los menús** ■ **Opciones de cuadros de diálogo**
- **Menús de método abreviado.**

NOTAS

Las ventanas de Office

■ Al abrir cada una de las aplicaciones de Office, verá la ventana de inicio. Las partes que tienen en común todas las ventanas de las aplicaciones de Office se ilustrarán y explicarán mediante la pantalla de Word. Las partes específicas de cada programa de Office se describirán con detalle en la sección correspondiente de este manual.

■ Hacer clic en el botón **Control del programa** [img], ubicado a la izquierda de la barra de título de la ventana del programa, proporciona acceso a un menú desplegable en el que pueden elegirse los comandos para controlar la ventana del programa.

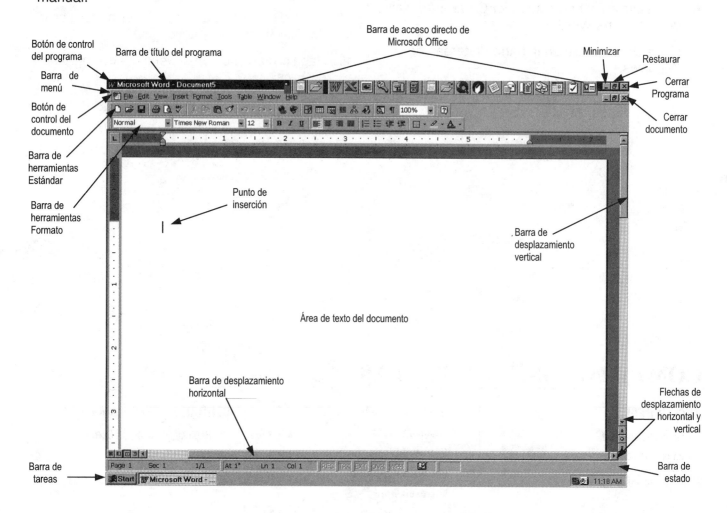

6

Botón de control del documento   Barra de acceso directo de Microsoft Office   Botones para Minimizar, Restaurar y Cerrar la ventana del documento

- La **Barra de acceso directo de Microsoft Office** muestra los botones que representan las características que se encuentran en Microsoft Office.

- La **Barra de título de la ventana del programa**, ubicada en la parte superior de la ventana de la aplicación, muestra el nombre del programa (Microsoft Word, Excel, etc.) y también puede mostrar el nombre del archivo abierto si la ventana del documento está maximizada.

- Los **botones Minimizar**, **Restaurar** y **Cerrar de la ventana del programa** se localizan en el lado derecho de la barra de título del programa. Hacer clic en el botón Minimizar contrae la ventana y la convierte en el botón Microsoft Word en la barra de tareas. Hacer clic en el botón Restaurar ocasiona que el botón cambie a un botón Maximizar. Hacer clic en el botón Cerrar cierra el programa.

- La **Barra de menú**, ubicada debajo de la barra de título, muestra los nombres de los menús a través de los cuales se obtiene acceso a los menús desplegables. Cuando se hace clic en un menú, aparece un menú desplegable.

- Hacer clic en el **botón de control del documento**, ubicado a la izquierda de la barra de menú, proporciona acceso a un menú desplegable, en el que pueden seleccionarse los comandos para controlar la ventana del documento.

- Los **botones Minimizar**, **Restaurar** y **Cerrar de la ventana del documento** se localizan a la derecha de la barra de menú. Cuando la ventana del documento está maximizada, hacer clic en el botón Minimizar contrae la ventana a un icono que aparece en la parte inferior de la pantalla. Hacer clic en el botón Restaurar crea una ventana del documento (debajo de las barras de herramientas) que incluye la barra de título del documento. La barra de título del documento contiene entonces el botón de control del documento y los botones Minimizar,

Maximizar y Cerrar, que también aparecen en la barra de menú. Hacer clic en el botón Maximizar de la barra de título del documento devuelve la ventana al tamaño de la pantalla de inicio. Hacer clic en el botón Cerrar, cierra el documento.

- Las **barras de herramientas**, localizadas debajo de la barra de menú, contienen botones; cada uno de ellos muestra una imagen pequeña o icono que se utiliza para seleccionar comandos rápidamente.

- Señalar y descansar el puntero del *mouse* en algún botón de la barra de herramientas muestra una **Pista**, que indica el nombre del botón.

- La **barra de estado**, ubicada en la parte inferior de la ventana, muestra información relativa al modo en uso o acción realizada.

- Las **barras de desplazamiento horizontal** y **vertical** se utilizan para mover el contenido en pantalla en sentido horizontal o vertical. Arrastre el **Cuadro de desplazamiento** de la barra vertical hacia arriba o hacia abajo para moverse con mayor rapidez al principio o al final del documento.

- El **área de texto del documento** es el espacio de trabajo en blanco para escribir texto.

Menús, barras de herramientas y comandos

- Las barras de menú y de herramientas se utilizan para tener acceso a los comandos. Cada aplicación se abre con dos barras de herramientas. La **barra de herramientas Estándar**, ubicada debajo de la barra del menú principal, contiene botones que llevan a cabo fácilmente muchas tareas comunes, como guardar e imprimir un documento.

Barra de herramientas Estándar de Word

Barra de herramientas Estándar de Excel

- La **barra de herramientas Formato**, localizada debajo de la barra de herramientas Estándar, contiene botones que modifican con facilidad la apariencia de la información. Aunque cada aplicación contiene ambas barras de herramientas y muchos de los mismos botones, las barras de herramientas también tienen botones que son específicos para cada programa.

Barra de herramientas Formato de Word

Barra de herramientas Formato de Excel

- Puede mostrar las barras de herramientas en la parte superior de la pantalla u ocultar una o las dos para tener más espacio en la pantalla para ver texto o información.

- **Para seleccionar un comando de una barra de herramientas:**

  - Use el *mouse* para señalar un botón de la barra de herramientas y haga clic una vez.

- **Para tener acceso a los elementos de la barra de menú:**

  - Use el *mouse* para señalar un elemento del menú en la barra respectiva y haga clic una vez, o

  - Presione Alt + *la letra subrayada* en el nombre del menú.

- **Para seleccionar un comando en un menú desplegable:**

  - Use el *mouse* para señalar el comando en el menú desplegable y haga clic una vez, o

  - Presione la letra subrayada en el nombre del comando, o

  - Use la tecla de dirección arriba o abajo para resaltar el comando y luego presione Enter (Entrar).

- Algunas opciones de los menús están atenuadas, en tanto que otras aparecen en negro. Las opciones atenuadas no pueden seleccionarse en ese momento, mientras que las opciones en negro sí.

✓ Observe el menú desplegable que aparece cuando <u>V</u>iew se selecciona en Word.

✓ Observe el menú desplegable que aparece cuando <u>I</u>nsert se selecciona en Excel.

- Una marca de verificación al lado de un elemento del menú significa que la opción está seleccionada.

- Un elemento del menú seguido por una flecha ▶ abre un **submenú** que ofrece opciones adicionales.

- Un elemento de menú seguido por una **elipsis** (...) indica que se le presentará enseguida un cuadro de diálogo (que requiere que usted proporcione información adicional para completar una tarea).

  ✓ Nota: *Los iconos que aparecen junto a los elementos de los menús están disponibles en las barras de herramientas Estándar o Formato.*

- Observe el cuadro de diálogo Ajustar página que se presenta a continuación, el cual aparece después de seleccionar Page Setup en el menú <u>F</u>ile (Archivo), así como el cuadro de diálogo Fuente, que aparece después de seleccionar <u>F</u>ont en el menú Format (Formato).

Cuadro de diálogo Ajustar página

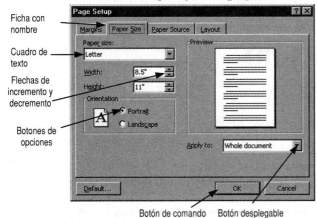

Ficha con nombre

Cuadro de texto

Flechas de incremento y decremento

Botones de opciones

Botón de comando   Botón desplegable

Cuadro de diálogo Fuente

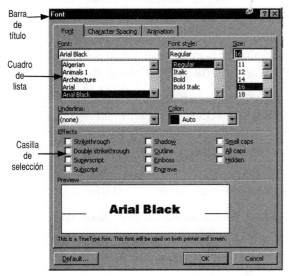

Barra de título

Cuadro de lista

Casilla de selección

Opciones de los cuadros de diálogo

■ Un **cuadro de diálogo** contiene diferentes formas de pedirle información. A continuación se presenta una descripción de las distintas partes de los cuadros de diálogo:

- La **Barra de título** identifica el título del cuadro de diálogo.

- Un **cuadro de texto** es un lugar en donde escribe información.

- Los **botones de comando** llevan a cabo las acciones descritas en cada botón. Cuando los nombres de los comandos van seguidos de una elipsis (tres puntos suspensivos), le darán acceso a otro cuadro de diálogo.

- Una **lista desplegable** está marcada por una flecha que apunta hacia abajo. Hacer clic en la flecha de la casilla de lista desplegable proporciona acceso a una lista breve de opciones.

- Un **cuadro de incremento** proporciona un espacio para escribir un valor. Una flecha que apunta hacia abajo o hacia arriba (por lo general a la derecha del cuadro) le ofrece una manera de seleccionar un valor con el *mouse.*

- Una **ficha con nombre** se utiliza para mostrar las opciones relacionadas con el nombre de la ficha en el mismo cuadro de diálogo.

- Los **botones de opciones** son botones pequeños circulares que marcan las opciones en un conjunto. Sólo es posible seleccionar una opción del conjunto. El botón de la opción seleccionada contiene un círculo oscuro.

- Una **casilla de selección** es un cuadrado pequeño en donde puede seleccionarse una opción o cancelar la selección. Una "✔" en el cuadro indica que la opción está seleccionada. Si se ofrecen varias casillas de selección, puede elegir más de una.

- Un **cuadro de lista** muestra una lista de elementos que pueden seleccionarse. Es posible que un cuadro de lista tenga una barra de desplazamiento que se utiliza para mostrar los elementos ocultos de la lista.

- Una **barra de desplazamiento** es una barra horizontal o vertical que contiene flechas y cuadros de desplazamiento, que se arrastran hacia arriba o hacia abajo para desplazarse con mayor rapidez por el documento.

✓ Nota: Observe las partes etiquetadas en los cuadros de diálogo.

Menús de método abreviado

■ Los **menús de método abreviado** aparecen cuando se oprime el botón *derecho* del *mouse.* Los elementos de los menús que aparecen varían dependiendo de la tarea que se está realizando y de la posición del puntero del *mouse* en la pantalla.

Procedimientos con el *mouse* y el teclado

■ Los procedimientos para completar las tareas se ilustrarán a lo largo de este libro como se muestra a continuación. Las acciones del *mouse* se ilustran a la izquierda, en tanto que los procedimientos con el teclado se muestran a la derecha y las teclas de método abreviado se ilustran debajo del título. Use cualquier método que considere más práctico.

SAVE A FILE

Teclas de método abreviado { Ctrl+S

Acciones del mouse { 1. Click **File** .... **Alt**+**F** } Procedimiento del tecaldo

2. Click **Save** .... **S**

En este ejercicio, se familiarizará con las barras de herramientas, la regla y los menús desplegables.

INSTRUCCIONES PARA EL EJERCICIO

1. Inicie el programa Word.

2. Seleccione View (Ver) en la barra de menú.

3. Cancele la selección de la regla.

   ✓ Observe el cambio en la pantalla.

4. Seleccione View; seleccione Toolbars (Barras de herramientas).

5. Cancele la selección de la barra Estándar.

   ✓ Observe el cambio en la pantalla.

6. Seleccione Ver y vuelva a seleccionar la regla para que reaparezca en la pantalla.

7. Seleccione Ver; seleccione Barras de herramientas. Vuelva a seleccionar Estándar para regresar la barra de herramientas a la pantalla.

8. Use el menú Ver para realizar los siguientes cambios:
   - Cancele la selección de la regla.
   - Seleccione Full Screen (Pantalla completa).

9. Restaure la pantalla a la presentación predeterminada haciendo clic en Close Full Screen (Cerrar pantalla completa).

10. Haga clic en el botón Minimizar del documento ▬ en la barra de menú.

✓ Observe que la ventana de su documento se reduce a un icono.

11. Haga clic en el botón Maximizar del documento ▢ para devolver la ventana al tamaño de pantalla anterior.

12. Seleccione Ajustar página del menú Archivo.

13. Seleccione la ficha Paper Size (Tamaño del papel).

14. Haga clic en la flecha de la casilla de lista desplegable y seleccione Legal (Oficio) 8½ x 14 in.

15. Devuelva el tamaño del papel a la configuración predeterminada Letter (Carta) 8 ½ x 11.

16. Haga clic en cada ficha para observar las opciones disponibles: haga clic en Cancelar para regresar al documento.

17. Coloque el puntero del *mouse* en cualquier parte del área del texto del documento y haga clic con el botón derecho del *mouse*.

✓ Observe que aparece el menú de método abreviado.

18. Haga clic en el botón Cerrar del programa para salir de Word.

COMBINACIONES DE TECLAS

OCULTAR/MOSTRAR LAS BARRAS DE HERRAMIENTAS

1. Haga clic en **View**.................`Alt`+`V`

2. Haga clic en **Toolbars**....................`T`

3. Seleccione la barra de herramientas deseada.

4. Repita los pasos 1-3 por cada barra de herramientas adicionales que desee ver.

Para personalizar las barras de herramientas:

1. Haga clic en **View** ....`Alt`+`V`

2. Haga clic en **Toolbars**....................`T`

3. Haga clic en **Customize** ....`C`

4. Haga clic en la ficha **Options**................`Alt`+`O`

5. Seleccione las opciones de barra de herramientas o menús que desee mostrar.

6. Seleccione **Close** ....`Enter`

OCULTAR/MOSTRAR REGLAS (WORD)

1. Haga clic en **View**.................`Alt`+`V`

2. Haga clic en **Ruler**........................`R`

Ejercicio 3

■ Uso del teclado ■ La opción del zoom
■ Características de la ayuda ■ Asistente de Office

NOTAS

Uso del teclado 🖮

■ Las computadoras tienen teclas especializadas:

- Las **Teclas de función** (F1 a F12) ejecutan funciones especiales.

- Las **teclas modificadoras** (Shift, Alt, Ctrl) (hay dos de cada una de ellas en la mayoría de los teclados) se utilizan en combinación con otras teclas para seleccionar ciertos comandos o ejecutar acciones. Para usar una tecla modificadora con otra tecla, debe mantener presionada la tecla modificadora mientras oprime la otra tecla.

- Las **teclas numéricas**, que se encuentran en el teclado numérico, le permiten insertar números rápidamente. Cuando el indicador luminoso Num Lock (Bloque numérico) está iluminado, las teclas de números del teclado están en funcionamiento, así como el punto decimal. Cuando el indicador luminoso Num Lock está apagado, las teclas de control del punto de inserción (Home, PgUp, End, PgDn) están activas. Los números de la fila superior del teclado siempre están activos.

- La **tecla Escape** (Esc) se utiliza para cancelar algunas acciones, comandos, menús o alguna entrada.

- Las **teclas Enter** (hay dos en la mayoría de los teclados) se usan para completar una entrada de datos en algunas aplicaciones.

- Las **teclas de flecha, también llamadas de dirección** se utilizan para mover el punto de inserción en la pantalla activa.

La opción del Zoom

■ El menú <u>V</u>iew (Ver) contiene una opción de <u>Z</u>oom que le permite establecer la ampliación de los datos en la pantalla. Cuando se selecciona <u>Z</u>oom, aparece el siguiente cuadro de diálogo:

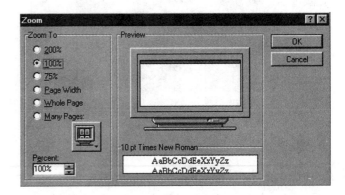

■ Al hacer clic en un botón de opción, es posible mostrar el texto a **200%**, **100%**, **75%**, etc. de su tamaño. Sin embargo, el cuadro de control del zoom 75%, ubicado en la barra de herramientas Estándar, le permite determinar fácilmente la ampliación del texto sin tener que abrir el menú o el cuadro de diálogo.

✓Nota: Si utiliza el IntelliMouse, mantenga presionada la tecla Ctrl y gire la rueda del IntelliMouse para ajustar la imagen en pantalla en incrementos de 10% (del 10 al 500%).

✓Nota: Para trabajar en los ejercicios de este texto, las barras de herramientas Estándar y Formato deben verse en la pantalla, así como la regla. Si estos elementos no se muestran en pantalla, siga las combinaciones de teclas indicadas en la página 16.

Características de la Ayuda

- Office le ofrece Ayuda a través de una variedad de fuentes. A continuación, se presenta una ilustración de las características de la ayuda que ofrece el menú de Ayuda de Word. Los menús de Ayuda de Excel, Access, y PowerPoint brindan opciones similares.

  ✓Nota: El menú de Ayuda de Word ofrece asistencia a los usuarios de WordPerfect. En el menú de Ayuda de Excel, encontrará ayuda para los usuarios de Lotus 1-2-3.

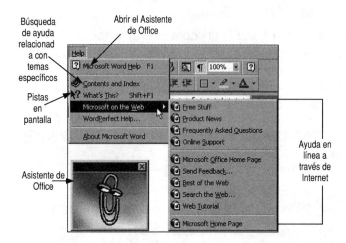

Asistente de Office

- Como valor predeterminado, el Asistente de Office aparece en pantalla al abrir cualquiera de las aplicaciones de Office. El Asistente de Office contestará preguntas, ofrecerá sugerencias y proporcionará ayuda específica para el programa de Office que esté utilizando.

- Cuando haga clic en el Asistente, escriba la pregunta y haga clic en Search (Buscar). Los procedimientos sugeridos aparecerán en la pantalla.

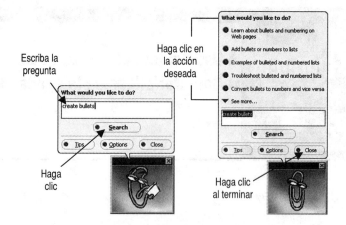

- El Asistente de Office proporciona ayuda aun cuando no la solicite. Por ejemplo, si empieza a escribir una carta, el Asistente se abrirá y ofrecerá ayuda. Entonces, podrá tener acceso a una variedad de asistentes que lo guiarán a través de todo el procedimiento, o hacer clic en Cancel (Cancelar) para regresar a su documento.

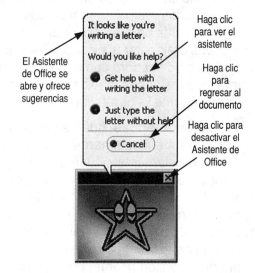

- El Asistente de Office también ofrece sugerencias acerca de las funciones y los métodos abreviados de combinaciones de teclas. Las sugerencias están disponibles cuando un foco amarillo aparece en la ventana del Asistente. Haga clic en el Asistente para ver la sugerencia.

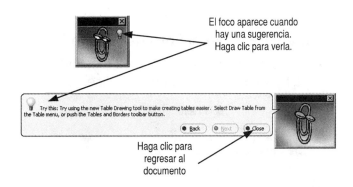

El foco aparece cuando hay una sugerencia. Haga clic para verla.

Haga clic para regresar al documento

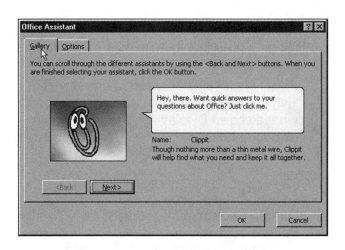

Opciones del Asistente de Office

■ Es posible controlar la manera en que el Asistente de Office aparece en la pantalla, así como el tipo de información que presenta. También puede desactivar el Asistente. Si desactiva el Asistente, es muy sencillo volver a activarlo haciendo clic en el botón del Asistente 🔲 en la barra de herramientas Estándar.

■ Para cambiar las opciones del Asistente:

• Haga clic en el Asistente de Office (si aparece en la pantalla) o haga clic en el botón del Asistente de Office en la barra de herramientas y haga clic en Options (Opciones). Haga clic en la ficha Options y seleccione las opciones deseadas.

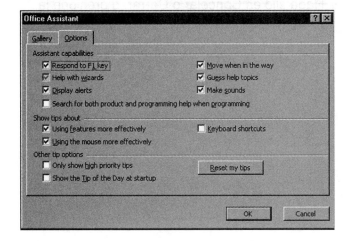

Seleccionar un Asistente de Office distinto

■ La ficha Gallery (Galería) del cuadro de diálogo del Asistente de Office ofrece varios personajes diferentes del Asistente. Haga clic en la ficha Gallery del cuadro de diálogo del Asistente de Office y haga clic en Next (Siguiente) para ver los distintos Asistentes.

Contenido, índice y buscar

■ Si selecciona Contents and Index (Contenido e índice) en el menú Help (Ayuda), podrá usar las opciones Contenido, Índice y/o Buscar para encontrar ayuda.

Contenido

■ La ficha **Contenido** muestra una página con una lista del contenido de la ayuda por temas en el programa en uso. Haga doble clic en un tema para presentar una lista de subtemas y/o pantallas. Observe la página del contenido de Word y un ejemplo de una pantalla de presentación que se ilustra a continuación.

Página de contenido de Word

Índice

- La ficha **Índice** le permite escribir las primeras letras de su tema; la función del índice le presentará la entrada que busca. Haga doble clic en la entrada, o selecciónela y haga clic en <u>D</u>isplay (Mostrar). La pantalla de ayuda relacionada con su tema aparecerá.

Buscar

- La ficha **Buscar** proporciona acceso a la característica de base de datos de la Ayuda. Permite buscar las ocurrencias de cualquier palabra o frase contenida en un tema de ayuda en la base de datos de Ayuda. Las funciones Índice y Buscar son parecidas; sin embargo, Buscar ofrece más opciones para localizar un tema.

Pistas en pantalla

- Es posible obtener información acerca de los elementos de la pantalla, si selecciona la característica What's <u>T</u>his? (¿Qué es esto?) del menú Ayuda y luego señala el elemento sobre el cual desee información y hace clic con el *mouse*.

   O puede hacer clic en el signo de interrogación de cualquier cuadro de diálogo y luego en la opción deseada.

Libro de resultados

   ✓Nota: *El libro de resultados sólo está disponible si instaló Microsoft Office desde un CD-ROM.*

- Si dispone de acceso a Internet, puede conectarse a la página de Microsoft en la World Wide Web y obtener información actualizada y asistencia técnica para todas las aplicaciones de Office.

Para tener acceso al libro de resultados:

- Haga clic en el botón Libro de resultados de la barra de herramientas de Office.

botón libro

O

- Abra el menú Ayuda, seleccione Microsoft on the <u>W</u>eb, y elija la opción a la que desee conectarse. Puede moverse de una opción a otra, después de conectarse a Internet.

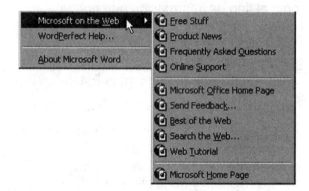

Para salir de la Ayuda

- Haga clic en Cancelar o Cerrar, o presione la tecla Escape para salir.

INSTRUCCIONES PARA EL EJERCICIO

1. Inicie el programa Word.

2. Escriba su nombre en la pantalla.

3. Seleccione Ver en la barra de menú.

4. Seleccione Zoom.

5. Seleccione la opción de ampliación al 200%.

6. Haga clic en OK.

   ✓ *Observe el cambio.*

7. Repita los pasos 3-6, utilizando la opción al 75%.

8. En el cuadro de control del Zoom Control de la barra de herramientas Estándar, establezca la ampliación al 150%.

9. Regrese a la ampliación al 100% utilizando cualquier método que desee.

10. Haga clic en el botón del Asistente de Office en la barra de herramientas Estándar, o haga clic en la imagen del Asistente de Office.

    - Escriba Zoom en el cuadro de texto para preguntas y haga clic en Search (Buscar).
    - Lea los resultados de la búsqueda.
    - Haga clic en Tips (Sugerencias). Lea la sugerencia mostrada.
    - Haga clic en Close.

11. Inicie el programa Excel.

12. Presione F1 para acceder a la Ayuda.

13. Escriba la siguiente pregunta y haga clic en Buscar: How do I hide a toolbar? (¿Cómo oculto una barra de herramientas?).

14. Haga doble clic en alguno de los temas.

15. Presione la tecla Esc.

16. Seleccione Contenido e índice en el menú de Ayuda.

17. Haga clic en la ficha Index.

18. Escriba la palabra Formulas, luego haga clic en Mostrar. Observe los temas del submenú.

19. Seleccione un tema del submenú y vea la pantalla de ayuda.

20. Cierre la ventana de ayuda.

21. Haga clic en el botón Cerrar del programa para salir de Excel.

22. Haga clic en el botón Cerrar del programa para salir de Word. Cuando se le pregunte si desea guardar el documento, seleccione No.

COMBINACIONES DE TECLAS

ZOOM

Para especificar un zoom personal:

1. Haga clic en el cuadro de control del Zoom en la barra de herramientas Estándar.

2. Escriba un porcentaje (10-500) para el zoom........................... *número*

3. Presione **Enter**........................... Enter

Para seleccionar un zoom:

1. Haga clic en la flecha de la lista desplegable ▼ del cuadro de control del Zoom en la barra de herramientas Estándar.

2. Seleccione los porcentajes del zoom.

Para cambiar el zoom con el IntelliMouse:

Mantenga oprimida la tecla Ctrl y gire la rueda para cambiar la opción del zoom en incrementos de 10%.

INICIAR EL ASISTENTE DE OFFICE

Como valor predeterminado, el Asistente de Office aparecerá al abrir cualquier aplicación de Office. Si el Asistente no se ve en la pantalla, siga estos pasos para activarlo:

Haga clic en el botón del Asistente de Office en la barra de herramientas Estándar.

   o

Presione **F1** F1

Si se abre la ventana de Contents, Index y Find en lugar del Asistente de Office, significa que la opción de la tecla F1 ha sido desactivada en el cuadro de diálogo de Options del Asistente de Office. Vea a continuación las instrucciones para cambiar esta opción.

CERRAR EL ASISTENTE DE OFFICE

Haga clic en el botón Cerrar del Asistente de Office.

USAR EL ASISTENTE DE OFFICE

1. Haga clic en el Asistente de Office F1

2. Escriba la pregunta en el cuadro de texto del Asistente.

3. Haga clic en **Search** .... Alt + S

4. Seleccione una opción en la lista de procedimientos para ver más información.

5. Presione **Escape** .... Esc para cerrar la ventana de ayuda.

CAMBIAR LAS OPCIONES DEL ASISTENTE DE OFFICE

1. Haga clic en el Asistente de Office F1

2. Haga clic en **Options** .... Alt + O

3. Haga clic en la ficha **Options** .... Alt + O

4. Seleccione las opciones deseadas.

5. Haga clic en **OK** .... Enter

USAR CONTENIDO E ÍNDICE

1. Haga clic en **Help** .... Alt + H

2. Haga clic en **Contents and Index** C

Contenido

  a. Haga doble clic en un libro o tema.

  b. Haga doble clic en un elemento de un submenú o un elemento de presentación.

Índice

  a. Escriba las primeras letras con que empieza el nombre del tema en el cuadro de texto Paso 1.

  b. Haga doble clic en el tema en el cuadro Paso 2.

  o

  a. Seleccione el tema.

  b. Haga clic en **Display** .... Alt + D

Buscar

  a. Escriba e inserte la palabra o frase a buscar en el cuadro de texto Paso 1.

  b. Seleccione las palabras que coincidan en el Paso 2, en caso de que se presenten.

  c. Haga doble clic en el tema en el cuadro Paso 3.

  o

  d. Seleccione el tema.

  e. Haga clic en **Display** .... D

VER PISTAS EN PANTALLA

Para ver las pistas en los cuadros de diálogo:

Haga clic en el signo de interrogación ? en el cuadro de diálogo.

   o

Señale la opción y presione .... Shift + F1

Para ver una pista de una parte de la pantalla, menú o botón de las barras de herramientas:

1. Señale el elemento en la pantalla.

2. Presione **Shift+F1** .... Shift + F1

3. Haga clic con el *mouse* para ver la información acerca del elemento deseado en la pantalla.

4. Presione Escape .... Esc para cerrar la ayuda.

SALIR DE LA AYUDA O DE LAS PANTALLAS DE AYUDA

Haga clic en **Cancel** .... Esc

   o

Haga clic en el botón **Close** X

Microsoft Word 97

Lección 1: Cómo crear e imprimir documentos

Lección 2: Cómo abrir y editar documentos

Lección 3: Cómo alinear y dar realce al texto

Lección 4: Cómo dar formato y editar documentos

Lección 5: Formato y edición adicionales

Lección 6: Trabajo con documentos extensos

Lección 7: Clip Art y plantillas; sobres y etiquetas

Lecciónes Avanzadas: (disponibles en el CD-ROM)

Trabajo con documentos múltiples; Macros

Columnas y tablas; Calcular y ordenar

Combinar correspondencia

Lección 1: Cómo crear e imprimir documentos

■ **Cómo iniciar Word** ■ **La ventana de Word**
■ **Configuraciones predeterminadas** ■ **Si comete un error**
■ **Cómo crear un documento nuevo** ■ **Cómo guardar un documento nuevo**
■ **Cómo cerrar un documento**

NOTAS:

Cómo iniciar Word

■ Word puede iniciarse mediante alguno de los procedimientos siguientes: (*Véase Elementos básicos de Office, Lección 1, página 3.*):

- Utilizando la barra de tareas de Windows 95: Haga clic en Start (Inicio), resalte Programs (Programas), resalte y seleccione Microsoft Word.

- Utilizando la barra de tareas de Windows 95: Haga clic en Start, resalte y seleccione New Office Document (Documento nuevo de Office), seleccione Blank Document, OK (Documento en blanco, Aceptar).

- Utilizando la barra de accesos directos: Haga clic en Start a New Document (Iniciar un documento nuevo), seleccione Blank Document, OK (Documento en blanco, Aceptar).

La ventana de Word

■ A continuación se muestra la ventana predeterminada de Microsoft Word. Aparece cuando el programa se inicia.

■ Las explicaciones numeradas en las páginas siguientes describen cada parte de la ventana específica de Word.

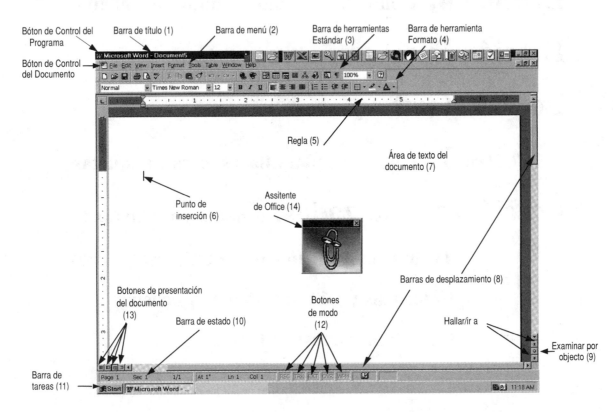

Bóton de Control del Programa — Barra de título (1) — Barra de menú (2) — Barra de herramientas Estándar (3) — Barra de herramienta Formato (4)

Bóton de Control del Documento

Regla (5)

Área de texto del documento (7)

Punto de inserción (6)

Assitente de Office (14)

Barras de desplazamiento (8)

Botones de presentación del documento (13)

Botones de modo (12)

Barra de estado (10)

Hallar/ir a

Examinar por objeto (9)

Barra de tareas (11)

Barra de título (1)

■ Muestra el nombre del programa y del documento.

Barra de menú (2)

■ Muestra los elementos que pueden seleccionarse para ejecutar los comandos. Cuando se selecciona un elemento mediante el uso del teclado o del *mouse,* aparece un grupo de subelementos en un submenú desplegable.

Barra de herramientas Estándar (3)

■ Contiene una conjunto de botones (imágenes) que permiten realizar con facilidad muchas de las tareas comunes de procesamiento de textos, como guardar e imprimir un archivo.

■ Cuando se señala un botón de la barra de tareas, Word muestra el nombre de dicha herramienta.

Barra de herramientas Formato (4)

■ Contiene un conjunto de botones que permite modificar fácilmente la apariencia del documento.

Regla (5)

■ Mide la distancia horizontal a partir del margen izquierdo de la página. Aprenderá a utilizar la Regla y otras configuraciones de ésta para cambiar las tabulaciones, sangrías y márgenes.

Punto de inserción (6)

■ El **Punto de inserción** es la línea vertical intermitente que aparece en la esquina superior izquierda cuando se inicia Word 97. Indica el lugar donde se insertará el siguiente carácter que escriba y parpadea *entre* los carácteres, en vez de hacerlo debajo de ellos.

■ El punto de inserción no aparece siempre en la pantalla del documento. Puede hacerse visible al hacer clic con el botón izquierdo del *mouse* en la posición deseada, o mediante el uso de las teclas de dirección.

Área de texto del documento (7)

■ El **área de texto del documento** es el espacio en blanco para escribir texto. Es posible maximizar esta área al ocultar las barras de herramientas.

Barras de desplazamiento (8)

■ Las **Barras de desplazamiento** permiten desplazar el contenido de la ventana en sentido horizontal o vertical. El **cuadro de desplazamiento** de la barra vertical puede arrastrarse hacia arriba o hacia abajo para desplazar con rapidez la información de la pantalla hacia el principio o el final del documento. El cuadro de desplazamiento de la barra horizontal se arrastra a la izquierda o a la derecha para mover el contenido de la pantalla rápidamente a la izquierda o a la derecha.

Examinar por objeto (9)

■ El botón **Examinar por objeto** se utiliza para buscar un campo, nota al final, nota al pie, gráfico, comentario, sección, página, marcador, tabla, referencia, etc., en un documento. Haga clic en Examinar por objeto en la barra de desplazamiento, seleccione el elemento deseado y, a continuación, haga clic en el botón Siguiente/Anterior de la barra de desplazamiento para ir al elemento siguiente/anterior del mismo tipo.

Barra de estado (10)

■ Aparece en la parte inferior de la pantalla. Muestra lo siguiente:

Page 1	El número de página.
Sec 1	La sección.
1/1	La página en uso y el número total de páginas del documento (1/1 significa que se encuentra en la página uno de un documento de una página).
At 1"	La medida en pulgadas tomada desde el borde superior de la página hasta la posición actual del punto de inserción.

Ln 1	El número de línea en el que se ubica actualmente el punto de inserción.
Col 1	La distancia del punto de inserción desde el margen izquierdo, en número de carácteres.

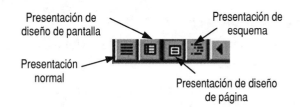

Presentación de diseño de pantalla

Presentación normal

Presentación de esquema

Presentación de diseño de página

Barra de tareas (11)

■ La **Barra de tareas** se utiliza para iniciar aplicaciones y pasar de una aplicación a otra.

Botones de modo (12)

■ Los botones de modo se localizan cerca del centro de la barra de estado y se activan al hacer doble clic sobre ellos. Colocan a Word en varios **modos.** *(Los modos se explicarán en los ejercicios relacionados.)*

Botones de presentación del documento (13)

■ Word permite ver un documento en pantalla de varias formas. Los **Botones de presentación** se utilizan para pasar rápidamente de una presentación a otra. También es factible modificar la presentación del documento al seleccionar una presentación particular en el menú View (Ver).

- La **Presentación normal** es el valor preestablecido de Word. Es la más adecuada para escribir, editar y dar formato a un texto.

- La **Presentación de diseño de página** se utiliza para ver un documento tal como aparecerá en la hoja impresa. Esta presentación permite ver los encabezados y pies de página, notas al pie, notas al final, columnas, etc.

- La **Presentación de diseño de pantalla** facilita la lectura de los documentos en pantalla. El texto aparece más grande y se ajusta al tamaño de la ventana, en lugar de mostrarse como se verá en la hoja impresa. El panel del Mapa del documento aparece automáticamente cuando se cambia a la presentación de diseño de pantalla.

- La **Presentación de esquema** permite contraer un documento para ver exclusivamente los títulos principales, o expandirlo para ver el documento completo.

Asistente de Office (14)

■ El Asistente (véase página 12) responde a preguntas y ofrece sugerencias para completar una tarea.

Configuraciones preestablecidas

■ Las siguientes son las configuraciones preestablecidas de Word en cuanto a los márgenes, tabulaciones, interlineado, fuente, tamaño de fuente y alineación del texto:

Márgenes:	1.25" en los márgenes izquierdo y derecho.
	1" en los márgenes superior e inferior.

✓Nota: *Word asume que usted está trabajando en una página estándar de 8.5" x 11". El indicador At de la barra de estado señala la posición del punto de inserción, medida en pulgadas desde el borde superior de la página.*

Tabulaciones:	cada .5 de pulgada a lo ancho de la página.
Interlineado:	Sencillo
Fuente:	Times New Roman
Tamaño de fuente:	12 puntos
Alineación del texto:	Izquierda

Si comete un error...

■ Las siguientes teclas resolverán problemas o le ofrecerán ayuda :

- **Backspace** Suprime el carácter que se encuentra inmediatamente a la izquierda del punto de inserción.

- **Escape** (o hacer clic en un botón **Cancel** (Cancelar)) revierte la mayoría de los comandos sin ejecutarlos.

- **F1** Proporciona acceso a la Ayuda del Asistente de Office.

Barra de herramientas Estándar

Nuevo   Guardar

Barra de herramientas Formato

Clic para cambiar el tamaño

Cómo crear un documento nuevo

■ Cuando se inicia Word, aparece una pantalla en blanco, lista para empezar a escribir el texto con el teclado. Word asigna el nombre "Document 1" en la barra de título (hasta que usted proporcione un nombre definitivo).

■ A medida que escribe, el **indicador Col** (Columna) de la Barra de estado cambia. A medida que el texto avanza hacia otra línea, el **indicador Ln** (Línea) también cambia. Si mueve el punto de inserción, los indicadores **Col** y **Ln** muestran la nueva posición del punto de inserción.

■ El **indicador At (A)** muestra la posición vertical del punto de inserción, medida en pulgadas desde el borde superior de la página.

■ A medida que escribe el texto, el punto de inserción avanza automáticamente a la siguiente línea. Esto se llama **ajuste automático de línea.** Sólo es necesario presionar la tecla Enter (Entrar) al final de una línea corta, o para empezar un párrafo nuevo.

Cómo guardar un documento

■ Es necesario asignar un nombre a los documentos para propósitos de identificación. El **nombre del archivo** puede contener un máximo de 255 carácteres, incluir espacios y se le asigna automáticamente una extensión de archivo **.doc**. Si usted elige no asignar un nombre al archivo, Word lo asignará por usted. Para ello, utiliza la primera frase del texto hasta un signo de puntuación y, a continuación, añade .doc como la

extensión del archivo. Los nombres y extensiones de los archivos están separados por un punto.

EJEMPLO: (travel)..(doc)

nombre del archivo.extensión

■ Los nombres de los archivos se muestran escritos con mayúsculas o minúsculas, de acuerdo a la forma en que usted los escriba. Si escribe el nombre de un archivo en mayúsculas, aparecerá en mayúsculas. Sin embargo, no es posible guardar el nombre de un archivo en mayúsculas y guardar otro utilizando el mismo nombre en minúsculas.

■ Al guardar un archivo, debe indicar el lugar donde desea guardarlo. Los documentos pueden guardarse en un disco portátil, o en el disco duro interno. Si guarda un archivo en un disco flexible, debe indicar que lo guarda en la unidad A o B. El disco duro, por lo general, se designa como la unidad C:.

■ Si guarda en el disco duro, Word proporciona carpetas que puede utilizar para guardar su trabajo. O le permite crear sus propias carpetas para guardar su trabajo. Aprenderá a crear carpetas (o directorios) en un ejercicio posterior. Debe utilizar un disco flexible para guardar los ejercicios de este manual.

■ Al guardar un archivo por primera vez, seleccione <u>S</u>ave (Guardar) del menú <u>F</u>ile (Archivo), o haga clic en el botón Guardar de la barra de herramientas Estándar. Aparece el siguiente cuadro de diálogo Guardar como:

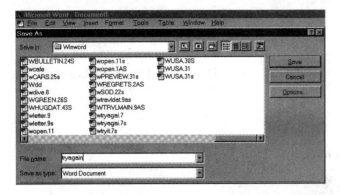

- Observe el cuadro de lista desplegable Save in (Guardar en). Word muestra la ubicación o carpeta actual en la que puede guardar su archivo. El área grande que se encuentra debajo del cuadro Save in muestra el contenido de la carpeta en uso.

- Si desea guardar su archivo en un disco portátil, haga clic en la flecha de la lista, que aparece junto al cuadro Save in y haga doble clic en 3½" Floppy (A:).

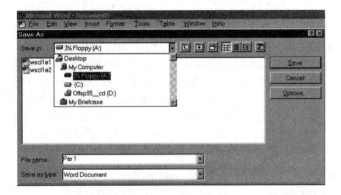

- Una vez especificada la posición, el área grande debajo del cuadro Save in muestra el contenido del disco que se encuentra en la unidad A. Escriba el nombre del archivo o use el que Word asigna por usted en el cuadro de texto File name (Nombre del archivo), y haga clic en Save para guardar el documento.

- Es posible guardar documentos en otros formatos aparte del propio Word, al seleccionar Save as type (Guardar como tipo) y seleccionar el formato deseado (por ejemplo, WordPerfect, Works, WordStar). Utilice esta opción si desea utilizar el archivo en otras aplicaciones de software.

- Una vez que haya dado nombre a su documento, éste aparecerá en la barra de título.

- Después de guardar su documento por primera vez, puede guardarlo una y otra vez y continuar trabajando (actualizándolo) al seleccionar Save del menú File, o al hacer clic en el botón Save 🖫 de la barra de herramientas Estándar. El cuadro de diálogo Save As (Guardar como) no vuelve a aparecer; Word simplemente guarda todos los cambios realizados en el archivo. *Guarde con frecuencia para evitar perder información.*

- También es posible guardar documentos al seleccionar Save As (Guardar como) del menú File (Archivo). Utilice este comando cuando quiera guardar su documento bajo un nombre diferente, o en una unidad o directorio (carpeta) distintos.

Cómo cerrar un documento

- Después de guardar el documento, éste permanece en la pantalla. Si desea despejar la pantalla, cierre la ventana del documento al seleccionar Close (Cerrar) del menú File (Archivo), o haga doble clic en el botón de Control del documento.

- Si intenta cerrar un documento antes de guardarlo, Word le preguntará si desea guardar los cambios antes de salir. Conteste **Y** para aceptar o **N** si no quiere conservarlos.

- Si comete un error y desea volver a empezar el documento, cierre la ventana sin guardar el documento.

- Para empezar un nuevo documento después de cerrar la ventana del documento, debe seleccionar New (Nuevo) del menú File (Archivo) o haga clic en el botón New (Nuevo) 🗋 de la barra de herramientas Estándar. Esto hará que se abra una ventana nueva.

Cómo salir de Word

- Una vez que termine de trabajar en sus documentos (después de guardarlos y cerrarlos), querrá salir del programa Word. Para hacerlo, seleccione Exit (Salir) del menú Archivo, o haga doble clic en el icono de Control del Programa.

Botón de Control del Programa

Botón de Control del Documento

INSTRUCCIONES PARA EL EJERCICIO

1. Crear un nuevo documento.

   ✓ *Los ejercicios en este manual se han creado utilizando un tamaño de fuente de 12 puntos. Para que su trabajo tenga la misma apariencia que los ejercicios del manual, necesitará modificar el tamaño de fuente predeterminado. Para hacerlo, siga los pasos descritos en la sección de combinación de teclas que se encuentra en la página 24. (Cambiar el estilo y tamaño de la fuente se explicará con detalle en el Ejercicio 15.) Sin embargo, debido a que las impresoras y las fuentes disponibles varían, las terminaciones de línea de sus documentos tal vez no se vean exactamente iguales a las de los ejercicios mostrados en este texto.*

2. Oculte el Asistente de Office.

3. Escriba los párrafos que aparecen a continuación, permitiendo que el texto se ajuste de manera automática en la siguiente línea. No tome en cuenta las líneas onduladas rojo y verde, en caso de que aparezcan.

4. Empiece el ejercicio en la parte superior de la pantalla. Presione dos veces la tecla Enter, cada vez que necesite iniciar un párrafo nuevo.

5. Corrija de inmediato los errores que detecte, utilizando la tecla Backspace (Retroceso).

6. Guarde el documento; póngale como título **TRY.**

7. Oculte y, a continuación, muestre la barra de herramientas Estándar.

8. Cierre la ventana del documento.

Según vaya escribiendo, observe que el indicador Col de la barra de estado cambia a medida que la posición de su punto de inserción también se modifica.

La característica de ajuste automático de línea permite al operador decidir las terminaciones de la línea, lo que hace innecesario el uso de la tecla Enter, con excepción de al final de un párrafo o de una línea corta. Cada archivo se guarda en un disco flexible, o en el disco duro, para poder utilizarse de nuevo. Los documentos deben tener un nombre para propósitos de identificación.

COMBINACIONES DE TECLAS

INICIAR WORD

MEDIANTE LA BARRA DE TAREAS

1. Haga clic en **Start**................ `Ctrl` + `Esc`

2. Resalte **Programs** .... `P`

3. Seleccione Microsoft Word.

   O

   a. Haga clic en **Start** .... `Ctrl` + `Esc`

   b. Haga clic en **New Office Document**...............................

   c. Haga clic en **Blank Document** ....

   d. Haga clic en **OK** .... `Enter`

-MEDIANTE LA BARRA DE ACCESOS DIRECTOS-

1. Haga clic en el botón **Start a New Office document**. ....

2. Haga doble clic en **Blank Document**. ....

CREAR UN DOCUMENTO NUEVO

CTRL + N

Haga clic en el botón **New Document**................................

   O

1. Haga clic en **File** .... `Ctrl` + `F`

2. Haga clic en **New**........................... `N`

3. Haga clic en **OK** .... `Enter`

PARA CAMBIAR EL TAMAÑO DE FUENTE PREDETERMINADO

1. Haga clic en **Format** .... `Alt` + `O`

2. Haga clic en **Style** .... `S`

3. Haga clic en **Modify**............... `Alt` + `M`

4. Haga clic en la casilla de selección **Add to template** (Agregar a la plantilla), ... `Alt` + `A` en caso necesario.

5. Haga clic en **Format** .... `Alt` + `O`

6. Haga clic en **Font**........................... `F`

7. Haga clic en **Font**.................. `Alt` + `N`

8. Haga clic en **Size**.................. `Alt` + `S`

---

9. Escriba 12 .... `1` `2`

10. Presione Enter... `Enter` , `Enter` , `Enter` tres veces

GUARDAR UN DOCUMENTO NUEVO

CTRL + S

1. Haga clic en el botón **Save** ....

   O

   a. Haga clic en **File** .... `Alt` + `F`

   b. Haga clic en **Save** .... `S`

2. Haga clic en el cuadro de texto **Save in**................................. `Alt` + `I` para seleccionar la unidad de disco o carpeta.

3. Seleccione la unidad de ...... `↓` , `Enter` disco o carpeta deseada.

4. Para seleccionar una . `Tab` , `↓` , `Enter` subcarpeta, en caso necesario, haga doble clic en Carpeta.

5. Haga doble clic en el cuadro de texto **File name**............... `Alt` + `N`

6. Escriba el nombre del archivo ....nombre del archivo

7. Haga clic en **Save** .... `Alt` + `S` o `Enter`

CERRAR LA VENTANA DEL DOCUMENTO

1. Haga doble clic en el botón de Control del documento.............................

2. Haga clic en **Yes**............................. `Y` para guardar los cambios.

   O

   Haga clic en **No** .... `N` para perder los cambios.

   O

1. Haga clic en **File**...................... `Alt` + `P`

2. Haga clic en **Close**........................ `C`

3. Haga clic en **Yes**............................. `Y` para guardar los cambios.

   O

Haga clic en **No**........................... `N` para perder los cambios.

SALIR DE WORD

1. Haga doble clic en el botón de **Control del programa**....................

2. Haga clic en **Yes**..................... `Y` para guardar los cambios.

   O

   Haga clic en **No**........................... `N` para perder los cambios.

   O

1. Haga clic en **File**................... `Alt` + `F`

2. Haga clic en **Exit**......................... `X`

3. Haga clic en **Yes** **para guardar los cambios**.............. `Y`

   O

   Haga clic en **No**........................... `N` para perder los cambios.

OCULTAR O MOSTRAR LAS BARRAS DE HERRAMIENTAS ESTÁNDAR Y FORMATO

1. Haga clic en **View** .... `Alt` + `V`

2. Haga clic en **Toolbars**.................... `T`

3. Seleccione **Standard**........... `↓` , `Enter` para mostrarla u ocultarla.

   O

   Seleccione **Formatting**........ `↓` , `Enter` para mostrarla u ocultarla.

4. Seleccione las barras de herramientas restantes .... `↓` , `Enter` para encenderlas o apagarlas, en caso necesario.

OCULTAR O MOSTRAR LA REGLA

1. Haga clic en **View** .... `Alt` + `V`

2. Haga clic en **Ruler** .... `R`

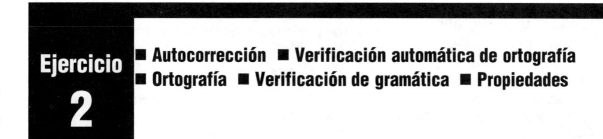

Ejercicio 2

■ **Autocorrección** ■ **Verificación automática de ortografía**
■ **Ortografía** ■ **Verificación de gramática** ■ **Propiedades**

Barra de herramientas Estándar

Verificación de ortografía

NOTAS

Autocorrección

■ La característica de Autocorrección reemplaza de manera automática con el texto correcto los errores de ortografía frecuentes y las palabras mal escritas, al presionar la barra espaciadora.

■ El diccionario de Autocorrección contiene ya numerosas palabras. Sin embargo, usted puede registrar palabras que escriba mal frecuentemente en el diccionario de Autocorrección al seleccionar AutoCorrect del menú Tools (Herramientas).

■ Si no desea que las correcciones se inserten de manera automática, puede cancelar la selección de la opción Replace text as you type (Reemplazar según se escribe) en el cuadro de diálogo Autocorrección.

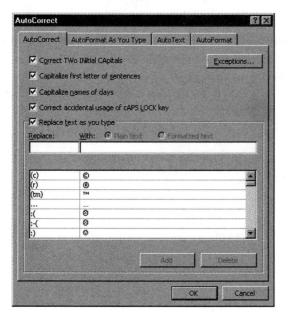

■ También puede especificar otro tipo de correcciones en el cuadro de diálogo Autocorrección:

- La opción **Correct TWo INitial CApitals** convierte de manera automática las dos letras mayúsculas iniciales de una palabra a una letra mayúscula inicial seguida por una segunda letra en minúscula.

- La opción **Capitalize first letter of sentences** pone automáticamente en mayúscula la primera letra de una oración.

- La opción **Capitalize names of days** pone en mayúsculas automáticamente los nombres de los días de la semana.

- La opción **Correct accidental usage of cAPS LOCK key** asigna automáticamente las mayúsculas/minúsculas correctas si la tecla CAPS LOCK (Bloque Mayúsculas) está activada.

- La opción **Replace text as you type** automáticamente reemplaza el texto a medida que lo escribe.

Verificación automática de ortografía

- La función **Verificación automática de ortografía** subraya los errores de ortografía con una línea roja ondulada a medida que escribe. Para corregir una palabra mal escrita, señale el error subrayado con el *mouse* y haga clic con el botón *derecho.* Aparecerá un menú contextual que le mostrará las sugerencias de corrección. Haga clic en la palabra correcta en el menú y ésta reemplazará a la palabra mal escrita en el documento.

- También puede agregar la palabra mal escrita (en caso de que Word proporcione una sugerencia de la ortografía correcta) al diccionario de Autocorrección, si selecciona Autocorrección y, a continuación, elige la palabra correcta.

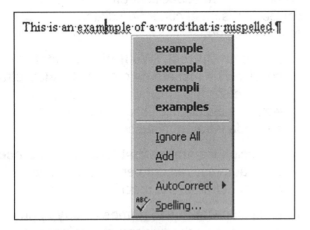

- El icono de un libro aparece en la parte inferior derecha de la barra de estado. A medida que escriba, una marca de verificación avanzará de página en página en el libro. Cuando deje de escribir, una marca de verificación roja permanece para indicar que la función de Verificación automática de Ortografía no detectó ningún error de escritura. Si aparece una X, indica que existen errores en su documento. Haga doble clic en el icono del libro, Word lo llevará hasta el error y abrirá un menú contextual que le mostrará las sugerencias de corrección.

Ortografía

- La función Ortografía de Word verifica la ortografía de una palabra, bloque de texto o documento completo. También señala las ocurrencias de palabras duplicadas.

- El Verificador Ortográfico compara las palabras de su documento con las del diccionario de Word para Windows. Los nombres propios y las palabras que no se encuentren en el diccionario de Word se identificarán como errores. Al detectar un error, Word proporcionará una lista de sugerencias de corrección. Usted puede aceptarlas o pasarlas por alto.

- Para obtener acceso a la función Ortografía, seleccione Spelling and Grammar (Ortografía y Gramática) del menú de Herramientas, o haga clic en el botón Ortografía de la barra de herramientas Estándar. El siguiente cuadro de diálogo aparecerá:

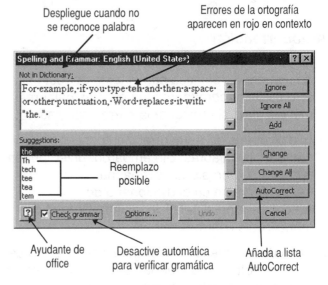

- Es posible agregar palabras al diccionario personalizado antes, después o durante la sesión de verificación ortográfica.

- Para evitar que los nombres propios se señalen como errores de ortografía durante la sesión de verificación, agréguelos al diccionario personalizado haciendo clic en el botón Add (Agregar).

Verificación gramatical

- Además de revisar la ortografía, Word verifica automáticamente el uso correcto de las palabras y el estilo de redacción. Los errores gramaticales aparecen subrayados con una línea verde ondulada. Si hace clic con el botón derecho del *mouse* en cualquier parte de la oración subrayada, Word le mostrará los errores gramaticales y ofrecerá sugerencias con base en el Estilo de redacción seleccionado (Estándar, Informal, Formal, Técnico y Personalizado).

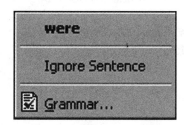

- Puede aceptar la sugerencia, pasarla por alto (tal vez haya ocasiones en que usted desee que la frase incorrecta permanezca intacta), o seleccionar Gramática para ir al cuadro de diálogo correspondiente. Entonces podrá ver la razón por la que la verificación gramatical identificó esto como un error.

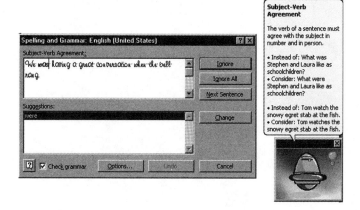

- Recuerde, ni la verificación gramatical ni la de ortografía eliminan la necesidad de revisar cuidadosamente un documento.

Limitaciones de la verificación gramatical

- La verificación gramatical, al igual que la de revisión ortográfica, no siempre es correcta y puede ser engañosa. Puesto que el idioma es complejo, es muy difícil que un programa identifique todos los errores en un documento. En realidad, la verificación gramatical puede estar completamente equivocada. Observe el siguiente ejemplo de una oración gramaticalmente incorrecta que no fue señalada por la función de verificación gramatical de Word.

  Running down the hall, my books fell on the floor.
  - La verificación gramatical no señaló el modificador colgante ni la coma que falta.

  - Para apagar la función de verificación gramatical automática:

    - Haga clic en el menú Tools (Herramientas).

    - Haga clic en Options (Opciones), y seleccione la ficha Spelling & Grammar (Ortografía y Gramática).

    - Cancele la selección *Check grammar as you type (Verificar gramática según se escribe)* y *Check grammar with spelling (Verificar gramática con la ortografía)*.

Tipo de error despliega aquí

Errores de la gramática en verde en contexto

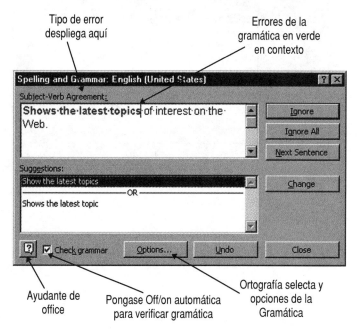

Ayudante de office

Pongase Off/on automática para verificar gramática

Ortografía selecta y opciones de la Gramática

Propiedades (Resumen del documento)

■ La característica Propiedades permite guardar un resumen informativo de cada documento. La información incluye el título del documento, asunto, autor, palabras clave y comentarios.

■ Puede crear, mostrar y editar la información del resumen en cualquier momento al seleccionar Properties (Propiedades) del menú File (Archivo)

■ Para ver un resumen estadístico de su documento, haga clic en la ficha Estadísticas. Muestra una lista con el número de páginas, párrafos, líneas, palabras, carácteres y *bytes* en su documento.

■ También puede ver el resumen estadístico de su documento al seleccionar Word Count (Contar palabras) del menú Tools (Herramientas). Muestra una lista con el número de páginas, palabras, carácteres, párrafos y líneas en su documento.

■ Los resúmenes estadísticos son especialmente útiles si necesita entregar un informe con un conteo preciso de palabras o páginas.

■ Puede especificar que Word muestre el cuadro de diálogo Propiedades cada vez que guarde un documento. Para hacerlo, seleccione Options (Opciones) en el cuadro de diálogo Guardar como y seleccione Prompt for document properties (Preguntar por propiedades del documento).

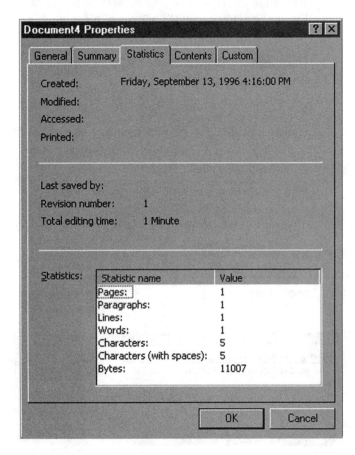

En este ejercicio, escribirá dos párrafos cortos utilizando el ajuste automático de línea. Los párrafos contienen palabras mal escritas y una oración gramaticalmente incorrecta. Después de escribir los párrafos, observará que Autocorrección corrigió algunas de las palabras. Usará las funciones de Verificación automática de Ortografía y Gramática para corregir los demás errores.

INSTRUCCIONES PARA EL EJERCICIO

1. Cree un documento nuevo.

2. Empiece el ejercicio en la parte superior de la pantalla.

3. Obtenga acceso a la función de Autocorrección. Asegúrese de que la opción Reemplazar según se escribe se encuentre seleccionada.

4. Escriba los párrafos siguientes exactamente como se muestran, incluyendo las palabras mal escritas, encerradas en un círculo. Permita que el texto se ajuste automáticamente a la línea siguiente.

5. Oprima la tecla Enter (Entrar) dos veces para iniciar un párrafo nuevo.

   - Utilice la función Ortografía o Verificación automática de ortografía para corregir los errores de escritura en el documento.
   - Utilice la función Gramática para corregir la oración gramaticalmente incorrecta. Acepte la sugerencia de Word.

6. Mediante la característica Propiedades, llene la siguiente información del resumen acerca de su documento:

Título:	Información de Word para Windows
Asunto:	Facilidad de uso
Autor:	Su nombre
Supervisor:	El nombre de su supervisor o maestro
Compañía:	El nombre de su compañía o escuela
Categoría:	Publicidad
Palabras clave:	sencillo, márgenes, tabulaciones
Comentarios:	primer intento

7. Guarde el ejercicio usando el botón Guardar de la barra de herramientas; titúlelo **TRYAGAIN**.

8. Cierre la ventana del documento.

Word 97 for Windows is simple to use since you can begin typing as soon as you enter teh program.

The Word 97 for Windows program sets the way text will lay out or "format" on a page. For example, margins are set for 1.25" on the left and 1.25" on the right; line spacing is automatic; tabs are set to advance the insersion point ½ inch each time the Tab key is pressed. Formats may be changed at any time and as many times as desired throughtout the document.

COMBINACIONES DE TECLAS

TABULACIÓN

Presione **Tab** .... `Tab`

AUTOCORRECCIÓN

1. Haga clic en **Tools** .... `Alt` + `T`
2. Haga clic en **AutoCorrect** .... `A`

3. Seleccione la opción Replace text as you type.

Para agregar palabras al diccionario de Autocorrección:

   - Haga clic en el cuadro de texto **Replace** .... `Alt` + `A`
   - Escriba la palabra que suele escribir incorrectamente y que desee incluir.

   - Haga clic en el cuadro de texto **Width** .... `Alt` + `W`
   - Escriba la versión correcta de la palabra.

4. Haga clic en **Add** .... `Alt` + `A`
5. Haga clic en **OK** .... `Enter`

ACTIVAR/DESACTIVAR LA VERIFICACIÓN GRAMATICAL

✓ *Si la verificación gramatical automática se encuentra activada y usted empieza a revisar la ortografía del documento, Word señalará el primer elemento que perciba como error (de ortografía o gramatical). Puesto que la verificación gramatical no se explica en este manual, desactive la función de verificación gramatical automática para los ejercicios contenidos en este libro).*

1. Haga clic en **Tools**................... Alt + T

2. Haga clic en **Options** .... O

3. Haga clic en la ficha Spelling & Grammar.

4. Seleccione o cancele la selección de las opciones deseadas.

   - **Check grammar as you type** .... Alt + G
     Marca los errores a medida que se trabaja.

   - **Hide grammatical errors** .. Alt + E **in this document (Ocultar errores gramaticales en este documento)**
     La línea verde ondulada que aparece debajo de los posibles errores se ocultará al seleccionar esta opción.

   - **Check grammar with** .... Alt + H **spelling**
     Seleccione esta opción para verificar la ortografía y la gramática. No está disponible si el verificador gramatical no ha sido instalado.

   - **Show readability** .... Alt + R **statistics**
     Muestra el cuadro de diálogo Estadísticas de legibilidad, después de ejecutar la verificación gramatical.

5. Haga clic en **OK** .... Enter

GRAMÁTICA

Como valor predeterminado, se revisará la ortografía al verificar la gramática. Si sólo desea verificar la gramática, cancele la selección de **Check spelling as you type** en el cuadro de diálogo Opciones de Ortografía y Gramática.

Asegúrese de que **Check grammar with spelling** esté seleccionado en el cuadro de diálogo Ortografía y Gramática (véanse los pasos anteriores).

1. Coloque el punto de inserción donde desee iniciar la verificación gramatical.

   O

   Seleccione el bloque de texto a verificar.

2. Haga clic en el botón **Spelling** .... [ABC✓]

Check grammar debe estar seleccionado.

Word se detendrá en el primer error que encuentre (de ortografía o gramatical). Los errores gramaticales se subrayan con una línea verde ondulada. Puede ignorar o corregir los errores ortográficos mientras revisa el documento en busca de errores gramaticales.

Cuando encuentre un error gramatical, seleccione una de las siguientes opciones:

   - Haga clic en **Ignore** .... Alt + I
     para rechazar el cambio sugerido y continúe con la verificación gramatical.

     O

     a. Seleccione la sugerencia deseada, en caso de que Word le muestre más de una.

     b. Seleccione **Change** .... Alt + C
        para aceptar la sugerencia resaltada y realizar la corrección sugerida en el documento.

   ✓ *Si no aparece ninguna sugerencia, el botón Cambiar aparecerá atenuado. Puede editar el texto en la ventana de Ortografía y Gramática.*

3. Continúe revisando el resto del documento.

   O

   Haga clic en **Cancel** .... Esc
   para regresar al documento.

ORTOGRAFÍA

F7

1. Coloque el punto de inserción donde desee iniciar la verificación ortográfica.

   O

   Seleccione una palabra o bloque de texto para revisar la ortografía.

2. Haga clic en el botón **Spelling** .... [ABC✓]

   O

   a. Haga clic en **Tools** .... Alt + T

   b. Haga clic en **Spelling and Grammar** .... S

✓ *Cuando el sistema encuentre una palabra que no esté contenida en su diccionario, la mostrará en rojo en el cuadro No está en el Diccionario; el punto de inserción aparecerá después de la(s) palabra(s).*

3. Haga clic en **Ignore** .... Alt + I
   para continuar sin cambiar la palabra.

   O

   a. Edite la palabra en el cuadro **Not in Dictionary**.

   b. Haga clic en **Change** .... Alt + C

   O

   c. Haga clic en el cuadro **Suggestions** .... Alt + E
      y seleccione (resalte) la sugerencia deseada.

   d. Haga clic en **Change** .... Alt + C

   Para agregar palabras al diccionario de Autocorrección:

   Haga clic en **AutoCorrect** .... Alt + R

4. Haga clic en **Close** .... Esc
   para cancelar la verificación ortográfica.

VERIFICACIÓN AUTOMÁTICA DE ORTOGRAFÍA

1. Coloque el *mouse* en la palabra subrayada con una línea roja ondulada.

2. Haga clic con el botón derecho del *mouse.*

3. Haga clic en la palabra escrita correctamente (si Word la sugiere).

   O

   a. Haga doble clic en el icono del libro de la barra de estado.

   b. Haga clic en la palabra correcta del menú contextual.

PROPIEDADES (RESUMEN DEL DOCUMENTO)

1. Haga clic en **File** .... Alt + F

2. Haga clic en **Properties** I

3. Haga clic en la ficha **Summary**.

4. Registre la información pertinente.

5. Haga clic en **OK** .... Enter

Ejercicio 3

- Movimientos del punto de inserción
- Cómo crear una carta comercial
- La característica Fecha y hora

NOTAS

Movimientos del punto de inserción

- Las teclas de dirección del teclado numérico o las teclas de dirección independientes, localizadas a la izquierda del teclado, se utilizan para mover el punto de inserción en la dirección indicada por la flecha. El punto de inserción sólo se desplaza a través del texto, espacios o códigos. No puede moverse más allá del principio o el final de su documento.

- Para desplazar el punto de inserción con rapidez de un punto a otro del documento, puede utilizar los movimientos expresos del punto de inserción *(Observe los procedimientos de combinaciones de teclas descritos en la página 32).*

Cómo crear una carta comercial

- Existe una variedad de estilos de cartas para uso comercial y personal.

- Las partes de una **carta comercial** y el espacio entre líneas de las partes de la carta son los mismos, sin importar el estilo utilizado.

- Una carta comercial se compone de ocho partes: 1. **fecha**, 2. **destinatario** (a quién y dónde se dirige la carta), 3. **saludo**, 4. **cuerpo de la carta**, 5. **despedida**, 6. **firma**, 7. **puesto**, y 8. **iniciales de referencia** (el primer grupo de iniciales pertenece a la persona que redacta la carta; el segundo, a la persona que la escribe). Siempre que vea "yo" como parte de las iniciales de referencia en un ejercicio, sustitúyalo con *sus propias (your own)* iniciales.

- El estilo de correspondencia comercial que se ilustra en este ejercicio es el de bloque completo: puesto que la fecha, despedida, firma y puesto se alinean en el margen izquierdo.

- Una carta empieza, por lo general, a 2.5" de distancia de la parte superior de la página. Si la carta es larga, puede empezar a 2" de distancia del borde superior de la página. Si se trata de una carta breve, puede empezar a 3" o más de distancia desde el borde.

- Los márgenes y el tamaño de los carácteres también pueden ajustarse, a fin de acomodar la correspondencia de manera más adecuada en la página.

  ✓ *Nota: En un ejercicio posterior se explicará cómo cambiar los márgenes y el tamaño de la fuente.*

La característica Fecha y hora

- La **característica Fecha y hora** permite insertar la fecha y/o hora actual de manera automática en el documento.

- Para insertar la fecha, seleccione Date and Time (Fecha y hora) del menú Insert (Insertar). En el cuadro de diálogo Fecha y hora, que se muestra a continuación; seleccione el formato de fecha deseado en la lista de formatos disponibles.

- Para actualizar la fecha cada vez que el documento se abre, haga clic en la casilla de selección Update automatically (Actualizar automáticamente).

Cuadro de diálogo Fecha y hora

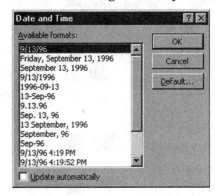

En este ejercicio, creará una carta en estilo de bloque completo y practicará cómo mover el punto de inserción a través de un documento.

INSTRUCCIONES PARA EL EJERCICIO:

✓ *Estas instrucciones se aplican para una configuración del tamaño de fuente de 12 puntos (consulte la sección de Combinaciones de teclas del Ejercicio 1); de otra manera, habrá discrepancias entre su documento y el que se muestra en el ejercicio.*

1. Cree un nuevo documento.

2. Escriba la carta que aparece en la siguiente página, exactamente como se muestra.

3. Use los márgenes predeterminados.

4. Acceda a la característica AutoCorrect (Autocorrección). Asegúrese de que la opción Replace text as you type (Reemplazar según se escribe) esté seleccionada.

5. Coloque el punto de inserción en la parte superior de la pantalla y presione la tecla Enter (Entrar) ocho veces. Utilice la característica de fecha para insertar la fecha actual a 2.5" de distancia del borde superior de la página.

6. Presione la tecla Enter entre las partes de la carta, de acuerdo con las instrucciones del ejercicio.

7. Verifique la ortografía mediante la característica Automatic Spell Checking (Verificación automática de ortografía) y Spelling (Ortografía).

8. Corrija el error gramatical que aparece en el tercer párrafo. Acepte la primera sugerencia de Word.

9. Después de terminar el ejercicio, desplace el punto de inserción a la parte superior de la pantalla (Ctrl+Home) y de nuevo al final de documento (Ctrl+End).

10. Guarde el documento; póngale como título **LETTER**.

11. Cierre la ventana del documento.

COMBINACIONES DE TECLAS

MOVIMIENTOS EXPRESOS DEL PUNTO DE INSERCIÓN

PARA MOVERSE:	PRESIONE:
1. Un carácter a la izquierda	←
2. Un carácter a la derecha	→
3. Una línea hacia arriba	↑
4. Una línea hacia abajo	↓
5. Una palabra a la izquierda	Ctrl + ←
6. Una palabra a la derecha	Ctrl + →
7. A la parte superior de la pantalla	Ctrl + Page Up
8. A la parte superior de la página siguiente	Ctrl + Page Down

9. Al principio del documento .... Ctrl + Home

10. Al final del documento .... Ctrl + End

11. A la parte superior de la página ..... F5, número, Enter, Esc

12. Al principio de la línea .... Home

13. Al final de la línea .... End

14. Al principio de la sección anterior .... Alt + Ctrl + Page Up

15. Al principio de la sección siguiente .... Alt + Ctrl + Page Down

CÓMO INSERTAR LA FECHA ACTUAL

1. Haga clic en **Insert** .... Alt + I

2. Haga clic en **Date and Time** .... T

3. Haga clic en el formato deseado .... ↑ ↓

4. Haga clic en **OK** .... Enter

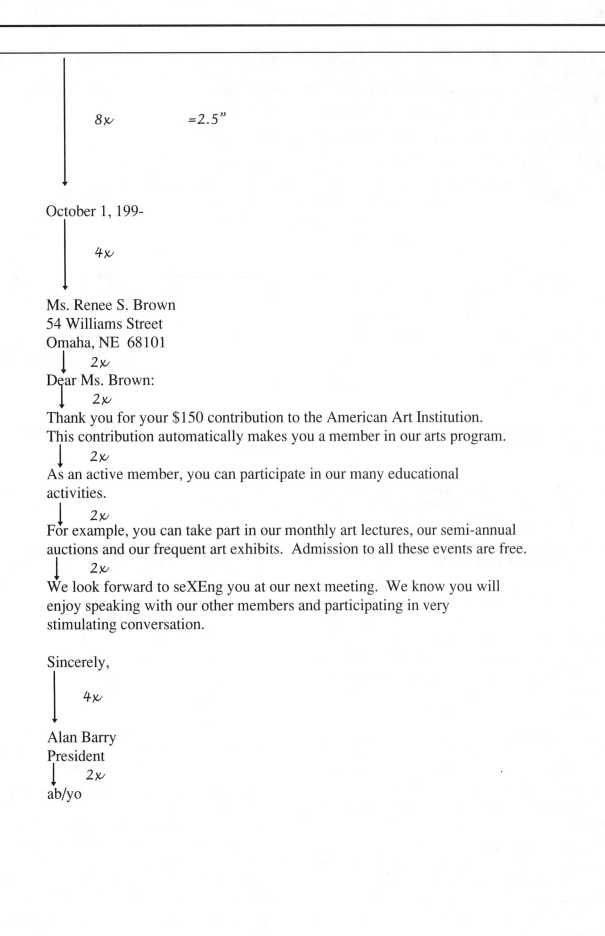

8x   =2.5"

October 1, 199-

4x

Ms. Renee S. Brown
54 Williams Street
Omaha, NE 68101

2x

Dear Ms. Brown:

2x

Thank you for your $150 contribution to the American Art Institution.
This contribution automatically makes you a member in our arts program.

2x

As an active member, you can participate in our many educational
activities.

2x

For example, you can take part in our monthly art lectures, our semi-annual
auctions and our frequent art exhibits. Admission to all these events are free.

2x

We look forward to seXEng you at our next meeting. We know you will
enjoy speaking with our other members and participating in very
stimulating conversation.

Sincerely,

4x

Alan Barry
President

2x

ab/yo

<table>
<tr><td rowspan="2">**Ejercicio**
4</td><td>■ **Cómo crear una carta comercial en estilo de bloque modificado**</td></tr>
</table>

Ejercicio 4
- ■ **Cómo crear una carta comercial en estilo de bloque modificado**
- ■ **Cómo establecer tabulaciones ■ Cómo imprimir**
- ■ **Presentación preliminar de un documento**
- ■ **Presentación en pantalla completa**
- ■ **Modo de mayúsculas ■ Cambiar mayúsculas/minúsculas**

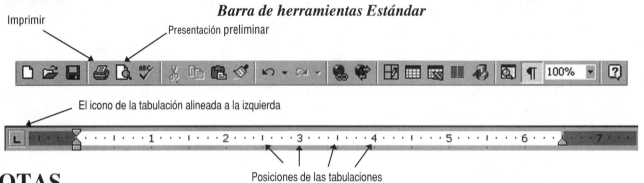

Barra de herramientas Estándar

Imprimir

Presentación preliminar

El icono de la tabulación alineada a la izquierda

Posiciones de las tabulaciones

NOTAS

Cómo crear una carta comercial en estilo de bloque modificado

- ■ El estilo de la carta utilizado en este ejercicio se llama **bloque modificado**: puesto que las líneas correspondientes a la fecha, despedida, firma y puesto empiezan en la parte central de la página.

  ✓Nota: *Debido a que la Regla mide sólo 6" del área de trabajo, el centro de la página es 3".*

Establecer tabulaciones

- ■ La tecla TAB (Tabulaciones) sangra una sola línea de texto. Las tabulaciones vienen pre-establecidas en intervalos de .5". Al presionar la tecla TAB una vez, el texto se desplaza media pulgada; al presionar la tecla TAB dos veces, el texto se desplaza una pulgada, etc.

- ■ Es posible cambiar la posición o el número de las tabulaciones. Por ejemplo, si desea des-plazar el texto .8" cada vez que presione la tecla TAB, o eliminar todas las tabulaciones predeterminadas, con excepción de una, puede hacerlo.

- ■ Las tabulaciones pueden cambiarse en la Regla o al seleccionar Tabs (Tabulaciones) en el menú Format (Formato). Cuando se modifica la configuración de las tabulaciones en un documento, los cambios surten efecto a partir de ese punto.

Cómo establecer tabulaciones con la Regla

- ■ Las posiciones de las tabulaciones se muestran en la parte inferior de la Regla como puntos grises a intervalos de .5" de distancia.

- ■ La alineación a la izquierda es la configuración preestablecida. Esto significa que el texto escrito en dicha posición se alineará a la izquierda y el texto se desplazará hacia la derecha a medida que escriba.

> Éste es un ejemplo de texto alineada a la izquierda. Nota que el lado izquierda se alinea y el lado derecha no se alinea.

- ■ El icono de la tabulación alineada a la izquierda, que se localiza en el extremo izquierdo de la Regla, se muestra como una **L**.

- ■ **Para establecer una nueva tabulación alineada a la izquierda**, haga clic en cualquier lugar de la Regla en que desee establecer una nueva tabulación; Word inserta un nuevo marcador de tabulación. Cuando se establece una nueva tabulación, se eliminan las tabulaciones preestablecidas que la preceden.

- ■ **Para borrar una marca de tabulación,** arrastre el marcador de tabulación fuera de la Regla.

34

Cómo establecer tabulaciones en el cuadro de diálogo

- También es posible establecer tabulaciones utilizando el cuadro de diálogo Tabulaciones (Format [Formato], Tabs [Tabulaciones], o haciendo doble clic en la Regla). Este método permite establecer y borrar tabulaciones en una sola operación. Sin embargo, no podrá ver el resultado de los cambios en el texto sino hasta que haya terminado de establecer todas las configuraciones.

Cómo imprimir

- Word permite imprimir *parte* o *todo* el documento activo en la pantalla. Puede imprimir una página del documento, páginas seleccionadas de éste, uno o más bloques de texto dentro del documento, o el documento completo. También es posible imprimir uno o varios documentos de un disco sin tener que cargarlos en la pantalla. En este ejercicio imprimirá un documento completo desde una ventana en pantalla.

- Verifique que su impresora se encuentre encendida y que el papel esté cargado en la bandeja.

- Hay tres maneras de imprimir un documento completo en Word.

  - Haga clic en el botón Imprimir 🖨, o

  - Seleccione File (Archivo), Print (Imprimir) de la barra de menú y haga clic en OK (Aceptar) en el cuadro de diálogo Imprimir, o

  - Haga clic en el botón Imprimir 🖨 en el modo de Presentación preliminar.

Presentación preliminar de un documento

- La característica **Presentación preliminar** le permite ver cómo se verá un documento en la hoja de papel antes de imprimirlo.

- Para ver la presentación preliminar de un documento, seleccione Print Preview (Presentación preliminar) en el menú File (Archivo), o haga clic en el botón de Presentación preliminar 🔍 de la barra de herramientas Estándar.

Pantalla de Presentación preliminar

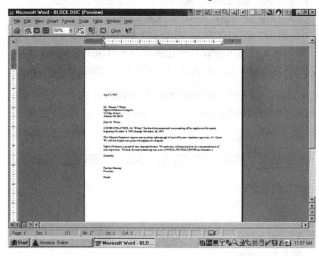

Barra de herramientas Presentación preliminar

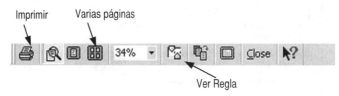

Imprimir   Varias páginas

Ver Regla

- Observe la barra de herramientas Presentación preliminar que se muestra arriba.

- Hacer clic en el botón **Varias páginas** 🖽 permite ver ya sea una o varias páginas a la vez.

- Hacer clic en el botón **Ver Regla** 🖾 permite mostrar u ocultar las reglas vertical y horizontal. Se recomienda mantener las dos reglas visibles, debido a que son muy útiles para ver y ajustar la posición de los márgenes. En lecciones posteriores, aprenderá cómo ajustar fácilmente las posiciones de los márgenes y los saltos de página en el modo de Presentación preliminar utilizando el *mouse.*

- Es posible desplazarse hacia atrás o hacia adelante por el documento en el modo de Presentación preliminar al oprimir las teclas Page Up (RE PÁG.) o Page Down (AV PÁG.) en el teclado, o al hacer clic en la barra de desplazamiento utilizando el *mouse.* Para salir de la Presentación preliminar, oprima la tecla Escape o haga clic en Close (Cerrar).

- También puede utilizar la rueda del *IntelliMouse* para desplazarse a través de documentos de páginas múltiples en el modo de Presentación preliminar. Sin embargo, la característica automática de desplazamiento no funciona en el modo de Presentación preliminar.

Presentación de pantalla completa

- Para ver su documento sin los elementos de pantalla (Regla, barras de herramientas, barra de título y barra de tareas) seleccione Full Screen (Pantalla completa) del menú View (Ver). El documento ocupará toda la pantalla.

- Para que los elementos vuelvan a aparecer en la pantalla, haga clic en Close (Cerrar), o presione Escape.

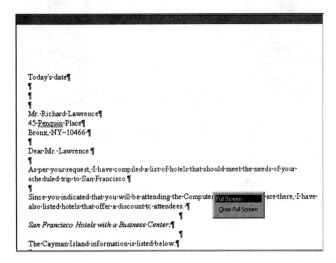

Modo de mayúsculas

- Presionar la tecla Caps Lock (Bloque Mayúsculas) una vez, le permitirá escribir todo el texto con letras mayúsculas sin necesidad de mantener oprimida la tecla Shift (Mayúsculas). El uso del Bloque de Mayúsculas sólo afecta a las *letras*. Para salir del modo de mayúsculas, presione de nuevo la tecla Caps Lock.

✓*Nota: Es fácil olvidar desactivar CAPS LOCK y empezar a escribir para obtener resultados como éste:*

nO oLVIDE dESACTIVAR lA tECLA cAPS lOCK.

> *Word corregirá automáticamente este error frecuente si se selecciona Corregir uso accidental de cAPS lOCK en las opciones de Autocorrección.*

Cambiar mayúsculas/minúsculas

- La característica Cambiar mayúsculas/minúsculas permite modificar un bloque existente de texto a carácteres Tipo frase, minúsculas, MAYÚSCULAS, Tipo Título, o tIPO iNVERSO (que cambia las letras mayúsculas a minúsculas y viceversa en todo el texto seleccionado).

- Para cambiar las mayúsculas/minúsculas, seleccione el texto, seleccione Change Case (Cambiar mayúsculas/minúsculas) del menú Format (Formato), y elija el tipo de letra deseado en el cuadro de diálogo Cambiar mayúsculas/minúsculas. Las selecciones del cuadro de diálogo ilustran la manera en que aparecerán los carácteres.

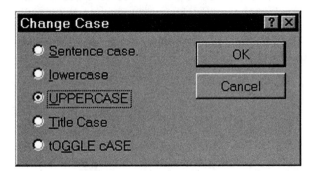

> *En este ejercicio, creará una carta en estilo de bloque modificado e imprimirá una copia del documento.*

INSTRUCCIONES PARA EL EJERCICIO

1. Cree un documento nuevo.

2. Use los márgenes predeterminados.

3. Escriba la carta que aparece en la siguiente página, exactamente como se muestra.

4. Establezca una marca de tabulación en 3".

5. Acceda a la característica AutoCorrect (Autocorrección). Asegúrese de que la opción Replace text as you type (Reemplazar según se escribe) esté seleccionada.

   - Coloque el punto de inserción en la parte superior de la pantalla y presione la tecla Enter (Entrar) ocho veces.
   - Presione la tecla TAB (Tabulaciones) una vez.
   - Utilice la característica automática Fecha para insertar la fecha actual a 2.5" de distancia del borde superior de la página.

6. Presione la tecla Enter entre las partes de la carta, de acuerdo con las instrucciones del ejercicio.

7. Cambie las mayúsculas/minúsculas de Annual Awards Dinner a Tipo Título.

8. Verifique la ortografía.

9. Muestre el documento en la presentación de Pantalla completa.

10. Visualice de nuevo los elementos de pantalla.

11. Cambie las mayúsculas/minúsculas de Annual Awards Dinner a mayúsculas compactas.

12. Imprima una copia ya sea:

    - desde la pantalla de Presentación preliminar, o
    - utilizando el botón Imprimir de la barra de herramientas, o
    - seleccione File (Archivo), Print (Imprimir) en la barra de menú.

13. Guarde el documento; titúlelo **BLOCK**.

14. Cierre la ventana del documento.

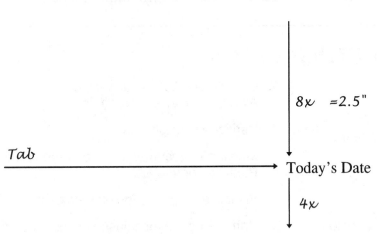

Tab → Today's Date

8x = 2.5"

4x

Mr. Thomas Walen
Updike Mechanics Company
23 Clogg Avenue
Atlanta, GA 30315
↓ *2x*
Dear Mr. Walen:
↓ *2x*
CONGRATULATIONS! You have been nominated as the outstanding office employee
of the month beginning November 4, 1997 through November 30, 1997.
↓ *2x*
The Committee that made your selection requires that you submit a photograph of
yourself to your supervisor so that we can display your picture in the company's
executive offices.
↓ *2x*
Updike Mechanics is proud of your accomplishments. We look forward to honoring
you at our ANNUAL AWARDS DINNER on December 3.

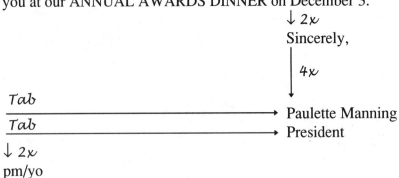

↓ *2x*
Sincerely,

4x

Tab → Paulette Manning
Tab → President
↓ *2x*
pm/yo

COMBINACIONES DE TECLAS

CAMBIAR LA CONFIGURACIÓN DE LAS TABULACIONES

1. Haga clic en **F**ormat............ `Alt`+`O`
2. Haga clic en **T**abs................. `T`
3. Haga clic en **Clear All** .... `Alt`+`A`
   (Eliminar todas)
   - Haga clic en
     Tab stop position........... `Alt`+`T`
   - Escriba la nueva posición.
     O
   - Haga clic en **Default tab
     stops** .... `Alt`+`F`
   - Especifique la distancia entre las tabulaciones.
4. Haga clic en **OK**...................... `Enter`

MODO DE MAYÚSCULAS

1. Presione **Caps Lock** .... `Caps`
2. Escriba texto .... *texto*
3. Presione **Caps Lock** .... `Caps`
   para salir del modo de mayúsculas.

CAMBIAR MAYÚSCULAS/MINÚSCULAS

1. Seleccione el texto que desee modificar....................................... *texto*
2. Haga clic en **F**ormat.............. `Alt`+`O`
3. Haga clic en **Change Cas**e.............. `E`
4. Seleccione el tipo de letra deseado.

⊕ IMPRIMIR UN DOCUMENTO

CTRL + P

Haga clic en el botón **Print**................. 🖨
   O
1. Haga clic en **F**ile .... `Alt`+`F`
2. Haga clic en **P**rint .... `P`
3. Haga clic en **OK**........................ `Enter`

⊕ PRESENTACIÓN PRELIMINAR

1. Haga clic en el botón
   Print Preview .... 🔍
   O
   a. Haga clic en **F**ile .... `Alt`+`F`
   b. Haga clic en **Print Pre**v**iew**.......... `V`
2. Presione **Page Up**........................ `Page Up`
   O
   Presione **Page Down** .... `Page Down`
   para desplazarse por el documento.
3. Haga clic en **Close** .... `Esc`
   para salir del modo de Presentación preliminar.

IMPRIMIR UN DOCUMENTO DESDE LA PANTALLA DE PRESENTACIÓN PRELIMINAR

1. Haga clic en el botón **Print** .... 🖨

ESTABLECER EL NÚMERO DE PÁGINAS QUE MOSTRARÁ LA PRESENTACIÓN PRELIMINAR

1. Haga clic en el botón
   Print Preview .... 🔍
   para acceder al modo de Presentación preliminar.
2. Haga clic en el botón
   Multiple Pages............................ ▦
3. Arrastre para indicar el número de páginas que desee ver.

PANTALLA COMPLETA

1. Haga clic en **V**iew .... `Alt`+`V`
2. Haga clic en **F**ull Screen .... `U`

Para volver a visualizar los elementos de pantalla:

   - Presione **Escape** .... `Esc`
     O
   - Haga clic en el botón
     Full Screen............................. ▣

Ejercicio 5

■ **Cómo crear una carta comercial personal**

NOTAS

■ Una **carta comercial personal** la escribe una persona que se representa a sí misma, no a una compañía.

■ Una carta comercial personal empieza a 2.5" de distancia de la parte superior de la página. (al igual que en los otros estilos de correspondencia) e incluye el domicilio del remitente (calle y número, ciudad, estado y código postal), que precede a la fecha. Sin embargo, si se utiliza papel con membrete personalizado, no hace falta escribir el domicilio del remitente.

■ La correspondencia comercial personal puede tener el formato de bloque completo o el de bloque modificado. Las iniciales de la persona que escribe no se incluyen. Dependiendo del estilo utilizado, el domicilio del remitente aparecerá en una posición diferente en la carta. A continuación, se ilustra el formato en estilo de bloque completo. Observe que el domicilio del remitente está escrito debajo del nombre de la persona que firma la carta.

Bloque completo

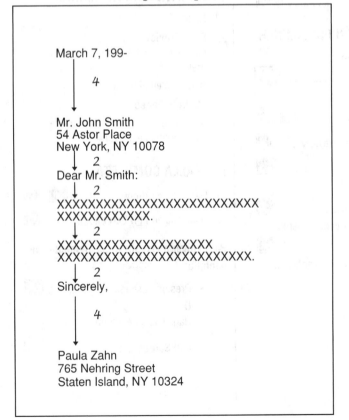

Bloque modificado

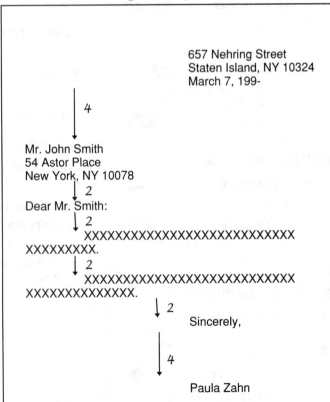

> *En este ejercicio, creará una carta comercial personal en estilo de bloque modificado y utilizará la función automática Fecha. También establecerá tabulaciones.*

INSTRUCCIONES PARA EL EJERCICIO

1. Cree un documento nuevo.
2. Muestre el Asistente de Office. Lea la sugerencia en caso de que aparezca el cuadro del foco encendido.
3. Escriba la carta comercial personal que aparece a continuación, en estilo de bloque modificado, como se muestra.
4. Use los márgenes predeterminados.
5. Establezca una marca de tabulación en 3".
6. Acceda a la característica AutoCorrect (Autocorrección). Asegúrese de que la opción Replace text as you type (Reemplazar según se escribe) se encuentre seleccionada.
7. Empiece el ejercicio a 2.5".

✓ *Establezca una marca de tabulación en 3" y presione la tecla TAB una vez para escribir el domicilio del remitente y la despedida.*

8. Verifique la ortografía.
9. Después de terminar el ejercicio, desplácese a la parte superior de la página.
10. Muestre el documento en presentación de Pantalla completa y, luego vuelva a visualizar todos los elementos al cerrar la pantalla completa.
11. Vea su trabajo en el modo de Presentación preliminar.
12. Imprima una copia.
13. Guarde el ejercicio; titúlelo **PERSONAL**.
14. Cierre la ventana del documento.

765 Robeling Street
Teaneck, NJ 07666
[Date Feature]

Ms. Gina Palmisaro, Associate
PRC Securities, Inc.
50 Wall Street
New York, NY 10260

Dear Ms. Palmisaro:

It was a pleasure meeting you last week and discussing my summer internship prospect in Global Markets at PRC Securities.

I found our talk to be insightful, and it has given me a new focus on a possible career in sales. The chance to work on a trading floor for the summer, therefore, would be invaluable.

Once again, thank you for your time and the opportunity to meet with you. I look forward to hearing from you soon.

Sincerely,

Karen Winn

Ejercicio
6

■ **Resumen**

INSTRUCCIONES PARA EL EJERCICIO

1. Cree un documento nuevo.

2. Acceda a la característica AutoCorrect (Autocorrección). Asegúrese de que la opción Replace text as you type (Reemplazar según se escribe) se encuentre seleccionada.

3. Use los márgenes predeterminados.

4. Establezca una marca de tabulación en 3".

5. Muestre el Asistente de Office. Lea la sugerencia en caso de que aparezca el cuadro del foco encendido.

6. Escriba la carta que aparece en la siguiente página, en estilo de bloque modificado, exactamente como se muestra, incluyendo el error gramatical marcado con un círculo.

7. Utilice la característica automática Fecha para insertar la fecha actual.

8. Cambie los carácteres del último párrafo a mayúsculas.

9. Verifique la ortografía y gramática. Acepte la primera corrección gramatical de Word.

10. Cambie los carácteres del último párrafo a Tipo frase (sentence case).

11. Vea su documento en el modo de Presentación preliminar e imprima una copia desde la pantalla de Presentación preliminar.

12. Guarde el archivo; titúlelo **OPEN**.

13. Cierre la ventana del documento.

Today's date Mr. Martin Quincy 641 Lexington Avenue New York, NY 10022 Dear Mr. Quincy: We are pleased to announce the opening of a new subsidiary of our company. We specialize in selling, training and service of portable personal computers. #This may be hard to believe, but we carry portable personal computers that can (does) everything a conventional desktop can. Our portables can run all of the same applications as your company's conventional PCs. With the purchase of a computer, we will train two employees of your firm on how to use an application of your choice. #For a free demonstration, call us at 212-555-9876 any day from 9:00 a.m. to 5:00 p.m. Sincerely, Theresa Mann President tm/yo

Lección 2: Cómo abrir y editar documentos

- **Cómo abrir y revisar un documento**
- **Cómo abrir un documento guardado recientemente**
- **Cómo abrir un documento guardado con anterioridad**
- **Cómo abrir un documento fuera del programa Word ■ Cómo insertar texto**
- **Modo Sobreescribir ■ Cómo guardar cambios en un documento**

Barra de herramientas Estándar

Abrir

NOTAS

Cómo abrir y revisar un documento

- Se revisa un documento cuando es necesario realizar correcciones o ajustes. **Las marcas de los correctores de pruebas** son símbolos en una copia impresa de un documento que indican los cambios que deben realizarse. A medida que se presente cada marca de corrección de pruebas en un ejercicio en este texto, se proporcionará una explicación e ilustración.

- Antes de revisar o editar un documento, éste debe abrirse desde el disco a la pantalla.

Cómo abrir un documento guardado recientemente

- Word presenta una lista de los últimos cuatro documentos abiertos en la parte inferior del menú File (Archivo). Para abrir un documento reciente, seleccione el archivo deseado en la lista de documentos abiertos recientemente.

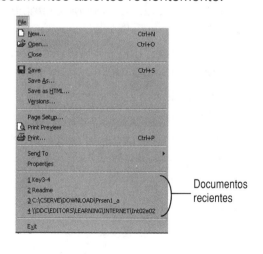

Documentos recientes

Cómo abrir un documento que no se haya guardado recientemente

- Después de seleccionar Open (Abrir) del menú File (Archivo), o de hacer clic en el botón Abrir de la barra de herramientas Estándar, aparece el cuadro de diálogo Abrir. En el cuadro de diálogo Abrir, haga doble clic en el nombre del archivo en la lista de documentos mostrada. Si el archivo deseado no aparece en la lista, haga clic en la flecha de la casilla de lista junto al cuadro de texto Look in (Buscar en) y seleccione la unidad de disco y/o carpeta deseada. Observe el cuadro de diálogo Abrir que se muestra a continuación:

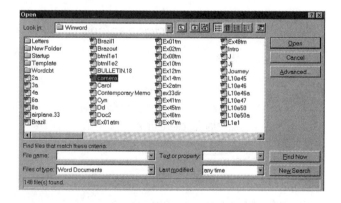

Cómo abrir un documento fuera del programa Word

- Si desea abrir un documento de Word cuando empiece a trabajar en su computadora, puede abrirlo fuera del programa Word. Hacerlo iniciará el programa Word *y* mostrará el cuadro de diálogo Abrir.

- Es posible abrir un documento de Word antes de iniciar el programa mediante cualquiera de los siguientes procedimientos:

  - Utilizar la barra de Acceso directo: Haga clic en *Open Office Document (Abrir documento de Office)*, y seleccione la unidad de disco, carpeta y nombre del documento en el cuadro de diálogo Abrir.

  - Utilizar la Barra de tareas de Windows 95:

    - Haga clic en *Start (Inicio)*, resalte *Documents (Documentos)*, haga clic en uno de sus últimos 15 documentos.

    - Haga clic en *Start*, haga clic en *Open Office Document*, seleccione la unidad de disco, carpeta y nombre del documento en el cuadro de diálogo Abrir.

    - Haga clic en *Start*, seleccione *Programs (Programas)*, seleccione *Windows Explorer (Explorador de Windows)*, seleccione la unidad de disco y carpeta, haga doble clic en el archivo del documento.

Cómo insertar texto

- Para realizar correcciones, desplácese por el documento hasta el punto de corrección mediante las teclas de movimiento del punto de inserción. Estas teclas incluyen End (Fin) Home (Inicio) Page Up (Regresar página), Page Down (Avanzar página) y las teclas de flecha, también llamadas de dirección. Ya ha tenido cierta práctica en mover el punto de inserción a través de su documento en ejercicios anteriores.

- Para insertar texto, coloque el punto de inserción a la izquierda del carácter que seguirá al material insertado. Cuando escriba el texto insertado, los carácteres existentes se desplazarán hacia la derecha. Cuando inserte una palabra, el espacio siguiente a la palabra también debe insertarse.

- Para crear un párrafo nuevo en un texto existente, coloque el punto de inserción inmediatamente a la izquierda del primer carácter del párrafo nuevo y presione la tecla Entrar dos veces.

Modo Sobreescribir (Overtype)

- Otra forma de editar texto es colocar a Word en el **Modo Sobreescribir**, de manera que le permita sobreescribir el texto existente con texto nuevo. En el modo Sobreescribir, el texto existente no se desplaza hacia la derecha; sino que se sobreescribe. Como valor predeterminado, Word se encuentra en el modo Insertar. Puede cambiar al modo Sobreescribir al hacer doble clic en el indicador OVR de la barra de estado. Cuando Word se encuentra en el modo Sobreescribir, el indicador **OVR** aparece resaltado en la barra de estado.

  ✓*Nota:* Si no puede activar OVR al hacer clic en él en la barra de estado, abra el cuadro de diálogo Tools, Options (Herramientas, Opciones) y asegúrese de que el modo Overtype (Sobreescribir) se encuentre seleccionado en la ficha Edit (Edición). Seleccione esta opción si desea pasar del modo Insertar al de Sobreescribir y viceversa cuando haga clic en el indicador OVR de la barra de estado.

- Para volver al modo Insertar, haga doble clic en el indicador OVR de la barra de estado. Para la mayoría de las ediciones, se recomienda trabajar en el modo Insertar.

Cómo guardar cambios en un documento

- Word le permite guardar los cambios que realice a medida que trabaja, o guardarlos después de llevar a cabo todas las correcciones. Haga clic en el botón Guardar 💾 de la barra de herramientas Estándar, o seleccione Save (Guardar) del menú File (Archivo). Su archivo se actualizará y el documento permanecerá en la pantalla para permitirle continuar trabajando.

- Cuando un documento se abre y se llevan a cabo revisiones, la versión revisada o actualizada debe volver a guardarse o reubicarse. Cuando un documento vuelve a guardarse, la nueva versión reemplaza a la anterior.

- Se recomienda que guarde a menudo para prevenir pérdidas de información.

- La marca de los correctores de pruebas para insertar es: ∧

- La marca de los correctores de pruebas para indicar un nuevo párrafo es: ⁋

INSTRUCCIONES PARA EL EJERCICIO

1. Abra 🖥TRY, o abra 💾07TRY.

2. Realice las inserciones indicadas en el ejercicio que se presenta a continuación

3. Use el modo Sobreescribir (Overtype)para insertar la palabra *determine* en el segundo párrafo. Regrese al modo Insertar inmediatamente después de este paso.

4. Guarde su trabajo.

5. Verifique la ortografía.

6. Imprima una copia.

7. Cierre el archivo.

8. Cierre la ventana del documento.

---

you will

As you type,∧notice the Col indicator on your status bar change as the position of your insertion point changes.

computer   determine   *the*

The∧"wraparound"∧feature allows the∧operator to∧~~decide on~~ line endings, making the use of∧ Enter unnecessary except at the end of a paragraph or short line. #Each file is saved on a ~~disk~~ or hard drive for recall. Documents must be given a name for identification.

key   data

or number

COMBINACIONES DE TECLAS

⊕ ABRIR UN DOCUMENTO

CTRL + O

1. Haga clic en el botón **Open** ....
2. Haga doble clic en el archivo deseado.

   O

   a. Haga clic en **F**ile ....
   b. Haga clic en **O**pen .... [O]
   c. Seleccione o escriba el nombre del archivo deseado.
   d. Haga clic en **OK** .... [Enter]

   O

   a. Haga clic en **F**ile ....
   b. Seleccione el archivo deseado.... [↓]
      de la lista de documentos abiertos recientemente.

ABRIR UN DOCUMENTO FUERA DEL PROGRAMA WORD

– UTILIZANDO LA BARRA DE ACCESO DIRECTO –

1. Haga clic en el botón
   Open Office Document ....
2. Haga clic en la flecha del cuadro de texto **Look in** ....
3. Seleccione la unidad de disco y carpeta deseados.
4. Haga doble clic en el documento deseado entre los que aparecen en la lista.

   O

   a. Haga clic en el cuadro de texto
      File name .... Alt + N
   b. Escriba el nombre del archivo deseado.

Si el documento no se guardó como documento de Word:

   a. Haga clic en la flecha de la casilla de lista **Files of type** ....
   b. Seleccione el tipo de archivo deseado (si éste es diferente a un documento de Word).
   c. Haga clic en **Open** .... [Enter]

– UTILIZANDO LA BARRA DE TAREAS –

1. Haga clic en **Start** ....
2. Resalte **Documents** .... [D]
3. Seleccione uno de los últimos 15 documentos mostrados.

   O

   a. Haga clic en **Start** ....
   b. Haga clic en **Open Office Document**.
   c. Seleccione la unidad de disco o carpeta.
   d. Haga doble clic en el nombre del documento deseado.

   O

   a. Haga clic en **Start** .... Ctrl + Esc
   b. Resalte **Programs** .... Alt + P
   c. Seleccione **Windows Explorer**. .
   d. Seleccione la unidad de disco y carpeta.
   e. Haga doble clic en el nombre del documento.

USAR SOBREESCRIBIR

1. Haga doble clic en el indicador OVR de la barra de estado.
2. Escriba texto .... *texto*
3. Haga doble clic en el indicador OVR de la barra de estado.

⊕ VOLVER A GUARDAR UN DOCUMENTO

CTRL + S

1. Haga clic en el botón **Save** ....

   O

   a. Haga clic en **F**ile .... Alt + F
   b. Haga clic en **S**ave .... [S]

   O

   a. Haga clic en **F**ile .... Alt + F
   b. Haga clic en **C**lose .... [C]
   c. Haga clic en **Y**es .... [Y]
      cuando se le pregunte si desea guardar los cambios.

INSERTAR TEXTO

1. Coloque el punto de inserción a la izquierda del carácter que seguirá inmediatamente al texto insertado.
2. Escriba el texto .... *texto*

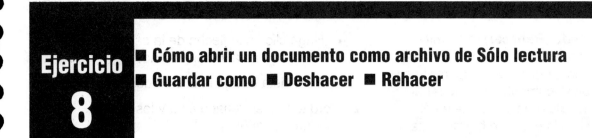

Ejercicio
8

■ **Cómo abrir un documento como archivo de Sólo lectura**
■ **Guardar como** ■ **Deshacer** ■ **Rehacer**

Barra de herramientas Estándar

Deshacer   Flecha de lista   Rehacer   Flecha de lista
            Deshacer   Rehacer

NOTAS

Cómo abrir un documento como archivo de Sólo lectura (Read Only)

■ Si desea abrir un documento, pero no realizar cambios en él, puede abrirlo como archivo de Sólo lectura (Read Only). Esta opción requiere guardar el archivo con un nombre diferente, para evitar afectarlo de manera accidental.

■ Para abrir un archivo como Sólo lectura, señale el documento que desea abrir en el cuadro de diálogo Abrir y haga clic con el botón *derecho* del *mouse.* Seleccione Op_e_n Read Only (Abrir como Sólo lectura) en las opciones. O seleccione el archivo que desea abrir; a continuación, haga clic en el botón Commands and Settings (Comandos y configuraciones) y seleccione Op_e_n Read-Only.

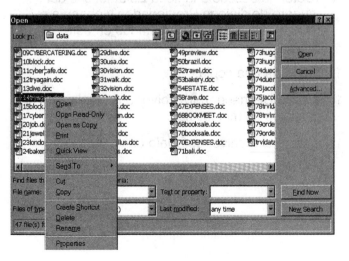

■ Si desea guardar o editar un documento que haya abierto utilizando la opción de Sólo lectura, Word muestra automáticamente el cuadro de diálogo Guardar como (Save As), que le permite guardar el archivo con un nombre distinto y, de este modo, dejar intacto el documento original.

Guardar como (Save As)

■ Si desea guardar cualquier documento con un nombre de archivo diferente, o en una ubicación distinta, puede seleccionar Save _A_s (Guardar como) del menú _F_ile (Archivo). Cuando se guarda un documento con un nombre nuevo, el documento original permanece intacto.

Deshacer (Undo)

■ La característica **Undo (Deshacer)** le permite deshacer el último cambio realizado en el documento. Word recuerda hasta 300 acciones en un documento y le permite deshacer cualquiera o todas ellas. Puede deshacer todas las acciones recientes al hacer clic repetidamente en el botón Deshacer 🔙 de la barra de herramientas Estándar.

■ O, puede deshacer una series de acciones:

• Haga clic en la flecha de la casilla de lista, situada junto al botón Deshacer ▼.

• De la lista escoja la acción deseada.

Word entonces deshace ésta y las demás acciones anteriores.

Rehacer (Redo)

- La característica **Redo (Rehacer)** le permite recuperar la última acción "deshecha". Al igual que Deshacer, Rehacer permite recuperar hasta 300 acciones en un documento. Puede rehacer una acción al hacer clic repetidamente en el botón Rehacer ⟳ de la barra de herramientas Estándar.

- O, puede rehacer una serie de acción:
  - Haga clic en la flecha de la casilla de lista, situada junto al botón Rehacer ▾.
  - De la lista escoja la acción deseada.
- Word entonces rehace ésta y las démas acciones anteriores.

En este ejercicio, insertará texto en la parte superior de la página y creará una carta en estilo de bloque modificado. Para hacerlo, establezca una marca de tabulación en 3". A continuación, inserte la fecha, presione la tecla Enter nueve veces para llevar el indicador At (A) a 2.6". Desplace el punto de inserción hasta que el indicador At señale 2.5" y, enseguida, oprima la tecla TAB una vez para iniciar la línea de la fecha y la despedida a la mitad de la página. Recuerde utilizar la característica automática de Fecha.

Después de insertar la fecha, continuará insertando el domicilio del remitente y el saludo. El texto se ajustará a medida que continúe creando la carta.

INSTRUCCIONES PARA EL EJERCICIO:

1. Abra ⌨TRYAGAIN como archivo de Sólo lectura (Read Only), o abra 🖫08TRYAGAIN del disco de datos como archivo de Sólo lectura.

2. Establezca una marca de tabulación en 3".

3. Acceda al cuadro de diálogo Autocorrección. Cancele la selección Poner en mayúscula la primera letra de cada oración.

4. Realice las inserciones indicadas. Siga el interlineado para una carta en estilo de bloque modificado que se ilustró en el Ejercicio 3.

5. Utilice la característica automática de Fecha para insertar la fecha actual.

6. Utilice el modo Sobreescribir (Overtype) para insertar la palabra *start* en el segundo párrafo; vuelva de inmediato al modo Insertar.

7. Después de escribir las iniciales (jo/yo), utilice Undo (Deshacer). Vuelva a escribirlas en mayúsculas compactas.

8. Después de escribir las iniciales con mayúsculas compactas, utilice Undo (Deshacer).

9. Utilice Redo (Rehacer) para poner de nuevo las iniciales en mayúsculas compactas.

10. Vea su trabajo en el modo de Presentación preliminar.

11. Modifique la información del resumen del documento (Propiedades) como sigue:

    Asunto: Consulta acerca de programas de software.

    Autor: Jerry O'Brien

    Categoría: Relaciones con los clientes

12. Obtenga acceso a la ficha Estadísticas del cuadro de diálogo Propiedades y observe el número de palabras contenidas en este documento.

13. Imprima una copia.

14. Utilice Deshacer para volver a poner las iniciales en minúsculas.

15. Cierre el archivo; guárdelo como **TRYIT.**

Fecha actual

Ms. Donna Applegate
Consultants Unlimited, Inc.
45 East 45 Street
New York, NY 10022

Insertar

Dear Ms. Applegate:

In response to your inquiry about software programs, I have outlined some of the merits of Word 97 for Windows.

Word 97 for Windows is simple to use since you can ~~begin~~ start typing as soon as you enter the program.

The Word 97 for Windows program sets the way text will lay out or "format" on a page. For example, margins are set for 1.25" on the left and 1.25" on the right; line spacing is automatic; tabs are set to advance the insertion point _ inch each time the Tab key is de pressed. #Formats may be changed at any time and as many times as desired throughout the document.

Yours truly,

automatically

Insertar

Jerry O'Brien
Sales Manager

jo/yo

COMBINACIONES DE TECLAS

🌐 GUARDAR COMO (SAVE AS)

1. Haga clic en **File** .... `Alt` + `F`

2. Haga clic en **Save As** .... `A`

3. Escriba el nombre nuevo del archivo.

4. Haga clic en **OK** .... `Enter`

🌐 DESHACER (UNDO)

Ctrl + Z

Este procedimiento debe utilizarse inmediatamente después de ejecutar el comando que desee deshacer.

Haga clic en el botón **Undo** .... 🔙

O

  a. Haga clic en **Edit** .... `Alt` + `E`

  b. Haga clic en **Undo** .... `U`

🌐 REHACER (REDO)

Ctrl + Y

Este procedimiento debe utilizarse inmediatamente después de deshacer un comando.

Haga clic en el botón **Redo** .... 🔜

O

  a. Haga clic en **Edit** .... `Alt` + `E`

  b. Haga clic en **Redo** .... `R`

Ejercicio 9

■ **Cómo borrar texto** ■ **Cómo seleccionar texto** ■ **Ver/ocultar códigos**

Barra de herramientas Estándar

Cortar   Pegar   Ver/Ocultar todos

NOTAS

Cómo borrar texto

■ La característica **Suprimir (Delete)** le permite eliminar texto, gráficas o códigos de un documento.

■ Los procedimientos para borrar texto varían dependiendo de lo que se desee suprimir: un carácter, el carácter anterior, una palabra, línea, párrafo, página, el resto de una página o una línea en blanco.

■ La tecla Backspace (Retroceso) se utiliza para suprimir carácteres y cerrar los espacios a la izquierda del punto de inserción.

■ Para borrar un carácter o espacio, coloque el punto de inserción inmediatamente a la izquierda del carácter o espacio que desee eliminar y, a continuación, presione la tecla Delete (Suprimir) (Del), que se localiza en el lado derecho del teclado.

■ Un bloque de texto (palabras, oraciones o párrafos) puede borrarse al seleccionarlo (resaltarlo) y aplicar alguna de las opciones siguientes:

- presionar la tecla Delete, o

- seleccionar Clear (Borrar) del menú Edit (Edición), o

- hacer clic en el botón Cut (Cortar) [✂] de la barra de herramientas.

■ Cuando se utiliza el botón Cortar para suprimir texto, éste desaparece de la pantalla y se coloca en el Portapapeles (Clipboard). El Portapapeles es un área de almacenamiento temporal en la memoria de la computadora. El texto más recientemente enviado al Portapapeles se recupera al presionar Shift + Insert, Ctrlt + V, o al hacer clic en el botón Paste (Pegar) [📋] de la barra de herramientas.

Cómo seleccionar texto

■ Existen varias formas de resaltar o seleccionar texto:

- **Utilización del teclado:** mantenga presionada la tecla Shift (Mayúsculas), mientras oprime las teclas de movimiento del punto de inserción.

- **Utilización del teclado en combinación con el *mouse:*** coloque el punto de inserción al principio del texto que desee seleccionar, mantenga presionada la tecla Shift y haga clic donde desee que finalice la selección.

- **Utilización del *mouse:*** arrastre el puntero del *mouse* sobre el texto que desee seleccionar.

- **Utilización de la tecla de función F8 para extender la selección,** que fija el punto de inserción y le permite utilizar las teclas de movimiento de éste para resaltar o seleccionar texto en cualquier dirección a partir de la posición del punto de inserción. Cuando se utiliza el modo extendido (las letras EXT aparecen en la barra de estado), es posible extender la selección a cualquier carácter o símbolo, al presionar ese carácter o símbolo en el teclado. Word resaltará de manera instantánea el texto a partir del punto de inserción hasta la siguiente ocurrencia de dicho carácter o símbolo. Oprima Esc para cancelar el modo extendido.

- **Utilización del *mouse* con la barra de selección,** al hacer clic en la barra de selección. La **barra de selección** es el espacio vertical que se extiende a lo largo del borde izquierdo de la pantalla de Word. Observe la ilustración de la barra de selección que se presenta a continuación.

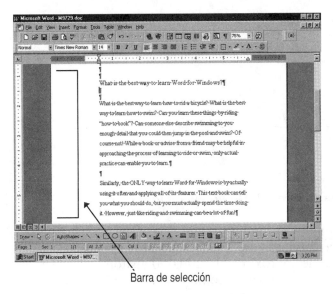

Barra de selección

- Cuando se desplaza el puntero del *mouse* dentro de la barra de selección, éste se transforma en una flecha que apunta hacia arriba, a la parte superior derecha de la pantalla.

- Hacer clic con el botón izquierdo del *mouse,* mientras que el puntero se encuentra en la barra de selección, resalta la línea completa de texto que se encuentra frente al puntero. Mantener presionado el botón izquierdo del *mouse* y arrastrar el puntero hacia arriba o hacia abajo en la barra de selección le permitirá resaltar o seleccionar tantas líneas de texto como desee. Para abandonar cualquier proceso de selección, suelte el botón del *mouse* y haga clic una vez en cualquier parte de la pantalla de Word.

Ver/Ocultar códigos

- A medida que se crea un documento en Word, se insertan códigos.

- Cuando se selecciona el botón **Show/Hide (Ver/Ocultar todos)** ¶ de la barra de herramientas estándar, los códigos de las marcas de párrafo (¶), tabulaciones (→) y espacios (•) se hacen visibles en su documento. Sin embargo, estos símbolos *no* aparecen cuando se imprime el documento.

- Para combinar dos párrafos en uno, elimine los saltos de línea que dividen a los párrafos. Los saltos de línea se representan en la pantalla mediante marcas de párrafos (¶). Por lo tanto, al suprimir el símbolo, se eliminará el salto de línea.

- Para borrar una tabulación, coloque el punto de inserción a la izquierda del símbolo de tabulación (→) y presione la tecla Suprimir (Delete).

- Se recomienda mantener visibles las marcas de párrafo al editar un documento, debido a que:

  - Es más sencillo combinar y dividir los párrafos si se borran o insertan los propios símbolos de párrafo, y

  - Cada marca de párrafo contiene información importante acerca del formato del párrafo que la precede (tamaño y estilo de fuente, sangrías, bordes, etc.)

  ✓Nota: *Aprenderá más acerca de esta característica en una lección posterior.*

- Las marcas que utilizan comúnmente los correctores de pruebas para borrar o mover texto son: borrar ℰ mover texto a la izquierda es [o ↤.

En este ejercicio, utilizará varios métodos de eliminación para editar un documento. Utilice los procedimientos de selección en bloque para suprimir oraciones, palabras o bloques de texto.

INSTRUCCIONES PARA EL EJERCICIO

1. Cree un documento nuevo.

2. Use los márgenes y tabulaciones preestablecidos.

3. Desactive la función de verificación gramatical.

4. Cree el ejercicio como se ilustra en la Parte I, o abra 🖫**09DIVE** y empiece en el punto donde el indicador At marque 1".

5. Haga clic en el botón Ver/Ocultar todos de la barra de herramientas Estándar para ver los códigos.

6. Utilizando los procedimientos de selección y eliminación que se indican en la Parte II del ejercicio, efectúe las revisiones.

7. Después de borrar el último párrafo, recupérelo.

8. Utilice otro método de eliminación para volver a suprimir el último párrafo.

9. Verifique la ortografía.

10. Imprima una copia.

11. Cierre el archivo; guárdelo como **DIVE**.

Parte I

DIVING VACATIONS
DIVING IN THE CAYMAN ISLANDS

Do you want to see sharks, barracudas and huge stingrays? Do you want to see gentle angels, too?

The Cayman Islands were discovered by Christopher Columbus in late 1503. The Cayman Islands are located just south of Cuba. The Caymans are the home to only about 125,000 year-round residents. However, they welcome approximately 200,000 visitors each year. Each year, more and more visitors arrive. Most visitors come with colorful masks and flippers in thXEr luggage ready to go scuba diving.

Because of the magnificence of the coral reef, scuba diving has become to the Cayman Islands what safaris are to Kenya. If you go into a bookstore, you can buy diving gear.

Now, you are ready to jump in.

Recommendations for Hotel/Diving Accommodations:

Sunset House, Post Office Box 4791, George Towne, Grand Cayman; (809) 555-4767.

Coconut Harbour, Post Office Box 2086, George Towne, Grand Cayman; (809) 555-7468.

SeXEng a shark is frightening at first; they seem to come out of nowhere and then return to nowhere. But as soon as the creature disappears, you will swim after it. You will just want to keep this beautiful, graceful fish in view as long as you can.

Línea   ~~DIVING VACATIONS~~

DIVING IN THE CAYMAN ISLANDS

Palabra   Do you want to see sharks, barracudas and ~~huge~~ stingrays? Do you want to see ~~gentle~~ angels, too?

Palabra
Carácter
Oración
Resto de la
línea.   The Cayman Islands were discovered by Christopher Columbus in ~~late~~ 1503. The Cayman Islands are located ~~just~~ south of Cuba. The Caymans are ~~the~~ home to only about 125,000 year-round residents. However, they welcome ~~approximately~~ 200,000 visitors each year. ~~Each year, more and more visitors arrive.~~ Most visitors come with ~~colorful~~ masks and flippers in thXEr luggage ~~ready to go scuba diving~~.

Párrafo   ~~Because of the magnificence of the coral reef, scuba diving has become to the Cayman Islands what safaris are to Kenya. If you go into a bookstore, you can buy diving gear.~~

Now, you are ready to jump in.

Palabras   ~~Recommendations for~~ Hotel/Diving Accommodations:

Parte de
una
palabra/
Carácter   Sunset House, ~~Post Office~~ Box 4791, George Towne, Grand Cayman; (809) 555-4767.

Coconut Harbour, ~~Post Office~~ Box 2086, George Towne, Grand Cayman; (809) 555-7468.

Resto de la
página.   ~~SeXEng a shark is frightening at first; they seem to come out of nowhere and then return to nowhere. But as soon as the creature disappears, you will swim after it. You will just want to keep this beautiful, graceful fish in view as long as you can.~~

COMBINACIONES DE TECLAS

 SUPRIMIR (DELETE)

Carácter:

1. Coloque el punto de inserción a la izquierda del carácter que desee borrar.

2. Presione **Delete** .... `Del`

   o

a. Coloque el punto de inserción a la derecha del carácter que desee borrar.

b. Presione **Backspace** .... `Backspace`

Palabra:

1. Haga doble clic en la palabra deseada.

2. Presione **Delete** .... `Del`

   o

a. Coloque el punto de inserción a la izquierda de la palabra que desee borrar.

b. Presione **Ctrl + Delete** ...... `Ctrl` + `Del`

   o

a. Coloque el punto de inserción a la derecha de la palabra que desee borrar.

b. Presione .... `Ctrl` + `Backspace`
   Ctrl+Backspace

Bloque de texto:

1. Para seleccionar (resaltar) el bloque que desee suprimir, utilice los procedimientos que se describen a continuación.

2. Haga clic en el botón **Cut** para colocar el texto en el Portapapeles (Clipboard).

   O

   Presione **Delete** .... Del

   O

   Presione **Shift+Delete**......... Shift + Del
   para trasladar el bloque al Portapapeles.

   ✓ *El **portapapeles** es un área de almacenamiento temporal en la memoria de la computadora. Es posible recuperar el texto más recientemente enviado al portapapeles, si presiona **Shift** + **Insert**, **Ctrlt** + **V**, o hace clic en el botón **Paste** de la barra de herramientas.*

REEMPLAZAR TEXTO SUPRIMIDO CON TEXTO ESCRITO

1. Para seleccionar el texto que desee reemplazar, utilice los procedimientos que se describen a la derecha.

2. Escriba el texto nuevo ....*texto*

SELECCIONAR (RESALTAR) BLOQUES DE TEXTO

– USANDO EL TECLADO –

Coloque el punto de inserción al principio del texto que desee seleccionar.

PARA RESALTAR:	PRESIONE:
Un carácter a la izquierda	Shift + ←
Un carácter a la derecha	Shift + →
Una línea hacia arriba	Shift + ↑
Una línea hacia abajo	Shift + ↓
Hasta el final de una línea	Shift + End
Hasta el principio de la línea ..	Shift + Home
Hasta el final de una palabra...............................	Shift + Ctrl + →
Hasta el principio de una palabra	Shift + Ctrl + ←
Hasta el final del párrafo.....	Shift + Ctrl + ↓
Hasta el principio del párrafo	Shift + Ctrl + ↑
Hasta el final del documento......................	Shift + Ctrl + End
Hasta el principio del documento	Shift + Ctrl + Home
Todo el documento	Ctrl + A

– UTILIZANDO LA TECLA DE MODO EXTENDIDO DE SELECCIÓN (F8) –

1. Coloque el punto de inserción al principio del bloque de texto que desee seleccionar.

2. Presione **F8**................................ F8
   EXT aparece en la barra de estado.

3. Presione cualquier carácter, signo de puntuación, o símbolo para seleccionar hasta la siguiente ocurrencia de esta tecla.

   O

   Presione cualquiera de las teclas de movimiento del punto de inserción para extender la selección.

   O

   Presione **F8** de manera repetida F8
   hasta seleccionar el bloque deseado.

4. Presione **Escape** .... Esc
   para cancelar el modo extendido.

– UTILIZANDO EL MOUSE –

1. Coloque el punto de inserción al principio del bloque de texto que desee seleccionar.

2. Mantenga presionado el botón izquierdo del *mouse* y arrastre el punto de inserción hasta la posición deseada.

3. Suelte el botón del *mouse*.

   O

   a. Coloque el punto de inserción al principio del bloque de texto que desee seleccionar.

   b. Señale el punto donde debe finalizar la selección.

   c. Presione **Shift** .... Shift
   y haga clic con el botón izquierdo del *mouse*.

Métodos abreviados de selección con el mouse

Para seleccionar una palabra:

1. Coloque el punto de inserción en cualquier parte de la palabra.

2. Haga doble clic con el botón izquierdo del *mouse*.

Para seleccionar una oración:

1. Coloque el punto de inserción en cualquier parte de la oración.

2. Mantenga presionada la tecla **Ctrl** .... Ctrl
   y haga clic con el botón izquierdo del *mouse*.

Para seleccionar un párrafo:

1. Coloque el punto de inserción en cualquier parte del párrafo.

2. Haga triple clic con el botón izquierdo del *mouse*.

Para seleccionar una línea de texto:

1. Coloque el puntero del mouse en la **barra de selección** en el extremo izquierdo de la línea deseada. El puntero del mouse señalará hacia la derecha cuando se encuentre en el área de la barra de selección.

2. Haga clic con el botón izquierdo del *mouse* una vez.

Para seleccionar un documento completo:

1. Coloque el puntero del *mouse* en cualquier parte de la barra de selección.

2. Presione sin soltar la tecla **Ctrl** .... Ctrl
   y haga clic con el botón izquierdo del *mouse*.

Para cancelar una selección:

Haga clic en cualquier parte del texto.

Ejercicio 10

■ **Cómo efectuar el seguimiento de cambios** ■ **Marcas de revisión**
■ **Cómo personalizar la configuración que se utilizará para las marcas de revisión**
■ **Aceptar/Rechazar revisiones** ■ **Menú de métodos abreviados**

NOTAS

Cómo efectuar el seguimiento de los cambios realizados en un documento

■ Editar y modificar un documento es relativamente sencillo. Descifrar qué cambios se realizaron y por quién puede resultar más difícil. Al activar la función **Track Changes** (Usar marcas de revisión), podrá ver todas las ediciones (incluyendo los cambios de formato) que se efectúen en un documento. Después, podrá aceptar o rechazar cualquier revisión. También es posible ver quién llevó a cabo las ediciones sugeridas.

✓Nota: *Si se selecciona la opción Por autor, en la ventana de Revisiones, Word asignará un color distintivo a las primeras ocho personas que revisen un documento (Véase **Personalizar la configuración que se utilizará para las marcas de revisión** en la siguiente página, para obtener más información.) Si más de ocho personas revisan un documento, los colores vuelven a empezar por el primer color asignado. Además, cuando señale una revisión, el nombre de la persona que efectuó la edición aparecerá en pantalla si la opción Pistas (Screentips) está activada (véase ilustración en la página siguiente).*

■ También puede determinar cómo se mostrarán las revisiones en la pantalla y si deben o no imprimirse.

Marcas de revisión

■ Haga una copia del documento original antes de empezar a realizar los cambios. Si cuenta con una copia del original será más fácil comparar los documentos, que es otra manera de dar seguimiento a las revisiones efectuadas. Antes de empezar a editar un documento existente, active Track Changes (Usar marcas de revisión). Para hacerlo, seleccione Track Changes,

Highlight Changes (Mostrar revisiones) del menú Tools (Herramientas), o haga doble clic en el indicador TRK de la barra de estado.

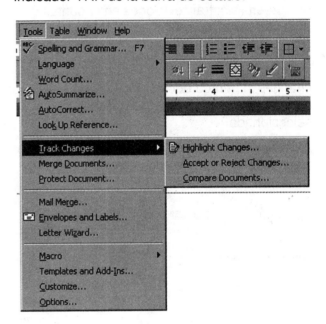

Para activar Usar marcas de revisión:

• Haga doble clic en el indicador TRK de la barra de estado.

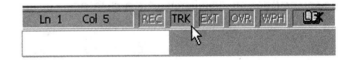

O

• Haga clic en Tools

• Seleccione Track Changes

• Haga clic en Highlight Changes.

• Haga clic en Track changes while editing (Marcar revisiones mientras se modifica).

■ En el cuadro de diálogo Highlight Changes (Mostrar revisiones) que sigue, seleccione Track changes while editing (Marcar revisiones mientras se modifica).

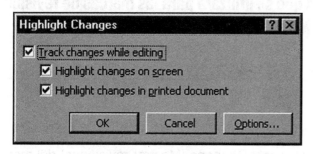

Clic para selecionar color · Clic para selecionar estilo

Seleccione por autor para ver nombre de revisor

Seleccione Ninguno para apagar revisión

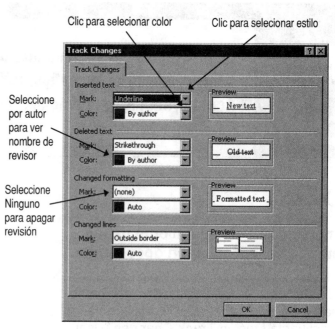

■ Para ver los cambios a medida que los realiza, asegúrese de que la opción Highlight changes on screen (Mostrar revisiones en la pantalla) se encuentre seleccionada.

■ Para mostrar las revisiones en el documento impreso, asegúrese de que la opción Highlight changes in printed document (Mostrar revisiones en un documento impreso) se encuentre seleccionada.

■ A continuación, se presenta un ejemplo de cómo se ven las revisiones en su documento.

Texto borrado · Texto insertado · Señale la revisión para ver el nombre del revisor

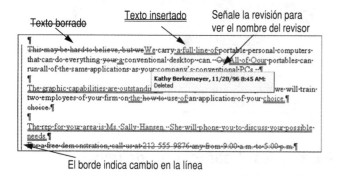

El borde indica cambio en la línea

Personalizar la configuración que se utilizará para las marcas de revisión

■ Puede cambiar la configuración que se utilizará para las marcas de revisión, al seleccionar las opciones en el cuadro de diálogo Revisiones. Seleccione Tools, Track Changes, Highlight Changes; a continuación, haga clic en Options (Opciones). El siguiente cuadro de diálogo aparece.

✓Nota: También puede obtener acceso a este cuadro de diálogo al seleccionar la ficha Track Changes (Revisiones) del cuadro de diálogo Tools, Options.

Aceptar/Rechazar revisiones

■ Existen varias formas de aceptar o rechazar los cambios efectuados en el documento. Puede utilizar la barra de herramientas Revisiones (seleccione View (Ver), Toolbars (Barras de herramientas), Reviewing (Revisiones); el cuadro de diálogo Aceptar o Rechazar cambios, o el menú de método abreviado.

■ Abra el documento que contiene las revisiones que desea evaluar. Si las marcas de revisión no aparecen en el documento, asegúrese de que Highlight changes on screen (Mostrar revisiones en la pantalla) se encuentre seleccionada en el cuadro de diálogo Mostrar revisiones. Seleccione Track Changes (Revisiones), Accept or Reject Changes (Aceptar o rechazar revisiones) del menú Tools (Herramientas)

Activar o desactivar Revisiones · Mover a cambio previo · Mover a próximo cambio

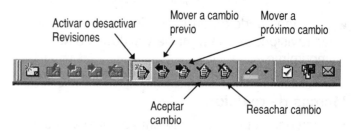

Aceptar cambio · Resachar cambio

■ En el cuadro de diálogo Aceptar o rechazar revisiones que sigue, haga clic en el botón apropiado.

COMBINACIONES DE TECLAS

ENCENDER/APAGAR USAR MARCAS DE REVISIÓN

1. Haga doble clic en TRK de la barra de estado.

O

1. Haga clic en **Tools** .... Alt + T
2. Haga clic en **Track Changes** .... T
3. Haga clic en **Highlight Changes**....... H
4. Haga clic en **Track changes while editing** .... T

Para ver los cambios mientras edita:

- Seleccione **Highlight changes..** S **on screen**, en caso necesario.

Para mostrar las revisiones en un documento impreso:

- Seleccione **Highlight changes..** P **in printed document**, en caso necesario.

PERSONALIZAR LA CONFIGURACIÓN QUE SE UTILIZARÁ PARA LAS MARCAS DE REVISIÓN

1. Haga clic en **Tools** .... Alt + T
2. Haga clic en **Track Changes** .... T
3. Haga clic en **Highlight Changes**....... H
4. Haga clic en **Options**....................... O
5. Seleccione las opciones deseadas de **Mark (Marca)** y **Color** para determinar la manera en que aparecerán las revisiones en la pantalla.

   - Texto insertado
   - Texto borrado
   - Formato modificado
   - Líneas revisadas

Observe que puede encender y apagar las opciones individuales en este cuadro de diálogo.

ACEPTAR O RECHAZAR LAS REVISIONES INDIVIDUALES

-UTILIZANDO LA BARRA DE HERRAMIENTAS-

1. Active la barra de herramientas Reviewing.
2. Señale la revisión que va a aceptar o a rechazar.
3. Haga clic en el botón **Accept** ....

   O

   Haga clic en el botón **Reject**..........

4. Proceda con el cambio siguiente.

-UTILIZANDO EL MENÚ DE MÉTODO ABREVIADO-

1. Señale la revisión y haga clic con el botón derecho del *mouse*.
2. Haga clic en **Accept Change**............ E

   O

   Haga clic en **Reject Change** .... R

-UTILIZANDO LA BARRA DE ESTADO-

1. Haga clic una vez en una revisión.
2. Haga clic con el botón derecho del *mouse* en **TRK**.
3. Haga clic en **Accept or Reject Changes**................................ A
4. Haga clic en **Accept** .... A

   O

   Haga clic en **Reject** .... R

5. Haga clic en **Close** para regresar al documento .... Esc

ACEPTAR O RECHAZAR TODAS LAS REVISIONES

-UTILIZANDO EL MENÚ-

1. Haga clic en **Tools**................. Alt + T
2. Haga clic en **Track Changes**............ T
3. Haga clic en **Accept or Reject Changes**...................................... A
4. Haga clic en **Accept All/ Reject All**............................... C / J

Si aparece un mensaje que pregunta si está seguro de querer aceptar/rechazar todos los cambios sin examinarlos:

Haga clic en **Yes/No** .... Y / N

5. Haga clic en **Close** para regresar al documento .... Esc

-UTILIZANDO LA BARRA DE ESTADO-

1. Haga clic con el botón derecho del *mouse* en **TRK**.
2. Haga clic en **Accept or Reject Changes**...................................... A
3. Haga clic en **Accept All/ Reject All**............................... C / J

Si aparece un mensaje que pregunta si está seguro de querer aceptar/rechazar todos los cambios sin examinarlos:

Haga clic en **Yes/No** .... Y / N

4. Haga clic en **Close** para regresar al documento .... Esc

Ejercicio
11
■ **Espacios de no separación**

NOTAS

Espacios de no separación

■ Para evitar que dos o más palabras se dividan durante el ajuste automático de línea, puede insertar un **espacio de no separación** entre las palabras. Esta característica resulta particularmente útil al escribir nombres propios y apellidos, nombres con títulos, fechas, ecuaciones y horas. Cuando se inserta un espacio de no separación, es necesario borrar el espacio original, si no el espacio de no separación no tendrá ningún efecto.

■ Para agregar un espacio de no separación, escriba la primera palabra, presione Ctrl+Shift+Barra espaciadora y, a continuación, escriba la segunda palabra.

■ La marca que utilizan los correctores de pruebas para el espacio de no separación es: △.

■ La marca que utilizan los correctores de pruebas para mover el texto a la derecha es: $] \rightarrow$ o $\rightarrow]$.

■ La marca que utilizan los correctores de pruebas para el uso de mayúsculas es: ≡.

En este ejercicio, insertará y borrará texto en una carta creada con anterioridad.

INSTRUCCIONES PARA EL EJERCICIO

1. Abra **BLOCK**, o abra **11BLOCK**.
2. Imprima una copia.
3. Obtenga acceso a la característica Usar marcas de revisión.
   - Marque las revisiones mientras edita el texto del documento.
   - Muestre las revisiones en pantalla.
   - Muestre las revisiones en el documento impreso.
4. Realice las revisiones indicadas e inserte un espacio de no separación en donde vea el símbolo del triángulo (△).

5. Después de realizar todas las revisiones, deshaga la acción de borrar la última oración.
6. Verifique la ortografía.
7. Guarde el documento como **BLOCKA**.
8. Imprima una copia.
9. Acepte todos los cambios.
10. Apague la característica Usar marcas de revisión.
11. Vea su trabajo en presentación preliminar.
12. Imprima una copia.
13. Cierre el archivo; guárdelo como **BLOCK**.

COMBINACIONES DE TECLAS

ESPACIO DE NO SEPARACIÓN

1. Escriba la primera palabra.
2. Presione.............. Ctrl + Shift + Space
   Ctrl + Shift + Barra espaciadora.

3. Escriba la palabra siguiente ....*palabra*
   O
   a. Borre el espacio normal entre las palabras.

   b. Presione............ Ctrl + Shift + Space
   Ctrl + Shift + Barra espaciadora para insertar un espacio de no separación.

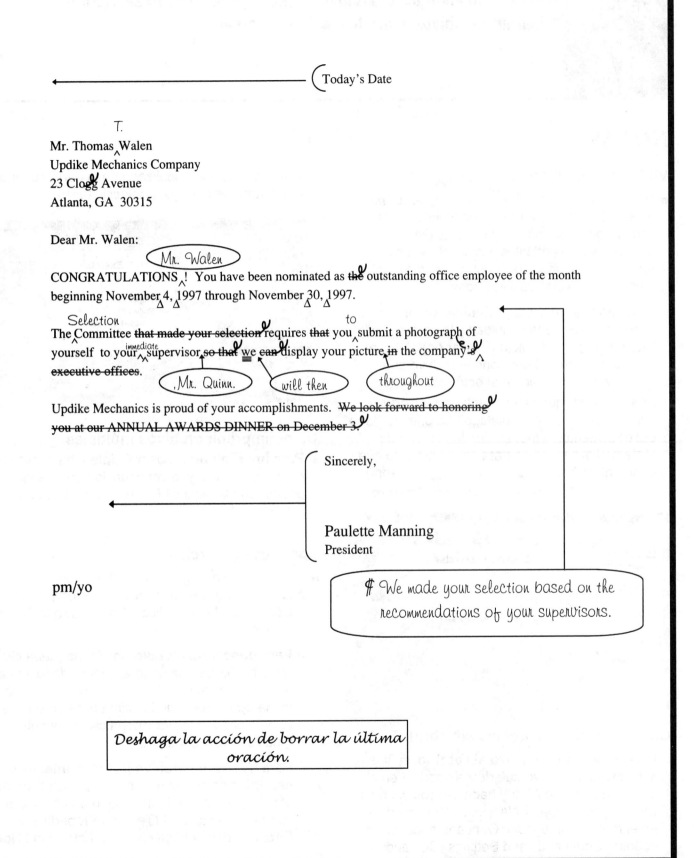

Today's Date

       T.
Mr. Thomas Walen
Updike Mechanics Company
23 Clogg Avenue
Atlanta, GA 30315

Dear Mr. Walen:

       Mr. Walen

CONGRATULATIONS! You have been nominated as the outstanding office employee of the month beginning November 4, 1997 through November 30, 1997.

  Selection
The Committee that made your selection requires that you submit a photograph of yourself to your immediate supervisor, so that we can display your picture in the company's executive offices.

     , Mr. Quinn.   will then   throughout   to

Updike Mechanics is proud of your accomplishments. We look forward to honoring you at our ANNUAL AWARDS DINNER on December 3.

Sincerely,

Paulette Manning
President

pm/yo

We made your selection based on the recommendations of your supervisors.

Deshaga la acción de borrar la última oración.

Ejercicio

12

■ **Vista preliminar de un archivo** ■ **Imprimir un archivo sin abrirlo**
■ **Imprimir archivos múltiples** ■ **Buscar archivos**

NOTAS

Vista preliminar de un archivo

■ El cuadro de diálogo Abrir contiene opciones para mostrar la Vista preliminar de un archivo, o para imprimirlo sin cargarlo en la pantalla. Estas opciones son importantes para localizar archivos, en particular cuando no recuerda el nombre del archivo o la naturaleza de su contenido.

■ **Para mostrar la Vista preliminar de un archivo**, seleccione la unidad y la carpeta en la lista desplegable Look in (Buscar en), del cuadro de diálogo Abrir. Seleccione el archivo que desea ver y haga clic en el botón Vista preliminar ▦ que se encuentra en la parte superior del cuadro de diálogo. La primera parte del documento se muestra en la ventana de Vista preliminar. Si se trata del documento que desea abrir, haga clic en el botón Open (Abrir).

Mostrar   Comandos y Configuraciones

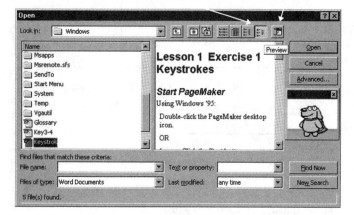

Cómo imprimir un archivo sin abrirlo

■ **Para imprimir un archivo sin abrirlo**, señale o seleccione el archivo que desea imprimir en el cuadro de diálogo Abrir y haga clic con el botón *derecho* del *mouse.* Seleccione Print (Imprimir) en el menú desplegable. O, puede hacer clic en el botón Commands and Settings (Comandos y

Configuraciones), localizado en la parte superior del cuadro de diálogo, y seleccionar Print.

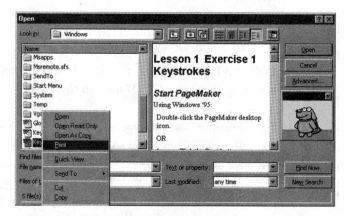

Cómo imprimir archivos múltiples

■ **Para imprimir archivos múltiples**, haga clic en el primer archivo y, a continuación, mantenga presionada la tecla Ctrl, mientras selecciona otro archivo.

Cómo buscar archivos

■ El cuadro de diálogo Abrir también contiene opciones para **buscar archivos.** Word permite buscar un archivo por tipo, contenido, o fecha de creación.

• **Para buscar un archivo por fecha**, haga clic en la flecha de lista junto al cuadro de texto Last modified (Última modificación). Seleccione la fecha aproximada de la última ocasión en que trabajó con el archivo y haga clic en el botón Find Now (Buscar ahora).

• **Para buscar un archivo por su contenido**, escriba texto que el documento podría contener, como el nombre del remitente o un asunto, en el cuadro de texto Text (Texto) o Properties (Propiedades) y haga clic en el botón Find Now.

- **Para buscar un archivo por tipo**, haga clic en la flecha de lista junto al cuadro de texto Files of type (Tipo de archivo). Seleccione el tipo de archivo que desea buscar y haga clic en el botón Find Now.

■ Cuando inicie una búsqueda, recuerde que Word busca en la carpeta que se encuentra en uso. Si desea ampliar la búsqueda para incluir las subcarpetas, elija C: en la lista desplegable Buscar en. Enseguida, haga clic en el botón de Comandos y Configuraciones y seleccione Search Subfolders (Buscar en subcarpetas).

En este ejercicio, insertará texto en una carta creada con anterioridad.

INSTRUCCIONES PARA EL EJERCICIO

1. Utilice el cuadro de diálogo Abrir para ver ☎**PERSONAL**, ☎**TRYIT** y ☎**OPEN** o vea 🖫**12PERSON**, 🖫**12TRYIT** y 🖫**12OPEN**. Seleccione un archivo a la vez para mostrar la Vista preliminar.

2. Abra el archivo (el propio o el del disco de datos) que contiene el texto ilustrado en este ejercicio.

3. Realice las revisiones indicadas.

4. Verifique la ortografía.

5. Cierre el archivo; guárdelo como **OPEN**.

6. Utilice el cuadro de diálogo abrir para imprimir una copia tanto de **OPEN** como de **PERSONAL**.

COMBINACIONES DE TECLAS

VISTA PRELIMINAR DE UN ARCHIVO

1. Haga clic en **File** .... `Alt`+`F`

2. Haga clic en **Open** .... `O`

3. Haga clic en **Look in** .... `Alt`+`I`

4. Seleccione la unidad y la carpeta en las que desee buscar.

5. Seleccione el archivo que desee mostrar en Vista preliminar.

6. Haga clic en el botón **Preview** .... `🗔`

IMPRIMIR UN ARCHIVO SIN ABRIRLO

1. Haga clic en **File** .... `Alt`+`F`

2. Haga clic en **Open** .... `O`

3. Haga clic en **Look in** .... `Alt`+`I`

4. Seleccione la unidad y la carpeta en las que desee buscar.

5. Señale o seleccione el archivo que desee imprimir.

O

Para imprimir archivos múltiples:

- Seleccione el primer archivo.
- Mantenga presionada la tecla Ctrl.
- Haga clic en los archivos adicionales.

6. Haga clic con el botón derecho del mouse.

7. Haga clic en **Print** .... `P`

O

- Haga clic en el botón **Commands and Settings** .... `🗗`
- Haga clic en **Print** .... `P`

BUSCAR ARCHIVOS

1. Haga clic en **File** .... `Alt`+`F`

2. Haga clic en **Open** .... `O`

3. Haga clic en **Look in** .... `Alt`+`I`

4. Seleccione la unidad y la carpeta en las que desee buscar.

Para buscar un archivo por fecha:

- Haga clic en la flecha de lista del cuadro de texto **Last modified** .... `Alt`+`M`
- Seleccione una fecha aproximada para buscar.

Para buscar un archivo por su contenido:

- Haga clic en el cuadro de texto **Text** o **properties** .... `Alt`+`X`
- Escriba cualquier texto que podría contener el documento.
- Haga clic en **Find Now** .... `Alt`+`F`

Para buscar un archivo por tipo:

- Haga clic en la flecha de lista del cuadro de texto **Files of type** .... `Alt`+`T`
- Seleccione el tipo de archivo que desea buscar.

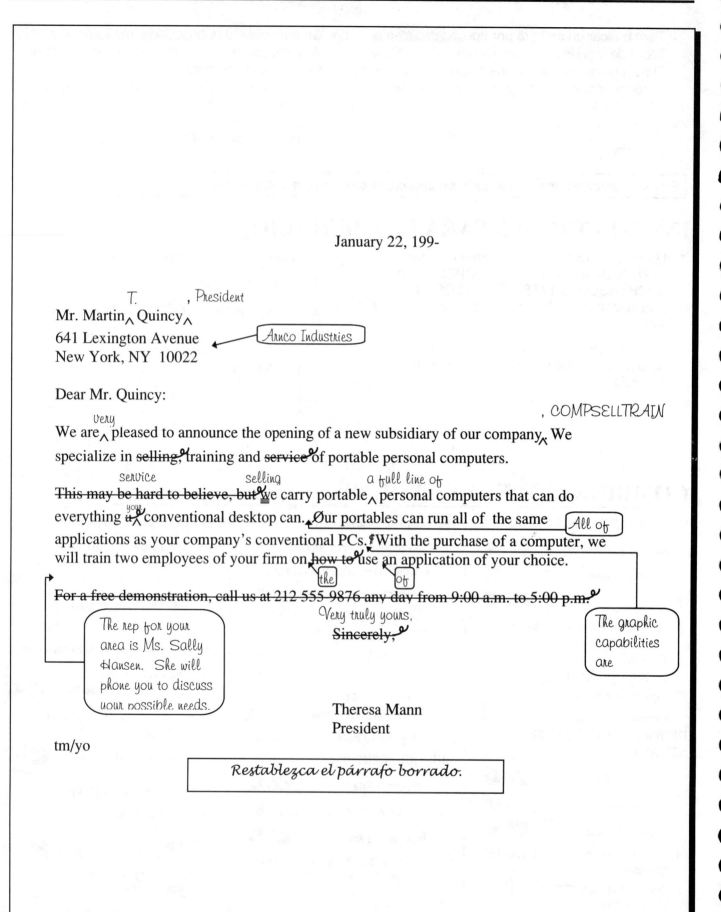

January 22, 199-

T.   , President
Mr. Martin∧ Quincy∧
641 Lexington Avenue   *Arnco Industries*
New York, NY 10022

Dear Mr. Quincy:

, COMPSELLTRAIN

very
We are∧ pleased to announce the opening of a new subsidiary of our company,∧ We
specialize in ~~selling,~~ training and ~~service~~ of portable personal computers.

service   *selling*   *a full line of*
~~This may be hard to believe, but~~ we carry portable∧ personal computers that can do
your
everything a∧ conventional desktop can. ∅ur portables can run all of the same   *All of*
applications as your company's conventional PCs. #With the purchase of a computer, we
will train two employees of your firm on ~~how to~~ use an application of your choice.

the   *of*

~~For a free demonstration, call us at 212 555 9876 any day from 9:00 a.m. to 5:00 p.m.~~

Very truly yours,
~~Sincerely,~~

*The rep for your
area is Ms. Sally
Hansen. She will
phone you to discuss
your possible needs.*

*The graphic
capabilities
are*

Theresa Mann
President

tm/yo

Restablezca el párrafo borrado.

Ejercicio
13

■ **Resumen**

INSTRUCCIONES PARA EL EJERCICIO

1. Cree un documento nuevo.

2. Escriba el ejercicio como se muestra en la Parte I, o abra 🖫**13REGRET**. Dé formato al documento como una carta en estilo de bloque completo.

3. Inicie el ejercicio en el punto en que el indicador At marque 2.5".

4. Haga clic en el botón Ver/Ocultar todos de la barra de herramientas Estándar para mostrar los códigos.

5. Utilizando la característica Propiedades, escriba la siguiente información de resumen del documento:

Título:	Regrets about job opening
Asunto:	No vacancies
Autor:	Su nombre
Compañía:	Su compañía o nombre de su escuela
Gerente:	Su supervisor o el nombre de su maestro
Categoría:	Personnel
Palabras clave:	resume, openings

6. Encienda la característica Track Changes (Usar marcas de revisión) y realice las revisiones ilustradas en la Parte II, en la página 66.

7. Verifique la ortografía.

8. Guarde el archivo como **REGRETSA**.

9. Examine y acepte las ediciones de manera individual.

10. Vea su trabajo en el modo de Presentación preliminar.

11. Imprima una copia.

12. Guarde el archivo; titúlelo **REGRETS ABOUT JOB OPENINGS**.

13. Cierre la ventana del documento.

   ✓ *La marca que utilizan los correctores de pruebas para el uso de minusculas es:* ///

PARTE I

Today's date Ms. Kristin Paulo 765 Rand Road Palatine, IL 60074 Dear Ms. Paulo: Thank you for your inquiry regarding employment with our firm. ⌗We have reviewed your qualifications with several members of our firm. We regret to report that we do not have an appropriate vacancy at this time. ⌗We will retain your resume in our files in the event that an opening occurs in your field. ⌗Your interest in our organization is very much appreciated. We hope to be able to offer you a position at another time. Very truly yours, Carol B. Giles PERSONNEL MANAGER cbg/yo

PARTE II

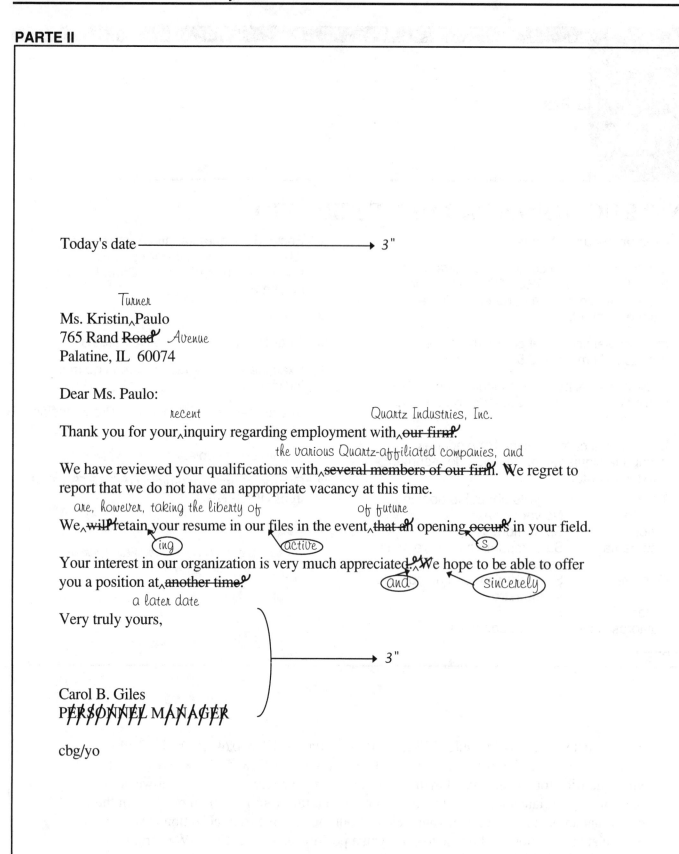

Today's date ─────────────────────→ 3"

Turner
Ms. Kristin ∧Paulo
765 Rand ~~Road~~ *Avenue*
Palatine, IL 60074

Dear Ms. Paulo:

recent   *Quartz Industries, Inc.*
Thank you for your ∧inquiry regarding employment with ∧~~our firm~~.

the various Quartz-affiliated companies, and
We have reviewed your qualifications with ∧~~several members of our firm~~. We regret to
report that we do not have an appropriate vacancy at this time.

are, however, taking the liberty of   *of future*
We ∧~~will~~ retain your resume in our files in the event ∧~~that an~~ opening ~~occurs~~ in your field.
      (*ing*)   (*active*)   (*s*)

Your interest in our organization is very much appreciated. We hope to be able to offer
you a position at ∧~~another time~~.
                                    (*and*)   (*sincerely*)
a later date
Very truly yours,

                                      3"

Carol B. Giles
~~PERSONNEL MANAGER~~

cbg/yo

Lección 3: Cómo alinear y dar realce al texto

Ejercicio 14
■ Alineación del texto ■ Centrado vertical

Barra de herramientas Formato

Izquierda Centrada Derecha Justificada

NOTAS

Alineación del texto

■ Word permite alinear todo el texto que sigue a un código de alineación hasta que se inserte otro código de justificación. Word ofrece cuatro opciones de alineación:

- **Izquierda** - el texto se alinea de manera uniforme en el margen izquierdo, pero las líneas se ven desiguales en el margen derecho (alineación predeterminada)

    XXXXXXXX
    XXX
    XXXXX

- **Derecha** - todas las líneas se ven desiguales en el margen izquierdo, pero se alinean de manera uniforme en el derecho.

    XXXXXXXX
    XXX
    XXXXX

- **Centrada** - todas las líneas se centran entre los márgenes izquierdo y derecho.

    XXX XXX XXX
    XX XXX
    XXXXXXXX

- **Justificada** -todas las líneas se ven uniformes tanto a la izquierda como a la derecha, con excepción del último renglón del párrafo.

    XX XX XX XX XXX
    XXX XXX XXX XXX
    XXX XXX

■ La alineación puede afectar bloques de texto, así como líneas individuales.

■ Es posible cambiar la alineación del texto antes o después de escribirlo.

■ Word aplica la justificación izquierda al texto como valor preestablecido.

■ Para alinear una línea de texto o un párrafo, coloque el punto de inserción en cualquier parte dentro del párrafo y haga clic en un botón de alineación de la barra de herramientas Formato.

Centrado vertical

■ El texto puede centrarse verticalmente entre los márgenes superior e inferior, o entre el borde superior o inferior de la página.

■ Para centrar el texto verticalmente en la página, seleccione File (Archivo), Page Setup (Preparar página) en el menú. En el cuadro de diálogo Preparar página que aparece, haga clic en la ficha Layout (Diseño de página).

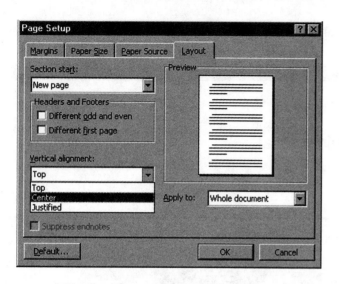

- En el cuadro Vertical alignment (Alineación vertical), elija la opción Centrada y, a continuación, seleccione Aceptar. *(Observe la ilustración anterior.)*

- Para ver la posición del texto centrado verticalmente en la página, elija Page Layout (Diseño de página) del menú View (Ver).

- La marca que utilizan los correctores de prueba para el centrado es:] [.

En este ejercicio, usará diferentes alineaciones del texto para crear un anuncio.

INSTRUCCIONES PARA EL EJERCICIO

1. Cree un nuevo documento.

2. Muestre el Asistente de Office.

3. Use los márgenes y tabulaciones predeterminadas.

4. Centre el texto entre la parte superior e inferior de la página.

5. Escriba cada sección del texto ilustrado en el ejercicio y modifique la alineación como se indica.

6. Elija Presentación preliminar para ver su trabajo.

7. Cambie las mayúsculas/minúsculas del último bloque de texto a formato Tipo frase (Sentence Case).

8. Imprima una copia.

9. Cambie la letra del último bloque de texto a mayúsculas.

10. Imprima una copia.

11. Guarde el archivo; titúlelo **COMPANY**.

12. Cierre la ventana del documento.

COMBINACIONES DE TECLAS

ALINEACIÓN CENTRADA

CTRL + E

-ANTES DE ESCRIBIR EL TEXTO-

1. Coloque el punto de inserción donde escribirá el texto que desee centrar.

2. Haga clic en el botón **Center** ....

3. Escriba el texto.............................*texto*

-TEXTO EXISTENTE-

1. Coloque el punto de inserción en el párrafo que desee centrar.

O

Seleccione (resalte) el bloque de texto que desee centrar.

2. Haga clic en el botón **Center** ....

O

Presione **Ctrl + E** ....

✓ *Si va a centrar una sola línea, debe haber una marca de párrafo (¶) al final de ésta.*

Para regresar a la alineación izquierda:

CTRL + L

Haga clic en el botón **Flush Left** .... para regresar al modo de alineación izquierda.

JUSTIFICAR

CTRL + J

1. Seleccione los párrafos que va a justificar.

O

Coloque el punto de inserción en el párrafo deseado.

2. Haga clic en el botón **Justify** ....

ALINEACIÓN DERECHA

CTRL + R

-ANTES DE ESCRIBIR EL TEXTO-

1. Coloque el punto de inserción donde escribirá el texto.

2. Haga clic en el botón **Align Right** ...

3. Escriba el texto que sea necesario..*texto*

Para regresar a la alineación izquierda:

CTRL + L

Haga clic en el botón **Align Left**....................🔲
para regresar al modo de alineación izquierda.

Para alinear texto existente en el margen derecho:

1. Seleccione (resalte) el texto que desea alinear a la derecha.

2. Haga clic en el botón **Align Right** ...🔲

O

Presione **Ctrl + R**..................🔲Ctrl🔲+🔲R

CENTRAR TEXTO VERTICALMENTE

1. Haga clic en **File** ....🔲Alt🔲+🔲F

2. Haga clic en **Page Setup**.................🔲U

3. Haga clic en **Layout** ....🔲Alt🔲+🔲L

4. Haga clic en la flecha junto al cuadro **Vertical alignment**.....🔲Alt🔲+🔲V

5. Seleccione **Center**........................🔲↓

6. Haga clic en **OK**..........................🔲Enter

Justificar

ANNOUNCEMENT

Janet Reed is our consultant who can advise you about software companies and their products that can best meet the needs of those in the accounting and personal finance areas. In addition, she can evaluate your general office work flow and recommend hardware configurations and software to best serve your needs. Below is a brief list of software companies and the products they produce.

3

Centrar

ACCOUNTING & PERSONAL FINANCE
SOFTWARE COMPANIES
Astrix
Absolute Solutions
Computer Associates
Softview
Teleware
TimeSlips Corporation

3

Izquierda

BUSINESS & PRESENTATION
SOFTWARE COMPANIES
Aldus
Ashton-Tate
CE Software
Fox Software
Microsoft
Power UP!
3

Derecha

CALL 1-800-555-5555
ANY BUSINESS DAY
FOR MORE
INFORMATION
ABOUT
THE ABOVE COMPANIES
AND THXER PRODUCTS

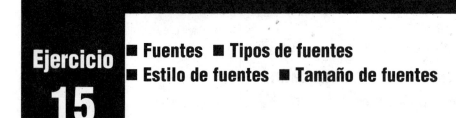

Ejercicio

15

■ **Fuentes** ■ **Tipos de fuentes**
■ **Estilo de fuentes** ■ **Tamaño de fuentes**

Barra de herramientas Formato

Tipo de fuente
Lista tipos de fuentes
Tamaños de fuentes
Lista tamaño de fuentes

NOTAS

Fuentes

■ Una **fuente** es un conjunto completo de carácteres de un tipo de letra, estilos y tamaños específicos. Cada juego incluye letras mayúsculas y minúsculas, números y puntuación. Una de las fuentes que puede estar disponible en Word es Arial.

■ Un **tipo de fuente** (a menudo llamado **tipo de letra** o sólo **fuente**) es el diseño gráfico de los carácteres. Cada diseño posee un nombre y tiene el propósito de transmitir una impresión específica.

■ Debe seleccionar los tipos de letra que le den una apariencia atractiva a su documento y comuniquen su mensaje particular. Como regla general, se recomienda no usar más de dos o tres tipos de fuentes en un mismo documento.

Tipos de fuentes

■ Existen básicamente tres tipos de fuentes: serif, sans serif y caligráfica. Un tipo **serif** tiene líneas, curvas o bordes que se extienden desde los extremos de la letra (**T**), en tanto que en una fuente **sans serif** los trazos terminales son rectos (**T**) y la letra **caligráfica** tiene la apariencia de ser manuscrita (*T*).

Tipo de fuente Serif:

Times New Roman

Tipo de fuente Sans Serif:

Helvetica

Tipo de fuente caligráfica:

Freestyle Script

■ El tipo de fuente serif se utiliza típicamente para el texto de los documentos, debido a que es más legible. Los tipos sans serif se usan con frecuencia para los títulos o material técnico. Las fuentes caligráficas se emplean para invitaciones formales y anuncios.

■ Para cambiar el tipo de letra, seleccione Font (Fuentes) del menú Format (Formato) y, a continuación, elija la fuente deseada de la lista del cuadro de diálogo Fuentes .

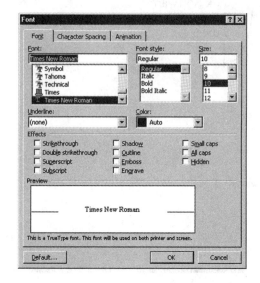

- También es posible cambiar el tipo de letra al hacer clic en la flecha de la casilla de lista de fuentes de la barra de herramientas Formato (que despliega una lista de opciones de fuentes).

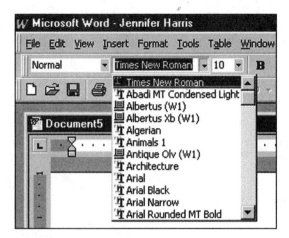

- También puede acceder al cuadro de diálogo Fuentes al hacer clic con el botón *derecho* del *mouse* en cualquier parte de la ventana del documento y seleccionar Font.

Estilo de fuentes

- El **estilo de fuentes** se refiere a la inclinación y el peso de las letras, como negritas y cursivas.

> Times New Roman Regular
> *Times New Roman Cursiva (Italic)*
> **Times New Roman Negrita (Bold)**
> ***Times New Roman Negrita Cursiva (Bold Italic)***

- Observe el cuadro de diálogo Fuentes ilustrado en la página anterior. El cuadro de estilos de fuentes enumera los estilos o pesos especialmente diseñados y disponibles de la fuente seleccionada.

Tamaños de fuentes

- **Tamaños de fuentes,** por lo general, se refiere a la altura de la fuente, que habitualmente se mide en puntos.

> Bookman 8 puntos
>
> Bookman 12 puntos
>
> ## Bookman 18 puntos

- 72 puntos equivalen a una pulgada. Utilice el tamaño de 10 a 12 puntos para el texto de un documento y los tamaños más grandes para los títulos y encabezados.

- El tamaño de las fuentes puede modificarse en el cuadro de diálogo Fuentes, o haciendo clic en la flecha junto a la casilla de lista Tamaño de fuentes en la barra de herramientas Formato (que despliega una lista de los tamaños de fuentes disponibles).

- La fuente, estilo y tamaño seleccionados que se encuentran en uso se muestran en la ventana de Muestra y se describen en la parte inferior del cuadro de diálogo Fuentes.

- Puede cambiar las fuentes antes o después de escribir el texto. El texto existente debe seleccionarse antes de cambiar la fuente.

En este ejercicio, creará un anuncio y aplicará alineaciones y mejoras al texto del documento.

INSTRUCCIONES PARA EL EJERCICIO

1. Cree un documento nuevo.

2. Utilice la característica Propiedades para ingresar la información pertinente del resumen del documento.

3. Empiece el ejercicio en el punto en que el indicador At muestre 2".

4. Escriba el ejercicio exactamente como se ilustra en la Parte 1, utilizando las alineaciones del texto adecuadas, o abra 🖫**15ESTATE.**

5. Cambie el tipo, tamaño y estilo de la fuente como se muestra en la Parte II, en la página **Error! Bookmark not defined.**.

6. Centre verticalmente el ejercicio.

7. Verifique la ortografía.

8. Vea su trabajo en el modo de Presentación preliminar.

9. Imprima una copia.

10. Cierre el archivo; guárdelo como **ESTATE.**

PARTE I

At 2"

PINEVIEW ESTATES.

2

The country home
that's more like a country club.

3

Far from the crowds, on the unspoiled North Fork of Long Island, you'll find a unique country home. PineView Estates. A condominium community perfectly situated between Peconic Bay and Long Island Sound on a lovely wooded landscape. And like the finest country club, it offers a community club house, tennis court, pool and a golf course.

2

Models Open Daily 11 to 4
PineView Estates
Southhold, New York
(516) 555-5555

2

The complete terms are in an offering plan available from the sponsor.

PINEVIEW ESTATES.)
Sans serif
18 puntos
(Braggadocio)

The country home
that's more like a country club.)
Caligráfica
22 puntos

Far from the crowds, on the unspoiled North Fork of Long Island, you'll find a unique)
country home. PineView Estates. A condominium community perfectly situated
between Peconic Bay and Long Island Sound on a lovely wooded landscape. And
like the finest country club, it offers a community club house, tennis court, pool and
a golf course.

Sans
serif 10
puntos

Sans
serif 10
puntos

Models Open Daily 11 to 4
PineView Estates
Southhold, New York
(516) 555-5555

Sans
serif 9
puntos

The complete terms are in an offering plan available from the sponsor.)
Sans serif
6 puntos

COMBINACIONES DE TECLAS

CAMBIAR EL TIPO DE FUENTE

✓ *Si se va a utilizar la misma fuente en todo el texto de un párrafo, se recomienda incluir la marca de párrafo al final de éste en su selección (resaltar) antes de cambiar la fuente.*

1. Seleccione el texto al que desee cambiar la fuente.

   O

   Coloque el punto de inserción en el lugar donde debe empezar a aplicarse la nueva fuente.

2. Haga clic en **la flecha de la casilla de lista de fuentes** en la barra de herramientas Formato y seleccione la fuente deseada.

   O

a. Haga clic en **Format** .... `Alt`+`O`

b. Haga clic en **Font** .... `F`

c. Seleccione **Font** .... `Alt`+`F`

d. Haga clic en la fuente deseada .... `↓` o `↑`

e. Haga clic en **OK** .... `Enter`

CAMBIAR TAMAÑO DE FUENTES

1. Seleccione el texto al que desee cambiar el tamaño de la fuente.

   O

   Coloque el punto de inserción en el lugar donde debe iniciar el nuevo tamaño de la fuente.

2. Haga clic en **la flecha de la casilla de lista Tamaño de fuentes** en la barra de herramientas Formato y haga clic en el tamaño de puntos deseado.

   O

a. Haga clic en **Format** .... `Alt`+`O`

b. Haga clic en **Font** .... `F`

c. Seleccione **Size** .... `Alt`+`S`

d. Haga clic en o escriba. ..... `↓` o `↑`
   el tamaño deseado en puntos.

e. Haga clic en **OK** .... `Enter`

Ejercicio

16

■ Estilos para dar énfasis: **Negrita, Subrayado, Cursiva, Realce, Tachado y Versales**
■ Cómo eliminar los estilos para dar énfasis ■ Color del texto

Barra de herramientas Formato

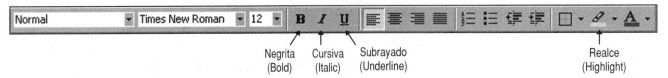

Negrita (Bold) Cursiva (Italic) Subrayado (Underline) Realce (Highlight)

NOTAS

Estilos para dar énfasis

■ **Negrita (Bold)**, <u>subrayado</u> (Underline), *cursiva (Italic)*, y realce (Highlight) son características que se emplean para dar énfasis o mejorar la apariencia del texto.

■ Es posible enfatizar el texto antes o después de escribirlo.

■ Para dar énfasis al texto *después* de escribirlo, seleccione el texto que quiera modificar y, a continuación, haga clic en el botón del estilo deseado en la barra de herramientas Formato. Para enfatizar el texto *antes* de escribirlo, haga clic en el botón de estilo para activar la característica, escriba el texto y luego haga clic en el botón de énfasis para desactivar la característica.

■ El texto resaltado aparecerá amarillo en la pantalla, pero se verá gris al imprimir (a menos de que cuente con una impresora de color). Para cambiar el color de realce, haga clic en la fecha de la casilla de lista junto al botón de realce en la barra de herramientas Formato y elija un color diferente.

■ Hay numerosos estilos de énfasis para subrayar. Seleccione <u>F</u>ont (Fuentes) del menú F<u>o</u>rmat (Formato). En el cuadro de diálogo Fuentes (derecha), haga clic en el cuadro <u>U</u>nderline (Subrayado) y elija un estilo de subrayado.

■ Como se indicó en el ejercicio anterior, los estilos de fuentes también incluyen las versiones en negrita y cursiva de un tipo de letra, pero no todas las fuentes tienen estos estilos.

■ Además de los estilos de negrita y los diferentes subrayados, Word proporciona otros efectos. Éstos incluyen las versales, mayúsculas, sombra, hueca, relieve, grabado y tachado. El efecto de tachado se utiliza para indicar que se ha agregado, borrado o movido texto, y es útil cuando se compara el documento actual con una versión diferente del mismo. Observe los ejemplos siguientes:

SMALL CAPS (VERSALES)	ALL CAPS (MAYÚSCULAS)
~~Strikethrough~~ (tachado)	~~double strikethrough~~ (doble tachado)
Shadow (sombra)	outline (hueca)
emboss (relieve)	engrave (grabado)

Haga clic para seleccionar un estilo de subrayado

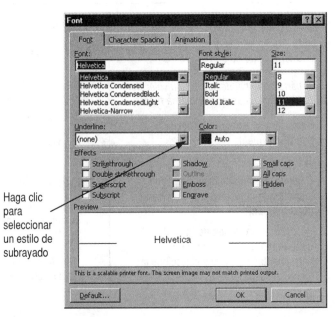

- Al igual que en los otros cambios de apariencia, éstos pueden aplicarse antes o después de escribir el texto. Puede accederse a ellos al seleccionar uno de los Efectos en el cuadro de diálogo Fuentes.

- Los estilos de énfasis se eliminan mediante el mismo procedimiento utilizado para aplicarlos.

- Puede eliminar los estilos de énfasis de manera individual, o eliminar todos los formatos de carácter de un bloque de texto seleccionado (resaltado), al oprimir la tecla Ctrl y la barra espaciadora.

Color del texto

- Puede cambiar el color de la fuente si selecciona el texto que desee modificar y después hace clic en la flecha de la casilla de lista debajo de la opción Color en el cuadro de diálogo Fuentes y elige el color deseado para el texto. Debe contar con una impresora de color para que el texto se imprima en color.

- La marca de los correctores de pruebas para cada estilo es:

negrita ～～～～

subrayado _____

doble subrayado ＝＝＝

cursiva (ital) *ital*

resaltar (highlight) *hi*

En este ejercicio, creará y mejorará el aspecto de una carta mediante el uso de varios estilos de énfasis.

INSTRUCCIONES PARA EL EJERCICIO

1. Cree un documento nuevo.

2. Escriba el ejercicio como se muestra en la página siguiente; aplique las alineaciones y mejoras apropiadas que se indican, o abra **16GLOBAL** y dé formato y realce al texto como se ilustra en el ejercicio.

3. Empiece a escribir el membrete en el punto en que el indicador At muestre 1"; empiece la fecha en 2.5". Use la función Fecha para insertar la fecha.

4. Use los márgenes preestablecidos.

5. Verifique la ortografía.

6. Justifique el texto de los párrafos.

7. Resalte los primeros tres hoteles en amarillo y los últimos tres en verde.

8. Vea su trabajo en el modo de Presentación preliminar.

9. Elimine todos los realces; elimine los subrayados con línea punteada.

10. Imprima una copia.

11. Cierre el archivo; guárdelo como **GLOBAL**.

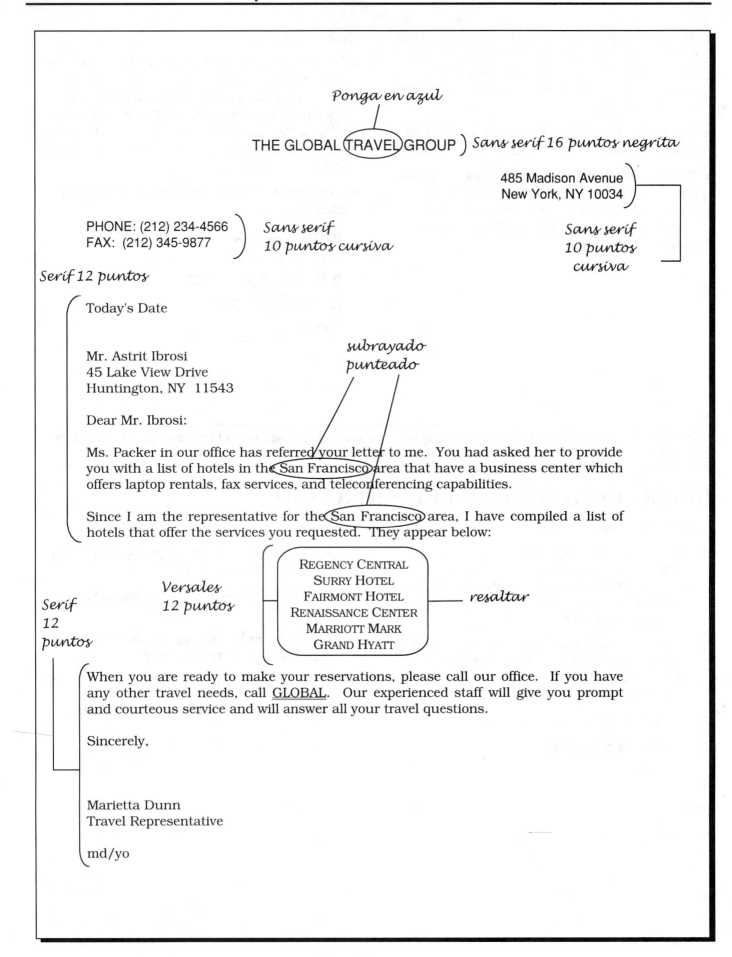

Ponga en azul

THE GLOBAL (TRAVEL) GROUP) *Sans serif 16 puntos negrita*

485 Madison Avenue
New York, NY 10034 *Sans serif 10 puntos cursiva*

PHONE: (212) 234-4566
FAX: (212) 345-9877) *Sans serif 10 puntos cursiva*

Serif 12 puntos

Today's Date

*subrayado
punteado*

Mr. Astrit Ibrosi
45 Lake View Drive
Huntington, NY 11543

Dear Mr. Ibrosi:

Ms. Packer in our office has referred your letter to me. You had asked her to provide you with a list of hotels in the San Francisco area that have a business center which offers laptop rentals, fax services, and teleconferencing capabilities.

Since I am the representative for the San Francisco area, I have compiled a list of hotels that offer the services you requested. They appear below:

*Versales
12 puntos*

REGENCY CENTRAL
SURRY HOTEL
FAIRMONT HOTEL
RENAISSANCE CENTER
MARRIOTT MARK
GRAND HYATT

resaltar

*Serif
12
puntos*

When you are ready to make your reservations, please call our office. If you have any other travel needs, call <u>GLOBAL</u>. Our experienced staff will give you prompt and courteous service and will answer all your travel questions.

Sincerely,

Marietta Dunn
Travel Representative

md/yo

COMBINACIONES DE TECLAS

NEGRITA (BOLD)

CTRL + B

—ANTES DE ESCRIBIR—

1. Coloque el punto de inserción en la posición donde empezará a escribir el texto en Negrita.

2. Haga clic en el botón **Bold** .... [B]

   O

   Presione **Ctrl + B** .... [Ctrl] + [B]

3. Escriba el texto .... *texto*

4. Haga clic en el botón **Bold** .... [B] para desactivar el formato Negrita.

   O

   Presione **Ctrl + B** .... [Ctrl] + [B] para desactivar el formato Negrita.

—TEXTO EXISTENTE—

1. Seleccione (resalte) el texto que desee poner en Negrita.

2. Haga clic en el botón **Bold** .... [B]

   O

   Presione **Ctrl + B** .... [Ctrl] + [B]

   ✓ Para eliminar el formato Negrita, repita los pasos anteriores.

SUBRAYADO (UNDERLINE)

CTRL + U

—ANTES DE ESCRIBIR—

1. Coloque el punto de inserción en el lugar en que desee iniciar el subrayado.

2. Haga clic en el botón **Underline** ...... [U]

   O

   Presione **Ctrl + U** .... [Ctrl] + [U]

   O

   a. Haga clic en **Format** .... [Alt] + [O]

   b. Haga clic en **Font** .... [F]

   c. Haga clic en **Font Tab** .... [Alt] + [N]

   d. Haga clic en la flecha de la casilla de lista **Underline** ... [Alt] + [U]

   e. Seleccione un estilo de subrayado.

   f. Haga clic en **OK** .... [Enter]

3. Escriba el texto .... *texto*

4. Haga clic en el botón

   Underline .... [U] para desactivar el subrayado.

   O

   Presione **Ctrl + U** .... [Ctrl] + [U] para desactivar el subrayado.

—TEXTO EXISTENTE—

1. Seleccione (resalte) el texto que desee subrayar.

2. Haga clic en el botón

   Underline .... [U]

   O

   Presione **Ctrl + U** .... [Ctrl] + [U]

   O

   Repita los pasos a-f, a la izquierda.

   ✓ Para eliminar el subrayado, repita los pasos anteriores.

CURSIVA (ITALIC)

CTRL + I

—ANTES DE ESCRIBIR—

1. Coloque el punto de inserción en el lugar en que desee empezar a escribir texto en cursiva.

2. Haga clic en el botón

   Italic .... [I]

   O

   a. Haga clic en **Format** .... [Alt] + [O]

   b. Haga clic en **Font** .... [F]

   c. Haga clic en **Font Style** ...... [Alt] + [Y]

   d. Haga clic en **Italic** .... [↓] [↑]

   e. Haga clic en **OK** .... [Enter]

3. Escriba el texto .... *texto*

4. Haga clic en el botón

   Italic .... [I] para dejar de aplicar el estilo cursiva.

   O

   Presione **Ctrl + I** .... [Ctrl] + [I] para dejar de aplicar el estilo cursiva.

—TEXTO EXISTENTE—

1. Seleccione (resalte) el texto que desee poner en cursivas.

2. Haga clic en el botón

   Italic .... [I]

   O

   Presione **Ctrl + I** .... [Ctrl] + [I]

   O

   a. Haga clic en **Format** .... [Alt] + [O]

   b. Haga clic en **Font** .... [F]

   c. Haga clic en **Font Style** ...... [Alt] + [Y]

   d. Haga clic en **Italic** .... [↓] , [↑]

   e. Haga clic en **OK** .... [Enter]

   ✓ Para eliminar las cursivas, repita los pasos anteriores.

RESALTAR (HIGHLIGHT)

—ANTES DE ESCRIBIR—

1. Coloque el punto de inserción en el lugar en que desee empezar a resaltar.

2. Haga clic en el botón

   Highlight .... [🖊]

3. Escriba el texto .... *texto*

4. Haga clic en el botón

   Highlight .... [🖊]

—TEXTO EXISTENTE—

1. Seleccione (resalte) el texto que desee resaltar.

2. Haga clic en el botón

   Highlight .... [🖊]

   ✓ Para eliminar el resaltado, repita los pasos anteriores.

DOBLE SUBRAYADO (DOUBLE UNDERLINE)

CTRL + SHIFT + D

1. Coloque el punto de inserción en el lugar donde desee iniciar el doble subrayado.

2. Presione

   Ctrl + Shift + D .... [Ctrl] + [Shift] + [D]

3. Escriba el texto .... *texto*

4. Presione

Ctrl + Shift + D .... `Ctrl` + `Shift` + `D`

para desactivar el doble subrayado.

—TEXTO EXISTENTE—

1. Seleccione (resalte) el texto al que desee aplicar el doble subrayado

2. Presione

Ctrl + Shift + D .... `Ctrl` + `Shift` + `D`

✓ *Para eliminar el doble subrayado, repita los pasos anteriores.*

ELIMINAR FORMATO DE CARÁCTERES

CTRL + B, CTRL + U, CTRL + I, CTRL + SPACE

1. Seleccione (resalte) el texto que contiene el formato que desee eliminar.

2. Haga clic en el botón

Bold .... `B`

para eliminar las negritas.

O

Haga clic en el botón

Underline .... `U`

para eliminar el subrayado.

O

Presione **Ctrl + U** .... `Ctrl` + `U`

para eliminar el subrayado.

O

Haga clic en el botón

Italics .... `I`

para eliminar las cursivas.

O

Presione **Ctrl + I** .... `Ctrl` + `I`

para eliminar las cursivas.

O

Presione **Ctrl + Space** ...... `Ctrl` + `Space`

para eliminar *todos* los formatos de los carácteres.

EFECTOS (TACHADO, VERSALES, MAYÚSCULAS)

1. Haga clic en **Format** .... `Alt` + `O`

2. Haga clic en **Font** .... `F`

3. Haga clic en los efectos deseados.

- **Strikethrough (Tachado).** `Alt` + `K`
- **Small Caps (Versales)** .... `Alt` + `M`
- **All Caps (Mayúsculas)** .... `Alt` + `A`

4. Haga clic en **OK** .... `Enter`

CAMBIAR EL COLOR DEL TEXTO

1. Seleccione el texto al que desee cambiar de color.

2. Haga clic en **Format** .... `Alt` + `O`

3. Haga clic en **Font** .... `F`

4. Haga clic en **Color** .... `Alt` + `C`

5. Seleccione el color deseado.

6. Haga clic en **OK** .... `Enter`

O

a. Haga clic en la flecha de la casilla de lista desplegable junto al botón **Font Color** .... `A ▾`

b. Seleccione el color deseado.

Ejercicio 17

■ **Uso de símbolos**

NOTAS

- **Wingdings** es una colección de carácteres de símbolos ornamentales que se utiliza para dar realce a un documento. A continuación, se presenta la colección de carácteres Wingdings.

- Una fuente de símbolos debe estar disponible con su impresora.

Colección de carácteres Wingdings

- Las versiones en mayúscula y minúscula de la letra y tecla de carácter proporcionan diferentes símbolos Wingding. Para crear un Wingding, oprima y, a continuación, seleccione la letra del teclado o carácter correspondiente ilustrado en la gráfica y seleccione Wingdings de la lista de Fuentes. O seleccione Symbol (Símbolo) del menú Insert (Insertar) y seleccione un Wingding en el cuadro de diálogo Símbolo.

Clic para seleccionar otros símbolos

- Hay otras fuentes ornamentales a las que puede accederse al hacer clic en la flecha de la casilla de lista junto al cuadro de texto Fuente en el cuadro de diálogo Símbolos.

- Las fuentes ornamentales y juegos de carácteres especiales también se encuentran como fuentes. Puede obtener acceso a ellas a través del cuadro de diálogo Fuentes.

- Puede modificar el tamaño de una fuente de símbolos al cambiar el tamaño en puntos (como lo haría con cualquier otro carácter).

■ Las fuentes ornamentales pueden utilizarse para:

- Separar elementos en una página:

```
Wingdings
❖❖◆❖◆
Gráficas
```

- Enfatizar elementos en una lista:

```
✎vestidos
✎abrigos
✎trajes
```

- Dar realce a una página:

```
📖📖📖📖📖
BARATA DE
LIBROS
📖📖📖📖📖
```

> *En este ejercicio, creará un menú y agregará una fuente de símbolos para separar diferentes partes de él.*

INSTRUCCIONES PARA EL EJERCICIO

1. Cree un documento nuevo.

2. Escriba el ejercicio como se ilustra, utilizando las alineaciones y mejoras indicadas, o abra 🖫**17CAFE** y dé formato y realce al texto como se muestra en el ejercicio.

3. Use los márgenes preestablecidos.

4. Dé realce al documento con símbolos de la colección de la fuente Wingdings. Use cualquier símbolo que desee.

5. Verifique la ortografía.

6. Vea su trabajo en el modo de Presentación preliminar.

7. Centre verticalmente el ejercicio.

8. Imprima una copia.

9. Cierre el archivo; guárdelo como **CAFE**.

COMBINACIONES DE TECLAS

INSERTAR UN SÍMBOLO

—UTILIZANDO EL MENÚ—

1. Coloque el punto de inserción donde desee insertar el símbolo.

2. Haga clic en **Insert** .... Alt + I

3. Haga clic en **Symbol** .... S

4. Haga clic en la ficha **Symbols** .... Alt + S

5. Haga clic en la flecha de la casilla de lista **Font** .... Alt + F

6. Seleccione la fuente deseada... ↑, ↓

7. Haga clic con el botón izquierdo del ratón y manténgalo presionado para ampliar la vista del carácter especial deseado.

8. Haga doble clic en el carácter especial deseado para insertarlo en el documento.

   O

   a. Haga clic en la ficha .... Alt + P **Special Characters**.

   b. Seleccione el carácter deseado .... ↑, ↓

   c. Haga doble clic en el carácter especial deseado para insertarlo en el documento.

   —USANDO EL TECLADO—

1. Coloque el punto de inserción donde desee insertar el carácter especial.

2. Haga clic en **Insert** .... Alt + I

3. Haga clic en **Symbol** .... S

4. Haga clic en **Special Characters** .... Alt + P

5. Tome nota de la combinación de teclas correspondientes al símbolo que desee insertar.

6. Cierre el cuadro de diálogo y presione la combinación de teclas correspondiente para insertar el símbolo.

   ✓ *Sugerencia: Imprima la lista de métodos abreviados del teclado y colóquela cerca de su teclado como referencia. También puede asignar nuevas combinaciones de teclas para símbolos o caracteres especiales.*

The ✄ Harbor ✄ Cafe

Sans serif 26 puntos negrita

Ponga en rojo

125 Pine Hill Road
Fire Island, NY 11543
(516) 555-5555

Sans serif 12 puntos

Subrayado doble

BREAKFAST MENU

Sans serif negrita 14 puntos

BEVERAGES
Herbal Tea...$1.00
Coffee...$2.00
Cappuccino...$2.50

●❖◆⌘❖◆⌘●

FRUITS
Berry Refresher...$3.00
Sparkling Citrus Blend...$3.00
Baked Apples...$3.50

Ponga todos los títulos en sans serif 12 puntos, negrita

●❖◆⌘❖◆⌘●

GRAINS
Fruity Oatmeal...$3.50
Bran Muffins...$3.00
Whole Wheat Zucchini Bread...$3.00
Four-Grain Pancakes...$5.00

Ponga todos los elementos del menú en serif, 12 puntos, cursiva

●❖◆⌘❖◆⌘●

EGGS
Baked Eggs with Creamed Spinach...$6.50
Poached Eggs with Hollandaise Sauce...$6.00
Scrambled Eggs...$2.50
Sweet Pepper and Onion Frittata...$6.50

Willis Barton ◆ Proprietor

Caligráfica, 16 puntos, negrita.

Ejercicio 18

■ **Numeración y viñetas**

Barra de herramientas Formato

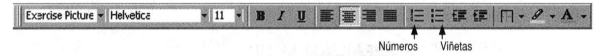

Números   Viñetas

NOTAS

■ Una viñeta es un punto o símbolo utilizado para resaltar elementos de información o hacer una lista que no necesita estar en ningún orden en particular.

• rojo	• manzana
• azul	• pera
• verde	• naranja

■ El comando **Numeración y viñetas**, le permite insertar viñetas automáticamente para crear una lista con viñetas para cada párrafo o elemento que escriba.

✓*Nota: Word iniciará automáticamente la característica Lista con viñetas o numerada cuando perciba que está creando listas. El Asistente de Office le preguntará si desea utilizar la característica Numeración y viñetas.*

■ La característica Numeración y viñetas también le permite crear párrafos numerados para conceptos que necesiten ordenarse de una manera particular. Los números que inserte se incrementan automáticamente.

Numeración y viñetas le permite:

1. Crear párrafos numerados.

2. Crear párrafos con viñetas.

3. Utilizar símbolos en lugar de la viñeta tradicional redonda o cuadrada.

■ Para tener acceso a la característica Numeración y viñetas seleccione Bullets and Numbering del menú Format (Formato).

■ En el cuadro de diálogo Numeración y viñetas que sigue, puede hacer clic en la ficha Viñetas y seleccionar el estilo de viñeta que desee. O puede hacer clic en la ficha Números y seleccionar el estilo de numeración deseado.

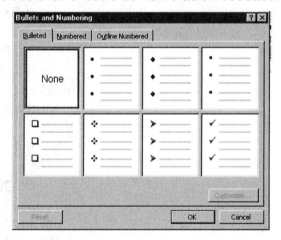

■ Una vez que elija el estilo de viñeta o numeración, proceda a escribir su texto. La viñeta o número se insertará automáticamente cada vez que presione la tecla Enter (Entrar).

■ También se puede obtener acceso a Numeración y viñetas al hacer clic en el botón Viñetas o Números de la barra de herramientas Formato.

■ Puede agregar viñetas y números a texto existente al seleccionar/resaltar el texto y, a continuación, elegir Numeración y viñetas del menú Formato, o al hacer clic en el botón correspondiente en la barra de herramientas Formato.

- También pueden utilizarse símbolos como viñetas.

- Cuando se utiliza la característica Numeración y viñetas para párrafos numerados, agregar o borrar párrafos dará como resultado que la numeración de todos los párrafos se actualice automáticamente.

- Para cambiar el estilo de viñeta a un símbolo diferente, seleccione un estilo de viñeta que desee modificar en el cuadro de diálogo Numeración y viñetas y haga clic en Customize (Personalizar).

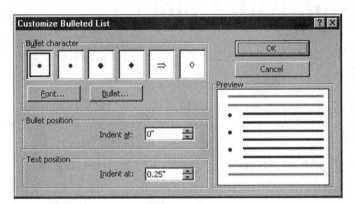

- Utilice los botones Font (Fuente) y Bullet (Viñeta) para seleccionar la fuente o símbolo deseado que se usará para el nuevo estilo de viñeta.

Cómo quitar viñetas y números de una lista

- Seleccione la lista de la que desee eliminar las viñetas o números.

  - Haga clic en el botón Viñetas para eliminar las viñetas.

  - Haga clic en el botón Números para eliminar los números.

Cómo interrumpir una lista con viñetas o numerada

- Para eliminar las viñetas de secciones seleccionadas de listas con viñetas o números, seleccione los elementos que desee modificar y haga clic en el icono de lista con viñetas o numeradas. Al interrumpir una lista numerada, la numeración de ésta se ajustará automáticamente.

- Para reanudar la numeración en una lista que haya interrumpido, seleccione Numeración y viñetas del menú Formato. Seleccione Continue previous list (Continuar lista anterior) y haga clic en OK (Aceptar).

- Para eliminar una sola viñeta o número, haga clic entre el número o viñeta y el texto y oprima la tecla Backspace (Retroceso) una vez.

En este ejercicio, creará un volante y añadirá un símbolo para separar sus diferentes partes.

INSTRUCCIONES PARA EL EJERCICIO

1. Cree un documento nuevo.

2. Desactive la función de Verificación gramatical.

3. Escriba el ejercicio como se ilustra, usando las alineaciones y realces apropiados. Utilice cualquier estilo de viñeta deseado, o abra ⊟**18DESIGN** y, a continuación, dé formato y realce al texto como se ilustra en el ejercicio.

4. Use los márgenes preestablecidos.

5. Mejore el documento con símbolos de la colección de carácteres Wingdings. Utilice cualquier símbolo que usted desee de esta colección.

6. Si tiene impresora a color, cambie el color del texto a azul para cada título de la lista con viñetas (texto sans serif). Si no cuenta con impresora a color, omita este paso y avance al siguiente.

7. Verifique la ortografía.

8. Vea su trabajo en el modo de Presentación preliminar.

9. Centre verticalmente el ejercicio.

10. Imprima una copia.

11. Cierre el archivo; guárdelo como **DESIGN**.

36 puntos y negrita

Caligráfica 40 puntos, negrita

Create a

Serif 30 puntos, negrita

Design with Color

④Reasons Why

Sans serif, 24 puntos

The world is a colorful place.
So why not include color in all your
processing?

Serif, 14 puntos, cursiva

⇒*Color increases the visual impact of the message and*
makes it more memorable. Don't you want your ads to have impact
and be noticed?

Sans serif, 14 puntos

Serif, 12 puntos

⇒*Color creates a feeling and helps explain the subject.*
Greens and blues are cool, relaxing tones, while reds and oranges scream with
emphasis. Pastels communicate a gentle tone.

⇒*Color creates a personality.* You can make your corporate forms and
brochures have thXEr own identity and personality with color.

⇒*Color highlights information.* An advertisement or manual might have
warnings in red, explanations in black and instructions in blue.

Use el mismo tipo de fuente y tamaño que en el primer concepto

◆ ◆ ◆ 〉*12 puntos, Wingdings*

Our color processing labs will take care of *all* your color processing needs. Just call
1-800-555-6666 for information. Our courteous staff is ready to assist you with any
technical question.

Sans serif, 12 puntos

L◆ A◆ B◆ P◆ R◆ O
FOR
COLOR PROCESSING

Sans serif, 12 puntos

COMBINACIONES DE TECLAS

VIÑETAS

1. Coloque el punto de inserción en el lugar donde escribirá el texto.

   O

   Seleccione el texto que desee convertir a una lista con viñetas.

2. Haga clic en el botón **Bullet List** ....

   O

   a. Haga clic en **Format** .... Alt + O

   b. Haga clic en
      Bullets and Numbering .... N

   c. Haga clic en **Bulleted** .... Alt + B

   d. Haga clic en el estilo
      de viñeta deseado ... Tab , ⬆⬇ ⬅➡

   e. Haga clic en **OK** .... Enter

ELIMINAR VIÑETAS

1. Seleccione la parte de la lista de la que desee eliminar las viñetas.

2. Haga clic en el botón **Bullet** ....
   de la barra de herramientas Formato.

NUMERACIÓN

1. Coloque el punto de inserción donde escribirá el texto, o seleccione (resalte) los bloques de párrafos que desee convertir a una lista numerada.

2. Haga clic en el botón
   Numbering List ....

   O

   a. Haga clic en **Format** .... Alt + O

   b. Haga clic en
      Bullets and Numbering .... N

   c. Haga clic en **Numbered** ..... Alt + N

   d. Haga clic en .... Tab ⬆⬇ ⬅➡
      el estilo de numeración deseado.

   e. Haga clic en **OK** .... Enter

TERMINAR NUMERACIÓN

1. Seleccione la parte de la lista de la que desee eliminar la numeración.

2. Haga clic en el botón
   Number List ....
   de la barra de herramientas Formato.

INTERRUMPIR VIÑETAS O NÚMEROS

1. Seleccione la parte de la lista de la que desee eliminar los números o viñetas.

2. Haga clic en el icono de viñetas o números.

   ✓ Al interrumpir la numeración de una lista, ésta se ajustará automáticamente.

Para eliminar una sola viñeta o número:

   a. Haga clic entre el número o viñeta y el texto.

   b. Presione
      Backspace una vez.......... Backspace

Para reanudar la numeración de una lista numerada interrumpida:

   a. Haga clic en el lugar donde desee reanudar la numeración.

   b. Haga clic en **Format** .... Alt + O

   c. Haga clic en
      Bullets and Numbering .... N

   d. Haga clic en la ficha
      Numbered .... Alt + N

   e. Haga clic en **Continue** .... Alt + C
      previous list.

   f. Haga clic en **OK** .... Enter

   g. Continúe con la lista numerada.

Ejercicio
19

■ **Resumen**

En este ejercicio, creará un volante usando alineaciones del texto, mejoras, viñetas y números.

INSTRUCCIONES PARA EL EJERCICIO

1. Cree un documento nuevo.

2. Desactive la función de verificación gramatical.

3. Escriba el ejercicio como se ilustra, usando las alineaciones y mejoras apropiadas. Use cualquier estilo de viñeta que desee para los elementos de la lista, o abra 🖫**19COLOR**, y a continuación, dé formato y realce al texto como se muestra en el ejercicio.

4. Use los márgenes preestablecidos.

5. Mejore el documento con cualquier símbolo que desee de la colección de carácteres Wingdings.

6. Cambie el color de la fuente para todas las ocurrencias de la palabra *Color* en *Color Masters* a verde.

7. Verifique la ortografía.

8. Vea su trabajo en el modo de presentación preliminar.

9. Centre verticalmente el ejercicio.

10. Imprima una copia.

11. Cierre el archivo; guárdelo como **COLOR**.

Serif 26 puntos, negrita

Increase Your Sales

Make an Impact with Color   *Sans serif 18 puntos, negrita*

☆ **ColorMasters, Inc.**   *Serif 36 puntos, negrita*

❖❖❖❖❖❖

Full color documents have a greater impact on clients   *Sans serif 18 puntos*

❖❖❖❖❖❖

Five Important Reasons to Use Our Service: *Serif 18 puntos*

Serif 12 puntos

1. Our color printing service is designed for short-run orders.
2. We are faster and more affordable than competitors.
3. We guarantee to increase your sales.
4. We specialize in spot color and photographs.
5. We use the latest technology--send us your disk or modem your computer files and we will output them in full color.

Sans serif 10 puntos, negrita

* **Brochures**
* **Reports**
* **Flyers**
* **Posters**
* **Postcards**
* **Overheads**
* **Promo Kits**
* **Presentations**

Sans serif 12 puntos, cursiva

⇒ *4 to 72 Hour Service*
⇒ *Satisfaction Guaranteed*

☆**ColorMasters, Inc.**   *Sans serif 16 puntos, negrita*

Sans serif 10 puntos

87 Avenue of Americas ✆ New York NY 10033 ✆ Phone: (212) 555-6666 Fax: (212) 555-5555

Lección 4: Cómo dar formato y editar documentos

Ejercicio 20

- **Interlineado** ■ **Espacio entre párrafos** ■ **Cómo sangrar texto**
- **Sangría francesa** ■ **Sangría de primera línea**

NOTAS

Interlineado (Line Spacing)

- Use **interlineado** para especificar el espacio entre las líneas del texto. Un cambio en el interlineado afecta a todo el texto en el párrafo que contiene el punto de inserción. El interlineado también puede aplicarse a texto seleccionado.

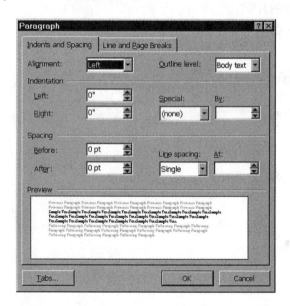

- El interlineado se mide en líneas o en puntos. Cuando se mide en puntos, se denomina Altura de línea. Disminuir la altura de las líneas puede reducir la legibilidad del texto, en tanto que aumentarla mejora su legibilidad.

Ejemplos de Altura de línea

Para que el texto sea fácil de leer, las fuentes que se miden en puntos por lo general usan un espaciado de líneas que equivale al 120% del tamaño en puntos de la fuente. Por ejemplo, una fuente de 10 puntos habitualmente utiliza un espaciado de línea de 12 puntos. Éste es el valor predeterminado.

El texto del párrafo en este cuadro se ha establecido a una cantidad específica (exactamente), utilizando 16 puntos. Observe que, en apariencia, las líneas parecen tener un interlineado doble. No es así.

El texto del párrafo en este cuadro se ha establecido a una cantidad específica (exactamente), utilizando 9 puntos. Observe que las líneas se hacen menos legibles a medida que disminuye el tamaño en puntos.

- El interlineado también puede cambiarse a sencillo, doble o de una y media líneas. La manera más rápida para cambiar el interlineado es presionar Ctrl + 2 para el doble espacio, Ctrl + 1 para el sencillo y Ctrl + 5 para 1.5 líneas. Otros métodos para modificar el interlineado se describen en la tabla de teclas de método abreviado.

Espacio entre párrafos

- La opción Espacio entre párrafos le permite agregar espacio adicional entre párrafos, títulos o subtítulos, a medida que escribe su documento. Puede elegir agregar espacio adicional antes de cada párrafo, después de cada párrafo, o antes y después de cada párrafo.

- Para ajustar el espacio entre párrafos, seleccione Paragraph (Párrafo) del menú Format (Formato). En el cuadro de diálogo Párrafo que sigue, haga clic en la ficha Indents and Spacing (Sangría y espacio). Escriba la cantidad de espacio en el cuadro de texto Before (Antes) y/o After (Después). La medida puede especificarse en líneas (2 li) o en puntos (2 pt). Si escribe una cantidad en líneas, Word la convertirá a puntos.

Cómo sangrar texto

■ La función Sangría (Indent) establece un margen temporal izquierdo, derecho o ambos en el texto de un párrafo. La función Sangría también puede utilizarse para establecer una sangría de primera línea para los párrafos.

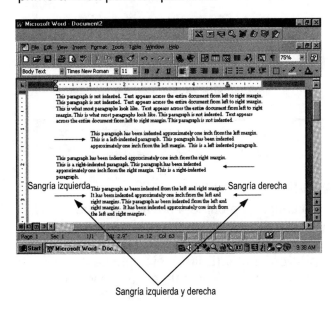

Sangría izquierda y derecha

■ Existen varias maneras de aplicar sangría a un texto. Las opciones son:

• **Arrastrar los marcadores de sangría en la Regla.**

Regla de Presentación de diseño de página

marcador de sangría izquierda   marcador de sangría derecha

Ésta es la forma más práctica de establecer las sangrías izquierda y derecha. Para modificar la sangría, arrastre el marcador de sangría izquierda y/o derecha hasta la posición deseada. Observe que el marcador consiste de tres partes. Asegúrese de arrastrar la parte correcta para lograr establecer la sangría deseada.

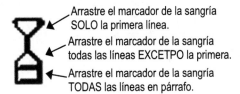

Arrastre el marcador de la sangría SOLO la primera línea.
Arrastre el marcador de la sangría todas las líneas EXCETPO la primera.
Arrastre el marcador de la sangría TODAS las líneas en párrafo.

• **Hacer clic en el botón Aumentar la sangría de la barra de herramientas Formato.**

Aumentar la sangría
Reducir la sangría

• Ésta es la manera más práctica de aplicar una sangría izquierda. Hacer clic en el botón Aumentar la sangría sangra el texto hasta la siguiente tabulación. Por lo tanto, si hace clic una vez en Aumentar la Sangría, sangrará el texto .5"; si hace clic dos veces, sangrará el texto 1", etc.

• Para eliminar una sangría izquierda, seleccione el texto sangrado y haga clic en el botón Reducir la sangría.

• **Utilizar el cuadro de diálogo Párrafo** (al que puede accederse seleccionando Format (Formato), Paragraph (Párrafo), y la ficha Sangría y espacio).

Escriba la medida de la sangría

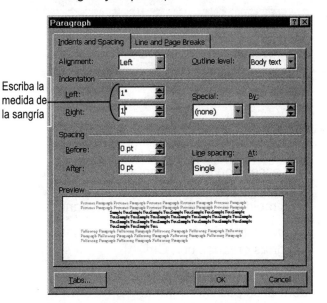

• Esta opción permite una mayor precisión para establecer las sangrías izquierda y derecha. Escriba la medida de la sangría (o haga clic en las flechas de incremento) en el cuadro de texto Sangría Izquierda y/o Derecha.

Sangría francesa (Hanging Indent)

■ Cuando se le aplica una sangría a todas las líneas de un párrafo, con excepción de la primera, se crea

El programa Word para Windows determina la forma que tomará el diseño o formato del texto en una página. Por ejemplo, los márgenes están establecidos en 1.25" a la izquierda y 1.25" a la derecha.

- Existen varias maneras de crear una sangría francesa. Las opciones:

  - **Arrastrar el marcador de la sangría francesa en la Regla.**

    Este método permite ver los cambios a medida que los realiza. Para establecer una sangría francesa, arrastre el marcador de sangría francesa hasta el punto en que la sangría debe iniciar. Observe la posición del marcador de sangría francesa en la regla a continuación:

    Párrafo con sangría francesa

    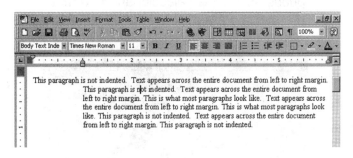

  - **Presionar Ctrl + T.**

    Este método sangra todo el texto del párrafo, con excepción de la primera línea, hasta la siguiente marca de tabulación. Es la forma más rápida de aplicar una sangría francesa.

    Oprima Ctrl + Shift + T para eliminar las sangrías creadas con Ctrl + T.

  - **Usar el cuadro de diálogo Párrafo** (que se abre al seleccionar Format [Formato], Paragraph [Párrafo] y la ficha Indents and Spacing [Sangría y espacio]).

    Esta opción permite una mayor precisión para aplicar una sangría francesa. Escriba la medida de la sangría izquierda en el cuadro de texto Left (Izquierda). Seleccione Special (Especial) y elija Hanging (Francesa). A continuación, seleccione By (En) y escriba la medida deseada para la sangría francesa.

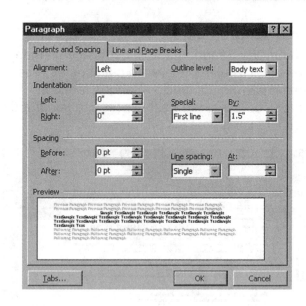

Sangría de primera línea

- La sangría de primera línea le permite establecer la cantidad de espacio para sangrar la primera línea de cada párrafo. Cada vez que presione Enter (Entrar), el punto de inserción se coloca automáticamente en la configuración de la sangría. Esto elimina la necesidad de utilizar la tecla TAB para sangrar cada párrafo nuevo.

- Para aplicar una sangría de primera línea, puede utilizar tanto la Regla como el cuadro de diálogo Párrafo.

- Si utiliza la Regla, arrastre el marcador de sangría de primera línea hasta la posición deseada. Si usa Sangría y espacio en el cuadro de diálogo Párrafo, seleccione Special (Especial), elija First line (Primera línea), y escriba la medida que desee sangrar el párrafo en el cuadro de texto By (En).

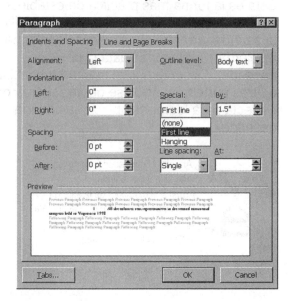

En este ejercicio, modificará el interlineado, sangrará texto y cambiará las fuentes para crear un anuncio.

INSTRUCCIONES PARA EL EJERCICIO

1. Abra ⌨**DIVE**, o abra 💾**20DIVE**.

2. Muestre el Asistente de Office y acceda a las sugerencias.

3. Realice las revisiones indicadas.

4. Utilice el método que prefiera para sangrar los párrafos de las listas de hoteles.

5. Cambie todo el texto del documento a 14 puntos.

6. Justifique el texto de los hoteles.

7. Coloque el texto de los hoteles en cursiva.

8. Establezca un interlineado doble para el texto de los párrafos. Ajuste el espacio entre párrafos en 10 puntos antes y después de cada párrafo.

9. Verifique la ortografía.

10. Vea su trabajo en el modo de Presentación preliminar.

11. Imprima una copia.

12. Vuelva a dar formato a los párrafos sangrados y aplíqueles una sangría francesa. Deje la primera línea de cada párrafo como está; aplique una sangría adicional de .5" para las líneas restantes.

13. Imprima una copia.

14. Cierre el archivo; guárdelo como **DIVE**.

Centre y aplique una fuente sans serif de 18 puntos, negrita..

DIVING IN THE CAYMAN ISLANDS

and angelfish

Do you want to see sharks, barracudas, ~~and~~ stingrays? ~~Do you want to see angels, too?~~

and

The Cayman Islands were discovered by Christopher Columbus in 1503. ~~The Cayman Islands~~ are located south of Cuba. The Caymans are home to only about 25,000 year-round residents. However, they welcome 200,000 visitors each year. Most visitors come with masks and flippers in thXEr luggage. ~~Now, you are ready to jump in.~~

Hotel/Diving Accommodations: *aplique una fuente sans serif de 14 puntos, negrita.*

Sunset House, PO Box 479, George Town, Grand Cayman; (809) 555-4767.

Coconut Harbour, PO Box 2086, George Town, Grand Cayman; (809) 555-7468.

Red Sail Sports, PO Box 1588, George Town, Grand Cayman; (809) 555-7965.

Cayman Diving Lodge, PO Box 11, East End, Grand Cayman; (809) 555-7555.

Anchorage View, PO Box 2123, George Town, Grand Cayman; (809) 555-4209.

COMBINACIONES DE TECLAS

INTERLINEADO

1. Coloque el punto de inserción en el lugar donde desee empezar el nuevo interlineado.

   O

   Seleccione los párrafos en los que desee cambiar el interlineado.

2. Seleccione la opción deseada de interlineado:

   a. Presione **Ctrl + 2** .... `Ctrl`+`2` para cambiar a doble interlineado.

   b. Presione **Ctrl + 1** .... `Ctrl`+`1` para cambiar a interlineado sencillo.

   c. Presione **Ctrl + 5** .... `Ctrl`+`5` para cambiar a un interlineado de 1.5 líneas.

   O

   a. Haga clic en **Format** .... `Alt`+`O`

   b. Haga clic en **Paragraph** .... `P`

   c. Haga clic en **Indents and Spacing** .... `Alt`+`I`

   d. Haga clic en **Line Spacing** . `Alt`+`N`

   e. Haga clic en la opción deseada .... `↓` , `↑`

   O

   Para elegir un interlineado fijo:

   • Haga clic en el cuadro de texto **Line Spacing** .... `Alt`+`N`

   • Seleccione **Exactly** .... `↓`

   • Haga clic en el cuadro de texto **At** .... `Alt`+`A`

   • Escriba la cantidad deseada.

3. Haga clic en **OK** .... `Enter`

ESPACIO ENTRE PÁRRAFOS

1. Coloque el punto de inserción en el párrafo al que desea dar formato o seleccione los párrafos a los que dará formato.

2. Haga clic en **Format** .... `Alt`+`O`

3. Haga clic en **Paragraph** .... `P`

4. Haga clic en la ficha **Indents and Spacing** .... `Alt`+`I`

5. Haga clic en el cuadro de texto

   Before .... `Alt`+`B`

   After .... `Alt`+`E`

6. Escriba la medida para el espacio antes y/o después.

7. Haga clic en **OK** .... `Enter`

SANGRAR TEXTO A PARTIR DEL MARGEN IZQUIERDO

1. Coloque el punto de inserción en el párrafo que desee sangrar.

   O

   Coloque el punto de inserción en el lugar a partir de donde desee aplicar la sangría.

   O

   Seleccione los párrafos que desee sangrar.

2. Haga clic en el botón **Increase Indent** .... en la barra de herramientas para sangrar el texto hasta la marca de tabulación deseada.

   O

   Haga clic en el botón

   Decrease Indent .... en la barra de herramientas, para desplazar el texto de nuevo a la izquierda.

   O

   Arrastre **el marcador de sangría izquierda** .... hasta la posición deseada en la Regla.

SANGRAR PÁRRAFOS DESDE LOS MÁRGENES IZUIERDO Y DERECHO

1. Coloque el punto de inserción en el párrafo que desee sangrar.

   O

   • Coloque el punto de inserción en el lugar donde empezará a aplicar la sangría.

   O

   • Seleccione los párrafos que desee sangrar.

2. Arrastre el marcador de sangría izquierda .... hasta la posición deseada en la Regla.

3. Arrastre el marcador de sangría derecha .... hasta la posición deseada en la Regla.

   O

   a. Haga clic en **Format** .... `Alt`+`O`

   b. Haga clic en **Paragraph** .... `P`

   c. Haga clic en la ficha **Indents and Spacing** .... `Alt`+`I`

   d. Haga clic en el cuadro de texto **Left** .... `Alt`+`L`

   e. Escriba la distancia a partir del .. *número* margen **izquierdo**.

   f. Haga clic en el cuadro de texto **Right** .... `Alt`+`R`

   g. Escriba la distancia a partir del . *número* margen **derecho**.

   h. Haga clic en **OK** .... `Enter`

SANGRÍA FRANCESA

1. Coloque el punto de inserción en el párrafo que será afectado.

   O

   Seleccione (resalte) los párrafos deseados.

2. Arrastre el **marcador de sangría francesa** .... △ a la posición deseada.

   O

   – *UTILIZANDO LAS TECLAS DE MÉTODO ABREVIADO* –

   a. Presione **Ctrl + T** .... `Ctrl`+`T`

   b. Presione **Ctrl + Shift + T** .... `Ctrl`+`Shift`+`T` según sea necesario para *deshacer* las sangrías izquierdas creadas con Ctrl + T.

   O

   – *UTILIZANDO EL COMANDO FORMATO, PÁRRAFO, DE LA BARRA DE MENÚ* –

1. Haga clic en **Format** .... `Alt`+`O`

2. Haga clic en **Paragraph** .... `P`

3. Haga clic en la ficha **Indents and Spacing** .... `Alt`+`I`

4. Haga clic en **Special** .... `Alt`+`S`

5. Haga clic en **Hanging** .... `↓`

6. Haga clic en **By** .... `Alt`+`Y`

7. Escriba la distancia para sangrar todas las líneas, con excepción de la primera.

8. Haga clic en **OK** .... `Enter`

Ejercicio

21

■ **Dar formato a un informe de una página**
■ **Cómo establecer márgenes y tabulaciones**

NOTAS

■ Un **informe** o manuscrito generalmente empieza a 2" de distancia del borde superior de la página y se elabora a doble espacio. Cada párrafo nuevo empieza a .5" o 1" de distancia del margen izquierdo. El título de un informe se centra y se escribe con mayúsculas compactas. Se insertan cuatro espacios después del título.

■ Los márgenes varían dependiendo de cómo se desee encuadernar el informe. En el caso de un informe sin encuadernación, use márgenes de 1" tanto a la izquierda como a la derecha.

Cómo establecer márgenes

■ Word mide los márgenes en pulgadas.

■ Los márgenes predeterminados son: de 1.25" a la izquierda y a la derecha y de 1" en la parte superior e inferior de la página.

■ Existen tres maneras para cambiar los márgenes izquierdo y derecho. Las opciones son:

• **Arrastrar el marcador del margen en la Regla.** Este método es el más práctico para ajustar los márgenes de todo el documento. Cambiar los márgenes en la presentación de Diseño de página le permite ajustar los márgenes a medida que trabaja y ver el efecto inmediatamente en el texto.

■ Para cambiar los márgenes, coloque el puntero del mouse en el marcador de margen izquierdo o derecho. Cuando el puntero cambie de forma a una flecha que apunta hacia la izquierda/derecha, arrastre el límite del margen hasta la posición deseada. Si mantiene presionada la tecla Alt mientras arrastra, las medidas del margen se mostrarán en la Regla.

■ Los números que aparecen en la zona blanca de la Regla representan la medida del área de texto del documento; las zonas grises representan los márgenes entre los que se distribuye el texto y los bordes de la página.

• **Arrastrar el marcador del margen en el modo.** de Presentación preliminar. Este método permite ver los efectos de los cambios efectuados en los márgenes en todo el documento, a medida que los realiza.

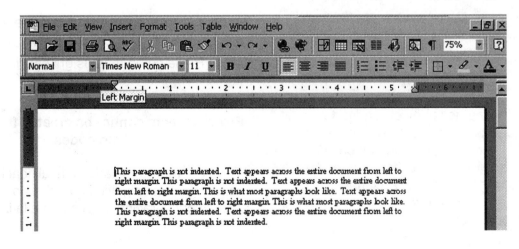

■ Para mover los márgenes, arrastre el marcador del margen izquierdo o derecho en la regla horizontal de Presentación preliminar.

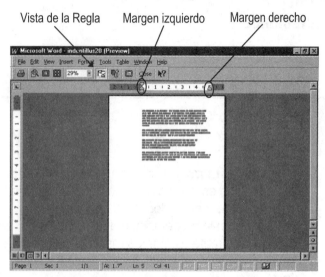

Vista de la Regla   Margen izquierdo   Margen derecho

• Una regla vertical también se muestra en esta presentación, que le permite modificar los márgenes superior e inferior.

• **Utilizar el comando File (Archivo), Page Setup (Preparar página)**, para obtener acceso al cuadro de diálogo Preparar página. Este método facilita una mayor precisión y le permite restringir los cambios en los márgenes a secciones de su documento.

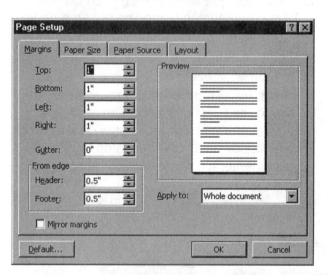

■ Para ajustar los márgenes en el cuadro de diálogo, haga clic en la ficha Márgenes y escriba la medida del margen en los cuadros de diálogo Left (Izquierdo) y Right (Derecho), o utilice las flechas de incremento para seleccionar la medida del margen. Recuerde que los márgenes se miden en pulgadas.

■ Puede aplicar los cambios en los márgenes a Todo el documento (valor predeterminado) o De aquí en adelante. Si selecciona De aquí en adelante, los ajustes en el margen surtirán efecto a partir del punto de inserción.

■ Si desea aplicar un cambio de margen a una parte del documento, antes debe dividir la página en secciones. Para hacerlo, seleccione Break (Salto) del menú Insert (Insertar) y elija Continuous (Continuo) en el lugar en que va a modificar el margen. A continuación, aplique el ajuste deseado del margen. Repita este procedimiento cada vez que desee aplicar un nuevo cambio en el margen.

✓Nota: Puede utilizar las sangrías izquierda y
        derecha para modificar los márgenes en
        una parte del documento.

Cómo establecer tabulaciones

■ La tecla TAB (Tabulación) sangra una sola línea de texto. Las tabulaciones están predeterminadas a intervalos de .5" de distancia. Cuando la tecla TAB se presiona una vez, el texto se desplaza .5"; cuando se presiona dos veces, el texto se desplaza 1", etc.

■ Es posible cambiar la posición o el número de tabulaciones. Por ejemplo, si desea desplazarse .8" cada vez que presione la tecla TAB, o eliminar todas las tabulaciones preestablecidas, con excepción de una, puede hacerlo.

■ Puede cambiar las tabulaciones en la Regla o seleccionando Tabs (Tabulaciones) en el menú Format (Formato). Cuando modifique la configuración de las tabulaciones en un documento, los cambios surtirán efecto a partir de ese punto.

Cómo establecer tabulaciones en la Regla

■ Las tabulaciones se muestran en la parte inferior de la Regla como marcas grises a intervalos de .5".

Error! Objects cannot be created from editing field codes.

■ El valor predeterminado es la alineación a la izquierda. Esto significa que el texto escrito en dicha configuración se alineará a la izquierda y

- El valor predeterminado es la alineación a la izquierda. Esto significa que el texto escrito en dicha configuración se alineará a la izquierda y se desplazará a la derecha de la marca de tabulación a medida que escribe.

> Este es un ejemplo de texto alineado a la izquierda. Observe que el texto se alinea en el margen izquierdo, mientras que las líneas en el borde derecho se ven irregulares.

- El icono del tipo de tabulación alineada a la izquierda, que se localiza en el extremo izquierdo de la Regla, se muestra como una **L**.

- **Para establecer una nueva tabulación alineada a la izquierda**, haga clic en cualquier parte de la Regla donde desee establecer una nueva tabulación; Word inserta un nuevo marcador de tabulación y borra todas las tabulaciones preestablecidas a la izquierda.

- **Para borrar tabulaciones**, arrastre el marcador de tabulación fuera de la regla horizontal.

Cómo establecer tabulaciones en el cuadro de diálogo

- Las tabulaciones también pueden establecerse utilizando el cuadro de diálogo Tabulaciones (F_ormat, _Tabs). Este método le permite establecer y borrar la posición de las tabulaciones en una sola operación. Sin embargo, no podrá ver el resultado de los cambios en el texto sino hasta que haya realizado todos los ajustes a la configuración.

En este ejercicio, creará un informe de una página y establecerá nuevos márgenes y tabulaciones. También revisará los procedimientos de interlineado y sangrías.

INSTRUCCIONES PARA EL EJERCICIO

1. Cree un documento nuevo.

2. Establezca márgenes izquierdo y derecho de 1" y de .5" en los márgenes superior e inferior.

3. Borre todas las marcas de tabulación.

4. Establezca la primera tabulación en 1".

5. Escriba el informe que se muestra en la siguiente página:

   - Empiece el título en la posición en que el indicador At señale 1". Utilice cualquier símbolo Wingding que desee antes y después del título, como se ilustra.
   - Centre y aplique al título una fuente sans serif de 14 puntos, negrita.
   - Aplique a los títulos laterales una fuente sans serif de 12 puntos, negrita.
   - Aplique al texto del cuerpo una fuente tipo serif de 11 puntos.
   - Aplique un interlineado doble al primer párrafo y a los últimos dos.

   - Aplique un interlineado sencillo y sangría de 1" a los párrafos intermedios, a partir de los márgenes izquierdo y derecho.
   - Utilice el teléfono como el símbolo de la viñeta antes de cada párrafo intermedio.
   - Aplique un espacio entre párrafos de 6 puntos después de cada párrafo intermedio. (Esto elimina la necesidad de presionar la tecla Entrar dos veces después de estos párrafos).

6. Justifique el texto de los párrafos.

7. Verifique la ortografía.

8. Vea su trabajo en el modo de Presentación preliminar.

9. Imprima una copia

10. Guarde el archivo, titúlelo **CONNECT**.

11. Cierre la ventana del documento.

COMBINACIONES DE TECLAS

ESTABLECER MÁRGENES

1. Coloque el puntero del *mouse* sobre el marcador del margen deseado en la regla horizontal.

2. Mantenga presionada la tecla **Alt**.... Alt y arrastre el marcados hasta la posición deseada.

ESTABLECER MÁRGENES UTILIZANDO EL CUADRO DE DIÁLOGO PREPARAR PÁGINA

1. Haga clic en **File** .... Alt + F

2. Haga clic en **Page Set**u**p** .... U

3. Haga clic en la ficha
   Margins .... Alt + M

4. Haga clic en las flechas de incremento para establecer el margen **Izquierdo**.

   O

   Haga clic en **Left** ...... Alt + F , *número* y escriba la distancia a partir del borde izquierdo del papel.

5. Haga clic en las flechas de incremento para establecer el margen **Derecho** deseado.

O

Haga clic en **Right**.... Alt + G , *número* y escriba la distancia a partir del borde derecho del papel.

6. Haga clic en **Apply to** .... Alt + A

7. Haga clic en
   This point forward .... ↓ , ↑

   O

   Haga clic en
   Whole document .... ↓ , ↑

8. Haga clic en **OK** .... Enter

CAMBIAR LAS TABULACIONES PREDETERMINADAS

1. Haga clic en **Format** .... Alt + O

2. Haga clic en **Tabs** .... T

3. Haga clic en
   Default Tab Stops .... Alt + F

4. Escriba la distancia entre las tabulaciones.

5. Haga clic en **OK** .... Enter

   O

   - Haga clic debajo de la regla en el lugar en que desee establecer la tabulación.
   - Arrastre el mardador de tabulación fuera de la regla para borrarla.

ESTABLECER MÁRGENES EN UNA SECCIÓN DEL DOCUMENTO

1. Coloque el punto de inserción en el lugar donde empezará el cambio en el margen.

2. Haga clic en **Insert** .... Alt + I

3. Haga clic en **Break** .... B

4. Haga clic en **Con**t**inuous** .... Alt + T

5. Haga clic en **OK** .... Enter

6. Establezca los márgenes como lo desee (siga los pasos 1-8 en ESTABLECER MÁRGENES UTILIZANDO EL CUADRO DE DIÁLOGO PREPARAR PÁGINA).

📖 📖 📖 THE INTERNET 📖 📖 📖

The Internet is a global collection of computers and computer networks that exchange information. Networks range from small personal computers to large corporate systems. Colleges, universities, libraries, government bodies, businesses and special interest groups all over the world are part of the Internet. No one knows how many computer networks are linked together to form the Internet.

INTERNET SERVICES INCLUDE

☎ Electronic Mail. E-mail is probably the most widely used service on the Internet. You can send and receive messages from anyone on the Internet. In addition to sending messages, you can also send a text or graphics file.

☎ Chat. This service allows you to type and send messages instantly to another person or several people. The other person can type their responses and transmit it back to you. The word "chat" is misleading; you are actually doing a good bit of typing!

☎ World Wide Web. This service is made up of documents around the world which are linked to each other through hypertext links. Click on one document which is located in New York, and another document (which may be located in Singapore) appears. The documents may contain pictures, sounds and animation. Reviewing documents that are linked to one another is sometimes referred to as "surfing the web."

GAINING INTERNET ACCESS

There are several ways to gain Internet access. Your college will provide you with an Internet account, and it is usually without cost. Or, your company has an Internet connection--this, too, is without cost. To gain Internet access from home, you need to sign up with an online service provider such as The Microsoft Network (MSN), America Online, CompuServe, Prodigy or Erol's. Do not be confused. An online service provider is not the Internet--it will, however, allow you to gain access to it.

THE BASIC COST OF INTERNET ACCESS

Service providers charge a monthly fee to subscribe and then charge you based on the amount of time you are online. Some providers charge a flat monthly rate so that you can "surf the web" as long as you like. College access is free--but then, again, that's really part of the tuition fee. Millions of computer terminals are connected to the Internet, with over 1000 computers being added each day.

Ejercicio

22

■ **Cortar y pegar** ■ **Arrastrar y colocar** ■ **Copiar formato**

Barra de herramientas Estándar

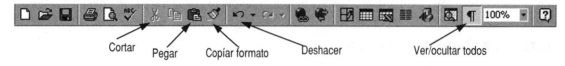

Cortar   Pegar   Copíar formato   Deshacer   Ver/ocultar todos

NOTAS

■ **Cortar y pegar** y **Arrastrar y colocar** son funciones que le permiten mover un bloque de texto (una oración, párrafo, página o columna) dentro de un documento o a otro.

Cortar y pegar (Cut and Paste)

■ El procedimiento **Cortar** le permite cortar o borrar texto seleccionado de la pantalla y colocarlo temporalmente en el Portapapeles (Clipboard). El procedimiento **Pegar** le permite recuperar el texto contenido en el Portapapeles y colocarlo en la posición deseada en el documento.

■ Existen varios procedimientos para cortar y pegar texto. *(Véanse las combinaciones de teclas en la página 100.)*

■ La información permanece en el Portapapeles hasta que corte o copie otra selección (o hasta que salga de Windows). Por lo tanto, puede pegar la misma selección en muchas posiciones diferentes, si así lo desea.

Arrastrar y colocar

■ El método **Arrastrar y colocar** para mover texto le permite mover el texto seleccionado utilizando el mouse. Este método es práctico para mover texto de una posición a otra dentro de un documento.

■ Una vez que seleccione el texto que desee mover, coloque el puntero del *mouse* en cualquier parte del texto seleccionado, haga clic en el botón *izquierdo* del *mouse* y manténgalo presionado a medida que **arrastra** el texto resaltado a la nueva posición. El puntero del *mouse* cambia a una caja con una sombra punteada 🖎 para indicar que está arrastrando texto.

Sugerencia: Si mantiene presionada la tecla Ctrl mientras arrastra la selección, puede copiarla a una nueva posición.

■ Al llegar a la nueva posición, suelte el botón del *mouse* para **colocar** el texto en su lugar. Asegúrese de cancelar la selección del texto antes de presionar cualquier tecla, para que no vaya a borrar el texto movido recientemente.

■ Al mover una palabra u oración, asegúrese de mover también el espacio que le sigue. Antes de pegar el texto cortado, coloque siempre el punto de inserción inmediatamente a la izquierda del lugar en que desee rXEnsertar el texto.

■ Si el texto no vuelve a insertarse en la posición correcta, puede deshacer la acción (Edit, Undo [Edición, Deshacer]). En ocasiones es necesario insertar o borrar espacios, saltos de línea o tabulaciones después de completar la función Mover.

- Una **marca de párrafo** (¶) indica el final de un párrafo. En esa marca se almacenan todas las instrucciones de formato del texto, como sangrías y tabuladores. Por lo tanto, es esencial que mueva la marca de párrafo junto con éste; de otra manera, perderá el formato.

- Para asegurarse de incluir la marca de párrafo al mover (o copiar) texto, haga clic en el botón Show/Hide (Ver/ocultar todos) ¶ para que las marcas de párrafo permanezcan visibles en su documento.

Copiar formato (Format Painter)

- La función **Copiar formato** le permite copiar formatos, como tipo de fuente, estilo y tamaño, de una parte del texto a otra.

- Para copiar un formato de una posición a otra, seleccione el texto que contiene el formato que desee copiar. A continuación, haga clic en el botón **Format Painter** (Copiar formato) de la barra de herramientas Estándar (el puntero en forma de I cambia a una brocha de pintar) y, seleccione el texto que recibirá el formato. Para copiar un formato de una posición a varias, seleccione el texto que contiene el formato que desee copiar y, a continuación, haga *doble clic* en el botón Copiar formato . Seleccione el texto que recibirá el formato, suelte el botón del *mouse* y seleccione el texto adicional en cualquier parte del documento. Para desactivar esta función y regresar el puntero del *mouse* a la forma de I, haga clic en el botón Copiar formato.

- La marca que utilizan los correctores de pruebas para mover texto es :

En este ejercicio, moverá párrafos y, a continuación, les dará formato utilizando la función Copiar formato.

INSTRUCCIONES PARA EL EJERCICIO

1. Cree un documento nuevo.

2. Escriba el ejercicio mostrado en la Ilustración A, o abra 🖫**22TIPS**.

3. Use los márgenes y tabulaciones preestablecidos.

4. Empiece el ejercicio en el lugar en que el indicador At señale 1".

Para crear el resultado deseado:

5. Centre el título y aplique al texto una fuente sans serif de 20 puntos, negrita. Oprima Entrar después del título.

6. Mueva los párrafos en orden alfabético (de acuerdo con la primera palabra de cada sugerencia). Utilice cualquier procedimiento para mover texto que desee.

7. Inserte un Número y una Tabulación antes de cada sugerencia.

8. Oprima la tecla Entrar una vez al principio de la explicación de cada sugerencia. Si aparece un número, presione la tecla Backspace (Retroceso). Word supone que desea aplicar una numeración automática y la activa por

usted. Especifique una sangría de 1" desde los márgenes izquierdo y derecho para el texto que sigue a cada sugerencia.

9. Aplique al texto de la primera sugerencia, CARE FOR YOURSELF, una fuente sans serif de 14 puntos, negrita.

10. Utilice la función Copiar formato y seleccione el párrafo entero para copiar el formato de carácteres (tamaño de fuente y estilo negrita) a las sugerencias restantes.

11. Coloque el texto a continuación de la primera sugerencia en cursiva.

12. Utilice la función Copiar formato para copiar el formato de carácteres en el texto restante que sigue a cada sugerencia.

13. Verifique la ortografía.

14. Centre el texto verticalmente.

15. Vea su trabajo en el modo de Presentación preliminar.

16. Imprima una copia.

17. Cierre el archivo; guárdelo como **TIPS**.

COMBINACIONES DE TECLAS

MOVER

Cortar y Pegar:

1. Seleccione el texto que desee mover.

2. Haga clic en el botón **Cut**............... ✂️

   O

   Presione **Shift +Delete**........ Shift + Del

3. Coloque el punto de inserción en la posición en la que desee insertar el texto.

4. Haga clic en el botón **Paste**............. 📋

   O

   Presione **Shift + Insert**......... Shift + Ins

Utilizando el teclado:

1. Seleccione el texto que desee mover.

2. Presione **F2**.................................. F2

3. Coloque el punto de inserción en el lugar donde desee insertar el texto.

4. Presione **Enter**........................... Enter

Arrastrar y colocar:

1. Seleccione el texto que desee mover.

2. Señale el texto seleccionado.

3. Mantenga presionado el botón

   izquierdo del *mouse*........................
   y arrastre el texto a su nueva posición.

4. Suelte el botón del mouse.

✓ *Hacer clic en el icono Deshacer (Ctrl + Z) inmediatamente después de una acción de mover volverá a colocar el texto movido en su posición original.*

COPIAR FORMATO

1. Seleccione (resalte) la marca de párrafo que contiene el formato que desee copiar.

2. Haga clic en el botón

   Format Painter.............................

3. Cuando el puntero del mouse adopte la forma de una brocha de pintar, seleccione los párrafos que recibirán el nuevo formato.

SIX TIPS FOR THE WORKAHOLIC

SLOW DOWN. Make a conscious effort to eat, talk, walk and drive more slowly. Give yourself extra time to get to appointments so you are not always rushing.

DRAW THE LINE. When you are already overloaded and need more personal time, do not take on any other projects. You will be just causing yourself more stress.

LEARN TO DELEGATE. Let others share the load--you don't have to do everything yourself. You will have more energy and the end result will be better for everyone.

TAKE BREAKS. Take frequent work breaks: short walks or meditating for a few minutes can help you unwind and clear your head.

CARE FOR YOURSELF. Eat properly, get enough sleep and exercise regularly. Do what you can so that you are healthy, both mentally and physically.

CUT YOUR HOURS. Be organized, but do not let your schedule run your life. Also, try to limit yourself to working XEght hours a day--and not a minute more.

RESULTADO DESEADO

SIX TIPS FOR THE WORKAHOLIC

1. **CARE FOR YOURSELF**.
   Eat properly, get enough sleep and exercise regularly. Do what you can so that you are healthy, both mentally and physically.

2. **CUT YOUR HOURS**.
   Be organized, but do not let your schedule run your life. Also, try to limit yourself to working eight hours a day--and not a minute more.

3. **DRAW THE LINE**.
   When you are already overloaded and need more personal time, do not take on any other projects. You will be just causing yourself more stress.

4. **LEARN TO DELEGATE**.
   Let others share the load--you don't have to do everything yourself. You will have more energy and the end result will be better for everyone.

5. **SLOW DOWN**.
   Make a conscious effort to eat, talk, walk and drive more slowly. Give yourself extra time to get to appointments so you are not always rushing.

6. **TAKE BREAKS**.
   Take frequent work breaks: short walks or meditating for a few minutes can help you unwind and clear your head.

Ejercicio 23

■ **Mover texto** ■ **Reducir hasta ajustar**

NOTAS

Mover texto

■ Puede utilizar una combinación de teclas de método abreviado para mover párrafos enteros hacia arriba o hacia abajo. Para mover un párrafo hacia arriba, presione sin soltar las teclas Alt+Shift y oprima la tecla flecha arriba. Para mover todo un párrafo hacia abajo, oprima sin soltar las teclas Alt+Shift y oprima la tecla flecha abajo. Presione la combinación de teclas según sea necesario, para mover el párrafo a la posición deseada.

Reducir hasta ajustar

■ La función **Shrink to Fit (Reducir hasta ajustar)** le permite contraer un documento para ajustarlo al número deseado de páginas.

■ Si, por ejemplo, su documento llena $1\frac{1}{4}$ páginas, pero le gustaría reducirlo para que ocupe una sola página, Reducir hasta ajustar acomoda automáticamente los márgenes, tamaño de la fuente y/o interlineado, para que el texto se reduzca a una página.

■ Para regresar el documento al número original de páginas, seleccione Undo Shrink to Fit (Deshacer Reducir hasta ajustar) en el menú Edit (Edición).

■ Para obtener acceso a Reducir hasta ajustar, seleccione Presentación preliminar en el menú File (Archivo) y haga clic en el botón Reducir hasta ajustar ⬚ de la barra de herramientas de Presentación preliminar.

Barra de herramientas Presentación preliminar

Reducir hasta ajustar

En este ejercicio, adquirirá más práctica para mover texto. También usará la función Copiar formato para dar formato a títulos laterales.

INSTRUCCIONES PARA EL EJERCICIO

1. Abra 🖮**CONNECT**, o abra 💾**23CONNECT**.

2. Establezca en 1.5" los márgenes izquierdo y derecho del documento.

3. Mueva los párrafos de acuerdo con lo que se indica. Use cualquier procedimiento que desee para mover los párrafos.

4. Aplique al primer título lateral una fuente serif de 14 puntos, negrita cursiva.

5. Utilizando Format Painter (Copiar formato), cambie los títulos laterales restantes a una fuente serif de 14 puntos, negrita cursiva.

6. Efectúe las revisiones restantes.

7. Vea su trabajo en el modo de Presentación preliminar.

8. Utilice Reducir hasta ajustar para acomodar todo el texto en una página.

9. Imprima una copia.

10. Cierre el archivo; guarde los cambios.
    - ✓ *Si su documento se extiende a una segunda página, cambie el interlineado a 1.5 líneas.*

COMBINACIONES DE TECLAS

MOVER UN PÁRRAFO COMPLETO HACIA ARRIBA O HACIA ABAJO

1. Coloque el punto de inserción en el párrafo deseado.

2. Presione

   Alt + Shift + Up .... Alt + Shift + ↑

   O

   Presione

   Alt + Shift + Down .... Alt + Shift + ↓

3. Repita los pasos anteriores, según sea necesario, para mover el párrafo a la posición deseada.

REDUCIR HASTA AJUSTAR

1. Haga clic en **File** .... Alt + F

2. Haga clic en **Print Preview** V

3. Haga clic en el botón

   Shrink to Fit ....
   de la barra de herramientas Presentación preliminar.

4. Haga clic en **Close**.

📖 📖 📖 THE INTERNET 📖 📖 📖

The Internet is a global collection of computers and computer networks that exchange information. Networks range from small personal computers to large corporate systems. Colleges, universities, libraries, government ~~bodies~~ *agencies*, businesses and special interest groups all over the world are part of the Internet. No one knows how many computer networks are linked together to form the Internet. ←

mover

INTERNET SERVICES INCLUDE

☎ Electronic Mail. E-mail is probably the most widely used service on the Internet. You can send and receive messages ~~from anyone on the Internet. In addition to sending messages, you can also~~ *as well as* send a text or graphics file.

☎ Chat. This service allows you to type and send messages instantly to *one* ~~another~~ person or several people. The other person can type their responses and transmit it back to you. The word "chat" is misleading; you are actually doing a good bit of typing!

☎ World Wide Web. This service is made up of documents around the world which are linked to each other through hypertext links. Click on one document which is located in New York, and another document (which may be located in Singapore) appears. The documents may contain pictures, sounds and animation. Reviewing documents that are linked to one another is sometimes referred to as "surfing the web."

GAINING INTERNET ACCESS

There are several ways to gain Internet access. Your college will provide you with an Internet account, and it is usually without cost. Or, your company ~~has~~ *might have* an Internet connection--this, too, is without cost. To gain Internet access from home, you need to ~~sign up with~~ *subscribe to* an online service provider such as The Microsoft Network (MSN), America Online, CompuServe, Prodigy or Erol's. Do not be confused. An online service provider is not the Internet--it will, however, allow you to gain access to it.

THE BASIC COST OF INTERNET ACCESS

Service providers charge a monthly fee to subscribe and then charge you based on the amount of time you are online. Some providers charge a flat monthly rate so that you can "surf the web" as long as you like. College access is free--but then, again, that's really part of the tuition fee. Millions of computer terminals are connected to the Internet, with over 1000 computers being added each day.

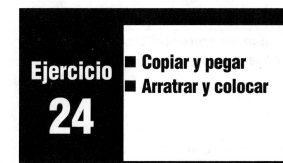

Ejercicio

24

■ **Copiar y pegar**
■ **Arratrar y colocar**

Barra de herramientas Estándar

Copiar   Pegar   Ver/Ocultar todos

NOTAS

■ **Copiar y pegar** y **Arrastrar y colocar** son características que le permiten copiar texto de un lugar a otro.

■ Copiar deja el texto en su posición original mientras coloca un duplicado en un lugar diferente en el mismo documento o en otro. (Copiar texto a otro documento se explicará en una lección posterior.) En comparación, mover significa quitar el texto de su posición original y colocarlo en alguna otra parte.

Copiar y pegar

■ El procedimiento para copiar texto es parecido al que se utiliza para moverlo. (*Véanse combinaciones de teclas en la página 106.*) Recuerde que el texto a copiar debe resaltarse antes.

■ Para copiar texto siga uno de estos pasos:

• Seleccione el texto que desee copiar, haga clic en el botón **Copy** (Copiar) 📄 de la barra de herramientas Estándar, coloque el punto de inserción en la nueva posición y haga clic en el botón **Paste** (Pegar) 📋 de la barra de herramientas, o

• Seleccione el texto que desee copiar, presione Ctrl+C para copiar el texto y, a continuación, presione Ctrl+V para pegar el texto.

■ Al copiar el texto, éste permanece en la pantalla en tanto que una copia del mismo se coloca en el Portapapeles.

■ El texto permanece en el Portapapeles hasta que copie otra selección (o hasta que salga de Windows). Por lo tanto, puede pegar la misma selección en muchas posiciones diferentes, si así lo desea.

Arrastrar y colocar

■ Use el método de arrastrar y colocar para copiar texto seleccionado utilizando el *mouse*.

■ Una vez seleccionado el texto que desee copiar, señale con el puntero del *mouse* en cualquier lugar del texto resaltado y presione la tecla Ctrl mientras **arrastra** el texto a su nueva posición 📐. Enseguida, **coloque** una copia del texto en su nueva posición soltando el botón del *mouse*. Asegúrese de soltar el botón del *mouse* antes de soltar la tecla Ctrl.

■ Al igual que con la característica Mover, si el texto no se copia de manera correcta, puede deshacer la acción.

■ Al mover o copiar párrafos que contienen un formato de sangría, asegúrese de incluir la marca de párrafo junto con el texto copiado o movido. Para cerciorarse de hacerlo, haga clic en el botón Show/Hide (Ver/ocultar todos) ¶ para ver en pantalla las marcas de párrafo en su documento.

En este ejercicio, mejorará el aspecto de un volante creado con anterioridad utilizando el procedimiento Copiar. Además, adquirirá práctica en el uso de la característica Format Painter (Copiar formato).

INSTRUCCIONES PARA EL EJERCICIO

1. Abra 🖳**TIPS**, o abra 🖫**24TIPS**.

2. Establezca la medida de los márgenes superior e inferior en .5".

3. Cambie la primera sugerencia y número a una fuente serif de 14 puntos, cursiva.

4. Utilice Copiar formato para cambiar las sugerencias restantes a una fuente serif de 14 puntos, cursiva.

5. Presione la tecla TAB e inserte el símbolo de diamante a la derecha de la primera sugerencia. Copie el símbolo para crear una línea de diamantes.

6. Haga clic en el icono Ver/ocultar todos para ver sus símbolos.

7. Copie la línea de diamantes a partir de la primera sugerencia (incluyendo el símbolo de tabulación que precede a los diamantes y la marca de párrafo siguiente), y péguela junto a las sugerencias restantes.

   ✓ *Si aparece un número no deseado, presione la tecla Backspace (retroceso) para borrarlo.*

8. Escriba y centre **To summarize**: en una fuente serif de 14 puntos, negrita, en la parte inferior del documento, como se ilustra.

9. Copie cada sugerencia como se muestra

10. Centre todas las sugerencias.

11. Aplique una fuente serif de 11 puntos.

12. Añada una viñeta antes de cada sugerencia (use el símbolo de viñeta que desee).

13. Cambie el tamaño de fuente del título a 25 puntos.

14. Verifique la ortografía.

15. Vea su trabajo en el modo de Presentación preliminar.

16. Imprima una copia.

17. Cierre el archivo; guárdelo como **TIPS**.

COMBINACIONES DE TECLAS

COPIAR Y PEGAR TEXTO

1. Seleccione el texto que desee copiar.

2. Haga clic en el botón **Copy**............🖳

   O

   Presione **Ctrl** + **C** ....`Ctrl`+`C`

3. Coloque el punto de inserción en el lugar donde desee insertar el texto.

4. Haga clic en el botón **Paste** ....🖳

   O

   Presione **Ctrl** + **V**....................`Ctrl`+`V`

ARRASTRAR Y COLOCAR

1. Seleccione el texto que desee copiar.

2. Mantenga oprimida la tecla **Ctrl**......`Ctrl` y señale el texto seleccionado.

3. Mantenga presionado el botón del *mouse*........................ mientras arrastra el texto a su nueva posición.

4. Suelte el botón del *mouse*.

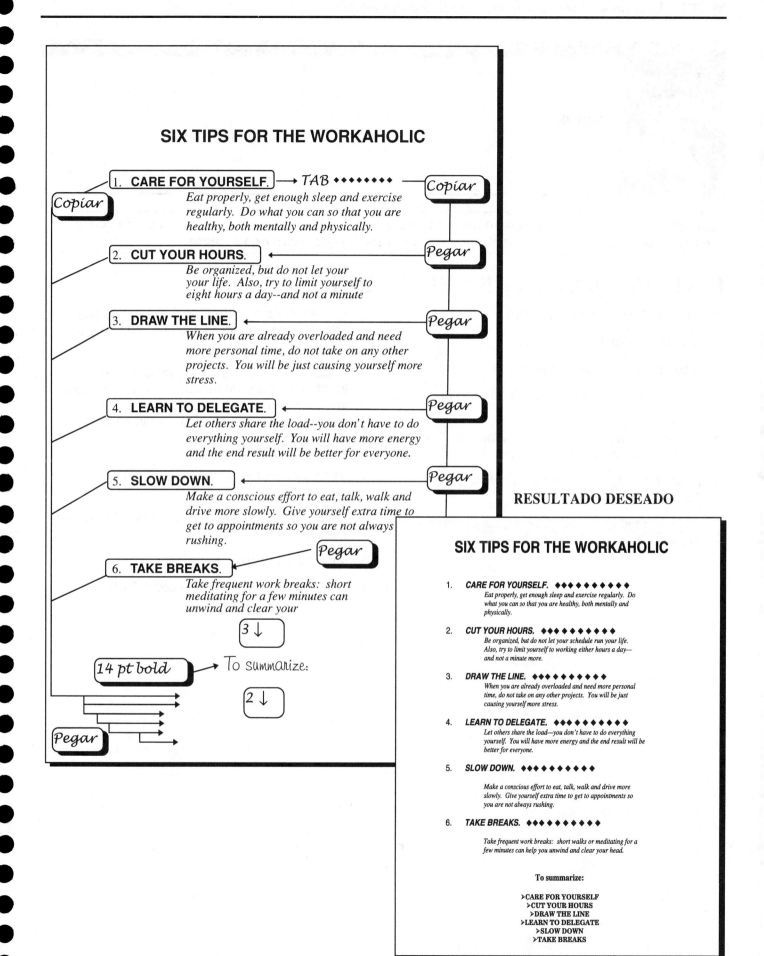

SIX TIPS FOR THE WORKAHOLIC

1. **CARE FOR YOURSELF.** → *TAB* ✦✦✦✦✦✦✦✦   *Copiar*
   Copiar
   Eat properly, get enough sleep and exercise regularly. Do what you can so that you are healthy, both mentally and physically.

2. **CUT YOUR HOURS.** ← *Pegar*
   Be organized, but do not let your your life. Also, try to limit yourself to eight hours a day--and not a minute

3. **DRAW THE LINE.** ← *Pegar*
   When you are already overloaded and need more personal time, do not take on any other projects. You will be just causing yourself more stress.

4. **LEARN TO DELEGATE.** ← *Pegar*
   Let others share the load--you don't have to do everything yourself. You will have more energy and the end result will be better for everyone.

5. **SLOW DOWN.** ← *Pegar*
   Make a conscious effort to eat, talk, walk and drive more slowly. Give yourself extra time to get to appointments so you are not always rushing.

6. **TAKE BREAKS.** ← *Pegar*
   Take frequent work breaks: short meditating for a few minutes can unwind and clear your

   3 ↓

14 pt bold → To summarize:

   2 ↓

Pegar

RESULTADO DESEADO

SIX TIPS FOR THE WORKAHOLIC

1. **CARE FOR YOURSELF.** ✦✦✦ ✦ ✦ ✦ ✦ ✦ ✦
    Eat properly, get enough sleep and exercise regularly. Do what you can so that you are healthy, both mentally and physically.

2. **CUT YOUR HOURS.** ✦✦✦ ✦ ✦ ✦ ✦ ✦ ✦
    Be organized, but do not let your schedule run your life. Also, try to limit yourself to working either hours a day— and not a minute more.

3. **DRAW THE LINE.** ✦✦✦ ✦ ✦ ✦ ✦ ✦ ✦
    When you are already overloaded and need more personal time, do not take on any other projects. You will be just causing yourself more stress.

4. **LEARN TO DELEGATE.** ✦✦✦ ✦ ✦ ✦ ✦ ✦ ✦
    Let others share the load—you don't have to do everything yourself. You will have more energy and the end result will be better for everyone.

5. **SLOW DOWN.** ✦✦✦ ✦ ✦ ✦ ✦ ✦ ✦

    Make a conscious effort to eat, talk, walk and drive more slowly. Give yourself extra time to get to appointments so you are not always rushing.

6. **TAKE BREAKS.** ✦✦✦ ✦ ✦ ✦ ✦ ✦ ✦

    Take frequent work breaks: short walks or meditating for a few minutes can help you unwind and clear your head.

To summarize:

➢CARE FOR YOURSELF
➢CUT YOUR HOURS
➢DRAW THE LINE
➢LEARN TO DELEGATE
➢SLOW DOWN
➢TAKE BREAKS

Ejercicio

25

■ **Resumen**

En este ejercicio, practicará cómo mover y copiar texto. *Al mover/copiar la información sobre los hoteles, asegúrese de mover/copiar la marca de párrafo junto con el texto.*

INSTRUCCIONES PARA EL EJERCICIO

1. Abra ⌨**DIVE**, o abra 💾**25DIVE**.

2. Muestre el Asistente de Office.

3. Inserte los párrafos que se indican.

4. Aplique un interlineado sencillo al texto de los párrafos.

5. Copie y mueva la información sobre los hoteles de acuerdo con las indicaciones.

6. Aplique a todos los párrafos una fuente serif de 12 puntos.

7. Deshaga todas las sangrías francesas (hanging indents).

8. Utilizando Format Painter (Copiar formato), ponga en negrita todos los nombres de los hoteles.

9. Utilice Copiar formato para aplicar la misma fuente y formato de tamaño al segundo título lateral (Hotels Offering Free Diving Instruction), igual que se utilizó en el primer título lateral.

10. Verifique la ortografía.

11. Vea su trabajo en el modo de Presentación preliminar.

12. Utilice Reducir hasta ajustar (Shrink to Fit), en caso necesario.

13. Imprima una copia.

14. Cierre el archivo; guárdelo como **DIVE**.

Interlineado sencillo

DIVING IN THE CAYMAN ISLANDS

Do you want to see sharks, barracudas, stingrays and angelfish?

The Cayman Islands were discovered by Christopher Columbus

in 1503 and are located south of Cuba. The Caymans are home to about 25,000

year-around residents. However, they welcome 200,000 visitors each year.

Most visitors come with masks and flippers in thXEr luggage.

Insertar

Hotel/Diving Accommodations:

Mover hoteles en orden alfabético

Sunset House, PO Box 479, George Town, Grand Cayman;
(809) 555-4767.

Copiar

Coconut Harbour, PO Box 2086, George Town, Grand Cayman;
(809) 555-7468.

Red Sail Sports, PO Box 1588, George Town, Grand Cayman;
(809) 555-7965.

Cayman Diving Lodge, PO Box 11, East End, Grand Cayman;
(809) 555-7555.

Copiar

Anchorage View, PO Box 2123, Grand Cayman; (809) 555-4209.

#Before you descend the depths of the ocean, it is very important that you have a few lessons on the don'ts of diving. Don't touch that coral. Don't come up to the surface too fast holding your breath. If you do, your lungs will explode.
#Now, you are ready to jump in!
#Here are some hotel suggestions.

Hotels Offering Free Diving Instruction:

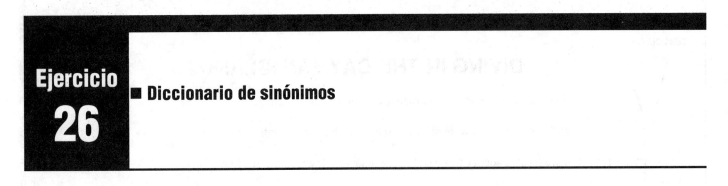

Lección 5: Formato y edición adicionales

Ejercicio 26

■ Diccionario de sinónimos

NOTAS

Diccionario de sinónimos (Thesaurus)

■ La característica **Sinónimos** contiene una lista de los significados, sinónimos y antónimos (en su caso) de una palabra deseada y también indica la función gramatical de cada significado.

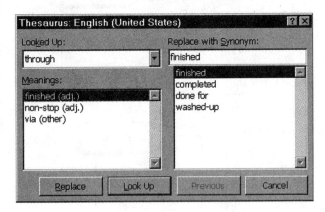

■ Observe el cuadro de diálogo Sinónimos, en el que se buscó la palabra "through". Para reemplazar una palabra en el documento con otra de la lista del diccionario de sinónimos, haga clic en el significado deseado; enseguida, seleccione el sinónimo buscado (o antónimo) y haga clic en el botón Replace (Reemplazar). En ocasiones, es necesario editar la palabra nueva para que se ajuste adecuadamente a la oración *(EJEMPLO: terminaciones en singular/plural).*

■ Seleccione la palabra que desee buscar y presione Shift+F7 para abrir el cuadro de diálogo Sinónimos.

■ También puede seleccionar el menú Tools (Herramientas), elegir Language (Idioma) y, a continuación Thesaurus (Sinónimos) para abrir el cuadro de diálogo.

✓Nota: *Si Sinónimos no aparece en el submenú Idioma, tendrá que instalar el diccionario de sinónimos.*

En este ejercicio, dará formato a un informe y usará la función Sinónimos para sustituir las palabras resaltadas.

INSTRUCCIONES PARA EL EJERCICIO

1. Cree un documento nuevo.

2. Escriba el ejercicio que se ilustra a la derecha, o abra 🖫**26SOD**.

3. Establezca la medida de los márgenes izquierdo y derecho en 1".

4. Establezca una sangría de primera línea en 1".

5. Empiece el ejercicio donde el indicador At señale 1".

6. Escriba el ejercicio exactamente como se muestra, incluyendo las palabras mal escritas encerradas en un círculo y los errores de uso.

7. Establezca un interlineado doble después de escribir el título.

8. Centre y ponga en negrita el título principal, aplique una fuente serif de 12 puntos, negrita. Aplique al texto del cuerpo una fuente serif de 10 puntos.

9. Use Copiar formato para poner en negrita y cursiva el texto de todo el documento.

10. Use la función de Verificación gramatical para revisar la ortografía y gramática del documento. Realice las correcciones necesarias.

11. Use la función Sinónimos para sustituir las palabras resaltadas.

12. Vea su trabajo en el modo de Presentación preliminar.

13. Imprima una copia.

14. Cierre el archivo; guárdelo como **SOD**.

COMBINACIONES DE TECLAS

SINÓNIMOS

1. Coloque el punto de inserción en la palabra que desee buscar.

   O

   Seleccione la palabra deseada.

2. Presione **Shift+F7** .... [Shift]+[F7]

   O

   a. Haga clic en **Tools** .... [Alt]+[T]

   b. Haga clic en **Language** .... [L]

   c. Haga clic en **Thesaurus** .... [T]

3. Seleccione .... [Alt]+[M], [↓]
   el significado deseado.

4. Seleccione .... [Alt]+[S], [↓]
   el sinónimo deseado.

   O

Haga clic en **Look Up** .... [Alt]+[L]
para mostrar una lista de los sinónimos del significado seleccionado.

O

Seleccione **Antonyms**.

5. Seleccione el sinónimo o antónimo deseado.

6. Haga clic en **Replace** .... [Alt]+[R]

GREENTHUMB LANDSCAPE SERVICE
OPERATING EXPENSE ANALYSIS
199-

We have seen many changes at Greenthumb Landscape Service this year. An explanation of the Quarterly Income Statement for 199- is worthwhile. After much analysis we have decided to place our advertising with our local radio station, WDOV. We have developed a comprehensive advertising program that runs year-round in an effort to develop business during our lighter winter months.

The lower expense and income figures for the first quarter reflects the *closing of our service center* during the month of February. The policy to close in February is under review for this winter, since we hae developed and sold additional contracts for snow removal. The executive committee will be meeting to develop a vacation system for full-time employees so that the center is staffed at all times. For *winter services*, we are contemplating the purchase of another snow removal vehicle to increase our capabillity We are aware that our snow handling equiptment must be keep in good repair to avoid the breakdowns we experienced last winter. These factors will cause increases in repair and depreciation expenses for next year which should be offset by our increased revenues.

Our *salaries expenses* varies with the season. We are continuing the practice of maintaining a core full-time staff while hiring additional part-time staff for the peak service periods of the year. This has worked well in the past; however, we are bXEng pressured to increase benifits for our full-time employees.

The high expenses for *supplies* in the third quarter reflect the increase in our full landscaping service.

We are always striving to improve our service to our customers and community, and continue to monitor our expenditures while increasing our client base.

<table>
<tr><td>**Ejercicio 27**</td><td>■ **Buscar y reemplazar texto** ■ **Dividir palabras con guiones**
■ **Seleccionar objeto a examinar**</td></tr>
</table>

NOTAS

Buscar (Find) texto

■ El comando **Buscar** recorre su documento en busca de las ocurrencias de texto, símbolos o formatos especificados. Una vez localizado el texto o formato deseado, es posible editarlo o sustituirlo.

■ Para tener acceso a la función Buscar, seleccione Find (Buscar) del menú Edit (Edición). Al obtener acceso por primera vez al comando Buscar, aparece el siguiente cuadro de diálogo Find and Replace (Buscar y reemplazar).

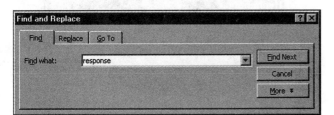

■ Esta versión abreviada del cuadro de diálogo Buscar y reemplazar es útil para realizar una búsqueda rápida. Haga clic en el botón More (Más) para tener acceso a las opciones adicionales del comando Buscar, que le permitirán personalizar su búsqueda.

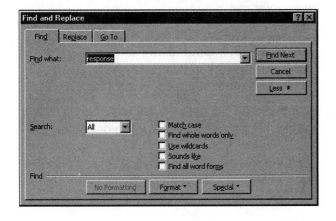

■ Otra opción para obtener acceso a Buscar es hacer clic en el botón Select Browse Object (Seleccionar objeto a examinar), que se localiza en la barra de desplazamiento vertical, y luego hacer clic en el icono Buscar.

Botón Seleccionar objeto a examinar

■ Puede dar instrucciones a Word para que busque palabras completas, independientes, en lugar que carácteres contenidos en otras palabras, al seleccionar la opción Find whole words only (Buscar sólo palabras completas). Por ejemplo, si esta opción *no* se selecciona, buscar la palabra "and" localizaría no sólo "and", sino también *sand, candy, Sandusky, android*, etc. Resulta útil seleccionar la opción Buscar sólo palabras completas, en especial cuando se buscan palabras cortas.

■ La casilla de selección Sounds like (Suena como) busca los distintos homónimos de una palabra (palabras que se pronuncian igual, pero que se escriben diferente). Si busca la palabra *sight*, encontrará también *cite* y *site*.

■ La casilla de selección Find all word forms (Buscar todas las formas de la palabra) busca todas las formas gramaticales diferentes de una palabra.

■ El cuadro de texto Search (Dirección) contiene las opciones para la dirección de la búsqueda. Word puede buscar en un documento a partir del punto de inserción Hacia abajo o Hacia arriba, o buscar en todo el documento—All (Todo).

Reemplazar (Replace) texto

- El comando **Reemplazar** le permite localizar todas las ocurrencias de cierto texto y *reemplazarlo* con texto diferente. Además del texto, también puede buscar y reemplazar las ocurrencias de carácteres especiales, como símbolos de tabulación o marcas de párrafo.

- Para obtener acceso a esta función, seleccione Replace (Reemplazar) del menú Edit (Edición), o haga clic en la ficha Reemplazar del cuadro de diálogo Buscar y reemplazar. Haga clic en More (Más) para ver todas las opciones de Reemplazar. En este cuadro de diálogo, indique lo que desee buscar y con qué desea reemplazarlo.

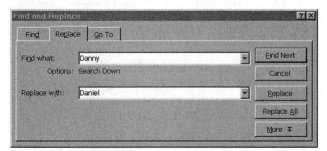

- Para reemplazar todas las ocurrencias de texto o carácteres especiales sin confirmación, haga clic en Replace All (Reemplazar todo). Para buscar la siguiente ocurrencia, haga clic en Find Next (Buscar siguiente) y, a continuación, haga clic en Cancel (Cancelar), o en Replace (Reemplazar).

- Para buscar y reemplazar carácteres especiales, haga clic en el botón Special (Especial) en el cuadro de diálogo Buscar y reemplazar, y seleccione el carácter deseado de la lista desplegada *(véase a continuación)*.

- Active la característica Ver/ocultar todos los códigos ¶ para que lo ayude cuando busque y reemplace carácteres especiales.

Dividir palabras con guiones (Hyphenation)

- **Dividir palabras con guiones** reduce la apariencia desigual del margen derecho. En un texto justificado, la división con guiones disminuye la cantidad de espacio insertado entre las palabras. Active la función Dividir con guiones cuando justifique un texto.

- Para dividir con guiones automáticamente las palabras de su documento, seleccione Language (Idioma), Hyphenation (Dividir con guiones) del menú Tools (Herramientas). En el cuadro de diálogo Dividir con guiones que aparece a continuación, haga clic en la casilla de verificación Automatically hyphenate document (División automática del documento).

Haga clic para activar Dividir con guiones

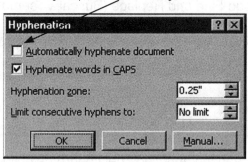

- Puede cambiar el ancho del espacio que una palabra debe ocupar antes de que esta función la divida, al modificar la Zona de división. *Aumente* el porcentaje de la zona para dividir *menos* palabras; *disminuya* la zona para dividir *más* palabras.

- Si desea limitar el número de guiones consecutivos, indique el número deseado en el cuadro de texto Limit consecutive hyphens to (Limitar guiones consecutivos a:)

- Word agrega guiones de acuerdo con sus reglas, sin pedir la confirmación del usuario.

- Para insertar guiones manuales, haga clic en el botón Manual. En el cuadro de diálogo División de palabras manual que aparece a continuación, usted podrá:

  - aceptar la división sugerida;

  - ajustar el lugar donde aparecerá en la palabra, o

  - cancelar y regresar al documento.

  - **Guión regular**—Se inserta con la tecla del Guión. Utilícelo con palabras en las que el guión debe aparecer *siempre* en la palabra. Una palabra compuesta como "sister-in-law" siempre debe conservar el guión.

- **Guión opcional**—Se inserta al presionar Ctrl+Guión. Utilícelo en palabras que *sólo* llevan un guión cuando es necesario dividirlas al final de una línea.

- **Guión de no separación**—Se inserta al presionar Ctrl+Shift+Guión. Utilícelo cuando las partes de la palabra conectadas por el guión no deben *separarse jamás* al final de la línea. Los ejemplos de este tipo de palabras incluyen algunos apellidos compuestos (Alice Harris-Gomez) y números negativos.

En este ejercicio, buscará las palabras resaltadas. La característica Buscar colocará rápidamente el punto de inserción en esas palabras, para que usted pueda sustituirlas utilizando la función Sinónimos. Utilizará el comando Reemplazar para buscar y reemplazar palabras en el documento y usará la función Dividir con guiones para producir un margen derecho con apariencia más uniforme.

INSTRUCCIONES PARA EL EJERCICIO

1. Abra 🖮**CONNECT**, o abra 💾**27CONNECT**.

2. Utilice el comando Buscar para colocar el punto de inserción en cada palabra resaltada. A continuación use la función Sinónimos para reemplazar cada palabra.

3. Busque cada ocurrencia (con excepción del título) de la palabra "Internet" y reemplácela con *Internet*.

4. Busque la palabra "service" y reemplácela con "feature" (excepto la primera palabra del último párrafo).

5. Divida con guiones el documento.

6. Imprima una copia.

7. Cierre el archivo; guárdelo como **CONNECT**.

📖 📖 📖 THE INTERNET 📖 📖 📖

The Internet is a global collection of computers and computer networks that exchange information. Networks range from small personal computers to large corporate systems. Colleges, universities, libraries, government agencies, businesses and special interest groups all over the world are part of the Internet. No one knows how many computer networks are linked together to form the Internet. Millions of computer terminals are connected to the Internet, with over 1000 computers being added each day.

INTERNET SERVICES INCLUDE

☎ Chat. This service allows you to type and send messages instantly to one person or several people. The other person can type their responses and transmit it back to you. The word "chat" is misleading; you are actually doing a good bit of typing!

☎ Electronic Mail. E-mail is probably the most widely used service on the Internet. You can send and receive messages as well as send a text or graphics file.

☎ World Wide Web. This service is made up of documents around the world which are linked to each other through hypertext links. Click on one document which is located in New York, and another document (which may be located in Singapore) appears. The documents may contain pictures, sounds and animation. Reviewing documents that are linked to one another is sometimes referred to as "surfing the web."

GAINING INTERNET ACCESS

There are several ways to gain Internet access. Your college will provide you with an Internet account, and it is usually without cost. Or, your company might have an Internet connection-- this, too, is without cost. To gain Internet access from home, you need to subscribe to an online service provider such as The Microsoft Network (MSN), America Online, CompuServe, Prodigy or Erol's. Do not be confused. An online service provider is not the Internet--it will, however, allow you to gain access to it.

THE BASIC COST OF INTERNET ACCESS

Service providers charge a monthly fee to subscribe and then charge you based on the amount of time you are online. Some providers change a flat monthly rate so that you can "surf the web" as long as you like. College access is free--but then, again, that's really part of the tuition fee.

COMBINACIONES DE TECLAS

BUSCAR TEXTO

CTRL + F

1. Haga clic en

   Select Browse Object......................

2. Haga clic en **Find** ....

   O

   a. Haga clic en **Edit** .... `Alt`+`E`

   b. Haga clic en **Find** .... `F`

3. Haga clic en **Find what** .... `Alt`+`N`

4. Escriba el texto de búsqueda
   deseado .... *texto*

5. Haga clic en **More** .... `Alt`+`M`
   en caso necesario, para mostrar las
   opciones siguientes:

6. Seleccione las Opciones de búsqueda
   deseadas:

   • **Match case (Coincidir
     mayúsculas/minúsculas)**.. `Alt`+`H`

   • **Find whole words only
     (Sólo palabras completas)**. `Alt`+`Y`

   • **Use wildcards (Usar
     carácteres comodines)** ..... `Alt`+`U`

   • **Sounds like (Suena como)** `Alt`+`K`

   • **Find all word forms
     (Buscar todas las formas
     de la palabra)** .... `Alt`+`M`

7. Seleccione la dirección de la
   búsqueda .... `Alt`+`S`

   • Haga clic en **All**.......................... `A`
     para buscar en todo el documento.

   O

   • Haga clic en **Up**........................... `U`
     para buscar desde el punto de
     inserción al principio del documento.

   O

   • Haga clic en **Down**....................... `D`
     para buscar desde el punto de
     inserción al final del documento.

8. Haga clic en **Find Next** .... `Alt`+`F`

   O

Presione **Enter**........................... `Enter`
para localizar la siguiente ocurrencia
del texto buscado.

9. Haga clic en **Cancel** .... `Esc`
   para volver al documento en el punto
   en donde se encontró la última
   ocurrencia del texto buscado.

REEMPLAZAR TEXTO O CARÁCTERES ESPECIALES

CTRL + H

1. Haga clic en **Edit**.................... `Alt`+`E`

2. Haga clic en **Replace**...................... `E`

3. Haga clic en **More** .... `Alt`+`M`
   en caso necesario, para ver todas las
   opciones de Reemplazar.

4. Haga clic en **Find what** .... `Alt`+`N`

5. Escriba el texto de búsqueda
   deseado .... *texto*

   O

   Haga clic en **Special**.............. `Alt`+`E`

   Seleccione un carácter especial `↓`, `↑`

6. Seleccione **No Formatting** ...... `Alt`+`T`
   en caso necesario, para que Word no
   busque ningún formato.

7. Haga clic en **Replace with**...... `Alt`+`I`

8. Escriba el texto de reemplazo .... *texto*

   O

   a. Haga clic en **Special** .... `Alt`+`E`

   b. Seleccione un carácter
      especial............................. `↓`, `↑`

9. Haga clic en una de las opciones
   siguientes:

   • **Match case**...................... `Alt`+`H`

   • **Find whole words only**....... `Alt`+`Y`

   • **Use wildcards** .... `Alt`+`U`

   • **Sounds like** .... `Alt`+`K`

   • **Find All Word forms**........... `Alt`+`M`

10. Haga clic en **Find Next** .... `Alt`+`F`
    para buscar la siguiente ocurrencia.

11. Haga clic en **Replace** .... `Alt`+`R`
    para reemplazar esta ocurrencia.

    O

Haga clic en **Replace All**........ `Alt`+`A`
para reemplazar todas las ocurrencias
del texto buscado.

12. Haga clic en **Find Next**.......... `Alt`+`F`
    según sea necesario, para buscar a
    través de todo el documento.

13. Haga clic en **Cancel** .... `Esc`
    para volver al documento en el punto
    en donde se encontró la última
    ocurrencia del texto buscado.

DIVISIÓN CON GUIONES (AUTOMÁTICA O MANUAL)

1. Seleccione el texto que desee dividir
   con guiones.

   O

   Coloque el punto de inserción en el
   lugar donde desee iniciar la división
   con guiones.

2. Haga clic en **Tools**................... `Alt`+`T`

3. Haga clic en **Language** .... `L`

4. Haga clic en **Hyphenation** .... `H`

5. Seleccione una de las opciones siguientes:

   a. Haga clic en la casilla de verificación
      Automatically .... `Alt`+`A`
      hyphenate document.

   b. Haga clic en **OK** .... `Enter`

   O

   a. Haga clic en **Manual** .... `Alt`+`M`
      para que Word le pida confirmación
      en cada guión.

   b. Haga clic en **Yes**............... `Alt`+`Y`
      para aceptar la división sugerida.

   O

   Haga clic en **No** .... `Alt`+`N`
   para rechazar la división sugerida.

   O

   a. Coloque el punto de inserción en el
      lugar donde desee insertar un guión.

   b. Haga clic en **Yes**............... `Alt`+`Y`

6. Presione **Cancel**............................. `Esc`
   para terminar el proceso de división
   con guiones.

   O

   Haga clic en **OK** .... `Enter`
   cuando la división con guiones termine.

Ejercicio 28

■ **Presentación de esquema** ■ **Cómo crear un esquema**
■ **Escribir texto en un esquema** ■ **Editar un esquema**

Barra de herramientas Esquema

Aumentar nivel   Disminuir a texto independiente
Mover hacia arriba

Disminuir nivel   Mover hacia abajo   Niveles de títulos   Todos

NOTAS

Característica de Esquema (Outline)

■ Un **esquema tradicional** se utiliza para organizar la información acerca de una materia antes de empezar a escribir un informe o dar un discurso.

■ Un esquema contiene muchos temas y subtemas, o niveles. La característica de **Esquema** da formato automáticamente a cada nivel de temas y subtemas de manera diferente. Algunos niveles reciben formato en negrita, otros en cursiva y algunos aparecen con un tamaño diferente de fuente. Word permite hasta nueve niveles distintos.

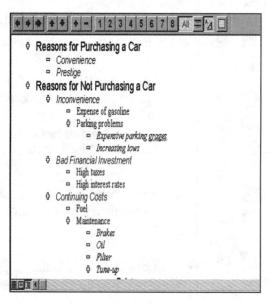

Cómo crear un esquema

■ Para **Crear un**, seleccione Outline (Esquema) del menú <u>V</u>iew(Ver) o haga clic en el botón Presentación de esquema 🔲. La presentación de esquema le permite ver su documento en un formato esquematizado y proporciona una barra de herramientas Esquema para realizar las tareas de estructuración del esquema con mayor facilidad.

Escribir texto en un esquema

■ Escriba el texto en Presentación de esquema como lo haría normalmente. Los estilos de formato de niveles se aplican a medida que escribe. Use la tecla TAB para avanzar de un nivel a otro. Cada nivel va precedido por un símbolo de título, 🞤 o 🗕.

■ Para numerar y ordenar con letras los temas y subtemas, como lo haría en un esquema tradicional, debe emplear un procedimiento distinto. Seleccione Bullets and <u>N</u>umbering (Numeración y viñetas) del menú F<u>o</u>rmat (Formato) y, a continuación, haga clic en la ficha O<u>u</u>tline Numbered (Numeración de títulos). Seleccione el estilo deseado de numeración y después haga clic en OK (Aceptar).

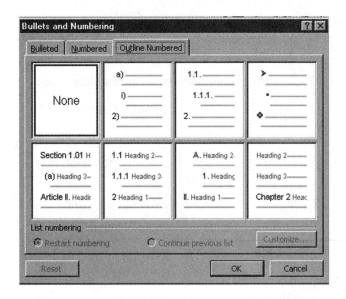

Editar un esquema

- Para seleccionar un tema y su párrafo subordinado, coloque el punto de inserción en el **símbolo de título** hasta que cambie a una flecha de cuatro puntas y haga clic con el botón izquierdo del *mouse.*

- Para mover un título en un esquema, sin afectar el nivel o rango, haga clic en el botón Move Up (Mover hacia arriba) ⬆ o en el botón Move Down (Mover hacia abajo) ⬇ de la barra de herramientas Esquema. Cuando se emplea este procedimiento, sólo el título propiamente dicho se mueve hacia arriba o hacia abajo; todos los subtítulos o subtexto bajo el título permanecerán en su posición original.

- Para mover toda la información que se encuentra debajo de un título (subtítulos y subtexto), seleccione el símbolo de título y, a continuación, haga clic en el botón Mover hacia arriba o Mover hacia abajo. O puede seleccionar el símbolo de título y arrastrar el texto a su nueva posición. Cuando arrastre el texto, el puntero del *mouse* cambia a una flecha de doble punta, y una guía se mueve junto con el *mouse* para ayudarlo a colocar el título.

- Puede cambiar el nivel del texto al **aumentar el nivel** o **disminuirlo**. Para convertir texto a un subtítulo de nivel inferior (por ejemplo, del nivel II al nivel B), debe hacer clic en el botón *Disminuir nivel* ➡ de la barra de herramientas Esquema. Para regresar el título a un nivel superior (por ejemplo, del nivel B, al nivel II), debe hacer clic en el botón *Aumentar nivel* ⬅ de la barra de herramientas Esquema.

Contraer y expandir esquemas

- Es posible contraer (ocultar) o expandir (mostrar) tantos niveles de títulos como desee, al hacer clic en el botón del título correspondiente de la barra de herramientas Esquema. Hacer clic en el botón All (Todo) muestra todos los niveles de títulos; éste es el valor predeterminado en Word.

En la Parte I de este ejercicio, creará un esquema con diversos temas. El esquema creado contendrá cinco niveles. En la Parte II de este ejercicio, editará el esquema.

INSTRUCCIONES PARA EL EJERCICIO

Parte I

1. Cree un documento nuevo.

2. Muestre el Asistente de Office.

3. Establezca la medida del margen izquierdo en 1.75". Empiece el ejercicio en la parte superior de la pantalla.

4. Haga clic en el botón Presentación de esquema 📋, o seleccione View (Ver), Outline (Esquema) para cambiar al modo de Presentación de esquema.

5. Cree el esquema de temas que se ilustra en la página 121.

6. Escriba el título de primer nivel, *Reasons for Purchasing a Car.*

   ✓ *No escriba los números o las letras que preceden a los títulos; utilizará la función Numeración automática para agregarlos después de completar el esquema.*

7. Presione la tecla Enter (Entrar) y, enseguida, la tecla Tab.

8. Escriba el título de segundo nivel, *Convenience*.

9. Presione la tecla Entrar.

10. Escriba el siguiente título de segundo nivel, *Prestige*.

11. Presione la tecla Entrar.

12. Haga clic en el botón Promote (Aumentar nivel) ⬅.

13. Escriba el título del siguiente nivel, *Reasons for Not Purchasing a Car*. Presione la tecla Entrar.

14. Escriba los títulos restantes, aumente o disminuya el nivel, según sea necesario. *No* presione la tecla Entrar después del último título, *Timing*.

15. Inserte los números y letras en el esquema utilizando el formato ilustrado en la Parte I. (Seleccione el texto que recibirá los números y letras. Seleccione Format (Formato), Bullets and Numbering (Numeración y viñetas). Haga clic en la ficha Outline Numbered (Numeración de títulos), seleccione el formato deseado y haga clic en OK.)

16. Haga clic en el botón Nivel de título ② que mostrará solamente dos niveles de títulos. Haga clic en cada icono de Nivel de título del 3 al 5 para ver el efecto en su esquema. Haga clic en el botón Todo Aⁱⁱ para volver a ajustar la configuración predeterminada para que muestre todos los títulos.

17. Verifique la ortografía.

18. Utilice la característica Propiedades para llenar la siguiente información de resumen acerca de su documento:

Título: .Purchasing vs. Not Purchasing a Car

Asunto:......................... Comparison of each

Autor: ....Su nombre

Supervisor: El nombre de su supervisor
                        o maestro

Compañía: El nombre de su compañía
                        o escuela

Categoría ....Economics

Palabras clave: ..Brakes, Oil, Inconvenience

Comentarios: Los títulos se numeraron
                        y ordenaron con letras.

19. Vea su trabajo en el modo de Presentación preliminar. (El documento estará compuesto de 2 o 3 páginas.)

20. Imprima una copia desde la Presentación de esquema.

21. Guarde el archivo; titúlelo **CARS**.

22. No cierre la ventana del documento.

Parte II

1. Mueva el título *B. Hazards* así como los elementos numerados debajo de éste y colóquelos después de los elementos del título *D. Continuing Costs*.

2. Imprima una copia.

3. Cierre el archivo; guarde los cambios.

4. Cierre la ventana del documento.

PARTE I

I. **Reasons for Purchasing a Car**
   A. *Convenience*
   B. *Prestige*
II. **Reasons for Not Purchasing a Car**
   A. *Inconvenience*
      1. Expense of gasoline
      2. Parking problems
         a) **Expensive parking garages**
         b) **Increasing tows**
   B. *Hazards*
      1. Possibility of accidents
      2. Unpredictable weather
   C. *Bad Financial Investment*
      1. High taxes
      2. High interest rates
   D. *Continuing Costs*
      1. Fuel
      2. Maintenance
         a) **Brakes**
         b) **Oil**
         c) **Filter**
         d) **Tune-up**
            (1) Points
            (2) Plugs
            (3) Timing

PARTE II

II. **Reasons for Not Purchasing a Car**

   A. *Inconvenience*

      1. Expense of gasoline

      2. Parking problems

         a) **Expensive parking garages**

         b) **Increasing tows**

   B. *Hazards*

      1. Possibility of accidents

      2. Unpredictable weather

   C. *Bad Financial Investment*

      1. High taxes

      2. High interest rates

   D. *Continuing Costs*

      1. Fuel

      2. Maintenance

         a) **Brakes**

         b) **Oil**

         c) **Filter**

         d) **Tune-up**

            (1) Points

            (2) Plugs

COMBINACIONES DE TECLAS

CREAR UN ESQUEMA

Para cambiar a Presentación de esquema:

a. Haga clic en **View**.............. `Alt` + `V`

b. Haga clic en **Outline**.................. `O`

O

Haga clic en el botón

Presentación de esquema.............. 🔲

1. Escriba el tema u oración del título.

2. Presione **Enter**.............................. `Enter`

3. Escriba el título siguiente.

4. Presione **Enter**.............................. `Enter`
   para conservar el título nuevo en el mismo nivel que el título anterior.

   O

   Haga clic en el botón

   Demote..................................... ➡
   para crear un título de nivel inferior.

   O

   Haga clic en el botón

   Promote.................................... ⬅
   para crear un título de nivel superior.

NUMERAR UN ESQUEMA

1. Si es necesario, pase a **Presentación de Esquema**................. `Alt` + `V`, `O`

2. Resalte el texto que recibirá la numeración o se ordenará con letras.

3. Haga clic en **Format**.............. `Alt` + `O`

4. Haga clic en
   Bullets and Numbering.................. `N`

5. Haga clic en
   Outlined Numbered............... `Alt` + `U`

6. Haga clic en el formato deseado.

7. Haga clic en **OK** .... `Enter`

QUITAR LA NUMERACIÓN DE TODOS LOS TÍTULOS

1. Si es necesario, pase a **Presentación de Esquema** .... `Alt` + `V`, `O`
   (*Véase CREAR UN ESQUEMA, a la izquierda.*)

2. Coloque el punto de inserción en la sección en la que desee quitar la numeración.

3. Haga clic en **Format**.............. `Alt` + `O`

4. Haga clic en
   Bullets and Numbering.................. `N`

5. Haga clic en
   Outlined Numbered.............. `Alt` + `U`

6. Haga clic en **None**.

QUITAR LA NUMERACIÓN DE UN SOLO TÍTULO

1. Seleccione el título.

2. Haga clic en el botón
   Demote to Body Text..................... ➡
   de la barra de herramientas Esquema.

OCULTAR O MOSTRAR NIVELES DE LOS TÍTULOS

1. Si es necesario, pase a **Presentación de Esquema** .... `Alt` + `V`, `O`

2. Haga clic en el botón correspondiente de **Nivel de título** para ver el número deseado de niveles.

   O

   Haga clic en el botón

   All .... `All`
   para ver todos los niveles de títulos.

EDITAR TÍTULOS Y TEXTO

1. Si es necesario, pase a **Presentación de Esquema** .... `Alt` + `V`, `O`

2. Arrastre el símbolo de título .... ✛ o 🔳
   a la posición deseada.

   O

   Seleccione el título, subtítulos y texto que desee mover.

3. Haga clic en el botón

   Move Up.. ⬆

   O

   Haga clic en el botón

   Move Down................................... ⬇
   según sea necesario, para mover el título a la posición deseada.

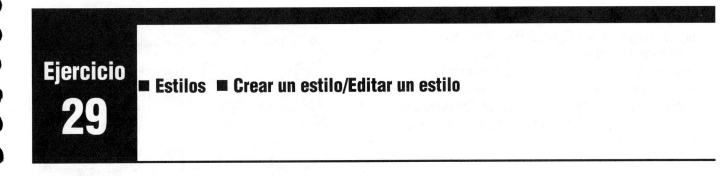

Ejercicio 29

■ Estilos ■ Crear un estilo/Editar un estilo

NOTAS

Estilos

■ Un estilo es un conjunto de formatos que pueden asignarse a un texto seleccionado. Al crear un esquema en el último ejercicio, Word asignó los estilos disponibles en el programa. Haga clic en el cuadro de lista Estilo para ver los estilos que Word ofrece.

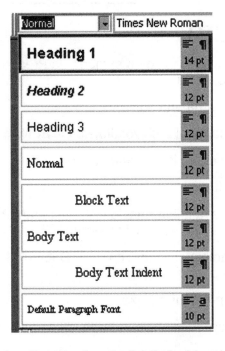

■ Título 1 aplica una fuente Arial, de 14 puntos, negrita y alineada a la izquierda; Título 2 aplica una fuente Arial, de 12 puntos, negrita cursiva; Título 3 aplica una fuente Arial, de 12 puntos. Normal aplica la fuente predeterminada en el tamaño preestablecido.

Crear un estilo/Editar un estilo

■ Suponga que desea crear un estilo que contenga una fuente *manuscrita,* de 16 puntos. Para hacerlo, seleccione el texto en el que desee basar su estilo, haga clic en el cuadro de lista Estilo de la barra de herramientas Formato y sustituya el nombre del estilo en uso con el que usted proporcione. Al presionar Enter (Entrar) agregará ese nombre a la lista de Estilos. Siempre que, posteriormente, desee aplicar este estilo nuevo a un texto, seleccione el texto, haga clic en la lista de Estilos y elija el nombre nuevo.

■ Para conservar la misma sangría en sus títulos, debe editar un estilo de Word; es decir, cambiar las características de Título 1, Título 2, o Título 3, pero no sus nombres.

■ Para realizar estos cambios, seleccione Style (Estilo) del menú Format (Formato) En el cuadro de diálogo Estilo que aparece a continuación, seleccione el estilo que desee modificar y haga clic en Modify (Modificar).

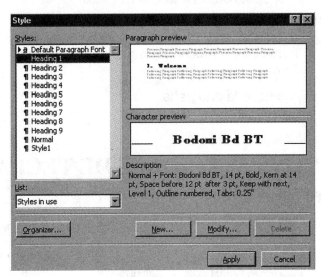

■ En el cuadro de diálogo Modificar el estilo que sigue, haga clic en F<u>o</u>rmat (Formato) y seleccione <u>F</u>ont (Fuente) de la lista emergente. Realice los cambios deseados a la fuente, estilo y/o tamaño. Haga clic en OK (Aceptar) para regresar al ejercicio. Todos los títulos basados en el estilo Título 1 se modificarán para reflejar el nuevo estilo.

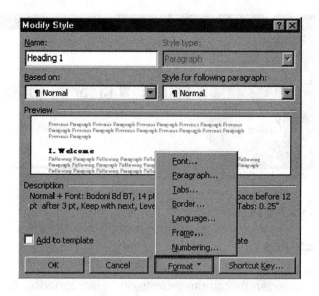

> *En la Parte I de este ejercicio, aplicará un nuevo estilo de título y adquirirá más práctica en crear un esquema de temas. En la Parte II de este ejercicio, editará el esquema. Este esquema, a la larga, se utilizará para crear una presentación en PowerPoint.*

INSTRUCCIONES PARA EL EJERCICIO

Parte I

1. Cree un documento nuevo.

2. Establezca la medida del margen izquierdo en 1.5". Empiece el ejercicio en la parte superior de la pantalla.

3. Cambie a Presentación de esquema.

4. Cree el esquema de temas que se ilustran en la Parte I en la página siguiente.

   ✓ *No escriba los números o letras que preceden a los títulos; utilizará la característica de Numeración automática para agregarlos después de terminar el esquema.*

5. Use la característica Bullets and <u>N</u>umbering (Numeración y viñetas) para insertar los números y letras en el esquema, utilizando el formato que se ilustra.

6. Verifique la ortografía.

7. Vea su trabajo en el modo de Presentación preliminar.

8. Imprima una copia.

9. Guarde el archivo; titúlelo **GREEN.**

10. No cierre la ventana del documento.

Parte II

1. Mueva la información IV. (Company Mission) para que se convierta en III.

2. Cambie el estilo Título 1 a Britannic Bold, de 14 puntos, negrita.

3. Imprima una copia.

4. Cierre el archivo; guarde los cambios.

5. Cierre la ventana del documento.

COMBINACIONES DE TECLAS

EDITAR UN ESTILO DE WORD

1. Haga clic en el cuadro de lista Estilo y seleccione el estilo que desee modificar.

2. Haga clic en **F**ormat .... `Alt`+`O`

3. Haga clic en **Style** .... `S`

4. Haga clic en **Modify** .... `Alt`+`M`

5. Haga clic en **Format**.............. `Alt`+`O`

6. Haga clic en **Font**........................... `F`

7. Realice los cambios deseados.

8. Haga clic en **OK** .... `Enter`

I. **Welcome**
II. **Overview**
    A. *Company history*
        1. Started by Peter Moss in 1965
        2. Began as a snow removal company
        3. Diversifying into a full landscaping service with a year-round advertising program.
    B. *Organizational structure*
    C. *Company mission*
    D. *Sales trends*
    E. *Employee benefits*
    F. *Questions and answers*
III. **Greenthumb Landscaping Service**
    A. *John Moss, President*
    B. *Wendy Hynes, Vice President*
    C. *Pamela Leigh, Finance*
    D. *Matt Chasin, Customer Service*
IV. **Company Mission**
    A. *To design quality landscapes in this city*
    B. *To maintain quality landscapes of all customers*
V. **Sales Trends**
VI. **Employee Benefits**
    A. *Health Benefits*
        1. Life Insurance
        2. Medical, dental, optical
            a) **GHI**
            b) **Major Medical**
    B. *Commissions and Bonus*
    C. *Vacation and Sick Leave*
        1. Vacation: 2 weeks after 12 months
        2. Sick leave: 2.5 days earned each month
        3. Extra provisions for employees who work winters
VII. **Questions and Answers**

PARTE II

I. Welcome
II. Overview
    A. *Company history*
        1. Started by Peter Moss in 1965
        2. Began as a snow removal company
        3. Diversifying into a full landscaping service with a year-round advertising program.
    B. *Organizational structure*
    C. *Company mission*
    D. *Sales trends*
    E. *Employee benefits*
    F. *Questions and answers*
III. **Greenthumb Landscaping Service**
    A. *John Moss, President*
    B. *Wendy Hynes, Vice President*
    C. *Pamela Leigh, Finance*
    D. *Matt Chasin, Customer Service*
IV. **Company Mission**
    A. *To design quality landscapes in this city*
    B. *To maintain quality landscapes of all customers*
V. **Sales Trends**
VI. **Employee Benefits**
    A. *Health Benefits*
        1. Life Insurance
        2. Medical, dental, optical
            a) **GHI**
            b) **Major Medical**
    B. *Commissions and Bonus*
    C. *Vacation and Sick Leave*
        1. Vacation: 2 weeks after 12 months
        2. Sick leave: 2.5 days earned each month
        3. Extra provisions for employees who work winters
VII. **Questions and Answers**

Ejercicio 30

■ **Resumen**

En este ejercicio, creará un informe de una página. También adquirirá más práctica para usar las características Sinónimos, Verificación gramatical y Buscar/Reemplazar.

INSTRUCCIONES PARA EL EJERCICIO

1. Cree un documento nuevo.

2. Use los márgenes y tabulaciones preestablecidas.

3. Cree un informe a partir del texto que se muestra a continuación. Escriba el ejercicio exactamente como se indica, incluyendo los errores de uso encerrados en un círculo, o abra 🖫**30BRANCH**.

4. Centre y ponga en negrita el título principal, aplique una fuente serif de 14 puntos, negrita. Ajuste los títulos secundarios a 12 puntos y céntrelos.

5. Utilice la característica de Verificación gramatical para revisar la ortografía y gramática del documento. Realice las correcciones necesarias.

   En la primera oración, no agregue el guión que Word sugiere, puesto que, en este caso, *three quarters* no es una fracción. Acepte la *segunda* sugerencia de Word para corregir "Companys."

6. Use la característica Sinónimos para reemplazar las palabras resaltadas.

7. Busque cada ocurrencia de la palabra James y reemplácela con Jim.

8. Divida con guiones las palabras del documento.

9. Vea su trabajo en el modo de Presentación preliminar.

10. Imprima una copia.

11. Cierre el archivo; guárdelo como **BRANCH**.

WOODWORKS FURNITURE COMPANY
COMPENSATION SUMMARY
Today's date
A review of the first three quarters of this year for the Oxford branch indicates the addition of a new employee, James Thompson. ⚓The addition of James Thompson increases our expenses at a difficult economic juncture of WoodWorks Furniture Company. However, it is expected that there will be an increase in sales because of numerous community contracts that have just been signed. Since community-based projects are now within James Thompson's sales territory, it is expected that his total compensation will increase considerably by the end of the year, which will offset the increase in salary expense. ⚓The process of compiling expense data from all the Woodworks Furniture Companys stores will aid in long-term planning for our organization. ⚓Early indications shows that total sales has picked up in the corporate sector. A detailed data analyses report will be forthcoming in the next quarter.

Lección 6: Trabajo con documentos extensos

Ejercicio 31

■ **Saltos de página manuales y automáticos** ■ **Saltos de sección**
■ **Encabezados/Pies de página** ■ **Números de página**

NOTAS

Saltos de página (Page Breaks) manuales y automáticos

■ Word supone que usted trabaja en una página estándar que mide 8.5" de ancho x 11" de largo. Recuerde que la medida predeterminada en Word tanto para el margen superior como para el inferior es de 1". Por lo tanto, hay 9" de espacio vertical en una página estándar para escribir texto.

■ El indicador At (A) señala la distancia a la que el punto de inserción está situado de la parte superior de la página. Cuando trabaje A 9.6", se encontrará en la última línea de la página. Por lo tanto, al insertar texto después de 9.7", Word termina automáticamente una página e inicia una nueva.

■ Cuando Word inicia automáticamente una página nueva, se denomina **salto de página automático**. Para terminar la página antes de 9.7", puede insertar un salto de página manual presionando las teclas Ctrl+Enter. En la Presentación normal, los saltos de página manuales aparecen como una línea punteada a través de la pantalla, con las palabras *Salto de página* en el centro. En la Presentación de diseño de página, el **salto de página manual** se ve como una línea horizontal gris continua en el papel. Al insertar un salto de página manual, Word ajusta automáticamente los saltos de página automáticos que le siguen.

■ Una vez que el punto de inserción se encuentre debajo de la línea de salto de página, el indicador de Página de la barra de estado muestra Page (Página) 2 y el indicador At señala: At 1".

Saltos de sección

■ Como valor predeterminado, un documento contiene una sección. Sin embargo, Word le permite dividir el documento en secciones múltiples, para que pueda dar formato a cada sección de manera diferente.

Por ejemplo, si desea aplicar medidas distintas a los márgenes en partes diferentes de su documento, puede crear un salto de sección, modificar los márgenes de dicha sección y después crear otro salto de sección y especificar otras medidas para los márgenes después del salto. Crear saltos de sección es como crear un documento dentro de un documento.

■ Para crear un salto de sección, coloque el punto de inserción donde desee iniciar una nueva sección y seleccione Break (Salto) del menú Insert (Insertar). En el cuadro de diálogo Salto que sigue, seleccione la opción de salto de sección deseada. Cada opción creará un salto en una posición diferente de su documento.

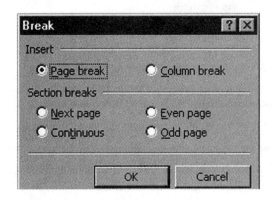

• Next Page (Página siguiente) crea una sección nueva en la página siguiente.

- Continuous (Continuo) crea una sección nueva en el punto de inserción.

  - Even Page (Página par) crea una sección nueva en la siguiente página numerada como par (por lo general, la página del lado izquierdo).

  - Odd Page (Página impar) crea una sección nueva en la siguiente página del lado derecho.

- Puesto que las marcas de salto de sección almacenan el formato de la sección correspondiente (de la misma manera en que las marcas de párrafo almacenan los formatos de párrafo), al eliminar un salto de sección también se eliminará todo el formato de la sección que lo precede. Para eliminar un salto de sección, coloque el punto de inserción en el salto de sección y presione la tecla Delete (Suprimir).

- Es posible borrar un salto de página manual, lo que permite al texto que sigue a ese salto de página manual integrarse a la página anterior en la medida en que el espacio lo permita. También puede seleccionar un salto de página manual y arrastrarlo a su nueva posición.

Encabezados y pies de página (Headers and Footers)

- Un carta de varias páginas requiere un encabezamiento en las páginas segunda y subsecuentes. Éste debe contener el nombre del destinatario (la persona a quien se dirige la carta), el número de la página y la fecha. Para incluir el encabezamiento en las páginas segunda y subsecuentes, puede crearse un encabezado.

Encabezado con el número de la página y la fecha

Ms. Susan Hamilton
Page 2
Today's date

staying at while you are visiting. I have included locations. And, while you are attending your sights and shopping near your hotel. I have

- Un **encabezado** es el mismo texto que aparece en la parte superior de cada página o en páginas alternadas, mientras que un pie de página es el mismo texto que aparece en la parte inferior de cada página o en páginas alternadas.

- Después de escribir una vez el encabezado o pie de página deseado, la función Encabezado/Pie de página lo insertará automáticamente en cada página o en páginas específicas de su documento.

- Para ver los encabezados, pies de página o números de página en la pantalla, debe encontrarse ya sea en la Presentación de diseño (Page Layout view) de página o en Presentación preliminar. Aunque los encabezados, pies de página y números de página no aparecen en pantalla en las presentaciones Normal y de Esquema, sí se imprimen.

- Como valor predeterminado, el encabezado se imprime a .5" de distancia del borde superior de la página; el pie de página tiene como valor preestablecido imprimirse a .5" del borde inferior de la página. Es posible modificar la posición de impresión del encabezado/pie de página, si se desea.

  ✓Nota: *Los encabezados, pies de página y números de página, por lo general, aparecen en las páginas segunda y subsecuentes de una carta o informe; normalmente no aparecen en la primera página.*

- Para crear encabezados o pies de página, seleccione Header and Footer (Encabezado y pie de página) del menú View (Ver). El área del encabezado y el cuadro de diálogo Encabezado y pie de página aparecen en la pantalla. Escriba su encabezado en el área de encabezado. (*Véase a continuación.*)

- Si desea incluir la fecha o la hora como parte del texto del encabezado/pie de página, use el botón Date (Fecha) 🔲 y/o el botón Time (Hora) 🕐 en la barra de herramientas Encabezado y pie de página para insertar estos elementos.

- Los números de página y el número total de páginas pueden agregarse a los encabezados y pies de página haciendo clic en el botón Page Number (Números de página) y/o en el botón Insert Number of Pages (Insertar número de páginas) de la barra de herramientas Encabezado y pie de página. La posición de los números de página en el encabezado o en el pie de página puede determinarse al presionar TAB para llegar a la tabulación centrada y presionando TAB una vez más para llegar a la tabulación alineada a la derecha.

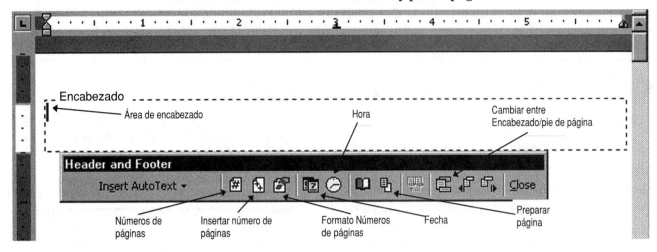

- Para suprimir el encabezado, pie de página, o número de página en la primera página, seleccione el botón Page Setup (Preparar página) de la barra de herramientas Encabezado/pie de página, seleccione la ficha Layout (Diseño), y haga clic en la casilla de selección Different first page (Primera página diferente).

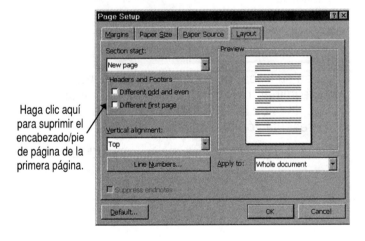

Haga clic aquí para suprimir el encabezado/pie de página de la primera página.

Números de página

- La función Numeración de páginas le permite insertar los números de las páginas de manera independiente de los encabezados y pies de página, e indicar en qué lugar de la página impresa debe aparecer el número de ésta: en las esquinas superior o inferior (a la izquierda o a la derecha) o centrada en la parte superior o inferior de la página. *(Véase Colocación de números de páginas, Ejercicio 34.)*

- Si sólo planea utilizar los números de páginas (no encabezados ni pies de página), utilice la función independiente Numeración de páginas. Si planea insertar un encabezado o un pie de página y los números de página, es más fácil usar la característica Encabezado y pie de página para insertar el encabezado/pie de página junto con los números de las páginas.

- Los encabezados, pies de página y números de páginas pueden insertarse antes o después de escribir el documento.

En este ejercicio, creará una carta de dos páginas e insertará un encabezado como titular de la segunda página. También creará saltos de sección y cambiará los márgenes a lo largo del documento.

INSTRUCCIONES PARA EL EJERCICIO

1. Cree un documento nuevo.

2. Escriba el ejercicio de la página siguiente como se muestra, o abra 🖫**31SEMINA**.

   - Use los márgenes y tabulaciones preestablecidas.
   - Escriba el nombre de la compañía A 1". Ajústelo a 30 puntos, negrita. (Cambie el tamaño de la fuente a 30 puntos antes de presionar la tecla Enter.)
   - Aplique a la información del domicilio una fuente serif de 10 puntos, cursiva. Inserte cualquier símbolo Wingding en el domicilio, como se ilustra.

3. Empiece el ejercicio A 2.6".

4. Cree un encabezado que incluya el nombre de la destinataria (Ms. Susan Hamilton), el número de página y la fecha actual. Presione Enter dos veces después de la última línea del encabezado para separarlo del texto del cuerpo de la carta. Elimine el encabezado de la primera página.

5. Inserte un salto de sección continuo después del segundo párrafo, como se ilustra. Establezca la medida de los márgenes derecho e izquierdo en 2".

6. Inserte un salto de página manual después del segundo párrafo de la descripción de la excursión.

7. Inserte un salto de sección continuo antes del párrafo en la parte superior de la segunda página. Vuelva a colocar los márgenes izquierdo y derecho en 1.25".

8. Inserte un salto continuo de sección después del primer párrafo de la página 2. Establezca los márgenes izquierdo y derecho en 2" para las dos descripciones restantes del taller.

9. Inserte un salto de sección continuo después de las descripciones de las excursiones y regrese los márgenes izquierdo y derecho a 1.25".

10. Aplique el estilo Heading 1 (Título 1) de Word a los títulos de cada taller. Aplique el estilo Heading 4 (Título 4) de Word a los segundos párrafos que siguen a la descripción de los talleres.

11. Divida con guiones el documento.

12. Verifique la ortografía.

13. Vea su trabajo en el modo de Presentación preliminar, utilizando la opción Ver varias páginas de la barra de herramientas Presentación preliminar.

14. Cierre el archivo; guárdelo como **SEMINAR**.

Time To Travel Tours

2x

777 Islington Street ✈ Portsmouth, NH 03801 ✈ Phone: (555) 555-5555 ✈ Fax: (555) 555-5555

Today's date

Ms. Susan Hamilton
110 Sullivan Street
New York, NY 10012

Dear Ms. Hamilton:

Thank you for your inquiry about our summer and fall 1997 travel workshops. These programs tend to fill to capacity, so it is best to enroll as soon as possible. Some of the dates have not yet been finalized, so we will be sending you an update by the end of next week to keep you informed.

This year's week-long workshops will be held in Peru and Egypt.

Inserte un salto de sección continuo

POWER PLACES SEMINAR AND TOUR IN EGYPT:
July 14- July 21. $2,199.
Journey with others to one of the world's most sacred sites—the Great Pyramid. You will have special access into the Great Pyramid not available to other tourists. Experience a three-hour private tour (closed to the general public) of all three chambers. Learn about the teachings and technologies of ancient Egypt, taught by modern practitioners of these ancient sacred arts. You may choose the optional three-day Nile cruise following the conference.

Price includes airfare from New York, hotel accommodations, 30 meals, entrance into the Great Pyramid, most transportation within Egypt, luggage handling, conference fees and events.

POWER PLACES SEMINAR AND TOUR IN PERU:
June 14- June 22. $2,299.
This conference has been specifically planned to culminate in Machu Picchu during the summer solstice, the holiest time of the year for the Incas. You will travel through the sacred valley of the Incas, nestled in the serene Urubamba Valley. You will meet native shamans, who will lead a special ceremony on the solstice, and provide insights on Peru's present-day culture, places and people.

Price includes airfare from Miami, hotel accommodations (double occupancy), 30 meals, train and bus transportation within Peru, extensive sightseeing, entrances into Machu Picchu, conference fees and events.

Aplique el estilo Título 4

Ms. Susan Hamilton
Page 2
Today's date

This year's weekend panels, lectures and workshops will be held in Sonoma and Napa Valley, California. Unless otherwise announced, the price will include three days and two nights of hotel accommodations, six meals, conference fees and special events.

WOMEN'S RETREAT AT THE SONOMA MISSION INN. (Date to be announced). $425.
This workshop will focus on women examining their individual power, spirituality, and self-image. In addition to panel discussions and intensive group workshops, there will be plenty of relaxation and therapies at the natural hot springs.

HOLISTIC HEALTH SEMINAR AT THE ST. HELENA HOSPITAL AND HEALTH CENTER. September 20 - September 22. $325.
Open to health professionals and all those interested in health-related issues. The weekend includes seminars and lectures on holistic approaches to western medicine in the areas of diet, exercise, herbal remedies, preventative medicine, and chronic illness.

Some of the lectures will be available to the general public. If you are unable to attend for the entire weekend, please call us to inquire about the dates and times of free lectures.

You may also sign up by phone. Please have a credit card available when you call.

Sincerely,

Angela Bacci
Tour Coordinator

ab/yo

COMBINACIONES DE TECLAS

BORRAR UN SALTO DE PÁGINA MANUAL

- EN PRESENTACIÓN NORMAL -

1. Coloque el punto de inserción en el salto de página manual.
2. Presione **Delete** .... **[Del]**

MOVER UN SALTO DE PÁGINA MANUAL

- EN PRESENTACIÓN NORMAL-

1. Seleccione un salto de página manual.
2. Arrástrelo a la posición deseada.

CREAR ENCABEZADOS/PIES DE PÁGINA

1. Haga clic en **View** .... **[Alt]+[V]**
2. Haga clic en **Header and Footer** ...... **[H]**
   para mostrar el cuadro de diálogo Encabezado y pie de página.
3. Haga clic en el botón
   Header and Footer .... **[icono]**
   para establecer el encabezado o pie de página, según se desee.
4. Escriba y dé formato al texto del encabezado o pie de página, como desee.

   ✓ *El texto del Encabezado/Pie de página puede escribirse en negrita, cursiva, centrarse, alinearse a la derecha, etc., al igual que el texto normal.*

5. Haga clic en **Close** .... **[Close]**

VER ENCABEZADOS/PIES DE PÁGINA

1. Haga clic en **View** .... **[Alt]+[V]**
2. Haga clic en **Page Layout** .... **[P]**
3. Desplácese a la posición del encabezado/pie de página.

AGREGAR NÚMEROS DE PÁGINAS, FECHA U HORA A UN ENCABEZADO/PIE DE PÁGINA

1. Haga clic en **View** .... **[Alt]+[V]**

2. Haga clic en **Header and Footer** ...... **[H]**
   para mostrar la barra de herramientas Encabezado y pie de página.
3. Haga clic en el botón
   Header/Footer .... **[icono]**
   para ver el encabezado o pie de página, según se desee.
4. Haga clic en el botón
   Page Number .... **[#]**
   para agregar los números de páginas al encabezado o pie de página.

   O

   Haga clic en el botón **Date** .... **[icono]**
   para agregar la fecha al encabezado o pie de página.

   O

   Haga clic en el botón **Time** .... **[icono]**
   para agregar la hora al encabezado o pie de página.

5. Haga clic en **Close** .... **[Close]**

SUPRIMIR ENCABEZADO/PIE DE PÁGINA DE LA PRIMERA PÁGINA

1. Haga clic en **View** .... **[Alt]+[V]**
2. Haga clic en **Header and Footer** ...... **[H]**
   para mostrar la barra de herramientas Encabezado y pie de página.
3. Haga clic en el botón
   Page Setup .... **[icono]**
4. Haga clic en
   Different first page .... **[Alt]+[F]**
5. Haga clic en **OK** .... **[Enter]**

BORRAR ENCABEZADOS/PIES DE PÁGINA

1. Haga clic en **View** .... **[Alt]+[V]**
2. Haga clic en **Header and Footer** ...... **[H]**
3. Haga clic en el botón
   Header/Footer .... **[icono]**
   para ver el encabezado o pie de página, según se desee.

4. Seleccione el texto del encabezado o pie de página que desee borrar.
5. Presione **Delete** .... **[Del]**
6. Haga clic en **Close** .... **[Close]**

INSERTAR SÓLO NÚMEROS DE PÁGINAS

1. Haga clic en **Insert** .... **[Alt]+[I]**
2. Haga clic en **Page Numbers** .... **[U]**
3. Haga clic en la fecha del
   cuadro de lista **Position** .... **[Alt]+[P]**
4. Seleccione **Bottom of** .... **[↓], [↑]**
   Page (Pie de página)

   O

   Top of Page (Encabezado) ...... **[↓], [↑]**
5. Haga clic en la flecha del
   cuadro de lista **Alignment** ...... **[Alt]+[A]**
6. Seleccione la posición deseada:
   - **Right (Derecha)** .... **[↑], [↓]**
   - **Left (Izquierda)** .... **[↑], [↓]**
   - **Center (Centrar)** .... **[↑], [↓]**
   - **Inside (Interior)** .... **[↑], [↓]**
   - **Outside (Exterior)** .... **[↑], [↓]**
7. Haga clic en **OK** .... **[Enter]**

INSERTAR SALTOS DE SECCIÓN

1. Coloque el punto de inserción donde desee insertar el salto de sección.
2. Haga clic en **Insert** .... **[Alt]+[I]**
3. Haga clic en **Break** .... **[B]**
4. Haga clic en el salto de sección deseado:
   - **Next Page** .... **[Alt]+[N]**
   - **Continuous** .... **[Alt]+[T]**
   - **Even Page** .... **[Alt]+[E]**
   - **Odd Page** .... **[Alt]+[O]**
5. Haga clic en **OK** .... **[OK]**

Ejercicio

32

■ **Cartas con anotaciones especiales**
■ **Cómo imprimir páginas específicas** ■ **Marcadores**

NOTAS

Cartas con anotaciones especiales

■ Las cartas pueden contener partes especiales, además de las ya aprendidas hasta ahora. La carta en este ejercicio contiene una anotación respecto a la forma de envío por correo, un renglón para el asunto, indicaciones de anexos y copias.

■ Cuando una carta se envía a través de un **servicio postal especial**, como Entrega inmediata, Correo registrado, Federal Express, Correo certificado, o Por entrega personal (a través de un servicio de mensajería), se acostumbra incluir una anotación apropiada en la carta. Esta anotación se coloca dos líneas debajo de la fecha y se escribe en mayúsculas compactas.

■ El **asunto** identifica o resume el cuerpo de la carta. Se escribe dos líneas debajo del saludo. Después del asunto, se inserta una línea en blanco (presione la tecla Enter [Entrar] dos veces). Puede escribirse en el margen izquierdo o centrarse en el estilo de bloque modificado. *Subject* (Asunto) puede escribirse todo con mayúsculas o con letras mayúsculas y minúsculas. *Re* (con referencia a) a menudo se emplea en lugar de *Subject*.

■ La anotación de **enclosure (anexo)** (o indicación de adjunto) se utiliza para indicar que, además de la carta, el sobre incluye algo más. La indicación de anexo o adjunto se coloca dos líneas debajo de las iniciales de referencia y puede escribirse de varias maneras (el número indica cuántos elementos se anexan en el sobre):

ENC.	Enclosure	Enclosures (2)
Enc.	Encls.	Attachment
Encl.	Encls (2)	Attachments (2)

■ Si van a enviarse copias del documento a otras personas, se escribe una **indicación de copia** dos líneas debajo de la indicación de anexo/adjunto (o de las iniciales de referencia, en caso de que no haya anexos). La indicación de copias puede escribirse de varias maneras:

| Copy to: | c: | pc: | (photocopy) |
| Copia para: | c: | fc: | (fotocopia) |

Imprimir páginas específicas

■ Puede elegir imprimir el documento completo, una página específica, varias páginas, el texto seleccionado (resaltado), o la página actual. También puede especificar el número de copias que desee imprimir. Para hacerlo, seleccione Print (Imprimir) del menú File (Archivo) y realice su selección. (*Véanse las combinaciones de teclas de método abreviado en la página 137.*)

✓ *Nota:* *Al trabajar con documentos extensos, es conveniente usar la Presentación preliminar para editar el texto e insertar saltos de página, porque le permite ver el efecto en varias páginas al mismo tiempo.*

Marcadores (Bookmarks)

■ La característica **Marcador** le permite regresar rápidamente a una posición deseada en el documento. Esta función es muy práctica si, por ejemplo, está editando un documento grande y tiene que abandonar su trabajo durante un tiempo. Puede definir un marcador para señalar el lugar donde suspendió sus labores. Al regresar a trabajar, abra el archivo, localice el marcador en su documento y vuelva con rapidez al lugar marcado. O tal vez, al empezar, no cuente con toda la información necesaria para terminar el documento. Definir marcadores le permitirá regresar a aquellas secciones del documento en las que necesite trabajar más o insertar información.

- Para crear un marcador, coloque el punto de inserción en el lugar donde desee insertar el marcador. A continuación, seleccione Bookmark (Marcador) del menú Insert (Insertar), escriba el nombre para el marcador en el cuadro de diálogo Marcador y haga clic en Add (Agregar). Para regresar a su marcador, presione F5 para mostrar en pantalla el cuadro de diálogo Go To (Ir a) y luego escriba el nombre del marcador.

- El punto de inserción puede estar en cualquier lugar del documento cuando busque el marcador.

- Es posible tener varios marcadores en un documento; sin embargo, cada marcador debe tener un nombre que facilite su identificación. El nombre del marcador puede ser la primera línea del párrafo, o bien una palabra o carácter.

En este ejercicio, creará una carta de dos páginas e insertará un encabezado para la segunda página. Insertará también un salto de página manual para crear la segunda página.

INSTRUCCIONES PARA EL EJERCICIO

1. Cree un documento nuevo.

2. Escriba el ejercicio que aparece en la página siguiente, o abra **32PREVIEW**.

3. Use los márgenes predeterminados.

4. Empiece el membrete A 1" y el ejercicio A 2.5".

5. Cree el membrete con los tamaños en puntos mostrados en el ejercicio. Use el símbolo de libro de la colección de carácteres Wingdings.

6. Cree un encabezado que incluya el nombre del destinatario, el número de página y la fecha actual. Asegúrese de suprimir el encabezado de la primera página.

7. Defina los marcadores en los lugares indicados; llame al primero INDENT1; al segundo, INDENT3; y al tercero, COPYTO.

8. Guarde el archivo como **PREVIEW**. **No cierre el documento.**

9. Utilizando el comando Ir a, encuentre el primer marcador, INDENT1. Inserte la siguiente oración en la posición del marcador:

   Furthermore, they have captured the objects on film so true to life that anyone watching them is captivated.

10. Utilizando el comando Ir a, encuentre el segundo marcador, INDENT3. Inserte la siguiente oración como el tercer párrafo con sangría:

    I will institute a program which will make schools throughout the country aware of thXEr vocational potential.

11. Utilizando el comando Go to (Ir a), encuentre el tercer marcador, COPYTO, e inserte una indicación de copia a Tien Lee.

12. Divida con guiones el documento. Limite los guiones consecutivos a uno.

    ✓*Nota:* *Limitar el número de guiones consecutivos es una opción que puede elegir en el cuadro de diálogo Guiones (Tools, Language, Hyphenation).*

13. En el modo de Presentación preliminar, configure para ver dos páginas e inserte un salto de página manual al final de la primera página, en el lugar indicado.

    ✓*Nota:* *Es posible que tenga que cambiar la posición del salto de página manual que se muestra en la ilustración, dependiendo de la impresora que esté utilizando.*

14. Verifique la ortografía.

15. Vea su trabajo en el modo de Presentación preliminar.

16. Imprima una copia del documento completo y dos copias de la página 2.

17. Cierre el archivo; guarde los cambios.

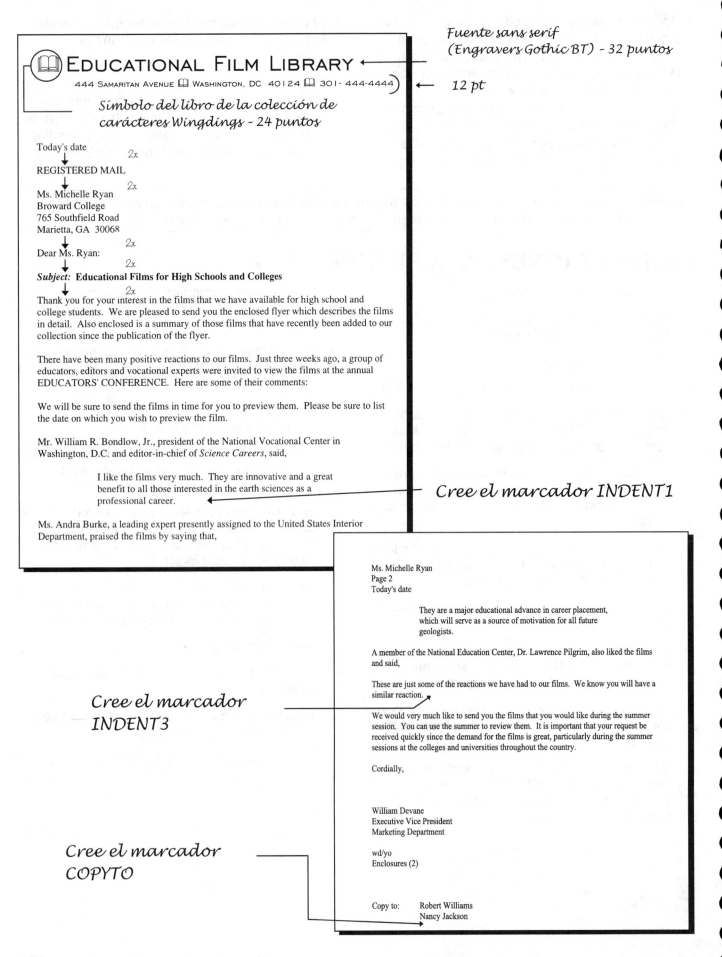

Fuente sans serif
(Engravers Gothic BT) - 32 puntos

📖 EDUCATIONAL FILM LIBRARY

444 SAMARITAN AVENUE 📖 WASHINGTON, DC 40124 📖 301- 444-4444

← 12 pt

Símbolo del libro de la colección de
carácteres Wingdings - 24 puntos

Today's date

2x

REGISTERED MAIL

2x

Ms. Michelle Ryan
Broward College
765 Southfield Road
Marietta, GA 30068

2x

Dear Ms. Ryan:

2x

Subject: **Educational Films for High Schools and Colleges**

2x

Thank you for your interest in the films that we have available for high school and
college students. We are pleased to send you the enclosed flyer which describes the films
in detail. Also enclosed is a summary of those films that have recently been added to our
collection since the publication of the flyer.

There have been many positive reactions to our films. Just three weeks ago, a group of
educators, editors and vocational experts were invited to view the films at the annual
EDUCATORS' CONFERENCE. Here are some of their comments:

We will be sure to send the films in time for you to preview them. Please be sure to list
the date on which you wish to preview the film.

Mr. William R. Bondlow, Jr., president of the National Vocational Center in
Washington, D.C. and editor-in-chief of *Science Careers*, said,

> I like the films very much. They are innovative and a great
> benefit to all those interested in the earth sciences as a
> professional career.

Ms. Andra Burke, a leading expert presently assigned to the United States Interior
Department, praised the films by saying that,

Cree el marcador INDENT1

*Cree el marcador
INDENT3*

Ms. Michelle Ryan
Page 2
Today's date

> They are a major educational advance in career placement,
> which will serve as a source of motivation for all future
> geologists.

A member of the National Education Center, Dr. Lawrence Pilgrim, also liked the films
and said,

These are just some of the reactions we have had to our films. We know you will have a
similar reaction.

We would very much like to send you the films that you would like during the summer
session. You can use the summer to review them. It is important that your request be
received quickly since the demand for the films is great, particularly during the summer
sessions at the colleges and universities throughout the country.

Cordially,

William Devane
Executive Vice President
Marketing Department

wd/yo
Enclosures (2)

*Cree el marcador
COPYTO*

Copy to: Robert Williams
             Nancy Jackson

COMBINACIONES DE TECLAS

IMPRIMIR PÁGINAS ESPECÍFICAS DE UN DOCUMENTO

CTRL + P

Para imprimir un documento completo:

Haga clic en el botón **Print** .... 🖨

Para imprimir copias múltiples:

1. Haga clic en **File** .... `Alt`+`P`

2. Haga clic en **Print** .... `P`

3. Escriba el número deseado de copias en **Number of copies** .... *número*

4. Haga clic en **OK** .... `Enter`

Para imprimir páginas específicas:

1. Haga clic en **File** .... `Alt`+`F`

2. Haga clic en **Print** .... `P`

3. Haga clic en **Pages** .... `Alt`+`G`

4. Haga uno de lo siguiente:

   • Escriba los números de página no consecutivos separados por comas.

   EJEMPLO: 3,7,9

   • Escriba el intervalo con un guión entre los números de página.

   EJEMPLO: 3-9

   • Escriba una combinación de páginas no consecutivas y un intervalo de páginas.

   EJEMPLO: 2,5,7-10

5. Haga clic en **OK** .... `Enter`

Para imprimir el texto seleccionado:

1. Seleccione (resalte) el texto que desee imprimir.

2. Haga clic en **File** .... `Alt`+`F`

3. Haga clic en **Print** .... `P`

4. Haga clic en **Selection** .... `Alt`+`S`

5. Haga clic en **OK** .... `Enter`

Para imprimir la página actual:

1. Haga clic en **File** .... `Alt`+`F`

2. Haga clic en **Print** .... `P`

3. Haga clic en **Current Page** .... `Alt`+`E`

4. Haga clic en **OK** .... `Enter`

INSERTAR UN SALTO DE PÁGINA MANUAL

1. Coloque el punto de inserción en el lugar donde desee insertar el salto de página.

2. Presione **Ctrl + Enter** .... `Ctrl`+`Enter`

   O

1. Haga clic en **Insert** .... `Alt`+`I`

2. Haga clic en **Break** .... `B`

3. Haga clic en **Page Break** .... `Alt`+`P`

4. Haga clic en **OK** .... `Enter`

EDITAR TEXTO EN EL MODO DE PRESENTACIÓN PRELIMINAR

1. Haga clic en el botón **Print Preview** .... 🔍

   de la barra de herramientas Estándar.

   O

   a. Haga clic en **File** .... `Alt`+`F`

   b. Haga clic en **Print Preview** .... `V`

2. Seleccione y arrastre el botón **Multiple Pages** 🔳 para determinar el número de páginas que Word mostrará en la pantalla.

3. Haga clic en el botón **Magnifier** .... 🔍

   para pasar al modo de Edición.

4. Edite el texto y los saltos de página de la manera acostumbrada.

5. Haga clic en el botón **Magnifier** para salir del modo de Edición, o presione Esc para regresar al documento.

CREAR UN MARCADOR

1. Coloque el punto de inserción en el lugar donde desee insertar el marcador.

2. Haga clic en **Insert** .... `Alt`+`I`

3. Haga clic en **Bookmark** .... `B`

4. Escriba el nombre para el marcador en **Bookmark name** .... `Alt`+`K`

5. Haga clic en **Add** .... `Alt`+`A`

IR A MARCADOR

1. Presione **F5** .... `F5`

   O

   • Haga clic en **Edit** .... `Alt`+`E`

   • Haga clic en **Go To** .... `G`

2. En la casilla de lista **Go to what,** .... `Alt`+`O`

   haga clic en **Bookmark.**

3. Haga clic en **Enter Bookmark name** .... `Alt`+`E`

4. Escriba el nombre del marcador .... *nombre*

5. Haga clic en **Go To** .... `Alt`+`T`

Ejercicio 33

■ **Notas al pie** ■ **Notas al final** ■ **Comentarios** ■ **Líneas viudas y huérfanas**

NOTAS

Notas al pie/Notas al final (Footnotes/Endnotes)

■ Una **nota al pie** se utiliza para proporcionar información acerca de la fuente del material citado en un documento. La información incluye el nombre del autor, la edición, la fecha de publicación y el número de la página de donde se tomó la cita.

■ Existen varios estilos de notas al pie. Las notas al pie tradicionales se imprimen en la parte inferior de la página. Una línea divisoria separa el texto de la nota al pie del texto de la página.

■ Un número de referencia aparece inmediatamente después de la cita en el texto y el número de la nota al pie o símbolo correspondiente aparecen en la parte inferior de la página.

■ Una **nota al final** contiene la misma información que una nota al pie, pero se escribe en la última página de un informe.

■ La característica Nota al pie inserta automáticamente el número de referencia después de la cita, inserta la línea divisoria, numera la nota al pie y da formato a la página, de modo que la nota al pie aparezca en la misma página que el número de referencia. Si desea notas al final en lugar de notas al pie, Word recopilará la información de las notas al final en la última página de su documento.

■ La nota propiamente dicha puede verse en la Presentación de diseño de página si se desplaza a la parte inferior de la página. En la Presentación normal, debe hacer doble clic en el número de la nota al pie o en la marca de referencia para ver la nota al pie en un panel en la parte inferior de la pantalla.

■ Para insertar las notas al pie, seleccione Footnote (Nota al pie) del menú Insert (Insertar).

■ Después de seleccionar Footnote o Endnote (Nota al final) en el cuadro de diálogo Notas al pie y Notas al final que sigue, aparece la pantalla de la nota al pie, preparada para que usted escriba el texto de la primera nota al pie.

IMMIGRATION'S IMPACT IN THE UNITED STATES

The opportunity to directly transfer a skill into the American economy was great for newcomers prior to the 1880s. "Coal-mining and steel-producing companies in the East, railroads, gold- and silver-mining interests in the West, and textile mills in New England all sought a variety of ethnic groups as potential sources of inexpensive labor."[1] Because immigrants were eager to work, they contributed to the wealth of the growing nation. During the 1830s, American textile mills welcomed hand-loom weavers from England and North Ireland whose jobs had been displaced by power looms. It was this migration that established the fine-cotton-goods trade of Philadelphia. "Nearly the entire English silk industry migrated to America after the Civil War, when high American tariffs allowed the industry to prosper on this side of the Atlantic."[2]

Whether immigrants were recruited directly for their abilities or followed existing networks into unskilled jobs, they inevitably moved within groups of friends and relatives and worked and lived in clusters.

[1]E. Allen Richardson, *Strangers in This Land* (New York: The Pilgrim Press, 1988), 67.

[2]John Bodnar, *The Transplanted* (Bloomington: Indiana University Press, 1985), 54.

Número de referencia

Línea divisoria

Número de la nota al pie

Footnote and Endnote

Insert
- ● Footnote — Bottom of page
- ○ Endnote — End of document

Numbering
- ● AutoNumber — 1, 2, 3, ...
- ○ Custom mark: [ ]

Symbol...

OK   Cancel   Options...

- Para crear una línea en blanco entre cada nota al pie, debe presionar la tecla Enter (Entrar) una vez, después de escribir la nota al pie.

- Es posible tener tanto notas al pie como al final en el mismo documento. Sin embargo, en este ejercicio, creará sólo notas al pie.

- Cuando se inserta o se elimina una nota al pie o una nota al final, Word actualiza automáticamente la numeración de todas las notas al pie o al final existentes, según sea necesario.

- El texto de las notas al pie no se ajusta a los cambios de fuentes realizados dentro del documento. Para modificar la fuente utilizada en el texto de la nota al pie, debe modificar el estilo asociado con ella.

Comentarios (Comments)

- Los comentarios son notas o anotaciones ocultas que usted o un revisor agregan a un documento. Estos comentarios pueden leerse en la pantalla, ocultarse cuando se imprime el documento, imprimirse con el documento o incluso incorporarse a éste. Cada comentario está numerado e incluye las iniciales de la persona que lo realiza. Como valor predeterminado, Word usa la información contenida en el perfil de Información del usuario para identificar al autor de los comentarios insertados en un documento.

- Insertar comentarios en un documento es muy similar a insertar notas al pie y al final. Coloque el cursor en el lugar donde desee insertar un comentario, o resalte el bloque de texto sobre el que quiere comentar. Abra el menú Insert (Insertar) y seleccione Comment (Comentarios). Escriba su comentario en el panel de comentarios que aparece en la parte inferior de la pantalla.

- Cualquier texto que resalte antes de insertar un comentario aparecerá en amarillo en el documento. Las iniciales y el número del comentario aparecerán en amarillo dentro de corchetes.

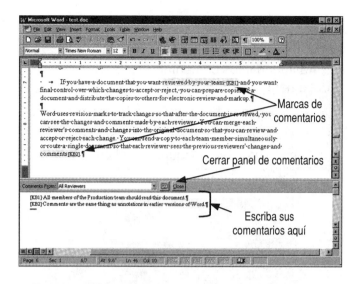

Marcas de comentarios

Cerrar panel de comentarios

Escriba sus comentarios aquí

- Puede continuar agregando comentarios con el panel de comentarios abierto, o hacer clic en el botón Close (Cerrar) del panel de comentarios para regresar al documento.

- Para ver el comentario en la pantalla, simplemente mueva el puntero del *mouse* sobre cualquier parte del texto resaltado o de las iniciales del revisor. El comentario aparecerá bajo el nombre de la persona que lo realizó.

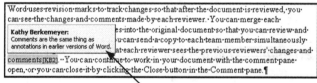

Mueva el puntero del mouse sobre Comentarios para ver el comentario en la pantalla.

- Puede editar o borrar fácilmente los comentarios. Haga clic con el botón derecho del *mouse* mientras señala el comentario, y seleccione la opción deseada.

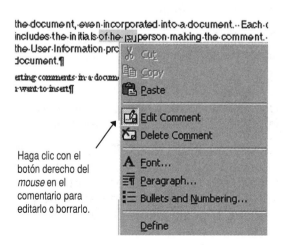

Haga clic con el botón derecho del *mouse* en el comentario para editarlo o borrarlo.

■ Como valor predeterminado, los comentarios no se imprimen.

■ Para imprimir los comentarios con un documento:

- Seleccione File (Archivo), Print (Imprimir).

- Haga clic en Options (Opciones) en la esquina inferior izquierda del cuadro de diálogo Imprimir.

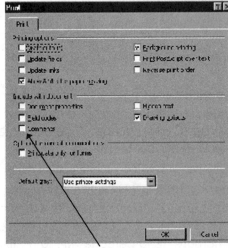

Haga clic aquí para imprimir los comentarios

- Haga clic en Comments (Comentarios) en la sección Include with document (Incluir con documento) del cuadro de diálogo de Opciones para Imprimir.

- Haga clic en OK e imprima el documento.

Líneas viudas y huérfanas (Widow/Orphan Lines)

■ Una línea viuda ocurre cuando el último renglón de un párrafo se imprime solo al principio de la página. Una línea huérfana ocurre cuando el primer renglón de un párrafo aparece solo al final de la página. Las líneas viudas y huérfanas deben evitarse.

■ La función de Control de líneas viudas y huérfanas elimina este tipo de líneas en un documento y es posible acceder a ella al seleccionar Paragraph (Párrafo), Line and Page Breaks (Saltos de línea y página), Widow/Orphan Control (Control de líneas viudas y huérfanas) del menú Format (Formato).

En este ejercicio, creará un informe con notas al pie, un encabezado, comentarios y números de páginas.

✓ Aunque el ejercicio se ilustra con interlineado sencillo, usted aplicará interlineado doble. Su documento impreso dará como resultado dos o tres páginas, dependiendo de la fuente seleccionada, y las notas al pie aparecerán en la misma página que los números de referencia.

INSTRUCCIONES PARA EL EJERCICIO

1. Cree un documento nuevo.

2. Cree el informe mostrado en la página siguiente, o abra 🖫**33VOYAGE**.

3. Empiece el ejercicio A 2".

4. Use los márgenes predeterminados. Aplique un interlineado doble después de escribir el título.

5. Cree el encabezado: DIFFICULTIES COMING TO AMERICA. Incluya números de página alineados a la derecha como parte del encabezado. Suprima el encabezado y el número de página en la primera página.

6. Inserte el comentario donde se muestra.

7. Use el control de líneas viudas y huérfanas.

8. Verifique la ortografía.

9. Vea su trabajo en el modo de Presentación preliminar.

10. Edite el encabezado. Borre DIFFICULTIES del texto del encabezado.

11. Imprima una copia.

12. Borre el comentario.

13. Cierre el archivo; guárdelo como **VOYAGE**.

IMMIGRATION TO THE UNITED STATES
IN THE NINETEENTH CENTURY

The United States is sometimes called the "Nation of Immigrants" because it has recXEved more immigrants than any other country in history. During the first one hundred years of US history, the nation had no immigration laws. Immigration began to climb during the 1830s. "Between 1830-1840, 44% of the immigrants came from Ireland, 30% came from Germany, 15% came from Great Britain, and the remainder came from other European countries."[1]

The movement to America of millions of immigrants in the century after the 1820s was not simply a flight of impoverished peasants abandoning underdeveloped, backward regions for the riches and unlimited opportunities offered by the American economy. People did not move randomly to America but emanated from very specific regions at specific times in the nineteenth and twentieth centuries. "It is impossible to understand even the nature of American immigrant communities without appreciating the nature of the world these newcomers left."[2]

The rate of people leaving Ireland was extremely high in the late 1840s and early 1850s due to overpopulation and to the potato famine of 1846. "By 1850, there were almost one million Irish Catholics in the United States, especially clustered in New York and Massachusetts."[3]

Germans left thXEr homeland due to severe depression, unemployment, political unrest, and the failure of the liberal revolutionary movement. It was not only the poor people who left thXEr countries, but those in the middle and lower-middle levels of thXEr social structures also left. "Those too poor could seldom afford to go, and the very wealthy had too much of a stake in the homelands to depart."[4]

Agregue comentario: Insert additional paragraph on Italian immigration

Many immigrants came to America as a result of the lure of new land, in part, the result of the attraction of the frontier. America was in a very real sense the last frontier--a land of diverse peoples that, even under the worst conditions, maintained a way of life that permitted more freedom of belief and action than was held abroad. "While this perception was not entirely based in reality, it was the conviction that was often held in Europe and that became part of the ever-present American Dream."[5]

---

[1]Lewis Paul Todd and Merle Curti, *Rise of the American Nation* (New York: Harcourt Brace Jovanovich, Inc., 1972), 297.

[2]John Bodner, *The Transplanted* (Bloomington: Indiana University Press, 1985), 54.

[3]E. Allen Richardson, *Strangers in This Land* (New York: The Pilgrim Press, 1988), 6.

[4]Richardson, 13.

[5]Richardson, 72.

COMBINACIONES DE TECLAS

NOTAS AL PIE/NOTAS AL FINAL

1. Coloque el punto de inserción donde aparecerá el número de referencia de la nota al pie.

2. Haga clic en **Insert** ....`Alt`+`I`

3. Haga clic en **Footnote** ....`N`

4. Haga clic en **Footnote** ....`Alt`+`F`

   O

   Haga clic en **Endnote**...............`Alt`+`E`

5. Haga clic en **OK** ....`Enter`

6. Escriba la información de la nota al pie o al final.

   – EN PRESENTACIÓN NORMAL –

7. Presione **Shift + F6** ....`Shift`+`F6`

   para dejar abierto el panel de la nota al pie y regresar a donde estaba trabajando en el documento.

   O

   Haga clic en **Close** para cerrar el panel de la nota al pie y regresar a donde estaba trabajando en el documento.

   – EN PRESENTACIÓN DE DISEÑO DE PÁGINA –

   Presione **Shift + F5** ....`Shift`+`F5`
   con la frecuencia necesaria para regresar a donde estaba trabajando en el documento.

VER NOTAS AL PIE/NOTAS AL FINAL

– EN PRESENTACIÓN NORMAL –

   Haga doble clic en la marca de referencia de la nota al pie.

   O

1. Haga clic en **View** ....`Alt`+`V`

2. Haga clic en **Footnotes** ....`F`

– EN PRESENTACIÓN DE DISEÑO DE PÁGINA –

   Haga doble clic en la marca de referencia de la nota al pie.

   O

   Desplácese hasta la posición de la nota al pie.

BORRAR NOTAS AL PIE/NOTAS AL FINAL

1. Seleccione la marca de referencia de la nota al pie.

2. Presione **Delete** ....`Del`

   O

   a. Haga clic en **Edit** ....`Alt`+`E`

   b. Haga clic en **Cut** ....`T`

INSERTAR COMENTARIOS

1. Haga clic en cualquier parte del documento donde desee que aparezca el comentario.

   O

   Resalte el texto sobre el que desee comentar.

2. Haga clic en **Insert** ....`Alt`+`I`

3. Haga clic en **Comment** ....`M`

4. Escriba el comentario en el panel de comentarios.

5. Haga clic en **Close**.......`Alt`+`Shift`+`C`
   en el panel de comentarios.

BORRAR COMENTARIOS

1. Haga clic con el botón derecho del *mouse* en cualquier parte del área del comentario.

2. Haga clic en **Delete Comment**........`M`

EDITAR COMENTARIOS

1. Haga clic con el botón derecho del *mouse* en cualquier parte del área del comentario.

2. Haga clic en **Edit Comment**.............`E`

3. Realice las ediciones deseadas.

4. Haga clic en **Close**.......`Alt`+`Shift`+`C`
   en el panel de comentarios.

CONTROL DE LÍNEAS VIUDAS Y HUÉRFANAS

1. Haga clic en **Format** ....`Alt`+`O`

2. Haga clic en **Paragraph**..................`P`

3. Haga clic en la ficha
   Line and Page Breaks ....`Alt`+`P`

4. Haga clic en la casilla de selección
   Widow/Orphan Control ....`Alt`+`W`
   para activar y desactivar el control de líneas viudas y huérfanas.

Ejercicio 34

■ Colocación y formato de los números de página

NOTAS

Colocación de los números de página

■ Como se indicó en el Ejercicio 31, es posible incluir números de página independientes del texto del encabezado o pie de página, al seleccionar Page Numbers (Números de página) del menú Insert (Insertar).

■ Word ofrece muchas opciones para elegir la posición de los números de página. Los números pueden colocarse en la parte superior o inferior, a la izquierda, centro o derecha de la página y alineados a la izquierda, centro o derecha, interior o exterior. El cuadro de diálogo Números de página (que aparece después de seleccionar Insert, Page Numbers) muestra la posición de los números de página seleccionados en la ventana de muestra.

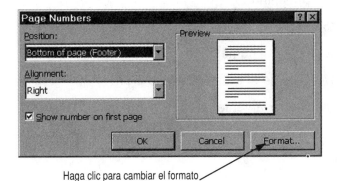

Haga clic para cambiar el formato del número de página

Formatos de números

■ Word proporciona cinco formatos diferentes de numeración.

Números	1, 2, 3, 4, 5, etc.
Letras minúsculas	a, b, c, d, e, f, etc.
Letras mayúsculas	A, B, C, D, E, F, etc.
Números romanos en minúsculas	I, ii, iii, iv, v, etc.
Números romanos en mayúsculas	I, II, III, IV, V, etc.

■ Para cambiar el formato de números de página, haga clic en el botón Format (Formato) del cuadro de diálogo Page Numbers (que se ilustra a la izquierda).

■ En el cuadro de diálogo Formato de números de página que sigue, haga clic en la flecha de la casilla de lista Number format (Formato de número) y seleccione el formato deseado.

Haga clic para seleccionar el formato de número

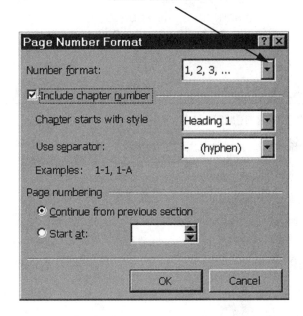

> *En este ejercicio, creará un informe con notas al pie, un encabezado y numeración de página al centro de la parte inferior de la página. Recuerde suprimir los encabezados y el número de página en la primera página.*
>
> ✔ *Cuando una cita es más larga que dos oraciones, se escribe con interlineado sencillo y se le aplica sangría. En este ejercicio, sangrará el material citado, de acuerdo con las instrucciones.*
>
> ✔ *Aunque el ejercicio se ilustra con interlineado sencillo, usted aplicará un interlineado doble. Su documento impreso dará como resultado dos o tres páginas, dependiendo de la fuente seleccionada, y las notas al pie aparecerán en la misma página que los números de referencia.*

INSTRUCCIONES PARA EL EJERCICIO

1. Cree un documento nuevo.

2. Cree el informe que se ilustra en la página siguiente, o abra 🖫**34USA**.

3. Empiece el ejercicio A 2".

4. Aplique un interlineado doble.

5. Use una fuente serif de 13 puntos para el documento.

   ✔ *Para establecer el número de referencia de las notas al pie y el texto de éstas en 13 puntos, debe modificar el estilo de Nota al pie.*

6. Establezca la medida de los márgenes izquierdo y derecho del documento en 1.5".

7. Ponga el título en negrita y cambie el tamaño de la fuente a 14 puntos.

8. Use el control de líneas viudas y huérfanas.

9. Aplique sangría e interlineado sencillo al texto citado, de acuerdo con las indicaciones.

10. Cree y alinea a la izquierda el siguiente encabezado:
    BUILDING THE UNITED STATES OF AMERICA

11. Incluya números de página romanos en mayúscula, centrados en la parte inferior de las páginas segunda y subsecuentes.

12. Verifique la ortografía.

13. Edite el encabezado para que quede:
    BUILDING THE U. S. A.

14. Vea su trabajo en el modo de Presentación preliminar.

15. Imprima una copia.

16. Borre el comentario.

17. Guarde el archivo; titúlelo **USA**.

18. Cierre la ventana del documento.

COMBINACIONES DE TECLAS

INSERTAR NÚMEROS DE PÁGINA

1. Haga clic en **I**nsert .... `Alt`+`I`

2. Haga clic en **Page Nu**mbers............ `U`

3. Haga clic en **P**osition .... `Alt`+`P`

4. Haga clic en **Bottom of Page**
   (Pie de página) .... `↓`,`↑`
   0

Haga clic en **Top of Page**
(Encabezado) .... `↓`,`↑`

5. Haga clic en **A**lignment.......... `Alt`+`A`

6. Seleccione la posición deseada:

   • **Right (Derecha)** .... `↑`,`↓`

   • **Left (Izquierda)** .... `↑`,`↓`

   • **Center (Centro)** .... `↑`,`↓`

   • **Inside (Interior)** .... `↑`,`↓`

   • **Outside (Exterior)**.............. `↑`,`↓`

Para cambiar formato:

   a. Haga clic en **F**ormat........... `Alt`+`F`

   b. Haga clic en el cuadro de lista desplegable
      Number format................ `Alt`+`F`

   c. Seleccione el formato deseado.

7. Haga clic en **OK** .... `Enter`

IMMIGRATION'S IMPACT IN THE UNITED STATES

The opportunity to directly transfer a skill into the American economy was great for newcomers prior to the 1880s. "Coal-mining and steel-producing companies in the East, railroads, gold- and silver-mining interests in the West, and textile mills in New England all sought a variety of ethnic groups as potential sources of inexpensive labor."[1] Because immigrants were eager to work, they contributed to the wealth of the growing nation. During the 1830s, American textile mills welcomed hand-loom weavers from England and North Ireland whose jobs had been displaced by power looms. It was this migration that established the fine-cotton-goods trade of Philadelphia. "Nearly the entire English silk industry migrated to America after the Civil War, when high American tariffs allowed the industry to prosper on this side of the Atlantic."[2]

Whether immigrants were recruited directly for their abilities or followed existing networks into unskilled jobs, they inevitably moved within groups of friends and relatives and worked and lived in clusters.

As the Industrial Revolution progressed, immigrants were enticed to come to the United States through the mills and factories who sent representatives overseas to secure cheap labor. An example was the Amoskeag Manufacturing Company, located along the banks of the Merrimack River in Manchester, New Hampshire. In the 1870s, the Amoskeag Company recruited women from Scotland who were expert gingham weavers. Agreements were set specifying a fixed period of time during which employees would guarantee to work for the company.[3] ←——— *Agregar comentario:* Check Insert for Amoskeag Manufacturing

In the 1820s, Irish immigrants did most of the hard work in building the canals in the United States. In fact, Irish immigrants played a large role in building the Erie Canal. American contractors encouraged Irish immigrants to come to the United States to work on the roads, canals, and railroads, and manufacturers lured them into the new mills and factories.

"Most German immigrants settled in the middle western states of Ohio, Indiana, Illinois, Wisconsin and Missouri."[4] With encouragement to move west from the Homestead Act of 1862, which offered public land free to immigrants who intended to become citizens, German immigrants comprised a large portion of the pioneers moving west. "They were masterful farmers and they built prosperous farms."[5]

---

[1] E. Allen Richardson, *Strangers in This Land* (New York: The Pilgrim Press, 1988), 67.

[2] John Bodnar, *The Transplanted* (Bloomington: Indiana University Press, 1985), 54.

[3] Bodnar, 72.

[4] David A. Gerber, *The Making of An American Pluralism* (Chicago: University of Illinois, 1989), 124.

[5] Bodnar, 86.

Ejercicio **35**	■ Mover texto de una página a otra ■ Mapa del documento ■ Ver Pantalla completa

NOTAS

Mover texto de una página a otra

- El procedimiento para mover bloques de texto de una página a otra es el mismo que para mover bloques de texto en la misma página. Sin embargo, si lo que se pretende es mover texto de una página a otra, la tecla **Go To** (Ir a) (F5) o el botón Select Browse Object (Seleccionar objeto a examinar) de la barra de desplazamiento vertical pueden usarse para avanzar rápidamente a la página en la que desee insertar el texto.

- Cuando se mueve texto de una página a otra, con un intervalo de dos o tres páginas entre ellas, es útil trabajar en el modo de Presentación preliminar usando la técnica de Arrastrar y colocar.

- Si se insertó un salto de página manual, bórrelo y, a continuación, mueva el texto. Word insertará entonces un salto de página automático. Si no está satisfecho con la posición del salto de página automático, inserte un salto de página manual en la posición deseada.

Mapa del documento

- Word proporciona varias maneras de ver los documentos en la pantalla. Es posible que esté acostumbrado a ver los documentos en las Presentaciones Normal, Diseño de página o de Esquema. También puede utilizar el Mapa del documento para desplazarse a través de documentos extensos.

- El Mapa del documento aparece como un panel independiente a la izquierda del documento. Para pasar rápidamente a una nueva posición en el documento, haga clic en el título en el panel del Mapa del documento. Para obtener acceso al Mapa del documento, haga clic en el botón Document Map (Mapa del documento) de la barra de herramientas Estándar, o seleccione <u>D</u>ocument Map en el menú <u>V</u>iew (Ver).

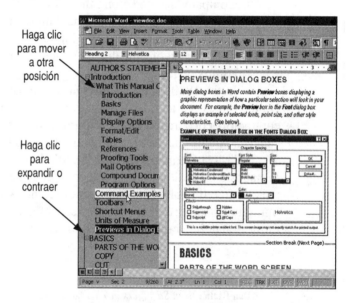

- El nivel de los títulos mostrados puede modificarse de la misma manera en que se cambia la forma de ver los niveles en la presentación de Esquema. Haga clic con el botón derecho del *mouse* en el panel del Mapa del documento y seleccione el nivel del título que desee ver.

Haga clic con el botón derecho del mouse para ver el Menú de Acceso directo

- También puede hacer clic en los botones Expand (Expandir) o Collapse (Contraer) en el panel del Mapa del documento.

- Si no ve muchos niveles de títulos cuando active el Mapa del documento, probablemente se deba a que no utilizó los estilos de títulos que Word busca para crear el mapa. Si Word no encuentra los niveles de Títulos, buscará los párrafos que parezcan títulos y los usará para crear un mapa. El Mapa del documento estará vacío si Word no puede encontrar Títulos o párrafos que, en apariencia, funcionen como títulos.

- Cierre el Mapa del documento haciendo clic en el botón Mapa del documento de la barra de herramientas Estándar, o en el comando Document Map (Mapa del documento) del menú View (Ver).

En este ejercicio, editará dos documentos diferentes y adquirirá práctica en mover texto de una página a otra. Además, usará el Diccionario de Sinónimos y otras características de edición.

INSTRUCCIONES PARA EL EJERCICIO

PARTE I

1. Abra 🖫**PREVIEW**, o abra 🖫**35PREVIEW**.

2. Desactive el Control de líneas viudas/huérfanas.

3. Muestre el Mapa del documento. Seleccione cada elemento en el Mapa del documento.

4. Utilizando el Diccionario de sinónimos, reemplace las palabras resaltadas en corchetes. Asegúrese de que las palabras de reemplazo conserven el mismo tiempo verbal y terminación que las palabras originales.

5. Acceda al modo de Presentación preliminar y configure para mostrar dos páginas; realice las revisiones indicadas en el modo de Presentación preliminar o en Diseño de página.

6. Vuelva a la Presentación de diseño de página.

7. Cambie EDUCATORS' CONFERENCE a letras minúsculas con mayúscula inicial.

8. Vea su documento en el modo de Presentación preliminar.

9. Cierre el Mapa del documento.

10. Imprima una copia.

11. Cierre el archivo; guárdelo como **PREVIEW**.

PARTE II

✓*Nota: Mover los párrafos en este ejercicio no afectará la colocación de las notas al pie de la página. Word reajusta automáticamente la colocación de las notas al pie.*

1. Abra 🖫**USA**, o abra 🖫**35USA**.

2. Muestre el Mapa del documento.

3. Utilizando el Diccionario de sinónimos, reemplace las palabras resaltadas. Asegúrese de que las palabras de reemplazo conserven el mismo tiempo verbal y terminación que las palabras originales.

4. Acceda al modo de Presentación preliminar y configure para mostrar dos (o tres páginas); realice en este modo las revisiones indicadas.

5. Vuelva a la Presentación de diseño de página.

6. Justifique y divida con guiones el documento.

7. Vea su documento en el modo de Presentación preliminar.

8. Imprima una copia.

9. Cierre el archivo; guárdelo como **USA**.

PARTE I

📖 EDUCATIONAL FILM LIBRARY
444 SAMARITAN AVENUE 📖 WASHINGTON, DC 40124 📖 301- 444-4444

Today's date

REGISTERED MAIL

Ms. Michelle Ryan
Broward College
765 Southfield Road
Marietta, GA 30068

Dear Ms. Ryan:

Subject: **Educational Films for High Schools and Colleges**

Thank you for your interest in the films that we have available for high school and college students. We are pleased to send you the enclosed flyer which describes the films in detail. Also enclosed is an outline of those films that have recently been added to our collection since the publication of the flyer.

There have been many positive reactions to our films. Just three weeks ago, a group of educators, editors and vocational experts were invited to view the films at the annual Educators' Conference. Here are some of their comments:

We will be sure to send the films in time for you to preview them. Please be sure to list the date on which you wish to preview the film.

A

Mr. William R. Bondlow, Jr., president of the National Vocational Center in Washington, D.C. and editor-in-chief of *Science Careers*, said,

Mover a la página siguiente

I like the films very much. They are innovative and a great benefit to all those interested in the earth sciences as a professional career. Furthermore, they have captured the objects on film so true to life that anyone watching them is captivated.

Insertar B

Ms. Andra Burke, a leading expert presently assigned to the United States Interior Department, praised the films by saying that,

PARTE II

Ms. Michelle Ryan
Page 2
Today's date

They are a major educational advance in career placement, which will serve as a source of motivation for all future geologists.

A member of the National Education Center, Dr. Lawrence Pilgrim, also liked the films and said,

I will institute a program which will make schools throughout the country aware of their vocational potential.

B
Mover a página 1

Insertar A

These are just some of the responses we have had to our films. We know you will have a similar reaction.

We would very much like to send you the films that you would like during the summer session. You can use the summer to review them. It is important that your request be received quickly since the demand for the films is great, particularly during the summer sessions at the colleges and universities throughout the country.

Cordially,

William Devane
Executive Vice President
Marketing Department

wd/yo
Enclosures (2)

Copy to: Robert Williams
            Nancy Jackson
            Tien Lee

PART II

*Interlineado sencillo y
aplicar sangría a la cita.*

IMMIGRATION'S IMPACT IN THE UNITED STATES

The opportunity to directly transfer a skill into the American economy was great for newcomers prior to the 1880s. "Coal-mining and steel-producing companies in the East, railroads, gold- and silver-mining interests in the West, and textile mills in New England all sought a variety of ethnic groups as potential sources of inexpensive labor."[1] Because immigrants were eager to work, they contributed to the wealth of the growing nation. During the 1830s, American textile mills welcomed hand-loom weavers from England and North Ireland whose jobs had been displaced by power looms. It was this migration that established the fine-cotton-goods trade of Philadelphia. "Nearly the entire English silk industry migrated to America after the Civil War, when high American tariffs allowed the industry to prosper on this side of the Atlantic."[2]

Whether immigrants were recruited directly for their abilities or followed existing networks into unskilled jobs, they inevitably moved within groups of friends and relatives and worked and lived in clusters.

---

[1]E. Allen Richardson, *Strangers in This Land* (New York: The Pilgrim Press, 1988), 67.

[2]John Bodnar, *The Transplanted* (Bloomington: Indiana University Press, 1985), 54.

Insert ar A

BUILDING THE U. S. A.

As the Industrial Revolution progressed, immigrants were enticed to come to the United States through the mills and factories who sent representatives overseas to secure cheap labor. An example was the Amoskeag Manufacturing Company, located along the banks of the Merrimack River in Manchester, New Hampshire. In the 1870s, the Amoskeag Company recruited women from Scotland who were expert gingham weavers. Agreements were set specifying a fixed period of time during which employees would guarantee to work for the company.[3]

In the 1820s, Irish immigrants did most of the hard work in building the canals in the United States. In fact, Irish immigrants played a large role in building the Erie Canal. American contractors encouraged Irish immigrants to come to the United States to work on the roads, canals, and railroads, and manufacturers lured them into the new mills and factories.

A
Mover a
página 1

"Most German immigrants settled in the middle western states of Ohio, Indiana, Illinois, Wisconsin and Missouri."[4] With encouragement to move west from the Homestead Act of 1862, which offered public land free to immigrants who intended to become citizens, German immigrants comprised a large portion of the pioneers moving west. "They were masterful farmers and they built prosperous farms."[5]

---

[3]Bodnar, 72.

[4]David A. Gerber, *The Making of An American Pluralism* (Chicago: University of Illinois, 1989), 124.

[5]Bodnar, 86.

II

COMBINACIONES DE TECLAS

IR A (GO TO)

- Haga clic en el botón Seleccionar objeto a examinar de la barra de desplazamiento vertical.

- Haga clic en el botón **Go to**.

  O

1. Presione **F5**.. F5

2. En el cuadro de lista
   Go To What........................... Alt + O
   seleccione **Page**.

3. Haga clic en el cuadro
   Enter Page Number.............. Alt + E

4. Escriba el número de
   página...*número*

CAMBIAR AL MAPA DEL DOCUMENTO

1. Haga clic en el botón
   Document Map 🔍 de la barra de herramientas Estándar.

   O

   a. Haga clic en **View**............. Alt + V

   b. Haga clic en **Document Map**....... D

   El Mapa del documento aparecerá a la izquierda del documento.

2. Haga clic en el título al que desee ir.

   Para desactivar el Mapa del documento:

   Haga clic con el botón derecho del *mouse* en el panel del Mapa del documento y haga clic en Document Map.

   O

   a. Haga clic en **View**............. Alt + V

   b. Haga clic en **Document Map**....... D

CAMBIAR EL NIVEL DEL TÍTULO EN LA PRESENTACIÓN DE MAPA DEL DOCUMENTO

1. Haga clic con el botón derecho del *mouse* en el panel del Mapa del documento.

2. Seleccione el nivel de título que desee ver.

   O

   Haga clic en los botones **Expand** o **Collapse** situados junto a los niveles de títulos en el panel del Mapa del documento.

Ejercicio

36

■ **Resumen**

En este ejercicio, creará un informe con notas al pie. Este informe se encuadernará a la izquierda. Por lo tanto, necesitará colocar el pie de página y los números de página en consecuencia.

INSTRUCCIONES PARA EL EJERCICIO

1. Escriba el ejercicio que aparece en la página siguiente, o abra 🖫**36BRAZIL**.

2. Establezca la medida del margen izquierdo en 2" y la del derecho en 1.5".

3. Empiece el ejercicio A 2.5" de distancia de la parte superior de la página.

4. Cree un pie de página alineado a la derecha en las páginas segunda y subsecuentes con una fuente sans serif de 12 puntos, negrita, que diga: BRAZIL: Investment Opportunities.

5. Incluya los números de página en la esquina superior derecha de la página.

6. Aplique un interlineado doble.

7. Utilice una fuente serif de 13 puntos para el documento; centre y ponga el título en 16 puntos, negrita.

8. Use el control de líneas viudas y huérfanas.

9. Edite el pie de página para que diga: BRAZIL.

10. Justifique y divida con guiones el documento. Limite la división con guiones a dos líneas consecutivas.

11. Agregue un comentario donde se indica.

12. Verifique la ortografía.

13. Vea su trabajo en el modo de Presentación preliminar.

14. Imprima una copia.

15. Guarde el archivo; titúlelo **BRAZIL**.

BRAZIL

Brazil is often viewed as the economic giant of the Third World. Its economy and territory are larger than the rest of South America's and its industry is the most advanced in the developing world. Brazilian foreign debt is also the Third World's largest. The problem of foreign debt has plagued the Latin American economies since the 1960s when foreign borrowing was the only way for Latin American nations to sustain economic growth. However, when international interest rates began to rise in the 1980s, the debt these nations accumulated became unmanageable. In Brazil, the debt crisis of the 1980s marked the decline of an economy that had flourished since 1967 when foreign borrowing enabled the nation to develop its own productive industries and lessen its dependence on foreign manufactured goods. "Similar to other Latin American nations, Brazilian overseas borrowing between 1967 and 1981 became a drain on the economy when international interest rates rose; by 1985, its excessive borrowing resulted in economic disaster, political dissension and protest, and the rise of an opposition government in Brazil."[1]

Throughout the beginning of the twentieth century, growth of the Brazilian economy remained dependent upon agricultural exports. The twentieth century witnessed a decline in the export of sugar from the northeast of Brazil and a rise in the export of coffee from the southeast of Brazil. This concentrated economic growth and political power in the developed southeast part of the nation, particularly in the states of Rio de Janeiro and Sao Paulo. Industrial growth in this region progressed gradually and by 1919, domestic firms supplied over 70% of the local demand for industrial products and employed over 14% of the labor force."[2]

However, by the 1980s, Brazil accumulated massive foreign debt which ultimately caused the government to cut foreign spending and investment, drove interest rates so high that businesses could not borrow money for investment and expansion, and precipitated the bankruptcy of numerous companies, the unemployment of wage laborers, and growing social unrest. Between 1979 and 1982, the debt amassed by Brazilian banks increased from $7.7 billion to $16.1 billion. "By 1982, debt-service payments were equivalent to 91% of Brazil's merchandise exports, up from 51% in 1977."[3] In mid-1988, inflation in Brazil ran above 500% and the value of the foreign debt Brazil has to repay remains the largest in the Third World.

Brazil's financial situation is improving. Currently, Brazil has been able to sustain a 5% economic growth rate and is encouraging expanded foreign investment. Inflation in Brazil has fallen to 1.5% a month while United States exports to Brazil jumped by 35% last year."[4] *Agregar comentario:* Double-check economic growth rate.

Rising international trade which may culminate in a South American free trade zone has enabled the Brazilian economy to flourish once again. Brazil's huge foreign debt, however, remains outstanding and continues to loom over its recent economic success.

---

[1] Jeffrey A. Frieden, *Debt, Development and Democracy: Modern Political Economy and Latin America, 1965-1985* (Princeton: Princeton University Press, 1991), 98.

[2] Frieden, 118.

[3] Frieden, 128.

[4] Barry Eichgreen and Peter H. Lindert, *The International Debt Crisis in Historical Perspective* (Cambridge, MA: The MIT Press, 1989), 130.

Lección 7: Biblioteca de gráficos y plantillas; sobres y etiquetas

Ejercicio 37

- Utilizar la Biblioteca de gráficos
- Importar imágenes de la Biblioteca de gráficos a un documento
- Ajustar tamaño de las imágenes de la Biblioteca de gráficos
- Cuadros de texto ■ Ajuste automático de texto

Barra de herramientas Dibujo

Draw ▾ | AutoShapes ▾ | 3-D

Cuadro de texto · Color de relleno · Color de línea · Color de fuente · Estilo de · Estilo de · Sombra

NOTAS

Utilizar la Biblioteca de gráficos (Clip Art)

- Puede incluir imágenes (de la biblioteca de gráficos y fotografías), fragmentos de sonido e incluso de vídeo en un documento. Varias imágenes en archivos gráficos se instalan junto con Office 97. Si cuenta con una conexión a Internet, podrá descargar imágenes adicionales de Microsoft. La capacidad para combinar imágenes y texto le ayudará a comunicar su mensaje con mayor efectividad.

- Word proporciona la Microsoft Clip Gallery, que contiene numerosas imágenes que comprenden una amplia variedad de temas. El archivo gráfico de cada imagen de la biblioteca tiene su propio nombre y contiene la extensión .WMF (Windows Metafile Format).

- Para insertar una imagen de la Biblioteca de gráficos en un documento de Word, seleccione Picture (Imagen) del menú Insert (Insertar). A continuación, seleccione Clip Art (Biblioteca de gráficos) en el submenú Picture.

- En el cuadro de diálogo Microsoft Clip Gallery que sigue, aparece una lista de categorías al lado izquierdo de la ventana de la Galería, y las imágenes que se relacionan con dichas categorías se muestran a la derecha. Una descripción de la imagen y el nombre del archivo aparecen en la parte inferior de la ventana. Seleccione la imagen que desee que aparezca en su documento y haga clic en Insert (Insertar).

Importar una imagen

- Como valor predeterminado, cuando se importa una imagen a Word, ésta se alinea en el margen izquierdo. Sin embargo, la alineación horizontal puede modificarse para que el gráfico se alinee a la derecha o se centre, si:
  - selecciona la imagen;
  - selecciona Picture (Imagen) del menú Format (Formato);
  - hace clic en la ficha Position (Posición);
  - Cancela la selección de Float over text (Flotar sobre el texto);
  - hace clic en los botones de alineación de la barra de herramientas Estándar, de la misma manera en que se alinea el texto.

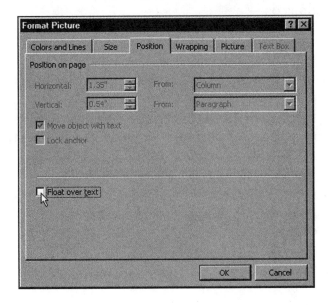

Para colocar una imagen en cualquier lugar de la página, incluso en los márgenes, haga clic en la imagen y arrástrela a cualquier posición en la página.

- Si se encuentra en el modo de Presentación normal cuando inserte una imagen, Word automáticamente pasará a la Presentación de diseño de página. Si cambia de nuevo a la Presentación normal después de insertar un gráfico, no lo verá, aun cuando ahí está. Sin embargo, no podrá hacer ésto si la opción Float over text se ha seleccionado.

Ajustar el tamaño de una imagen

- Al importar un gráfico, Word determina su tamaño. Sin embargo, después de importarlo, usted podrá hacerlo más pequeño o más grande, distorsionarlo en formas exageradas, moverlo o borrarlo.

- Para cambiar el tamaño de un gráfico, moverlo o borrarlo, antes debe seleccionarlo haciendo clic en la imagen. A continuación se ilustra una imagen seleccionada. Observe los **controladores de tamaño** que aparecen después de seleccionar el gráfico. Cuando el puntero del mouse se coloca en uno de los controladores de tamaño adquiere la forma de una flecha de dos puntas. Entonces puede cambiar el tamaño o la forma de la imagen con sólo arrastrar el controlador de tamaño.

Gráfico seleccionado

Observe los controladores de tamaño

■ Cuando se arrastra cualquiera de los cuatro controladores en las esquinas, el tamaño de la imagen completa se modifica (se hace más grande o más pequeña), y ésta conserva sus proporciones originales. Por el contrario, cuando se arrastra cualquiera de los cuatro controladores centrales, sólo cambia el alto o el ancho, modificando así las proporciones, o **escala** de la imagen, con lo que ésta adquiere una apariencia diferente. Observe las estrellas que se ilustran a continuación.

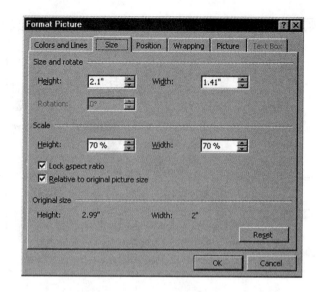

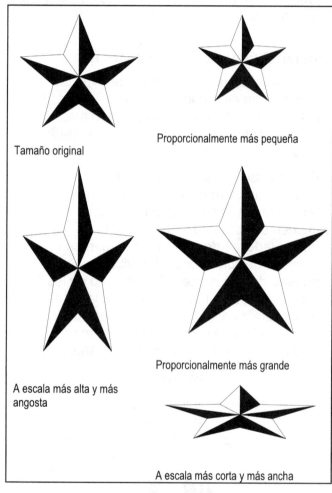

Tamaño original

Proporcionalmente más pequeña

A escala más alta y más angosta

Proporcionalmente más grande

A escala más corta y más ancha

■ También es posible especificar medidas exactas para ajustar el tamaño de la imagen. Seleccione la imagen y, a continuación, elija Picture (Imagen) del menú Format (Formato). En el cuadro de diálogo Formato de imagen, haga clic en la ficha Size (Tamaño) y escriba la medida deseada en los cuadros de texto Width (Ancho) y HXEght (Alto).

■ Puede restablecer el tamaño original del gráfico al hacer clic en el botón Reset Picture (Restablecer imagen) 🖼 de la barra de herramientas Imagen. Para mostrar esta barra de herramientas, seleccione Toolbars (Barras de herramientas), Picture (Imagen) del menú View (Ver). También puede seleccionar Picture en el menú Format, hacer clic en la ficha Imagen, seleccionar Reset (Restablecer) y hacer clic en OK (Aceptar).

■ Para borrar un gráfico, selecciónelo y presione Delete (Suprimir).

Cuadros de texto

■ El texto dentro de un cuadro se utiliza, por lo general, para dar realce a texto especial, como tablas, gráficas, barras laterales y pies de gráficos.

■ Los cuadros de texto pueden contener texto o gráficos.

■ Para crear un cuadro de texto, haga clic en el botón Text Box (Cuadro de texto) 🖹 de la barra de herramientas Dibujo (Picture). El punto de inserción adquiere la forma de una cruceta +. Arrastre esta cruceta al tamaño deseado del cuadro de texto y escriba su texto.

■ El texto contenido en un cuadro puede ajustarse de tamaño, moverse y colocarse casi en cualquier lugar de un documento. La dirección del texto dentro del cuadro también puede modificarse.

■ Word coloca automáticamente un borde
alrededor de un cuadro de texto. Puede
modificar el estilo o color de la línea del borde,
agregar sombreado al contenido del cuadro de
texto, o cambiar el color de la fuente dentro del
cuadro. Además, puede crear una sombra o
efecto de tercera dimensión en el cuadro de
texto.

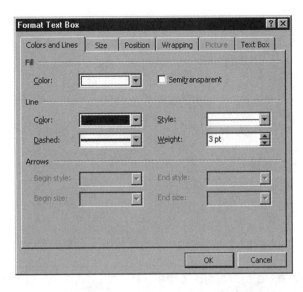

This is an example of text within a text
box. Note the default ¾-point default
border. You can change the border
style, the font color, or the size of the
text within the box.

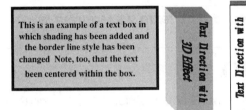

This is an example of a text box in
which shading has been added and
the border line style has been
changed Note, too, that the text
been centered within the box.

Text Direction with 3D Effect

Text Direction with Shadow Effect

■ **Para cambiar el estilo o color de la línea**,
seleccione el cuadro de texto (para que los
controladores aparezcan); a continuación, haga
clic en el botón Estilo de línea y/o en la casilla de
lista Color de línea, de la barra de herramientas
Dibujo (Picture), y elija el estilo y/o color
deseado para la línea.

■ **Para sombrear el contenido del cuadro de
texto**, selecciónelo; a continuación, haga clic en
la casilla de lista Color de relleno de la barra de
herramientas Dibujo y elija el relleno deseado.

■ **Para crear una sombra o efecto de tercera
dimensión**, seleccione el cuadro de texto, luego
haga clic en el botón Sombra o 3D de la barra
de herramientas Dibujo y seleccione en el menú
emergente un estilo de sombra o efecto de
tercera dimensión para aplicarlo.

■ También pueden cambiarse los Éstilos de línea,
colores de línea y colores de relleno cuando se
selecciona el cuadro de texto y, a continuación,
se elije Text Box (Cuadro de texto) del menú
Format (Formato). En el cuadro de diálogo
Formato de Cuadro de texto que sigue,
seleccione la ficha Colores y Líneas y realice los
cambios deseados.

■ **Para cambiar el color de la fuente**, seleccione
el cuadro de texto y, a continuación, haga clic en
la casilla de lista Color de fuente de la barra de
herramientas Dibujo y elija el color deseado para
la fuente.

■ **Para cambiar la dirección del texto**, dibuje el
cuadro de texto y escriba el texto
correspondiente. Luego haga clic en el botón
Text Direction (Dirección del texto) del cuadro de
diálogo Cuadro de texto hasta que logre la
dirección deseada. Puede mostrar la barra de
herramientas Cuadro de texto al seleccionar
Toolbars, Text Box del menú View.

Ajuste automático del texto

■ Word ofrece varias opciones para ajustar el texto
alrededor de una imagen (o cuadro de texto).

■ Para ajustar el texto alrededor de una imagen,
seleccione la imagen, después seleccione
Picture del menú Format. En el cuadro de
diálogo Formato de imagen que sigue,
seleccione la ficha Ajuste automático de texto y
seleccione la opción deseada.

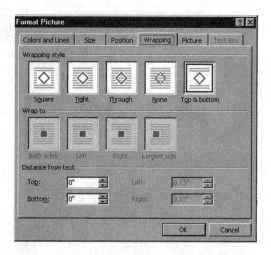

■ Al utilizar Ajuste de texto, lea con cuidado el texto que se ajusta alrededor de la imagen. Es posible que necesite modificar la posición de la imagen para evitar divisiones incorrectas de las palabras.

En este ejercicio, creará un anuncio, en el que insertará un cuadro de texto y asegurará la posición de las imágenes.

INSTRUCCIONES PARA EL EJERCICIO

1. Cree un documento nuevo.

2. Establezca la medida de los márgenes superior e inferior en .5".

3. Empiece el ejercicio en la parte superior de la pantalla.

4. Inserte cualquier gráfico pertinente sigue:

   • Determine el tamaño en 4" de alto por 5" de ancho.

   • Arrastre la imagen al centro de la parte superior de la página, como se ilustra.

   • Asegure el gráfico para que permanezca en su posición. (Abra el cuadro de diálogo Formato de cuadro de texto, seleccione la ficha Position (Posición), seleccione enseguida Lock anchor (Bloquear marcador) y cancele la selección Move object with text (Mover objeto con el texto).)

5. Presione Enter (Entrar) para desplazarse hacia abajo al lugar en el que empezará el texto.

6. Centre y aplique el estilo negrita al texto del título, en cualquier fuente deseada. Establezca el tamaño en 20 puntos.

   ✓ *Si es necesario, ajuste el tamaño en puntos, o cambie la fuente para que el título se distribuya en dos líneas.*

7. Inserte un cuadro de texto debajo del título y haga lo siguiente:

   ✓ *Puede ajustar el tamaño del cuadro de texto en cualquier momento.*

   • Cambie el ajuste alrededor del cuadro de texto a cuadrado.

   • Escriba el texto con una fuente sans serif de 10 puntos.

   • Centre y aplique el estilo negrita al título.

   • Use cualquier viñeta que no sea el punto redondo.

   • Utilice un borde punteado.

   • Sombree el marco con gris claro.

   • Coloque el cuadro de texto en medio de la página, como se ilustra. Utilice una opción de ajuste de texto apretado.

   • Ajuste el tamaño del marco para que se adapte al texto.

8. Escriba el texto con una fuente serif de 12 puntos. Establezca el interlineado en 1.5".

9. Aplique un estilo negrita de nueve puntos a Coastal Electronics y al número de teléfono.

10. Inserte otro cuadro de texto y haga lo siguiente:

    • Establezca el tamaño en 1" x 1".

    • Inserte cualquier gráfico pertinente.

    • Elimine el borde predeterminado alrededor del cuadro de texto.

11. Verifique la ortografía.

12. Vea su trabajo en el modo de Presentación preliminar.

13. Guarde el archivo; titúlelo **COASTAL**.

14. Cierre la ventana del documento.

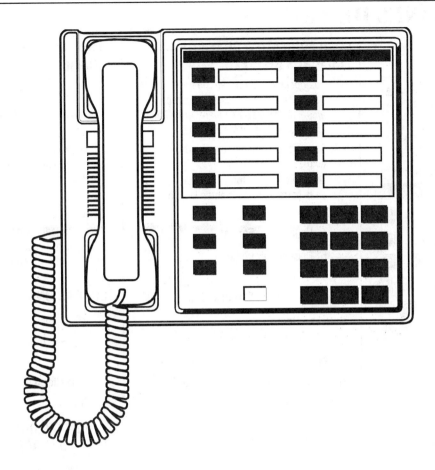

Send and Receive Computer Data and Faxes from
Wherever You Happen to Be.

With Phone/Data Link, you
constraints of your office, but
Phone/Data Link is a new
Electronics that gives you the
communicate anytime for
allows you to connect your
or fax machine to a portable
the ability to send and receive
anywhere that cellular service
Coastal Electronics 1-800-555-5555.

**Phone/Data Link
Advantages**

☑ Connects any
modem-equipped
computer or fax
machine to a
portable cellular
telephone.
☑ Enables you to
send and receive
computer data or
faxes via your
cellular phone
☑ Compatible with
your existing
software.
☑ Compact design.
☑ Features simple
two-cable
connection.

can leave behind the physical
never really lose touch. The
business tool from Coastal
freedom to compute and
anywhere. Phone/Data Link
modem-equipped computer
cellular telephone and have
data and faxes from virtually
is available.

COMBINACIONES DE TECLAS

MOSTRAR BARRA DE HERRAMIENTAS DIBUJO

Haga clic en el botón Dibujo ....【🖉】
de la barra de herramientas Estándar.

INSERTAR UNA IMAGEN

1. Coloque el punto de inserción en el lugar donde desee insertar la imagen.
2. Haga clic en **Insert** ....【Alt】+【I】
3. Haga clic en **Picture** ....【P】
4. Haga clic en **Clip Art**......................【C】
5. Haga clic en la ficha **Clip Art** ..【Alt】+【C】
6. Seleccione la categoría deseada【↑】,【↓】
7. Haga clic en la imagen deseada.【↑】,【↓】
8. Haga clic en **Insert** ....【Enter】

SELECCIONAR UN GRÁFICO

Haga clic en cualquier parte de la imagen.

Para cancelar la selección de un gráfico:

Haga clic en cualquier parte de la imagen.

MOSTRAR BARRA DE HERRAMIENTAS IMAGEN

Haga clic con el botón derecho del *mouse* en cualquier barra de herramientas y seleccione **Picture**.

CREAR UN CUADRO DE TEXTO

1. Haga clic en el botón Cuadro de texto 【🔳】 en la barra de herramientas Dibujo.
   O
   a. Haga clic en **Insert**.............【Alt】+【I】
   b. Haga clic en **Text Box**.......【Alt】+【X】
   El puntero del mouse asume la forma de una cruz.
2. Coloque el puntero en cruz en el lugar donde desee que aparezca la esquina superior izquierda del cuadro de texto.
3. Mantenga presionado el botón izquierdo del mouse y arrastre hacia abajo y a la derecha hasta crear el tamaño deseado del cuadro de texto.
4. Suelte el mouse.
5. Ajuste el tamaño, modifique las proporciones, cambie la posición, o dé formato al cuadro de texto, de acuerdo con sus deseos.

DAR FORMATO A GRÁFICOS Y CUADROS DE TEXTO

Las opciones de formato de los bordes, rellenos, posición, tamaño y ajuste de texto son similares para los cuadros de texto y los gráficos.

1. Seleccione la imagen o el cuadro de texto.
2. Haga clic en el botón correspondiente de la barra de herramientas Dibujo.
   O
   a. Haga clic en **Format**..........【Alt】+【O】
   b. Haga clic en **Picture** ....【I】
   O
   Haga clic en **Text Box** ....【O】

Colores y líneas
Haga clic en la ficha Colores y líneas.

Para cambiar las opciones de Relleno:
Haga clic en **Color**......................【Alt】+【C】
y seleccione el color/sombreado que desee.

Para cambiar las opciones de estilos de línea:

3. Seleccione **Color** de línea ....【Alt】+【O】
4. Seleccione estilo **Dashed (con guiones)** ....【Alt】+【D】
5. Seleccione **Style** ....【Alt】+【S】
6. Seleccione **WXEght**................【Alt】+【W】
7. Haga clic en **OK** ....【Enter】

Tamaño
Haga clic en la ficha **Size**.

Para cambiar las opciones de Tamaño:
a. Escriba la medida del alto en **HXEght**........................【Alt】+【E】
b. Escriba la medida del ancho en **Width**...............................【Alt】+【D】

Para cambiar las opciones de Ajuste proporcional:
1. Escriba la medida de altura en **HXEght** ....【Alt】+【H】
2. Escriba la medida de ancho en **Width** ....【Alt】+【W】
3. Haga clic en **OK** ....【Enter】

AJUSTAR TAMAÑO O ESCALAR UN GRÁFICO

- UTILIZANDO EL MOUSE -

1. Seleccione la imagen.
2. Arrastre cualquiera de los cuatro controladores centrales para ajustar el tamaño sin conservar las proporciones de alto o ancho de la imagen (escalar).
   O
   Arrastre cualquiera de los cuatro controladores de las esquinas para cambiar proporcionalmente el tamaño de la imagen completa.

BORRAR UNA IMAGEN

1. Seleccione la imagen.
2. Presione **Delete**............................【Del】
   O
   Haga clic en el botón **Cut**..【✂】

MOVER/COLOCAR UN CUADRO DE TEXTO O IMAGEN

1. Coloque el puntero del mouse en cualquiera de los lados de la imagen o cuadro de texto hasta que aparezca la forma de una flecha de cuatro puntas en el extremo del puntero del mouse.
2. Arrastre la imagen enmarcada a la posición deseada.

ALINEAR TEXTO DENTRO DE UN CUADRO DE TEXTO

1. Coloque el punto de inserción en el párrafo deseado.
   O
2. Seleccione el texto deseado.
3. Haga clic en el botón **Left Align**..................................【≣】
   O
   Haga clic en el botón **Right Align** ....【≣】
   O
   Haga clic en el botón **Center**...【≣】

Ejercicio 38
■ **Letra capital** ■ **Dibujar líneas** ■ **Crear un boletín**

Barra de herramientas Dibujo

Línea   Flecha   Estilo de   Estilo de quiones   Estilo de flecha

NOTAS

Letra capital (Drop Capital)

■ Una **letra capital o capitular** es una letra mayúscula ampliada que cae debajo de la primera línea del texto principal. Por lo general se trata de la letra inicial de un párrafo. A menudo se utiliza para llamar la atención del lector al principio de los capítulos, títulos de secciones y texto principal.

> L as letras capitales son letras grandes y decorativas, que se emplean a menudo para marcar el principio de un documento, sección, o capítulo. Las letras capitales se escriben con un tamaño de fuente mucho más grande que el del texto normal y con frecuencia abarcan la altura de tres o cuatro líneas.

■ Para crear una letra capital, coloque el punto de inserción en el párrafo donde desee que aparezca la letra capital. A continuación, seleccione Drop Cap (Letra capital) del menú Format (Formato) para abrir el cuadro de diálogo Letra capital.

■ Si quiere incluir varias letras, resalte las letras a las que desee aplicar el estilo de letra capital y, a continuación, abra el cuadro de diálogo Letra capital.

■ En el cuadro de diálogo Letra capital, seleccione las opciones deseadas para la letra capital. El texto puede ajustarse debajo de la letra (o letras) grande(s) o a la derecha de ésta.

Dibujar líneas

■ Puede crear líneas horizontales y verticales en su documento, en encabezados o en pies de página.

■ Las líneas se utilizan para crear diseños, dividir partes de un documento, o para llamar la atención a un lugar en particular.

■ Es posible ajustar la posición, longitud y grosor de las líneas. Puede seleccionar estilos decorativos de líneas, como punteadas o de guiones. También puede crear líneas con puntas de flecha.

- Para crear una línea, haga clic en el botón Line (Línea) ◻ de la barra de herramientas Dibujo. El punto de inserción cambia a una cruz. Arrastre la cruz para crear la línea horizontal o vertical deseada. A continuación, haga clic en el botón Line Style (Estilo de línea) ▤ o Dash Style (Estilo de guiones) ▦ de la barra de herramientas Dibujo y seleccione un estilo de línea. O, seleccione More Lines (Más líneas) para elegir un estilo diferente de línea.

Estilo de línea

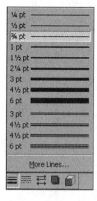

Estilo de guiones

- Para crear una línea de grosor, tamaño o estilo específicos, puede crear una línea personalizada en el cuadro de diálogo Format AutoShape (Formato de formas automáticas). Seleccione la línea y haga clic en Format, AutoShape. Seleccione las opciones de Color, Estilo y Peso (grosor) que desee.

- El grosor de las líneas se mide en puntos.

Cuadro de diálogo Formato de formas automáticas

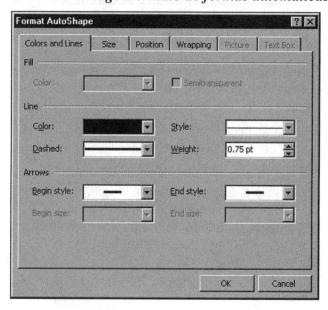

- Es posible cambiar la posición de las líneas al arrastrar el objeto completo, al igual que sucede con las imágenes, o también modificar su forma y tamaño al arrastrar el controlador de tamaño.

Crear un boletín

- Un boletín es un documento empleado por una organización para comunicar información acerca de un suceso, noticias de interés general o información relativa a nuevos productos.

- Los boletines consisten de varias partes:

  - Placa de nombre - puede incluir el nombre del boletín, la organización que lo publica y/o el logotipo (un símbolo o estilo de escritura distintivo que se emplea para representar a la organización).

  - Línea de la fecha - puede incluir el número del volumen y del ejemplar, así como la fecha.

  - Título - el título que precede a cada artículo.

  - Cuerpo del boletín - el texto del artículo.

- También pueden emplearse plantillas para crear boletines.

INSTRUCCIONES PARA EL EJERCICIO

1. Cree un documento nuevo.

2. Establezca la medida de los márgenes izquierdo y derecho en 1". Establezca la medida de los márgenes superior e inferior en .5".

3. Escriba la placa del nombre como se ilustra, utilizando una fuente serif de 30 puntos, negrita, para "American" y de 48 puntos para "Traveler."

4. Mueva el punto de inserción al final de "Traveler" y cambie la fuente a una sans serif de 10 puntos.

5. Presione Enter (Entrar) tres veces.

6. Escriba la información de la fecha como se ilustra. Alinee a la izquierda Volume 3, Number 3; utilice una tabulación centrada para centrar A Publication of Carl's Travel Network, y use una tabulación derecha para alinear a la derecha Summer 1997.

7. Dibuje una línea horizontal de 2 puntos de grosor antes y después de la placa del nombre y de la información de la línea de la fecha.

8. Coloque el punto de inserción después de Summer 1997 y presione Enter tres veces.

9. Aplique un formato de tres columnas(Format, Columns) al resto del documento.

   ✓ Asegúrese de elegir This point forward (De aquí en adelante) en la opción Apply to(Aplicar a) del cuadro de diálogo Columns.

10. Escriba el boletín como se muestra; preste atención a lo siguiente:
    - Centre los títulos; aplique una fuente sans serif de 14 puntos, negrita.
    - Cree las letras capitales como se ilustra.
    - Aplique una fuente serif de 12 puntos a todo el texto de los párrafos.
    - Inserte un cuadro de texto y escriba el texto TRAVEL TRIVIA con una fuente sans serif de 12 puntos, como se ilustra. Utilice la opción de ajuste de texto superior e inferior. Agregue sombreado al cuadro de texto como se muestra.
    - Inserte un cuadro de texto y escriba el texto TRAVEL HIGHLIGHT OF THE SEASON. Use una fuente sans serif de 8 puntos, negrita, para el texto, y de 10 puntos, negrita, para el título. Justifique el texto. Sombree el cuadro de texto, utilizando un efecto de 3D como se muestra.
    - Divida con guiones el documento. Limite los guiones consecutivos a uno.

    ✓ Ajuste el tamaño del cuadro de texto enmarcado, como resulte apropiado.

11. Inserte una imagen pertinente en el lugar que se indica. Ajuste el tamaño a 1" de ancho por 1.25" de alto. Colóquela entre las columnas. Use la opción de ajuste de texto apretado.

12. Inserte cualquier imagen pertinente y colóquela como parte del nombre del boletín, como se muestra. Ajuste el tamaño para acomodarla junto a American Traveler. Asegúrese de seleccionar A través en la ficha de ajuste automático del texto al dar formato a la imagen.

13. Verifique la ortografía.

14. Vea su trabajo en el modo de Presentación preliminar.

15. Guarde el archivo; titúlelo **JOURNEY**.

16. Cierre la ventana del documento.

AMERICAN
TRAVELER

Volume 3, Number 3	A Publication of Carl's Travel Network	Summer 1997

SMOKERS MEET NEW RESTRICTIONS DURING TRAVEL

Travelers should be aware of increased constraints on the ability to smoke in public places. About five years ago, smoking was prohibited on all domestic airline flights.

Travel Trivia:

Q. What city is said to take its name from a Huron word meaning "meeting Place of the Waters?"
A. Toronto

Now, the Dallas-Fort Worth Airport recently declared the entire passenger terminal off limits to smokers. Those wishing to smoke will now have to leave the airport premises to do so. Perhaps more far reaching is the law passed in Los Angeles and New York that makes cigarette smoking illegal in restaurants. Violators face a $50 fine for the first offense, $100 fine for the second offense within a year and $250 fine for every offense after that. Be cautious when traveling not to violate unexpected smoking laws!

CRUISING ON THE RHINE

Strasbourg, the capital of French Alsace, is a wonderful city to begin or end a cruise. Its pink sandstone Cathedral and a well-preserved old town are enchanting attractions for vacationing tourists.

The cost of a three-day cruise including two evening meals, two breakfasts, two luncheons and coffee and cakes will cost approximately $567 a person. The view from the middle of the river is more dramatic than the glimpses of the same scenery that a passenger sees on the train ride along the river bank from Cologne to Frankfurt. For further information, contact your local travel agent and request the "RIVER CRUISES TO EUROPE PACKAGE" or the "SILLIA TOURS PACKAGE."

TRAVEL HIGHLIGHT OF THE SEASON

The Greek Islands

There are over 3,000 islands that comprise what are commonly referred to as "The Greek Islands." However, only 170 of these islands are inhabited, each with its own character and terrain. This summer, Sunshine Travel Network is offering special fares on cruises to many of these charming islands. A four-day cruise to Rhodes, Heraklion, Santorini, and Piraeus costs $799 per person.

Since the prices include fabulous meals and breathtaking land tours, this package is definitely the buy of the season! Call today. (201) 555-5555

COMBINACIONES DE TECLAS

CREAR UNA LETRA CAPITAL

1. Coloque el punto de inserción en el párrafo donde desee que aparezca la letra capital.
2. Haga clic en **Format** .... `Alt` + `O`
3. Haga clic en **Drop Cap** .... `D`
4. Haga clic en la posición deseada:
   - **None (Ninguna)** .... `N`
   - **Dropped (En texto)** .... `D`
   - **In Margin (En margen)** .... `M`
5. Seleccione **Font** .... `F`
   (en caso de que la fuente difiera del resto del texto).
6. Haga clic en **Lines to Drop** (Líneas que ocupa) .... `Alt` + `L`
7. Seleccione las flechas de .... `↑`, `↓` aumento o decremento para determinar el número deseado de líneas.
8. Haga clic en **Distance from Text (Distancia desde el texto)** .... `Alt` + `X`
9. Seleccione las flechas de .... `↑`, `↓` aumento o decremento para determinar la distancia deseada desde el texto.
10. Haga clic en **OK** .... `Enter`

✓ La barra de herramientas Dibujo debe estar visible en su pantalla para todos los procedimientos siguientes. Haga clic en el icono Dibujo [icono] de la barra de herramientas Formato para que aparezca en pantalla la barra de herramientas Dibujo.

DIBUJAR UNA LÍNEA

1. Haga clic en el botón
   Line Draw .... [icono]
2. Coloque en puntero en forma de cruz en el lugar donde desee que empiece la línea.
3. Haga clic y arrastre para señalar el lugar donde terminará la línea.

   ✓ Para crear una línea recta, mantenga presionada la tecla **Alt** mientras arrastra el mouse.

AJUSTE AUTOMÁTICO DE TEXTO

1. Haga clic en el cuadro de texto o imagen.
2. Haga clic en **Format** .... `Alt` + `O`
3. Haga clic en **Text Box** .... `O`

   O

   Haga clic en **Picture** .... `I`

   O

   Haga clic en **Object** .... `O`

---

4. Haga clic en la ficha **Wrapping**.
5. Seleccione la opción deseada de ajuste de texto.

   ✓ Las opciones que no están disponibles para la situación actual aparecerán atenuadas.

6. Haga clic en **OK** .... `Enter`

DETERMINAR ESTILO DE LÍNEA

1. Seleccione la línea existente.
2. Haga clic en el botón
   Line Style ....
   de la barra de herramientas Dibujo.
3. Haga clic en el estilo de línea deseado.

CAMBIAR LA POSICIÓN DE UNA LÍNEA

1. Coloque el puntero del mouse en el borde de la línea hasta que una flecha de cuatro puntas se forme en el extremo del puntero del mouse.
2. Arrastre el objeto a la posición deseada.

CAMBIAR EL TAMAÑO DE UNA LÍNEA

1. Seleccione la línea.
2. Arrastre los controladores laterales hasta la longitud deseada.

Ejercicio 39

■ **Cómo crear un memorando utilizando una plantilla**

Barra de herramientas Estándar

Nuevo

NOTAS

■ Una **plantilla (template)** es un documento con una estructura base que puede contener formatos, imágenes y/o texto. Se emplea para crear documentos que se utilizan una y otra vez.

■ Utilizando las plantillas prediseñadas de Word, puede crear documentos como memorandos, faxes, cartas y currícula (así como otros documentos).

■ Para usar una plantilla, seleccione New (Nuevo) del menú File (Archivo). En el cuadro de diálogo Nuevo que aparece a continuación, seleccione la ficha deseada y el estilo de plantilla.

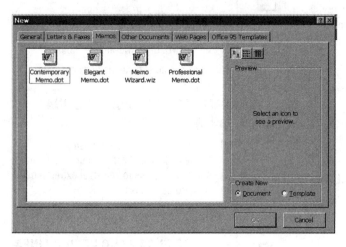

■ Por lo general, hay varios estilos a elegir para cada tipo de plantilla. El grupo de memorandos, por ejemplo, ofrece tres estilos: Contemporáneo, Elegante y Profesional. Para ver un estilo, seleccione la plantilla y un ejemplo aparecerá en la ventana Preview (Muestra).

■ Muchas de las plantillas también ofrecen la opción de un Asistente Wizard. (Los Asistentes se explicarán en el ejercicio 46.)

■ Si selecciona Professional Memo (Memorando Profesional) como la plantilla deseada, un formulario previamente diseñado para elaborar un memorando aparecerá en pantalla. La fecha se obtiene de la memoria de la computadora y se inserta automáticamente en la posición correcta. Resalte la información que se encuentra entre corchetes (incluyendo el nombre de la compañía) y escriba la información pertinente a su memorando.

■ Presione Enter para insertar doble retorno al final de cada párrafo.

En este ejercicio, utilizará una plantilla para crear un memorando.

INSTRUCCIONES PARA EL EJERCICIO

1. Cree un documento nuevo.

2. Use la plantilla Professional Memo (Memorando Profesional) para crear el memorando que se ilustra a continuación.

3. Resalte la información entre corchetes que se le pide llenar y escriba la información pertinente:

Company name:	MicroProducts, Inc.
To:	Janice Smith
From:	Su nombre
CC:	Latifa Jones
Re:	Announcement

4. Escriba el texto del memorando como se ilustra.

5. Imprima una copia.

6. Guarde el archivo; titúlelo **ANNOUNCE**.

7. Cierre la ventana del documento.

COMBINACIONES DE TECLAS

ABRIR PLANTILLAS

1. Haga clic en **File** .... Alt + F
2. Haga clic en **New** .... N

Haga clic en la ficha correspondiente a la plantilla deseada:

Publications (Publicaciones)

General

Letters and Faxes (Cartas y faxes)

Memos (Memorandos)

Reports (Informes)

Web Pages (Páginas de Internet)

Legal Pleadings (Documentos legales)

Other Documents (Otros documentos)

3. Haga clic en el estilo de plantilla deseado.

4. Haga clic en **OK** .... Enter

MicroProducts, Inc.

Memo

To: Janice Smith

From: Su nombre

CC: Latifa Jones

Date: February 6, 1997

Re: New Product Announcement

The new Product Development Committee will be meeting on Thursday at 10 a.m. to discuss the details of the MicroForm announcement.

We will need to prepare a press release later this month and plan for promotion. Please bring development files with you.

● Page 1

Ejercicio 40

■ **Cómo usar un Asistente de Plantillas para crear una portada de fax**

NOTAS

Cómo usar un Asistente de Plantilla (Template Wizard)

■ Algunas plantillas contienen una opción (como Memo Wizard (Asistente de memorandos), Letter Wizard (Asistente de cartas), Fax Wizard (Asistente de Fax), etc.) como uno de los estilos de plantillas enumerados en el cuadro de diálogo Nuevo.

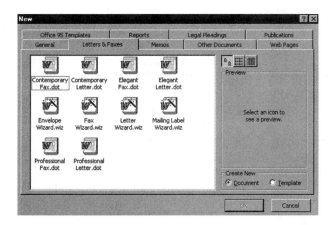

■ Los **Wizards** (Asistentes) lo conducirán paso a paso para crear y enviar un documento.

■ Una **portada de fax** se utiliza como la primera página de varias que se enviarán por fax. Su propósito es identificar al receptor y emisor de las páginas que se envían por fax. También puede utilizar la portada del fax para escribir un mensaje.

■ Cuando se accede al Asistente de Fax (Fax Wizard), por ejemplo, aparece el siguiente cuadro de diálogo, en el cual puede empezar a crear un fax.

■ Después de hacer clic en el botón Next (Siguiente), siga las instrucciones para completar su portada de fax.

■ El Asistente de Fax le pedirá que llene el nombre del receptor, su número de teléfono y fax, copias para otras personas, comentarios, etc. Cuando haga clic en Finish (Terminado), la cubierta de fax aparecerá con la información que usted proporcionó. En ese momento, puede escribir cualquier otra información que desee incluir en la portada de fax.

En este ejercicio, creará una Portada de Fax, utilizando el Asistente de Fax.

INSTRUCCIONES PARA EL EJERCICIO

1. Cree un documento nuevo.

2. Utilice el Asistente de Fax para crear la portada de fax que se ilustra en la página siguiente.

3. Use la orientación vertical y cualquier estilo de portada deseado.

4. Use la información que se muestra en el ejercicio para llenar los datos solicitados, así como el nombre del receptor y los comentarios.

5. Imprima una copia.

6. Guarde el archivo; titúlelo **FAX**.

7. Cierre la ventana del documento.

1504 Broadway
New York, NY 10024
Phone: (212) 555-5555
Fax: (212) 444-4444

facsimile transmittal

To:	Brittany Williams	**From:**	Your name
Fax:	(516) 777-7777	**Date:**	June 5, 1997
Phone:	(516) 888-8888	**Pages:**	1
Re:	June 5 Meeting Cancelled	**CC:**	Janice Polo

☐ **Urgent**   x **For Review**   ☐ **Please Comment**   ☐ **Please Reply**   ☐ **Please Recycle**

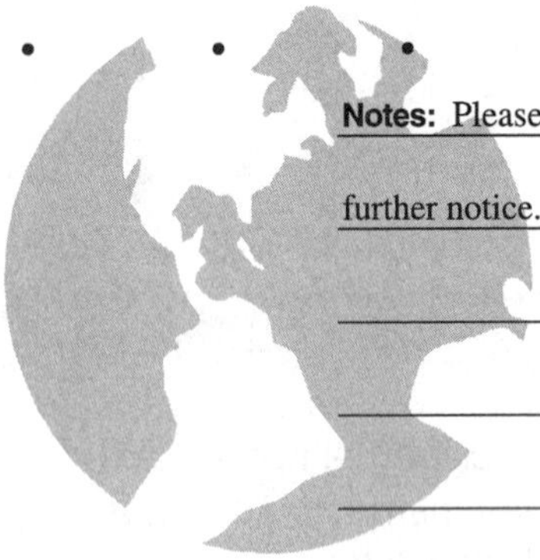

Notes: Please make note that the June 5 meeting, scheduled in my office, has been cancelled until further notice.

CONFIDENTIAL

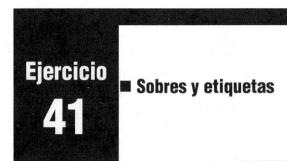

Ejercicio 41

■ Sobres y etiquetas

NOTAS

- Para crear sobres y etiquetas independientes de las plantillas o del comando Combinar correspondencia, seleccione Envelopes and Labels (Sobres y etiquetas) del menú Tools (Herramientas).

- En el cuadro de diálogo Sobres y etiquetas que aparece a continuación, seleccione la ficha Envelopes (Sobres) o Labels (Etiqueta), según lo desee.

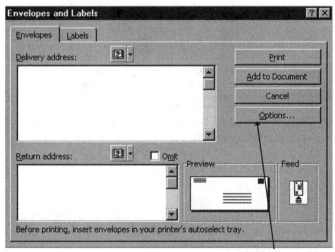

Haga clic para especificar el tamaño del sobre.

Sobres (Envelopes)

- Si un documento aparece en pantalla (en la ventana del documento en uso), Word presenta automáticamente su domicilio postal en la ventana Delivery address (Dirección del Destinatario). Si no es así, escriba el domicilio postal manualmente.

- También puede escribir la dirección de quien remite en la ventana Return address (Remitente). Para asegurar que se imprima el domicilio del remitente, cerciórese de que la casilla de selección Omit (Omitir) no esté seleccionada.

- Hacer clic en el botón Add to Document (Agregar al documento) adjunta el archivo del sobre como una sección separada al comienzo del documento, para que pueda imprimirlo con éste en cualquier momento (siempre que dé nombre al documento y lo guarde). El botón Print (Imprimir) le permite imprimir el sobre, sin necesidad de adjuntarlo al documento.

- Para especificar el tamaño de un sobre, seleccione el botón Options (Opciones) en el cuadro de diálogo Sobres y etiquetas y, a continuación, elija la ficha Envelope Options (Opciones para sobres) del cuadro de diálogo del mismo nombre.

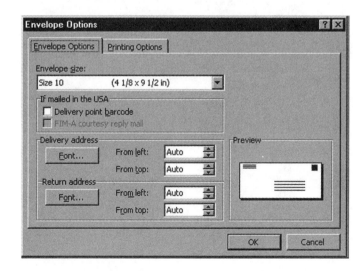

■ Para modificar la apariencia del texto del domicilio del remitente o del destinatario, puede seleccionar el tipo de letra y tamaño de fuente que desee al hacer clic en uno de los botones Font (Fuente) en el cuadro de diálogo Opciones para sobres.

■ La ficha Printing Options (Opciones de impresión) ofrece varias opciones de método de alimentación de los sobres. Debe seleccionar el método de alimentación de papel que sea compatible con su impresora.

Etiquetas (Labels)

■ La característica Etiquetas le permite crear etiquetas postales, etiquetas para carpetas de archivo o para disquetes.

■ Para crear etiquetas, debe seleccionar la ficha Labels (Etiquetas) en el cuadro de diálogo Sobres y etiquetas. En el cuadro de diálogo que aparece a continuación, establezca las especificaciones para las etiquetas.

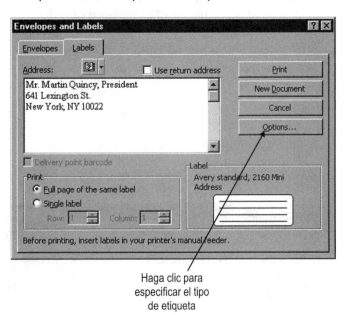

Haga clic para
especificar el tipo
de etiqueta

■ Para especificar el tipo de etiqueta que va a utilizar, haga clic en el botón Options (Opciones). En el cuadro de diálogo Label Options (Opciones para etiquetas) que aparece a continuación, seleccione el tipo de etiqueta con el que va a trabajar en las listas predeterminadas Label products (Tipo de etiqueta) y Product number (Número de producto).

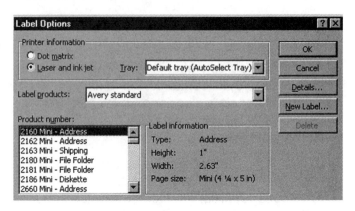

■ Para cada tipo de etiqueta que resalte, Word le proporcionará la información relativa al tamaño de la etiqueta y de la página en el área de Información de etiquetas del cuadro de diálogo.

■ Después de seleccionar el formato de la etiqueta y de hacer clic en OK (Aceptar), volverá al cuadro de diálogo anterior. Haga clic en New Document (Nuevo documento) y aparecerán en pantalla las etiquetas en blanco, listas para que usted empiece a escribir texto en ellas. Presione la tecla TAB para avanzar de una etiqueta a otra.

■ Para ver como se ordenarán las etiquetas en la página impresa, use Print Preview (Presentación preliminar).

■ Cuando esté listo para imprimir, coloque en la impresora las hojas de etiquetas, del tamaño y tipo adecuados, especificados por usted, y ordene la impresión. Cuando imprima una sola página, toda la página física se imprime.

■ Para imprimir la misma información en toda una hoja de etiquetas, escriba la información en la ventana Dirección y seleccione la opción Full page of the same label (Página entera de la misma etiqueta) en el cuadro de diálogo Sobres y etiquetas.

> *En la Parte I de este ejercicio, creará un sobre para una carta escrita con anterioridad. En la Parte II de este ejercicio, creará etiquetas para tres direcciones.*

INSTRUCCIONES PARA EL EJERCICIO

PARTE I

1. Abra ⌨**REGRETSABOUTJOBOPENINGS**, o abra 💾**41REGRET**.

2. Cree un sobre para esta carta (la dirección del destinatario aparecerá automáticamente en la ventana Dirección del destinatario).

3. Use el tamaño predeterminado de sobre.

4. Adjunte el archivo del sobre al documento.

5. Imprima una copia de la carta y el sobre.

6. Cierre el archivo; guarde los cambios.

PARTE II

1. Cree un documento nuevo.

2. Cree tres etiquetas utilizando las direcciones que se indican a continuación.

> Ms. Margie Zana
> 2399 Santiago Lane
> Denver, CO 80333

> Mr. Michael Chen
> Acme Design Studio, Inc.
> 80 Plaza A
> Milwaukee, WI 53212

> Mr. Tom Polanski
> Holistic, Inc.
> 777 Westgate Road
> San Antonio, TX 76888

3. Use como tipo de etiquetas las Avery Standard 5660 - Address.

4. Imprima una copia de la página.

   ✓ *Si especificó el tipo de etiqueta, inserte una hoja de etiquetas e imprima. De otra manera, imprima en papel tamaño carta.*

5. Guarde el archivo; titúlelo **LABEL**.

COMBINACIONES DE TECLAS

CREAR UN SOBRE

1. Haga clic en **Tools** .... `Alt`+`T`

2. Haga clic en **Envelopes and Labels** .... `E`

3. Haga clic en la ficha **Envelopes tab** .... `Alt`+`E`

4. Escriba la dirección postal del destinatario en la ventana **Delivery address** ...... `Alt`+`D`

   ✓ *Si un documento que contiene una dirección de destinatario está activo en la pantalla, el domicilio postal se insertará automáticamente en la ventana Delivery address.*

5. Escriba la dirección del remitente .... `Alt`+`R` en la ventana **Return address**.

6. Seleccione una opción de impresión:

   • **Add to Document** .... `Alt`+`A`

   • **Print** .... `Alt`+`P`

CREAR UNA ETIQUETA

1. Haga clic en **Tools** .... `Alt`+`T`

2. Haga clic en **Envelopes and Labels** .... `E`

3. Haga clic en la ficha **Labels** .... `Alt`+`L`

4. Haga clic en **Options** .... `Alt`+`O`

5. Seleccione un tipo de etiqueta.

6. Haga clic en **OK** .... `Enter`

7. Haga clic en **New Document** .. `Alt`+`D`

8. Escriba la dirección de la primera etiqueta.

9. Presione **Tab** para avanzar a la siguiente etiqueta.

10. Repita los pasos 8 y 9 para cada dirección adicional.

11. Coloque las hojas de etiquetas en la bandeja de alimentación de la impresora.

12. Imprima como lo haría con un documento normal.

Ejercicio
42

■ **Resumen**

En este ejercicio, creará un boletín e incluirá imágenes, así como un cuadro de texto con un efecto de tercera dimensión y una letra capital.

INSTRUCCIONES PARA EL EJERCICIO

1. Cree un documento nuevo.

2. Establezca la medida de los márgenes izquierdo y derecho en 1". Establezca la medida de los márgenes superior e inferior en .5".

3. Escriba la placa del nombre como se ilustra, utilizando una fuente serif de 30 puntos, negrita, para "Cablecom", de 48 puntos para "News Briefs", y de 9 puntos para "A Monthly Publication of CableCom…"

4. Presione la tecla Enter (Entrar) tres veces.

5. Aplique un formato de tres columnas al resto del documento (Format, Columns).

6. Escriba el boletín como se ilustra; preste atención a lo siguiente:

   • Centre los títulos; aplíqueles una fuente sans serif de 14 puntos, negrita.

   • Cree la letra capital como se ilustra.

   • Aplique al texto de los párrafos una fuente serif de 11 puntos.

   • Justifique el texto de las columnas.

   • Cree un cuadro de texto con un efecto de tercera dimensión e inserte el texto correspondiente a "Please Note." Divida con guiones el documento. Limite los guiones consecutivos a dos.

7. Inserte un gráfico adecuado al principio del boletín y ajuste el tamaño del gráfico a su gusto.

8. Inserte otro gráfico apropiado al final del boletín, como se ilustra. Ajuste su tamaño a 1.34" de ancho por 2" de alto. Colóquelo entre columnas y utilice la opción Tight (Apretado) para el ajuste automático del texto alrededor de la imagen.

9. Verifique la ortografía.

10. Vea su trabajo en el modo de Presentación preliminar.

11. Guarde el archivo; titúlelo **CABLE**.

12. Cierre la ventana del documento.

CABLECOM

News Briefs

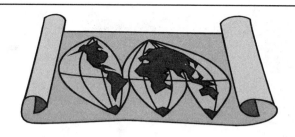

A Monthly Publication of CableCom ■ December 1997

Senior Vice President of Human Resources Named

David Duffy has been named Senior Vice President of Human Resources for CableCom. He is being promoted from General Manager, and will assume his new position on April 1. In his new role, David will report directly to Chief of Corporate Operations.

David has been with CableCom for 12 years and has held a variety of positions of increasing responsibility in Human Resources.

Employee Health Club Construction Update

The men's upstairs locker room will be closed through April 19, at which time construction is expected to be completed. As soon as the men's room is finished, construction will begin in the women's locker room and is expected to last four weeks.

Fire Procedures

All employees should take notice of the new fire procedures posted on each floor. Please become familiar with the fire exits located in the same area on every floor:

- **Exit A** is located in the back freight elevator lobby.

- **Exit B** is the outside fire escape located at the end of the main hallway.

- **Exit C** is located in the front elevator lobby.

In the event that a fire alarm does sound on your floor, please wait for an announcement from the Fire Warden who will instruct you as to which exit to use.

Computer Workshops

The Information Services department is conducting the following monthly workshops. These workshops will be offered during lunch hours and will be open to all employees.

⇒ *Now Up To Date 3.0.* This calendar program lets you schedule appointments and "to do" items for one or more people. The workshop will address creating a new calendar, scheduling events, using categories and reminders, customizing and printing schedule views. *Thursday, January 9, 12-2.*

⇒ *Windows 95 Upgrade.* This workshop will present the new features of Windows 95. *Thursday, January 16, 12-2.*

Please Note:
Workshops have limited seating capacity, so sign up early if you wish to attend. Call Mary Rizzo at Extension 444.

Achievement Awards Dinner

This year's annual CableCom Achievements Awards Dinner will be held at the Marriott Hotel on Thursday, April 25. Cocktails will be served at 6:30 p.m. followed by dinner at 8:00 p.m.

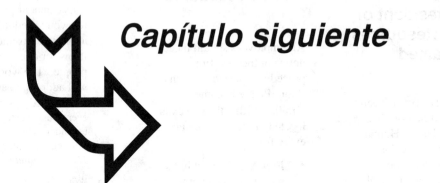

Capítulo siguiente

Microsoft Excel 97

Lección 1: Crear, guardar y salir de una hoja de cálculo

Lección 2: Usar fórmulas; dar formato; copiar; imprimir

Lección 3: Usar fórmulas y funciones; editar; opciones para imprimir

Lección 4: Formato y edición adicionales; trabajar con libros de trabajo

Lección 5: Funciones lógicas; autoformato; proteger y ocultar datos

Lección Avanzada: Elaboración de gráficos (disponible en el CD-ROM)

Ejercicio
1

■ **Iniciar Excel** ■ **La ventana de Excel**
■ **El menú y las barras de herramientas de Excel**
■ **Salir de Excel** ■ **Explorar la hoja de cálculo utilizando el *mouse* y el teclado**

NOTAS

Microsoft Excel 97 es la aplicación de hoja de cálculo en el grupo de programas de Office. Las hojas de cálculo son informes que se usan en aplicaciones de negocios y financieras para analizar datos en un formato de tabla. Todos los datos que requieran analizarse por medio de fórmulas y que puedan ordenarse en una tabla deben presentarse en una hoja de cálculo.

Iniciar Excel

■ Excel se inicia de las siguientes maneras: (*Véase Conceptos básicos de Office, Ejercicio 1, página 3.*)

- Haga clic en **Start (Inicio)**, resalte **Programs (Programas)**, resalte y seleccione **Microsoft Excel** en la barra de tareas de Windows 95.

- Haga clic en **Start (Inicio)**, resalte y seleccione **New Office Document (Nuevo documento de Office)**, seleccione **Blank Workbook (Libro de trabajo en blanco)** en la barra de tareas de Windows 95.

- Seleccione **Start a New Document (Abrir un nuevo documento)**, seleccione **Blank Workbook (Libro de trabajo en blanco)**, en la barra de accesos directos.

La ventana de Excel

■ Aparece la ventana de Microsoft Excel 97 que se muestra cuando el programa se inicia por primera vez. (*Véase la ilustración A de la página siguiente.*)

- El libro de trabajo (workbook) predeterminado contiene tres hojas con filas y columnas formadas por celdas.

- La celda activa es la que se halla lista para recibir datos o un comando. Es posible cambiar de celda activa en una hoja de cálculo mediante el uso del *mouse* o del teclado.

■ Cuando cambie de celda activa, el **cuadro de nombres** [＿＿＿＿＿＿▼] localizado a la izquierda de la barra de fórmulas muestra la nueva referencia de la celda. La referencia de celda identifica la ubicación de la celda activa en la hoja de cálculo por columna y fila.

✓ *Nota: Observe la ubicación del cuadro de nombres que muestra la referencia de la celda activa.*

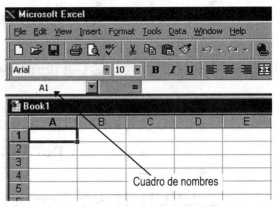

■ Excel resalta el número de la fila y la letra de la columna de las celdas seleccionadas en la hoja de cálculo. Eso facilita identificar su selección en la hoja de cálculo con sólo un vistazo rápido.

Menú y Barras de herramientas de Excel

■ Como se muestra en la ilustración A de la página siguiente, la ventana preestablecida de Excel contiene la barra de menú, la barra de herramientas Estándar, la barra de herramientas Formato, la barra de fórmulas y la barra de estado. Con excepción de la barra de fórmulas, el uso y las funciones de las demás son similares a las que se explicaron en el Ejercicio 1 de la sección de Word de este documento.

Ilustración A

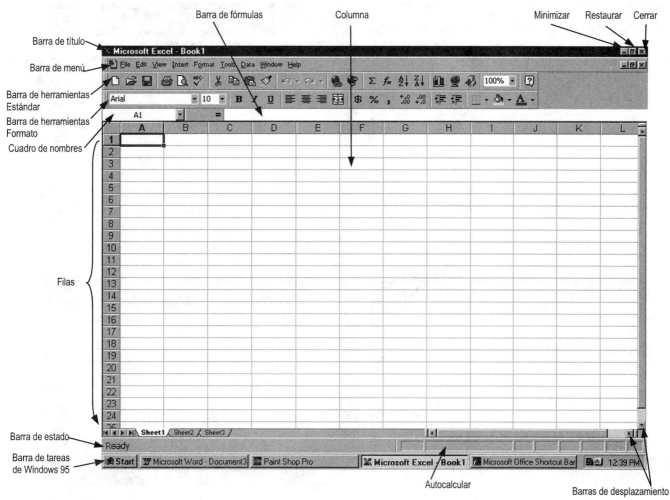

Barra de título

Barra de menú

Barra de herramientas Estándar

Barra de herramientas Formato

Cuadro de nombres

Barra de fórmulas

Columna

Minimizar   Restaurar   Cerrar

Filas

Barra de estado

Barra de tareas de Windows 95

Autocalcular

Barras de desplazamiento

Explorar la hoja de cálculo (worksheet) utilizando el *mouse* y el teclado

■ La ventana del libro de trabajo muestra una porción limitada de la hoja de cálculo. Es posible ver otras partes de ésta si se **desplaza** a la posición deseada.

■ Para desplazarse a otras áreas de la hoja de cálculo utilice el *mouse* o el teclado. El desplazamiento no cambia la celda activa.

■ Microsoft introdujo un nuevo dispositivo para señalar que reemplaza el *mouse*, llamado Intelli*Mouse*, que hace más sencillo el desplazamiento y los acercamientos para ver una hoja de cálculo, así como expandir y contraer los datos en formatos especiales.

■ Hay 256 columnas y 65,536 filas en una hoja de cálculo.

✓ Observe las ilustraciones de los bordes externos de una hoja de cálculo en la ilustración B de la página siguiente.

■ Para cambiar la celda activa en una hoja de cálculo, seleccione el comando <u>G</u>o To (Ir a) del menú <u>E</u>dit (Edición) o presione F5.

✓ Observe el cuadro de diálogo Ir a que aparece cuando se selecciona este comando o se oprime F5.

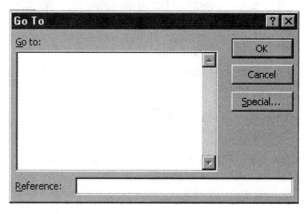

Ilustración B

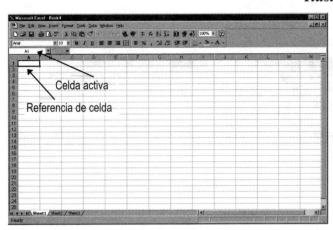

**Parte superior izquierda de la
hoja de cálculo**

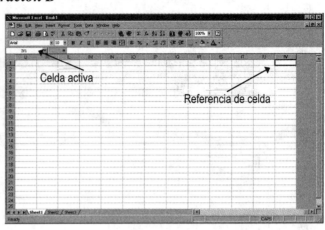

**Parte superior derecha de la
hoja de cálculo**

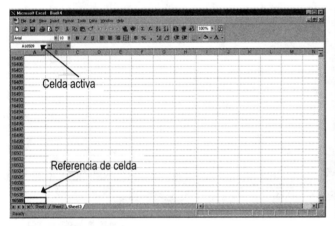

**Parte inferior izquierda de la hoja
de cálculo**

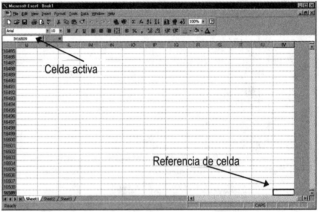

**Parte inferior derecha de la hoja
de cálculo**

En este ejercicio, iniciará Excel y practicará cambiando la celda activa con el mouse, el comando Ir a (Go to) y el cuadro de nombres.

INSTRUCCIONES PARA EL EJERCICIO

1. Inicie Excel desde la barra de tareas de Windows 95 mediante el procedimiento siguiente:
   a. Haga clic en Inicio, señale y seleccione Nuevo documento de Office.
   b. Seleccione libro de trabajo en blanco (blank workbook).

2. Haga clic en la celda E5 para activarla.
   ✓ *Observe la referencia de la celda en el cuadro de nombres.*

3. Oprima la tecla de flecha izquierda hasta seleccionar la celda C5.
   ✓ *Observe la referencia de la celda en el cuadro de nombres.*

4. Seleccione la celda C9.
   ✓ *Observe la referencia de la celda en el cuadro de nombres.*

5. Use las teclas de flechas para seleccionar las siguientes celdas:
   • A6   • Z365
   • R19   • AA45

6. Haga clic en la flecha de desplazamiento hacia abajo de la barra de desplazamiento vertical.
   ✓ *Observe que la hoja de cálculo se mueve hacia abajo una fila.*

7. Haga clic en la flecha de desplazamiento a la derecha de la barra de desplazamiento horizontal.

✓ *Observe que la hoja de cálculo se mueve una columna hacia la derecha.*

8. Haga clic en la barra de desplazamiento debajo del cuadro de desplazamiento en la barra de desplazamiento vertical.

✓ *Observe que la hoja de cálculo se mueve hacia abajo una pantalla.*

9. Haga clic en la barra de desplazamiento a la derecha del cuadro de desplazamiento en la barra de desplazamiento horizontal.

✓ *Observe que la hoja de cálculo se mueve hacia la derecha una pantalla.*

10. Arrastre el cuadro de desplazamiento horizontal hasta el extremo derecho de la barra de desplazamiento.

✓ *Observe cómo cambia la vista de la hoja de cálculo.*

11. Arrastre el cuadro de desplazamiento vertical hasta el extremo inferior de la barra de desplazamiento.

✓ *Observe cómo cambia la vista de la hoja de cálculo.*

12. Use las barras de desplazamiento para moverse a las siguientes partes de la hoja de cálculo:
    - Una pantalla hacia abajo
    - Una pantalla hacia arriba
    - Una pantalla a la derecha
    - Una pantalla a la izquierda
    - Extremo inferior izquierdo de la hoja de cálculo
    - Extremo superior derecho de la hoja de cálculo

13. Seleccione Edit (Edición) en la barra de menú.

14. Seleccione Go to (Ir a).

15. Escriba A10 en el cuadro de texto Reference (Referencia).

16. Haga clic en OK.

✓ *Observe que la celda activa es A10.*

17. Use el comando Ir a para cambiar la celda activa como sigue:
    - AB105
    - BG200
    - DB65000
    - A1 (Inicio)

✓ *Observe que las cuatro últimas referencias seleccionadas aparecen en el cuadro de lista Ir a.*

18. Haga clic en el cuadro de nombres a la izquierda de la barra de fórmulas.

✓ *Observe que A1 se destaca.*

19. Escriba C6 y oprima Enter (Entrar).

✓ *Observe que C6 es ahora la celda activa.*

20. Utilizando el cuadro de nombres, cambie la celda activa como sigue:
    - P365
    - IV56
    - Extremo inferior izquierdo de la hoja de cálculo (A65536)
    - Extremo superior derecho de la hoja de cálculo (IV1)
    - Extremo inferior derecho de la hoja de cálculo (IV65536)
    - Izquierda de la hoja de cálculo (A1)

21. Coloque el puntero del *mouse* debajo de todos los iconos de las barras de herramientas Estándar y Formato.

✓ *Observe las indicaciones de los nombres de las herramientas debajo del icono y la explicación del icono en la barra de estado.*

22. Use el botón Cerrar para salir de Excel.

COMBINACIONES DE TECLAS

EJECUTAR EXCEL

1. Haga clic en **Start**................. `Ctrl` + `Esc`

2. Señale **P**rograms............................. `P`

3. Haga clic en **Microsoft Excel**... `↓` , `↵`

CAMBIAR LA CELDA ACTIVA CON EL TECLADO

Una celda a la derecha.......................... `→`

Una celda a la izquierda .... `←`

Una celda hacia abajo .... `↓`

Una celda hacia arriba .... `↑`

Una pantalla arriba............................... `Page Up`

Una pantalla abajo .... `Page Down`

Una pantalla a la derecha........... `Alt` + `Page Down`

Una pantalla a la izquierda .... `Alt` + `Page Up`

Primera celda de la fila actual .... `Home`

Última celda de la fila actual .... `Ctrl` + `-`

Primera celda de la
hoja de cálculo...................... `Ctrl` + `Home`

Última celda ocupada .... `Ctrl` + `End`
de la hoja de cálculo.

CAMBIAR LA CELDA ACTIVA CON EL *MOUSE*

- Haga clic en la celda deseada.

✓ *Si la celda deseada no está a la vista, use las barras de desplazamiento para moverse al área de la hoja de cálculo que la contenga, luego haga clic en la celda.*

DESPLAZARSE CON EL *MOUSE*

La barra de desplazamiento vertical se localiza en el lado derecho de la ventana del libro de trabajo. La barra de desplazamiento horizontal (ilustrada abajo) se localiza en la parte inferior de la ventana del libro de trabajo.

Flecha de   Cuadro de   Flecha de
desplazamiento   despl.   desplazamiento

Para desplazarse una columna a la izquierda o derecha:

- Haga clic en las flechas de desplazamiento a la izquierda o derecha.

Para desplazarse una fila hacia arriba o abajo:

- Haga clic en las flechas de desplazamiento hacia arriba o abajo.

Para desplazarse una pantalla arriba o abajo:

- Haga clic en la barra de desplazamiento vertical arriba o abajo del cuadro de desplazamiento.

Para desplazarse una pantalla a la derecha o izquierda:

- Haga clic en la barra de desplazamiento horizontal a la derecha o izquierda del cuadro de desplazamiento.

Para desplazarse a las columnas del principio:

- Arrastre el cuadro de desplazamiento al extremo izquierdo de la barra de desplazamiento.

Para desplazarse a las primeras filas:

- Arrastre el cuadro de desplazamiento a la parte superior de la barra de desplazamiento.

Para desplazarse con rapidez a un área de la hoja de cálculo:

- Arrastre el cuadro de desplazamiento a la posición deseada en la barra de desplazamiento.

✓ *Los límites del área de desplazamiento dependerán de la ubicación de los datos en la hoja de cálculo.*

Para desplazarse con rapidez a la última fila donde se insertaron datos:

- Presione Ctrl y arrastre el cuadro de desplazamiento al extremo inferior de la barra de desplazamiento.

DESPLAZARSE CON EL TECLADO

Una pantalla arriba............................. `Page Up`

Una pantalla abajo .... `Page Down`

Una pantalla a la derecha .... `Alt` + `Page Down`

Una pantalla a la izquierda .... `Alt` + `Page Up`

A la celda activa .... `Ctrl` + `Backspace`

CAMBIAR LA CELDA ACTIVA CON EL COMANDO IR A (GO TO)

1. Presione **F5** .... `F5`

   O

   a. Haga clic en **E**dit............... `Alt` + `E`

   b. Haga clic en **G**o To.................. `G`

2. Escriba la referencia de la celda......................*referencia de celda* en el cuadro de texto **Reference**.

   ✓ *El cuadro de lista **Go to** muestra las últimas cuatro referencias seleccionadas.*

3. Haga clic en [OK] .... `Enter`

CAMBIAR LA CELDA ACTIVA USANDO EL CUADRO DE NOMBRES

1. Haga clic en el cuadro de nombres a la izquierda de la barra de fórmulas.

2. Escriba la referencia de la celda.......................*referencia de celda*

3. Presione **Enter**........................... `Enter`

⊕ SALIR DE EXCEL

- Haga clic en el botón Cerrar .... `Alt` + `F4`

Ejercicio 2	■ **Abrir un libro de trabajo en blanco** ■ **Insertar etiquetas** ■ **Aplicar correcciones simples** ■ **El menú Ver** ■ **Guardar un libro de trabajo** ■ **Cerrar un libro de trabajo** ■ **Salir de Excel**

NOTAS

Abrir un libro de trabajo (workbook) en blanco

■ Si usa los métodos de Nuevo documento de Office o Iniciar un nuevo documento para abrir Excel (ver ejercicio 1), obtendrá un libro de trabajo en blanco. Sin embargo, si inicia Excel a través de Programas, Microsoft Excel, necesitará emplear el menú File (Archivo) para abrir un libro de trabajo nuevo. También es posible abrir un archivo nuevo con el botón Nuevo ▯ de la barra de herramientas Estándar.

Insertar etiquetas (Labels)

■ El **estado** de una celda se determina con el primer carácter escrito.

■ Cuando se inserta un carácter alfabético o uno de los símbolos siguientes (` ~†!†# % ^ & * ( ) _ \ | [ ] { } ; : ' " < > , ?) como el primero de una celda, la celda contiene una **etiqueta**. Una etiqueta por lo general consiste de datos de texto.

■ De manera preestablecida, cada celda es de aproximadamente nueve (9) carácteres de ancho; sin embargo, es posible ver completa una etiqueta más larga que el ancho de la celda si la de la derecha está en blanco. Excel 97 ahora admite hasta 32,000 carácteres en una entrada de celda.

■ Cuando inserte una etiqueta en una celda, ésta aparecerá en la celda y en la barra de fórmulas. La barra de fórmulas muestra la entrada y tres botones, (Cancelar, Entrar, Editar fórmula), como se muestra a continuación:

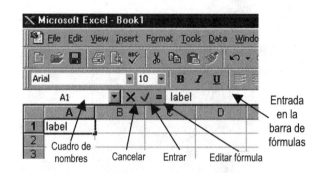

■ Se introduce una etiqueta en la celda después de hacer una de las siguientes cosas:

- Oprimir la tecla Enter (Entrar), o

- Oprimir una tecla de flecha, o

- Hacer clic en otra celda, o

- Hacer clic en el cuadro Entrar ☑ de la barra de fórmulas.

■ El contenido de la etiqueta se alineará automáticamente a la izquierda de la celda, convirtiéndola en una entrada justificada en ese sentido.

Aplicar correcciones simples

■ Antes de introducir los datos, es posible usar la tecla Backspace (Retroceso) para corregir un error. Para borrar la entrada completa, oprima la tecla Escape o haga clic en el cuadro Cancel (Cancelar) ☒ en la barra de fórmulas. Después de introducir el texto, puede teclear una corrección directamente sobre el texto existente. A esto se le llama método de corrección **sobrescribir.**

El menú Ver (View)

- Una manera rápida de ver u ocultar las barras de fórmulas o de estado consiste en seleccionar o cancelar la selección de estos elementos en el menú View (Ver).

- Observe las marcas de verificación en el menú Ver que se ilustra a continuación, que indican que la Barra de fórmulas y la Barra de estado están seleccionadas:

- El comando Toolbars (Barras de herramientas) del menú View (Ver) abre un submenú que contiene la lista de las barras de herramientas disponibles, las cuales muestran una marca de selección si aparecen en la pantalla. Puede seleccionar una barra de herramientas para verla en pantalla o cancelar la selección de la barra para ocultarla.

- El menú Ver contiene una opción nueva llamada Full Screen (Pantalla completa) que hace que la hoja de cálculo llene la pantalla. Como observará en la ilustración de abajo, las barras de herramientas están ocultas y sólo se ve la barra del menú para los comandos. Aparece un cuadro Close Full Screen (Cerrar pantalla completa) que sirve para regresar a la vista preestablecida. También existe la opción de ir al menú Ver para cancelar la selección de pantalla completa y cerrar esta presentación.

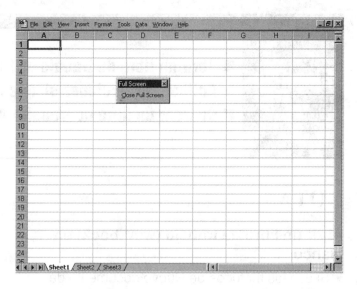

- El menú Ver también contiene una opción Zoom que permite establecer el tamaño de ampliación de las celdas en la hoja de cálculo. Cuando se selecciona Zoom, aparece el siguiente cuadro de diálogo:

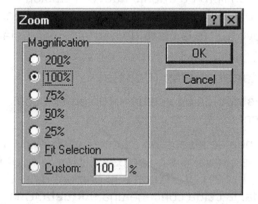

Si se hace clic en un botón de opción, puede mostrar las celdas a 25%, 50%, 75%, 100% o 200% del tamaño normal. La opción Custom (Personalizar) establece cualquier porcentaje de zoom entre 10% y 400%. La opción Fit Selection (Ajustar la selección) ajusta el tamaño de un rango seleccionado al de la ventana actual.

Guardar un libro de trabajo

- Cada libro de trabajo debe guardarse en un disquete o un disco duro para uso futuro y es necesario darle nombre para identificarlo. Un libro guardado se llama **archivo.**

- Antes de Windows 95, los nombres de los archivos se limitaban a ocho carácteres. Ahora los nombres de archivo son más descriptivos, ya que el límite para el nombre, unidad y ruta es de 255 carácteres. Cuando guarde un archivo, Excel automáticamente agregará un punto y una **extensión de archivo** (por lo general, .XLS) al final del nombre. Puesto que Excel identifica los tipos de archivo por su extensión, usted no debe escribirla.

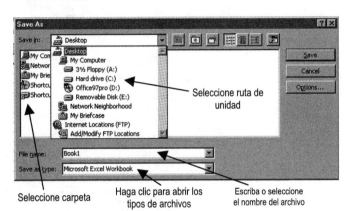

Seleccione carpeta | Haga clic para abrir los tipos de archivos | Escriba o seleccione el nombre del archivo

Cerrar un libro de trabajo

- Hay que guardar un libro de trabajo antes de cerrarlo o se perderán todas las entradas presentes o actualizadas. Si intenta cerrar un libro o salir de Excel antes de guardar, se le preguntará si desea guardar los cambios.

  ✓ Nota: *Si comete un error y quiere comenzar de nuevo, elija cerrar el libro de trabajo sin guardarlo.*

- Si tiene más de un archivo abierto y desea cerrar y guardar todo, Excel 97 le permitirá salir de la aplicación con rapidez y guardar todos los archivos. Para realizarlo, sólo haga clic en Yes to All (Sí a todo) después de seleccionar los comandos File (Archivo) y Exit (Salir).

En este ejercicio, empezará a crear una hoja de cálculo para Sunny Superette al insertar etiquetas. Los datos numéricos se escribirán en un ejercicio posterior.

INSTRUCCIONES PARA EL EJERCICIO

1. Abra Excel y una nueva hoja de cálculo.

2. Vaya a la celda B2.

3. Escriba su nombre y vea la barra de fórmulas.

   ✓ *Vea la ubicación de los cuadros Cancelar y Entrar a la izquierda de la barra de fórmulas.*

   ✓ *Si la fórmula no es visible, vea ESTABLECER PREFERENCIAS DE VISTA, página 186, y siga los pasos para seleccionar la opción de barra de fórmulas.*

4. Cancele la entrada presionando la tecla Escape o haciendo clic en el cuadro Cancelar ⊠.

5. Cree la hoja de cálculo que se ilustra a continuación.

6. Inserte las etiquetas en las posiciones exactas de las celdas que se muestran en la ilustración.

7. Corrija los errores con la tecla de retroceso o con el método de sobrescribir.

8. Haga clic en el menú Ver.

9. Seleccione Pantalla completa y observe la nueva vista.

10. Cierre la presentación de pantalla completa.

11. Haga clic en Ver, Zoom.

12. Establezca el porcentaje de zoom en 50%.

13. Regrese la hoja de cálculo al tamaño 100%.

14. Guarde el libro de trabajo; llámelo **SALES**.

15. Cierre el libro de trabajo.

	A	B	C	D	E	F	G	H
1		SUNNY SUPERETTE						
2		DAILY SALES REPORT						
3	DATE:							
4								
5	CODE	DEPARTMENT		SALES	TAX	TOTAL	% OF SALES	
6								
7	A	GROCERIES -TAX						
8	B	CANDY						
9	C	CARDS						
10	D	HEALTH AIDS						
11	E	DELI						
12	F	DAIRY						
13	G	PRODUCE						
14	H	OTHER-NT						

COMBINACIONES DE TECLAS

⊕ ABRIR UN NUEVO LIBRO DE TRABAJO (WORKBOOK)

Haga clic en el botón **New file** .... 🗋

O

1. Haga clic en **File** .... Alt + F

2. Haga clic en **New** .... Alt + N

3. Haga doble clic en Workbook.

O

Resalte Workbook y haga
clic en **OK** .... ⬍ , Enter

⊕ GUARDAR UN NUEVO LIBRO DE TRABAJO

1. Haga clic en el botón **Save** .... 💾

2. Haga clic en **File name** .... Alt + N

3. Escriba el nombre
deseado.................... *nombre de archivo*

4. Haga clic en **Save** .... ↵

INSERTAR UNA ETIQUETA

*Las etiquetas se alinean a la izquierda y no
es posible calcularlas.*

1. Haga clic en la celda .... ⬍
que recibirá la etiqueta.

2. Escriba el texto de la
etiqueta .... *texto etiqueta*

3. Presione **Enter** .... Enter

O

Haga clic en el cuadro
Entrar ✅ .... Enter
en la barra de fórmulas.

O

Oprima cualquier tecla de flecha para
introducir la etiqueta y pasar a la
siguiente.

CERRAR UN LIBRO DE TRABAJO

1. Haga clic en **File** .... Alt + F

2. Haga clic en **Close** C

Si aparece un mensaje para guardar
los cambios del libro:

Haga clic en **Yes** .... Y
para guardar los cambios del libro de
trabajo.

Si no ha guardado antes el libro,
aparecerá el cuadro de diálogo Save As
(Guardar como). (Véase GUARDAR UN
LIBRO DE TRABAJO NUEVO).

Si tiene más de un archivo abierto y
desea cerrar y guardarlos todos, haga
clic en **Yes to All** .... A

O

Haga clic en **Yes** .... N
para cerrar sin guardar los cambios.

ESTABLECER LAS PREFERENCIAS DEL MENÚ VER

Haga clic en **View** .... Alt + V

Para ver la barra de fórmulas:

Haga clic en **Formula Bar** .... F

Para ver la barra de estado:

Haga clic en **Status Bar** .... S

Para agregar barras de herramientas:

a. Haga clic en **Toolbars** .... T

b. Seleccione el nombre de una barra
de
herramientas .... ↓ , Space

c. Haga clic en **OK** .... Enter

Para establecer las opciones de zoom:

a. Haga clic en **Zoom** .... Z

b. Establezca un
porcentaje.................. ↓ , Space

c. Haga clic en **OK** .... Enter

Ejercicio

3

■ **Etiquetas numéricas y valores**   ■ **Alineación de etiquetas**
■ **Sangrar texto en celdas**

Barra de herramientas Formato

Alinear a la izquierda   Centrar   Alinear a la derecha   Combinar y centrar   Disminuir sangría   Aumentar sangría

NOTAS

Etiquetas numéricas y valores

■ Cuando un número o uno de los siguientes símbolos (+-.=$) se inserta como primer carácter de una celda, ésta contiene un **valor**.

■ Un valor se inserta después de una de las siguientes acciones:

- Oprimir la tecla Enter, o
- Oprimir una tecla de flecha, o
- Hacer clic en otra celda, o
- Hacer clic en el cuadro Entrar ☑ de la barra de fórmulas.

■ Excel 97 acepta hasta once números en una celda ampliándola de manera automática. Si un valor es mayor que once carácteres, Excel mostrará el número en notación científica o aparecerán signos de número (######) en la celda. En este caso, es necesario volver a establecer el ancho de columna. (*Establecer el ancho de las columnas se tratará en el Ejercicio 11.*)

■ Una **etiqueta numérica (numeric label)** es un número que no se usará en un cálculo. Ejemplos de etiquetas numéricas son los números del seguro social o los de identificación. Para indicar que tales números se traten como etiquetas (texto) y no como valores, es necesario comenzar la entrada con el **prefijo de etiqueta**, un apóstrofo (').

■ El prefijo de etiqueta no se muestra en la hoja de cálculo pero sí en la barra de fórmulas.

■ Los números también se pueden formatear como texto o etiquetas si se utilizan los comandos F<u>o</u>rmat (Formato), C<u>e</u>lls (Celdas), Number (Número) Text (Texto).

Alineación de etiquetas

■ Un valor se alinea automáticamente a la derecha de la celda, convirtiéndose una entrada con justificación a la derecha.

■ Puesto que las etiquetas se justifican a la izquierda y los valores a la derecha de una celda, los títulos de las columnas (que son etiquetas) no aparecerán centrados sobre los datos numéricos. Las etiquetas de título de columna sobre los datos numéricos deben centrarse o alinearse a la derecha para mejorar la apariencia de la hoja de cálculo.

✓ *Observe la ilustración de cómo se alinean los datos en las celdas.*

Text	←	left-justified label
123	←	right-justified value
123	←	left-justified numeric label

■ Es posible alinear una etiqueta con los botones destinados para ello en la barra de herramientas de formato. (*Véase la ilustración de arriba.*)

■ Las etiquetas también se alinean seleccionando las celdas que contienen la(s) etiquetas(s) a alinear y seleccionando una alineación a través del método de menú F<u>o</u>rmato, C<u>e</u>ldas.

Sangrar texto en celdas

■ Excel 97 tiene una nueva opción de alineación horizontal: sangrar. La sangría permite alinear texto separado del borde izquierdo de la celda. El texto de las celdas se sangra de manera rápida con los botones de sangría de la barra de herramientas Formato, como se ve arriba. También es posible establecer la sangría del texto de las celdas con los comandos Formato, Celdas, Alineación.

En este ejercicio, creará una nómina de empleados del Summit United Bank. Gross Pay (Pago bruto) se refiere al salario total devengado antes de impuestos; Net Pay (Pago Neto) indica el salario recibido después de deducir los impuestos; Social Sec. Tax (Imp. Seg. Soc.) es una abreviatura para el impuesto de seguridad social; Medicare Tax (Impuesto Medicare) es una deducción obligatoria para ese fin y F.W.T se refiere a la retención de impuestos federales.

INSTRUCCIONES PARA EL EJERCICIO

1. Cree la hoja de cálculo mostrada abajo.

2. Inserte las etiquetas en las posiciones exactas de las celdas que se indican en la ilustración.

3. Sangre la segunda línea de las columnas Card Number (Número de tarjeta) y Employee Name (Nombre del empleado) y el subtítulo PAYROLL (NÓMINA).

4. Corrija cualquier error.

5. Alinee a la derecha los títulos de las columnas HOURLY RATE (TARIFA POR HORA) y HOURS WORKED (HORAS TRABAJADAS).

6. Guarde el libro de trabajo; llámelo **PAY**.

7. Cierre el libro de trabajo.

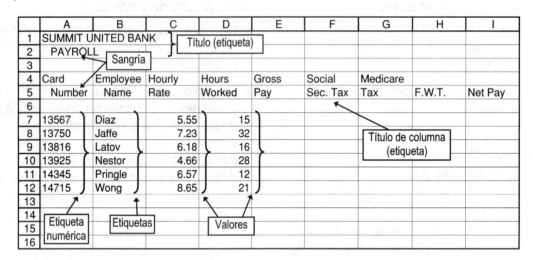

188

COMBINACIONES DE TECLAS

INSERTAR UNA ETIQUETA NUMÉRICA

✓ *Los números insertados como etiquetas numéricas se alinean a la izquierda y no es posible calcularlos.*

1. Haga clic en la celda .... que recibirá la etiqueta numérica.

2. Presione ' (apóstrofo prefijo de la etiqueta) ....

3. Escriba el número .... *número*

4. Presione **Enter** .... Enter

INSERTAR UN VALOR

✓ *Los números insertados como valores se alinean a la derecha y es posible calcularlos.*

1. Haga clic en la celda .... que recibirá el valor.

2. Escriba el número .... *número*

✓ *Empiece la entrada con un número entre cero y nueve o un punto a decimal. Preceda un número negativo con el signo menos (-) o enciérrelo entre paréntesis ().*

3. Presione **Enter** .... Enter

✓ *Si Excel muestra signos de número (######) o el número en notación científica, la columna no es suficientemente ancha para mostrar el valor. Excel almacena el valor en la celda pero no puede mostrarlo. Para ver la entrada, haga doble clic en el borde derecho del título de la columna. Si el valor tiene más de nueve posiciones decimales, Excel automáticamente lo redondea a nueve decimales.*

SELECCIONAR (RESALTAR) UN RANGO DE CELDAS CON EL *MOUSE*

1. Señale el interior de la primera celda a seleccionar.
El **Puntero** *se convierte en una* ⊹.

2. Arrastre por las celdas contiguas hasta que las celdas deseadas queden resaltadas.

SELECCIONAR (RESALTAR) UN RANGO DE CELDAS CON EL TECLADO

1. Haga clic en la primera celda ....

2. Presione **Shift + flecha** .... Shift + para seleccionar las celdas adyacentes.

ALINEAR ETIQUETAS CON LA BARRA DE HERRAMIENTAS

1. Seleccione la(s) celda(s) que contienen la(s) etiqueta(s) ....
— DESDE LA BARRA DE HERRAMIENTAS DE FORMATO —

2. Haga clic en el botón

Align Left ....
O

Haga clic en el botón

Center ....
O

Haga clic en el botón

Align Right ....

SANGRAR TEXTO DE CELDAS

Para aumentar la sangría:

1. Seleccione las celdas que contienen el texto a sangrar.

2. Haga clic en el botón

Increase Indent ....

Para disminuir la sangría:

1. Seleccione las celdas que contienen el texto a sangrar.

2. Haga clic en el botón

Decrease Indent ....

Ejercicio

4

■ **Resumen**

> *El señor Sudsy, propietario de Clean Up Car Wash, le ha pedido preparar un inventario que liste los artículos que almacena en el área de accesorios con los números de artículo, costo unitario y, precio de venta de cada artículo.*

INSTRUCCIONES PARA EL EJERCICIO

1. Con la información que se proporciona a continuación, cree una hoja de cálculo. Incluya un título de dos líneas apropiado para la hoja de cálculo. Deje una columna en blanco (columna C) entre ITEM (ARTÍCULO) y UNIT COST (COSTO UNITARIO). Inserte los números de los artículos como etiquetas numéricas. Alinee a la derecha las etiquetas de las columnas, donde resulte apropiado.

ITEM NUMBER	ITEM	UNIT COST	SELLING PRICE
142	Car Fresh	1	2
162	spray freshener	2	4
175	vinyl cleaner	2	4
321	chamois cloth	4	10
393	car wax	2	5
421	car caddy	12	22
572	front mats	18	28
574	back mats	12	18
580	mat sets	28	42
932	fan belt	15	25

2. Guarde el libro de trabajo; llámelo **INVEN**.

Ejercicio 5

■ **Usar fórmulas**

NOTAS

Usar fórmulas

■ Una **fórmula** es una instrucción para calcular un número.

■ Una fórmula se inserta en una celda en la que debe aparecer una respuesta. Cuando se escribe una fórmula, ésta aparece en la **celda** y en la **barra de fórmulas** . Después de insertar una fórmula, se mostrará la respuesta en la celda y la fórmula en la barra de fórmulas.

■ Las **referencias de celdas** y los **operadores matemáticos** se usan para crear fórmulas. La referencia de celda se puede escribir o insertar en la fórmula. Un signo igual (=) debe preceder a la fórmula. Por ejemplo, la fórmula =C3+C5+C7 da como resultado la adición de los valores de esas ubicaciones de celdas. Por lo tanto, cualquier cambio que se haga en el valor de esas celdas provoca un cambio automático de la respuesta.

✓ Nota: Si usa el teclado numérico y escribe la fórmula (+C3+C5+C7) con el signo más como primer carácter, Excel lo sustituirá con el signo igual.

■ Los operadores matemáticos estándar que se utilizan en las fórmulas son:

+	Adición	-	Sustracción
*	Multiplicación	/	División
^	Exponenciación		

■ Es importante tomar en consideración el **orden de las operaciones matemáticas** al preparar las fórmulas. Las operaciones encerradas entre paréntesis tienen la prioridad más alta y se realizan primero; los cálculos exponenciales se ejecutan en segundo lugar. Las operaciones de multiplicación y división tienen la siguiente prioridad y se llevan a cabo antes que cualquier adición o sustracción.

■ Excel 97 corrige en forma automática muchos errores comunes (como omitir un paréntesis) en las entradas de fórmulas. El Asistente de Office también brinda ayuda para elaborar las fórmulas.

■ Todas las operaciones se realizan de izquierda a derecha en el orden de aparición. Por ejemplo, en la fórmula =A1*(B1+C1), B1+C1 se calculará antes de realizar la multiplicación. Si se omitieran los paréntesis, A1*B1 se calcularía primero y C1 se sumaría a esa respuesta. Esto arrojaría un resultado diferente.

■ Las fórmulas de multiplicación y división podrían arrojar respuestas con múltiples decimales. Tales números pueden redondearse con una función de formato. *(Véase Formato de Datos, Ejercicio 8.)*

■ Cuando se usa un **porcentaje** como factor numérico en una fórmula, se puede insertar como formato decimal o con el símbolo de por ciento. Por ejemplo, puede escribir tanto .45 como 45% para incluir 45 por ciento en una fórmula.

En este ejercicio, *LIST PRICE (PRECIO DE LISTA)* se refiere al precio de venta sugerido por el fabricante; *DISCOUNT (DESCUENTO)* indica una reducción del precio de lista. El porcentaje de *SALES TAX (IMPUESTO DE VENTAS)* para este ejercicio será 8%. Observe la fórmula utilizada para calcular el impuesto de ventas: 8% se ha cambiado a .08.

INSTRUCCIONES PARA EL EJERCICIO

1. Cree la hoja de cálculo que se muestra a continuación.

2. Inserte las etiquetas y valores en las posiciones exactas de las celdas que se muestran en la ilustración.

3. Inserte la fórmula ilustrada en la columna SALE PRICE (PRECIO DE VENTA) para calcular el precio de lista menos el descuento.

4. Inserte las fórmulas para los productos restantes en la columna SALE PRICE (PRECIO DE VENTA) utilizando las referencias de celda apropiadas.

5. Inserte la fórmula ilustrada en la columna SALES TAX (IMPUESTO DE VENTA), multiplicando el precio de venta por 8%.

✓ Es posible que la respuesta necesite formato, lo cual se hará en el próximo ejercicio.

6. Inserte las fórmulas del IMPUESTO DE VENTA para los productos restantes.

7. Inserte la fórmula ilustrada en la columna TOTAL PRICE (PRECIO TOTAL), sumando el precio de venta y el impuesto venta.

8. Inserte las fórmulas de TOTAL PRECE (PRECIO TOTAL) para los productos restantes.

9. Guarde el libro de trabajo; llámelo **PRICE**.

10. Cierre el libro de trabajo.

	A	B	C	D	E	F	G
1			LIST	DIS-	SALE	SALES	TOTAL
2	PRODUCT		PRICE	COUNT	PRICE	TAX	PRICE
3							
4	OVEN		745	185	=C4-D4	=E4*.08	=E4+F4
5	REFRIGERATOR		985	265			
6	WASHER		395	98			

COMBINACIONES DE TECLAS

INSERTAR UNA FÓRMULA UTILIZANDO OPERADORES MATEMÁTICOS

1. Haga clic en la celda...................... que recibirá la fórmula.

2. Presione **Equal** ....

3. Escriba la fórmula .... *fórmula* con las referencias de celda y los operadores matemáticas.

   Ejemplo: =A1*(B2+B10)/2

✓ Es posible seleccionar celdas en lugar de escribir sus referencias para indicar a Excel en cuáles de ellas desea aplicar la fórmula.

Para insertar referencias de celda seleccionándolas:

a. Haga clic en la fórmula donde se insertará la referencia de celda.

✓ De ser necesario, escriba el operador precedente entre paréntesis.

b. Seleccione la(s) celda(s) en las que quiere que se aplique la fórmula.

✓ La referencia aparecerá en la fórmula.

c. Escriba el operador deseado o los paréntesis.

d. Repita los pasos a-c tantas veces como sea necesario.

e. Presione **Enter** .... Enter

Ejercicio

6

■ **Abrir archivos** ■ **Examinar archivos para detectar virus**
■ **Guardar archivos** ■ **Formato de datos** ■ **Uso de rangos**

NOTAS

Abrir archivos

■ Para abrir un libro de trabajo que se haya guardado o cerrado, vaya a la misma designación de la unidad de disco y nombre de archivo utilizado durante el proceso de guardado. El cuadro de diálogo Abrir contiene una lista desplegable con las unidades de disco y carpetas, así como un cuadro que contiene una lista de los archivos en ese directorio. Además de abrir un archivo previamente guardado, es posible tener una vista previa de éste, buscar el archivo, y presentar una lista de los detalles o propiedades del archivo. Observe la ilustración del cuadro de diálogo Abrir que se presenta a continuación.

Cuadro de diálogo Abrir

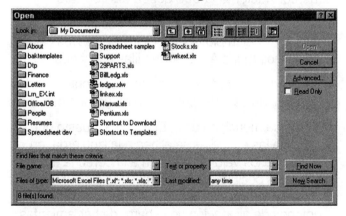

■ Cuando se accede al menú File (Archivo), éste presenta una lista de los últimos cuatro documentos abiertos. Haga clic en el nombre de alguno de estos archivos usados recientemente como método rápido para abrir un archivo.

■ Un libro de trabajo que recién se abre se convierte en el libro de trabajo activo y oculta cualquier otro libro abierto. Si abrió otro libro de trabajo con anterioridad, éste no se cerrará automáticamente y puede convertirse en el libro de trabajo activo.

Examinar los archivos para detectar virus

■ Es posible configurar a Excel para que examine los libros de trabajo a fin de detectar macros que puedan contener virus o comandos que ejecuten acciones no deseadas. Cuando se activa **Macro virus protection (Protección antivirus de macros)**, Excel despliega un mensaje de advertencia siempre que se abre un libro de trabajo que contiene macros. La configuración se lleva a cabo mediante los comandos Tools (Herramientas), Options (Opciones). Excel no tiene la capacidad para determinar si una macro contenida en un libro de trabajo es un virus. Por lo tanto, usted debe decidir acerca de la seguridad de abrirlo (considerando el origen del libro de trabajo), antes de abrirlo con sus macros habilitadas.

Guardar archivos

■ Cuando se guarda de nuevo un libro de trabajo, el comando **Save (Guardar)** sobrescribe la versión anterior.

■ La opción **Save As (Guardar como)** permite cambiar el nombre del archivo, así como otras condiciones de guardado. Es posible guardar una versión nueva de un libro de trabajo previamente guardado bajo un nuevo nombre, con el objeto de conservar ambos archivos.

Cuadro de diálogo Guardar Como(Save As)

Clic el botón para abrir una lista de unidades de disco en su computadora

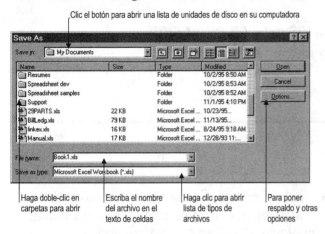

Haga doble-clic en carpetas para abrir · Escriba el nombre del archivo en el texto de celdas · Haga clic para abrir lista de tipos de archivos · Para poner respaldo y otras opciones

■ También es posible respaldar todos los libros de trabajo mientras se guardan. Esta configuración se lleva a cabo mediante el cuadro de diálogo Opciones, y crea archivos de seguridad que tienen la extensión .BAK. Observe la ilustración que se presenta enseguida del cuadro de diálogo Save Options (Opciones para guardar) con la opción Always create backup (Crear siempre copia de seguridad) seleccionada.

Formato de datos

■ Puede cambiar la apariencia de los datos para hacerla más atractiva y mejorar su legibilidad mediante el formato de datos. Algunos de los formatos disponibles para números son: moneda, porcentaje, fecha, hora y notación científica.

■ Los siguientes formatos se utilizan para dar formato a los valores de dinero:

Número Muestra la cantidad con o sin posiciones decimales y comas (separador de millares).

Moneda Muestra la cantidad con símbolos de moneda: signos de dólares, comas y decimales.

✓ *Nota:* *Se explicarán otros formatos en ejercicios posteriores.*

■ Puede dar formato a los datos si los selecciona y hace clic en el botón apropiado de la barra de herramientas Formato, o si selecciona Format (Formato), Cells (Celdas). Observe la ilustración del cuadro de diálogo Formato de celdas.

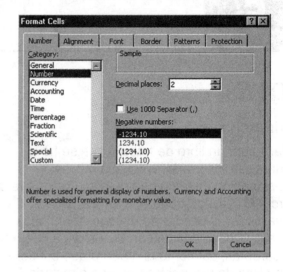

Uso de rangos

■ Un **rango** es un área definida de la hoja de cálculo. Por ejemplo, seleccionar las celdas F4, F5 y F6 se indica como F4:F6. Es posible aplicar formato a los datos de una fila o columna seleccionando el rango de celdas que contienen la información a la que desea dar formato.

■ Un bloque de celdas puede definirse como un rango. Por ejemplo, A1:G2 incluye todas las celdas de las columnas A a G en las filas uno y dos.

■ Se puede aplicar formato o alinear el contenido de la celda, antes o después de introducir los datos.

■ Como se mencionó en el Ejercicio 3, puesto que el texto de las etiquetas se alinea a la izquierda, en tanto que los valores lo hacen a la derecha en una celda, es posible que sea necesario alinear los encabezados de las columnas a la derecha. Los botones de alineación de la barra de herramientas Formato, o las configuraciones de alineación hechas a través del sistema de menú, pueden utilizarse para alinear el título de una columna en una sola celda, o todos los títulos de las columnas en un rango seleccionado.

En este ejercicio, creará un documento tabular, en el que dará formato a rangos de datos utilizando los formatos de número y alineación.

INSTRUCCIONES PARA EL EJERCICIO

1. Abra 🖾 **PRICE** o abra 💾 **06PRICE**.
   - ✓ *Si está utilizando el disco de datos, los archivos deben abrirse mediante la característica de Sólo lectura. Véase WORD, Lección 2, Ejercicio 8.*

2. Seleccione el rango de datos de las columnas C, D, E, y F.

3. Utilizando la opción de formato de Número, aplique formato a los datos para que las cantidades muestren dos lugares decimales.

4. Seleccione el rango de datos de la columna G y aplique el formato de Moneda a las cantidades.

5. Seleccione y centre todos los títulos de las columnas utilizando el botón Centrar de la barra de herramientas Formato.

6. Active la protección contra virus:

- Haga clic en <u>T</u>ools (Herramientas), haga clic en <u>O</u>ptions (Opciones); haga clic en la ficha General.
- Seleccione Macro virus protection (Protección antivirus en macros); haga clic en OK.
   - ✓ *De aquí en adelante, todos los archivos que contengan macros no se abrirán, a menos que usted inhabilite las macros o apruebe el archivo.*

7. Guarde/sobrescriba el archivo del libro de trabajo, o guárdelo como Price.
   - ✓ *Si está utilizando el disco d datos, debe usar el comando Guardar como para guardar el archivo con un nombre nuevo.*

8. Cree un archivo de seguridad colocando una marca de selección en el cuadro Crear siempre copia de seguridad, en el cuadro de diálogo Opciones para guardar.

9. Cierre el libro de trabajo.

	A	B	C	D	E	F	G	H	I
1			LIST	DIS-	SALE	SALES	TOTAL		
2	PRODUCT		PRICE	COUNT	PRICE	TAX	PRICE		
3									
4	OVEN		745	185	560	44.8	604.8	Rango C1:G2	
5	REFRIGERATOR		985	265	720	57.6	777.6		
6	WASHER		395	98	297	23.76	320.76		
7									
8			Rango C4:F6					Rango G4:G6	
9									

COMBINACIONES DE TECLAS

ABRIR UN ARCHIVO DE LIBRO DE TRABAJO

1. Haga clic en el botón

   Abrir ....
   en la barra de herramientas Estándar.

   O

   a. Haga clic en **File** .... `Alt` + `F`

   b. Haga clic en **Open**... .... `O`

Para seleccionar una unidad de disco:

   a. Haga clic en **Look in** .... `Alt` + `I`

   b. Seleccione la unidad de

      disco deseada .... , `↵`

Los archivos en el directorio actual de la unidad de disco seleccionada aparecerán en el cuadro de lista File Name (Nombre del archivo).

Para seleccionar una carpeta en la unidad de disco:

Haga doble clic en el nombre de la
carpeta en el cuadro de lista .... , `↵`

Los archivos de la carpeta seleccionada aparecerán en el cuadro de lista Nombre del archivo.

Para mostrar una lista de archivos de tipo diferente:

   a. Haga clic en

      List Files of Type: .... `Alt` + `T`

   b. Haga clic en el tipo de archivo que

      desea listar .... , `↵`

Sólo los archivos del tipo especificado aparecerán en el cuadro de lista Nombre del archivo.

   ✓ *Esta opción para cambiar los tipos de archivos se muestra en el cuadro de lista Nombre del archivo. Por ejemplo, si desea abrir un archivo de Lotus en Excel, tendría que seleccionar el elemento Lotus 1-2-3 Files (*.wk*) en la lista desplegable.*

2. Haga clic en el archivo que desee abrir en el cuadro de lista Nombre del archivo.

   O

---

   a. Seleccione el cuadro de lista **File**

      Name .... `Alt` + `N`

   b. Escriba el nombre del
      archivo .... *nombre de archivo*
      que desee abrir.

   c. Haga clic en **Open** .... `Alt` + `O`

VOLVER A GUARDAR/SOBRESCRIBIR UN ARCHIVO DE LIBRO DE TRABAJO

Haga clic en el botón **Save File** 💾
en la barra de herramientas Estándar.

   O

1. Haga clic en **File** .... `Alt` + `F`

2. Haga clic en **Save** .... `S`

GUARDAR COMO

Guarda y da nombre al libro d trabajo activo.

1. Haga clic en **File** .... `Alt` + `F`

2. Haga clic en **Save As** .... `A`

Para seleccionar una unidad de disco:

   a. Haga clic en **Save in** .... `Alt` + `I`

   b. Seleccione la unidad de disco
      deseada .... , `↵`

Para seleccionar una carpeta en la unidad de disco:

   Haga doble clic en el nombre de la
   carpeta en el cuadro de lista .. 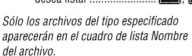, `↵`

3. Haga clic en **File name** .... `Alt` + `N`

4. Escriba el nombre
   del archivo .... *nombre de archivo*

Para configurar Excel para que siempre cree una copia de seguridad de la versión anterior al guardar:

   a. Haga clic en **Options** .... `Alt` + `P`

   b. Haga clic en **Always Create**

      Backup .... `Alt` + `B`

   c. Haga clic en **OK** .... `Enter`

5. Haga clic en **OK** .... `Enter`

SELECCIONAR (RESALTAR) UN RANGO DE CELDAS UTILIZANDO EL TECLADO

   ✓ *Un rango de celdas consiste de dos o más celdas. Las celdas del rango seleccionado quedan resaltadas y la celda activa dentro de la selección se presenta en color blanco.*

Para seleccionar un rango de celdas adyacentes:

1. Presione las teclas de flecha .... `↕↔`
   hasta que la primera celda que desee seleccionar quede resaltada.

2. Presione las teclas
   Shift + flecha .... `Shift` + `↕↔`

Para seleccionar una fila completa que contenga la celda activa:

Presione Shift + Barra
espaciadora .... `Shift` + `Space`

Para seleccionar una columna completa que contenga la celda activa:

Presione Ctrl + Barra
espaciadora .... `Ctrl` + `Space`

Para seleccionar filas adyacentes:

1. Presione las teclas de flecha .... `↕↔`
   hasta resaltar el contorno de una celda de la primera fila.

2. Presione sin soltar la tecla Shift .... `Shift`
   y presione la
   Barra espaciadora .... `Space`
   para resaltar la primera fila que desee seleccionar.

3. Sin soltar aún la tecla Shift, presione la tecla de flecha que apunta arriba o
   abajo .... `↕↔`
   para resaltar las filas adyacentes que desee seleccionar.

DAR FORMATO A NÚMEROS UTILIZANDO EL MENÚ

1. Seleccione la(s) celda(s) a las que desee dar formato.

   a. Haga clic en el menú

     Format .... `Alt`+`O`

   b. Haga clic en **Cells...** .... `E`

   O

   c. Haga clic con el botón derecho del *mouse* en una celda seleccionada.

   d. Haga clic en **Format Cells** .... `F`

3. Seleccione la ficha Number .. `Ctrl`+`Tab`

4. Haga clic en la categoría deseada en la lista Category .... `Alt`+`C`, `↑↓`

   Los elementos de la lista Categoría incluyen: General, Number (Número), Currency (Moneda), Accounting (Contabilidad), Date (Fecha), Time (Hora), Percentage (Porcentaje), Fraction (Fracción), Scientific (Notación científica), Text (Texto), special (Especia) y Custom (Personalizado).

5. Haga clic en Number .... `↓`

Para determinar el número de posiciones decimales:

   a. Haga clic en

     Decimal places .... `Alt`+`D`

   b. Determina el número de posiciones .... `↑↓`

6. Haga clic en **OK** .... `Enter`

DAR FORMATO A NÚMEROS UTILIZANDO LA BARRA DE HERRAMIENTAS

Aplica formatos de número que se usan comúnmente.

Seleccione la(s) celda(s) a las que desee dar formato.

-USO DE LA BARRA DE ERRAMIENTAS FORMATO-

Para aplicar el estilo de Moneda:

Haga clic en el botón **Currency Style** ..... `$`

Para aplicar el estilo de Porcentaje:

Haga clic en el botón **Percent Style** ..... `%`

Para aplicar el estilo de comas:

Haga clic en el botón **Comma Style** .... `,`

Para aumentar o disminuir el número de posiciones decimales:

Haga clic en el botón **Increase Decimal** ....

O

Haga clic en el botón **Decrease Decimal** ....

ACTIVAR O DESACTIVAR PROTECCIÓN ANTIVIRUS EN MACROS

1. Haga clic en **Tools** .... `Alt`+`T`

2. Haga clic en **Options** .... `O`

3. Haga clic en la ficha **General**.

4. Seleccione o cancele la selección de **Macro virus protection** .... `Alt`+`T`

5. Haga clic en **OK** .... `Enter`

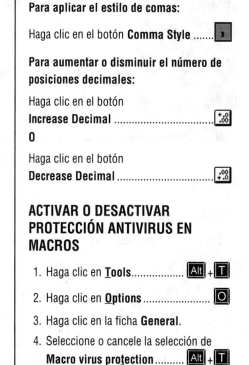

Ejercicio

7

■ **Copiar datos** ■ **Imprimir una hoja de cálculo**

NOTAS

Copiar datos

■ Es posible **copiar** las fórmulas:

- Horizontal o verticalmente, o

- A otra celda o rango de celdas, o

- A otra hoja de cálculo o libro de trabajo.

■ Cuando se copia una fórmula, las referencias de celdas cambian de manera relativa con la nueva ubicación.

■ Si copia una fórmula a lo ancho de una fila o a lo largo de una columna, use Fill handle (el botón Rellenar) en la esquina inferior derecha de la celda para arrastrar la fórmula y rellenar las demás celdas.

Employee Name	Hourly Rate	Hours Worked	Gross Pay	Social Sec. Tax
Diaz	5.55	15	83.25	

Botón de relleno

■ Puede copiar un rango de datos a una ubicación nueva con el menú de Edición. Resalte el rango que desee copiar, haga clic en Edit (Edición), Copy (Copiar), seleccione la celda o rango de destino, haga clic en Edit (Edición), Paste (Pegar). También puede utilizar los botones para copiar ▣ y pegar ▣ de la barra de herramientas Estándar.

Imprimir una hoja de cálculo

■ El libro de trabajo, la(s) hoja(s) de cálculo seleccionada(s), o el rango elegido de datos se imprimen con el comando Imprimir. Cuando se accede al comando Imprimir, Excel le permite seleccionar entre varias opciones de impresión. Una manera de ver de antemano la salida de impresión es seleccionar el botón de vista previa del cuadro de diálogo Imprimir (ver abajo) o haciendo clic en el botón de vista previa ▣ de la barra de herramientas Estándar.

Cuadro de diálogo Imprimir

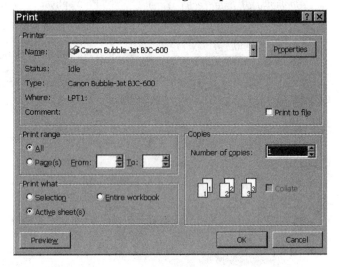

■ Excel usa el tamaño de página preestablecida (por lo general, 8 1/2" x 11") de la impresora instalada. Para establecer la configuración de tamaño de página, seleccione la ficha Page (Página) de la opción Page Setup (Configurar página) que se encuentra en el menú File (Archivo), como se ilustra en la siguiente página.

■ Los márgenes preestablecidos superior e inferior de la página están fijados en 1", y los márgenes preestablecidos de la página izquierdo y derecho están fijados en 0.75". La configuración de los márgenes de la página puede establecerse al seleccionar la ficha Margins (Márgenes) de la opción Page Setup (Configurar página) del menú File (Archivo).

Cuadro de diálogo Configurar página con las fichas Página y Márgenes seleccionadas

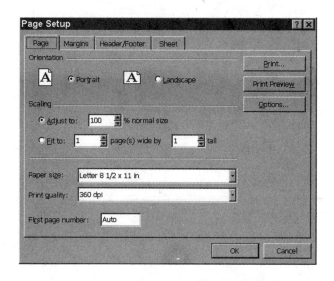

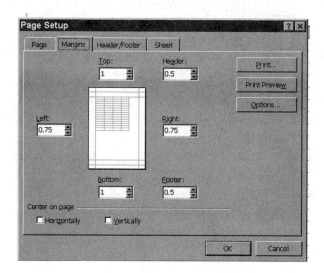

En este ejercicio, preparará e imprimirá una nómina en la que la retención de impuestos federales (F.W.T., por sus siglas en inglés) se calcula utilizando un porcentaje fijo.

NOTA: La F.W.T. en realidad se determina mediante una tabla en la que el impuesto varía de acuerdo con el salario y el número de exenciones.

INSTRUCCIONES PARA EL EJERCICIO

1. Abra ⌨ **PAY**, o abra 💾 **07PAY**.

2. Inserte una fórmula para calcular Gross Pay (Pago Bruto) para el primer empleado.

3. Copie la fórmula de Gross Pay (Pago Bruto) para cada empleado.

4. Inserte una fórmula para calcular el Social Sec. Tax (Impuesto de seguridad social) al 6.2% del salario bruto.

5. Copie la fórmula del impuesto de seguridad social para cada empleado.

6. Inserte una fórmula para calcular el impuesto de Medicare al 1.45% del salario bruto.

7. Copie la fórmula del Medicare tax (impuesto de Medicare) para cada empleado.

8. Inserte una fórmula para calcular la F.W.T. al 20% de Gross Pay (Pago Bruto).

9. Copie la fórmula de la F.W.T. para cada empleado.

10. Escriba una fórmula para calcular el Net Pay (Pago Neto).

11. Copie la fórmula de PAGO NETO para cada empleado.

12. Dé formato a las columnas E, F, G, H e I para que contengan dos lugares decimales utilizando formato de números.

13. Centre todas las etiquetas de las columnas.

14. Imprima un ejemplar de la hoja de cálculo.

15. Cierre y guarde el libro de trabajo, o guárdelo como **PAY**.

   ✓ *Si su archivo es PAY, al salir del libro de trabajo se le preguntará si desea guardar los cambios para actualizar el archivo. Si usa el disco de datos, tendrá que usar el comando Save As (Guardar como) para crear el archivo PAY.*

	A	B	C	D	E	F	G	H	I
1	SUMMIT UNITED BANK								
2	PAYROLL								
3									
4	Card	Employee	Hourly	Hours	Gross	Social	Medicare		
5	Number	Name	Rate	Worked	Pay	Sec. Tax	Tax	F.W.T.	Net Pay
6									
7	13567	Diaz	5.55	15					
8	13750	Jaffe	7.23	32					
9	13816	Latov	6.18	16					
10	13925	Nestor	4.66	28					
11	14345	Pringle	6.57	12					
12	14715	Wong	8.65	21					
13									

COMBINACIONES DE TECLAS

COPIAR UTILIZANDO EL MENÚ

Copia los datos una vez y sobrescribe la información existente en las celdas de destino.

1. Seleccione la(s) celda(s) que desee copiar.

2. Haga clic en **Edit** .... Alt + E

3. Haga clic en **Copy** C

   ✓ *Un marco que parpadea rodea la selección.*

4. Seleccione la(s) celda(s) de destino.

✓ *Seleccione el rango de destino, o la celda superior izquierda del rango de celdas de destino. El destino puede ser la misma hoja de cálculo, otra hoja u otro libro de trabajo.*

5. Haga clic en **Edit** .... Alt + E

6. Haga clic en **Paste** .... P

IMPRIMIR UNA HOJA DE CÁLCULO

Imprime los datos de la hoja de cálculo con la configuración actual de página.

   ✓ *Al imprimir una hoja de cálculo, Excel sólo imprimirá el área de impresión, en caso de que la haya definido.*

   Haga clic en el botón **Print** .... 🖨
   de la barra de herramientas Estándar.
   O

1. Haga clic en **File** .... Alt + F

2. Haga clic en **Print** .... P

3. Seleccione
   Acti̲ve Sheet(s) .... Alt + V

4. Haga clic en **OK** .... Enter

Ejercicio 8

- **Copiar una fórmula (Referencia absoluta)**
- **Dar formato a datos (Porcentaje, Fuentes y tamaño de fuentes)**

NOTAS

Copiar fórmulas (Referencia absoluta y relativa)

- Cuando se copian fórmulas, las referencias de celda cambian de manera relativa a la ubicación nueva. Las celdas con esas fórmulas se llaman referencias **relativas**. Si se copia una fórmula con referencias relativas, aparece un cero (0) si la fórmula se refiere a celdas vacías.

- En algunos casos, el valor de una fórmula debe permanecer constante cuando se copia a otras ubicaciones. A esto se le llama una **referencia absoluta.**

- Para identificar una celda como un valor absoluto, hay que poner un signo de dólares ($) antes de la referencia de columna y fila de dicha celda.

- En este ejercicio, dividiremos cada una de las ventas por departamento entre el total para encontrar el porcentaje del departamento en las ventas totales. Por lo tanto, el monto de las ventas totales es un valor constante en la fórmula de cada línea. Observe la fórmula indicada en el ejercicio de la página 203. Al copiar esa fórmula, las ventas totales permanecen constantes en todas las fórmulas.

Dar formato a datos

Porcentaje

- Para cambiar resultados decimales a formato de porcentajes, use Formato. Seleccione los datos a los que desee aplicar el formato y use el botón de porcentaje **%** de la barra de herramientas Formato, o el cuadro de diálogo Formato de celdas.

Fuentes (Fonts) y tamaño de fuente (Font size)

- Excel permite aplicar funciones de edición electrónica de texto para crear una presentación en pantalla o impresa más atractiva. Sin embargo, su monitor e impresora deben tener capacidad para estas funciones.

- Las modificaciones para dar realce a la hoja de cálculo, como cambiar las **fuentes** y el **tamaño de fuente** se realizan con la barra de herramientas Formato.

- Una **fuente** es un conjunto de carácteres que comparten diseño y nombre. Puesto que las fuentes TrueType de Windows son escalables, una sola fuente TrueType puede establecerse en una variedad de tamaños. El nombre de la fuente activa predeterminada (por lo común Arial) se muestra en el cuadro de fuente, y el tamaño en el cuadro de tamaño de fuente.

- El **tamaño de fuente** es un atributo que determina la altura de los carácteres de una fuente escalable. Dicho tamaño se mide en **puntos**. Un punto equivale a 1/72 de pulgada. Cuando se cambia el tamaño de la fuente, Excel ajusta de manera automática la altura de la fila pero no el ancho de la columna.

- La manera más sencilla de aplicar una fuente nueva u otro tamaño de fuente consiste en seleccionar las celdas a las que desee aplicar el formato, luego seleccionar la fuente o el tamaño en el cuadro de **fuente** o **tamaño de fuente** de la barra de herramientas Formato. De inmediato, Excel dará formato al texto de las celdas seleccionadas. También es posible modificar la fuente o el tamaño de fuente sólo en aquellos carácteres que seleccione mientras edita una celda. Observe la ilustración de la página siguiente.

■ La fuente preestablecida o estándar que usa Excel también se puede cambiar. Para hacerlo, seleccione Options (Opciones) en el menú Tools (Herramientas). Luego, en la ficha General del cuadro de diálogo Opciones, establezca la fuente estándar y el tamaño de fuente.

Ejemplo que ilustra el uso de la barra de herramientas Formato para cambiar la fuente y el tamaño de fuente

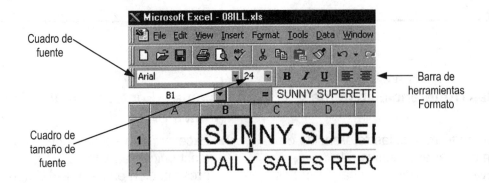

En este ejercicio, completará el informe diario de ventas de Sunny Superette al calcular las ventas, impuestos y ventas totales. Algunos artículos no están gravados, como se indica en la ilustración. Para analizar las ventas por departamento, el dueño pidió un análisis que muestre el porcentaje de las ventas de cada departamento respecto al total de ventas.

INSTRUCCIONES PARA EL EJERCICIO

1. Abra ⌨**SALES**, o abra 💾**08SALES**.

2. Inserte los datos de ventas que se indican.

3. Inserte la fórmula para calcular el 5% de TAX (IMPUESTO) de los comestibles gravados.

4. Copie la fórmula de TAX a todos los departamentos, *con excepción de* DELI, DAIRY, PRODUCE, y OTHER-NT.

5. Inserte una fórmula para determinar el TOTAL para Groceries-Tax (Comestibles- Impuesto) sumando ventas e impuestos.

6. Copie la fórmula del TOTAL a todos los departamentos.

7. Inserte la etiqueta con sangría TOTALS (TOTALES) en la celda B16.

8. Inserte una fórmula en la celda D16 para calcular el TOTAL de la columna SALES (VENTAS).

9. Copie la fórmula de TOTALES a las celdas E16 y F16.

10. Inserte la fórmula en la celda G7, como se ilustra, usando una referencia absoluta de la columna % OF SALES (% DE VENTAS).

11. Copie la fórmula % OF SALES a todos los departamentos.

12. Copie la fórmula de TOTALS para hallar el total de la columna % OF SALES.

13. Mediante la opción de formato de número, aplique formato a las columnas de dinero (D, E y F) con dos decimales.

14. Con la opción de formato de porcentaje, configure la columna % OF SALES para porcentajes con dos decimales.

15. Centre las etiquetas de las columnas D, E y F.

16. Cambie la fuente como se indica abajo:

   • Título principal: Arial, 24 puntos
   • Título secundario: Arial, 18 puntos
   • Títulos de las columnas: Arial, 12 puntos
   • Datos en columnas: MS Sans Serif, 10 puntos
   • Fila TOTALS: Arial, 10 puntos
   ✓ *Si su sistema no tiene estas fuentes, cambie su fuente preestablecida y alguna otra selección.*

17. Imprima un ejemplar de la hoja de cálculo.

18. Cierre y guarde el libro de trabajo, o guárdelo como **SALES**.

	A	B	C	D	E	F	G	H
1		SUNNY SUPERETTE						
2		DAILY SALES REPORT						
3	DATE:							
4								
5	CODE	DEPARTMENT		SALES	TAX	TOTAL	% OF SALES	
6								
7	A	GROCERIES -TAX		1345.32			=D7/$D$16	
8	B	CANDY		254.76				
9	C	CARDS		145.33				
10	D	HEALTH AIDS		232.43				
11	E	DELI		548.98				
12	F	DAIRY		197.87				
13	G	PRODUCE		218.55				
14	H	OTHER - NT		453.65				
15								
16		TOTALS						

COMBINACIONES DE TECLAS

INSERTAR FÓRMULAS PARA CONDICIONES ABSOLUTAS

1. Seleccione la celda que tendrá la fórmula.

2. Presione **Equal**..................... 🔲

3. Escriba la fórmula .... *fórmula* utilizando referencias absolutas y operadores matemáticos.

   Ejemplo de una fórmula con referencias absolutas: =$A$1*($B$2+$B$10)/2

   ✓ *Es posible seleccionar celdas en lugar de escribir las referencias absolutas para indicar a Excel a qué celdas se referirá la fórmula.*

Para insertar referencias de celdas seleccionado celdas:

   a. Haga doble clic en la fórmula donde se insertará la referencia de celda.

   ✓ *De ser necesario, escriba el operador precedente o coloque paréntesis.*

   b. Seleccione la(s) celda(s) a las que se referirá la fórmula.

   La referencia aparece en la fórmula.

   c. Presione **F4**.............................. 🔲 hasta que aparezca la referencia absoluta.

   d. Escriba los operadores o paréntesis deseados.

   e. Repita los pasos a-d tantas veces como sea necesario.

4. Presione **Enter** .... 🔲

⊕ CAMBIAR FUENTE UTILIZANDO EL CUADRO DE FUENTE

1. Seleccione las celdas o carácteres en las celdas a los que desee dar formato.

2. Haga clic en la flecha de lista

   Font box........ [Arial ▾] de la barra de herramientas Formato.

3. Seleccione la fuente deseada. 🔲 , 🔲

⊕ CAMBIAR EL TAMAÑO DE FUENTE UTILIZANDO EL CUADRO DE TAMAÑO

1. Seleccione las celdas o carácteres en las celdas a los que desee aplicar formato.

2. a. Haga clic en la flecha de lista desplegable **Font Size** .... [10 ▾] en la barra de herramientas Formato.

   b. Seleccione un número de la lista .... 🔲 , 🔲

   O

   c. Haga clic en el cuadro **Font Size**.......................... [10 ▾] de la barra de herramientas Formato.

   d. Escriba el número deseado.

3. Presione **Enter** .... 🔲

DAR FORMATO A VALORES EN ESTILO DE PORCENTAJE

1. Seleccione el valor o rango de valores.

2. Haga clic en el botón **Percent** 🔲

   O

   a. Haga clic en **Format**........... [Alt]+[O]

   b. Haga clic en **Cells**...................... 🔲

   c. Seleccione la ficha **Number**. .... [F7]+[F9]

   d. Haga clic en **Percentage**.

   e. Haga clic en **Decimal places**................. [Alt]+[D]

   f. Establezca el número de decimales.

   g. Haga clic en **OK** .... [Enter]

Ejercicio
9

■ **Resumen**

RED WAGON MANUFACTURING CO. lo contrató y usted necesita preparar un resumen del número de empleados de las sucursales de Estados Unidos.

INSTRUCCIONES PARA EL EJERCICIO

1. Cree un título apropiado para su hoja de cálculo.

2. Cree una lista de todos los ESTADOS y el número de EMPLEADOS que hay en cada uno.

Arizona	1060
California	120
Montana	450
New Mexico	695
Oregon	543
South Dakota	267

3. Al final de la lista, inserte una etiqueta y encuentre:

   • El TOTAL DE EMPLEADOS

4. Cree un encabezado de columna nuevo y calcule para cada estado:

   • El PORCENTAJE (del total) de empleados de la compañía que trabajan en cada estado.

5. Aplique formato a los valores de la columna EMPLEADOS con comas y sin decimales.

6. Dé formato a la columna PORCENTAJE con dos decimales.

7. Alinee a la derecha todos los títulos de las columnas sobre los datos numéricos.

8. Use cambios de fuentes y tamaños de fuente para mejorar el aspecto de la hoja de cálculo.

9. Imprima un ejemplar de la hoja de cálculo.

10. Guarde el libro de trabajo; llámelo **WAGON**.

11. Cierre el libro de trabajo.

Ejercicio 10

■ **Usar funciones** ■ **Barra y paleta de fórmulas**
■ **Pegar función** ■ **Autocalcular**

NOTAS

Usar funciones

■ Una **función** es una fórmula incorporada que efectúa un cálculo especial de manera automática. Por ejemplo, la función SUM (SUMA) se utiliza con un rango de celdas para sumar valores en el rango especificado. Cuando se suman los valores de A4, A5 y A6, la función aparece en la fórmula como sigue: =SUM(A4:A6).

■ Las funciones aparecen en las fórmulas en el orden siguiente: primero, el nombre de la función (ya sea en letras mayúsculas o minúsculas) seguido por un paréntesis abierto; a continuación, el número, celda o rango de celdas que se afectarán, seguidos por un paréntesis cerrado.

■ Una función puede utilizarse sola, o bien en combinación con otras funciones.

■ Excel proporciona funciones que se utilizan para análisis estadísticos y financieros, o para operaciones de base de datos:

AVERAGE (PROMEDIO) ( )	Promedia los valores en un rango de celdas.
COUNT (CONTAR) ( )	Cuenta todas las celdas ocupadas en un rango. Las celdas que contienen valores, así como las etiquetas se cuentan.
MAX ( )	Indica el valor más alto en un rango de celdas.
MIN ( )	Indica el valor más bajo en un rango de celdas.
SUM (SUMAR) ( )	Suma todos los valores en un rango de celdas.

■ Los datos requeridos por las funciones que usted debe proporcionar se llaman **argumentos.** Por ejemplo, en =MAX(A1:A5), el rango de celdas es el argumento.

■ Es posible escribir o insertar las funciones en las fórmulas. Si escribe una función y desea que la fórmula empiece con una función, debe teclear primero un signo de igual (=).

Barra y paleta de fórmulas

■ Para escribir o editar una función, utilice el botón Editar fórmula. Si hace clic en el botón Editar fórmula (=) en la barra de fórmulas, aparecerá una lista desplegable de funciones a la izquierda de la barra de fórmulas, como se ilustra a continuación. Seleccione la función deseada y luego escriba los argumentos utilizando los cuadros de diálogo que aparecen.

■ La Paleta de fórmulas es una herramienta que aparece debajo de la barra de fórmulas cuando se hace clic en el botón Editar fórmula. La paleta proporciona información acerca de la función seleccionada en su fórmula y el resultado de la función para propósitos de edición.

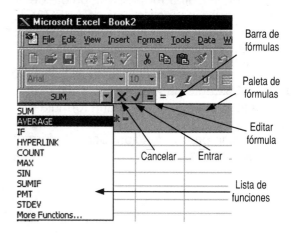

Asistente para Pegar función (Past Function)

- El botón **Pegar función** f_x, localizado en la barra de herramientas Estándar o en la barra de fórmulas activa, le permite insertar funciones en fórmulas al seleccionar la función de una lista. Lo guía a través de pasos que solicitan los argumentos requeridos y opcionales.

- Cuando se usa el Asistente para Pegar función con el fin de insertar una función al principio de una fórmula, no debe escribirse el signo de igual; el Asistente de la función lo insertará por usted.

Autocalcular (AutoCalculate)

- Autocalcular es una nueva característica que proporciona de manera automática los valores de Promedio, Contar, Contar Núm., Max, Min y Suma para un rango seleccionado. Después de seleccionar el rango que desee calcular, haga clic con el botón derecho del *mouse* en la sección Autocalcular de la barra de estado, que se localiza en el lado derecho de la barra de estado, en la parte inferior de la pantalla.

Seleccione la función deseada de la lista emergente de funciones automáticas y la respuesta aparecerá en la barra de estado, como se muestra en la ilustración. Este resultado es para su uso y no puede transferirse a la hoja de cálculo.

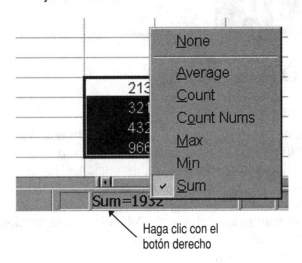

Haga clic con el botón derecho

En este ejercicio, insertará etiquetas de resumen y encontrará datos de resumen utilizando las funciones AVERAGE, COUNT, MAX y MIN con el botón Editar fórmula, el Asistente de funciones, Autocalcular y escribiendo las fórmulas necesarias para completar la hoja de cálculo PRICE.

INSTRUCCIONES PARA EL EJERCICIO

1. Abra 🗂**PRICE**, o abra 💾**10PRICE**.

2. Inserte las etiquetas nuevas en la columna A, como se indica a continuación.

3. Inserte la función SUM en el total de la columna LIST PRICE y copie la fórmula a las columnas restantes.

4. Use el botón Editar fórmula y la paleta de fórmulas para insertar la función AVERAGE para promediar la columna LIST PRICE. Use el rango C4:C6 como rango para la función. Copie la fórmula a las columnas restantes.

5. Use el Asistente para funciones y siga los pasos indicados para crear una fórmula de función para COUNT. Use el rango C4:C6 como rango para la función. Copie la fórmula a las columnas restantes.

6. Vea la presentación preliminar de la respuesta a la columna MAXIMUM utilizando Autocalcular como se indica enseguida:

   - Seleccione los valores de la columna List Price.
   - Señale el cuadro Autocalcular ubicado en el extremo derecho de la barra de estado.
   - Haga clic con el botón derecho del mouse para ver una lista emergente de funciones.
   - Seleccione Max.
   - Vea la respuesta en la barra de estado.

7. Inserte las fórmulas de las funciones MAX y MIN para completar la hoja de cálculo. Copie las fórmulas a las columnas restantes.

8. Aplique formato a las cantidades en dinero de los datos de resumen con dos decimales.

9. Cierre y guarde el libro de trabajo, o guárdelo como **PRICE**.

	A	B	C	D	E	F	G
3							
4	OVEN		745.00	185.00	560.00	44.80	$ 604.80
5	REFRIGERATOR		985.00	265.00	720.00	57.60	$ 777.60
6	WASHER		395.00	98.00	297.00	23.76	$ 320.76
7							
8	TOTALS						▶
9	AVERAGE						▶
10	COUNT						▶
11	MAXIMUM						▶
12	MINIMUM						▶
13							

COMBINACIONES DE TECLAS

INSERTAR UNA FUNCIÓN UTILIZANDO EL ASISTENTE PARA FUNCIONES

1. Haga clic en la celda .... [↑↓↔]
   que contendrá la fórmula.

   O

   a. Haga doble clic en la celda que
      contiene la fórmula .... [F2]

   b. Haga clic en la fórmula.............. [↔]
      donde se insertará la función.

2. Haga clic en el botón

   Paste Function .... [fx]
   en la barra de herramientas Estándar o
   en la barra de fórmulas.

   O

   a. Haga clic en **Insert** .... [Alt]+[I]

   b. Haga clic en **Function**................. [F]

   – ASISTENTE PARA FUNCIONES –
   PASO 1 DE 2–

3. Seleccione una
   categoría .... [Alt]+[C], [↑↓↔]
   en la lista **Function Category**.

4. Seleccione una
   función .... [Alt]+[N], [↑↓↔]
   en la lista **Function Name**.

5. Haga clic en **OK**.............................. [↵]

   – ASISTENTE PARA FUNCIONES –
   PASO 2 DE 2–

6. Haga clic en el cuadro del argumento
   deseado .... [Tab]

7. Escriba los datos.......................... *datos*

Dependiendo de la función escriba los siguientes tipos de datos:

- **números (constantes)** – escriba los
  números (enteros, fracciones,
  números mixtos, números negativos)
  como lo haría en una celda.

- **referencias** – escriba o inserte las
  referencias de celdas.

- **referencias o fórmulas
  nombradas** – escriba o inserte las
  referencias o fórmulas nombradas.

- **funciones** – escriba una función o
  haga clic en el botón de Paste
  Function (Pegar Función) [fx] para
  insertar una función en un
  argumento (funciones anidadas).

El Asistente para funciones describe el argumento actual, indica si se requiere el argumento y le muestra el resultado de los valores que usted proporcionó.

8. Repita los pasos 6 y 7, las veces que
   sea necesario.

9. Haga clic en **OK**........................... [Enter]

10. Escriba o inserte las partes restantes de
    la fórmula.

    O

    Presione **Enter** .... [Enter]

INSERTAR UNA FUNCIÓN EN UNA FÓRMULA

1. Seleccione la celda que recibirá la
   fórmula.

2. Presione **Equal**............................. [=]

3. Escriba nombre de la función

4. Escriba un paréntesis
   abierto... [(]

5. Escriba el rango o datos.

6. Escriba un paréntesis de cierre .... [)]

7. Oprima **Enter**.............................. [Enter]

EDITAR FUNCIONES UTILIZANDO LA PALETA DE FÓRMULAS

1. Seleccione la celda que contenga la
   fórmula.

2. En la barra de fórmulas, haga clic en la
   parte de la fórmula que contenga la
   función que desee editar.

3. Haga clic en [=] (Botón Editar
   fórmula).

   ✓ *La paleta de fórmulas aparece debajo
   de la barra de fórmulas.*

4. Siga los señalamientos de la paleta de
   fórmulas para insertar información.

Ejercicio 11

- ■ **Cambiar el ancho de las columnas** ■ **Crear una serie**
- ■ **Fórmulas en lenguaje natural** ■ **Autocompletar** ■ **Formato de comas**

NOTAS

Cambiar el ancho de las columnas

- Todas las hojas de cálculo de un libro de trabajo están configuradas para tener el **ancho de columna estándar** (configuración predeterminada). Esta cifra representa el número de carácteres mostrados en una celda cuando se utiliza la fuente estándar.

- En ocasiones, es deseable cambiar (hacer más grande o angosto) el ancho de las columnas para que el texto o valores se ajusten a su tamaño o tengan una mejor apariencia. Sólo es posible modificar el ancho de una columna entera o de un grupo de columnas, no el ancho de una sola celda. Utilice el comando Column (Columna), AutoFit Selection (Autoajustar la selección) del menú Format (Formato), o el *mouse* para establecer el ancho de la columna de modo que éste dé cabida a la entrada más larga. Una manera rápida de establecer la columna en Autoajustar es hacer doble clic en el borde derecho del encabezado de la columna. Puede establecer un ancho específico de la columna si usa los comandos Format (Formato), Column (Columna), Width (Ancho) para escribir una cifra que representa el número de carácteres que desee mostrar.

- En Excel 97, cuando se usa el *mouse* para arrastrar una columna a su nuevo ancho, la medida del ancho de la columna aparece arriba y a la derecha de la columna y cambia a medida que ésta se ensancha.

- Cuando se insertan etiquetas largas, el texto fluye hacia la siguiente columna si la celda de la derecha está vacía. Si la celda siguiente no está vacía, el texto que sobrepasa el ancho de la columna estará oculto por los datos contenidos en la celda de la derecha.

- A diferencia del texto de las etiquetas, los valores numéricos no fluyen hacia la siguiente columna una vez que se exceden los límites de la celda. Si la columna no es suficientemente ancha para mostrar un valor numérico, Excel muestra el número en notación científica para indicar la necesidad de ensanchar la columna.

- Si desea reducir el texto para ajustarlo al tamaño de una celda, Excel 97 ajustará automáticamente el tamaño en puntos de la fuente para adaptarlo al ancho de la columna. Puede establecer la opción Shrink to fit (Reducir hasta ajustar) en la ficha Alignment (Alineación) cuando se seleccionan los comandos Format (Formato), Cells (Celdas).

Crear una serie

- Puede utilizar el comando Fill (Rellenar), Series (Series) del menú Edit (Edición) para insertar con rapidez valores en secuencia en un rango de celdas. Es posible insertar valores secuenciales, fechas y periodos de tiempo en cualquier incremento (por ejemplo, 2, 4, 6, 8, o 5, 10, 15, 20, o enero, febrero, marzo, abril).

- Otra manera de rellenar un rango con una serie es arrastrar el **controlador de relleno** de una selección que contenga el primero o primero y segundo valor de la serie sobre un rango en el cual desee insertar la serie. Excel completa la serie con base en el(los) valor(es) de la(s) celda(s) seleccionada(s).

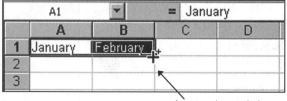

Arrastre el controlador de relleno a la derecha para completar la serie

Fórmulas en lenguaje natural

■ En las fórmulas, Excel 97 le permite referirse a los datos usando los encabezados de las columnas o filas, en lugar de escribir una referencia al rango de celdas. Por ejemplo, es posible escribir =SUM(BASE SALARY) para sumar todos los valores de la columna que contiene la etiqueta de texto *BASE SALARY*. Si existe más de una etiqueta con ese nombre, Excel le pedirá seleccionar el rango que requiere para el cálculo que desee realizar.

Autocompletar (AutoComplete)

■ Una función nueva, Autocompletar, permite insertar etiquetas de manera automática después de efectuar entradas repetitivas. Por ejemplo, si se escriben varias etiquetas en una lista y los siguientes elementos son repetidos, puede usar el botón derecho del *mouse* y el comando Pick from list (Elegir de la lista) del menú rápido, que le permite seleccionar en una lista la siguiente etiqueta.

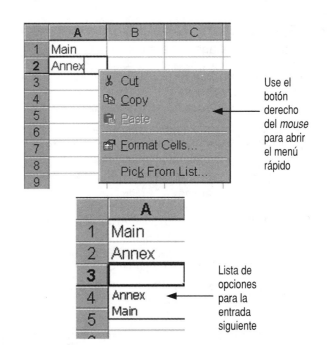

Use el botón derecho del *mouse* para abrir el menú rápido

Lista de opciones para la entrada siguiente

Formato de comas

■ Para hacer más legibles las cantidades grandes, puede utilizarse Formato para incluir comas. Cuando se aplica el formato de comas, también es posible establecer el número de lugares decimales.

En este ejercicio, creará una hoja de cálculo para Colonial Furniture Gallery que muestre las VENTAS y COMISIONES devengadas por los empleados trimestralmente. Cada empleado recibe una comisión de 5% sobre las ventas.

INSTRUCCIONES PARA EL EJERCICIO

1. Cree la hoja de cálculo que aparece en la página siguiente, o abra 🖫**11REPORT**.

2. Establezca el ancho de las columnas como sigue:
   Columna A: 4   Columna B: 15   Columna C: 10
   Columna E: 12   Columna F: 12   Columna G: 12

3. Reduzca el texto del título de la columna B para ajustarlo al tamaño de la celda.

4. Practique el uso de la opción Rellenar, Series, como sigue:
   - Usando el menú Edición, escriba el número de empleados; empiece con el 110 y termine con el 115.
   - Borre los números de empleados.

5. Inserte 1 y 2 como los números de los primeros dos empleados. Seleccione los números y use el controlador de relleno para extender la serie.

6. Practique el uso de la función Autocompletar como sigue:
   - Escriba BUILDING como título de la columna C.
   - Escriba Main para Judy Belis y Annex para Peter Hirsch.
   - Coloque el cursor del *mouse* en la celda siguiente (C9) que corresponde a Kelly Miner.
   - Haga clic con el botón derecho del *mouse* para mostrar el menú rápido.
   - Seleccione Pick from list... (Elegir de la lista...)
   - Seleccione Main para Kelly Miner.
   - Use este procedimiento para insertar Annex para Sweet y Main para Tables

- Borre todos los datos y el título de la columna C.
- Establezca el ancho de la columna C en 6.

7. Copie BASE SALARY (SALARIO BASE) a los empleados restantes.

   ✓ *Todos los empleados tienen el mismo salario base.*

8. Escriba una fórmula para encontrar COMMISSION (COMISIÓN) para el primer empleado. La tarifa de comisión es de 5% sobre las ventas. Copie la fórmula a los empleados restantes.

9. Escriba una fórmula para obtener el QUARTERLY SALARY (SALARIO TRIMESTRAL) del primer empleado sumando el BASE SALARY y la COMMISSION correspondiente al trimestre. Copie la fórmula a los empleados restantes.

10. Escriba una fórmula para obtener los TOTALS de la columna BASE SALARY utilizando =SUM (BASE SALARY) como la fórmula.

11. Escriba las fórmulas para calcular los AVERAGES (PROMEDIOS) y los valores HIGHEST (MÁS ALTO) y LOWEST (MÁS BAJO).

12. Copie las fórmulas a todas las columnas.

13. Centre las etiquetas de los títulos de las columnas.

14. Aplique formato a los datos numéricos para incluir comas y dos lugares decimales.

15. Guarde el libro de trabajo; llámelo **REPORT**.

16. Imprima un ejemplar.

17. Cierre el libro de trabajo.

	A	B	C	D	E	F	G
1		COLONIAL FURNITURE GALLERY					
2	QUARTERLY SALES AND SALARY REPORT-JANUARY-MARCH						
3							
4	EMP.			BASE		5%	QUARTERLY
5	NO.	SALES ASSOCIATE		SALARY	SALES	COMMISSION	SALARY
6							
7		BELIS, JUDY		1500	113456.67		
8		HIRSCH, PETER			150654.87		
9		MINER, KELLY			234765.36		
10		SWEET, LETOYA			89765.43		
11		TABLES, TONY			287987.76		
12							
13		TOTALS					
14		AVERAGES					
15		HIGHEST					
16		LOWEST					

COMBINACIONES DE TECLAS

CAMBIAR EL ANCHO DE LAS COLUMNAS UTILIZANDO EL MENÚ

1. Seleccione cualquier celda o celdas en la(s) columna(s) que desee cambiar.

2. Haga clic en **Format** .... `Alt` + `O`

3. Haga clic en **Column** .... `C`

4. Haga clic en **Width** .... `W`

5. Escriba un número (0-255) .... *número* en el cuadro de texto Ancho de columna.

   ✓ *La cifra representa el número de carácteres que se mostrarán en la celda cuando se usa la fuente estándar.*

6. Haga clic en **OK** .... `Enter`

CAMBIAR EL ANCHO DE LAS COLUMNAS UTILIZANDO EL MOUSE

Cambiar el ancho de una columna

1. Señale el borde derecho del encabezado de la columna para cambiar el ancho.

2. El puntero se convierte en ←‖→.

3. Arrastre ←‖→ a la izquierda o derecha.

   ✓ *Excel muestra la medida del ancho en el lado izquierdo de la barra de fórmulas.*

Cambiar el ancho de varias columnas

1. Seleccione las columnas que desee modificar.

2. Señale el borde derecho de cualquiera de los encabezados de las columnas seleccionadas.

   ✓ *El puntero se convierte en ←‖→.*

3. Arrastre ←‖→ a la izquierda o derecha.

   ✓ *Excel muestra la medida del ancho en el lado izquierdo de la barra de fórmulas.*

Uso del botón derecho del *mouse*

1. Resalte la columna haciendo clic en la etiqueta.

2. Haga clic con el botón derecho del mouse.

3. Haga clic en **Column Width** .... `C`

4. Escriba un ancho .... *número*

5. Haga clic en **OK** .... `Enter`

ESTABLECER EL ANCHO DE LA COLUMNA PARA DAR CABIDA A LA ENTRADA MÁS LARGA

Haga doble clic en el borde derecho del encabezado de la columna.

O

1. Seleccione la columna que desee modificar ..... ⬍, Ctrl + Space

2. Haga clic en **F**ormat .... Alt + O

3. Haga clic en **C**olumn C

4. Haga clic en **A**utoFit Selection .... A

ESTABLECER ANCHO ESTÁNDAR DE COLUMNAS

Cambia el ancho de las columnas que no han sido ajustadas con anterioridad en una hoja de cálculo.

1. Haga clic en **F**ormat .... Alt + O

2. Haga clic en **C**olumn C

3. Haga clic en **S**tandard Width .... S

4. Escriba un número nuevo (0-255) .... *número* en el cuadro de texto Ancho de columna estándar.

✓ *La cifra representa el número de carácteres que se mostrarán en la celda cuando se usa la fuente estándar.*

5. Haga clic en **OK** .... Enter

CREAR UNA SERIE DE NÚMEROS, FECHAS O PERIODOS DE TIEMPO UTILIZANDO EL MENÚ

1. Escriba el primer valor de la serie en una celda para crear una serie a partir de **un solo valor.**

O

Escriba el primero y segundo valor de la serie en celdas consecutivas para crear una serie a partir de valores múltiples.

2. Seleccione la(s) celda(s) que contiene(n) los valores de la serie y las celdas que desee rellenar.

✓ *Seleccione celdas contiguas en filas o columnas para rellenar.*

3. Haga clic en **E**dit .... Alt + E

4. Haga clic en **F**ill I

5. Haga clic en **S**eries .... S

Para cambiar el valor propuesto de incremento:

Escriba el valor del incremento .. *número* en el cuadro de texto **S**tep Value.

Para cambiar la dirección propuesta de la serie:

Seleccione la opción que desee aplicar a la serie:

- **R**ows .... Alt + R

- **C**olumns .... Alt + C

Para cambiar el tipo propuesto de serie:

Seleccione la opción deseada de tipo:

- **L**inear .... Alt + L
  para aumentar/disminuir cada valor de la serie por el número indicado en el cuadro de texto **S**tep Value.

- **G**rowth .... Alt + G
  para multiplicar cada valor de la serie por el número indicado en el cuadro de texto **S**tep Value.

- **D**ate .... Alt + D
  para establecer incrementos por días, días de la semana, meses o años.

- Auto**F**ill .... Alt + F
  para rellenar las celdas con base en los valores de la selección.

Si se seleccionó Date:
Seleccione la opción deseada de unidad de tiempo:

- **D**ay .... Alt + A

- **W**eekday .... Alt + W

- **M**onth .... Alt + M

- **Y**ear .... Alt + Y

Para establecer valores límite para una serie:

✓ *Escriba un valor límite si desea que la serie termine en un número específico.*

a. Haga clic en **St**op Value: .... Alt + O

b. Escriba un valor límite .... *número*

6. Haga clic en **OK** .... Enter

CREAR UNA SERIE DE NÚMEROS, FECHAS O PERIODOS DE TIEMPO UTILIZANDO EL *MOUSE*

Crea una serie al arrastrar el controlador de relleno de una selección de celdas que contiene el primer valor o el primero y segundo valores de una serie.

✓ *El controlador de relleno es un pequeño cuadrado negro en la esquina inferior derecha de una selección.*

Crear una serie a partir de un solo valor:

1. Escriba el primer valor de la serie en una celda.

2. Seleccione la celda que contiene el primer valor de la serie.

3. Señale el controlador de relleno.

✓ *El puntero se convierte en una cruz ➕ cuando se coloca en la posición correcta.*

4. Oprima Ctrl y arrastre ➕ sobre las celdas adyacentes para extenderse a los bordes de las filas o columnas que desee rellenar.

✓ *Arrastre el borde hacia abajo o a la derecha para crear una serie en orden ascendente. Arrastre el borde hacia arriba o a la izquierda para crear una serie que presente los valores en orden descendente.*

Crear una serie a partir de valores múltiples:

1. Escriba el primero y segundo valores de la serie en celdas consecutivas.

2. Seleccione las celdas que contienen los valores de la serie.

3. Señale el controlador de relleno.

✓ *El puntero se convierte en una cruz ➕ cuando se coloca en la posición correcta.*

4. Arrastre ➕ sobre celdas adyacentes para extenderse a los bordes de las filas o columnas que desee rellenar.

✓ *Arrastre el borde hacia abajo o a la derecha para crear una serie en orden ascendente. Arrastre el borde hacia arriba o a la izquierda para crear una serie que presente los valores en orden descendente.*

AUTOCOMPLETAR - INSERTAR TEXTO

Seleccione el texto que desee insertar en una celda en una lista de entradas que haya efectuado en la columna actual.

1. Haga clic con el botón derecho del *mouse* en la celda que recibirá el texto.

2. Haga clic en **Pick From List** .... K

3. Haga clic en la entrada deseada.

REDUCIR EL TEXTO PARA AJUSTARLO AUTOMÁTICAMENTE AL ANCHO DE LA COLUMNA

1. Seleccione las celdas que contienen el texto que desee reducir.

2. Haga clic en **Format** .... Alt + O

3. Haga clic en **Cells**......................... E

4. Seleccione la ficha **Alignment**.

5. Seleccione **Shrink to fit** .... Alt + K

6. Haga clic en **OK**. .... Enter

Ejercicio 12

■ Opciones para imprimir ■ Editar datos ■ Comentarios

NOTAS

Opciones para imprimir

■ Cuando se accede al comando Print (Imprimir), Excel le permite establecer varias opciones de impresión. Puede seleccionar imprimir un rango de celdas, usar el botón Properties (Propiedades) para tener acceso a las opciones de configuración de página y usar el botón Vista previa para revisar en la pantalla cómo se verá la hoja impresa con las configuraciones establecidas.

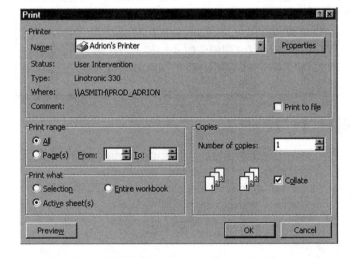

■ Seleccione File (Archivo), Page Setup (Configurar página) y luego seleccione la ficha Sheet (Hoja) para establecer varias opciones de impresión de la hoja, como imprimir las líneas de división y los títulos de filas y columnas.

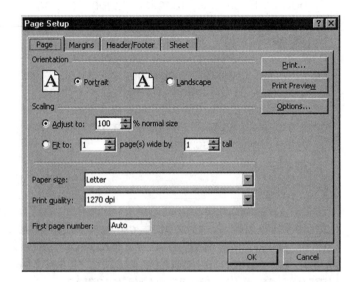

■ En los cuadros de diálogo, también puede seleccionar el botón Print Preview (Vista previa) para revisar en la pantalla el resultado que producirán sus configuraciones.

Editar datos

■ Es posible cambiar los datos antes o después de que se hayan insertado en una celda.

■ Antes de escribir datos, puede utilizar la tecla de retroceso para corregir un error.

■ Para borrar el contenido de una celda antes de insertar datos:

• Oprima la tecla Escape, o

• Haga clic en el cuadro Cancelar en la barra de fórmulas.

■ Después de insertar los datos, existen varios métodos de corrección:

  • Reemplazar la entrada completa con nuevos datos, o

  • Editar parte de una entrada cuando se activa el modo de edición de celdas, o

  • Borrar una sola entrada de celda, o

  • Borrar un rango de entradas de celdas.

■ La característica Buscador de rangos (Range Finder) de Excel hace más fácil la localización de problemas o ajustar las referencias de las fórmulas. Al editar una fórmula, Excel proporciona controles de colores (bordes y cuadros de ampliación) que indican en la propia hoja de cálculo las celdas o rangos de celdas contenidos en la fórmula. Utilice estos controles para cambiar las referencias en la fórmula en lugar de volver a escribirlas.

Comentarios

■ Es posible adjuntar una nota de texto a una celda que aparecerá o se indicará cuando el cursor se coloque en la celda. Esta función es útil para documentar fórmulas o supuestos incorporados a la hoja de cálculo. Para insertar una nota, use los comandos Insert (Insertar), Comment (Comentarios). Observe la ilustración de un comentario de texto completo en una celda. Un triángulo rojo aparece en la esquina superior derecha de la celda que contiene un comentario, como se ilustra en la siguiente página.

	SUMMIT UNITED BANK								
	PAYROLL								
Card	Employee	Hourly	Hours	Gross	Social	Medicare			Net Pay
Number	Name	Rate	Worked	Pay	Sec. Tax	Tax	F.W.T.		
3567	Diaz	5.55	15	83.25	5.16	Tax calculated at 6.2%			60.23
3750	Jaffe	7.23	32	231.36	14.34				167.39
3816	Latov	6.18	16	98.88	6.13				71.54
3925	Nestor	4.66	28	130.48	8.09				94.40

En este ejercicio, completará la nómina del Summit United Bank para la semana que finalizó el 7 de abril de 199-. Enseguida, copiará la hoja de cálculo completa a una nueva posición y editará datos para crear otra nómina correspondiente a la semana que terminó el 14 de abril de 199-. Se insertarán algunas notas en la primera línea de la nómina para documentar las tarifas de impuestos utilizadas en su elaboración.

INSTRUCCIONES PARA EL EJERCICIO

1. Abra **PAY**, o abra **12PAY**.

2. Edite la primera línea del título, como se ilustra.

3. Borre la segunda línea del título. Sustitúyala como se indica.

4. Escriba las nuevas etiquetas de filas, como se indica.

5. Encuentre los TOTALS (TOTALES) y AVERAGES (PROMEDIOS) de las columnas Gross Pay (Pago bruto), Social Sec. Tax (Impuesto de seguridad social), Medicare Tax (Impuesto de Medicare), F.W.T (Retención de ingresos federales) y Net Pay (Pago neto).

6. Aplique formato a TOTALS y AVERAGES para que muestren dos lugares decimales.

7. Edite las fórmulas utilizando la característica Range Finder (Buscador de rangos):
   a. Haga doble clic en la fórmula de TOTALES para Pago bruto.

   ✓ *Observe los controles de color que indican las celdas que contienen la fórmula.*

   b. Cambie el rango de celdas arrastrando el cuadro de ampliación de rangos a la celda E13.

   c. Oprima ENTER.

8. Inserte las notas de comentarios en las celdas, como se indica a continuación:
   • En F7: Impuesto calculado al 6.2%
   • En G7: Impuesto calculado al 1.45%
   • En H7: Impuesto calculado al 20%

9. Vea los comentarios.

10. Copie el rango de datos mostrados a una nueva posición en la hoja de cálculo.

   ✓ *Seleccione el rango de celdas y especifique sólo la primera posición en el rango de destino para la operación de Pegar.*

11. LOS SIGUIENTES PASOS SON PARA LA SEGUNDA NÓMINA —

   a. Edite el título para que diga:

   PARA LA SEMANA QUE TERMINA EL 14 DE ABRIL DE 199-.

   b. Edite HOURS WORKED (HORAS TRABAJADAS) como sigue:

   | Diaz, 20 | Jaffe, 31 | Latov, 23 |
   | Nestor, 22 | Pringle, 15 | Wong, 25 |

12. Vea en el modo de Vista previa cómo se verá este archivo una vez que lo imprima.

13. Imprima un ejemplar de la nómina del 14 de abril.

14. Cierre y guarde el libro de trabajo, o guárdelo como **PAY**.

	A	B	C	D	E	F	G	H	I
1	SUMMIT UNITED BANK ← *PAYROLL*								
2	~~PAYROLL~~ ← *FOR THE WEEK ENDING APRIL 7, 199-*								
3									
4	Card	Employee	Hourly	Hours	Gross	Social	Medicare		
5	Number	Name	Rate	Worked	Pay	Sec. Tax	Tax	F.W.T.	Net Pay
6									
7	13567	Diaz	5.55	15	83.25	5.16	1.21	16.65	60.23
8	13750	Jaffe	7.23	32	231.36	14.34	3.35	46.27	167.39
9	13816	Latov	6.18	16	98.88	6.13	1.43	19.78	71.54
10	13925	Nestor	4.66	28	130.48	8.09	1.89	26.10	94.40
11	14345	Pringle	6.57	12	78.84	4.89	1.14	15.77	57.04
12	14715	Wong	8.65	21	181.65	11.26	2.63	36.33	131.42
13									
14	*TOTALS*					→			→
15	*AVERAGES*					→			→
16									
17									
18	← copiar								
19									

COMBINACIONES DE TECLAS

EDITAR EL CONTENIDO DE LA CELDA DESPUÉS DE INSERTARLO (ACTIVAR EDICIÓN DE CELDAS)

1. Haga doble clic en la celda que desee editar.

   O

   a. Seleccione la celda que desee editar.....................
   b. Oprima F2 .... F2

   Un punto de inserción aparece en la celda activa y estos botones aparecen en la barra de fórmulas:

   ☒ Botón **Cancel** – cancela los cambios realizados en la celda.

   ☑ Botón **Enter** – acepta los cambios realizados en la celda.

2. Haga clic en la posición de los datos deseados ....
   en la celda o en la barra de fórmulas.

3. Escriba los nuevos datos ....datos

   O

   Presione Backspace............. Backspace
   para borrar el carácter a la izquierda del punto de inserción.

   O

   Presione Delete .... Del
   para borrar el carácter a la derecha del punto de inserción.

Para aceptar los cambios:

   Presione **Enter** .... ↵

   O

   • Haga clic en el botón **Enter** .... ☑
   en la barra de fórmulas.

Para cancelar los cambios:

   • Presione **Escape** .... Esc

   O

   Haga clic en el botón **Cancel** .... ☒
   en la barra de fórmulas.

EDITAR EL CONTENIDO DE LA CELDA SEGÚN SE ESCRIBE

Para borrar el carácter a la izquierda del punto de inserción:

Oprima Backspace............... Backspace

Para cancelar todos los carácteres:

Presione **Escape** .... Esc

BORRAR EL CONTENIDO DE UNA CELDA O RANGO

1. Seleccione la celda o rango de celdas con el contenido que desee borrar.

2. Presione **Delete** .... Del

CREAR COMENTARIOS DE TEXTO

1. Seleccione la celda a la que desee adjuntar el comentario.

2. Haga clic en **Insert** .... Alt +I

3. Haga clic en **Comment** .... M

4. Escriba la nota en el cuadro.

5. Haga clic fuera del cuadro.

Excel marca cada celda que contiene una nota con un marcador de notas (un pequeño triángulo rojo en la esquina superior derecha).

Señale la celda que contiene la nota para verla.

VISTA PREVIA

1. Haga clic en el botón
Print Preview............................... [button]

2. en la barra de herramientas Estándar.
O
a. Haga clic en **File**............... Alt +F
b. Haga clic en
Print Preview V

Para hojas de cálculo con varias páginas:

Para ver la página siguiente:

- Haga clic en **Next** .... Alt +N

Para ver la página anterior:

- Haga clic en **Previous** .... Alt +P

Para ver una porción ampliada de la página:

a. Haga clic en el área de la página .... Alt +Z que desee ampliar.

b. Haga clic en cualquier área de la página .... Alt +Z para regresar a la presentación de página completa.

3. Haga clic en **Close** .... Alt +C para salir del modo de Vista previa.

IMPRIMIR UN RANGO DE CELDAS

Imprime los datos del rango de celdas, utilizando la configuración actual de página.

✓ *Cuando imprima un rango, este procedimiento anulará un área de impresión, en caso de que la haya definido.*

1. Seleccione el rango de celdas que desee imprimir.

2. Haga clic en **File** .... Alt +F

3. Haga clic en **Print**..................... P

4. Haga clic en **Selection** .... Alt +N

5. Haga clic en **OK**......................... Enter

ESTABLECER LAS OPCIONES DE IMPRESIÓN DE LA HOJA DE CÁLCULO

Establece un área de impresión y muestra u oculta las líneas de división en la hoja impresa.

1. Haga clic en **File** .... Alt +F

2. Haga clic en **Page Setup**................ U

3. Seleccione la ficha **Sheet** .... Ctrl +Tab

Para especificar un área de impresión:

✓ *Use esta opción para imprimir un área específica de una hoja de cálculo cada vez que imprima.*

a. Haga clic en
Print Area: .... Alt +A

b. Seleccione el rango de celdas de la hoja de trabajo que desee imprimir.
O
Escriba la(s) referencia(s) de celda referencias del área a imprimir.

✓ *Para eliminar un área de impresión, borre la referencia.*

Para mostrar u ocultar las líneas de división:

Seleccione o cancele la selección de **Gridlines** .... Alt +G

4. Haga clic en **OK** .... Enter

CAMBIAR REFERENCIAS DE FÓRMULAS CON EL BUSCADOR DE RANGOS

Haga doble clic en la fórmula.

Excel agrega un borde de color y un cuadro de ampliación en cada celda o rango de celdas de la hoja de cálculo contenidos en la fórmula.

Para cambiar la ubicación de un rango de celdas:

a. Arrastre el borde a la posición deseada.

✓ *El puntero se convierte en una flecha cuando se coloca en la posición correcta.*

b. Presione Enter para completar el cambio.

Para cambiar el tamaño de un rango de celdas:

a. Arrastre el cuadro de ampliación del rango.

✓ *El puntero se convierte en una cruceta cuando se coloca en la posición correcta.*

b. Presione Enter para completar el cambio.

Ejercicio 13

■ **Configurar página** ■ **Deshacer y rehacer múltiples acciones**

NOTAS

Configurar página

■ Excel 97 usa el tamaño de página predeterminada (por lo general 8 1/2" x 11") de la impresora instalada. Para cambiar el tamaño de la página, use la opción Page Setup (Configurar página) del menú File (Archivo) y después seleccione la ficha Page (Página).

■ Use la opción Configurar página para controlar la salida de impresión de acuerdo con el tamaño de página seleccionado. Es posible tener acceso al cuadro de diálogo Configurar página (véase a continuación) directamente desde el menú Archivo, o desde la opción Print Preview (Presentación preliminar). El cuadro de diálogo Configurar página tiene varias fichas. Cada una de ellas contiene opciones que controlan la salida de impresión.

Cuadro de diálogo Configurar página, con la ficha Página seleccionada

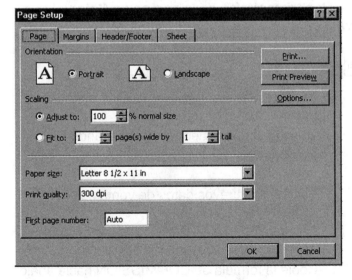

■ Las opciones para configurar la página incluyen:

Ficha Página

- **Orientation (Orientación)** Los datos de la hoja de cálculo pueden imprimirse ya sea con orientación del papel **Vertical** u **Horizontal**.

- **Scaling (Escala)** Es posible ampliar o reducir la hoja de cálculo. Las opciones de escala son: Adjust to % of normal size (Ajustar al: x % del tamaño normal) o Fit to pages wide by pages tall (Ajustar a: x páginas de ancho por x páginas de alto). Ambas opciones ajustan proporcionalmente a escala la hoja de cálculo.

✓Nota: *A menudo es necesario usar escalas cuando se desea que una hoja de cálculo se ajuste al tamaño de una página. Use la opción Presentación preliminar para verificar en pantalla la apariencia que tendrá cada página una vez impresa.*

- **Paper size (Tamaño del papel)** Las opciones de tamaño del papel incluyen carta, oficio y otros tamaños opcionales.

- **First page number (Número de primera página).** Es el número de la página inicial de las que contiene la hoja de cálculo en uso.

Ficha Márgenes

- **Margins (Márgenes).** Se usa para establecer la medida de los márgenes de la página; es decir, la distancia de la información de la hoja de cálculo de los bordes de la hoja: Top (Superior), Bottom (Inferior), Left (Izquierdo), o Right (Derecho), que se fijan en pulgadas. Los márgenes del Header (Encabezado) y Footer (Pie de página), la distancia de la información del encabezado y pie de página de los bordes superior e inferior de la hoja de cálculo, también se miden en pulgadas.

- **Center on Page (Centrar en la página).** La información de la hoja de cálculo puede centrarse Horizontally (Horizontalmente) y/o Vertically (Verticalmente) entre los márgenes de la página.

Ficha Encabezado/Pie de página (Header/Footer Tab)

- **Header/Footer (Encabezado/Pie de página)** Es posible incluir una línea de texto en la parte superior o inferior de la hoja de cálculo. Se utilizan para insertar un título, la fecha o el número de página. *(Véase Ejercicio 14.)*

Ficha Hoja (Sheet Tab)

- **Print Area (Área de impresión).** Defina esta área sólo si necesita imprimir siempre el mismo rango de celdas al imprimir una hoja de cálculo.

- **Print Titles (Imprimir títulos).** Información descriptiva de las filas designadas que se imprimirán en la parte superior de cada página y/o columnas que se imprimirán a la izquierda de cada página. *(Véase Ejercicio 15.)*

- **Print (Imprimir).** Incluye las siguientes opciones de impresión: Gridlines (Líneas de división), Comments (Comentarios), Draft Quality (Calidad de borrador), Black and White (Blanco y negro) y Row and Column Headings (Títulos de filas y columnas).

- **Page Order (Orden de las páginas).** Es la configuración que determina el orden de las páginas impresas: Down, then Across (Hacia abajo, luego hacia la derecha) o Across, then Down (Hacia la derecha, luego hacia abajo).

Deshacer y rehacer múltiples acciones

- Como en el programa Word, cualquier acción de edición puede revertirse si se usan los comandos Edit (Edición), Undo (Deshacer). Es posible deshacer hasta 16 acciones previas, no sólo la última, con el comando Edición, Deshacer, o con el botón Deshacer.

- La característica Deshacer indica específicamente el nombre de la última edición que va a revertirse. Esta característica le permite trabajar con mayor seguridad y confianza.

- También es posible rehacer acciones deshechas (una vez más, hasta 16) con el comando Rehacer o con el botón.

En este ejercicio, abrirá la hoja de cálculo de las ventas trimestrales de la compañía Colonial Furniture Gallery y ampliará la hoja de cálculo para incluir información por trimestre.

INSTRUCCIONES PARA EL EJERCICIO

1. Abra **REPORT**, o abra **13REPORT**.

2. Edite la segunda línea del título. Reemplace MARCH con JUNE.

3. En la fila 4, reemplace QUARTERLY con JAN-MAR.

4. Cambie el ancho de las columnas como sigue:

Columna C:	3
Columnas H, I, J:	12

5. Copie los títulos de las columnas SALES, 5% COMMISSION, y SALARY a las columnas H, I, y J. Inserte la etiqueta APR-JUN sobre SALARY en la columna J.

6. Centre todas las nuevas etiquetas donde sea necesario.

7. Deshaga la última edición presionando Ctrl+Z.

8. Rehaga rápidamente la última acción deshecha.

9. Escriba los nuevos datos de ventas en la columna H.

10. Copie la fórmula de COMMISSION del primer asociado en la columna F a la columna I.

11. Copie la fórmula de COMMISSION hacia abajo para cada empleado.

12. Inserte una fórmula en la columna J para calcular BASE SALARY + COMMISSION para el segundo trimestre.

13. Copie la fórmula de BASE SALARY + COMMISSION de la columna J hacia abajo para cada empleado.

14. Encuentre los TOTALS, AVERAGES (PROMEDIOS), LOWEST (VALOR MÁS BAJO) HIGHEST (VALOR MÁS ALTO) para el segundo trimestre. (Copie las fórmulas utilizando rangos y una sola operación de copiar.)

15. Aplique formato a los datos numéricos para que muestren comas y dos lugares decimales.

16. Cambie la configuración de la escala para ajustar el tamaño de la hoja de cálculo a una página.

17. Verifique su configuración de escala utilizando Presentación preliminar.

18. Imprima un ejemplar.

19. Cierre y guarde el libro de trabajo, o guárdelo como **REPORT**.

	A	B	C	D	E	F	G	H	I	J
1				COLONIAL FURNITURE GALLERY				←12→	←12→	←12→
2		QUARTERLY SALES AND SALARY REPORT-JANUARY-MARCH					JUNE			
3							JAN-MAR			
4	EMP.			BASE		5%	QUARTERLY			APR-JUN
5	NO.	SALES ASSOCIATE		SALARY	SALES	COMMISSION	SALARY			
6										
7	1	BELIS, JUDY		1,500.00	113,456.67	5,672.83	7,172.83	114342.87		
8	2	HIRSCH, PETER		1,500.00	150,654.87	7,532.74	9,032.74	143276.65		
9	3	MINER, KELLY		1,500.00	234,765.36	11,738.27	13,238.27	187956.76		
10	4	SWEET, LETOYA		1,500.00	89,765.43	4,488.27	5,988.27	93984.69		
11	5	TABLES, TONY		1,500.00	287,987.76	14,399.39	15,899.39	254768.64		
12										
13		TOTALS		7,500.00	876,630.09	43,831.50	51,331.50			
14		AVERAGES		1,500.00	175,326.02	8,766.30	10,266.30			
15		HIGHEST		1,500.00	287,987.76	14,399.39	15,899.39			
16		LOWEST		1,500.00	89,765.43	4,488.27	5,988.27			
17			→3←							

COMBINACIONES DE TECLAS

CAMBIAR ESCALA DE LOS DATOS A IMPRIMIR

1. Haga clic en **File** .... Alt + F

2. Haga clic en **Page Setup** .... U

3. Seleccione la ficha **Page** ...... Ctrl + Tab

Para reducir o ampliar la información en la hoja impresa:

a. Haga clic en **Adjust to:** ...... Alt + A

b. Escriba el porcentaje (10-400) ..*número*

✓ También puede hacer clic en las flechas del cuadro de incrementos para seleccionar un porcentaje.

4. Haga clic en **OK** .... Enter

Para ajustar la hoja de cálculo de modo que alcance el número de páginas especificado:

a. Haga clic en **Fit to** .... F

b. Escriba el número de páginas o use las flechas del cuadro de incrementos.

c. Haga clic en **OK**. .... Enter

DESHACER LA ÚLTIMA ACCIÓN

Presione **Ctrl+Z** .... Ctrl + Z

O

Haga clic en el botón Deshacer 🔄▾ en la barra de herramientas Estándar.

DESHACER LA ÚLTIMA ACCIÓN UTILIZANDO EL MENÚ

1. Haga clic en **Edit** .... Alt + E

2. Haga clic en **Undo** en el nombre de la acción .... U

REHACER LA ÚLTIMA ACCIÓN DESHECHA

Presione **Ctrl+Y** .... Ctrl + Y

O

Haga clic en el botón Rehacer 🔄▾ en la barra de herramientas Estándar.

REHACER LA ÚLTIMA ACCIÓN DESHECHA UTILIZANDO EL MENÚ

1. Haga clic en **Edit** .... Alt + E

2. Haga clic en **Redo** en el nombre de la acción .... R

DESHACER ACCIONES SELECCIONADAS

1. Haga clic en la flecha **Undo** .... 🔄▾

2. Arrastre a través de las acciones que desee deshacer y luego haga clic.

✓ Sólo es posible deshacer acciones consecutivas a partir de la última acción que aparece al principio de la lista.

Ejercicio
14

■ **Saltos de página** ■ **Vista previa de salto de páginas**
■ **Encabezados y pies de página** ■ **Revisión de ortografía**

NOTAS

Saltos de página (Page Breaks)

■ Antes de imprimir, es posible establecer saltos de página y agregar encabezados y pies de página.

■ Cuando se selecciona la opción **Page Break (Salto de página)**, Excel deja de imprimir en la página actual y empieza a imprimir al principio de una nueva página.

■ Excel inserta **saltos de página automáticos** con base en el tamaño de papel en uso y la configuración de los márgenes. Los saltos de página automáticos aparecen como líneas punteadas en la hoja de cálculo. Para ver los saltos de página automáticos, es necesario marcar la casilla de selección A̱utomatic Page Breaks (Saltos de página automáticos) en la ficha View (Ver) del cuadro de diálogo Options (Opciones). Es posible anular los saltos de página automáticos si se insertan **saltos de página manuales** en la hoja de cálculo. Los saltos de página manuales aparecen como líneas punteadas en negrita.

Vista previa de salto de página

■ Al cambiar de Vista **Normal** a **Vista previa de salto de página**, podrá ajustar los saltos de página y el tamaño del área de impresión, así como editar la hoja de cálculo. Para cambiar entre las vistas Normal y de Salto de página, use el menú V̱iew (Ver), o la Presentación preliminar.

■ Cuando se mueve un salto de página, Excel ajusta automáticamente la escala de la hoja de cálculo para adaptarla a la página o páginas. Inicialmente, los saltos de página se definen de manera automática con base en el tamaño de la hoja de cálculo y las configuraciones actuales de la página. Los saltos de página automáticos·se

ven como líneas punteadas. Cuando se mueve un salto de página automático, su apariencia cambia a una línea continua. Si arrastra un salto de página fuera de la hoja de cálculo, Excel vuelve a ajustar los saltos de página.

Encabezados y pies de página

■ Los **encabezados** y **pies de página** se usan para repetir la misma información en la parte superior (encabezado) o inferior (pie de página) de cada página.

■ Excel le permite seleccionar de entre varios encabezados o pies de página incorporados, o bien personalizarlos. Estas mejoras de impresión se establecen en la ficha Encabezado/Pie de página del cuadro de diálogo Page Setup (Configurar página).

■ Los encabezados y pies de página se limitan a una sola línea de texto. Sin embargo, es posible dividir el texto de los encabezados y pies de página en segmentos. También puede aplicar formato a texto seleccionado del encabezado o pie de página.

■ Al crear un encabezado personalizado, el texto que se escribe en la sección del extremo izquierdo se alineará a la izquierda. El texto insertado en la sección de en medio se centrará y el que se escribe en la sección del extremo derecho se alineará a la derecha.

■ Es posible insertar **códigos** para imprimir la fecha y hora actuales, el número de página y/o el nombre del archivo del libro de trabajo como parte del texto del encabezado/pie de página, si se hace clic en el botón del código que representa el elemento deseado.

✓*Observe la ilustración de la página siguiente.*

Revisión de ortografía

■ La ortografía del texto de una hoja de cálculo
puede revisarse si se usa el botón de Ortografía
de la barra de herramientas Estándar, al
presionar F7, o al seleccionar Spelling
(Ortografía) del menú Tools (Herramientas). Si
se encuentra algún error, Excel ofrece
sugerencias de palabras de reemplazo que
pueden utilizarse para corregir el texto.

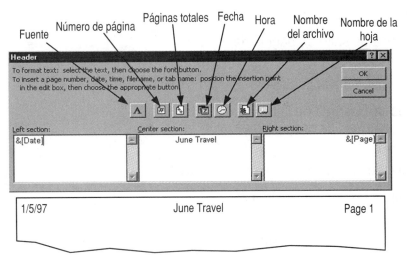

En este ejercicio, creará un informe de gastos de viaje de uno de los vendedores de la empresa Wilmot Chemical Company. El informe de viáticos de junio incluirá dos viajes, cada uno impreso en una hoja diferente con encabezado. Revisará la ortografía de estos informes.

INSTRUCCIONES PARA EL EJERCICIO

1. Cree la primera hoja de cálculo que se ilustra
   en la siguiente página, incluyendo los estilos en
   negrita, o abra 🖳**14EXPENSE**.
   ✔ *Inserte los días del mes y @ $.29 como etiquetas numéricas.*

2. Use la característica Spell Check (Revisar
   ortografía) para verificar su hoja de trabajo.

3. Establezca el ancho de las columnas como
   sigue:

   | Columna A: | 15 |
   | Columna B: | 3 |

4. Encuentre para Car (miles) (Automóvil [millas]):
   • Las millas totales (sume el millaje diario)
   • Total Travel Expense (Total de gastos de
     viaje) (millaje * .29).

5. Obtenga:
   • TOTALS (TOTALES) para cada día (incluyendo
     las filas comenzando en la fila 15 de la sección

   TRANSPORTATION [TRANSPORTE]),
   comenzando en la fila 13.

   • El total de la columna Total Travel Expenses (que
     incluye los DAILY EXPENSES [GASTOS
     DIARIOS] y los costos de TRANSPORTATION
     [TRANSPORTE]).

6. Aplique formato a todas las columnas de dinero
   para que muestren dos lugares decimales.

7. Centre todos los títulos de las columnas.

8. Copie toda la hoja de cálculo de la parte
   superior a la celda A34.

9. Cree un salto de página en la celda A31.

10. Edite o elimine la información de las áreas
    DATES (FECHAS), PURPOSE (PROPÓSITO),
    TRANSPORTATION (TRANSPORTE) y DAILY
    EXPENSES (GASTOS DIARIOS), en la
    segunda página para mostrar los datos del
    siguiente viaje, como se indica.

11. En la columna Total Travel Expenses
    encuentre:
    - Total de los gastos por alquiler de automóvil.
    - Total de los gastos de avión.
    - Copie la fórmula a cada concepto de gasto.

12. Establezca un encabezado personalizado que
    incluya la fecha alineada a la izquierda, un título
    centrado que indique JUNE TRAVEL, y el
    número de página justificado a la derecha.

13. Establezca el pie de página en ninguno.

14. Cambie a la Vista previa de salto de página de
    la hoja de cálculo.

    a. Arrastre el salto de página a la celda A33.

    b. Verifique que el borde del área de impresión
       (contorno oscuro) abarque los dos informes
       de gastos.

15. Pase a la vista normal de la hoja de cálculo.

16. Imprima el archivo de modo que se ajuste a la
    página.

17. Guarde el archivo del libro de trabajo; llámelo
    EXPENSE.

18. Cierre el libro de trabajo.

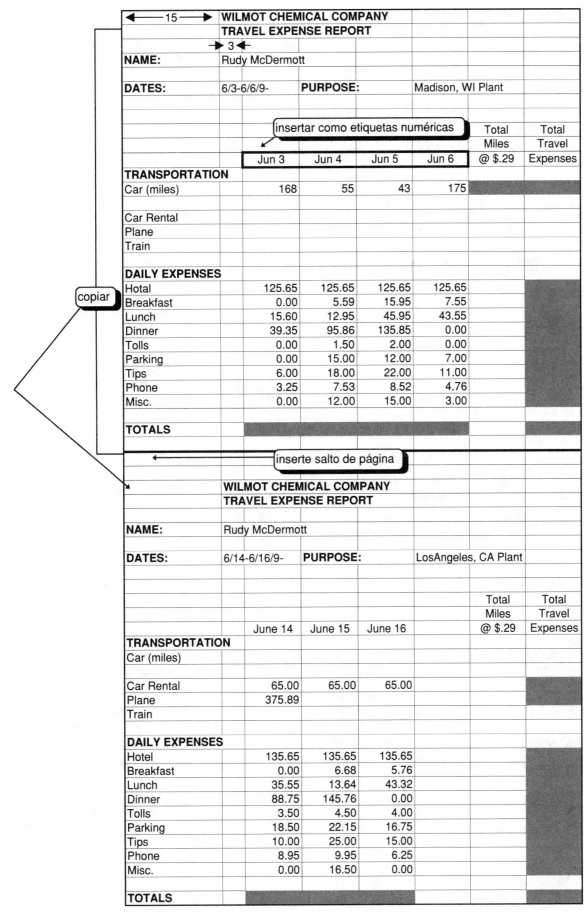

WILMOT CHEMICAL COMPANY
TRAVEL EXPENSE REPORT

← 15 →

→ 3 ←

insertar como etiquetas numéricas

copiar

		Jun 3	Jun 4	Jun 5	Jun 6	Total Miles @ $.29	Total Travel Expenses
NAME:	Rudy McDermott						
DATES:	6/3-6/6/9-	**PURPOSE:**		Madison, WI Plant			
TRANSPORTATION							
Car (miles)		168	55	43	175		
Car Rental							
Plane							
Train							
DAILY EXPENSES							
Hotal		125.65	125.65	125.65	125.65		
Breakfast		0.00	5.59	15.95	7.55		
Lunch		15.60	12.95	45.95	43.55		
Dinner		39.35	95.86	135.85	0.00		
Tolls		0.00	1.50	2.00	0.00		
Parking		0.00	15.00	12.00	7.00		
Tips		6.00	18.00	22.00	11.00		
Phone		3.25	7.53	8.52	4.76		
Misc.		0.00	12.00	15.00	3.00		
TOTALS							

inserte salto de página

		June 14	June 15	June 16		Total Miles @ $.29	Total Travel Expenses
WILMOT CHEMICAL COMPANY							
TRAVEL EXPENSE REPORT							
NAME:	Rudy McDermott						
DATES:	6/14-6/16/9-	**PURPOSE:**		LosAngeles, CA Plant			
TRANSPORTATION							
Car (miles)							
Car Rental		65.00	65.00	65.00			
Plane		375.89					
Train							
DAILY EXPENSES							
Hotel		135.65	135.65	135.65			
Breakfast		0.00	6.68	5.76			
Lunch		35.55	13.64	43.32			
Dinner		88.75	145.76	0.00			
Tolls		3.50	4.50	4.00			
Parking		18.50	22.15	16.75			
Tips		10.00	25.00	15.00			
Phone		8.95	9.95	6.25			
Misc.		0.00	16.50	0.00			
TOTALS							

Excel ■ Lección 3 ■ Ejercicio 14   223

COMBINACIONES DE TECLAS

INSERTAR SALTOS DE PÁGINA MANUALES

✓ *Después de insertar un salto de página manual, Excel ajusta los saltos de página automáticos posteriores. Para ver en pantalla los saltos de página automáticos, vea* ***MOSTRAR SALTOS DE PÁGINA AUTOMÁTICOS****, a la derecha.*

Insertar un salto de página horizontal:

1. Seleccione la fila en la que la empezará la nueva página.

2. Haga clic en **Insert** .... `Alt`+`I`

3. Haga clic en **Page Break** .... `B`

Insertar un salto de página vertical:

1. Seleccione la columna en la que empezará la nueva página.

2. Haga clic en **Insert** .... `Alt`+`I`

3. Haga clic en **Page Break** .... `B`

Insertar un salto de página horizontal y vertical:

1. Haga clic en la celda .... `↕`
   en la que empezará la nueva página.

2. Haga clic en **Insert** .... `Alt`+`I`

3. Haga clic en **Page Break** .... `B`

ELIMINAR SALTOS DE PÁGINA MANUALES

✓ *Después de eliminar un salto de página manual, Excel ajusta los saltos de página automáticos posteriores. Para ver en pantalla los saltos de página automáticos, vea* ***MOSTRAR SALTOS DE PÁGINA AUTOMÁTICOS****, a la derecha.*

Eliminar un salto de página horizontal:

1. Seleccione una celda inmediatamente debajo del salto de página.

2. Haga clic en **Insert** .... `Alt`+`I`

3. Haga clic en **Remove Page Break**... `B`

Eliminar un salto de página vertical:

1. Seleccione una celda inmediatamente a la derecha del salto de página.

---

2. Haga clic en **Insert** .... `Alt`+`I`

3. Haga clic en Remove Page **B**reak..... `B`

Eliminar todos los saltos de página manuales:

1. Haga clic en el botón en blanco en la esquina superior izquierda de la cuadrícula de la hoja de cálculo.

2. Haga clic en **Insert** .... `Alt`+`I`

3. Haga clic en **Reset All Page Breaks** `B`

MOSTRAR SALTOS DE PÁGINA

1. Haga clic en **Tools** .... `Alt`+`T`

2. Haga clic en **Options…** .... `O`

3. Seleccione la ficha **View** .... `Ctrl`+`Tab`

4. Haga clic en **Page Breaks** ...... `Alt`+`K`

5. Haga clic en **OK** .... `↵`

🌐 ESTABLECER LAS OPCIONES DE ENCABEZADO Y PIE DE PÁGINA

Agrega texto o códigos especiales en la parte superior o inferior de cada página.

1. Haga clic en **File** .... `Alt`+`F`

2. Haga clic en **Page Setup** .... `U`

3. Seleccione la ficha **Header/Footer** .... `Ctrl`+`Tab`

Para seleccionar un encabezado incorporado:

a. Haga clic en la lista desplegable **Header** .... `Alt`+`A`

b. Seleccione el tipo deseado de encabezado .... `↕`

Para seleccionar un pie de página incorporado

a. Haga clic en la lista desplegable **Footer** .... `Alt`+`F`

b. Seleccione el tipo deseado de pie de página .... `↕`

Para personalizar el encabezado o pie de página seleccionado:

a. Haga clic en
   `Custom Header...` .... `Alt`+`C`

0

   Haga clic en
   `Custom Footer...` .... `Alt`+`U`

a. Haga clic en la sección que desee cambiar:

   • **Left** .... `Alt`+`L`

   • **Center** .... `Alt`+`C`

   • **Right** .... `Alt`+`R`

b. Escriba o edite el texto .... *texto* que aparecerá en la sección del encabezado o pie de página.

Para cambiar la fuente del texto del encabezado o pie de página:

a. Seleccione el texto al que desee dar formato.

b. Haga clic en el botón Fuente **A** .... `Tab`

   ✓ *Presione Tab hasta que el botón* ***Font*** *quede resaltado.*

c. Haga clic en **Enter** .... `Enter`

d. Seleccione las opciones de fuente deseadas.

e. Haga clic en **OK** .... `↵` , `Enter`

Para insertar un código en un encabezado o pie de página:

a. Coloque el punto de inserción en el lugar donde aparecerá el código.

b. Haga clic en el botón del código deseado .... `Tab`+`↵` de las siguientes opciones:

   ✓ *Presione* ***Tab*** *hasta que el botón del código deseado quede resaltado.*

   🔢 **Page Number** Inserta el código de número de página.

   📄 **Total Pages** Inserta el código de páginas totales.

   📅 **Date** Inserta el código de la fecha actual.

Time Inserta el código de la hora actual.

Filename Inserta el código del nombre del archivo.

Sheet Name Inserta el código del nombre de la hoja activa.

c. Haga clic en **Enter** .... `Enter`

d. Repita los pasos b y c para cada encabezado o pie de página personalizado que desee cambiar.

e. Haga clic en **OK** .... `↵`

4. Haga clic en **OK** .... `↵`

REVISAR ORTOGRAFÍA

1. Seleccione cualquier celda .... `↕`

2. Haga clic en el botón Ortografía .... `ABC`

   O

1. Haga clic en **Tools** .... `Alt`+`T`

2. Haga clic en **Spelling** .... `S`

El cuadro de diálogo Ortografía aparece y Excel muestra la primera palabra que no se encontró en el diccionario arriba del cuadro de texto Cambiar a.

CAMBIAR A VISTA PREVIA DE SALTO DE PÁGINA DE LA HOJA DE CÁLCULO

Desde la hoja de cálculo:

1. Haga clic en **View** .... `Alt`+`V`

2. Haga clic en **Page Break Preview** .... `P`

   O

Desde la Presentación preliminar:

Haga clic en el comando Vista previa de salto de página.

✓ *Los saltos de página automáticos aparecen como líneas punteadas. Los saltos de página que usted inserta de manera manual se ven como líneas gruesas. Excel también marca los números de página. Si define un área de impresión, ésta aparece como un contorno grueso.*

Para regresar a Vista normal:

a. Haga clic en **View** .... `Alt`+`V`

b. Haga clic en **Normal** .... `N`

MOVER UN SALTO DE PÁGINA HORIZONTAL O VERTICAL

1. Cambie a Vista previa de salto de página.

2. Arrastre el salto de página (línea punteada o continua) a la posición deseada.

   ✓ *Los saltos de página automáticos se convierten en saltos de página manuales (líneas continuas) cuando se mueven.*

   ✓ *Si arrastra el salto de página fuera del área de impresión, Excel restablece el salto de página automático.*

RESTABLECER (ELIMINAR) TODOS LOS SALTOS DE PÁGINA

✓ *Este procedimiento no elimina los saltos de página automáticos, que están determinados por el tamaño de la hoja de cálculo y las configuraciones de página, tales como los márgenes y la escala.*

1. Cambie a Vista previa de salto de página.

2. Haga clic con el botón derecho del *mouse* en cualquier celda.

3. Haga clic en **Reset All Page Breaks** en el menú de método abreviado.

AJUSTAR ÁREA DE IMPRESIÓN

1. Cambie a Vista previa de salto de página.

2. Arrastre el borde del área de impresión (contorno oscuro) para definir una nueva área.

RESTABLECER ÁREA DE IMPRESIÓN

1. Cambie a Vista previa de salto de página.

2. Haga clic con el botón derecho del *mouse* en cualquier celda.

3. Haga clic en **Reset Print Area** en el menú de método abreviado.

CAMBIAR A VISTA NORMAL DE LA HOJA DE CÁLCULO

Desde la hoja de cálculo:

1. Haga clic en **View** .... `Alt`+`V`

2. Haga clic en **Normal** .... `N`

   O

Desde la Presentación preliminar:

Haga clic en el comando Normal View.

Ejercicio
15

■ **Imprimir títulos**
■ **Entrada de rangos utilizando el botón Contraer diálogo**

NOTAS

Imprimir títulos

■ Como opción de impresión, es posible imprimir los **títulos de las columnas y filas**, que son las etiquetas de las columnas o filas para la información. Los títulos de columnas y filas se establecen en la ficha Sheet (Hoja) del cuadro de diálogo Page Setup (Configurar página) al seleccionar las columnas o filas con los títulos utilizando el botón Contraer diálogo. Observe la siguiente ilustración que muestra una configuración para imprimir títulos de columnas.

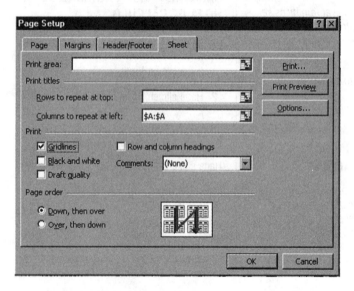

■ Los títulos de columnas y filas se emplean en las siguientes situaciones.

• Los títulos pueden ser útiles al imprimir un rango que es demasiado ancho o demasiado largo para caber en una sola página. Los títulos en la segunda página ayudan a aclarar la información. Los títulos de las columnas o filas que seleccione se repetirán al empezar la segunda página, cuando una hoja de cálculo muy ancha o larga se configura como el rango a imprimir.

• También es posible incluir los títulos cuando desee imprimir una parte de una serie de información de columnas que no tengan títulos de columnas o filas adyacentes a los valores numéricos. Si establece la opción de imprimir los títulos y quiere imprimir una parte de la hoja de cálculo, no debe incluir los títulos de fila o columna en el rango a imprimir.

■ Observe la ilustración A que sigue. Muestra la primera y segunda páginas de una hoja de cálculo demasiado ancha para caber en una sola página (utilizando tamaño al 100%). Puesto que se establecieron títulos para la columna A, ambas páginas muestran las etiquetas contenidas en esta columna.

Ilustración A

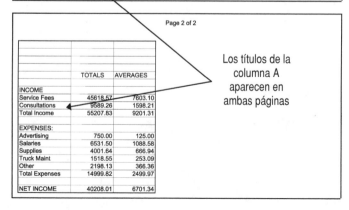

Los títulos de la columna A aparecen en ambas páginas

Entrada de rango utilizando el botón Contraer (Collapse Button) diálogo

■ Al igual que en versiones anteriores de Excel, es posible que necesite insertar celdas o rangos de celdas en los cuadros de diálogo. En Excel 97, los cuadros de diálogo que solicitan insertar referencias de celdas contienen un botón para contraer a la derecha del cuadro. Cuando se hace clic en el botón Contraer, el cuadro de diálogo se hace menor en tamaño, con lo que proporciona acceso a la hoja de cálculo para permitirle seleccionar el rango.

■ Observe la ilustración B que muestra el botón Contraer del cuadro de diálogo Configurar página, que se usa para establecer los títulos de las columnas y filas. La ilustración C muestra cómo se contrae el cuadro de diálogo cuando se hace clic en él para permitirle seleccionar las columnas que se incluirán como títulos que se repiten.

Ilustración B

Botón Contraer

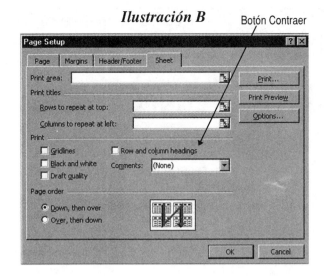

Ilustración C

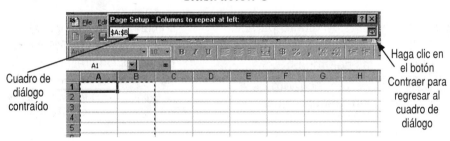

Cuadro de diálogo contraído

Haga clic en el botón Contraer para regresar al cuadro de diálogo

En este ejercicio, creará un estado de ingresos comparativo para la empresa Wilson's Better Gardening Service. Para imprimir solamente la información correspondiente a los últimos tres meses, debe establecer títulos de impresión que se repitan como etiquetas de la primera columna.

INSTRUCCIONES PARA EL EJERCICIO

1. Cree la hoja de cálculo que se ilustra a continuación e inserte los meses arrastrando el controlador de relleno para generar la serie, o abra 🖫**15INCOME**.

2. Establezca el ancho de las columnas como sigue:
   - Columna A: 15
   - Columna B: 3
   - Columnas C-J: 12

3. Obtenga para cada mes:
   - Total income (el ingreso total)
   - Total Expenses (los gastos totales)
   - NET INCOME (el ingreso neto)

4. Encuentre para cada elemento del estado de ingresos:
   - TOTALS (TOTALES)
   - AVERAGE (PROMEDIO)

5. Aplique formato a las columnas de dinero para que muestren dos lugares decimales.

6. Centre todos los títulos de las columnas.

7. Use el botón Contraer diálogo en el cuadro de diálogo Configurar página para establecer la columna A como los títulos que se repetirán al imprimir.

8. Cree un encabezado que incluya el número de página y las páginas totales, centrado en la hoja. Establezca en pie de página en ninguno.

9. Establezca el área de impresión como toda la hoja de cálculo en la ficha Sheet dell cuadro del diálogo Page Setup y asegúrese de que la escala esté configurada al 100% del tamaño normal. Vea ambas páginas de la hoja de cálculo en el modo de Presentación preliminar haciendo clic en Next (Siguiente) en la barra de herramientas Print Preview (Presentación preliminar).

   ✓ *La página uno mostrará la columna A con la información de ENERO a MAYO. La página dos mostrará la columna A con la información de JUNIO a PROMEDIOS. Esto puede variar de acuerdo con la impresora.*

10. Imprima un ejemplar del informe de dos páginas.

11. Cambie de nuevo las columnas C-J al ancho estándar.

12. Imprima un ejemplar de la información abril – junio con títulos de columnas:
    - Resalte las columnas abril - junio. Elija los comandos para imprimir la selección.
    - Vea la selección a imprimir en el modo de Presentación preliminar. (El borde de la columna se estableció con anterioridad.)

    ✓ *La información abril – junio aparecerá con los títulos de columna en la columna A.*

    - Imprima la selección.

13. Guarde el archivo del libro de trabajo; llámelo **INCOME**.

14. Cierre el libro de trabajo.

	A	B	C	D	E	F	G	H	I	J
1			WILSON'S BETTER GARDENING SERVICE							
2			COMPARATIVE INCOME STATEMENT							
3										
4	←15→	►3◄	←12→	←12→	←12→	←12→	←12→	←12→	←12→	←12→
5			JANUARY	FEBRUARY	MARCH	APRIL	MAY	JUNE	TOTALS	AVERAGES
6										
7	INCOME									
8	Service Fees		5342.87	5543.65	6165.87	8343.84	9862.89	10359.45		
9	Consultations		1564.98	1654.76	1689.76	1893.65	1498.62	1287.49		
10	Total Income									
11										
12	EXPENSES:									
13	Advertising		55.00	65.00	150.00	150.00	165.00	165.00		
14	Salaries		754.65	754.65	1255.55	1255.55	1255.55	1255.55		
15	Supplies		154.76	245.65	589.53	769.54	965.62	1276.54		
16	Truck Maint		95.00	125.54	243.98	185.87	543.51	324.65		
17	Other		143.43	43.54	231.65	326.43	654.65	798.43		
18	Total Expenses									
19										
20	NET INCOME									
21										

COMBINACIONES DE TECLAS

ESTABLECER TÍTULOS QUE SE REPETIRÁN AL IMPRIMIR LA HOJA DE CÁLCULO

Establece los títulos a imprimir en las páginas actual y subsecuentes.

1. Haga clic en **File** .... `Alt`+`F`

2. Haga clic en **Page Set**u**p** .... `U`

3. Seleccione la ficha **Sheet** ...... `Ctrl`+`Tab`

Para establecer columnas que se repetirán como títulos al imprimir:

a. Haga clic en **Columns to repeat at left:** .... `Alt`+`C`

b. Haga clic en el botón Contraer .. y seleccione las columnas.

O

Escriba la referencia de la columna.

EJEMPLO: La referencia de celda $A:$A indica la columna A.

✓ *Las columnas tienen que ser contiguas. Para eliminar los títulos a imprimir, suprima la referencia.*

Para establecer filas que se imprimirán como títulos al imprimir:

a. Haga clic en **Rows to repeat at** top........ `Alt`+`R`

b. Haga clic en el botón Contraer .. y seleccione las filas.

O

Escriba la referencia de la fila.

EJEMPLO: La referencia de celda $1:$4 indica las filas 1 a 4.

✓ *Las filas tienen que ser contiguas. Para eliminar los títulos a imprimir, suprima la referencia.*

4. Haga clic en **OK** .... `Enter`

para regresar a la hoja de cálculo.

O

Haga clic en **Print** .... `Alt`+`P`

para imprimir la hoja de cálculo con las configuraciones actuales.

ENTRADA DE RANGO UTILIZANDO EL BOTÓN CONTRAER

En un cuadro de diálogo:

1. Haga clic en el botón Contraer ubicado a la derecha del cuadro de texto ....

   El cuadro de diálogo se contrae para ofrecer una mejor vista de la hoja de cálculo.

2. Seleccione las celdas deseadas.

3. Presione **Enter** .... `Enter`

   O

   Haga clic en el botón Contraer ....

   El cuadro de diálogo regresa a su tamaño normal y la referencia de la hoja de cálculo se inserta en el cuadro de texto.

Ejercicio 16

■ **Resumen**

Su maestro, el señor Harry Cooper, le ha pedido que lo ayude a configurar una hoja de cálculo para organizar sus calificaciones. Él planeó administrar tres exámenes principales en este curso para su clase de Business Marketing 110.

INSTRUCCIONES PARA EL EJERCICIO

1. Cree un archivo de hoja de cálculo que resuma las calificaciones que los estudiantes obtuvieron en sus exámenes. *Use un formato similar al de la ilustración que se presenta más adelante.* Asigne a cada estudiante un número de identificación consecutivo. Empiece con el número 300 que corresponde a Adamson.

   Los estudiantes y sus calificaciones de los exámenes correspondientes a las Pruebas 1, 2 y 3 son:

   ✓ *Algunos estudiantes estuvieron ausentes cuando se aplicaron algunos de los exámenes. Deje la celda en blanco para estos casos. El interlineado se creó para facilitar el copiado de información. Por lo tanto, no deje filas en blanco entre los datos.*

   Adamson: 78, 96, 80
   Barnes: 71, 89, 80
   Costello: 67, 79, 80
   Dionesios: 88, ausente, 80
   Eckert: 90, 70, 73
   Falstaff: 76, 90, 90
   Garcia: 84, 91, 76
   Hamway: 87, 68, 80
   Ianelli: 98, ausente, 70
   Jae Woo: ausente, 80, 70
   Kelly: 75, 90, 93

2. Encuentre para cada estudiante:
   • NUMBER OF TESTS TAKEN (NÚMERO DE EXÁMENES TOMADOS)
   • TEST AVERAGE (PROMEDIO DE LOS EXÁMENES)

3. Cambie el ancho de las columnas a fin de dar cabida a las entradas más largas.

4. Encuentre para cada examen:
   • NO. OF PAPERS (NÚMERO DE EXÁMENES)
   • HIGHEST GRADE (CALIFICACIÓN MÁS ALTA)
   • CLASS AVERAGE (PROMEDIO DEL GRUPO)
   • LOWEST GRADE (CALIFICACIÓN MÁS BAJA)

5. Aplique formato a todos los promedios para que muestren un decimal.

6. Centre todos los títulos de las columnas.

7. Imprima un ejemplar al 75% del tamaño real de la hoja de cálculo. (Su maestro quiere insertar la hoja impresa en un cuaderno.)

8. Edite los nombres y ajuste el ancho de la columna para incluir la inicial del primer nombre de cada estudiante, como se indica a continuación:
   Adamson, M.
   Barnes, F.
   Costello, A.
   Dionesios, A.
   Eckert, S.
   Falstaff, L.
   Garcia, H.
   Hamway, R.
   Ianelli, J.
   Jae Woo, K.
   Kelly, G.

9. Guarde el archivo; llámelo **MKTG.**

BUSINESS MARKETING 110				MR. HARRY COOPER		
EXAM GRADES						
					NO. OF	
					TESTS	TEST
ID #	STUDENT	TEST 1	TEST 2	TEST 3	TAKEN	AVERAGE

Ejercicio 17

- Insertar y suprimir columnas y filas ■ Mover (Cortar/Pegar)
- Arrastrar y colocar ■ Deshacer un comando

NOTAS

Insertar y suprimir columnas y filas

- Es recomendable guardar la hoja de cálculo antes de insertar, suprimir, mover o copiar información, de modo que pueda recuperarse la hoja de cálculo original en caso de algún error.

- Es posible insertar o eliminar columnas y/o filas para modificar la estructura de una hoja de cálculo.

- Cuando se **inserta** una columna o fila, se crea un área en blanco. Las columnas o filas existentes se desplazan para dar cabida al espacio recién creado. Para insertar una columna o fila, seleccione la posición de dicha columna o fila y haga clic en Insert (Insertar), Columns (Columnas) o Insert (Insertar), Rows (Filas).

- Cuando se **suprime** una columna o fila, toda la información de dicha columna o fila se elimina. Las columnas o filas existentes se desplazan para llenar el espacio que se produce con la eliminación.

Mover (Cortar/Pegar)

- Cuando la información se **mueve,** se retira (corta) de una posición y vuelve a insertarse (pegarse) en otra ubicación. Es posible elegir sobrescribir la información, o insertar los datos y desplazar los existentes.

Arrastrar y colocar

- Puede mover la información mediante una combinación de cortar y pegar, como se explicó anteriormente, o si selecciona el rango y lo arrastra a la ubicación en la que desee pegarlo (procedimiento conocido como **arrastrar y colocar**). Para arrastrar y colocar datos, arrastre el borde del rango seleccionado a la nueva posición.

- Al arrastrar y colocar la información, ésta se pega en la nueva posición y se corta (suprime) de la anterior. Si la información se arrastra a una celda que contiene datos, se le preguntará si desea sobrescribir la información existente. Si desea insertar la información arrastrada entre celdas o filas sin borrar los datos existentes, presione Ctrl + Shift y arrastre el contorno de inserción sobre el punto de inserción de la fila o columna en la línea de división. Esto constituye, en esencia, un procedimiento de copiar y pegar.

- Al insertar, eliminar, mover o copiar información, es posible que las fórmulas se afecten. Asegúrese de que estas últimas sean las correctas después de una operación de insertar, borrar, mover o copiar.

- El formato de la información se moverá o copiará junto con ésta.

Deshacer un comando

- Como se explicó en el Ejercicio 13, cualquier acción de edición puede revertirse mediante los comandos Edit (Edición), Undo (Deshacer). Por ejemplo, si arrastra y coloca información y se da cuenta de que no se movió de manera correcta, use esta característica. Como se muestra en la ilustración, la característica Deshacer indica específicamente el nombre de la última edición a deshacer. Los botones Deshacer/Rehacer 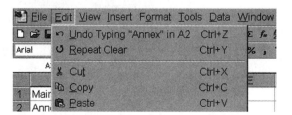 de la barra de herramientas Estándar tienen las mismas funciones y cualquiera de los dos métodos puede utilizarse para deshacer una serie de ediciones.

En este ejercicio, insertará, eliminará y moverá columnas y filas a fin de incluir información adicional en la hoja de cálculo de la nómina del Summit United Bank. Además, creará una nueva hoja de cálculo para la nómina, enseguida de la ya existente, correspondiente al nuevo periodo de pago.

INSTRUCCIONES PARA EL EJERCICIO

1. Abra ⌨**PAY**, o abra 💾**17PAY**.

2. Aplique los siguientes cambios en la primera nómina, como se ilustra en la página que sigue:
   - Inserte una nueva columna A. (Seleccione la columna A y haga clic en Insertar, Columna.)
   - Mueva toda la información de la columna EMPLOYEE NAME a la columna A. (Trate de usar Arrastrar y colocar. Use Edición, Deshacer, si comete alguna equivocación al moverla.) Ajuste el ancho de la columna.
   - Establezca el ancho de la columna C en 11 e introduzca y centre la etiqueta Social Sec. No. como título de la columna.
   - Inserte los números del seguro social que se indican a continuación:

Diaz	069-65-4532
Jaffe	123-75-7623
Latov	107-53-6754
Nestor	103-87-5698
Pringle	127-78-0045
Wong	043-67-7600

   - Copie el título y la información de la columna Social Security Number de la nómina correspondiente al 7 de abril a la del 14 de abril.
   - Copie la nómina completa del 14 de abril, incluyendo el título, a una nueva posición debajo de la hoja de cálculo existente.

3. Aplique los siguientes cambios en la nómina de la parte inferior:
   - Edite el título para que diga:
     FOR THE WEEK ENDING APRIL 21, 199- (PARA LA SEMANA QUE TERMINA EL 21 DE ABRIL DE 199-)
   - Elimine la fila que contiene la información relativa a Jaffe.
   - Inserte una fila en donde sea necesario para mantener el orden alfabético a fin de incluir a un empleado nuevo llamado Suraci.
   - Introduzca la siguiente información correspondiente a Suraci.

Card Number (Número de tarjeta):	14967
S.S. No (Núm. del Seguro Social):	146-93-0069
Hourly Rate (Tarifa por hora):	6.25

   - Edite la columna HOURS WORKED como sigue:

Diaz	22
Latov	33
Nestor	21
Pringle	16
Suraci	18
Wong	28

   - Copie las fórmulas de la nómina para completar la información relativa a SURACI.

4. Aplique formato a la información, en caso necesario.

5. Imprima un ejemplar de las tres nóminas de modo que ocupen una página.

6. Cierre y guarde el archivo del libro de trabajo, o guárdelo como **PAY**.

	A	B	C	D	E	F	G	H	I
1	SUMMIT UNITED BANK PAYROLL				Insertar nueva columna A				
2	FOR THE WEEK ENDING APRIL 7, 199-								
3		Mover							
4	Card	Employee	Hourly	Hours	Gross	Social	Medicare		
5	Number	Name	Rate	Worked	Pay	Sec. Tax	Tax	F.W.T.	Net Pay
6									
7	13567	Diaz	5.55	15	83.25	5.16	1.21	16.65	60.23
8	13750	Jaffe	7.23	32	231.36	14.34	3.35	46.27	167.39
9	13816	Latov	6.18	16	98.88	6.13	1.43	19.78	71.54
10	13925	Nestor	4.66	28	130.48	8.09	1.89	26.10	94.40
11	14345	Pringle	6.57	12	78.84	4.89	1.14	15.77	57.04
12	14715	Wong	8.65	21	181.65	11.26	2.63	36.33	131.42
13									
14	TOTALS				804.46	49.88	11.66	160.89	582.03
15	AVERAGES				134.08	8.31	1.94	26.82	97.00
16									
17									
18	FOR THE WEEK ENDING APRIL 14, 199-								
19									
20	Card	Employee	Hourly	Hours	Gross	Social	Medicare		
21	Number	Name	Rate	Worked	Pay	Sec. Tax	Tax	F.W.T.	Net Pay
22									
23	13567	Diaz	5.55	20	111.00	6.88	1.61	22.20	80.31
24	13750	Jaffe	7.23	31	224.13	13.90	3.25	44.83	162.16
25	13816	Latov	6.18	23	142.14	8.81	2.06	28.43	102.84
26	13925	Nestor	4.66	22	102.52	6.36	1.49	20.50	74.17
27	14345	Pringle	6.57	15	98.55	6.11	1.43	19.71	71.30
28	14715	Wong	8.65	25	216.25	13.41	3.14	43.25	156.46
29									
30	TOTALS				894.59	55.46	12.97	178.92	647.24
31	AVERAGES				149.10	9.24	2.16	29.82	107.87
32									
33		Copiar							
34									

COMBINACIONES DE TECLAS

INSERTAR COLUMNAS/FILAS

*Inserta columnas o filas en blanco y
desplaza las columnas o filas existentes
para abrir espacio para la inserción.*

1. Seleccione tantas columnas o filas
   adyacentes como quiera agregar a la
   hoja de cálculo.

   ✓ *Asegúrese de seleccionar la columna o
   fila completa. Las columnas nuevas se
   colocarán a la izquierda de las columnas
   resaltadas. Las filas nuevas se colocarán
   encima de las filas resaltadas.*

2. Haga clic en **Insert** .... `Alt` + `I`

3. Haga clic en **Columns** .... `C`

   O

   Haga clic en **Rows** .... `R`

INSERTAR COLUMNAS/FILAS UTILIZANDO EL *MOUSE*

*Inserta columnas o filas en blanco y
desplaza las columnas o filas existentes
para abrir espacio para la inserción.*

1. Seleccione tantas columnas o filas
   como desee insertar.

2. Haga clic con el botón derecho del
   mouse en cualquier parte de la
   selección.

   Aparece un menú emergente.

3. Haga clic en **Insert** .... `I`

4. Seleccione la opción en el cuadro de
   diálogo Insertar.

5. Haga clic en **OK** .... `Enter`

ELIMINAR COLUMNAS/FILAS

*Borra las columnas o filas y la información
que contienen. Las columnas o filas
existentes se desplazan para llenar el
espacio que produce la eliminación.*

1. Seleccione la(s) columna(s) o fila(s)
   que desee eliminar.

   ✓ *Asegúrese de seleccionar la columna
   o la fila completa. Cuando se elimina
   más de una fila o columna, seleccione
   columnas o filas adyacentes.*

2. Haga clic en **Edit** .... `Alt` + `E`

3. Haga clic en **Delete** .... `D`

MOVER (CORTAR/PEGAR) UTILIZANDO EL MENÚ

*Mueve la información en una celda o rango
de celdas a otra área.*

1. Seleccione la celda o rango que desee
   mover.

2. Haga clic en **Edit** .... `Alt` + `E`

3. Haga clic en **Cut** .... `T`

4. Seleccione la celda o rango que
   recibirá la información.

   ✓ *Sólo tiene que especificar la primera celda
   de la izquierda. El rango de destino puede
   localizarse en otro libro de trabajo u hoja
   de cálculo.*

**Para mover y <u>sobrescribir</u> información
existente en las celdas de destino:**

- Presione **Enter** .... `Enter`

Para mover e <u>insertar</u> entre celdas existentes:

a. Haga clic en **Insert** .... `Alt` + `I`

b. Haga clic en **Cells** .... `E`

c. Si se le pregunta, seleccione la
   opción **Insert Paste**:

   - **Shift cells right** .... `R`

   - **Shift cells down** .... `D`

MOVER (ARRASTRAR Y COLOCAR)

*Mueve la información en una celda o rango
de celdas a otra área.*

1. Seleccione la celda o rango que desee
   cortar.

2. Mueva el puntero del *mouse* al borde
   del rango.

   *El puntero se convierte en
   una* ↖.

**Para mover y <u>sobrescribir</u> información
existente en las celdas de destino:**

a. Arrastre el contorno del borde a la
   nueva posición.

b. Haga clic en **OK** .... `Enter`

Para mover e <u>insertar</u> entre celdas existentes:

a. Oprima **Shift** y
   arrastre .... `Shift` +*arrastrar*
   el contorno de inserción sobre la línea
   de división de la fila o columna.

✓ *Si arrastra el contorno de inserción
sobre la línea de división de una
columna, las celdas se desplazan a la
derecha, y si arrastra sobre la línea de
división de una fila, las celdas se
desplazan hacia abajo.*

b. Suelte el botón del *mouse* y luego la
   tecla.

COPIAR (ARRASTRAR Y COLOCAR)

*Copia información en una celda o rango de
celdas a otra área.*

1. Seleccione la celda o rango que desee
   copiar.

2. Mueva el puntero del *mouse* al borde
   del rango.

   El puntero se convierte en una ↖.

**Para copiar y <u>sobrescribir</u> información
existente en las celdas de destino:**

a. Presione **CTRL** y
   arrastre .... `Ctrl` + *arrastrar*
   el contorno del borde a la nueva posición.

b. Suelte la tecla y luego el botón del *mouse*.

c. Haga clic en **OK** .... `Enter`

Para copiar e <u>insertar</u> entre celdas existentes:

a. Presione **CTRL + Shift** y arrastre el
   contorno de
   inserción.......... `Ctrl` + `Shift` +*arrastrar*
   sobre la línea de división de la fila o
   columna.

✓ *Si arrastra el contorno de inserción
sobre la línea de división de una
columna, las celdas se desplazan a la
derecha; si arrastra sobre la línea de
división de una fila, las celdas se
desplazan hacia abajo.*

b. Suelte el botón del *mouse* y luego la
   tecla.

DESHACER UN COMANDO

✓ *Para deshacer con éxito un comando,
elija Deshacer antes de seleccionar
cualquier otro comando. No todos los
comandos pueden deshacerse.*

Haga clic en el botón **Undo** .... ↺
en la barra de herramientas Estándar.

O

Presione **Ctrl+Z** .... `Ctrl` + `Z`

O

a. Haga clic en **Edit** .... `Alt` + `E`

b. Haga clic en **Undo** .... `U`

Ejercicio

18

■ **Copiar y pegado especial** ■ **Transponer información**
■ **Autocorrección**

NOTAS

Copiar y pegado especial (Paste Special)

■ Pegado especial es una característica que le proporciona mayor control sobre el proceso de pegar cuando se copia información. Como se muestra abajo en la ilustración del cuadro de diálogo Pegado especial, usted puede:

- Especificar qué características de la selección deben copiarse (Opciones de pegar).

- Especificar cómo debe combinarse la información cuando el área de pegado contiene datos (Opciones de operación).

- Saltar espacios en blanco.

- Transponer información.

- Crear un vínculo para pegar.

Cuadro de diálogo Pegado especial

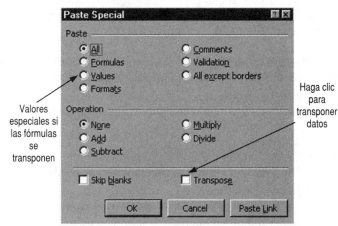

Valores especiales si las fórmulas se transponen

Haga clic para transponer datos

Transponer información

■ Es posible transponer información para copiar y volver a ordenar los datos. Por ejemplo, si los datos del área de copiado están organizados en columnas, los datos se pegarán en filas y viceversa.

✓ *Observe el ejemplo de arriba a la derecha: las etiquetas de la columna B, al transponerse, se copian a la fila 5.*

	A	B	C	D	E	F	G
1							
2							
3		JAN					
4		FEB					
5		MAR		JAN	FEB	MAR	

■ Para transponer fórmulas, seleccione la opción Paste Values (Pegar Valores) y la casilla Transpose (Transponer) en el cuadro de diálogo Paste Special (Pegado especial). Esta selección asegura que sólo los valores se transpongan a la nueva posición y no las fórmulas. No es posible transponer fórmulas con el comando sencillo Pegar, puesto que las referencias de las celdas no son válidas en la nueva posición.

Autocorrección (AutoCorrect)

■ La característica Autocorrección cambia de
manera automática el texto según se escribe si
la palabra mal escrita u error ortográfico se
encuentra en el diccionario o si usted, de
antemano, especifica las palabras que
habitualmente teclea incorrectamente. Esta
función corrige también de manera automática el
uso de minúsculas con los días de la semana
(en inglés), el uso accidental de la tecla Bloqueo
de mayúsculas, pone en mayúscula la primera
letra de una oración y corrige el uso incorrecto
de dos letras mayúsculas seguidas al inicio de
una palabra. Observe la ilustración del cuadro
de diálogo Autocorrección (derecha).

Cuadro de diálogo Autocorrección

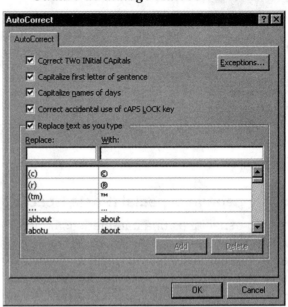

En este ejercicio, insertará un nuevo concepto de gasto en la hoja de cálculo de Wilson's Better
Gardening Service y practicará el uso de la característica Autocorrección. Además, usará datos
transpuestos del estado de ingresos para preparar un análisis de dicho estado.

INSTRUCCIONES PARA EL EJERCICIO

1. Abra **INCOME**, o abra **18INCOME**.

2. Elimine la columna B.

3. Establezca el ancho de las columnas B a H en
   10.

Para incluir un gasto por concepto de interés mensual de $25:

- Inserte una fila entre Truck Maintenance y Other.
- Inserte la etiqueta: Interest.
- Escriba $25 en cada mes.
- Copie las fórmulas de TOTALS (TOTALES) y
  AVERAGES (PROMEDIOS) a la línea de interés.
- Aplique formato a la línea de interés para que las
  cantidades muestren dos decimales.

4. Inserte el título nuevo y las etiquetas de las
   columnas debajo de la hoja de cálculo
   existente, como se ilustra.

5. Centre las etiquetas de las columnas.

6. Practique el uso de la característica
   Autocorrección haciendo lo siguiente:
   - En la celda A24 escriba saturday. Observe la
     corrección a Saturday.

- En la celda A25 escriba FRiday. Observe la
  corrección a Friday.
- En la celda A26 escriba INcome. Observe la
  corrección a Income.
- Borre la información de las celdas A24, A25 y
  A26.

7. Practique cómo se inserta una palabra en la
   lista de reemplazo de Autocorrección como
   sigue:
   - ✓ *Si siempre escribe advertising como advertsing, podría
     colocar esa corrección en el cuadro de reemplazo
     automático.*
   - Seleccione la característica AutoCorrect
     (Autocorrección) en el menú Tools
     (Herramientas).
   - En el cuadro Replace (Reemplazar) escriba la
     versión mal escrita de la palabra (advertsing).
   - En el cuadro With (Con) escriba la versión
     correcta de la palabra (advertising).
   - En A13 escriba Advertsing usando la versión
     incorrecta.
   - Observe la corrección a Advertising.

8. Transponga los títulos de las columnas JANUARY a JUNE, incluyendo TOTALS y excluyendo AVERAGES, para que se conviertan en títulos de fila de la columna A en el rango A31:A37.

9. Transponga la información de Total Income de JANUARY a JUNE, incluyendo TOTALS y excluyendo AVERAGES, para que se convierta en información de fila de la columna B en el rango B31:B37.
   ✓ *Asegúrese de seleccionar la opción Paste Values (Pegar valores) al transponer las fórmulas.*

10. Transponga la información de Total Expenses de JANUARY a JUNE, incluyendo TOTALS y excluyendo AVERAGES, para que se convierta en información de fila de la columna D en el rango D31:D37
   ✓ *Asegúrese de seleccionar la opción Paste Values (Pegar valores) al transponer las fórmulas.*

11. Transponga la información correspondiente a NET INCOME de las columnas JANUARY a JUNE, incluyendo TOTALS y excluyendo AVERAGES, para convertirla en información de fila de la columna F en el rango F31:F37.

✓ *Asegúrese de seleccionar la opción Paste Values (Pegar valores) al transponer las fórmulas.*

12. Inserte las fórmulas de las columnas % OF TOTAL para obtener qué porcentaje representa cada concepto del total de los seis meses.
   Sugerencia: Use la referencia absoluta en la fórmula.

13. Use AutoSum (Autosuma) para obtener el total las cantidades de las columnas % of TOTAL, que debe ser igual a 100%.

14. Aplique formato a las columnas % OF TOTAL en estilo porcentual con un decimal.

15. Imprima un ejemplar de toda la hoja de cálculo de modo que se ajuste al tamaño de una página.

16. Cierre y guarde el archivo del libro de trabajo, o guárdelo como **INCOME**.

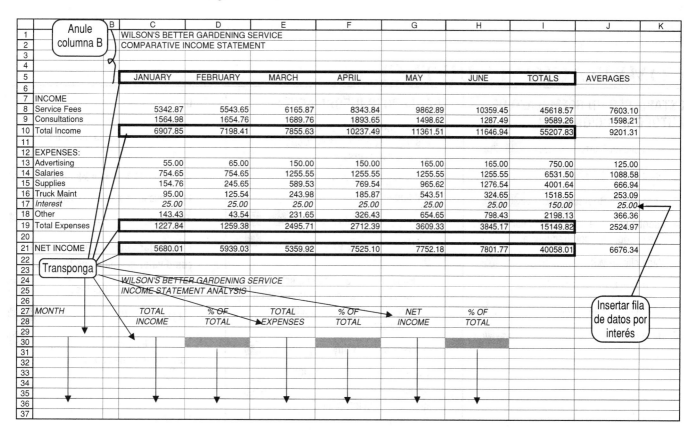

COMBINACIONES DE TECLAS

ESTABLECER UN REEMPLAZO DE AUTOCORRECCIÓN

1. Haga clic en **Tools**.................. `Alt`+`T`

2. Haga clic en **AutoCorrect**................. `A`

3. Haga clic en **Replace** .... `Alt`+`R`

4. Escriba una abreviatura o una palabra que escriba mal con frecuencia.

5. Haga clic en **With** .... `W`

6. Escriba el texto de reemplazo.

7. Haga clic en **Add** .... `A`

8. Haga clic en **OK**........................... `Enter`

TRANSPONER INFORMACIÓN

Copia y transpone información organizada de manera horizontal a vertical y viceversa.

1. Seleccione el rango que desee transponer.

2. a. Haga clic en **Edit**............... `Alt`+`E`

   b. Haga clic en **Copy**...................... `C`

   O

   a. Haga clic con el botón derecho del *mouse* en una celda de la selección para abrir el menú de método abreviado.

   b. Haga clic en **Copy**...................... `C`

3. Haga clic en la celda superior izquierda....................................... `↔↕`
   que recibirá la información transpuesta.

4. a. Haga clic en **Edit**............... `Alt`+`E`

   b. Haga clic en **Paste Special**........ `S`

O

   c. Haga clic con el botón derecho del *mouse* en la celda de destino para abrir el menú de método abreviado.

   d. Haga clic en **Paste Special**........ `S`

5. Haga clic en la casilla de selección

   Transpose .... `E`

   Para pegar información transpuesta como valores y no como fórmulas.

   • Haga clic en **Values** .... `V`

6. Haga clic en **OK**.......................... `Enter`

7. Presione **Escape** .... `Esc`
   para terminar de copiar.

Ejercicio

19

- ■ **Inmovilizar títulos** ■ **Dividir en paneles**
- ■ **Indicadores de desplazamiento en pantalla**
- ■ **Crear un nuevo libro de trabajo** ■ **Seleccionar libro de trabajo**
- ■ **Copiar y pegado especial (Extraer información)**

NOTAS

■ Excel provee dos métodos para trabajar con hojas de cálculo de gran tamaño: inmovilizar los títulos para mantenerlos a la vista y dividir la ventana en dos o cuatro paneles.

Inmovilizar títulos (Freeze Titles)

■ Para mantener los encabezados o títulos a la vista en el borde izquierdo o superior de la hoja de cálculo al desplazarse, debe mantenerlos, o **inmovilizarlos,** en su lugar. Seleccione la fila debajo o la columna a la derecha de la información que va a inmovilizar y luego seleccione Window (Ventana), Freeze Panes (Inmovilizar paneles). Para cancelar la inmovilización, haga clic en Window (Ventana), Unfreeze Panes (Movilizar paneles).

Dividir en paneles (Split Panes)

■ Para ver a la vez secciones diferentes de una hoja de cálculo extensa, puede **dividirla** en sentido horizontal o vertical, de este modo la información permanece visible en todas las áreas de las ventanas al mismo tiempo. Para dividir la hoja de cálculo en paneles, haga clic en Window (Ventana), Split (Dividir); use Window (Ventana), Remove Split (Quitar división) para eliminar la separación.

- • Cuando se divide una ventana *verticalmente* (al colocar el cursor en una posición de la Fila 1), los paneles se mueven juntos al desplazarse hacia arriba o hacia abajo, pero lo hacen de manera independiente al desplazarse a la izquierda o derecha.

- • Cuando se divide una ventana *horizontalmente* (al colocar el cursor en una posición de la Columna A), los paneles se mueven juntos al desplazarse a la izquierda o derecha, pero lo hacen de manera independiente al desplazarse hacia arriba o hacia abajo.

- • Si coloca el cursor en medio de la hoja de cálculo, ésta se dividirá en cuatro paneles que se desplazan como una división horizontal.

■ Cuando se inmoviliza una hoja de cálculo dividida, el panel superior y/o izquierdo no se mueve a medida que usted se desplaza por otra sección de la hoja de cálculo.

Indicadores de desplazamiento en pantalla

■ Arrastre el cuadro de desplazamiento de las barras de desplazamiento horizontal y vertical para avanzar o retroceder en una hoja de cálculo extensa. Cuando se mueve el cuadro de desplazamiento, Excel muestra una indicación de los números de la fila o columna cercanos al cuadro de desplazamiento a medida que desplaza por la hoja de cálculo. Observe la ilustración siguiente:

Crear un nuevo libro de trabajo

■ Para crear un libro de trabajo nuevo con el fin de almacenar información nueva o extraída, utilice el comando New (Nuevo) del menú File (Archivo).

Seleccionar un libro de trabajo

■ Cuando trabaje con más de un libro de trabajo abierto a la vez, puede usar el menú Ventana para seleccionar el nombre del libro de trabajo que desee activar.

Copiar y pegado especial

■ Use los comandos <u>C</u>opy (Copiar) y Paste <u>S</u>pecial (Pegado especial) para copiar una parte de una hoja de cálculo a otro libro de trabajo.

■ Las opciones para pegar le permiten seleccionar qué parte del contenido de la celda debe pegarse. Las opciones son:

A<u>l</u>l (Todo) Reemplaza las celdas del área de pegado con todas las fórmulas, formatos y notas contenidos en las celdas copiadas.

<u>F</u>ormulas (Fórmulas) Pega información que existe en la barra de fórmulas de las celdas copiadas (las fórmulas propiamente dichas).

✓ *Nota: Las referencias relativas de celdas contenidas en las fórmulas se ajustarán.*

<u>V</u>alues (Valores) Pega información tal como aparece en las celdas copiadas (los resultados de las fórmulas).

Forma<u>t</u>s (Formatos) Pega sólo los formatos de las celdas.

<u>C</u>omments (Comentarios) Pega sólo los comentarios que las celdas puedan contener.

Validatio<u>n</u> (Validación) Pega las reglas de validación de datos de las celdas copiadas.

All e<u>x</u>cept borders (Todo excepto bordes) Pega todo el contenido y formatos de la celda, con excepción de los bordes.

■ En el cuadro de diálogo Pegado especial, las opciones para pegar <u>F</u>ormulas y <u>V</u>alues afectan el resultado de la acción de pegado. Seleccione Fórmulas para extraer valores, etiquetas y fórmulas *exactamente como existen*. Seleccione Valores para extraer valores, etiquetas *y los resultados de las fórmulas*. Debe seleccionar Valores si el rango a extraer contiene fórmulas que se refieran a celdas fuera del área de copiado.

En este ejercicio, dividirá los datos por información trimestral. Para hacer esto, debe insertar y eliminar columnas. Sin embargo, debido a que insertar o suprimir columnas de la parte superior de la hoja de cálculo afectará la sección inferior, extraerá la parte inferior de la hoja de cálculo, la guardará en otro archivo y la borrará del original. La parte superior de la hoja de cálculo, a su vez, se ampliará y editará.

INSTRUCCIONES PARA EL EJERCICIO

1. Abra 🖳**INCOME**, o abra 🖫**19INCOME**.

2. Abra un nuevo libro de trabajo en blanco y use el menú Ventana para regresar al libro INCOME.

3. Para usar los comandos Copiar y Pegado especial a fin de extraer la parte correspondiente al análisis del estado de ingresos a un libro de trabajo nuevo, haga lo siguiente:
   - Seleccione la sección Income Statement Analysis de la hoja de cálculo.
   - Haga clic en Edit (Edición), Copy (Copiar).
   - Cambie al libro de trabajo nuevo.
   - Haga clic en Edit (Edición), Paste Special (Pegado especial), Values (Valores).
   - Guarde el archivo del libro de trabajo nuevo como **ISANA**.

   ✓ *Seleccione la opción Valores en el cuadro de diálogo Pegado especial para asegurar que los resultados de las fórmulas sean los que se copien y no las fórmulas mismas.*

4. Regrese al libro de trabajo INCOME y elimine la parte correspondiente a Income Statement Analysis de la hoja de cálculo INCOME.

5. Inserte una columna entre MARCH (MARZO) y APRIL (ABRIL) y escriba el título de columna centrado:
   1ST QTR.
   TOTALS

6. Inserte una columna entre JUNE (JUNIO) y TOTALS (TOTALES) y escriba el título de columna centrado:
   2ND QTR.
   TOTALS

7. Edite el título de la columna TOTALS para que diga:
   COMBINED
   TOTALS

8. Elimine la columna AVERAGES.

9. Encuentre los totales para el primer trimestre y aplique formato con dos decimales.

10. Copie la fórmula a los conceptos restantes.

11. Copie las fórmulas de la columna 1ST QTR. TOTALS a la columna 2ND QTR. TOTALS.

12. Edite la fórmula de la columna COMBINED TOTALS para sumar los totales del primero y segundo trimestres.

13. Inmovilice los títulos de la columna A.

14. Practique el uso de la barra de desplazamiento para mostrar los indicadores de desplazamiento en pantalla moviendo el cuadro de desplazamiento horizontal para ir a una posición en la hoja de cálculo que permita insertar datos en la columna K.

15. Introduzca la información del tercer trimestre así como los encabezados de columna que se indican a continuación en la siguiente columna disponible de su hoja de cálculo.

16. Copie y edite las fórmulas en donde sea necesario para completar la hoja de cálculo.

17. Encuentre los totales para el tercer trimestre.

18. Copie la fórmula a los elementos restantes.

19. Centre las etiquetas de los títulos de las columnas.

20. Dé formato a los datos numéricos para que muestren dos decimales.

21. Guarde el archivo, o guárdelo como **INCOME**.

22. Imprima un ejemplar de INCOME que se ajuste al tamaño de una página.

23. Cambie al libro de trabajo **ISANA**.

24. Centre los títulos de las columnas, dé formato a los datos porcentuales para mostrar porcentajes con un decimal y ajuste el ancho de las columnas según se necesite.

25. Vuelva a guardar **ISANA**, y luego imprima un ejemplar.

26. Cierre los dos archivos de libros de trabajo.

	A	K	L	M
1				
2				
3				
4				
5		JULY	AUGUST	SEPTEMBER
6				
7	INCOME			
8	Service Fees	11986.45	11050.65	10573.87
9	Consultations	1343.27	1186.87	965.78
10	Total Income			
11				
12	EXPENSES:			
13	Advertising	165.00	165.00	150.00
14	Salaries	1255.55	1255.55	1255.00
15	Supplies	1887.98	1667.09	1654.98
16	Truck Maint	486.98	245.90	327.65
17	Interest	25.00	25.00	25.00
18	Other	674.79	543.87	476.98
19	Total Expenses			
20				
21	NET INCOME			

	A	B	C	D	E	F	G	H	I
1		WILSON'S BETTER GARDENING SERVICE							
2		COMPARATIVE INCOME STATEMENT			*Inserte fórmula de la columna 1st QTR.TOTAS*		*Inserte fórmula de la columna 2nd QTR.TOTAS*		*Anule columna*
3									
4									
5		JANUARY	FEBRUARY	MARCH	APRIL	MAY	JUNE	TOTALS	AVERAGES
6									
7	INCOME								
8	Service Fees	5342.87	5543.65	6165.87	8343.84	9862.89	10359.45	45618.57	7603.10
9	Consultations	1564.98	1654.76	1689.76	1893.65	1498.62	1287.49	9589.26	1598.21
10	Total Income	6907.85	7198.41	7855.63	10237.49	11361.51	11646.94	55207.83	9201.31
11									**delete column**
12	EXPENSES:								
13	Advertising	55.00	65.00	150.00	150.00	165.00	165.00	750.00	125.00
14	Salaries	754.65	754.65	1255.55	1255.55	1255.55	1255.55	6531.50	1088.58
15	Supplies	154.76	245.65	589.53	769.54	965.62	1276.54	4001.64	666.94
16	Truck Maint	95.00	125.54	243.98	185.87	543.51	324.65	1518.55	253.09
17	Interest	25.00	25.00	25.00	25.00	25.00	25.00	150.00	25.00
18	Other	143.43	43.54	231.65	326.43	654.65	798.43	2198.13	366.36
19	Total Expenses	1227.84	1259.38	2495.71	2712.39	3609.33	3845.17	15149.82	2524.97
20									
21	NET INCOME	5680.01	5939.03	5359.92	7525.10	7752.18	7801.77	40058.01	6676.34
22									
23									
24		WILSON'S BETTER GARDENING SERVICE							
25		INCOME STATEMENT ANALYSIS							
26									*Extraer un nuevo cuaderno de ejercicios y guardarlo como ISANA*
27	MONTH	TOTAL	% OF	TOTAL	% OF	NET	% OF		
28		INCOME	TOTAL	EXPENSES	TOTAL	INCOME	TOTAL		
29									
30	JANUARY	6907.85	12.5%	1227.84	8.1%	5680.01	14.2%		
31	FEBRUARY	7198.41	13.0%	1259.38	8.3%	5939.03	14.8%		
32	MARCH	7855.63	14.2%	2495.71	16.5%	5359.92	13.4%		
33	APRIL	10237.49	18.5%	2712.39	17.9%	7525.1	18.8%		
34	MAY	11361.51	20.6%	3609.33	23.8%	7752.18	19.4%		
35	JUNE	11646.94	21.1%	3845.17	25.4%	7801.77	19.5%		
36	TOTALS	55207.83	100.0%	15149.82	100.0%	40058.01	100.0%		
37									

COMBINACIONES DE TECLAS

COPIAR Y PEGADO ESPECIAL (EXTRAER INFORMACIÓN)

Copia una parte de la hoja de cálculo en uso a un nuevo libro de trabajo.

1. Copie el rango que desee extraer al portapapeles:

   a. Seleccione el rango de la hoja de cálculo que desee extraer.

   b. Haga clic en **Edit**............... Alt + E

   c. Haga clic en **Copy** C

2. Abra un nuevo libro de trabajo:

   a. Haga clic en **File**............... Alt + F

   b. Haga clic en **New** .... N

   O

   Haga clic en el botón

   New Workbook .... 🗋

   – DESDE EL NUEVO LIBRO DE TRABAJO –

3. Use el comando Pegado especial:

   a. Haga clic en **Edit** .... Alt + E

   b. Haga clic en **Paste Special** .... S

   c. Haga clic en **Values** V

      para copiar la información tal como aparece en las celdas (resultados de las fórmulas).

   O

   Haga clic en **Formulas** .... F

   para copiar los datos tal como se muestran en la barra de fórmulas (fórmulas).

   ✓ *Sólo las referencias relativas de celdas contenidas en las fórmulas se ajustarán.*

   d. Haga clic en **OK** .... Enter

4. Guarde y dé un nombre al nuevo libro de trabajo.

   a. Haga clic en **File** .... Alt + F

   b. Haga clic en **Save As** .... A

   c. Escriba el nombre del archivo nuevo................... *nombre de archivo*

   ✓ *El nombre de archivo que escriba reemplazará el nombre predeterminado que Excel asigna al libro de trabajo.*

   d. Haga clic en **OK** .... Enter

CREAR UN LIBRO DE TRABAJO NUEVO

Abre un nuevo libro de trabajo con base en la plantilla predeterminada.

- Haga clic en el botón

  New Workbook .... 🗋
  en la barra de herramientas Estándar.

  O

1. Haga clic en **File** .... Alt + F

2. Haga clic en **New** .... N

SELECCIONAR UN LIBRO DE TRABAJO

✓ *Cuando trabaje con más de un libro de trabajo abierto, es posible que el libro que desea utilizar se encuentre oculto o reducido a un icono. Para usar el libro de trabajo, debe seleccionar la ventana de dicho libro o abrir su icono.*

Para seleccionar la ventana de un libro de trabajo:

- Haga clic en cualquier parte de la ventana del libro de trabajo.

  O

1. Haga clic en **Window** .... `Alt`+`W`
2. Seleccione el nombre del libro de trabajo .... `↕`, `↵`
   que aparecerá en la parte inferior del menú.

Para abrir el icono de un libro de trabajo:

- Haga doble clic en el icono del libro de trabajo.

  O

1. Haga clic en **Window** .... `Alt`+`W`
2. Seleccione el nombre del libro de trabajo .... `↕`, `↵`
   que aparecerá en la parte inferior del menú.

DIVIDIR LA HOJA DE CÁLCULO EN PANELES UTILIZANDO LOS CUADROS DE DIVISIÓN

Proporciona desplazamiento simultáneo de hasta cuatro paneles. Es posible inmovilizarlos (ver a la derecha) para evitar que el panel izquierdo, superior, o ambos se desplacen.

✓ *Si las barras de desplazamiento no se muestran en los paneles, consulte ESTABLECER PREFERENCIAS PARA VER, en la página 212.*

1. Señale el cuadro de división horizontal ▭ o vertical ▯ en la barra de desplazamiento.

   El puntero se convierte en ⇕ o en ⬌.

2. Arrastre ⇕ o ⬌ a lo largo de la barra de desplazamiento hasta que la barra de división se coloque en la posición deseada.

DIVIDIR UNA HOJA DE CÁLCULO EN PANELES UTILIZANDO EL MENÚ

Proporciona desplazamiento simultáneo de hasta cuatro paneles. Es posible inmovilizarlos (ver a la derecha) para evitar que el panel izquierdo, superior, o ambos se desplacen.

1. Seleccione la fila debajo de la cual se marcará la división horizontal.

   O

   Seleccione la columna a la derecha de la cual se marcará la división vertical.

   O

   Seleccione la celda debajo y a la derecha de la cual se marcarán las divisiones horizontal y vertical.

2. Haga clic en **Window** .... `Alt`+`W`
3. Haga clic en **Split** .... `S`

ELIMINAR BARRAS DE DIVISIÓN

- Haga doble clic en cualquier parte de la barra de división.

  O

1. Haga clic en **Window** .... `Alt`+`W`
2. Haga clic en **Remove Split** .... `S`

AJUSTAR LOS PANELES DE LA HOJA DE CÁLCULO

1. Señale el cuadro de división horizontal ▭ o vertical ▯ en la barra de desplazamiento.

   El puntero se convierte en ⇕ o en ⬌.

2. Arrastre ⇕ o ⬌ a lo largo de la barra de desplazamiento hasta que la barra de división se coloque en la posición deseada.

MOVERSE ENTRE PANELES DE LA HOJA DE CÁLCULO

   Haga clic en el panel deseado.

   O

   Presione **F6** .... `F6`
   hasta que la celda activa se encuentre en el panel deseado.

INMOVILIZAR PANELES EN LA HOJA DE CÁLCULO DIVIDIDA

Inmoviliza el panel superior y/o izquierdo al desplazarse por otras secciones de la hoja de cálculo.

1. Haga clic en **Window** .... `Alt`+`W`
2. Haga clic en **Freeze Panes** .... `F`

MOVILIZAR PANELES

1. Haga clic en **Window** .... `Alt`+`W`
2. Haga clic en **Unfreeze Panes** .... `F`

INMOVILIZAR TÍTULOS

Impide que los títulos de fila y/o columna se desplacen, de modo que permanezcan visibles en pantalla. Este procedimiento se aplica para una hoja de cálculo que no ha sido dividida en paneles.

1. Seleccione la fila debajo de los títulos horizontales que desee inmovilizar.

   O

   Seleccione la columna a la derecha de los títulos verticales que desee inmovilizar.

   O

   Seleccione la celda debajo y a la derecha de los títulos horizontales y verticales que desee inmovilizar.

2. Haga clic en **Window** .... `Alt`+`W`
3. Haga clic en **Freeze Panes** .... `F`

MOVILIZAR TÍTULOS

1. Haga clic en **Window** .... `Alt`+`W`
2. Haga clic en **Unfreeze Panes** .... `F`

INDICADORES DE DESPLAZAMIENTO EN PANTALLA

1. Haga clic en la barra de desplazamiento horizontal o vertical.
2. Mueva los cuadros de desplazamiento en la dirección que desee.
3. Observe el indicador en pantalla del número o letra de la fila o columna.

ESTABLECER OPCIONES DE VENTANAS

1. Haga clic en **Tools** .... `Alt`+`T`
2. Haga clic en **Options** .... `O`
3. En la ficha Ver, seleccione la opción deseada.
4. Haga clic en **OK** .... `Enter`

Ejercicio 20

- **Hojas del libro de trabajo**   ■ **Agrupar hojas**
- **Imprimir un libro de trabajo**
- **Imprimir una hoja de cálculo con un número especificado de páginas**

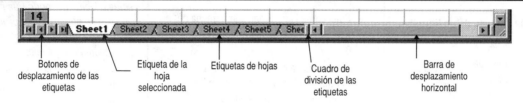

Botones de desplazamiento de las etiquetas | Etiqueta de la hoja seleccionada | Etiquetas de hojas | Cuadro de división de las etiquetas | Barra de desplazamiento horizontal

NOTAS

Hojas del libro de trabajo

- Como valor predeterminado, cada libro de trabajo nuevo contiene tres hojas de cálculo tituladas Hoja1 a Hoja3. Las **etiquetas** muestran los nombres de las hojas *(ver ilustración arriba)*.

- Excel proporciona un cuadro de división de etiquetas entre las etiquetas de hojas y la barra de desplazamiento horizontal. Arrastre este cuadro de división a la izquierda o derecha para mostrar más o menos etiquetas de hojas.

- Use los **botones de desplazamiento de las etiquetas** para ver en pantalla las etiquetas de hojas ocultas. Si las etiquetas de hojas no están visibles en el libro de trabajo, puede indicar a Excel que las muestre, seleccionando la opción Sheet tabs (Etiquetas de hojas) en la ficha View (Ver) del cuadro de diálogo Tools (Herramientas), Options (Opciones). Si hace clic con el botón derecho del *mouse* en los botones de desplazamiento, podrá seleccionar la hoja a la que desea tener acceso. Observe la ilustración siguiente:

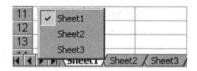

- Excel le permite trabajar con las hojas de muchas maneras. Para eliminar, insertar, cambiar el nombre, mover, copiar o seleccionar todas las hojas, haga clic con el botón derecho del *mouse* en la etiqueta de la hoja de cálculo y seleccione el comando deseado del menú de acceso directo. Observe la ilustración de este menú que aparece cuando se hace clic con el botón derecho en la etiqueta de hoja:

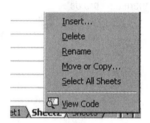

- También es posible mover las hojas utilizando el método de arrastrar y colocar.

- Cuando necesite insertar una nueva etiqueta de hoja, puede utilizar el comando Insert (Insertar) del menú de acceso directo, o seleccionar Insert (Insertar), Worksheet (Hoja de cálculo) en la barra de menú.

Agrupar hojas

- Puede seleccionar (agrupar) hojas múltiples para trabajar en varias hojas de manera simultánea. Para agrupar hojas consecutivas, seleccione la primera y la última hoja del grupo, y presione Shift entre las selecciones. Oprima Ctrl entre las selecciones de hojas para seleccionar hojas que no sean consecutivas.

- Cuando se agrupan las hojas, todas las entradas y formatos que se hagan en la primera hoja se aplican simultáneamente a todas las hojas agrupadas. En una selección de un grupo, **las etiquetas de las hojas seleccionadas** son blancas y **la etiqueta de la hoja activa** aparece en negrita.

Imprimir un libro de trabajo

- Es posible indicar a Excel cuántas páginas desea utilizar para imprimir un libro de trabajo. A continuación, Excel ajusta automáticamente la escala de las hojas de cálculo para que ocupen el número especificado de páginas.

En este ejercicio, creará una plantilla de nómina para uso futuro. Para hacerlo, insertará y cambiará el nombre de las etiquetas de las hojas y trabajará con hojas agrupadas para editar información con rapidez en varias hojas de cálculo al mismo tiempo.

INSTRUCCIONES PARA EL EJERCICIO

1. Abra 🖳PAY, o abra 🖳20PAY.

2. Vuelva a guardar el archivo del libro de trabajo como **PAYTEM**.

3. Haga clic en la etiqueta de hoja titulada Sheet2 (Hoja2) para seleccionarla.
   ✓ Sheet2 está vacía.

4. Seleccione la Sheet1.

5. Seleccione la Sheet3.

6. Use el cuadro de división de etiquetas para aumentar y luego disminuir la cantidad de espacio entre las etiquetas de hojas.

7. Seleccione Sheet2 a Sheet3.
   ✓ Las etiquetas de las hojas seleccionadas son blancas y la barra de título muestra [Grupo].

8. Elimine las hojas de cálculo agrupadas con el menú de acceso directo.
   ✓ Sólo queda la Hoja1.

9. Cambie el nombre de la Sheet1 a April (Abril).

10. Inserte una nueva hoja de cálculo; llámela May (Mayo).

11. Mueva la hoja Mayo a la derecha de Abril.

12. Inserte una nueva hoja de cálculo; llámela June (Junio).

13. Use arrastrar y colocar para mover la hoja Junio a la derecha de Mayo.

14. Seleccione la hoja Abril y edite los títulos de la nómina de cada semana para que digan:

    FOR THE WEEK ENDING (PARA LA SEMANA QUE TERMINA EL)
    ✓ Borre las fechas.

15. Para uniformar las nóminas en la hoja Abril:
    • Jaffe renunció a la compañía; elimine las filas correspondientes a Jaffe en las primeras dos nóminas.
    • Copie la información sobre Suraci de la última nómina a las primeras dos, en el orden correcto.

16. Seleccione toda la información de la hoja Abril y cópiela al portapapeles.
    ✓ SUGERENCIA: Haga clic en el botón Select All(Seleccionar todo) para seleccionar toda la hoja de cálculo.

17. Agrupe las hojas May y June.

18. Seleccione la hoja May y seleccione la celda A1.

19. Use el comando Paste (Pegar) para copiar la información de la hoja de cálculo April a la celda A1 de las hojas agrupadas (May y June).

20. Haga clic en la celda A1 para cancelar la selección del rango.

21. Seleccione la hoja April.

22. Haga clic en la celda A1 para cancelar la selección del rango.

23. Agrupe todas las hojas del libro de trabajo (April a June).

    — MIENTRAS TODAS LAS HOJAS ESTÁN AGRUPADAS —
    Borre la información de las celdas que contienen el número de horas trabajadas por empleado en cada nómina semanal. (No elimine la columna.)

    Observe que esta acción borra toda la información calculada. Éste es ahora un archivo de plantilla con las fórmulas preparadas para calcular la nueva información sobre las tarifas por hora.

24. Cancele la selección de las hojas agrupadas y compruebe que cada una de ellas contenga información idéntica.

25. Configure cada hoja de cálculo para que se ajuste al tamaño de una página al imprimirse.
    ✓ No es posible configurar opciones de impresión para un grupo.

26. Imprima el libro de trabajo completo.

27. Cierre y guarde el archivo del libro de trabajo.

	A	B	C	D	E	F	G	H	I	J	K	L
1		SUMMIT UNITED BANK PAYROLL										
2		FOR THE WEEK ENDING APRIL 7, 199-										
3												
4	Employee	Card	Social Sec.	Hourly	Hours	Gross	Social	Medicare				
5	Name	Number	No.	Rate	Worked	Pay	Sec. Tax	Tax	F.W.T.	Net Pay		
6												
7	Diaz	13567	069-65-4532	5.55	15	83.25	5.16	1.21	16.65	60.23		
8	Jaffe	13750	123-75-7623	7.23	32	231.36	14.34	3.35	46.27	167.39	Eliminar fila	
9	Latov	13816	107-53-6754	6.18	16	98.88	6.13	1.43	19.78	71.54		
10	Nestor	13925	103-87-5698	4.66	28	130.48	8.09	1.89	26.10	94.40		
11	Pringle	14345	127-78-0045	6.57	12	78.84	4.89	1.14	15.77	57.04		
12	Wong	14715	043-67-7600	8.65	21	181.65	11.26	2.63	36.33	131.42		
13												
14		TOTALS				804.46	49.88	11.66	160.89	582.03		
15		AVERAGES				134.08	8.31	1.94	26.82	97.00		
16												
17												
18		FOR THE WEEK ENDING APRIL 14, 199-										
19												
20	Employee	Card	Social Sec.	Hourly	Hours	Gross	Social	Medicare				
21	Name	Number	No.	Rate	Worked	Pay	Sec. Tax	Tax	F.W.T.	Net Pay		
22												
23	Diaz	13567	069-65-4532	5.55	20	111.00	6.88	1.61	22.20	80.31		
24	Jaffe	13750	123-75-7623	7.23	31	224.13	13.90	3.25	44.83	162.16	Eliminar fila	
25	Latov	13816	107-53-6754	6.18	23	142.14	8.81	2.06	28.43	102.84		
26	Nestor	13925	103-87-5698	4.66	22	102.52	6.36	1.49	20.50	74.17		
27	Pringle	14345	127-78-0045	6.57	15	98.55	6.11	1.43	19.71	71.30		
28	Wong	14715	043-67-7600	8.65	25	216.25	13.41	3.14	43.25	156.46		
29												
30		TOTALS				894.59	55.46	12.97	178.92	647.24		
31		AVERAGES				149.10	9.24	2.16	29.82	107.87		
32												
33												
34		FOR THE WEEK ENDING APRIL 21, 199-										
35												
36	Employee	Card	Social Sec.	Hourly	Hours	Gross	Social	Medicare				
37	Name	Number	No.	Rate	Worked	Pay	Sec. Tax	Tax	F.W.T.	Net Pay		
38												
39	Diaz	13567	069-65-4532	5.55	22	122.10	7.57	1.77	24.42	88.34		
40	Latov	13816	107-53-6754	6.18	33	203.94	12.64	2.96	40.79	147.55		
41	Nestor	13925	103-87-5698	4.66	21	97.86	6.07	1.42	19.57	70.80		
42	Pringle	14345	127-78-0045	6.57	16	105.12	6.52	1.52	21.02	76.05	Copiar A1:J47	
43	Suraci	14967	146-93-0069	6.25	18	112.50	6.98	1.63	22.50	81.39	a las hojas	
44	Wong	14715	043-67-7600	8.65	28	242.20	15.02	3.51	48.44	175.23	Mayo y Junio	
45												
46		TOTALS				883.72	54.79	12.81	176.74	639.37		
47		AVERAGES				147.29	9.13	2.14	29.46	106.56		

COMBINACIONES DE TECLAS

USAR CUADRO DE DIVISIÓN DE ETIQUETAS

Le permite ver más o menos etiquetas.

1. Señale el cuadro de división de etiquetas.

   El puntero se convierte en ◄║►

2. Arrastre el cuadro de división a la izquierda o derecha.

SELECCIONAR HOJAS

Para seleccionar una hoja:

1. En caso necesario, haga clic en los botones de desplazamiento de las etiquetas .... 🔘◄►🔘 para mostrar en pantalla las etiquetas de hojas ocultas.

2. Haga clic en la etiqueta de hoja deseada .... ⧵Sheet #⟋

Para seleccionar todas las hojas:

1. Haga clic con el botón derecho del *mouse* en cualquier etiqueta de hoja .... ⧵Sheet #⟋

2. Seleccione **Select All Sheets**.................. 🔲, ⏎

Para seleccionar (agrupar) hojas consecutivas:

IMPORTANTE: Cuando se agrupan las hojas, las entradas y formatos aplicados a una hoja se duplican en todas las hojas del grupo.

1. En caso necesario, haga clic en los botones de desplazamiento de las etiquetas .... 🔘◄►🔘 para mostrar en pantalla las etiquetas de hojas ocultas.

2. Haga clic en la primera etiqueta de hoja.................... ⧵Sheet #⟋ que desee seleccionar.

3. En caso necesario, haga clic en los botones de desplazamiento de las etiquetas .... 🔘◄►🔘 para mostrar en pantalla las etiquetas de hojas ocultas.

4. Presione **Shift** y haga clic en ⧵Sheet #⟋ la última etiqueta de hoja que desee seleccionar.

5. La barra de título muestra [Group].

Para seleccionar (agrupar) hojas no consecutivas:

IMPORTANTE: Cuando se agrupan las hojas, las entradas y formatos aplicados a una hoja se duplican en todas las hojas del grupo.

1. En caso necesario, haga clic en los botones de desplazamiento de las etiquetas .... 🔘◄►🔘 para mostrar en pantalla las etiquetas de hojas ocultas.

2. Haga clic en la primera etiqueta de hoja................... ⧵Sheet #⟋ que desee seleccionar.

3. En caso necesario, haga clic en los botones de desplazamiento de las etiquetas .... 🔘◄►🔘 para mostrar en pantalla las etiquetas de hojas ocultas.

4. Presione **Ctrl** y haga clic en.. ⧵Sheet #⟋ cada etiqueta de hoja que desee seleccionar.

5. La barra de título muestra [Group].

CANCELAR LA SELECCIÓN DE HOJAS AGRUPADAS

Haga clic en .... ⧵Sheet #⟋ cualquier etiqueta de hoja que no forme parte del grupo.

O

1. Haga clic con el botón derecho del *mouse* en.......... ⧵Sheet #⟋ cualquier etiqueta de hoja del grupo.

2. Haga clic en **Ungroup Sheets**................... , ⏎

ELIMINAR HOJAS

Para eliminar una hoja:

1. Haga clic con el botón derecho del *mouse* en.......... ⧵Sheet #⟋ la etiqueta de la hoja que desee eliminar.

2. Haga clic en **Delete** .... , ⏎

3. Haga clic en **OK** .... Enter

Para eliminar hojas múltiples:

1. Seleccione las etiquetas de las hojas que desee eliminar.

2. Haga clic con el botón derecho del *mouse* en .... ⧵Sheet #⟋ cualquiera de las etiquetas de hojas que desee eliminar.

3. Haga clic en **Delete** .... 🄳

4. Haga clic en **OK** .... Enter

CAMBIAR EL NOMBRE DE UNA HOJA

1. Haga doble clic en .... ⧵Sheet #⟋ la etiqueta de hoja a la que desee cambiar el nombre.

   O

   a. Haga clic con el botón derecho .... ⧵Sheet #⟋ en la etiqueta de la hoja.

   b. Seleccione **Rename**................... 🅁

2. Escriba el nombre nuevo .... *nombre*

3. Haga clic en **OK** .... Enter

INSERTAR HOJAS

Para insertar una hoja de cálculo:

1. Haga clic con el botón derecho del *mouse* en la etiqueta de hoja ⧵Sheet #⟋ antes de la cual se insertará la nueva hoja.

2. Haga clic en **Insert**........................... 🄸

3. Seleccione **Worksheet**................... en la página General.

4. Haga clic en **OK** .... Enter

   Excel inserta una nueva hoja de cálculo y ésta se convierte en la hoja activa.

Para insertar varias hojas de cálculo:

1. Resalte tantas hojas como desee insertar.

2. Haga clic con el botón derecho del *mouse* en la etiqueta de hoja ⧵Sheet #⟋ antes de la cual se agregarán las nuevas hojas.

3. Haga clic en **Insert**... .... `I`

4. Seleccione **Worksheet**.................. `↗↘`
   en la página General.

5. Haga clic en **OK** .... `Enter`

   Excel inserta las hojas de cálculo y la
   primera de ellas se convierte en la hoja
   activa.

MOVER HOJAS DENTRO DE UN LIBRO DE TRABAJO

Para mover una hoja:

1. En caso necesario, haga clic en los
   botones de desplazamiento
   de las etiquetas .... `|◄ ◄ ► ►|`
   para mostrar en pantalla las etiquetas
   de hojas ocultas.

2. Arrastre la etiqueta de hoja
   seleccionada a la posición deseada en
   la fila de etiquetas.

   El puntero se convierte en `⬚`*, y*
   aparece un triángulo negro que indica
   el punto de inserción.

Para mover varias hojas:

1. En caso necesario, haga clic en los
   botones de desplazamiento
   de las etiquetas................ `|◄ ◄ ► ►|`
   para mostrar en pantalla las etiquetas
   de hojas ocultas.

2. Seleccione las hojas que desee mover.

3. Arrastre las etiquetas de hojas
   seleccionadas a la posición deseada en
   la fila de etiquetas.

   El puntero se convierte en `⬚`*, y*
   aparece un triángulo negro que indica
   el punto de inserción.

⊕ IMPRIMIR UN LIBRO DE TRABAJO

Imprime la información de la hoja de
cálculo de acuerdo con las
configuraciones actuales de página.

1. Haga clic en **File**..................... `Alt`+`F`

2. Haga clic en **Print** .... `P`

3. Haga clic en
   Entire Workbook .... `Alt`+`E`

4. Haga clic en **OK** .... `Enter`

CONFIGURAR UNA HOJA DE CÁLCULO PARA IMPRIMIRLA CON UN NÚMERO ESPECIFICADO DE PÁGINAS

Determina la escala a aplicar en la
información impresa para ajustarla a un
número especificado de páginas.

✓   *Excel no toma en cuenta los saltos de*
    página manuales cuando se
    selecciona esta configuración.

1. Haga clic en **File**................... `Alt`+`F`

2. Haga clic en **Page Set**u**p**................. `U`

3. Seleccione la ficha **Page** .... `Ctrl`+`Tab`

4. Seleccione **Fit to**: .... `Alt`+`F`

Para cambiar la configuración del número de páginas:

a. Escriba el número de páginas *número*
   en **page(s) wide**.

b. Seleccione **by tall**....................... `Tab`

c. Escriba el número de páginas *número*

5. Haga clic en **OK**.......................... `Enter`

Ejercicio

21

■ **Nombres de rangos**

NOTAS

Nombres de rangos (Named Ranges)

■ Excel le permite asignar un **nombre** como identificador de una celda o rango de celdas en lugar de usar las referencias de celda.

■ Usar nombres para grupos de celdas facilita la lectura y compresión de las fórmulas y hace más sencillo imprimir y combinar rangos. Por ejemplo, al definir un área de impresión, puede escribir el nombre determinado de un rango de celdas (como EMPS), en lugar de escribir las referencias de las celdas (como A1:D17).

■ Procure que los nombres de los grupos de celdas sean breves y descriptivos. Puesto que no se permite insertar espacios, use un guión para subrayar a fin de simular un carácter de espacio. No utilice nombres de rangos que podrían interpretarse como un número o una referencia de celda. Los nombres de los rangos pueden contener hasta 255 carácteres y consistir de letras, números, guiones para subrayar (_), diagonales inversas (\), puntos (.) y signos de interrogación (?).

■ Para definir el nombre de un rango, seleccione el grupo de celdas y use los comandos Insert (Insertar), Name (Nombre), Define (Definir) o déle un nombre a dicho rango de celdas en el Cuadro de nombres. El cuadro de nombres le permite ver una lista de los nombres de rangos creados para nombrar o seleccionar un rango con facilidad.

■ Es posible insertar en la hoja de cálculo una lista de los nombres de los rangos creados y sus referencias de celdas correspondientes, si selecciona Insert (Insertar), Name (Nombre), Paste (Pegar) y hace clic en el botón Paste List (Pegar lista).

■ También se puede modificar un rango con nombre si se cambia el rango o el nombre.

■ Como se explicó en el Ejercicio 11, las fórmulas pueden contener etiquetas en lenguaje natural. Por ejemplo, =Sum(SALARY) dará como resultado el total de la columna SALARY. Si existe más de una etiqueta con ese nombre, Excel le pedirá elegir el rango necesario para llevar a cabo el cálculo. Seleccione los nombres de las etiquetas de rango utilizando los comandos Insert (Insertar), Name (Nombre), Label (Etiqueta).

En este ejercicio, incluirá la información sobre las comisiones de ventas del tercer trimestre y definirá nombres de rangos en el informe para imprimirlos y usarlos posteriormente con archivos combinados.

INSTRUCCIONES PARA EL EJERCICIO

1. Abra ⌨**REPORT**, o abra 💾**21REPORT**.

2. Edite el título para que diga:

   QUARTERLY SALES AND SALARY REPORT – JANUARY– SEPTEMBER
   (INFORME TRIMESTRAL DE VENTAS Y SALARIOS – ENERO – SEPTIEMBRE).

3. Inserte una fila para incluir a un empleado nuevo contratado el 1º de julio: Número de empleado, 6; Nombre, THOMPSON, JIM; Salario base, $1500.

   ✔ *Nota: Dé formato al salario base para hacerlo consistente con los demás formatos.*

4. Inmovilice los títulos verticales de las columnas A-D.

5. Cambie el ancho de las columnas K, L y M a 12.

6. Introduzca la siguiente información en las columnas K, L y M:

	K	L	M
1			
2			
3			
4		5%	JULY-SEPT
5	SALES	COMMISSION	SALARY
6			
7	112469.32		
8	152643.36		
9	215050.16		
10	98463.14		
11	246315.19		
12	76451.13		
13			
14			
15			

7. Dé formato a toda la información para hacerla consistente con los demás formatos.

8. Copie las fórmulas de COMMISSION (COMISIÓN) a la nueva columna.

9. Obtenga el salario julio - septiembre utilizando BASE SALARY (SALARIO BASE) + COMMISSION (COMISIÓN).

10. Copie la fórmula para el resto de los empleados.

11. Copie las fórmulas de TOTALS (TOTALES), AVERAGES (PROMEDIOS), HIGHEST (VALOR MÁS ALTO) y LOWEST (VALOR MÁS BAJO) a las nuevas columnas.

12. Elimine la inmovilización.

13. Verifique y edite las fórmulas de TOTALS (TOTALES), AVERAGES (PROMEDIOS), HIGHEST (VALOR MÁS ALTO) y LOWEST (VALOR MÁS BAJO) de la columna BASE SALARY (SALARIO BASE) para incluir la información sobre el nuevo empleado, en caso necesario.

14. Copie las fórmulas editadas a todas las columnas.

15. Cree los siguientes nombres de rangos usando el método del cuadro de nombres o los comandos Insertar, Nombre, Definir:

EMPS	A1:D17
JAN_MAR	G1:G17
APR_JUNE	J1:J17
JUL_SEPT	M1:M17

16. Imprima un ejemplar del rango EMPS.

17. En el rango que empieza en la celda B19, pegue la lista de los nombres de rangos.

18. Cierre y guarde el archivo del libro de trabajo, o guárdelo como **REPORT**.

	A	B	C	D	E	F	G	H	I	J	K	L	M
1		COLONIAL FURNITURE GALLERY											
2		QUARTERLY SALES AND SALARY REPORT-JANUARY-JUNE						SEPTEMBER			◄—12—►	◄—12—►	◄—12—►
3													
4	EMP.			BASE		5%	JAN-MAR		5%	APR-JUN			
5	NO.	SALES ASSOCIATE		SALARY	SALES	COMMISSION	SALARY	SALES	COMMISSION	SALARY			
6													
7	1	BELIS, JUDY		1,500.00	113,456.67	5,672.83	7,172.83	114,342.87	5,717.14	7,217.14			
8	2	HIRSCH, PETER		1,500.00	150,654.87	7,532.74	9,032.74	143,276.65	7,163.83	8,663.83			
9	3	MINER, KELLY		1,500.00	234,765.36	11,738.27	13,238.27	187,956.76	9,397.84	10,897.84			
10	4	SWEET, LETOYA		1,500.00	89,765.43	4,488.27	5,988.27	93,984.69	4,699.23	6,199.23			
11	5	TABLES, TONY		1,500.00	287,987.76	14,399.39	15,899.39	254,768.64	12,738.43	14,238.43	insertar fila		
12													
13		TOTALS		7,500.00	876,630.09	43,831.50	51,331.50	794,329.61	39,716.48	47,216.48			
14		AVERAGES		1,500.00	175,326.02	8,766.30	10,266.30	158,865.92	7,943.30	9,443.30			
15		HIGHEST		1,500.00	287,987.76	14,399.39	15,899.39	254,768.64	12,738.43	14,238.43			
16		LOWEST		1,500.00	89,765.43	4,488.27	5,988.27	93,984.69	4,699.23	6,199.23			

COMBINACIONES DE TECLAS

NOMBRAR/MODIFICAR UN RANGO UTILIZANDO EL MENÚ

1. Haga clic en **Insert** .... `Alt`+`I`

2. Haga clic en **Name** .... `N`

3. Haga clic en **Define** .... `D`

*La referencia de la celda activa aparece en el cuadro de texto **Refers to (Se refiere a)**.*

Para dar nombre a un rango:

a. Escriba el nombre del rango *.nombre* en el cuadro de texto **Names in workbook**.

b. Haga clic en **Add** .... `Alt`+`A`

c. Arrastre a través de las referencias existentes .... `Alt`+`R` en el cuadro de texto **Refers to**.

d. Utilizando el botón para contraer dialogo, seleccione las celdas en la hoja de trabajo a las que desee dar nombre.

O

Escriba las referencias de celdas que incluirá el nombre.

Para borrar un nombre:

a. Haga clic en el nombre .... `Tab` , `↑↓` que desee borrar en el cuadro de lista.

b. Haga clic en **Delete** .... `Alt`+`D`

Para cambiar un nombre:

a. Haga clic en el nombre .... `Tab` , `↑↓` que desee cambiar en el cuadro de lista.

b. Haga doble clic en **Names in workbook** .... `Alt`+`W`

c. Escriba el nombre nuevo .... *nombre* del rango.

d. Haga clic en **Add** .... `Alt`+`A`

e. Haga clic en el nombre anterior .... `Tab` , `↑↓` que desee borrar en el cuadro de lista.

f. Haga clic en **Delete** .... `Alt`+`D`

Para cambiar las referencias que incluye el nombre:

a. Haga clic en el nombre .... `Tab` , `↑↓` que desee editar en el cuadro de lista.

b. Arrastre a través de las referencias existentes .... `Alt`+`R` en el cuadro de texto **Refers to**.

c. Utilizando el botón para contraer diálogo, seleccione las celdas en la hoja de cálculo a las que se referirá el nombre.

O

Escriba la nueva referencia .... *referencia*

4. Haga clic en **OK** .... `Enter`

NOMBRAR UN RANGO UTILIZANDO EL CUADRO DE NOMBRES

1. Seleccione el rango a nombrar.

2. Haga clic en el cuadro de nombres, ubicado en el lado izquierdo de la barra de fórmulas.

3. Escriba el nombre del rango que desee crear.

4. Presione **Enter** .... `Enter`

SELECCIONAR UN RANGO CON NOMBRE

Para seleccionar un rango con nombre utilizando el cuadro de nombres:

1. Haga clic en la flecha de la lista desplegable del cuadro de nombres, ubicado en el lado izquierdo de la barra de fórmulas.

2. Haga clic en el nombre del rango deseado.

Para seleccionar un rango con nombre utilizando Ir a:

1. Presione **F5** .... `F5`

2. Escriba el nombre .... *nombre* que desee seleccionar en el cuadro de texto **Reference**.

3. Haga clic en **OK** .... `Enter`

INSERTAR LISTA DE NOMBRES DE RANGOS

Inserta una lista de nombres de rangos y sus referencias correspondientes en la hoja de cálculo actual.

1. Seleccione la celda superior izquierda del rango que recibirá la lista.

2. Haga clic en **Insert** .... `Alt`+`I`

3. Haga clic en **Name** .... `N`

4. Haga clic en **Paste** .... `P`

5. Haga clic en **Paste List** .... `Alt`+`L`

   ✓ *Excel incluye los nombres de las hojas en las referencias.*

6. Presione cualquier tecla de flecha . `↑↓`

CONFIGURAR ÁREA DE IMPRESIÓN PARA UN RANGO CON NOMBRE

✓ *Use esta opción sólo cuando desee imprimir un área específica de una hoja de cálculo cada vez que imprime.*

1. Siga los pasos para **ESTABLECER LAS OPCIONES DE IMPRESIÓN DE LA HOJA DE CÁLCULO**, Ejercicio 12.

2. Al establecer el área de impresión, escriba el nombre del rango en el cuadro de texto **Print Area**.

3. Siga los pasos para **IMPRIMIR UNA HOJA DE CÁLCULO**, Ejercicio 12.

IMPRIMIR UN RANGO CON NOMBRE

1. Siga los pasos para **SELECCIONAR UN RANGO CON NOMBRE**, a la izquierda.

2. Siga los pasos para **IMPRIMIR UN RANGO DE CELDAS**, Ejercicio 12.

Ejercicio

22

■ **Copiar y pegado especial (Extraer y combinar información)**

NOTAS

Copiar y pegado especial

■ Como se describió en ejercicios anteriores, el comando Paste Special (Pegado especial) le da un mayor control sobre la manera en que la información se pega al copiarla.

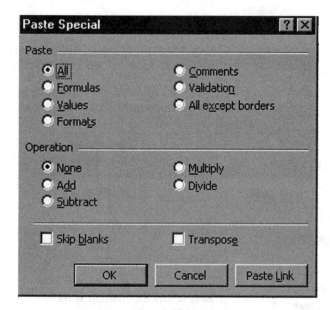

■ Las opciones de Operación del cuadro de diálogo Pegado especial ofrecen una variedad de formas para combinar información.

None (Ninguna)	Reemplaza las celdas del área de pegado con las celdas copiadas (configuración preestablecida).
Add (Sumar)	Suma los datos numéricos en las celdas copiadas a los valores en las celdas del área de pegado.
Subtract (Restar)	Resta los datos numéricos en las celdas copiadas de los valores en las celdas del área de pegado.
Multiply (Multiplicar)	Multiplica los datos numéricos en las celdas copiadas por los valores en las celdas del área de pegado.
Divide (Dividir)	Divide los datos numéricos en las celdas copiadas entre los valores en las celdas del área de pegado.

■ En esta lección utilizará la opción de operación matemática Add (Sumar) del cuadro de diálogo Pegado especial para copiar y pegar información en una columna de otro libro de trabajo. La opción Sumar le permitirá sumar los valores de cada trimestre para obtener el total de todos los trimestres.

En este ejercicio, extraerá la información de un rango con nombre a un archivo nuevo. A continuación, usará el comando Pegado especial para combinar (sumar) los totales trimestrales (como valores) en el nuevo archivo de libro de trabajo, con lo que creará un libro de resumen.

RECORDATORIO: Cuando se pega información utilizando las opciones **Add (Sumar)** y **Values (Valores)** del cuadro de diálogo **Paste Special (Pegado especial)**, la nueva información combinada no incluye las fórmulas. Por lo tanto, la información del resumen será incorrecta y requerirá que se introduzca una nueva fórmula para obtener las respuestas correctas.

INSTRUCCIONES PARA EL EJERCICIO

1. Abra 🖮 **REPORT**, o abra 💾 **22REPORT**.

2. Use los comandos Copiar y Pegado especial para extraer el rango llamado EMPS a la celda A1 de un nuevo archivo de libro de trabajo, utilizando la opción Fórmulas; guarde y titule el nuevo libro de trabajo **RPTSUM**.

3. Edite la segunda línea del título del libro de trabajo **RPTSUM** para que diga:
COMPENSATION SUMMARY - JANUARY-SEPTEMBER (RESUMEN DE COMPENSACIONES – ENERO – SEPTIEMBRE)

4. Use el menú Ventana para cambiar al libro de trabajo **REPORT**.

5. Para extraer y combinar los rangos con nombre en el libro de trabajo **RPTSUM**:
   - Utilice el cuadro de nombres para seleccionar y copiar el rango llamado JAN_MAR.
   - Cambie al libro de trabajo RPTSUM.
   - Use los comandos Edición, Pegado especial, Valores, Sumar, para sumar los valores a la celda F1.
   - Repita este procedimiento para los rangos que se indican a continuación:
   APR_JUNE
   JUL_ SEPT
   ✓ *Cada vez que pega un rango en F1, los valores se sumarán al contenido, lo que da como resultado el total de los tres rangos.*

6. En la columna F del libro de trabajo REPTSUM escriba el título de columna:
TOTAL
COMPENSATION

7. La información de resumen combinada de AVERAGES (PROMEDIOS), HIGHEST (VALOR MÁS ALTO) y LOWEST (VALOR MÁS BAJO) ahora es incorrecta. Para corregir esta información, copie las fórmulas de TOTALES, PROMEDIOS, VALOR MÁS ALTO Y VALOR MÁS BAJO de la columna BASE SALARY (SALARIO BASE) a la columna TOTAL COMPENSATION (COMPENSACIÓN TOTAL).

8. Aplique formato a la columna F para que las cantidades muestren dos decimales.

9. Ajuste el ancho de la columna para mostrar todos los valores.

10. Guarde **RPTSUM** e imprima un ejemplar.

11. Cierre los dos archivos de libros de trabajo.

	A	B	C	D	E	F	G	H	I	J	K	L	M
1				COLONIAL FURNITURE GALLERY									
2		QUARTERLY SALES AND SALARY REPORT-JANUARY-SEPTEMBER											
3													
4	EMP.			BASE		5%	JAN-MAR		5%	APR-JUN		5%	JULY-SEPT.
5	NO.	SALES ASSOCIATE		SALARY	SALES	COMMISSION	SALARY	SALES	COMMISSION	SALARY	SALES	COMMISSION	SALARY
6													
7	1	BELIS, JUDY		1,500.00	113,456.67	5,672.83	7,172.83	114,342.87	5,717.14	7,217.14	112469.32	5,623.47	7,123.47
8	2	HIRSCH, PETER		1,500.00	150,654.87	7,532.74	9,032.74	143,276.65	7,163.83	8,663.83	152643.36	7,632.17	9,132.17
9	3	MINER, KELLY		1,500.00	234,765.36	11,738.27	13,238.27	187,956.76	9,397.84	10,897.84	215050.16	10,752.51	12,252.51
10	4	SWEET, LETOYA		1,500.00	89,765.43	4,488.27	5,988.27	93,984.69	4,699.23	6,199.23	98463.14	4,923.16	6,423.16
11	5	TABLES, TONY		1,500.00	287,987.76	14,399.39	15,899.39	254,768.64	12,738.43	14,238.43	246315.19	12,315.76	13,815.76
12	6	THOMPSON, JIM		1,500.00							76451.13	3,822.56	5,322.56
13													
14		TOTALS		7,500.00	876,630.09	43,831.50	51,331.50	794,329.61	39,716.48	47,216.48	901,392.30	45,069.62	54,069.62
15		AVERAGES		1,500.00	175,326.02	8,766.30	10,266.30	158,865.92	7,943.30	9,443.30	150,232.05	7,511.60	9,011.60
16		HIGHEST		1,500.00	287,987.76	14,399.39	15,899.39	254,768.64	12,738.43	14,238.43	246,315.19	12,315.76	13,815.76
17		LOWEST		1,500.00	89,765.43	4,488.27	5,988.27	93,984.69	4,699.23	6,199.23	76,451.13	3,822.56	5,322.56
18													

rango A1:D17 nombrado EMPS

COMBINACIONES DE TECLAS

COPIAR Y PEGADO ESPECIAL (COMBINAR INFORMACIÓN)

Combina la información copiada al área de pegado en la forma que usted especifique.

1. Seleccione el rango de celdas de la hoja de cálculo que desee extraer.

2. Haga clic en **Edit** .... Alt + E

3. Haga clic en **Copy** C

Para cambiar el libro de trabajo u hoja de cálculo de destino:

   Seleccione el libro de trabajo y/o la hoja que recibirá la información.

4. Seleccione la celda superior izquierda en el área de destino.

5. Haga clic en **Edit** .... Alt + E

6. Haga clic en **Paste Special**... .... S

7. Seleccione una opción en **Paste**:

   • **All** .... A

   • **Formulas** .... F

   • **Values** V

   • **Formats** .... T

   • **Comments** C

Para combinar información copiada con los datos del área de pegado:

8. Seleccione una opción en **Operation**:

   • **None** .... O

   • **Add** .... D

   • **Subtract** .... S

   • **Multiply** .... M

   • **Divide** I

Para impedir que se sobrescriba información con celdas en blanco:

   Haga clic en **Skip blanks** .... B

Para cambiar la orientación de la información en el área de pegado:

   Haga clic en **Transpose** .... E

9. Haga clic en **OK** .... Enter

Ejercicio 23

■ **Organizar libros de trabajo** ■ **Arrastrar y colocar entre libros de trabajo**

NOTAS

Organizar libros de trabajo

■ Si copia y pega información entre libros de trabajo, será más fácil si organiza ambos libros de trabajo en la pantalla mediante los comandos <u>W</u>indow (Ventana), <u>A</u>rrange (Organizar). El cuadro de diálogo Organizar, que se ilustra a continuación, le permite seleccionar la manera de organizar la información.

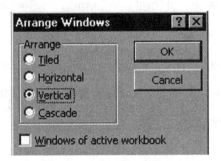

Arrastrar y colocar entre libros de trabajo

■ Si organiza los libros de trabajo en la pantalla, como se ilustra a continuación, podrá usar Arrastrar y colocar para copiar un rango de celdas a otro libro de trabajo. Seleccione el rango, presione Ctrl y arrastre el borde de la selección al nuevo libro de trabajo.

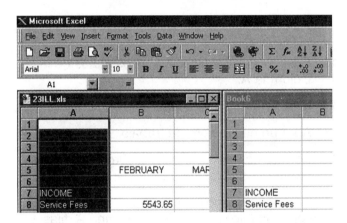

En este ejercicio, actualizará la hoja de cálculo de Wilson's Better Gardening Service para incluir la información correspondiente al cuarto trimestre. Además, creará una nueva hoja de cálculo que comparará la información trimestral usando Arrastrar y colocar para copiar títulos, así como los comandos Copiar y Pegado especial para extraer y combinar información de los archivos.

INSTRUCCIONES PARA EL EJERCICIO

1. Abra ▦**INCOME**, o abra 🖫**23INCOME.**

2. Elimine la columna COMBINED TOTALS.

3. Inserte la información correspondiente al cuarto trimestre que se indica a la derecha, comenzando a partir de la primera columna disponible de su hoja de cálculo.

4. Copie las fórmulas, donde sea necesario, para completar la hoja de cálculo.

5. Encuentre los totales para el cuarto trimestre.

6. Copie la fórmula a los elementos restantes.

7. Centre las etiquetas de los títulos de las columnas.

8. Aplique formato a los datos numéricos para que las cantidades muestren dos decimales.

	N	O	P	Q
4				4TH QTR.
5	OCTOBER	NOVEMBER	DECEMBER	TOTALS
6				
7				
8	9968.54	6235.87	5256.78	
9	1065.93	988.54	1054.32	
10				
11				
12				
13	150.00	55.00	55.00	
14	1255.00	754.65	754.65	
15	1435.62	567.87	102.54	
16	95.87	325.65	627.89	
17	25.00	25.00	25.00	
18	546.87	325.87	95.87	

9. Cree los siguientes nombres de rangos (observe los guiones de subrayado) para cada columna de totales trimestrales:

   _1ST_QTR
   _2ND_QTR
   _3RD_QTR
   _4TH_QTR

   ✓ *Incluya las celdas en blanco en las columnas. Por ejemplo, E1:E21 para _1ST_QTR.*

10. Elimine la inmovilización de los títulos de la Columna A.

11. Guarde el archivo, o *guárdelo como* **INCOME**.

12. Abra un nuevo libro de trabajo.

13. Use los comandos Ventana, Organizar, para ordenar los libros de trabajo verticalmente.

14. Utilice el método de Arrastrar y colocar para copiar la información de la columna A, filas 1 a 21, a la celda A1 del archivo del nuevo libro de trabajo; guarde y llame **INQTRS** al nuevo libro de trabajo.

15. En el libro de trabajo INQTRS, inserte un título en la hoja de cálculo comenzando en la celda C1, que diga:

   WILSON'S BETTER GARDENING SERVICE QUARTERLY INCOME STATEMENT COMPARISON (COMPARACIÓN DE LOS ESTADOS DE INGRESOS TRIMESTRALES DE WILSON'S BETTER GARDENING SERVICE)

16. Cambie al libro de trabajo INCOME.

17. Utilice los comandos Copiar y Pegado especial para copiar el rango llamado _1ST_QTR al rango que comienza en la celda C1 del libro de trabajo INQTRS. Seleccione el nombre del rango utilizando el Cuadro de nombres.

   *IMPORTANTE: Establezca la opción **Values (Valores)** en Paste (Pegar); la opción **None (Ninguna)** en Operation (Operación) y seleccione **Skip Blanks (Saltar blancos)**.*

18. Repita el paso 15 con los rangos llamados _2ND_QTR, _3RD_QTR, y _4TH_QTR. Pegue los rangos en el libro de trabajo INQTRS en las columnas D1, E1, y F1, respectivamente.

19. Maximice el libro de trabajo INQTRS.

20. Escriba el siguiente título en la columna G: COMBINED TOTALS

21. Encuentre el total combinado de Service Fees INCOME (INGRESOS por cuotas de servicios).

22. Copie la fórmula a los elementos restantes.

23. Aplique formato a los valores numéricos para que las cantidades muestren comas y dos decimales.

24. Alinee a la derecha los títulos de las columnas de la información numérica.

25. Ajuste el ancho de las columnas en donde haga falta.

26. Guarde el libro de trabajo **INQTRS** e imprima un ejemplar.

27. Cierre los dos archivos de libros de trabajo.

	WILSON'S BETTER GARDENING SERVICE			1ST QTR.				2ND QTR.	COMBINED		
	COMPARATIVE INCOME STATEMENT										
				1ST QTR.				2ND QTR.	COMBINED		
	JANUARY	FEBRUARY	MARCH	TOTALS	APRIL	MAY	JUNE	TOTALS	TOTALS	JULY	AUGUST
INCOME											
Service Fees	5342.87	5543.65	6165.87	17052.39	8343.84	9862.89	10359.45	28566.18	45618.57	11986.45	11050.65
Consultations	1564.98	1654.76	1689.76	4909.50	1893.65	1498.62	1287.49	4679.76	9589.26	1343.27	1186.87
Total Income	6907.85	7198.41	7855.63	21961.89	10237.49	11361.51	11646.94	33245.94	55207.83	13329.72	12237.52
EXPENSES:											
Advertising	55.00	65.00	150.00	270.00	150.00	165.00	165.00	480.00	750.00	165.00	165.00
Salaries	754.65	754.65	1255.55	2764.85	1255.55	1255.55	1255.55	3766.65	6531.50	1255.55	1255.55
Supplies	154.76	245.65	589.53	989.94	769.54	965.62	1276.54	3011.70	4001.64	1887.98	1667.09
Truck Maint	95.00	125.54	243.98	464.52	185.87	543.51	324.65	1054.03	1518.55	486.98	245.90
Interest	25.00	25.00	25.00	75.00	25.00	25.00	25.00	75.00	150.00	25.00	25.00
Other	143.43	43.54	231.65	418.62	326.43	654.65	798.43	1779.51	2198.13	674.79	543.87
Total Expenses	1227.84	1259.38	2495.71	4982.93	2712.39	3609.33	3845.17	10166.89	15149.82	4495.30	3902.41
NET INCOME	5680.01	5939.03	5359.92	16978.96	7525.10	7752.18	7801.77	23079.05	40058.01	8834.42	8335.11

Extraiga al archivo nuevo, INQTRS

COMBINACIONES DE TECLAS

ORGANIZAR LIBROS DE TRABAJO

1. Haga clic en **Window** .... Alt + W

2. Haga clic en **Arrange** .... A

3. Seleccione:

  Tiled (Mosaico) .... Alt + T

  Horizontal .... Alt + O

  Vertical .... Alt + V

  Cascade (Cascada) .... Alt + C

4. Haga clic en **OK** .... Enter

ARRASTRAR Y COLOCAR ENTRE LIBROS DE TRABAJO

1. Seleccione el rango que desee copiar.

2. Presione CTRL y arrastre el borde de la selección a su posición en el nuevo libro de trabajo.

Ejercicio

24

■ **Uso de plantillas (Soluciones de hojas de cálculo)**

NOTAS

- Excel proporciona **plantillas de hojas de cálculo** (templates o modelos de hojas de cálculo) para tareas administrativas comunes. Las fórmulas, formatos, rango de impresión, diseño, etc. están ya preestablecidos, de modo que lo único que necesita hacer es agregar la información. Si se añaden datos a un archivo de plantilla, será necesario utilizar la opción Guardar como, a fin de evitar aplicar los cambios en la plantilla original.

- Puede personalizar la plantilla para sus propósitos particulares y guardarla como un archivo de plantilla bajo un nuevo nombre. Esto le permitirá usar un formulario personalizado que sólo requiere nueva información variable. También es posible crear sus propias plantillas si guarda los archivos como plantillas.

- Las plantillas de hojas de cálculo disponibles en Excel se encuentran en la página de Soluciones de hojas de cálculo del cuadro de diálogo File (Archivo), New (Nuevo). Observe la ilustración del cuadro de diálogo Nuevo con la ficha Soluciones de hojas de cálculo seleccionada.

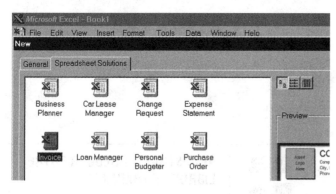

- También puede descargar plantillas adicionales de Microsoft Excel del sitio de Microsoft en la World Wide Web.

- Cada plantilla de libro de trabajo contiene la **plantilla de la hoja de cálculo** y una **hoja de cálculo para personalizar** con marcadores de posición para insertar datos, con el objeto de que pueda personalizar el modelo para su uso particular. Además, aparece una **Barra de herramientas de la plantilla** cuando ésta se abre. Observe la ilustración de la barra de herramientas Factura, que muestra una sugerencia en pantalla.

- Cuando un archivo se guarda como plantilla, se le asigna la extensión .XLT. Los archivos deben guardarse en la carpeta de Excel o de Soluciones de hoja de cálculo en la carpeta de Plantillas; de esta manera aparecerán en la ficha de Soluciones de hoja de cálculo del cuadro de diálogo Nuevo.

- Varias de las plantillas que Excel ofrece cuentan con una característica de base de datos que le permite llevar un seguimiento de los formularios creados al producir un registro de la información. Para los propósitos de este ejercicio, se utilizará la plantilla sin la característica de base de datos.

En este ejercicio, explorará una plantilla y su barra de herramientas correspondiente. Personalizará la plantilla para las facturas de Art Depot, la guardará como archivo de plantilla y después creará una factura.

INSTRUCCIONES PARA EL EJERCICIO

1. Haga clic en File, New para abrir un documento nuevo.

2. Seleccione la ficha Soluciones de hojas de cálculo del cuadro de diálogo Nuevo.

3. Haga doble clic en la plantilla Invoice (Factura).

   ✓ Nota: Debido a que las plantillas contienen macros, se activará la protección contra virus instalada previamente en el texto. Abra este archivo con las macros habilitadas, puesto que conoce la fuente del archivo.

4. Coloque el puntero del *mouse* debajo de todos los botones de la barra de herramientas Factura para ver las sugerencias en pantalla.

5. Presione el botón Size to Screen/Return to Size (Mostrar completa o restaurar tamaño) (esquina superior izquierda) para ver la plantilla. Oprima de nuevo el botón para restaurar el tamaño.

6. Para ver una sugerencia de celda, coloque su *mouse* en el triángulo rojo en la línea F.O.B.

7. Haga clic en el botón Ayuda [?] para ver una pantalla de ayuda de la plantilla Factura. Después de observar la pantalla, presione el botón Close (Cerrar).

8. Cierre la barra de herramientas Factura.

9. Cambie a la hoja Customize Invoice (Personalizar factura).

10. Haga las entradas que se muestran en el formulario de la página siguiente.

11. En la parte inferior del formulario Customize Your Invoice (Personalizar sus facturas), haga clic en el botón Select Logo (Seleccionar logotipo). Seleccione una imagen apropiada para un logotipo si tiene estos archivos instalados. *Nota: Es posible descargar archivos de la biblioteca de gráficos de Internet.*

12. Pase a la hoja Factura y verifique sus entradas.

13. Haga clic en el marcador de posición **Insert Fine Print Here (Escriba información adicional aquí)** en la parte inferior de la factura y escriba:

Please check merchandise carefully upon delivery. (Por favor, revise con cuidado su mercancía a la entrega.)

14. Haga clic en el marcador de **posición Insert Farewell Statement Here** (Escriba el mensaje de despedida aquí) y escriba:

Thank you for your order. (Gracias por su pedido.)

15. Guarde el libro de trabajo **ARTINV** como archivo de plantilla.

16. Cierre ARTINV.

17. Abra un nuevo libro de trabajo. Use la plantilla ARTINV.

18. Escriba la siguiente información para completar una factura para Sabrina Advertising:

Customer (Cliente):	Sabrina Advertising 40 Scaran Road Peoria, IL 62543
Phone (Teléfono):	555-1234
Invoice Number (Número de factura):	AD456
Order No. (Núm. de pedido):	MA25
Rep (Representante):	Mary
FOB (Franco a bordo):	Galesburg, IL

QTY Cant.	DESCRIPTION Descripción	UNIT PRICE Precio Unitario
6	Toner Cartridges X-341	69.95
10	Drawing Pads JJ4356	21.95
5	Pencil Sets CA65763	5.43

Payment Details (Forma de pago): Check (Cheque)

19. Imprima un ejemplar de la factura.

20. Guarde la factura como **SABRINA.**

21. Cierre el archivo.

CUSTOMIZE YOUR INVOICE

Hover Your Pointer
HERE for a Useful Tip!

Type Company Information Here...

Company Name	Art Depot	Phone	309-555-9000
Address	1254 Miller Road	Fax	309-555-9001
City	Galesburg		
State	IL		
ZIP Code	61401		

Specify Default Invoice Information Here...

Credit Cards Accepted

1st Tax Name	IL
Rate	6.00%
☑	Apply tax on local purchases only.

Master Plan
Discovery
American Presto

2nd Tax Name	
Rate	
☐	Apply tax on local purchases only.

Shipping Charge $7.50

☐ Share invoice numbers on network.

Counter Location

Template Wizard Database   c:\program files\microsoft office\office\library\invdb.xls

Formatted Information

Art Depot
1254 Miller Road
Galesburg, IL 61401
309-555-9000 fax 309-555-9001

COMBINACIONES DE TECLAS

USAR UNA PLANTILLA DE EXCEL

1. Haga clic en **File** .... `Alt` + `F`

2. Haga clic en **New** .... `N`

3. Haga clic en la ficha Soluciones de hojas de cálculo.

4. Haga doble clic en la plantilla deseada.

GUARDAR UN ARCHIVO COMO PLANTILLA

1. Haga clic en **File** .... `Alt` + `F`

2. Haga clic en **Save As** .... `A`

   ✓ *Si guarda el archivo desde una plantilla de Excel, aparecerá en pantalla un mensaje que le preguntará si desea crear un registro de base de datos. Haga clic en Cancel (Cancelar) si no va a utilizar la característica de base de datos.*

3. Seleccione la unidad de disco en el cuadro **Save in**.

4. Haga doble clic en el nombre de la carpeta en la lista de documentos.

5. Repita el paso 4 hasta activar la carpeta que recibirá la plantilla.

6. Haga clic en el cuadro
   File name .... `N`

7. Escriba el nombre de la plantilla

8. Haga clic en el cuadro
   Save as type .... `T`

9. Seleccione la opción **Template** .... `↓`

10. Haga clic en **Save** .... `S`

ABRIR UN ARCHIVO ORIGINAL DE PLANTILLA

1. Haga clic en el botón **Open** .... 📂 de la barra de herramientas Estándar.

   O

   a. Haga clic en **File** .... `Alt` + `F`

   b. Haga clic en **Open** .... `O`

2. Seleccione Templates (*xlt)
   en **Files of type** .... `T`

3. Seleccione la carpeta que contiene la plantilla en el cuadro
   Look in.

4. Seleccione el archivo de plantilla que desee abrir.

5. Presione **Shift** y haga clic en **Open**.

Ejercicio 25

■ **Plantillas originales** ■ **Vincular libros de trabajo**

NOTAS

Plantillas originales (Original Templates)

■ Cuando necesite crear varios libros de trabajo que contengan información similar y fórmulas que no proporcione el programa Excel, puede crear su propio formulario y guardar el libro de trabajo como una plantilla. Cuando un archivo se guarda como plantilla, automáticamente se guarda en el directorio Templates (Plantillas) de Microsoft Office 97. Una vez que el archivo se encuentra en ese directorio, es posible moverlo a la carpeta Spreadsheet Solutions (Soluciones de hojas de cálculo) para poder ver su plantilla al abrir el cuadro de diálogo Nuevo, como se ilustró en el ejercicio anterior.

■ Es aconsejable guardar una plantilla como archivo sólo de lectura, de modo que el formato no se pueda cambiar o sobrescribir por accidente.

✓ *Nota: Los archivos de plantillas tienen una extensión .XLT que complementa su nombre.*

Vincular libros de trabajo (Link Workbooks)

■ **Vincular libros de trabajo** le permite consolidar y combinar información proveniente de varios libros de trabajo en uno resumido. Vincular permite que el libro de trabajo de resumen se actualice de manera automática o manual cuando la información vinculada se modifica.

■ Los libros de trabajo que proporcionan la información se denominan **libros de trabajo fuente**; el libro de trabajo que recibe la información vinculada se denomina **libro de trabajo dependiente**. Las referencias a celdas en otros libros de trabajo se llaman **referencias externas**.

■ Como valor predeterminado, los vínculos se configuran para actualizarse automáticamente. Excel actualiza los vínculos cuando se abre el libro de trabajo dependiente y también cuando la información fuente se modifica mientras que el libro de trabajo dependiente está abierto.

■ Vincular difiere de combinar información (Copiar y Pegado especial), ya que en este proceso la combinación de datos únicamente copia, suma o resta los datos en el archivo dependiente. Los cambios en el libro de trabajo fuente no se reflejan en el libro de trabajo dependiente, a menos que se repita el proceso de combinación.

■ Existen dos maneras de vincular un archivo:

• La información copiada del libro de trabajo fuente puede pegarse en el libro de trabajo dependiente con el comando Pegar vínculo, que crea automáticamente una referencia externa que vincula los libros de trabajo.

✓ *Nota: En este ejercicio, utilizaremos el método Paste Link (Pegar vínculo).*

• Las referencias externas pueden escribirse directamente en una fórmula mediante el siguiente formato: unidad de disco:\ruta de acceso\[archivo.xls]nombre de la hoja!referencia.

EJEMPLOS:

=c:\excel\[PAT.xls]Sheet1!A1 crea un vínculo con la celda A1 del libro de trabajo PAT.

=sum([PAT.xls]Sheet1!A1:D1) + B3 obtiene la suma de A1:D1 en el libro de trabajo PAT y la adiciona al contenido de B3 en el libro de trabajo activo.

✓ *Nota: Si el archivo fuente se encuentra en el mismo directorio, puede omitir la ruta de acceso.*

- Para incluir una referencia externa en una fórmula, seleccione las celdas en el libro de trabajo fuente, mientras edita o crea la fórmula en el libro de trabajo dependiente.

- Si la celda en una referencia externa incluye una fórmula, sólo el resultado de la fórmula se traspasará.

- Siempre que sea posible, siga estas guías para guardar libros de trabajo vinculados:

  - Guarde los libros de trabajo vinculados en el mismo directorio.

  - Guarde los libros de trabajo fuente antes que el libro de trabajo dependiente.

- A continuación se presenta una ilustración del proceso de vinculación.

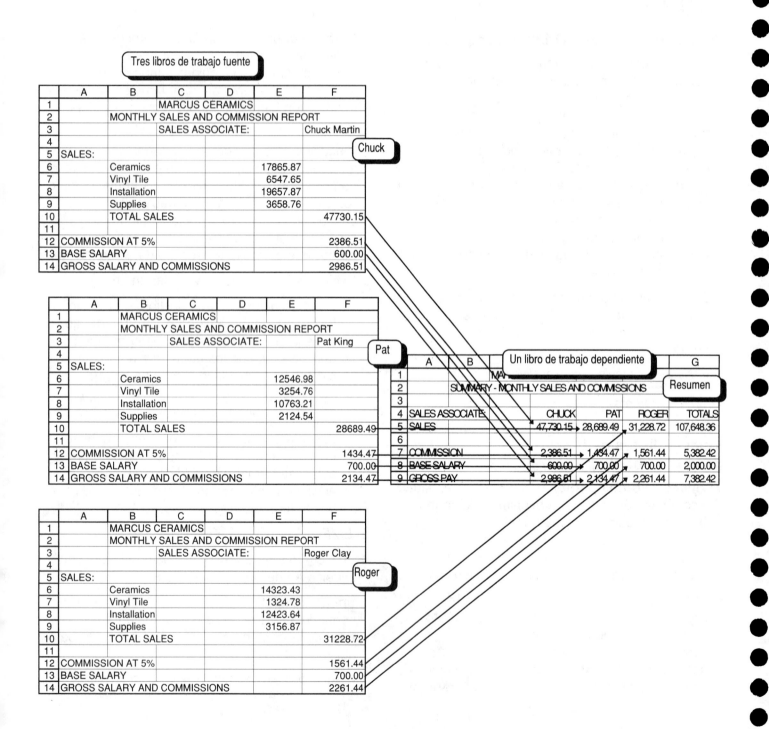

En este ejercicio, la compañía Marcus Ceramics crea un estado mensual de ventas y salarios por cada uno de sus vendedores. Les gustaría contar con un libro de trabajo de resumen que consolide la información acerca de la productividad en ventas de sus empleados. Utilizando la característica Vincular, la información del libro de trabajo consolidado se actualizará automáticamente cada mes a medida que los datos relativos al consultor cambien.

INSTRUCCIONES PARA EL EJERCICIO

1. Cree la plantilla del libro de trabajo A, como se indica en la página siguiente, o abra 🖫**25COMM.**

2. Agregue fórmulas a la plantilla para obtener:
   - TOTAL SALES (VENTAS TOTALES)
   - COMMISSION (5% of Sales) (COMISIÓN [5% de las ventas])
   - GROSS SALARY AND COMMISSION (Commision+ Base Salary) (SALARIO BRUTO Y COMISIÓN [Comisión + Salario base])

   ✓ *Las fórmulas darán como resultado valores cero.*

3. Aplique formato a todas las columnas de dinero para que muestren dos decimales.

4. Guarde el archivo como plantilla y como sólo de lectura, llámelo **COMM.** (*Guarde el archivo en la carpeta Templates [Plantillas].*)

5. Cierre **COMM.**

6. Vuelva a abrir **COMM.** (COMM se encuentra en la carpeta Plantillas y tiene una extensión de archivo .XLT.)

   SUGERENCIA: *Puesto que acaba de guardar el archivo, puede seleccionarlo en la parte inferior del menú* **File (Archivo)**.

7. Use la plantilla para crear un libro de trabajo para cada consultor de ventas con la información que se proporciona a continuación. Cuando haya insertado los datos, las fórmulas de la plantilla completarán el libro de trabajo. Después de llenar cada libro de trabajo, guarde y titule cada archivo **CHUCK**, **PAT** y **ROGER**, respectivamente.

   ✓ *No cierre los archivos después de guardarlos.*

ASSOCIATE:	CHUCK MARTIN	PAT KING	ROGER CLAY
Ceramics	17865.87	12546.98	14323.43
Vinyl Tile	6547.65	3254.76	1324.78
Installation	19657.87	10763.21	12423.64
Supplies	3658.76	2124.54	3156.87
BASE SALARY	600.00	700.00	700.00

8. Abra un nuevo libro de trabajo y cree el libro de trabajo B (dependiente), como se indica en la página siguiente, o abra 🖫**25SUMM.** Guarde el libro de trabajo; llámelo **SUMM.**

9. Minimice todas las ventanas de los libros de trabajo, con excepción de **CHUCK** y **SUMM.** Use el menú Ventana para organizar los libros de trabajo abiertos de modo que pueda ver la información de ambos archivos.

10. Copie y pegue como vínculo el rango que incluye TOTAL SALES, COMMISSION, BASE SALARY y GROSS PAY del libro de trabajo **CHUCK** a la celda D5 del libro de trabajo **SUMM**.

11. Minimice el libro de trabajo **CHUCK.**

12. Abra el icono del libro de trabajo **PAT** y organice los libros de trabajo abiertos.

13. Copie y pegue como vínculo el rango de celdas F10:F14 del libro de trabajo PAT a la celda E5 del libro de trabajo **SUMM.**

14. Minimice el libro de trabajo **PAT.**

15. Abra el icono del libro de trabajo **ROGER;** ordene los libros de trabajo abiertos.

16. Copie y pegue como vínculo el rango de celdas F10:F14 del libro de trabajo **ROGER** a la celda F5 del libro de trabajo **SUMM.**

17. En el libro de trabajo **SUMM,** dé formato a todos las cantidades para que muestren dos decimales y borre los ceros de la fila en blanco. Alinee a la derecha los títulos de las columnas con datos numéricos.

18. Encuentre todos los totales en el libro de trabajo **SUMM.**

19. Guarde el libro de trabajo **SUMM.**

20. Imprima un ejemplar del libro de trabajo **SUMM.**

21. Minimice todas las ventanas, con excepción de **PAT** y **SUMM**; organice los libros de trabajo abiertos.

22. Seleccione el libro de trabajo **PAT** y cambie la cantidad correspondiente a sus ventas de Vinyl Tile (Mosaico vinílico) a $8254.76.

23. Observe los valores actualizados en la columna **PAT** del libro de trabajo **SUMM** así como los totales actualizados.

24. Cierre todos los archivos de los libros de trabajo *sin* volver a guardarlos.

Libro de trabajo A – archivo de plantilla fuente

	A	B	C	D	E	F
1			MARCUS CERAMICS			
2			MONTHLY SALES AND COMMISSION REPORT			
3			SALES ASSOCIATE:			
4						
5	SALES:					
6		Ceramics				
7		Vinyl Tile				
8		Installation				
9		Supplies				
10		TOTAL SALES				0
11						
12	COMMISSION AT 5%					0
13	BASE SALARY					
14	GROSS SALARY AND COMMISSIONS					0

Libro de trabajo B – archivo dependiente

	A	B	C	D	E	F	G
1			MARCUS CERAMICS				
2		SUMMARY - MONTHLY SALES AND COMMISSIONS					
3							
4	SALES ASSOCIATE:			CHUCK	PAT	ROGER	TOTALS
5	SALES						
6							
7	COMMISSION						
8	BASE SALARY						
9	GROSS PAY						

COMBINACIONES DE TECLAS

CREAR UNA PLANTILLA DE LIBRO DE TRABAJO

Guarda y nombra el libro de trabajo activo como un archivo de plantilla.

1. Haga clic en **File** .... `Alt` + `F`

2. Haga clic en **Save As** .... `A`

3. Haga clic en
   Save as type .... `Alt` + `T`

4. Seleccione el tipo de archivo
   Template .... `↑↓` , `↵`

5. Haga doble clic en
   File name .... `Alt` + `N`

6. Escriba el nombre del archivo.

7. Haga clic en **Save** .... `↵`

ORGANIZAR LAS VENTANAS DE LOS LIBROS DE TRABAJO

1. Haga clic en **Window** .... `Alt` + `W`

2. Haga clic en **Arrange** .... `A`

3. Seleccione la opción deseada en
   Arrange:

   - **Tiled** .... `T`

   - **Horizontal** .... `O`

   - **Vertical** .... `V`

   - **Cascade** .... `C`

4. Haga clic en **OK** .... `Enter`

ARCHIVO DE PLANTILLA ORIGINAL

Por lo general, Excel abre una copia del archivo de plantilla. Use este procedimiento para abrir el archivo de la plantilla original.

1. Siga los pasos 1 y 2 para **ABRIR UN ARCHIVO DE LIBRO DE TRABAJO**, en las teclas del ejercicio 2.

2. Presione **Shift** y haga
   clic en **Open** .... `Shift` + `Enter`

GUARDAR UN ARCHIVO COMO PLANTILLA CON RECOMENDACIÓN DE SÓLO LECTURA

1. Haga clic en **File** .... `Alt` + `F`

2. Haga clic en **Save As** .... `A`

3. Haga clic en
   Save as type .... `Alt` + `T`

4. Seleccione el tipo de archivo
   Template .... `↑↓` , `Enter`

5. Haga doble clic en
   File name .... `Alt` + `N`

6. Escriba el nombre del
   archivo .... *nombre de archivo*

7. Haga clic en **Options** .... `Alt` + `O`

8. Haga clic en **Read-only**
   recommended .... `Alt` + `R`

9. Haga clic en **OK** .... `Enter`

10. Haga clic en **Save** .... `↵`

VINCULAR LIBROS DE TRABAJO UTILIZANDO PEGAR VÍNCULO

1. Abra los libros de trabajo que desee vincular.

2. Organice el espacio de trabajo de modo que los dos libros queden a la vista.

3. Seleccione la(s) celda(s) de referencia en el libro de trabajo fuente.

4. Haga clic en **Edit** .... `Alt` + `E`

5. Haga clic en **Copy** .... `C`

6. Seleccione la(s) celda(s) que recibirán la(s) referencia(s) en el libro de trabajo dependiente.

   ✓ *Si se incluyen referencias a más de una celda, seleccione la celda superior izquierda del rango de celdas en el área de pegado.*

7. Haga clic en **Edit** .... `Alt` + `E`

8. Haga clic en **Paste Special** .... `S`

9. Haga clic en **Paste List** .... `Alt` + `L`
   O

   Presione **Escape** .... `Esc`
   para finalizar el procedimiento.

Ejercicio

26

- ■ **Fórmulas 3D** ■ **Hojas de libros de trabajo**
- ■ **Duplicar la ventana de un libro de trabajo**

NOTAS

Fórmulas 3D

- Si desea compendiar la información de varias hojas en una hoja de resumen, puede crear una fórmula que haga referencia a los valores de cualquier hoja o rango de hojas en un libro de trabajo. Estas referencias se conocen a menudo como **referencias 3D**.

- Siga estas reglas cuando escriba referencias 3D:

  - En una referencia 3D, los signos de admiración (**!**) dividen el nombre de la hoja de la referencia de celda.

  - Por ejemplo, Sheet3!A2, se refiere a la celda A2 de la Hoja3.

  - Use comillas si el nombre de la hoja de cálculo contiene un espacio; por ejemplo, "Abril 1997":A3.

  - Dos puntos (**:**) entre los nombres de las hojas de cálculo indica un rango de hojas. Por ejemplo, Sheet3**:**Sheet5!A1**:**D1 se refiere al rango de celdas A1 a D1 de la Hoja3 a la Hoja5.

  - Es posible combinar funciones con las referencias 3D para crear una fórmula que se refiera a datos de diferentes hojas, como se ilustra a la derecha. Puede escribir la referencia 3D en una fórmula, o insertarla seleccionando las celdas en las hojas de cálculo a las que desea hacer referencia mientras escribe o edita la fórmula.

  Observe la ilustración de fórmulas y referencias 3-D que se presenta en la siguiente página:

Hojas de libros de trabajo

- Puede usar las etiquetas de hojas o el menú para **copiar hojas** así como la información que contienen. Debe copiar una hoja cuando necesite crear varias hojas que contengan una distribución de datos similar o idéntica.

Duplicar la ventana del libro de trabajo

- Es posible crear **ventanas duplicadas del libro de trabajo activo**, de manera que pueda ver más de una hoja de cálculo a la vez del mismo libro de trabajo. Use los comandos Window (Ventana), New Window (Nueva ventana) para abrir una ventana duplicada del libro de trabajo.

  Considere lo siguiente cuando trabaje con ventanas duplicadas del libro de trabajo:

  - Excel coloca la nueva ventana del libro de trabajo encima de la ventana activa del libro de trabajo.

  - ✓ Nota: *Si el libro de trabajo activo está maximizado, no podrá ver la nueva ventana del libro de trabajo.*

  - La barra de títulos indica cuando hay ventanas duplicadas del libro de trabajo al mostrar el nombre del libro de trabajo seguido por dos puntos y un número; por ejemplo, LIBRO1**:**2.

  - La memoria de su sistema determina el número de ventanas duplicadas que podrá abrir.

  - Al cerrar una ventana duplicada no se cierra el libro de trabajo.

  - Puede agregar o editar información en la ventana original o en la duplicada.

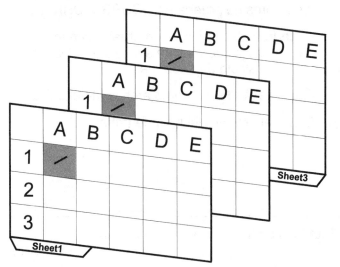

EJEMPLO: *Utilizando referencias 3D para sumar los valores de A1 en un rango de hojas.*
*=SUM(**Sheet1:Sheet3!A1**) o*
*=**Sheet1!A1 + Sheet2!A2 + Sheet3!A3***

En este ejercicio, volverá a usar el archivo de nómina PAYTEMP y le agregará una nueva hoja de cálculo (Totals). En la nueva hoja de cálculo, escribirá fórmulas que contengan referencias 3D a las hojas de cálculo April, May, y June. Por último, abrirá una ventana duplicada del libro de trabajo para que pueda ver la hoja de cálculo Totals mientras cambia valores de prueba en la hoja de cálculo de abril.

INSTRUCCIONES PARA EL EJERCICIO

1. Abra ⌨**PAYTEMP**, o abra 💾**26PAYTEM**.

2. Copie la hoja correspondiente a june.

3. Cambie el nombre de la hoja (2) June y llámela TOTALS.

4. Mueva la etiqueta de Totals a la derecha de June.

5. Agrupe las hojas de cálculo April, May y June.

6. Seleccione April y, mientras las hojas de cálculo están agrupadas, escriba valores de prueba en las columnas HOURS WORKED para cada empleado como se indica:

   10 para cada empleado en la primera nómina semanal.

   20 para cada empleado en la segunda nómina semanal.

   30 para cada empleado en la tercera nómina semanal

7. Desagrupe las hojas y compruebe que los valores de prueba se hayan insertado en la hoja de cálculo de cada mes.

8. Seleccione la celda E7 de la hoja de cálculo TOTALS y escriba una fórmula 3D que sume los valores de la celda E7 en las hojas de cálculo April, May y June.

   SUGERENCIA: La fórmula completa debe quedar así:
   =April!E7+May!E7+June!E7 o
   =SUM(April:June!E7)y 30 (la suma de los valores de prueba) debe aparecer en la celda.

9. Repita el paso 8 para cada empleado en cada nómina semanal.
   ✓ *Puede copiar la fórmula de E7 a cada empleado.*

10. Abra una ventana duplicada del libro de trabajo y seleccione la hoja de cálculo Totals en la ventana duplicada.

11. Organice las ventanas del libro de trabajo para que la información de ambas quede a la vista.

12. Seleccione la hoja de cálculo April en la ventana original y modifique los valores de prueba de HOURS WORKED en la primera nómina semanal a 50 por cada empleado.
    ✓ *Observe que la hoja de cálculo Totals en la ventana duplicada muestra los valores actualizados.*

13. Cambie de nuevo los valores de prueba de HOURS WORKED a 10.

14. Cierre la ventana duplicada del libro de trabajo.

15. Seleccione la hoja de cálculo Totals y configúrela para que se ajuste al tamaño de una página cuando se imprima.

16. Imprima la hoja de cálculo Totals.

17. Agrupe las hojas de cálculo April, May y June.

18. Seleccione la hoja de cálculo April y borre todos los valores de prueba en HOURS WORKED.

19. Desagrupe las hojas y compruebe que los valores de prueba hayan sido eliminados en la hoja de cálculo de cada mes.

20. Guarde **PAYTEMP** como archivo de plantilla.

21. Cierre el archivo del libro de trabajo

COMBINACIONES DE TECLAS

COPIAR HOJAS DENTRO DE UN LIBRO DE TRABAJO

✓ *Excel cambiará el nombre de las hojas que copie.*

Para copiar una hoja arrastrándola:

Presione **Ctrl** y `Sheet #` arrastre la etiqueta de la hoja que desee copiar a la posición deseada en la fila de etiquetas.

El puntero se convierte en una ⬚ y aparece un triángulo negro que indica el punto de inserción.

Para copiar varias hojas arrastrándolas:

1. Seleccione las hojas que desee copiar.

2. Presione **Ctrl** y arrastre las etiquetas de hojas seleccionadas a la posición deseada en la fila de etiquetas.

El puntero se convierte en una ⬚ y aparece un triángulo negro que indica el punto de inserción.

Para copiar hojas utilizando el menú:

1. Seleccione las hojas que desee copiar.

2. Haga clic en **Edit** .... `Alt`+`E`

3. Haga clic en **Move or Copy Sheet** .... `Alt`+`M`

4. Seleccione la ubicación para insertar la hoja copiada en la lista **Before Sheet** .... `↕`

5. Haga clic en **Create a Copy** .... `Alt`+`C`

6. Haga clic en **OK** .... `Enter`

INSERTAR UNA REFERENCIA 3D EN UNA FÓRMULA

1. En caso necesario, escriba o edite la fórmula.

2. Coloque el punto de inserción en la fórmula en la que se insertará la referencia.

3. Seleccione la hoja que contenga la(s) celda(s) a las que desee hacer referencia.

✓ *Cuando hace clic en una etiqueta de hoja, su nombre aparece en la barra de fórmulas.*

4. Seleccione la(s) celda(s) a la(s) que desea hacer referencia.

✓ *Cuando seleccione la(s) celda(s), la referencia 3D completa aparece en la barra de fórmulas.*

Para insertar una referencia 3D para un rango de hojas de cálculo:

Presione **Shift** y haga clic en la última etiqueta de hoja de cálculo a la que desee hacer referencia.

5. Escriba o inserte las partes restantes de la fórmula.

6. Presione **Enter** .... `Enter`

✓ *Cuando presiona Enter, Excel regresa a la hoja de cálculo inicial.*

ESCRIBIR UNA REFERENCIA 3D EN UNA FÓRMULA

1. En caso necesario, escriba o edite la fórmula.

2. Coloque el punto de inserción en la fórmula en la que se escribirá la referencia.

3. Escriba el nombre de la hoja .... *nombre de la hoja*

✓ *Si el nombre de la hoja contiene un espacio, escriba comillas sencillas o dobles antes y después del nombre de la hoja.*

Para escribir una referencia 3D para un rango de hojas de cálculo:

a. Presione **dos puntos** (:) .... `:`

b. Escriba el nombre de la última hoja .... *nombre de la hoja* del rango.

4. Presione **exclamation** (!) .... `!`

5. Escriba la referencia de celda o rango .... *referencia*

EJEMPLOS: Sheet1:Sheet5!A1:A5' 'Total Sales'!A1:A5

ABRIR UNA VENTANA DUPLICADA DEL LIBRO DE TRABAJO

Crea una ventana nueva del libro de trabajo activo.

1. Haga clic en **Window** .... `Alt`+`W`

2. Haga clic en **New Window** .... `N`

CERRAR UNA VENTANA DUPLICADA DEL LIBRO DE TRABAJO

Haga doble clic en el cuadro de control del menú de la ventana del libro de trabajo .... `▣`

O

1. Seleccione el duplicado .... `Ctrl`+`Tab` del libro de trabajo.

2. Presione **Alt + F4** .... `Alt`+`F4`

Ejercicio 27

■ **Resumen**

> *El señor Cooper ha aplicado tres exámenes adicionales, aparte del final, a su grupo de alumnos. Necesita revisar la hoja de cálculo preparada con anterioridad para incluir la nueva información sobre los resultados de las pruebas y a dos estudiantes nuevos. Además, el supervisor del señor Cooper ha solicitado una hoja de cálculo independiente que muestre los nombres de los estudiantes y los promedios del examen final.*

INSTRUCCIONES PARA EL EJERCICIO

✓ *Inmovilice los encabezados de las filas para facilitar la entrada de información.*

1. Abra ⌨**MKTG**, o abra 💾**27MKTG.**

2. Inserte filas en orden alfabético para los siguientes dos estudiantes nuevos: Goldstein, J., ID# 311 y Harris, M., ID# 312.

3. Inserte la información de las columnas TESTS (EXÁMENES) 4, 5 y 6, como se muestra en la página siguiente, después de la columna TEST 3.

4. Edite las fórmulas de las columnas NO. TESTS TAKEN (Núm. de exámenes tomados) y TEST AVERAGE (Promedio de exámenes) para los datos nuevos de los exámenes.

5. Cree una columna nueva después de la columna TEST AVERAGE y llámela FINAL EXAM (Examen final). Escriba las calificaciones del examen que aparecen a continuación, o como se muestra en la página siguiente:

   Adamson, 72; Barnes, 85; Costello, 86; Dionesios, 70; Eckert, 65; Fallstaff, 91; Garcia, 71; Goldstein, 69: Hamway, 89; Harris, 71; Ianelli, 61; Jae Woo, 80; Kelly, 96

6. Cree una nueva columna después de FINAL EXAM y llámela FINAL AVERAGE (Promedio final).

7. Obtenga el FINAL AVERAGE de cada estudiante. El examen final vale 1/3 del promedio final, mientras que los demás exámenes valen 2/3 del promedio final.

   SUGERENCIA: (FINAL EXAM+TEST AVERAGE+TEST AVERAGE)/3 (Examen final + promedio de pruebas + promedio de pruebas)/3.

8. Complete la información del resumen en la parte inferior del libro de trabajo.

9. Aplique formato a la información de las columnas TEST AVERAGE, FINAL AVERAGE, y CLASS AVERAGE para que las cantidades muestren un decimal.

10. Centre los títulos de las nuevas columnas.

11. Guarde el archivo del libro de trabajo, o *guárdelo como* **MKTG.**

12. Imprima un ejemplar que se ajuste al tamaño de una página.

13. Cree los rangos con nombre que se indican a continuación:
    Names (Nombres)   A1:B23
    Averages (Promedios)   L1:L23

14. Abra un nuevo libro de trabajo.

15. Utilizando los comandos Copiar y Pegar, copie el rango Names a la celda A1 del nuevo libro de trabajo.

16. Utilizando los comandos Copiar y Pegado especial, copie el rango Averages a la celda D1 del nuevo libro de trabajo. Pegue solamente los valores.

17. Edite el subtítulo para que diga: MR. HARRY COOPER.

18. Dé formato a los promedios para que muestren un decimal.

19. Aplique formato a la información de resumen, en caso necesario.

20. Guarde el nuevo archivo; llámelo **MKTGSUM.**

21. Imprima un ejemplar de **MKTGSUM.**

22. Cierre los archivos de los libros de trabajo.

Sheet1

BUSINESS MARKETING 110				MR. HARRY COOPER							
EXAM GRADES											
							NO. OF TESTS TAKEN	TEST AVERAGE	FINAL EXAM	FINAL AVERAGE	
ID #	STUDENT	TEST 1	TEST 2	TEST 3	TEST 4	TEST 5	TEST 6				
300	Adamson, M.	78	96	80	75		69			72	
301	Barnes, F.	71	89	80	85	79	82			85	
302	Costello, A.	67	79	80	83	84	76			86	
303	Dionesios, A.	88		80	76	74	78			70	
304	Eckert, S.	90	70	73	52	61	70			65	
305	Falstaff, S.	76	90	90	84	88				91	
306	Garcia, H.	84	91	76	72		80			71	
311	Goldstein, J				52	61	70			69	
307	Hamway, R.	87	68	80	82	85	81			89	
312	Harris, M.				41	59	57			71	
308	Ianelli, J.	98		70	72	76	79			61	
309	Jae Woo, K.		80	70		84	73			80	
310	Kelly,G.	75	90	93	91	94	84			96	
NO. OF PAPERS		10	9	11							
CLASS AVERAGE		81.4	83.7	79.3							
HIGHEST GRADE		98	96	93							
LOWEST GRADE		67	68	70							

Editar fórmula para los nuevos exámenes

Ejercicio 28

■ Insertar funciones SI ■ Uso de la característica Pegar función

NOTAS

Insertar funciones IF (SI)

■ Una **expresión SI** es una función lógica que establece una condición para comprobar datos. Los resultados de la expresión dependen de que la condición sea verdadera o falsa.

■ El formato de una expresión SI es:

=IF(CONDITION,X,Y)

=SI(CONDICIÓN,X,Y)

La condición es una pregunta del tipo Verdadero/Falso.

Si la condición es verdadera, la función da como resultado X; si la condición es falsa, la función resulta en Y.

■ Por ejemplo, en este ejercicio, el maestro usa una expresión SI para determinar la calificación final del alumno con base en su promedio final. La calificación para aprobar es 65; por lo tanto, es posible utilizar una expresión SI para comprobar si el promedio final de un estudiante es mayor que 64.9. Si es así, el estudiante aprueba y la palabra PASS (APROBADO) se inserta en la ubicación de la función. Si no (en caso de que el promedio no sea mayor que 64.9), la palabra FAIL (REPROBADO) se inserta en la ubicación de la función.

✓ Observe el desglose de una fórmula de una expresión SI utilizada en este problema:

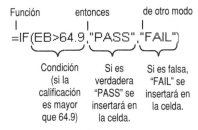

Función	entonces	de otro modo

=IF(EB>64.9,"PASS","FAIL")

Condición (si la calificación es mayor que 64.9) | Si es verdadera "PASS" se insertará en la celda. | Si es falsa, "FAIL" se insertará en la celda.

✓ *Nota: Puesto que PASS y FAIL son etiquetas, debe ponerlas entre comillas (").*

■ Las expresiones SI emplean los siguientes operadores condicionales para establecer la condición:

=	Igual que	<=	Menor que o igual que
>	Mayor que	>=	Mayor que o igual que
<	Menor que	<>	Distinto de
&	Se utiliza para concatenar texto.		

✓ *Nota: Las expresiones SI pueden utilizarse en combinación con expresiones OR (O), AND (Y), y NO para evaluar condiciones complejas.*

Uso de la característica Pegar función

■ Las funciones SI pueden insertarse utilizando el teclado, o por medio de la característica Paste function (Pegar función). Presione el botón Pegar función f_x para ver la lista de funciones disponibles en Excel. Seleccione la función SI y complete el cuadro de diálogo que se ilustra a continuación. La primera sección se utiliza para introducir la condición o prueba lógica. La segunda línea es para el valor o acción a realizar si la prueba es verdadera. La tercera línea es para el valor o acción a realizar si la prueba es falsa. Cada línea tiene al final un cuadro para Contraer diálogo que permite seleccionar los rangos directamente en el libro de trabajo.

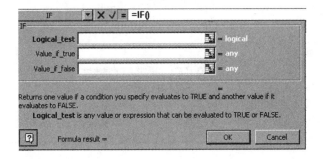

En este ejercicio, calculará la CALIFICACIÓN FINAL y los CRÉDITOS OTORGADOS del grupo de alumnos de Harry Cooper con base en una calificación de aprobación del 65%, utilizando expresiones SI.

INSTRUCCIONES PARA EL EJERCICIO

1. Abra 🖾**MKTGSUM**, o abra 🖫**28MKTGSU.**

2. Inserte las siguientes columnas después de FINAL AVERAGE, como se ilustra:
   FINAL   CREDITS
   GRADE   GRANTED   NOTES:

3. Escriba una expresión IF para el primer estudiante en la columna FINAL GRADE (Calificación final) que producirá la palabra PASS (APROBADO) si el promedio final es mayor que 64.9 y FAIL (REPROBADO) si no es así.
   Sugerencia: Consulte las notas.

4. Copie la fórmula a los demás estudiantes.

5. Use el botón Pegar función para insertar una expresión SI para el primer estudiante en la columna CREDITS GRANTED (CRÉDITOS OTORGADOS), que dará como resultado el número tres si el promedio final es mayor que 64.9 y cero si no es así.
   Sugerencia: Prueba_lógica: D6>64.9
   Valor_si_verdadero: 3
   Valor_si_falso: 0

6. Copie la fórmula a los demás estudiantes.

7. Centre todas las nuevas entradas.

8. Introduzca una expresión IF en la columna NOTE: (NOTA:) para escribir "Register for Marketing 120." ("Inscríbase a Mercadotecnia 120") en el caso de aquellos que aprobaron el curso y "See Dr. Martin" ("Vea al Dr. Martin") para aquellos que no aprobaron.

9. Elimine la fila que contiene NO. OF PAPERS.

10. Imprima un ejemplar de la hoja de cálculo.

11. Cierre y guarde el archivo del libro de trabajo, o *guárdelo como* **MKTGSUM**.

	A	B	C	D	E	F	G
1	BUSINESS MARKETING 110						
2	MR. HARRY COOPER						
3							
4				FINAL	*FINAL*	*CREDITS*	
5	ID #	STUDENT		AVERAGE	*GRADE*	*GRANTED*	*NOTE:*
6	300	Adamson, M.		77.1			
7	301	Barnes, F.		82.3			
8	302	Costello, A.		80.8			
9	303	Dionesios, A.		76.1			
10	304	Eckert, S.		67.9			
11	305	Falstaff, S.		87.4			
12	306	Garcia, H.		77.4			
13	311	Goldstein, J		63.7			
14	307	Hamway, R.		83.3			
15	312	Harris, M.		58.6			
16	308	Ianelli, J.		73.0			
17	309	Jae Woo, K.		77.8			
18	310	Kelly, G.		90.6			
19							
20	NO. OF PAPERS			13			
21	CLASS AVERAGE			76.6			
22	HIGHEST GRADE			90.6			
23	LOWEST GRADE			58.6			
24							

COMBINACIONES DE TECLAS

INSERTAR UNA FUNCIÓN SI UTILIZANDO EL ASISTENTE PARA FUNCIONES

También puede escribir una función para insertarla.

1. Haga clic en la celda .... 🔼🔽
2. Haga clic en el botón
   Function Wizard .... 𝑓𝑥
   de la barra de herramientas Estándar.
3. Seleccione **Logical** .... 🔼🔽
   en la lista **Function category**.

4. Seleccione la función
   IF en .... Alt + N, 🔼🔽
   la lista **Function name**.
5. Haga clic en **OK** .... Enter
6. Escriba la condición .... *condición*
   en el cuadro **Logical_test**.
   ✓ *Puede hacer clic en las celdas de la hoja de cálculo para insertar referencias de celdas.*
7. Haga clic en el cuadro
   Value_if_true .... Tab

8. Escriba el argumento .... *argumento* si la condición es verdadera.
9. Haga clic en el cuadro
   Value_if_false .... Tab
10. Escriba el argumento .... *argumento* si la condición es falsa.
11. Haga clic en **OK** .... Enter

Ejercicio
29

■ **Función SI**

NOTAS

■ Es posible crear una expresión IF para realizar un cálculo si la condición es verdadera y otro cálculo si la condición es falsa.

■ Al crear una condición con el operador **mayor que** (>), debe tener cuidado de utilizar el valor correcto. En este problema, al comprobar si los años de antigüedad son más de 5, debe usar >5 o >=6 en la fórmula para que un valor de 5 se interprete como una condición falsa.

La empresa Conway Manufacturing Company ha decidido otorgar aumentos en los salarios con base en la antigüedad en el trabajo. Los empleados que tienen más de cinco años de servicios recibirán un aumento de 7.25%; los que tienen menos años recibirán un aumento de 4.5%. Como gratificación, los empleados que cuenten con 10 o más años de servicios recibirán un aumento adicional de 1%.

INSTRUCCIONES PARA EL EJERCICIO

1. Cree la hoja de cálculo de la página siguiente, exactamente como se muestra, o abra 🖫**29SALARY**.

   Utilizando YEARS OF SENIORITY (AÑOS DE ANTIGÜEDAD) como condición, cree una expresión SI para insertar el porcentaje del aumento en la columna % INCREASE (% DE AUMENTO).

2. Los empleados que han trabajado más de 5 años recibirán un aumento de 7.25%, en tanto que los demás recibirán un aumento de 4.5%.

   SUGERENCIA: Escriba 7.25% y 4.5% como etiquetas, utilizando comillas en la expresión SI. Use ya sea >5 o >=6 como la condición.

3. Escriba una fórmula para encontrar el 1998 RAISE (AUMENTO 1998), multiplicando el SALARY 1997 (SALARIO 1997) por el % INCREASE (% DE AUMENTO).

4. Utilizando YEARS OF SENIORITY como condición, cree una expresión IF para calcular la gratificación de 1% sobre el SALARY para los empleados que han trabajado 10 años o más y sin gratificación para aquellos que no cumplan con la condición.

5. Inserte una fórmula para calcular el SALARY 1998 que incluya SALARY 1997, INCREASE 1998, y SENIORITY BONUS (GRATIFICACIÓN POR ANTIGÜEDAD).

6. Aplique formato a todas las columnas de dinero para que las cantidades muestren comas y dos decimales, y a todas las columnas de porcentajes para que muestren dos decimales.

7. Copie las fórmulas al resto de los empleados.

8. Obtenga los totales de todas las columnas de dinero.

9. Establezca el ancho de las columnas, según sea necesario.

10. Guarde el archivo; llámelo **SALARY**.

11. Imprima un ejemplar que se ajuste al tamaño de una página.

12. Cierre el archivo.

	A	B	C	D	E	F	G	H
1				CONWAY MANUFACTURING COMPANY				
2				ANALYSIS OF SALARY INCREASES				
3								
4								
5			YEARS OF	SALARY	%	RAISE	SENIORITY	SALARY
6	EMPLOYEE		SENIORITY	1997	INCREASE	1998	BONUS	1998
7								
8	Miller, John		16	49000.00				
9	Vantnor, Link		11	35000.00				
10	Barrow, Wilson		5	17500.00				
11	Abrahams, Larry		3	20000.00				
12	Nunex, Maria		15	23000.00				
13	Tse, Sandra		4	27000.00				
14	D'Agostino, Joe		8	30000.00				
15	Harrison, Reggie		9	35000.00				
16	Wingate, George		2	27000.00				
17	Ingold, Terry		10	41500.00				
18								
19	TOTALS							

COMBINACIONES DE TECLAS

INSERTAR UNA FUNCIÓN SI UTILIZANDO EL ASISTENTE PARA FUNCIONES

También puede escribir una función para insertarla.

1. Haga clic en la celda .... ![icono]

2. Haga clic en el botón

   Function Wizard .... *f×*
   de la barra de herramientas Estándar.

3. Seleccione Logical .... ![icono]
   en la lista **Function category**.

4. Seleccione la función

   IF en .... Alt + N , ![icono]
   la lista **Function name**.

5. Haga clic en **Next** .... ↵

6. Escriba la condición .... *condición*
   en el cuadro **Logical_test**.

   ✓ *Puede hacer clic en las celdas de la hoja de cálculo para insertar referencias de celdas.*

7. Haga clic en el cuadro

   Value_if_true .... Tab

8. Escriba el argumento si la condición es verdadera.

9. Haga clic en el cuadro

   Value_if_false .... Tab

10. Escriba el argumento si la condición es falsa.

11. Haga clic en **Finish** .... Enter

Ejercicio
30

- ■ **Insertar una fecha como dato numérico**   ■ **Formato de fechas numéricas**
- ■ **Autoformato**   ■ **Botones de color**

NOTAS

Insertar una fecha como dato numérico

- ■ Excel reconoce el formato de números deseado con base en la manera en que se insertan los datos. Por ejemplo, si escribe 25%, la entrada se reconoce como un valor con formato de porcentaje. De modo similar, si escribe 12/24/96 sin un prefijo de etiqueta, la entrada se reconoce como dato numérico con formato de fecha.

- ■ Las fechas pueden insertarse como datos de etiqueta (con un prefijo), pero cuando hay necesidad de sumar o restar fechas, éstas deben insertarse como datos numéricos (sin prefijo de etiqueta). Las fechas insertadas en alguno de los formatos estándares se reconocen automáticamente como tales y se les asigna un **valor de serie**. El valor de serie es el número de días que la fecha representa contados a partir del 1 de enero de 1900. Por lo tanto, al 1/1/1900 se le otorga un valor de serie de 1 y al 3/28/1905 se le asigna un valor de serie de 1914. Este sistema le permite sumar o restar fechas y obtener el valor correcto. Vea los ejemplos en la parte inferior de esta página.

Formato de fechas numéricas

- ■ A continuación se ilustran varios formatos de fecha estándares que Excel reconoce como valores de datos numéricos. Observe que el formato representa la apariencia de la fecha y la manera como ésta se inserta. La entrada en la barra de fórmulas es la fecha completa que aparece en dicha barra después de realizar la entrada. Si escribe 00 como el año, el programa supondrá que se refiere al año 2000. Los valores de serie son aquellos que se asignan a la fecha para propósitos matemáticos y representan el número de días transcurridos a la fecha a partir del 1 de enero de 1900. Para ver el valor de serie de una fecha, aplique formato de número a dicha fecha.

- ■ Una vez que se escribe una fecha como valor numérico, es posible cambiar su formato por medio de los comandos Format (Formato), Cells (Celdas), Number (Número).

Formats:	Example Entries	Formula Bar:	Serial values:
mm/d/yy	12/24/00	12/24/1900	359
d-mmm-yy	12/24/00	12/24/2000	36884
d-mmm	25-Jul	07/25/1997	35636
mmm-yy	Jul-97	07/25/1997	35636
mm/d/yy hh:mm	12/24/00 6:30	12/24/2000 6:30 AM	36884

Autoformato (AutoFormat)

- Excel proporciona formatos incorporados que pueden aplicarse a un rango de datos. Estos formatos, denominados **Autoformatos**, incluyen formatos de números, fuentes, bordes, diseños, colores, alineaciones, alto de filas y ancho de columnas. Le dan una apariencia profesional y organizada a la hoja de cálculo.

- El cuadro de diálogo Autoformato ofrece una selección de formatos de tablas que pueden aplicarse a un rango de datos. (*Vea la ilustración a la derecha*). Es posible personalizar cualquiera de los autoformatos a través del cuadro de diálogo Opciones.

Botones de color

- Los botones de color de la barra de herramientas Formato proporcionan una paleta de colores que se usan para establecer el Color de relleno o el Color de fuente en una celda seleccionada. (Vea la ilustración a continuación).

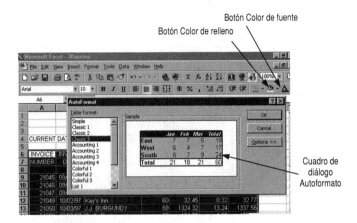

Botón Color de fuente

Botón Color de relleno

Cuadro de diálogo Autoformato

Las cuentas por cobrar son registros de clientes que le deben dinero a una compañía. El análisis de la antigüedad de las cuentas por cobrar se realiza para determinar cuántos días están vencidos los pagos de los clientes.

En este ejercicio, su supervisora le ha solicitado determinar cuántos días han transcurrido, a partir de hoy (1 de diciembre de 1997), en los que no se han pagado las facturas de las cuentas por cobrar. Además, quiere que calcule un interés moratorio de 1% sobre las cantidades pendientes de pago que tienen más de 30 días de antigüedad.

INSTRUCCIONES PARA EL EJERCICIO

1. Cree la hoja de cálculo que se ilustra en la siguiente página, o abra 🖫**30ACCREC**.
   ✓ *Inserte las fechas en el formato ilustrado.*

2. Encuentre el total de DAYS UNPAID (DÍAS PENDIENTES DE PAGO) y aplique formato de números.
   SUGERENCIA: DAYS UNPAID = CURRENT DATE-INVOICE DATE (DÍAS PENDIENTES DE PAGO = FECHA ACTUAL – FECHA DE LA FACTURA).
   ✓ *La referencia a la fecha actual debe ser una referencia absoluta.*

3. Use una expresión SI para calcular un 1% de interés moratorio sólo si los días pendientes de pago son más de 30. De otro modo, escriba 0 en la columna LATE FEE.

4. Aplique formato para que las cantidades muestren dos decimales.

5. Copie la fórmula a las facturas restantes.

6. Calcule la AMOUNT DUE (CANTIDAD VENCIDA) y copie a todas las facturas.

7. Obtenga los totales de todas las columnas de dinero y dé formato a los totales para que las cantidades muestren dos decimales.

8. Seleccione el rango A6 a H21 y elija el formato de tabla Classic 3 en el cuadro de diálogo Autoformato.
   ✓ *A medida que resalta cada formato de tabla, un ejemplo del estilo aparece en el cuadro de Muestra.*

9. Seleccione el rango de encabezados A1 a H4 y haga lo siguiente:
   - Aplique formato al texto con estilo de fuente en negrita.
   - Cambie el color del fondo a azul oscuro.
   - Cambie el color del texto a blanco.

10. Guarde el archivo; llámelo **ACCREC**.

11. Imprima un ejemplar de modo que se ajuste al tamaño de una página.

12. Cierre el archivo del libro de trabajo.

	A	B	C	D	E	F	G	H
1			KITCHEN KING STORES					
2			ACCOUNTS RECEIVABLE AGING REPORT					
3								
4	CURRENT DATE:		12/01/97					
5								
6	INVOICE	INVOICE			DAYS			AMOUNT
7	NUMBER	DATE	CUSTOMER		UNPAID	AMOUNT	LATE FEE	DUE
8								
9	21045	09/22/97	Martha Schef			475.43		
10	21046	09/23/97	Red's Restaurant			321.43		
11	21047	09/24/97	Martha Schef			543.98		
12	21049	10/02/97	Kay's Inn			32.45		
13	21050	10/03/97	Marvin Diamant			1324.32		
14	21052	10/06/97	Red's Restaurant			124.98		
15	21054	10/15/97	George Lopez			564.12		
16	21056	10/18/97	Kay's Inn			187.65		
17	21062	10/28/97	Marvin Diamant			454.56		
18	21079	11/05/97	Sam Hopkins			308.21		
19	21087	11/20/97	Red's Restaurant			163.28		
20								
21	TOTALS							
22								

COMBINACIONES DE TECLAS

INSERTAR UNA FECHA COMO DATO NUMÉRICO

✓ *Las fechas insertadas como datos numéricos se alinean a la derecha y pueden calcularse.*

1. Seleccione la celda que recibirá la fecha.

Para insertar la fecha actual:

Presione **Ctrl** + ;
(punto y coma) .... `Ctrl`+`,`

Para insertar una fecha específica:

Escriba una fecha.......................... fecha
en un formato válido.

Puede utilizar los siguientes formatos:

m/d/yy.............................. (ej. 6/24/96)

d-mmm.............................. (ej. 24-Jun)

d-mmm-yy.................... (ej. 24-Jun-96)

mmm-yy............................ (ej. Jun-96)

2. Presione **Enter** .... `Enter`

✓ *Si Excel muestra signos de número (######), la columna no es lo suficientemente ancha para mostrar la fecha. Para ver la entrada, haga doble clic en el borde derecho del encabezado de la columna.*

FORMATO DE FECHAS NUMÉRICAS

1. Seleccione las celdas que contienen las fechas numéricas a las que desee dar formato.

2. a. Haga clic en **Format** .... `Alt`+`O`

   b. Haga clic en **Cells**.................... `E`

   O

   a. Haga clic con el botón derecho del mouse en cualquier celda seleccionada.

   b. Haga clic en **Format Cells** .... `F`

3. Seleccione la ficha
   Number............................... `Ctrl`+`Tab`

4. Seleccione Date........... `Alt`+`C`, `↑↓`
   en la lista **Category**.

5. Seleccione el formato
   deseado...................... `Alt`+`T`, `↑↓`
   en la lista **Type**:

   • **m/d/yy**

   • **d-mmm-yy**

   • **d-mmm**

   • **mmm-yy**

   • **mm/d/yy h:mm**

6. Haga clic en **OK** .... `Enter`

APLICAR AUTOFORMATO

1. Seleccione el rango de datos a los que aplicará el formato.

2. Haga clic en **Format** .... `Alt`+`O`

3. Haga clic en **AutoFormat**................ `A`

4. Seleccione **Table format** .... `↑↓`
   deseado.

5. Haga clic en **OK** .... `Enter`

APLICAR COLOR AL PRIMER PLANO DE LA CELDA

1. Seleccione el objeto o rango de celdas.

2. Haga clic en la flecha del botón Fill Color.

3. Seleccione el color. ....

   O

1. Seleccione el objeto o rango de celdas.

2. Haga clic en **Format** .... `Alt`+`O`

3. Haga clic en **Cells**.......................... `E`

4. Seleccione la ficha
   Patterns .... `Ctrl`+`Tab`

5. Haga clic en **Color** .... `Alt`+`C`

6. Seleccione el color.

7. Haga clic en **OK** .... `Enter`

APLICAR COLOR AL TEXTO

1. Seleccione el rango de datos.

2. Haga clic en la flecha del botón
   Font Color.....................................

3. Seleccione el color.

   O

1. Seleccione el objeto o rango de celdas.

2. Haga clic en **Format** .... `Alt`+`O`

3. Haga clic en **Cells**.......................... `E`

4. Seleccione la ficha **Font**......... `Ctrl`+`Tab`

5. Haga clic en **Color** .... `Alt`+`C`

6. Seleccione el color.

7. Haga clic en **OK** .... `Enter`

Ejercicio

31

■ Tablas de datos Y SI ■ Función Pago

NOTAS

Tablas de datos Y si (What-If Data Tables)

- Una **hoja de cálculo** Y si se emplea para responder a una pregunta con base en uno o más factores que podrían influir en el resultado.

- Puede crear **una tabla de datos** (tabla Y si) para evaluar una serie de posibles respuestas a valores que usted proporciona en la primera fila y columna del extremo izquierdo de la tabla. Estos valores se denominan **valores de sustitución**.

- La tabla de datos creada en un problema Y si puede emplearse para evaluar diferentes situaciones con base en ciertas variables y encontrar la mejor solución.

- Por ejemplo, si desea comprar una casa pero sólo puede gastar $1,000 al mes para el pago de su hipoteca, necesita determinar la cantidad máxima de hipoteca que puede pedir prestada y el número de años para pagar que debe solicitar. Para ello, tendría que crear una tabla de datos que muestre los pagos de la hipoteca correspondientes a varias cantidades de préstamo y diversos periodos de pago. Entonces estaría en posibilidad de determinar la cantidad que puede pagar.

- Cuando utiliza los comandos Data (Datos), Table (Tabla), Excel usa la fórmula de la esquina superior izquierda de la tabla para calcular los valores de sustitución. Las tablas de datos que requieren dos grupos de valores de sustitución (una fila y una columna) se llaman **tablas de datos de dos entradas**. Los datos de las celdas de entrada se colocan al final de la tabla y son el primer elemento de datos de la fila y el primer elemento de datos de la columna. Observe la ilustración que sigue:

Celda de fórmula

Rango de latabla dedatos B4:F12

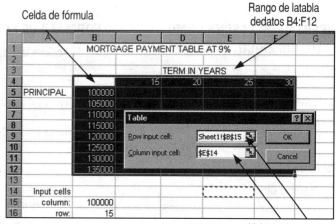

Valores de entrada

- El formato de una tabla de datos de dos entradas debe cumplir con los siguientes criterios:

  - Los **valores de entrada de columna y fila** a los que se referirá la fórmula deben estar fuera de la tabla.

  - La **fórmula** debe colocarse en la primera celda de la izquierda del rango de la tabla y debe referirse a los valores de entrada de columna y de fila.

  - Los **valores de sustitución** de la tabla deben ordenarse en la primera fila y columna de la tabla, como se muestra en la ilustración de la página siguiente.

- Para crear los valores de la tabla, seleccionará el rango de la tabla de datos (que incluye la fórmula), luego indicará las celdas de entrada de fila y de columna (las celdas que contienen los valores de entrada de fila y de columna) del cuadro de diálogo Tabla.

Función Pago

- La **función PMT** (pago) puede aplicarse para calcular la cantidad a pagar por un préstamo, utilizando principal, tasa de interés y número de periodos de pago. La función PMT emplea el siguiente formato y se compone de tres partes, que se definen a la derecha.

- Los argumentos de la función PMT son:

    =PMT (rate,nper,pv)

    rate Tasa de interés por periodo (por ejemplo, interés/12).

    nper Número de periodos de pago (por ejemplo, plazo*12).

pv Valor presente – cantidad total que una serie de pagos futuros vale en la actualidad (por ejemplo, el principal).

✓ Nota: La tasa de interés y el número de periodos de pago (nper) deben expresarse de la misma manera. Por ejemplo, si desea calcular el pago <u>mensual</u> a una tasa de interés al 9% durante 25 años, tanto el interés como el plazo se expresan en años. Por lo tanto, debe escribir .09/12 como tasa para determinar una tasa de interés mensual e insertar 25*12 para obtener el número de periodos de pagos mensuales (nper) por año.

> *En este ejercicio, creará una tabla de pagos de hipoteca (mortgage) para determinar las cantidades a pagar al 9% de interés para varios montos del principal y diferentes plazos anuales.*

INSTRUCCIONES PARA EL EJERCICIO

1. Cree la hoja de cálculo que se muestra en la siguiente página, o abra ⌨**31PAYMEN**.

2. Escriba una fórmula en la celda B4 para el pago mensual de una hipoteca de $100,000 al 9% de interés durante 15 años, utilizando los datos de la celda de entrada para el principal y el plazo. (La fórmula debe hacer referencia a los valores de entrada de las celdas B15 y B16. Estos valores de entrada no afectarán los valores computados en la taba cuando ésta se genere)

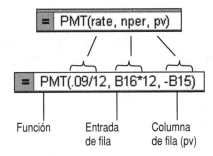

SUGERENCIA: =PMT (tasa, nper, pv)

✓ *Si escribe un signo de menos antes del principal, Excel encuentra un número positivo como pago de hipoteca mensual; de otra manera, el resultado será un número negativo.*

3. Aplique formato a la respuesta para que muestre dos decimales.

4. Cree una tabla de datos de dos variables completando el cuadro de diálogo Tabla.

5. Use Autoformato para aplicar el formato Classic 2 al rango de celdas A4:F12.

6. Seleccione A1:F3 y aplique formato de negrita, fuente azul oscuro y color de relleno gris al 25%.

7. Imprima un ejemplar.

8. Guarde y cierre el archivo; llámelo **PAYMENT**.

❷ Con base en los datos de la tabla, ¿cuál sería el principal más elevado que podría pedir prestado con un pago de aproximadamente $1000 al mes?

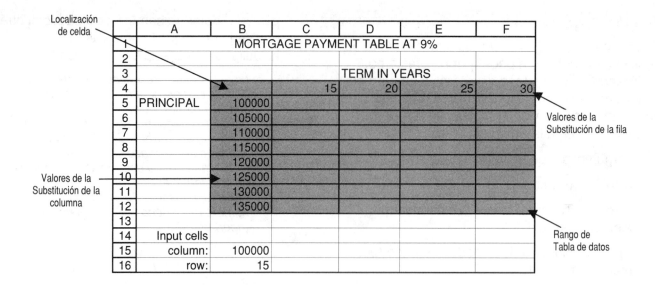

Localización de celda	A	B	C	D	E	F	
1		MORTGAGE PAYMENT TABLE AT 9%					
2							
3				TERM IN YEARS			
4			15	20	25	30	← Valores de la Substitución de la fila
5	PRINCIPAL	100000					
6		105000					
7		110000					
8		115000					
9		120000					
10		125000					
11		130000					
12		135000					← Rango de Tabla de datos
13							
14	Input cells						
15	column:	100000					
16	row:	15					

Valores de la Substitución de la columna → (fila 10)

COMBINACIONES DE TECLAS

TABLAS DE DATOS DE DOS ENTRADAS (TABLAS Y SI)

Las tablas de datos generan valores que cambiar con base en uno o dos valores en una fórmula. Por ejemplo, una tabla de dos entradas muestra el resultado de modificar dos valores en una fórmula.

La celda de entrada de fila se usa para indicar un valor de entrada inicial al que hará referencia la fórmula.

La celda de entrada de columna se usa para indicar un valor de entrada inicial al que hará referencia la fórmula.

✓ *Debido a que Excel usa una función de tabla para generar las respuestas para cada par de valores de sustitución, no es posible editar ni borrar ningún valor individual en el grupo de respuestas. Sin embargo, se pueden borrar todas las respuestas de la tabla de datos generada.*

Aunque las instrucciones que se proporcionan a continuación se refieren a una tabla de datos de dos entradas, también podría crear una tabla de datos de una entrada que obtendría respuestas para una sola fila o columna de valores de sustitución.

CREAR UNA TABLA DE DATOS DE DOS ENTRADAS

1. Escriba el valor inicial .... número en la celda de entrada de fila.

2. Escriba el valor inicial .... número en la celda de entrada de columna.

3. Escriba la serie de valores de sustitución .... números en una columna.

4. Escriba la serie de valores de sustitución .... números en una fila.

   ✓ *El primer valor en la fila y columna contendrá una sola fórmula.*

5. Haga clic en la celda superior izquierda .... 🔁 de la tabla.

6. Escriba la fórmula.

   ✓ *La fórmula debe hacer referencia a las celdas de entrada de fila y columna.*

7. Seleccione todas las celdas del rango de la tabla de datos.

   ✓ *Seleccione las celdas que contienen la fórmula y los valores de sustitución así como las celdas en las que aparecerán los resultados.*

8. Haga clic en **Data** .... Alt + D

9. Haga clic en **Table** .... T

10. Haga clic en la celda de entrada de fila en la hoja de cálculo.

    O

    Escriba la referencia de la celda de entrada en el cuadro de texto **Row input cell**.

11. Haga clic en **Column input cell**: . Alt + C

12. Haga clic en la celda de entrada de columna en la hoja de cálculo.

    O

    Escriba la referencia de la celda de entrada de columna.

13. Haga clic en **OK** .... Enter

USO DE LA FUNCIÓN PMT

Aplica la función PMT para obtener el pago mensual para el monto del principal durante un número específico de años.

1. Haga clic en la celda .... 🔁 en donde la respuesta debe aparecer.

2. Presione **Equal** .... =

3. Escriba *PMT* .... P M T

4. Presione **(** (paréntesis de apertura) . (

5. Escriba tasa */12* .... *tasa* / 1 2

   ✓ *La tasa es un porcentaje. Puede escribir el porcentaje o insertar la referencia de celda que contiene el porcentaje.*

6. Presione , (coma) .... ,

7. Escriba el plazo *12... plazo* * 1 2

   ✓ *El **plazo** es el número de años. Puede escribir el número o insertar la referencia de celda que contiene el número.*

8. Presione , (coma) .... ,

9. Escriba el principal.l

   ✓ *El **principal** es el monto del préstamo. Puede escribir la cantidad o insertar la referencia de celda que contiene esta cantidad. Si necesita la respuesta expresada como un número positivo, escriba un signo de menos antes del principal.*

10. Presione) (paréntesis de cierre) .....)

    EJEMPLOS:
    =PMT(.06/12,20*12,-100000)
    =PMT(A1/12,A2*12,-A3)

11. Presione **Enter** .... Enter

Ejercicio 32

■ **Insertar funciones de búsqueda**

NOTAS

■ Las **funciones de búsqueda** (VLOOKUP y HLOOKUP) seleccionan un valor de una tabla y lo insertan en una ubicación en la hoja de cálculo. Por ejemplo, la función VLOOKUP puede utilizarse para buscar impuestos en una tabla fiscal para crear una nómina, o para buscar las tarifas postales con el objeto de completar una factura de venta.

■ La tabla que contiene los datos a buscar debe crearse en una posición en blanco o vacía de la hoja de cálculo. La tabla de pagos de hipoteca que se ilustra abajo, creada en el Ejercicio 31, puede utilizarse para una Tabla de función de búsqueda.

	A	B	C	D	E	F	G	H	I
1		MORTGAGE PAYMENT TABLE AT 9%							
2									
3				TERM IN YEARS					
4		1014.27	15	20	25	30			
5	PRINCIPAL	100000	1014.27	899.73	839.20	804.62		rango de tabla	
6		105000	1064.98	944.71	881.16	844.85		B5:F12	
7		110000	1115.69	989.70	923.12	885.08			
8		115000	1166.41	1034.68	965.08	925.32			
9		120000	1217.12	1079.67	1007.04	965.55			
10		125000	1267.83	1124.66	1049.00	1005.78			
11		130000	1318.55	1169.64	1090.96	1046.01			
12		135000	1369.26	1214.63	1132.92	1086.24		posiciones	
13		1	2	3	4	5		de columnas	
14	input cells								
15	column:	100000							
16	row:	15							

■ La función de búsqueda se inserta en la ubicación de la hoja de cálculo que requiere datos de una tabla. (*Observe la ilustración al final de este ejercicio*).

■ Existen dos maneras de buscar datos, dependiendo de la forma en que la información esté organizada: **vertical** u **horizontalmente**.

   • **VLOOKUP** (búsqueda vertical) busca información en una columna particular de la tabla, en tanto que

   • **HLOOKUP** (búsqueda horizontal) busca información en una fila particular de la tabla.

■ La función VLOOKUP emplea el formato que se describe enseguida y contiene tres argumentos (o partes), que se definen a continuación y en la página siguiente:

=VLOOKUP(item,table-range,column-position)

   • **ITEM** es texto, un valor, o la referencia de celda del elemento buscado (elemento de búsqueda) y debe encontrarse en la primera columna de la tabla VLOOKUP. Los elementos de búsqueda numéricos debe listarse en orden ascendente.

   • **TABLE-RANGE (ARRAY) (RANGO DE TABLA [DISPOSICIÓN])** es la referencia o nombre del rango de la tabla en la cual se va a realizar la búsqueda. Si la función de búsqueda va a copiarse, el rango debe expresarse como una referencia absoluta.

   • **COLUMN-INDEX-NUMBER (NÚMERO DE ÍNDICE DE COLUMNA)** es el número de la columna en la tabla de la que debe devolverse el valor equivalente. La columna del extremo izquierdo tiene la posición número uno; la segunda columna tiene la posición número dos, etc.

   ✓ *Nota: Los números de las columnas se cuentan a partir de la primera columna de la izquierda del rango, no desde la primera columna de la izquierda de la hoja de cálculo.*

■ Por ejemplo, observe la tabla de búsqueda delineada en esta página. Para buscar el pago de hipoteca correspondiente a un préstamo hipotecario de $105,000 durante 25 años al 9%, la fórmula de búsqueda que se crearía sería como sigue:

Elemento   Rango de tabla   Posición de la columna

=VLOOKUP(105000,B5:F12,4)

■ Al buscar datos numéricos, la función de búsqueda regresa a la posición de la fórmula: el valor de la tabla (en este caso 881.16) o el valor más grande que sea menor que o igual al elemento buscado.

■ Si necesita buscar más de un elemento y necesita copiar la fórmula de búsqueda, la fórmula debe emplear la referencia de celda (no el valor) como elemento buscado. Además, el rango debe ser absoluto para que el rango de la tabla permanezca constante.

Elemento   Rango de Tabla Absoluta   Posición de la columna

=VLOOKUP(E6,$B$5:$F$12,4)

En este ejercicio, volverá a abrir la tabla de hipoteca elaborada con anterioridad y creará una hoja de cálculo para la empresa DREAM HOME MORTGAGE CO. para calcular el monto de las hipotecas y el pago mensual del cliente por el préstamo hipotecario durante 25 o 30 años. Use la función VLOOKUP para insertar los pagos de las hipotecas, dependiendo del monto de las mismas.

INSTRUCCIONES PARA EL EJERCICIO

1. Abra **PAYMENT**, o abra 🖫**32PAYMENT**.
   ✓ *RECORDATORIO: Los valores de las celdas B4, B15, y B16 son necesarios para calcular los valores en la tabla. No elimine ni cambie estos valores.*

2. Cree la hoja de cálculo de DREAM HOME MORTGAGE CO debajo de la tabla de pagos MORTGAGE PAYMENT TABLE, como se indica.

3. Centre todos los títulos de las columnas.

4. Encuentre MORTGAGE AMOUNT (MONTO DE LA HIPOTECA) restando el DOWN PAYMENT (ENGANCHE) del CONTRACT PRICE (PRECIO DEL CONTRATO).

5. Copie la fórmula al resto de los clientes.

6. Utilizando la función VLOOKUP, obtenga el pago mensual del primer cliente (durante 25 años) con base en la cantidad que se prestará como hipoteca.
   ✓ *Observe el rango delineado y la posición de la columna que han sido ilustrados. Use una referencia absoluta para el rango de la tabla.*

7. Copie la fórmula al resto de los clientes.

8. Utilizando la función VLOOKUP, obtenga el pago mensual del primer cliente (durante 30 años) con base en la cantidad que se prestará como hipoteca.
   ✓ *Observe el rango y la posición de columna ilustrados. Use una referencia absoluta para el rango de la tabla.*

9. Copie la fórmula al resto de los clientes.

10. Aplique formato a todos los datos numéricos de la hoja de cálculo inferior para que las cantidades muestren comas y dos decimales.

11. Ajuste el ancho de las columnas, en donde sea necesario.

12. Aplique Autoformato a la sección inferior de la hoja de cálculo, rango A19:H27, utilizando el formato Classic 2.

13. Dé formato al título como sigue: color de relleno Gris al 25%, fuente estilo negrita y en color violeta.

14. Guarde el archivo del libro de trabajo; llámelo **DREAM**.

15. Imprima un ejemplar de la parte inferior de la hoja de cálculo que se ajuste al tamaño de una página.

16. Cierre el archivo del libro de trabajo.

	A	B	C	D	E	F	G	H	I
1	MORTGAGE PAYMENT TABLE AT 9%								
2									
3	TERM IN YEARS								
4		1014.27	15	20	25	30			
5	PRINCIPAL	100000	1014.27	899.73	839.20	804.62			
6		105000	1064.98	944.71	881.16	844.85		rango de tabla B5:F12	
7		110000	1115.69	989.70	923.12	885.08			
8		115000	1166.41	1034.68	965.08	925.32			
9		120000	1217.12	1079.67	1007.04	965.55			
10		125000	1267.83	1124.66	1049.00	1005.78			
11		130000	1318.55	1169.64	1090.96	1046.01			
12		135000	1369.26	1214.63	1132.92	1086.24			
13		1	2	3	4	5		posiciones de columnas	
14	Input cells								
15	column:	100000							
16	row:	15						funciones VLOOKUP	
17									
18		DREAM HOME MORTGAGE CO.							
19							MONTHLY	MONTHLY	
20			CONTRACT	DOWN	MORTGAGE		PAYMENT	PAYMENT	
21	CUSTOMER		PRICE	PAYMENT	AMOUNT		25 YEARS	30 YEARS	
22									
23	Roberts, John		185000	80000					
24	Crimmins, Barbara		255000	120000					
25	Sloan, Greg		320000	200000					
26	Chang, Charles		195000	80000					
27	Panetta, Anthony		215000	105000					

COMBINACIONES DE TECLAS

INSERTAR UNA FUNCIÓN VLOOKUP O HLOOKUP UTILIZANDO PEGAR FUNCIÓN

✓ *También puede escribir una función para insertarla.*

1. Haga clic en la celda .... que recibirá la función.

2. Haga clic en el botón

   Paste Function .... de la barra de herramientas Estándar.

3. Seleccione

   Lookup & Reference .... en la lista **Function category**.

4. Seleccione **VLOOKUP**... Alt + N , o **HLOOKUP** en la lista **Function name**.

5. Haga clic en **OK** .... Enter

6. Escriba el elemento en el cuadro **Lookup_value**.

   ✓ *El elemento puede ser un elemento real en una columna o una referencia a una celda que contenga el elemento de la columna. Puede hacer clic en una celda de la hoja de cálculo para insertar la referencia de celda.*

7. Haga clic en el cuadro **Table_array** .... Tab

8. Escriba la referencia al rango de la tabla.

   ✓ *Puede seleccionar el rango en la hoja de cálculo para insertar las referencias de celdas.*

9. Haga clic en el cuadro **Row** o **Col_index_num** .... Tab

10. Escriba la posición de la fila o la columna .... *número*

11. Haga clic en **OK** .... Enter

Ejercicio 33

■ **Proteger una hoja** ■ **Bloquear celdas en una hoja de cálculo**

NOTAS

- En el Ejercicio 32, creó fórmulas de búsqueda utilizando las referencias de celdas del rango de la tabla. Es posible usar el nombre del rango en lugar de la referencia de celdas de la tabla. Cuando copia una fórmula que contiene un rango con nombre, la referencia no varía (es decir, siempre se referirá a la posición original en la tabla).

Proteger una hoja, Bloquear celdas

- Es posible proteger, o bloquear, un libro de trabajo completo, una hoja de cálculo, celdas individuales, o un rango de celdas para prevenir cambios accidentales o uso no autorizado. La característica de protección bloquea las celdas para que éstas no puedan modificarse.

- Todas las celdas de un libro de trabajo están en condición de bloqueo como configuración preestablecida. Sin embargo, la condición de bloqueo sólo surte efecto cuando se coloca la protección en el libro de trabajo. Por lo tanto, si desea conservar ciertas celdas accesibles en una hoja de cálculo protegida, dichas celdas deben desbloquearse antes de proteger la hoja de cálculo. Para bloquear o desbloquear celdas en una hoja de cálculo, use los comandos F̲ormat (Formato), C̲ells (Celdas) y la ficha Protection (Proteger).

- Para proteger una hoja de cálculo, se emplean los comandos T̲ools (Herramientas), P̲rotection (Proteger), P̲rotect Sheet (Proteger hoja). El cuadro de diálogo Proteger hoja, que se ilustra a continuación, le permite proteger los contenidos, objetos (objetos gráficos) o escenarios (variaciones definidas de la hoja de cálculo), además de establecer una contraseña.

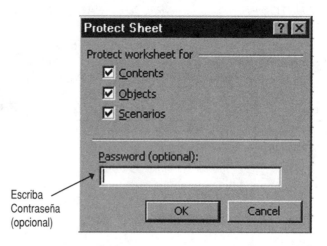

Escriba Contraseña (opcional)

- Cuando una hoja de cálculo está protegida, aparecerá el mensaje "Las celdas bloqueadas no pueden modificarse" cuando intente cambiar el contenido de celdas protegidas.

IMPORTANTE: Si establece una contraseña al proteger una hoja de cálculo y la olvida, no podrá hacer cambios en la hoja de cálculo.

En este ejercicio, Kitchen King Stores está actualizando su informe de antigüedad de las cuentas por cobrar al 2/1/98. Las facturas pagadas se eliminarán de este nuevo informe, en tanto que se agregarán las nuevas facturas pendientes de pago.

Además, Kitchen King ha cambiado su política de intereses moratorios. Ahora determinará el cobro de estos intereses con base en el número de días que la cuenta tenga sin pagarse. Utilizando Lookup (Búsqueda), establecerá el interés moratorio a cobrar.

INSTRUCCIONES PARA EL EJERCICIO

1. Abra 🖮 **ACCREC**, o abra 💾 **33ACCREC**.

2. Elimine las filas de las facturas marcadas en la ilustración.

3. Suprima la columna D.

4. Inserte filas debajo de las facturas restantes y escriba la información de las siguientes facturas nuevas.

21093	12/10/97	Carl Clinton.	169.42
21106	12/16/97	Kay's Inn.	396.16
21142	12/29/97	Red's Restaurant	84.96
21179	01/04/98	Andrea Billela	1490.14
21205	01/10/98	George Lopez	354.75
21246	01/25/98	Kay's Inn	742.15

5. Cambie CURRENT DATE (FECHA ACTUAL) a 2/1/98.

6. Copie la fórmula de Days Unpaid (Días pendientes de pago) a las nuevas facturas.

7. Cree una tabla llamada LATE FEE TABLE debajo de la hoja de cálculo.

8. Dé el nombre LATETABLE al rango de la tabla LATE FEE TABLE, que contiene valores de días e interés.

9. Inserte una columna entre AMOUNT y LATE FEE, e inserte la etiqueta INTEREST RATE.

10. Elimine sólo los valores de las columnas LATE FEE y AMOUNT DUE.

11. Aplique formato a la columna INTEREST RATE para que las cantidades muestren tres decimales.

12. Proteja la tabla LATE FEE:
    - Desbloquee todas las celdas en la hoja de cálculo entera.
    - Seleccione las celdas de la tabla LATE FEE TABLE y bloquéelas.
    - Active la protección de la hoja de cálculo.

13. Utilizando VLOOKUP, encuentre INTEREST RATE (TASA DE INTERÉS) (con base en los días pendientes de pago).

14. Copie la función a los elementos restantes.
    ✓ Si no utilizó el nombre de rango LATETABLE en la función, deberá establecer el rango de la tabla como referencia absoluta antes de copiar.

15. Obtenga:
    - LATE FEE (INTERÉS MORATORIO)
    - AMOUNT DUE (CANTIDAD VENCIDA)

16. Copie las fórmulas al resto de los elementos.

17. Aplique formato a todas las columnas restantes de dinero para que las cantidades muestren dos decimales.

18. Centre los títulos de las columnas.

19. Edite las fórmulas de TOTAL.

20. Desactive la protección de la hoja de cálculo.

21. Cambie la tasa de interés para que corresponda a 0.005 por día pendiente de pago.

22. Proteja la hoja de cálculo.

23. Imprima una copia de la sección superior de la hoja de cálculo.

24. Cierre y guarde el archivo del libro de trabajo, o guárdelo como **ACCREC**.

KITCHEN KING STORES
ACCOUNTS RECEIVABLE AGING REPORT

Inserte la columna
INTEREST RATE

CURRENT DATE: ~~12/01/97~~ 2/1/98

INVOICE NUMBER	INVOICE DATE	CUSTOMER	DAYS UNPAID	AMOUNT	LATE FEE	AMOUNT DUE
21045	09/22/97	Martha Schef	70	475.43	4.75	480.18
21046	09/23/97	Red's Restaurant	69	321.43	3.21	324.64
21047	09/24/97	Martha Schef	68	543.98	5.44	549.42
21048	10/02/97	Kay's Inn	60	32.45	0.32	32.77
21050	10/03/97	Marvin Diamant	59	1324.32	13.24	1337.56
21052	10/06/97	Red's Restaurant	56	124.98	1.25	126.23
21054	10/15/97	George Lopez	47	564.12	5.64	569.76
21056	10/18/97	Kay's Inn	44	187.65	1.88	189.53
21062	10/28/97	Marvin Diamant	34	454.56	4.55	459.11
21079	11/05/97	Sam Hopkins	26	308.21	0.00	308.21
21087	11/20/97	Red's Restaurant	11	163.28	0.00	163.28
TOTALS				4500.41	40.29	4540.70

LATE FEE TABLE

UNPAID DAYS	INTEREST
1	0.000
30	0.010
60	0.015
90	0.020
120	0.025
150	0.030

Nombre del rango
LATETABLE

COMBINACIONES DE TECLAS

PROTEGER UNA HOJA

Impide que se hagan cambios en las celdas, objetos gráficos y gráficas incrustadas que tengan bloqueo en una hoja de cálculo, o en los elementos de gráficos bloqueados en una hoja de gráficos.

1. Bloquee o desbloquee las celdas, según lo desee.

   ✓ *Como valor predeterminado, todas las celdas y los objetos de una hoja de cálculo están bloqueados.*

2. Haga clic en **T**ools .... `Alt`+`T`

3. Haga clic en **P**rotection......... `Alt`+`P`

4. Haga clic en **P**rotect Sheet.............. `P`

Para proteger una hoja con una contraseña:

   Escriba la contraseña en el cuadro de texto Password (opcional).

Para proteger el contenido de las celdas y los elementos de gráficos:

   Haga clic en **C**ontents .... `Alt`+`C`

Para proteger objetos gráficos:

   Haga clic en **O**bjects .... `Alt`+`O`

Para proteger escenarios:

   Haga clic en **S**cenarios .... `Alt`+`S`

5. Haga clic en **OK**......................... `Enter`

Si se escribió una contraseña:

   a. Vuelva a escribir la contraseña en el cuadro de texto.

   b. Haga clic en **OK** .... `Enter`

DESPROTEGER UNA HOJA

1. Haga clic en **T**ools................. `Alt`+`T`

2. Haga clic en **P**rotection................. `P`

3. Haga clic en **U**nprotect Sheet......... `P`

Si la hoja está protegida por una contraseña:

   a. Escriba la contraseña ...... *contraseña* en el cuadro de texto Password.

   b. Haga clic en **OK** .... `Enter`

BLOQUEAR/DESBLOQUEAR CELDAS EN UNA HOJA DE CÁLCULO

Bloquea o desbloquea celdas específicas. Como valor predeterminado, todas las celdas de una hoja de cálculo están bloqueadas. El bloqueo surte efecto cuando la hoja de cálculo está protegida.

1. En caso necesario, cancele la protección de la hoja de cálculo.

   ✓ *No es posible bloquear o desbloquear celdas si la hoja de cálculo está protegida.*

2. Seleccione la(s) celda(s) que desee desbloquear o bloquear.

3. Haga clic en **F**ormat .... `Alt`+`O`

4. Haga clic en **C**ells........................... `E`

   ✓ *Presione Ctrl + 1 para tener acceso rápido a las opciones de Formato.*

5. Seleccione la ficha **Protection** .... `Ctrl`+`Tab`

6. Seleccione o cancele la selección de **L**ocked .... `Alt`+`L`

   ✓ *Una casilla de verificación gris indica que la selección actual de celdas contiene configuraciones combinadas (bloqueadas/desbloqueadas).*

7. Haga clic en **OK** .... `Enter`

8. Repita los pasos para cada celda u objeto que desee bloquear o desbloquear.

9. Proteja la hoja de cálculo para habilitar el bloqueo.

Ejercicio

34

■ **Resumen**

Un distribuidor nacional de artículos de papel paga a su personal de ventas una comisión sobre sus ventas totales. Para proporcionar un incentivo adicional al equipo de vendedores con el fin de aumentar su productividad, la compañía adoptó una escala graduada de comisiones. Mientras más venda una persona, más alto será el porcentaje de su comisión. Observe la tabla de la página siguiente. Sólo aquellos vendedores de la Categoría 2 recibirán un salario fijo de $200 al mes, además de sus comisiones.

INSTRUCCIONES PARA EL EJERCICIO

1. Cree la hoja de cálculo y tabla como se ilustran en la página siguiente, o abra 🖫**34RATE**. Asegúrese de insertar los números de categorías como etiquetas y use los controladores de relleno para crear la tabla Commission Rate (Tasa de comisión).

2. Encuentre:
   - COMMISSION RATE (TASA DE COMISIÓN)
     - ✓ *Use una función de búsqueda.*
   - COMMISSION (COMISIÓN)
   - SALARY (SALARIO)
     - ✓ *Use una expresión SI. Sólo los vendedores de la Categoría 2 reciben un salario fijo de $200 al mes, además de su comisión. Utilice comillas para el número de categoría en su fórmula, puesto que éste se inserta como etiqueta.*
   - TOTAL EARNINGS (REMUNERACIÓN TOTAL).

3. Establezca el ancho de las columnas, según sea necesario.

4. Dé formato a los porcentajes para que muestren dos lugares porcentuales y a los valores de dinero para que las cantidades muestren comas.

5. Encuentre los TOTALS para cada columna, como se indica.

6. Desbloquee todas las celdas con excepción de las de la tabla COMMISSION RATE y, a continuación, active la protección de la hoja de cálculo.

7. Imprima un ejemplar de la sección superior de la hoja de cálculo.

8. Guarde el archivo del libro de trabajo; llámelo **RATE**.

9. Cierre el archivo del libro de trabajo.

	A	B	C	D	E	F	G	H
1			PAPYRUS PAPER COMPANY					
2			SALES STAFF EARNINGS REPORT					
3			MONTH ENDED MAY 31, 199-					
4								
5			TOTAL	COMMISSION			TOTAL	
6	CATEGORY	NAME	SALES	RATE	COMMISSION	SALARY	EARNINGS	
7								
8	2	Barton, R.	11,545.00					
9	3	Bond, P.	26,876.00					
10	4	Cards, M.	31,575.00					
11	2	Gross, C.	28,231.00					
12	4	Martin. P.	26,090.00					
13	3	Ragg, C.	34,921.00					
14	2	Vellum, G.	22,100.00					
15								
16	TOTALS							
17								
18	COMMISSION RATE TABLE							
19			COMMISSION					
20		SALES	RATE					
21								
22		10000	7.00%					
23		11000	7.25%					
24		12000	7.50%					
25		13000	7.75%					
26		14000	8.00%					
27		15000	8.25%					
28		16000	8.50%					
29		17000	8.75%					
30		18000	9.00%					
31		19000	9.25%					
32		20000	9.50%					
33		21000	9.75%					
34		22000	10.00%					
35		23000	10.25%					
36		24000	10.50%					
37		25000	10.75%					
38		26000	11.00%					
39		27000	11.25%					
40		28000	11.50%					
41		29000	11.75%					
42		30000	12.00%					
43		31000	12.25%					
44		32000	12.50%					
45		33000	12.75%					
46		34000	13.00%					
47								
48								

Desbloquee todas las celdas, excepto las de esta tabla, y luego active la protección de la hoja de cálculo.

Capítulo siguiente

Microsoft Access 97

Lección 1: Cómo crear una tabla y
un formulario de base de datos

Lección 2: Cómo editar y imprimir una base de datos

Lección 3: Buscar y Ordenar en una base de datos

Lección 4: Consultas

Lección Avanzada: Informes
(disponible en el CD-ROM)

Funda-mentos de las bases de datos	■ ¿Qué es Access? ■ ¿Qué es una base de datos? ■ ¿Qué es un sistema de administración de bases de datos? ■ ¿Qué son los objetos de base de datos? ■ ¿Cómo se organiza una base de datos Access? ■ ¿Qué son las tablas de Access? ■ ¿Cómo se relacionan las tablas de Access?

NOTAS

¿Qué es Access?

■ Access es el **sistema de administración de bases de datos** de Microsoft Office. Para entender qué es un sistema de administración de base de datos y qué hace, es necesario estudiar los fundamentos de las bases de datos que se explican a continuación.

¿Qué es una base de datos?

■ Una **base de datos** es un conjunto organizado de hechos acerca de un tema particular. Un directorio o un catálogo de biblioteca son bases de datos; un archivero de oficina también contiene una base de datos.

■ Enseguida se ilustran algunos ejemplos de bases de datos manuales. Usarlas y actualizarlas exige mucho trabajo y tiempo. Suponga que hay doscientas personas registradas en su directorio. Para actualizar el número de teléfono y la dirección de un amigo que acaba de mudarse a Boise, hay que recorrer las páginas del directorio, localizar la entrada y aplicar el cambio.

Ejemplos de registros de bases de datos manuales

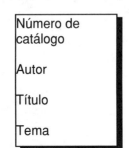

Entrada de directorio   *Entrada de tarjeta de catálogo*

■ Una **base de datos Access** es el equivalente electrónico de la base de datos manual. Permite organizar los hechos y ofrece una manera de mantener actualizados los datos en forma electrónica. Para actualizar el número de teléfono del amigo que se mudó a Boise, basta con invocar el registro y aplicar el cambio.

¿Qué es un sistema de administración de bases de datos?

■ Si la única ventaja de las bases de datos electrónicas fuera la facilidad de actualización y mantenimiento de la información, es probable que esto bastara para considerar que valen la pena. Sin embargo, Access es un sistema de administración de bases de datos que ofrece muchas otras funciones, además del mantenimiento de datos.

■ Un sistema de administración de bases de datos realiza funciones como almacenar, buscar, filtrar, consultar y elaborar informes sobre la información contenida en la base de datos. Por ejemplo, suponga que desea buscar todos los libros de ciencia política. Manualmente sería necesario consultar el fichero y copiar todas aquellas entradas que se relacionen con ese tema. Esa búsqueda tomaría mucho tiempo. Sin embargo, con un sistema de administración de bases de datos automatizada como Access, es posible localizar todos los libros de ciencia política con la función de búsqueda y presionar unas cuantas combinaciones sencillas de teclas de método abreviado.

¿Qué son los objetos de bases de datos?

- Para ayudarlo a usar eficientemente su base de datos, los sistemas de administración de bases de datos modernos, como Access, proporcionan **objetos de bases de datos**. Los objetos de bases de datos son herramientas necesarias para almacenar, actualizar, buscar, analizar y hacer informes sobre la información de su base de datos.

- Con los siguientes ejercicios de Access, aprenderá sobre los cuatro objetos de base de datos que se listan en la siguiente tabla.

Tabla	También se llama **hoja de datos**. Los datos se distribuyen en una tabla o formato de hoja de cálculo y proporcionan información relacionada con aspectos específicos de la base de datos. Cada fila en la tabla representa un registro en la base de datos.
Formulario	Formato que muestra un registro (una fila de una tabla) a la vez. Los formularios se usan para insertar datos o actualizarlos.
Consulta	Forma estructurada de pedir a Access que muestre información que se ajuste a ciertos criterios de una o más tablas de la base de datos. Por ejemplo, una consulta solicitaría a Access mostrar información acerca de todas las impresoras vendidas en los últimos sxes meses.
Informe	Una manera con formato de mostrar información recopilada de la base de datos. El informe integra y analiza los datos especificados.

- Otros dos objetos de la base de datos – macros y módulos – no se tratan aquí, pero encontrará referencias de ellos cuando use Access.

¿Cómo se organiza una base de datos Access?

- El sistema de administración de bases de datos Access permite guardar en un sólo archivo los objetos que se muestran en la **ventana de base de datos**. Esta ventana contiene fichas para cada objeto. Es posible seleccionar cualquier ficha y desplegar una lista de cada tipo de objeto.

Pantalla de la base de datos Access

Tipos de objetos
de bases de datos

Lista de las tablas en
la ficha de objetos

- Al utilizar Access, organizará los datos *mismos* en "recipientes" electrónicos separados, llamados **tablas**. Cada tabla contiene datos acerca de un aspecto particular del tema.

Piense en una empresa que vende equipos y programas de computación. La base de datos de la compañía contendrá una tabla para identificar a los clientes, otra que consigna sus productos de hardware, una tercera que lleva el registro del software, una cuarta que contiene información sobre los vendedores y una quinta para las ventas. Estas tablas, quizá junto con otras, integran la base de datos. Con la ordenación de los datos en una base de datos electrónica consistente de varias tablas, la compañía sustituye los gabinetes de archivo por su equivalente electrónico.

¿Qué son las tablas de Access?

■ La tabla de Access es un grupo de filas y columnas. Cada fila contiene un **registro**. El registro es un conjunto de detalles sobre un elemento específico. Por ejemplo, un registro en la tabla de inventario del equipo de computación de la compañía contendrá los detalles de una de las impresoras NEC, con identificación del producto, fabricante, número de modelo, costo y fecha de compra. Cuando los encargados del procesamiento de datos preguntan por el "registro de las impresoras NEC", desean conocer los detalles de la fila de la tabla donde se describe la impresora.

■ Cada columna de la tabla es un **campo**, rotulado con un **nombre del campo**. Cada fila de las columnas incluye datos específicos llamados **contenido del campo**. El campo contiene un detalle. Por ejemplo, el campo FABRICANTE de uno de los registros del equipo de hardware mostrará la entrada NEC para identificar al fabricante de un tipo de equipo. Cuando la gente de procesamiento de datos pregunta: "¿Qué hay en el campo de fabricante?", pide el contenido del campo llamado "fabricante".

¿Cómo se relacionan las tablas de Access?

■ Cuando se crea una base de datos, es necesario establecer al menos un campo común en cada tabla de Access que se repita en todas las demás. Tal campo relaciona las tablas entre sí para realizar consultas en todas las tablas de la base de datos. El campo debe ser único y no contener entradas duplicadas. En la base de datos de una biblioteca, el candidato obvio de campo común en todas las tablas es el número de registro del libro. Una compañía con muchas tiendas creará una tabla con información generalizada acerca de cada una de éstas (Tiendas) y otras que contengan información sobre el Inventario, Hardware y Software. Las tablas se relacionarían con la de Tiendas por medio de un identificador de Tienda, como el campo Sucursal.

Ejercicio

1

■ **Fundamentos de las bases de datos**   ■ **Planear una base de datos**
■ **Crear un diseño de tabla (hoja de datos)**
■ **Cambiar entre presentaciones de las tablas**
■ **Guardar un diseño de hoja de datos**

NOTAS

Fundamentos de las bases de datos

■ Access 97 es un **sistema de administración de bases de datos relacionados**. Una **base de datos** es un conjunto de información relacionada que está organizada en tablas independientes (listas) u objetos en un archivo. Esto le permite guardar información relacionada en un lugar (la base de datos). Cada tabla se crea para contener datos relativos a un aspecto específico de la base de datos. Cada tabla de la base de datos suele contener un elemento de información en común con otras tablas para permitir el acceso a ésta entre las diferentes tablas.

■ Un archivo de base de datos de Access es como un archivero con información **relacionada,** en el que cada cajón contiene un aspecto específico de dicha información. Cada cajón del archivero es como una **hoja de datos (datasheet)** o **tabla** y contiene "fichas" individuales llamadas **registros (records)**. Un registro contiene información relativa a un elemento de la tabla. Una tabla es una lista de registros sobre un aspecto de la base de datos.

Por ejemplo: Una compañía que tiene muchas tiendas crearía una tabla con información generalizada acerca de cada tienda (Tiendas) y otras con información sobre el Inventario, Hardware y Software. Esas tablas se guardarían en la base de datos Compañía. Cada tabla (o cajón del archivero) contiene información relacionada con las demás tablas y es accesible dentro de la base de datos. Vea la ilustración que se presenta más adelante.

■ Todos los registros de una tabla (cajón del archivero) contienen datos almacenados que utilizan la misma categoría de nombres. Cada categoría se denomina **campo (field)**. Cada campo consiste de dos partes: el **nombre del campo (field name)** y el **contenido del campo (field contents)**. En nuestro ejemplo, el campo SUCURSAL, que se muestra en el registro ilustrado, podría ser el campo que se utilice en todas las tablas de la base de datos para relacionarlas entre sí.

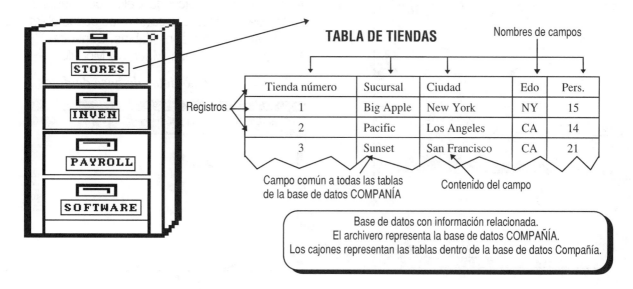

TABLA DE TIENDAS   Nombres de campos

Tienda número	Sucursal	Ciudad	Edo	Pers.
1	Big Apple	New York	NY	15
2	Pacific	Los Angeles	CA	14
3	Sunset	San Francisco	CA	21

Registros

Campo común a todas las tablas de la base de datos COMPAÑÍA   Contenido del campo

Base de datos con información relacionada.
El archivero representa la base de datos COMPAÑÍA.
Los cajones representan las tablas dentro de la base de datos Compañía.

Planear una base de datos

- Antes de crear una base de datos, hay que planear los campos a incluir en cada hoja de datos o tabla; es decir, el tipo de información que debe contener la base de datos y cómo desea organizarla. Planee primero su base de datos en papel; escriba los nombres de los campos que identificarán mejor la información que se registre como contenido del campo.

- Si diseña dos o más hojas de datos, debe hacer que estas tablas compartan un nombre de campo en común. El campo de enlace debe ser único. Si decide emplear un número como dato del campo único, Access creará automáticamente registros numerados únicos con la función AutoNumber (Autonumeración). Terminado su plan, ingrese los nombres de los campos y datos en la computadora.

- Es posible usar datos de texto como campo de enlace; por ejemplo, si Sucursal es el campo común entre tablas, dos sucursales no podrán tener el mismo nombre y cada una debe tener un nombre distintivo.

Crear un archivo de base de datos

- La ventana de inicio de Access (ver a continuación) ofrece tres opciones: Crear una base de datos nueva a partir de una base en blanco (Blank Database), crear una base de datos nueva con el Asistente para bases de datos (Database Wizard), o abrir una base de datos existente (Open an existing Database).

Ventana de inicio de Access

- Cuando se selecciona el Asistente para bases de datos, aparece un cuadro de diálogo que contiene más de 20 ejemplos de diseños de bases de datos, como una base de datos para un Directorio o una colección de videos. El asistente lo guiará para crear todas las partes de la base de datos con propuestas de campos y formatos. Esta función se explicará y usará más adelante, después de practicar y entender los objetos de la base de datos.

- Cuando se selecciona Blank Database (base de datos en blanco), aparece el cuadro de diálogo File, New Database (Archivo, Base de datos nueva) que se ilustra a continuación. El nombre preestablecido db1, debe cambiarse por otro que resulte más apropiado para su base de datos. A menos de que elija otra ubicación, el archivo se guardará en el directorio My Documents (Mis documentos) con una extensión **.MDB** correspondiente a los archivos de base de datos.

Cuadro de diálogo Archivo, Base de datos nueva

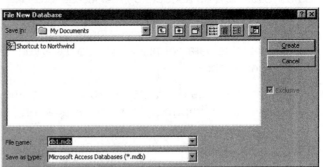

- Después de dar nombre a su archivo de base de datos y hacer clic en Create (Crear), aparecerá una ventana de objetos de base de datos con el nombre del archivo en la barra del título. Los objetos relacionados de la base de datos se resumen en esta ventana y se accede a ellos por medio de las fichas de objetos. Las categorías de los objetos de una base de datos son: Tablas, Consultas, Formularios, Informes, Macros y Módulos.

Ventana de objetos de base de datos

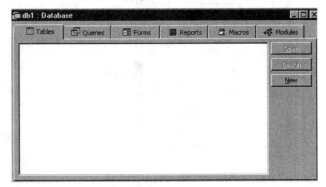

La mejor manera de empezar a generar objetos de una base de datos es crear tablas (la opción preestablecida), llamadas también hojas de datos (datasheets).

Crear un diseño de tabla (hoja de datos)

- Se puede crear y personalizar una tabla en la presentación de Diseño de Tabla (Table Design view), en la que se definen los nombres de los campos (Field Names), tipo de datos (Data Types), descripciones (Descriptions) y propiedades del campo (Field Properties). Luego de seleccionar la ficha de tablas y New (Nuevo) en la ventana de objetos, se verá un cuadro de diálogo de tabla nueva en el que seleccionará Design view (Presentación de diseño). La pantalla de presentación de Diseño de tabla se muestra a continuación.

Presentación de Diseño de tabla

Nombre del campo   Tipo de datos   Descripción

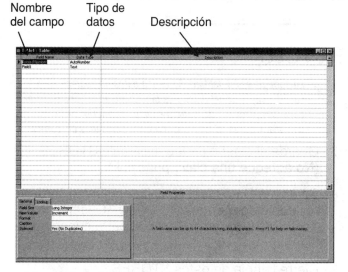

- El **nombre del campo (field name)** se introduce primero en la pantalla de Diseño y admite un máximo de 64 carácteres. Estos carácteres pueden incluir letras, números, espacios (salvo espacios líderes) y carácteres especiales, con excepción de punto (.), signo de admiración (!), apóstrofo ('), corchetes derecho o izquierdo ([ ]) o códigos de control de la impresora. Una vez que se insertó el nombre del campo, hay que definir el tipo de datos.

- El **tipo de datos (data type)** preestablecido es de texto con tamaño de campo preestablecido de 50 carácteres. Sin embargo, es posible modificar las especificaciones preestablecidas para reflejar el contenido del campo. Una lista desplegable de tipos de datos aparece, cuando se selecciona la flecha en la columna de Tipos de datos. Los tipos de datos son:

Tipo de dato	Capacidad
Text (texto)	Máximo 255 carácteres.
Memo	Como texto, pero con un máximo de 64.000 carácteres.
Number (numérico)	Varias formas de datos numéricos que pueden emplearse en cálculos.
Date/Time (fecha/hora)	Entradas de fecha y hora con varios formatos.
Currency (moneda)	Valores monetarios expresados en diferentes formatos.
AutoNumber (Auto-numeración)	Se inserta un número de identificación permanente que aumenta con cada registro.
Yes/No (Sí/No)	Una casilla de verificación con ☑ para Sí o en blanco ☐ para No.
OLE Object (Objeto OLE)	Vínculo con un objeto en otro archivo.
Hyperlink (Hiperliga)	Guarda una ruta hacia un archivo en su disco duro, un servidor LAN (ruta UNC) o uno URL (destino en Internet).
Lookup Wizard (Asistente de búsqueda)	Crea una columna de búsqueda que genera una lista de valores a seleccionar cuando se insertan los datos.

- La **descripción (description)** del campo es opcional, pero es útil que describa el campo para que pueda verse por el usuario. La descripción acepta hasta 255 carácteres.

- Después de registrar el nombre del campo y el tipo de datos, hay que definir las propiedades de los datos, como tamaño del campo o formato. Es posible pasar a la pantalla Field Properties (Propiedades del Campo) si se presiona F6.

Pasar de una presentación a otra

- Es posible pasar de la presentación de diseño de tabla (Table Design) a la de hoja de datos (Datasheet) por medio de las opciones apropiadas en el menú View (Ver). La presentación de diseño de tabla muestra el formato de la tabla, mientras que la de hoja de datos muestra las entradas registradas en la tabla. Es posible insertar o editar datos en la presentación de hoja de datos.

Guardar un diseño de hoja de datos (Datasheet)

■ Después de diseñar un objeto de base de datos, hay que nombrarlo y guardarlo mediante las opciones Save (Guardar) o Save As (Guardar como) en el menú File (Archivo). Si cierra la tabla sin guardarla, el programa le pedirá que guarde el archivo y solicitará la clave principal.

■ A fin de seleccionar con eficiencia la información de tablas diferentes de la base de datos, Access usa la **clave principal**. El campo usado como clave principal debe ser único para cada registro. Por lo tanto, campos como NOMBRE no pueden usarse como clave principal, puesto que más de una persona en una hoja de datos podrían tener el mismo apellido. El nombre de sucursal o el número de vendedor serían más apropiados para el campo de clave principal. Access preguntará si se crea una antes de guardar el archivo. Si usted no especifica una clave principal, Access insertará una clave principal llamada ID, cuyo tipo de dato es Autonumérico.

> *Bit-Byte Computer Stores, Inc. abrió numerosas sucursales a lo largo de los Estados Unidos en los últimos meses. A fin de hacer un seguimiento de las sucursales y las ciudades en las que se ubican, le han solicitado crear un archivo de base de datos para organizar la información relacionada con estas tiendas.*

INSTRUCCIONES PARA EL EJERCICIO

1. Seleccione base de datos en blanco en la pantalla de inicio de Access.

2. Reemplace el nombre de archivo preestablecido, DB1, con **COMPANY**.

3. Seleccione Create u oprima Enter (Entrar).

4. Seleccione New en la ficha Tables.

5. Seleccione Design view de tabla.

6. Cree un diseño de tabla con los datos que se proporcionan a continuación:

✓ *La configuración del tamaño de los datos no aparece en la sección superior del diseño de tabla, sino en la ficha General de las propiedades del campo en la parte inferior de la pantalla. Oprima F6 para pasar a las propiedades del campo.*

7. Guarde el diseño de tabla; llámelo STORES. (No agregue una clave principal.)

8. Cambie a Datasheet view (la presentación de hoja de datos) en el menú View. Observe los nombres de los campos en la parte superior de la tabla.

9. Cierre la hoja de datos STORES.

10. Cierre la base de datos **COMPANY**.

NOMBRE DEL CAMPO	TIPO DE DATOS	TAMANO	DESCRIPCIÓN
STORE NUMBER	Number	Integer	
BRANCH	Text	16	
CITY	Text	13	
ST (ESTADO)	Text	2	
STAFF	Number	Integer	Number of Employees

COMBINACIONES DE TECLAS

🌐 CREAR Y RENOMBRAR UN ARCHIVO NUEVO

1. Haga clic en **File** .... `Alt`+`F`

2. Haga clic en **New Database** .... `N`

3. Elija **Blank Database** .... `↓`

4. Haga clic en **OK** .... `Enter`

5. Reemplace el nombre del archivo. ....*texto*

6. Haga clic en **Create**

CREAR UN DISEÑO DE TABLA

1. Abra un archivo nuevo (véase arriba) o abra un archivo existente.

   En el cuadro de diálogo del objeto de base de datos:

2. Seleccione la ficha

   Table .... `⊞ Tables`

3. Haga clic en **New** .... `Alt`+`N`

4. Seleccione **Design View** .... `↓`

5. Haga clic en **OK** .... `Enter`

6. Escriba el nombre del campo .... *texto*

7. Presione **TAB** .... `Tab`

8. Use la lista desplegable para seleccionar el tipo de datos (el tipo predeterminado es texto).

9. Presione **F6** .... `F6`
   para cambiar a las propiedades del campo.

10. Escriba las propiedades .... *texto*

11. Presione **F6** para cambiar
    a la tabla .... `F6`

12. Presione **TAB** .... `Tab`

13. Escriba la descripción, si lo desea.

14. Oprima Enter .... `Enter`

15. Repita los pasos 6-11 hasta completar la tabla.

16. Guarde el diseño de tabla (véase a la derecha).

GUARDAR EL DISEÑO DE TABLA

1. Haga clic en **File** .... `Alt`+`F`

2. Haga clic en **Save As/Export** .... `A`

3. Haga clic **en Within the Current
   Database as:** .... `Alt`+`C`

4. Escriba el nombre de la
   tabla ....*texto*

5. Haga clic en **OK** .... `Enter`

6. Haga clic en **No** .... `N`
   para cancelar la creación de la clave principal.

   O

   Haga clic en **Yes** para crear
   una clave principal .... `Y`

CAMBIAR DE PRESENTACIÓN DE DISEÑO DE TABLA A HOJA DE DATOS

Cuando se encuentre en presentación de diseño de tabla:

1. Haga clic en **View** .... `Alt`+`V`

2. Haga clic en **Datasheet View** .... `S`

<table>
<tr><td rowspan="2">**Ejercicio**

2</td><td>■ **Abrir un archivo de base de datos**</td></tr>
<tr><td>■ **Crear una tabla en la presentación de hoja de datos**
■ **Clave principal** ■ **Usar tipos de datos fecha/hora y moneda**
■ **Tipo de datos sí/no**</td></tr>
</table>

NOTAS

Abrir un archivo de base de datos

■ Para abrir una base de datos guardada, seleccione Open an Existing Database (Abrir una base de datos existente) en la pantalla de inicio, o seleccione el comando Open Database (Abrir base de datos) en el menú File (Archivo).

Crear una tabla en la presentación de hoja de datos

■ En el primer ejercicio creó una tabla en la presentación de diseño de tabla, en la que definió los campos, tipo de datos y tamaño. Aunque se recomienda tal procedimiento, también es posible crear una tabla en Datasheet view (la Presentación de hoja de datos). Access interpretará las entradas hechas en la presentación de hoja de datos y determinará el tipo de dato y tamaño. Cuando seleccione New (Nueva), Datasheet View (Presentación de hoja de datos), aparecerá una hoja de datos en blanco con encabezados de columnas genéricos. Para insertar los nombres de los campos en la presentación de hoja de datos, haga doble clic en el encabezado de la columna e inserte el nombre del campo.

Presentación de hoja de datos

Table1 : Table				_ □ ×
Field1	**Field2**	**Field3**	**Field4**	**Field5**

Record: 14 ◄ 1 ► ►1 ►* of 30

■ Una base de datos contendrá todos los datos relacionados de una compañía. Por ejemplo, en la base de datos COMPANY, creada en el ejercicio 1, guardó una hoja de datos para STORES que contiene información sobre cada una de las tiendas. Ahora creará una hoja de datos para HARDWARE, con una lista del equipo de computación adquirido para cada tienda.

Clave principal

■ Cuando guarde la tabla, Access preguntará si desea asignar una clave principal. Si contesta sí, se establecerá el primer campo de la tabla como clave principal. Un icono de Clave 🔑 aparecerá junto al primer campo. Si desea crear una clave principal o campo de enlace en otro sitio, seleccione la fila y el campo y haga clic en el icono de clave de la barra de herramientas.

Usar los tipos de datos Date/Time (Fecha/Hora) y Currency (Moneda)

■ Los tipos de datos Date/Time (Fecha/Hora) y Currency (Moneda) no permiten configurar el tamaño del campo; no obstante, recurra a las propiedades de campo a fin de seleccionar un formato para cada tipo. Por ejemplo, las opciones de date/time brindan una lista de configuraciones para la fecha, como se muestra enseguida.

Tipos de datos Fecha/Hora

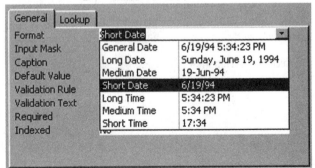

General	Lookup	
Format	Short Date	
Input Mask	General Date	6/19/94 5:34:23 PM
Caption	Long Date	Sunday, June 19, 1994
Default Value	Medium Date	19-Jun-94
Validation Rule	Short Date	6/19/94
Validation Text	Long Time	5:34:23 PM
Required	Medium Time	5:34 PM
Indexed	Short Time	17:34

- A fin de admitir fechas del año 2000 y posteriores, Access 97 interpreta las fechas en formato corto como se describe en la tabla siguiente:

Rango de fechas para el formato abreviado de año	Interpretación
1/1/00 – 12/31/29	1/1/2000 – 12/31/2029
1/1/30 – 12/31/99	1/1/1930 – 12/31/1999

✓ *Nota:* *Sin importar el formato especificado para el tipo de datos de fecha, es posible usar los cuatro dígitos del año. En consecuencia, en lugar de escribir 02/14/28 para la fecha, podrá indicar 02/14/1928 para evitar confusiones. La fecha aparecerá como 2/14/28, pero se interpretará de manera correcta.*

- Cuando se selecciona el tipo de datos Moneda, el formato se configura automáticamente e incluye el signo de dólares y decimales. Es posible cambiar el formato a Estándar, con dos decimales y sin signo de dólares.

Tipo de datos Yes/No (Sí/No)

- Si tiene datos que respondan a yes/no (sí/no) o verdadero/falso, use el tipo de datos Sí/No. Esta configuración creará una casilla en el campo que puede marcarse cuando sea sí o verdadero y se dejará en blanco cuando sea no o falso. Observe las casillas de verificación Yes/No en la siguiente hoja de datos. Es posible recurrir a las propiedades de campo para configurar el valor preestablecido para este campo en sí o no y mantener al mínimo el registro de datos.

Casillas Sí/No

Tipo de datos Sí/No

G	MODEL	COST	PURDATE	WTY	ASSIGN
	PS2	1,348.50	6/1/95	☑	Accounti
	ExecJet II	335.00	6/1/95	☑	Accounti
	Thinkpad 350C	2,199.00	6/1/95	☑	Accounti
	Thinkpad 500	1,399.00	6/1/95	☑	Accounti
tum	LPS40 170MB	199.00	6/1/95	☐	Accounti
er	CFS4 210MB	200.00	6/1/95	☐	Purchasi
h	Notebook 486	1,889.00	1/1/96	☑	Shipping
	FGE/3V	539.00	8/1/95	☐	Purchasi
	FGE/3V	589.00	12/1/95	☐	Shipping
	PMCIA	115.00	9/1/95	☐	Accounti
ta	ML320	295.00	8/1/95	☑	Shipping
	Deskjet	429.00	11/1/95	☑	Accounti
	Deskjet	429.00	11/1/95	☑	Purchasi
h	Notebook	2,436.00	8/1/95	☑	Purchasi
h	Notebook	2,436.00	8/1/95	☑	Shipping
		0.00		☑	

Para hacer un seguimiento del equipo comprado por Bit-Byte Computer Stores, Inc., su jefe le ha pedido crear una tabla de inventario para la base de datos COMPANY. Marcará BRANCH como la clave principal en la tabla STORES, abrirá la base de datos COMPANY y creará una tabla nueva en la presentación de hoja de datos. Cambiará a presentación de diseño y practicará la definición de campos.

INSTRUCCIONES PARA EL EJERCICIO

1. Abra la base de datos 🖮**COMPANY** o abra 🖵**02COMPAN**.

2. Abra la tabla STORES en la presentación de diseño de tabla.

3. Seleccione la fila del campo BRANCH (SUCURSAL).

4. Haga clic en el icono de la clave en la barra de herramientas para convertir BRANCH en la clave principal.

5. Guarde el diseño y cierre el diseño de tabla.

6. Cree una tabla nueva en la presentación de hoja de datos haciendo doble clic en los encabezados Field1 (Campo1), Field2 (Campo2), etc., e inserte los siguientes nombres de campo: BRANCH (surcursal), ITEM (artículo), MFG (fabricante), MODEL (modelo), COST (cost), PURDATE (fecha de compra), WTY (garantía).

7. Guarde la tabla, titúlela HARDWARE. No cree una clave principal. *El campo BRANCH no es único en esta tabla.*

8. Cambie a la presentación de diseño de tabla utilizando el menú Ver.

   ✓ *Los campos tienen asignada la configuración preestablecida de 50 carácteres para tipo de datos de texto. Estas configuraciones se ajustarán conforme se inserten los datos en la hoja. Por lo tanto, esta tabla puede considerarse completa, puesto que se adaptará a los datos registrados.*

9. Para practicar el cambio de configuraciones en la presentación de diseño de tabla, realice los siguientes ajustes de tipo de datos y tamaño en la presentación de diseño. Las configuraciones de tamaño y formato se llevan a cabo en la sección de propiedades de campo.

NOMBRE DE CAMPO	TIPO DE DATOS	TAMAÑO	FORMATO
BRANCH	Text	16	
ITEM	Text	15	
MFG	Text	8	
MODEL	Text	15	
COST	Currency		Standard
PURDATE	Date/Time		Short Date
WTY	Yes/No		Yes/No (valor preestableci do Yes)

10. Use Cambie a presentación de hoja de datos de HARDWARE.

11. Cierre la hoja de datos HARDWARE y la base de datos **COMPANY**.

COMBINACIONES DE TECLAS

ABRIR UN ARCHIVO

1. Haga clic en **File** .... Alt + F

2. Haga clic en **Open Database** .... O

3. Seleccione el archivo en el directorio indicado.

4. Haga clic en **Open** .... Enter

CREAR UNA TABLA EN PRESENTACIÓN DE HOJA DE DATOS

1. Abra un archivo nuevo o uno existente.

Desde el cuadro de diálogo de objetos de base de datos:

2. Seleccione la ficha **Tables** Tables

3. Haga clic en **New** .... Alt + N

4. Seleccione Datasheet view.

5. Haga doble clic en el encabezado de la columna.

6. Reemplace el encabezado con el nombre del campo.

7. Repita los pasos 5 y 6 hasta modificar todo los campos.

8. Guarde la tabla.

CREAR UNA CLAVE PRINCIPAL

En diseño de tabla:

1. Si el primer campo es la clave principal, responda sí cuando se le pregunte si desea crear una clave principal al guardar el diseño de tabla.

O

a. Seleccione la fila de la clave principal.

b. Haga clic en el icono de **Clave** de la barra de herramientas ......

Ejercicio 3	■ **Abrir una hoja de datos** ■ **Insertar registros** ■ **Plantillas** ■ **Corregir la entrada de un campo** ■ **Cambiar el ancho de las columnas de la hoja de datos** ■ **Seguridad**

NOTAS

Abrir una hoja de datos (tabla)

■ Cuando cree o abra un archivo de base de datos, aparecerá la ventana de objetos de base de datos con una lista de todos los objetos previamente creados.

Ventana de objetos de base de datos

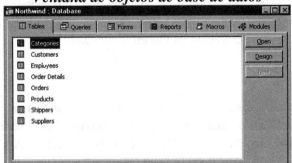

■ Para abrir un **diseño de tabla** (hoja de datos) guardado e insertar datos, resalte el nombre de la tabla deseada y seleccione la opción Open (Abrir). Aparecerá un formato de filas y columnas, similar al de las hojas de cálculo, con los nombres de campos insertados anteriormente como encabezados de las columnas. Esta **presentación de hoja de datos** le ofrece una manera eficiente de trabajar con más de un registro en la misma pantalla. En esta presentación, cada fila contiene los datos de un sólo registro.

Presentación de hoja de datos

■ Una vez que se agregaron registros a la hoja de datos, es posible utilizar los botones con cabezas de flechas de la barra de desplazamiento de la hoja de datos para moverse entre los registros.

Barra de desplazamiento de la hoja de datos

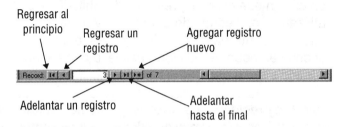

Insertar registros (Records)

■ Para insertar registros en la hoja de datos, escriba los datos bajo el nombre de cada campo, como lo haría en una hoja de cálculo. Use la tecla de tabulación TAB para avanzar de una columna a otra. Para avanzar a la siguiente fila, haga clic en la primera columna de la fila nueva. Use la tecla de tabulación o las teclas de dirección. Cuando salga de la fila del registro, sus datos se guardarán de manera automática en la tabla.

■ Se recomienda usar mayúsculas y minúsculas al escribir los datos para que sea posible usarlos en archivos de procesadores de palabras. Inserte los nombres de campo (encabezados de columnas) en mayúsculas para distinguirlos de los datos del campo.

■ Use las opciones Copiar o Cortar y Pegar para insertar con rapidez datos repetitivos. Es posible copiar una entrada de celda o el registro completo. Para seleccionar la fila completa, haga clic en el área sombreada a la izquierda del primer campo de la fila.

Plantilla (Input Mask)

■ Puede controlar la forma en que se insertan los datos en un campo con la creación de una **Input Mask (plantilla)**. Por ejemplo, se puede establecer un formato para números telefónicos con paréntesis y guiones, para reducir el tecleo al agregar datos o tener que verificar datos válidos. La plantilla se configura en la sección de propiedades haciendo clic en el botón Build (Crear) ... para iniciar el asistente de plantillas (Input Mask Wizard). Las que guardan la tabla antes de usar el asistente.

Corregir la entrada de un campo

■ Use la tecla Backspace (Retroceso) para corregir un error cometido al mecanografiar una entrada. Si ya avanzó a otro campo, puede regresar al que necesita la corrección mediante un clic en ese campo, presionando Shift+Tab, o utilizando las flechas de dirección. Vuelva a escribir la entrada o presione F2 para tener acceso al modo de edición, realice la corrección y luego vaya a otro campo.

Cambiar el ancho de las columnas de la hoja de datos

■ Tal vez el ancho predeterminado de las columnas de su hoja de datos no sea apropiado para sus entradas y/o la tabla esté muy extendida para ajustarse al tamaño de la pantalla. Es posible cambiar el tamaño de las columnas de la hoja de datos en cualquier momento sin afectar el tamaño especificado del campo en el diseño de tabla.

Seguridad

■ Access 97 ofrece varios métodos para proteger su base de datos. Es posible ocultar las tablas u otros objetos de la base de datos que no desee que los demás vean, así como asignar una clave de acceso para controlar quien abre una base de datos. El asistente de seguridad del usuario lo orientará en esas tareas. No se practicarán las medidas de seguridad en este texto, pero tome en consideración que existe esta característica.

Usted es presidente de HUG, un grupo de usuarios de computadora. Una de sus responsabilidades es enviar avisos e informes anuales a los integrantes. Para facilitar los envíos por correo, ha decidido crear un archivo de nombres y direcciones de su grupo de usuarios de computadora. En este ejercicio, creará un archivo de base de datos, diseñará una tabla e insertará información en la hoja de datos.

INSTRUCCIONES PARA EL EJERCICIO

1. Cree un archivo de base de datos nuevo; llámelo **HUGCLUB**.

2. Cree una tabla en Design view (la presentación de diseño) de tabla con los nombres de campos y tamaños que se indican a continuación:

Field Name	Data Type	Size
NUMBER	AutoNumber	Integer
LAST	Text	10
FIRST	Text	8
ADDRESS	Text	20
CITY	Text	15
PHONE	Text — Input Mask	13

Para el campo PHONE, presione F6. En las propiedades de input mask, haga clic en el botón Crear y siga las instrucciones del asistente.
   • Seleccione Phone Number. Haga clic en Next.
   • Guarda la table; llámela MEMBERS.

   • Configure el campo Number como la clave principal.
   • No seleccione el marcador de posición (placeholder) ni cambiar estilo de plantilla. Haga clic en Next.
   • Ordene los datos *con* los símbolos en la plantilla. Haga clic en Next. Haga clic en Terminado.

3. Cambie a Datasheet view (la presentación de hoja de datos) MEMBERS.

4. Tome la información de la página ilustrada en la página siguiente para insertar la de cada persona en el campo indicado de su tabla.

5. Ajuste el ancho de columna para que se adapte a la entrada más larga de cada campo.

6. Revise los datos y corrija los errores.

7. Guarde y cierre la tabla MEMBERS.

8. Cierre la base de datos **HUGCLUB**.

1	Barnes	Leanne	808 Summer Street	Anaheim	(213)555-4987
2	Brown	Miles	154 Newburg Road	Anaheim	(213)555-4837
3	Griffith	Stuart	1551 Dean Street	Beverly Hills	(213)555-3010
4	Moon	Michael	17 Pine Street	Beverly Hills	(213)555-9275
5	Smith	Trina	3954 Wood Avenue	Anaheim	(213)555-7283
6	Smith	Sheila	417 Specific Court	Anaheim	(213)555-7284
7	Walker	Bette	1584 F Street	North Hollywood	(213)555-9174
8	Castillo	Carl	1956 Park Avenue	North Hollywood	(213)555-5192
9	Davis	John	P.O. Box 2333	North Hollywood	(213)555-8129
10	Dixon	Amy	237 Albee Street	North Hollywood	(213)555-8917

COMBINACIONES DE TECLAS

CAMBIAR DE PRESENTACIÓN DE HOJA DE DATOS A LA DE DISEÑO DE TABLA

En presentación de hoja de datos:

1. Haga clic en **View** .... `Alt`+`V`

2. Haga clic en **Table Design** .... `D`

CAMBIAR EL ANCHO DE LAS COLUMNAS DE LA HOJA DE DATOS

Teclado:

1. Haga clic en el selector de campos para la columna deseada.

2. Haga clic en **Format** .... `Alt`+`O`

3. Haga clic en **Column Width**............ `C`

4. Haga clic en **Best Fit**. .... `Alt`+`B`

   O

   a. Escriba ancho de columna ... *número*

   b. Haga clic en **OK** .... `Enter`

Mouse:

1. Haga clic en el extremo derecho de la celda del nombre de campo.

2. Haga clic y arrastre el borde hasta el tamaño deseado.

EDICIÓN DE DATOS

Antes de asentar los datos, éstos pueden editarse presionando la tecla Retroceso para corregir las entradas.

Después de asentar datos:

1. Oprima **Shift+Tab** .... `Shift`+`Tab`
   para regresar a un campo.

2. Presione **F2** .... `F2`

3. Realice las correcciones.

CONFIGURAR PROPIEDADES DE PLANTILLAS

En la presentación de diseño de tabla:

1. Seleccione el campo.

2. Haga clic **F6**.................................. `F6`

3. Haga clic en propiedades de plantilla.

4. Haga clic en el botón Build **...**.

5. Siga las instrucciones del asistente de plantillas.

6. Haga clic en **Finish** cuando termine.

Ejercicio 4

- ■ **Abrir una tabla existente**
- ■ **Dar realce a una tabla (hoja de datos)**

NOTAS

Abrir una tabla existente

- ■ Para acceder a una tabla existente, primero debe abrir el archivo de base de datos que contiene la tabla. Al abrirlo aparecerá una lista de todas las tablas que hay en esa base de datos.

Dar realce a una tabla (hoja de datos)

- ■ Access contiene configuraciones preestablecidas para las hojas de datos. Las configuraciones predeterminadas de aspectos como el formato y las líneas de división afectan a toda la hoja de datos y es posible modificarlas.

- ■ Cuando se encuentre en Datasheet view, podrá hacer uso de la opción del menú Format (Formato).

Menú Formato de la hoja de datos

- ■ La opción Font (Fuente) despliega un cuadro de diálogo con una lista de todas las fuentes disponibles, sus tamaños y opciones de estilos. Una ventana de muestra permite ver la selección antes de aplicar los cambios.

Cuadro de diálogo Fuente

Fuente — Estilo de la fuente — Tamaño de la fuente — Ventana de muestra de la selección

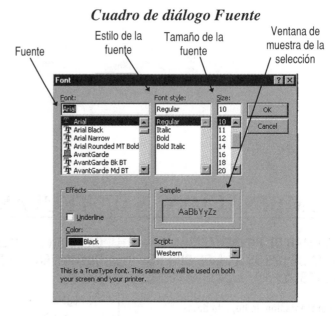

- ■ La opción Cells (Celdas) presenta un cuadro de diálogo de opciones de líneas de división, efectos y colores, además de una ventana de muestra para ver los cambios. La característica Gridlines Shown (Mostrar líneas de división) sólo funciona con el efecto de celda plana, como se ve a continuación:

Cuadro de diálogo Efectos de celdas

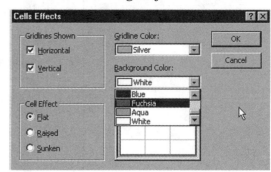

✓ Nota: *Todas las selecciones de formato afectan sólo la forma de ver la hoja de datos y no modifican ninguna otra presentación de la tabla.*

308

Su jefe en Bit-Byte acaba de darle la lista de sucursales nuevas y sus ubicaciones. Le pidió que vaciara la información en la tabla TIENDAS de la base de datos. Mejorará la apariencia de la hoja de datos usando las opciones de fuente, líneas de división y color.

INSTRUCCIONES PARA EL EJERCICIO

1. Abra la base de datos ▦**COMPANY,** o abra 🖫**04COMPAN**.

2. Abra la tabla STORES e inserte los datos que se indican abajo.

3. Cambie el tamaño de la fuente a 12 puntos, estilo cursiva.

4. Ajuste el ancho de las columnas de acuerdo a la entrada más grande.

5. Cambie el efecto de celda a Raised (resaltado).
   ✓ *Las líneas de división no están disponibles.*

6. Cambie el color del fondo a Aqua.

7. Guarde y cierre la hoja de datos.

8. Abra de nuevo la tabla STORES.

9. Cambie el tamaño de la fuente a 10 puntos, estilo regular.

10. Restablezca el efecto de celda a Flat (Plano).

11. Cambie el color de las líneas de división a Blue (azul).

12. Ajuste el ancho de las columnas, si es necesario.

13. Guarde y cierre la hoja de datos.

14. Cierre la base de datos **COMPANY**.

STORE NUMBER (NÚMERO DE TIENDA)	BRANCH (SUCURSAL)	CITY (CIUDAD)	ST (EDO)	STAFF (PERSONAL)
1	Big Apple	New York	NY	15
2	Pacific	Los Angeles	CA	14
3	Sunset	San Francisco	CA	21
4	Lakeview	Chicago	IL	15
5	Peach Tree	Atlanta	GA	9
6	Bean Town	Boston	MA	16
7	Astro Center	Houston	TX	8
8	Twin Cities	St. Paul	MN	7
9	Wheatland	Topeka	KS	12
10	Oceanview	Providence	RI	6

COMBINACIONES DE TECLAS

ESTABLECER OPCIONES DE FORMATO DE FUENTE

1. Haga clic en **Format** .... `Alt`+`O`

2. Haga clic en **Font**............................ `F`

Para seleccionar la fuente:

a. Haga clic en **Font**.............. `Alt`+`F`

b. Seleccione la fuente deseada `↓` `↑`

Para seleccionar el estilo de fuente:

a. Haga clic en **Font Style**...... `Alt`+`Y`

b. Seleccione el estilo deseado . `↓` `↑`

Para seleccionar el tamaño de fuente:

a. Haga clic en **Size** .... `Alt`+`S`

b. Seleccione el tamaño deseado `↓` `↑`

Para subrayar texto:

a. Haga clic en **Underline** ...... `Alt`+`U`

Para cambiar el color de la fuente:

a. Haga clic en **Color**.............. `Alt`+`C`

b. Seleccione el color deseado .. `↓` `↑`

3. Haga clic en **OK** .... `Enter`

CAMBIAR OPCIONES DE CELDA

En presentación de hoja de datos:

1. Haga clic en **Format**.............. `Alt`+`O`

2. Haga clic en **Cells**............................ `L`

3. Configure los efectos haciendo clic en los botones, cuadros o listas desplegables:
    Gridlines Shown
    Cell Effects
    Gridline color
    Background Color

4. Haga clic en **OK**........................ `Enter`

Ejercicio

5

- ■ **Crear un formulario a partir de una hoja de datos existente**
- ■ **Insertar registros** ■ **Usar presentación de diseño de formulario**
- ■ **Deshacer ajustes de control**
- ■ **Cambiar el ancho del área de los datos del formulario**
- ■ **Repetir entrada de datos**

NOTAS

Crear un formulario (form) a partir de una hoja de datos existente

- ■ Es posible ver una tabla tanto en la presentación de hoja de datos como en la de formulario. La **presentación de hoja de datos** muestra la tabla en un formato de filas y columnas, similar a la cuadrícula de una hoja de cálculo. Cada fila es un registro y cada columna es un campo.

Presentación de hoja de datos

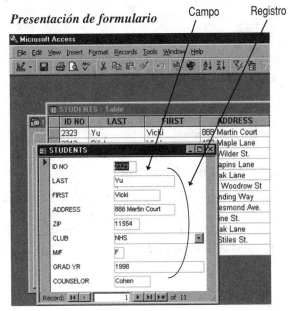

- ■ La **presentación de formulario (form view)** muestra un registro a la vez, como si fuesen tarjetas en un fichero de archivo.

- ■ El botón **New Object (objeto nuevo)** 📇 de la barra de herramientas Base de datos crea automáticamente una presentación de formulario de los campos y datos listados en una tabla abierta.

- ■ Una vez que se agregaron registros tanto en una hoja de datos como en un formulario, puede utilizar los botones que muestran una punta de flecha en la barra de desplazamiento para moverse entre los registros.

- ■ Existe una form Design view (presentación de Diseño de formulario), que se explica en la página siguiente. Para cambiar con rapidez entre las presentaciones Form Design (Diseño de formulario), Form (Formulario) y Datasheet (Hoja de datos) cuando use formularios, recurra a la opción apropiada en el menú View (Ver) o utilice el botón y cuadro de lista Ver 📐 ▾ de la barra de herramientas Estándar.

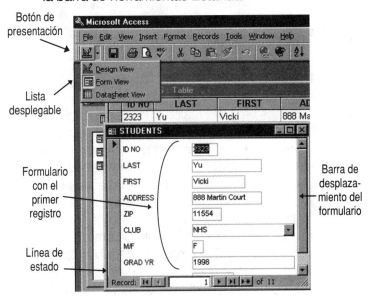

Insertar registros

■ Es más fácil insertar registros en la presentación de hoja de datos. Los registros que se agreguen en cualquier presentación, automáticamente serán visibles en la otra. Se inserta información en la presentación de formulario de la misma manera que en la de hoja de datos. Si se oprime la tecla de tabulación después del último campo, aparece el siguiente formulario de registro y los datos se guardan de manera automática conforme se insertan.

Usar (Form Design view) la presentación de diseño de formulario

■ La presentación de diseño de formulario puede utilizarse para cambiar el ancho de un elemento y para hacer más atractivo el formato de un diseño de formulario.

■ Sólo es posible realizar cambios para mejorar el aspecto de un formulario en la presentación de Diseño de formulario.

Presentación de Diseño de formulario

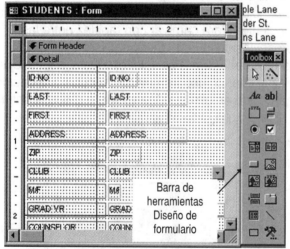

Barra de herramientas Diseño de formulario

■ Las opciones para dar realce al formato se hallan en una barra de herramientas adicional de diseño de formulario que aparece cuando se selecciona un elemento de formulario. Al hacer clic en el botón apropiado de diseño de formulario, se cambian los aspectos seleccionados del elemento, como tipo de fuente, tamaño, estilo o alineación. Access se refiere a los elementos de formulario como **controles (controls)**. La barra de herramientas de diseño de formulario que aparece puede cerrarse o utilizarse para modificar el diseño. Haga clic en el botón Toolbox 🛠 en la barra de herramientas de diseño de Formulario para abrir el Toolbox de diseño de formulario.

Vea los ejercicios del 9 al 26 para la explicación del uso de los botones de texto del cuadro de herramientas. Use la característica Pistas (Tooltips) para conocer el nombre y la función de cada botón del cuadro de herramientas.

■ Aplicar cambios en la fuente tal vez exija volver a establecer el espacio asignado al elemento.

Deshacer ajustes de control

■ Es posible deshacer todas las modificaciones de formato si selecciona el control a restablecer y utiliza la opción Apply Default (Aplicar valores preestablecidos) del menú Format (Formato).

Cambiar el ancho del área de datos del formulario

■ Si descubre que las áreas de datos de la presentación de formulario necesitan ajustes, en especial después de realizar cambios en el tamaño de la fuente, debe usar la presentación de diseño de formulario para aplicar los cambios deseados. Para cambiar el tamaño de un área de control de campo, primero haga clic en el elemento, presione sin soltar el botón izquierdo del *mouse* en uno de los controladores de tamaño y muévalo en la dirección deseada. Observe la ilustración de una caja de control seleccionada y lista para cambiar su tamaño.

Caja de control seleccionada

Repetir entrada de datos

■ Si tiene información en un campo que sea igual a la del registro anterior, es posible repetir rápidamente la entrada en la presentación de hoja de datos si presiona Ctrl + apóstrofo (').

Su escuela desea crear un archivo de base de datos que permita hacer un seguimiento de los estudiantes que se inscriben en las actividades y clubes escolares. Creará el formulario para esa base de datos.

INSTRUCCIONES PARA EL EJERCICIO

1. Cree un nuevo archivo de base de datos; llámelo **CLUBS**.

2. Diseñe una tabla en el archivo CLUBS en presentación de diseño de tabla con la información que se proporciona a continuación. (Todos los campos serán de texto.)

FIELD NAME (NOMBRE DEL CAMPO)	FIELD SIZE (TAMAÑO DEL CAMPO)
ID NO (Núm. identif.)	4
LAST (Apellido)	20
FIRST (Nombre)	15
ADDRESS (Dirección)	20
ZIP (Zona postal)	5
M/F (Sexo)	1
GRAD YR (Año de graduación)	4
COUNSELOR (Asesor)	10

3. Guarde la tabla; llámela STUDENTS. Establezca como clave principal: ID NO.

4. Cambie a presentación de hoja de datos.

5. Haga clic en el botón de objeto nuevo de la barra de herramientas. (Se creará un formulario para los datos de la tabla.)

6. Guarde el formulario creado; llámela STFORM.

7. Si el formulario no está abierto, seleccione la ficha FORM (FORMULARIO) en la ventana de objetos de base de datos. (El nombre STFORM aparecerá resaltado.) Seleccione Open (Abrir). Observe el formulario creado.

8. Cierre STFORM.

9. Abra la tabla STUDENTS.

10. La información de la tabla al final de esta página se tomó de las solicitudes de inscripción al Club NHS (National Honor Society). Inserte los tres primeros registros usando la tabla STUDENTS.

11. Ajuste el ancho de las columnas para dar cabida a la entrada de columna más grande.

12. Guarde el diseño y cierre la hoja de datos STUDENTS.

13. Abra STFORM.

14. Desplácese por los registros en presentación de formulario.

15. Agregue el cuarto, quinto y sexto registros de la lista en presentación de formulario.

16. Cambie a presentación de diseño de formulario.

17. Seleccione el nombre del campo LAST; cambie a 12 puntos el tamaño de la fuente. Ajuste el ancho y alto de los elementos, en caso necesario.

18. Seleccione el área de datos LAST y realice los siguientes cambios:

    Tamaño de fuente - 10 puntos; estilo - negrita

19. Guarde el formulario.

20. Con el botón Ver, pase a presentación de formulario.

21. Vea el resultado de sus modificaciones.

22. Cambie a presentación de diseño de formulario.

23. Seleccione todos los elementos que cambiaron y aplique la configuración preestablecida, que era: fuente de 8 puntos, estilo normal, alineación a la izquierda. Cambie el tamaño del área del nombre de campo LAST.

24. Guarde este diseño de formulario.

25. Cierre el formulario y la base de datos **CLUBS**.

ID NO. (NÚM. IDENTIF.)	LAST (APELLIDO)	FIRST (NOMBRE)	ADDRESS (DIRECCIÓN)	ZIP (Z.P.)	M/F (SEXO)	GRAD YR (Año de Graduación)	CONSELOR (ASESOR)
4535	Johnson	Marie	108 Wilder St.	11554	F	1997	Litt
7654	Harris	Richard	34 Desmond Ave.	11554	M	1997	Litt
5467	Russo	Ron	22 Hapins Lane	11554	M	1996	Lifton
8765	Lakhani	Deepa	87 Pine St.	11554	F	1996	Lifton
9999	López	María	987 Stiles Street	11590	F	1998	Cohen
6776	Freeman	Keisha	5 Winding Way	11554	F	1998	Cohen

COMBINACIONES DE TECLAS

CREAR PRESENTACIÓN DE FORMULARIO PARA TABLA

1. Abra la base de datos y la tabla.
2. Presione el botón **New Object**........

INSERTAR DATOS EN LA PRESENTACIÓN DE FORMULARIO

1. Escriba los datos en el primer campo................................*texto*
2. Oprima **Tab** .... `Tab`
3. Repita los pasos 1 y 2 hasta terminar.

CAMBIAR EL ANCHO DE UN ELEMENTO DEL FORMULARIO

1. Cambie a presentación de diseño de formulario (ver a la derecha).
2. Haga clic en el elemento cuyo tamaño desee cambiar.
3. Cuando el puntero del *mouse* adopte la forma de una flecha, use el controlador derecho y arrastre para definir el tamaño.

MOVER UN ELEMENTO DEL FORMULARIO

1. Cambie a presentación de diseño de formulario (ver a continuación).
2. Haga clic en el elemento que desee mover.
3. Cuando el puntero del *mouse* adopte la forma de una mano, arrastre el elemento y colóquelo en la nueva posición.

CAMBIAR DE PRESENTACIÓN DE FORMULARIO A LA DE DISEÑO DE FORMULARIO

1. Haga clic en **View** .... `Alt`+`V`
2. Haga clic en **Form Design** .... `D`

MOSTRAR BARRA DE HERRAMIENTAS DE DISEÑO DE FORMULARIO

1. Haga clic en **View** .... `Alt`+`V`
2. Haga clic en **Toolbars** .... `T`
3. Seleccione **Form Design** .... `↑` `↓`
4. Presione la barra espaciadora.
5. Haga clic en **Close**.

DAR FORMATO AL DISEÑO DE FORMULARIO

1. Seleccione el elemento al que desee dar formato.
2. Haga clic en el botón indicado de la barra de herramientas de diseño de formulario.

REPETIR ENTRADA DE DATOS

En presentación de hoja de datos:

Oprima Ctrl + ' (apóstrofo) para los datos de campo que vayan a ser iguales a los del registro anterior.

Ejercicio

6

■ **Resumen**

Su departamento en Bit-Byte Computer Co. es el responsable de ordenar y evaluar los productos de software que la compañía utiliza en sus tiendas. Para hacer un seguimiento de los tipos de programas que se ordenan, sus precios y dónde se almacenan, a usted se le pidió que elaborara una tabla nueva de base de datos de la compañía para esos productos.

INSTRUCCIONES PARA EL EJERCICIO

1. Abra la base de datos ⌨**COMPANY** o abra 🖫**06COMPAN**.
2. Cree una tabla nueva con los siguientes datos de campos:

FIELD NAME (NOMBRE DE CAMPO)	DATA TYPE (TIPO DE DATOS)	TAMAÑO (SIZE)	DESCRIPTION (DESCRIPCIÓN)
BRANCH (Sucursal)	Text (Texto)	16	Where currently in use. (Donde se usa actualmente.)
TITLE (Título)	Text (Texto)	11	
TYPE (Tipo)	Text (Texto)	17	
PRICE (Precio)	Currency (Moneda)		(Use Fixed Format) (Use formato fijo)
PURDATE (Fecha de compra)	Date/Time (Fecha/Hora)		(Use Short Date Format). Use Input Mask (Use formato de fecha corta). Use plantilla.
STORED (Almacenado)	Text (Texo)	4	Storage Drawer# (Cajón de Almacén)

3. Guarde el diseño de tabla; llámela SOFTWARE. No determine una clave principal para esta tabla.
4. Cambie a la hoja de datos SOFTWARE.
5. Haga clic en el botón de objeto nuevo de la barra de herramientas para crear un formulario.

6. Guarde el formulario creado; llámelo SOFTFORM.
7. Cambie a presentación de formulario, si es necesario.
8. Escriba la lista de software que se presenta al pie de esta página.
9. En la presentación de formulario, desplácese por los registros para verificar los datos.
10. Cambie a presentación de diseño de formulario.
11. Seleccione el nombre de campo BRANCH; cambie el tamaño de fuente a 12 puntos.
12. Incremente el tamaño del área del nombre de campo BRANCH para dar cabida al tamaño de fuente más grande.
13. Seleccione el área de datos BRANCH; aplique los siguientes cambios: tamaño de fuente - 10 puntos; estilo - negrita.
14. Guarde este diseño.
15. Cambie a la presentación de formulario. Observe los resultados de sus modificaciones.
16. Verifique los elementos de diseño; realice los ajustes necesarios.
17. Pase a la presentación de hoja de datos (Datasheet view).
18. Cambie el tamaño de la fuente a 12 puntos; ajuste el ancho de columna según sea necesario.
19. Guarde y cierre la hoja de datos.
20. Cierre la base datos **COMPANY**.

BRANCH	SOFTWARE	TYPE	PRICE	PURDATE	STORED
Sunset	Word-O	Procesador de palabras	499.85	8/17/95	D230
Big Apple	Micro Words	Procesador de palabras	459.80	6/14/95	D230
Pacific	Word-O-2	Procesador de palabras	499.85	5/18/95	D235
Lakeview	Word-O-2	Procesador de palabras	499.85	2/20/95	D235
Lakeview	Tulip5	Hoja de cálculo	594.20	3/21/95	D238
Big Apple	Exceller	Hoja de cálculo	475.50	3/21/95	D238
Pacific	Accessor	Base de datos	550.50	12/15/95	A114
Big Apple	InfoBase	Base de datos	488.88	1/20/96	A114
Bean Town	BBS	Comunicaciones	111.50	3/15/96	D230
Wheatland	Officemate	Integrado	479.95	3/15/96	D238
Sunset	Harwood	Gráfico	299.95	1/30/96	D230
Lakeview	Pagemaker	Edición electrónica	399.40	2/15/96	A114

Ejercicio 7

- Agregar, borrar y mover campos en presentación de dise ño
- Agregar un campo de lista de valores de b úsqueda

NOTAS

- Es posible agregar, mover o borrar campos en una tabla tanto en la presentación de hoja de datos como en la de diseño de tabla. (*La modificación de tablas en presentación de hoja de datos se explicará en el Ejercicio 8.*)

Agregar, borrar y mover campos en presentación de diseño (Design view)

- Para agregar campos en presentación de diseño de tabla se utilizan los comandos Insert, Rows (Insertar, Filas). Los campos se eliminan con los comandos Edit, Delete Row (Edición, Borrar fila), o si se selecciona la fila y se oprime la tecla Delete (Suprimir). La manera más eficaz de mover un campo consiste en hacer clic en el selector de fila del campo y arrastrar la punta de flecha triangular que aparece hasta la nueva posición. Todos los cambios aplicados en la presentación de diseño de tabla se reflejan en la hoja de datos.

Agregar un campo de lista de valores de búsqueda

- Si se definieron varias opciones para la información de un campo, puede elegir agregar una lista de valores que aparezca cuando se hace clic en la flecha del cuadro de lista correspondiente. Por ejemplo, si las opciones para un campo llamado Club son ya sea NHS o AFP, es posible mostrar un cuadro de lista que contenga estos valores y realizar la selección correcta, en vez de escribir todas las entradas.

Existe la opción de crear un campo de lista de valores tanto en la presentación de diseño de tabla como en la de hoja de datos, por medio del asistente de búsquedas (Lookup Wizard). Los valores de la lista se escriben en la pantalla del asistente de búsquedas cuando se define el campo. Observe la ilustración del campo de la lista de valores de este ejercicio:

ID NO	LAST	FIRST	ADDRESS	ZIP	CLUB	M/F	GRAD YR	COUNSELOR
2323	Yu	Vicki	888 Martin Court	11554	NHS	F	1998	Cohen
3213	Rifsky	Vlad	109 Maple Lane	11554	NHS	M	1996	Scalisi
4535	Johnson	Marie	108 Wilder St.	11554	NHS	F	1997	Litt
5467	Russo	Ron	22 Hapins Lane	11554	NHS	M	1996	Lifton
5533	Kim	Phil	11 Oak Lane	11590	NHS	M	1997	Cohen
5543	Ahman	Wasif	1234 Woodrow St	11590	NHS	M	1997	Litt
6776	Freeman	Keisha	5 Winding Way	11554	NHS		1998	Cohen
7654	Harris	Richard	34 Desmond Ave.	11554	AFP		1997	Litt
8765	Lakhani	Deepa	87 Pine St.	11554	NHS	F	1996	Lifton
9898	Craig	David	23 Oak Lane	11590	NHS	M	1996	Scalisi
9999	Lopez	Maria	987 Stiles St.	11590	NHS	F	1998	Cohen

Flecha del cuadro de lista

Cuadro de lista de valores creada con el asistente de búsquedas.

✓ *Nota:* *El Lookup wizard (asistente de búsquedas) también puede utilizarse para buscar datos en tablas relacionadas y colocarlos en el campo. En Access 97, los datos provenientes del campo de búsqueda de otra tabla no se actualizan de manera automática cuando los datos de la otra tabla cambian. Para actualizar los datos en dicho campo, selecciónelo y presione la tecla F9. Esta característica no se practicará en este ejercicio.*

> *Le han entregado las solicitudes de inscripción de los estudiantes para el Club NHS, que se emplearán para llenar la tabla Estudiantes de la base de datos CLUBS. Por medio del asistente de búsquedas, agregará un nuevo campo de lista de valores de búsqueda a la tabla para incluir los nombres de los clubes a los que los estudiantes pueden solicitar su ingreso.*

INSTRUCCIONES PARA EL EJERCICIO

1. Abra la base de datos 🖰**CLUBS,** o abra 🖬**07CLUBS**.

2. Abra la presentación de diseño (Design view) de tabla STUDENTS.

3. Inserte un campo nuevo en la primera fila después de ID NO.
   - Titule CLUB al campo nuevo (Tipo de datos – Asistente de búsquedas).
   - Luego de una pausa, aparecerá el cuadro de diálogo del Lookup wizard (asistente de búsquedas).
   - Seleccione **I will type in the values that I want** (escribé los valores que deseo).
   - El número de columnas es uno (valor preestablecido).
   - Escriba los valores siguientes en las primeras dos filas del cuadro Col1, utilizando la flecha que apunta hacia abajo para que le permita escribir el segundo club.
   NHS
   AFP

4. Confirme el nombre de campo CLUB haciendo clic en Finish (Terminado).

5. Guarde el formato de la presentación de Diseño.

6. Pase a la presentación de hoja de datos (Datasheet view).

7. Inserte los datos tomados de las solicitudes de inscripción al Club NHS en los campos indicados.

   ✓ *Cuando inserte el campo Club, haga clic en la flecha del cuadro de lista y seleccione NHS para cada registro.*

8. Ajuste el ancho de las columnas para dar cabida a la entrada más grande.

9. Guarde la hoja de datos STUDENTS.

10. Cambie a la presentación de diseño de tabla (Desing view).

11. Mueva el campo CLUB para colocarlo después de la columna ZIP.

12. Guarde y cierre la presentación de diseño de tabla.

13. Mediante la característica AutoForm (autoformulario); cree un nuevo formulario usando esta hoja de cálculo y llamelo CLUBFORM.

14. Desplácese por los registros en el formulario creado.

15. Guarde y cierre el formulario y la base de datos **CLUBS**.

ID NO	CLUB	LAST	FIRST	ADDRESS	ZIP	M/F	GRAD YR	COUNSELOR
4535	NHS	Johnson	Marie	108 Wilder St.	11554	F	1997	Litt
7654	NHS	Harris	Richard	34 Desmond Ave.	11554	M	1997	Litt
5467	NHS	Russo	Ron	22 Hapins Lane	11554	M	1996	Lifton
8765	NHS	Lakhani	Deepa	87 Pine St.	11554	F	1996	Lifton
9999	NHS	López	María	987 Stiles St.	11590	F	1998	Cohen
6776	NHS	Freeman	Keisha	5 Winding Way	11554	F	1998	Cohen
2323	NHS	Yu	Vicki	888 Martin Court	11554	F	1998	Cohen
3213	NHS	Rifsky	Vlad	109 Maple Lane	11554	M	1996	Scalisi
9898	NHS	Craig	David	23 Oak Lane	11590	M	1996	Scalisi
5533	NHS	Kim	Phil	11 Oak Lane	11590	M	1997	Cohen
5543	NHS	Ahman	Wasif	1234 Woodrow St.	11590	M	1997	Litt

COMBINACIONES DE TECLAS

AGREGAR CAMPOS

En presentación de diseño de tabla:

1. Haga clic en **Insert** .... `Alt` + `I`

2. Haga clic en **Rows** .... `R`

3. Escriba el nombre nuevo
   del campo .... *texto*

   ✓ *Los nombres de campo admiten hasta 64 carácteres.*

4. Presione **Tab** .... `Tab`

5. Haga clic en la flecha para desplegar la
   lista de tipo de datos .... `Alt` + `↓`

6. Seleccione **data type** .... `↓` `↑`

7. Presione **Tab** .... `Tab`

8. Escriba la descripción, si lo desea.

BORRAR UN CAMPO

En presentación de diseño:

1. Haga clic en el selector de campos (a
   la izquierda del nombre de campo)
   para resaltar la fila.

2. Presione **Delete** .... `Del`

MOVER UN CAMPO

En presentación de diseño:

1. Haga clic en el selector de campo (a la
   izquierda del nombre de campo).

2. Cuando el puntero del *mouse* adopte
   la forma de un cuadro, haga clic y
   arrastre el selector de campo a su
   posición nueva.

USAR EL ASISTENTE DE BÚSQUEDAS PARA UNA LISTA DE VALORES

En presentación de diseño:

1. Haga clic en **Insert** .... `Alt` + `I`

2. Haga clic en **Lookup Field** .... `L`

3. Seleccione **I will type in the values that I want**.

4. Haga clic en **Next**.

5. Establezca el número
   de columnas .... *número*

6. Escriba la lista de valores
   en Col1 .... *valores*
   (Use la flecha abajo para desplegar y
   agregar valores en la columna.)

7. Haga clic en **Finish** para confirmar el
   nombre de campo.

Ejercicio

8

- **Agregar, borrar y mover campos en presentación de hoja de datos**
- **Impresión simple** ■ **Ocultar campos de la hoja de datos**

NOTAS

Agregar, borrar y mover campos en presentación de hoja de datos (Datasheet view)

- Se puede agregar un campo nuevo al hacer clic en la columna a la derecha de la ubicación del campo nuevo y mediante el uso de los comandos Insert, Column (Insertar, Columnas). Se agregará una nueva columna a la izquierda de la seleccionada.

- Para borrar un campo, selecciónelo resaltando la columna y, a continuación, use los comandos Edit, Delete Column (Edición, Borrar columna). Se le pedirá confirmar la eliminación y los datos volverán a acomodarse. Al borrar se elimina de manera permanente el campo así como toda la información que contiene.

- Es posible agregar, mover o borrar campos de una tabla en la presentación de hoja de datos o en la de diseño de tabla. Sin embargo, es mejor no mover un campo en la presentación de hoja de datos, puesto que las acciones de copiar y pegar, o hacer clic y arrastrar podrían dar como resultado pérdidas de la información.

- Si se cambia un campo en la hoja de datos, no se transfiere automáticamente al formulario relacionado. Es más sencillo borrar un formulario viejo y usar AutoForm (Autoformulario) para crear uno nuevo.

Impresión simple

- Es posible obtener una impresión de los datos en pantalla tanto en la presentación de hoja de datos como en la de formulario. Para imprimir los datos de la pantalla activa, seleccione ya sea la opción Print (Imprimir) del menú File (Archivo), o haga clic en el botón Imprimir 🖨. Este botón hace que la información se imprima de inmediato.

- El cuadro de diálogo Imprimir sólo aparece después de elegir los comandos File, Print.

Permite seleccionar el rango de impresión, propiedades, número de copias y opciones de ajuste de la página. Observe el cuadro de diálogo Imprimir, que se ilustra a continuación.

Cuadro de diálogo Imprimir

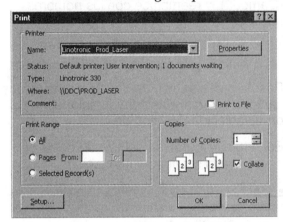

- Si desea indicar opciones de papel, gráficos, fuentes o impresoras, haga clic en el botón Properties (Propiedades) del cuadro de diálogo Imprimir.

- Si desea establecer opciones de orientación del papel, márgenes, etc., haga clic en el botón Setup (Preparar página) del cuadro de diálogo Imprimir.

- Hacer clic en el botón Print Preview (Presentación preliminar) 🔍 de la barra de herramientas de la hoja de datos de la tabla le permite verificar cómo se verá su trabajo en el papel antes de imprimir.

Ocultar campos de la hoja de datos

- Es posible mostrar y/o imprimir campos seleccionados de la hoja de datos si se ocultan los campos no deseados por medio de la opción Hide Columns (Ocultar Columnas) del menú Format (Formato). Las columnas vuelven a mostrarse si usa la opción Unhide Columns (Mostrar columnas ocultas). Como se mencionó anteriormente, esto puede utilizarse como medida de seguridad.

El gerente de Bit-Byte Computer Stores le ha pedido agregar dos campos más a su tabla STORES. Los campos para registrar la información de ventas y horas extraordinarias se incluirán en presentación de hoja de datos, se ocultarán columnas y se imprimirán la hoja de datos y el formulario.

INSTRUCCIONES PARA EL EJERCICIO

1. Abra la base de datos ⌨**COMPANY,** o abra 💾**08COMPAN**.

2. Seleccione y abra la tabla STORES.

3. Inserte dos columnas en blanco antes de la columna del campo de STAFF.

4. Haga doble clic en el encabezado de cada columna nueva, Field1 (Campo1) y Field2 (Campo2), y reemplace con los nombres nuevos:

   Field1 – cambiar a SALES
   Field2 – cambiar a EVE (Horas de noche)

5. Pase a presentación de diseño y observe los campos nuevos y las configuraciones preestablecidas del tipo de datos.

6. Edite la configuración del tipo de datos de acuerdo a la siguiente información:

   • SALES   (Data type - number; field size- long integer; Format- standard; Decimal places- 0)
   • EVE (Data type- Yes/No)

7. Guarde el diseño nuevo.

8. Cambie a presentación de hoja de datos.

9. Elimine el campo de STORE NUMBER.

10. De la lista que se proporciona a continuación, escriba la información para cada sucursal. Llene el dato de EVE en formato de casilla de verificación.

BRANCH	SALES	EVE
Astro Center	541,000	☐
Bean Town	682,450	☑
Big Apple	789,300	☑
Lakeview	755,420	☐
Oceanview	433,443	☑
Pacific	685,400	☐
Peach Tree	457,800	☑
Sunset	876,988	☐
Twin Cities	235,420	☑
Wheatland	352,415	☑

11. Ajuste el ancho de las columnas para dar cabida a la entrada más larga.

12. Vea la hoja de datos en el modo de Presentación preliminar.

13. Oculte el campo de SALES.

14. Vea la hoja de datos en el modo de Presentación preliminar.

15. Imprima esta apariencia de la hoja de datos.

16. Vuelva a mostrar el campo de SALES.

17. Guarde la hoja de datos.

18. Use AutoForm (Autoformulario) para crear una presentación de formulario relacionado con esta hoja de datos; llámela STFORM.

19. Desplácese por STFORM para localizar el formulario de Lakeview.

20. Imprima el registro seleccionado.

21. Cierre la base de datos **COMPANY**.

COMBINACIONES DE TECLAS

🌐 PRESENTACIÓN PRELIMINAR
FORMULARIO/TABLA

1. Haga clic en el botón

   Print Preview..................................[🔍]

   O

   a. Haga clic en **File** ....[Alt]+[F]

   b. Haga clic en **Print Preview**..........[V]

IMPRIMIR DATOS DE UN FORMULARIO

1. Vea el formulario a imprimir.

   O

   Seleccione el formulario en la ventana de base de datos.

2. Haga clic en **File** ....[Alt]+[F]

3. Haga clic en **Print**.............................[P]

4. Haga clic en una opción para seleccionar el rango de impresión:

   All..[Alt]+[A]

   Pages ....[Alt]+[G]

   Selected Record(s) ....[Alt]+[E]

5. Seleccione **Properties**............[Alt]+[P]
   si lo desea.

Seleccione la ficha de opción deseada: papel, gráficos, fuentes, impresoras y elija la opción deseada.

6. Haga clic en **OK**...........................[Enter]

7. Escriba número........[Alt]+[C], *número* en el cuadro de texto **Number of Copies**, si lo desea.

8. Haga clic en **OK**...........................[Enter]

IMPRIMIR DATOS DESDE LA HOJA DE DATOS DE LA TABLA

1. Haga clic en **File** ....[Alt]+[F]

2. Haga clic en **Print**.............................[P]

3. Haga clic en **OK**...........................[Enter]

INSERTAR COLUMNA (CAMPO) EN LA HOJA DE DATOS

1. Coloque el cursor en la columna a la derecha del punto de inserción.

2. Haga clic en **Insert** ....[Alt]+[I]

3. Haga clic en **Column**.......................[C]

BORRAR COLUMNA (CAMPO) EN LA HOJA DE DATOS

1. Haga clic en la columna que desee eliminar.

2. Oprima **Delete** ....[Del]

OCULTAR UNA COLUMNA

En presentación de hoja de datos:

1. Haga clic en la columna que desee ocultar.

2. Haga clic en **Format**...............[Alt]+[O]

3. Haga clic en **Hide Columns**.............[H]

MOSTRAR UNA COLUMNA OCULTA

1. Haga clic en **Format**...............[Alt]+[O]

2. Haga clic en **Unhide Columns**.........[U]

3. Marque la columna que desee mostrar de nuevo.

4. Haga clic en **Close** ....[Alt]+[C]

Ejercicio 9	■ Preparar página para imprimir ■ Barra de herramientas de la presentación de formulario ■ Imprimir con encabezados y pies de página

NOTAS

Preparar página para imprimir.

■ Es posible seleccionar varias opciones para controlar la apariencia de las hojas impresas antes de imprimir una hoja de datos o formulario, si elige el comando Page Setup (Preparar página). El cuadro de diálogo Preparar página contiene fichas para página y márgenes cuando se accede a él desde la presentación de hoja de datos, y fichas para página, márgenes y diseño cuando se obtiene acceso a través de la presentación de formulario.

■ En la presentación de hoja de datos, puede especificar las siguientes configuraciones de ajuste de página:

FICHA PAGE (PÁGINA)

- Orientación del papel: Portrait (Vertical) (valor preestablecido) o Landscape (Horizontal) (para imprimir a lo ancho).
- Tamaño del papel (carta [valor preestablecido], oficio, sobre, definido por el usuario).
- Impresora.

FICHA MARGINS (MÁRGENES)

- Márgenes.
- Imprimir encabezados (casilla de verificación).

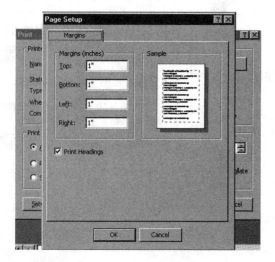

■ En Form view (la presentación de formulario), existen opciones de impresión adicionales a las que puede accederse seleccionando las columnas en el del cuadro de diálogo Preparar página. Es posible establecer el número de elementos a imprimir a lo ancho de la página, el espaciado entre filas y columnas, el ancho y la altura de los elementos, así como el diseño de los elementos en la página.

■ La opción Print Preview (Presentación preliminar) permite verificar el aspecto de las páginas antes de imprimir. Observe las ilustraciones de las pantallas de Presentación preliminar para impresiones de una y dos columnas:

Presentación preliminar con un elemento a lo ancho

MEMBERS	
NUMBER	1
LAST	Barnes
FIRST	Leanne
ADDRESS	808 Summer Street
CITY	Anaheim
ZIP	92803
PHONE	(213)555-4987
PROF	Student

Presentación preliminar con dos elementos a lo ancho

MEMBERS			MEMBERS	
NUMBER	1		NUMBER	2
LAST	Barnes		LAST	Brown
FIRST	Leanne		FIRST	Miles
ADDRESS	808 Summer Street		ADDRESS	154 Newburg Road
CITY	Anaheim		CITY	Anaheim
ZIP	92803		ZIP	92803
PHONE	(213)555-4987		PHONE	(213)555-4837
PROF	Student		PROF	Accountant

Barra de herramientas de la presentación de formulario

■ Como se mencionó en el Ejercicio 5, la barra de herramientas que aparece en la presentación de diseño de formulario se utiliza para modificar los elementos de la vista de formulario. Use la opción Tooltips (Pistas) para conocer la función de cada botón. El botón Label (Etiqueta) *Aa* sirve para crear texto de datos nuevos, o de encabezados y pies.

Para crear una etiqueta:

- Haga clic en el botón *Aa*.
- Haga clic en la posición deseada.
- Arrastre el cuadro de la etiqueta para ajustarlo al tamaño deseado.
- Inserte el texto y ajuste el tamaño del cuadro, en caso necesario.

Presentación de diseño de formulario

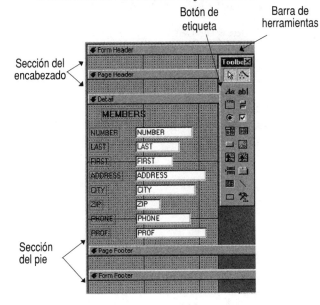

Botón de etiqueta · Barra de herramientas · Sección del encabezado · Sección del pie

Imprimir con encabezados (Headers) y/o pies (Footers)

■ No es posible personalizar los encabezados y pies de página de una impresión de hojas de datos; sin embargo, en presentación de hoja de datos, al seleccionar la casilla de verificación Print Headings (Imprimir encabezados) en la ficha Márgenes del cuadro de diálogo Preparar página, se incluirá un encabezado preestablecido en la impresión. El encabezado contendrá el nombre de la tabla y la fecha de la impresión. En la presentación de informe es posible agregar encabezados y pies de página personalizados, pero esto se explicará en la Lección 5.

■ En la presentación de diseño de formulario, una sección superior llamada Form Header (Encabezado de formulario) y una inferior llamada Form Footer (Pie de formulario) aparecen cuando se activa (✔) Form Header/Footer (Encabezado/pie de formulario) en el menú View (Ver). Una vez que la sección aparece, el texto del encabezado o del pie del formulario se agregará con el botón de etiqueta de la barra de herramientas de diseño de formulario. Haga doble clic en el control de etiqueta del encabezado o pie e inserte el texto. Estas entradas aparecerán en todos los formularios. Observe la ilustración anterior de un diseño de formulario con un pie y la preparación de una entrada de encabezado.

■ Si desea que el encabezado de la impresión sea diferente del encabezado en cada formulario, puede establecer un encabezado o un pie de página activando el comando Page Header/Footer (Encabezado/pie de página) del menú Ver e insertar la información deseada en las áreas específicas para Página. Las áreas de encabezado y pie de página aparecen en el diseño de formulario y se completan de la misma manera que los pies y encabezados de formulario.

A fin de usar la lista de los integrantes de HUG para el envío de correspondencia, hace falta incluir la zona postal de cada socio. Puesto que algunos materiales sólo se envían a un grupo particular de profesionales, sería práctico incluir un campo que identifique las profesiones de las personas. Esto permitirá enviar información a un grupo en especial y no a todos los que están en la lista. En este ejercicio, agregará dos campos nuevos (ZIP y PROF) e imprimirá registros seleccionados.

INSTRUCCIONES PARA EL EJERCICIO

1. Abra la base de datos ⌨HUGCLUB, o abra 💾09HUGCLB.

2. Abra la tabla MEMBERS en presentación de diseño de tabla.

3. Agregue dos campos nuevos (ZIP y PROF) en las ubicaciones indicadas en la página siguiente; establezca el tamaño apropiado de campo. Los dos son campos de texto.

4. Guarde el diseño.

5. Agregue los datos indicados para estos campos nuevos.

6. Cambie el tamaño de fuente de la tabla a 12 puntos.

7. Ajuste el ancho de las columnas, si es necesario.

8. Guarde la hoja de datos MEMBERS.

9. Use Page Setup (Preparar página) para cambiar la orientación a horizontal y los márgenes a .5".

10. Vea su trabajo en el modo de presentación preliminar.

11. Imprima la hoja de datos. Cree un formulario para la hoja de datos actualizada; llámelo MEMFORM.

12. Cambie a presentación de diseño de formulario.

13. Si la sección de pie de formulario no aparece, use la opción Ver, Encabezado/pie de formulario. Inserte MEMBERS como pie del formulario (cree una etiqueta), por medio del botón de etiqueta de Toolbox.

14. Seleccione Page Header/Footer (Encabezado/pie de página) del menú View (Ver).

15. En la nueva sección de encabezado de página que aparece, inserte el texto CALIFORNIA MEMBERS, con el botón de etiqueta. Guarde el diseño.

16. Cambie a presentación de formulario.

17. Configure para impresión de dos columnas.

18. Vea su trabajo en el modo de Print Preview (Presentación preliminar).

19. Imprima los registros.

20. Cierre y guarde MEMFORM.

21. Cierre la base de datos.

	LAST (APELLIDO)	FIRST (NOMBRE)	ADDRESS (DIRECCIÓN)	CITY (CIUDAD)	ZIP. (Z.P.)	PHONE (TELÉFONO)	PROF (PROF)
1	Barnes	Leanne	808 Summer Street	Anaheim	92803	(213)555-4987	Estudiante
2	Brown	Miles	154 Newburg Road	Anaheim	92803	(213)555-4837	Contador
3	Griffith	Stuart	1551 Dean Street	Beverly Hills	90210	(213)555-3010	Abogado
4	Moon	Michael	17 Pine Street	Beverly Hills	90210	(213)555-9275	Maestro
5	Smith	Trina	3954 Wood Avenue	Anaheim	92803	(213)555-7283	Estudiante
6	Smith	Sheila	417 Specific Court	Anaheim	92803	(213)555-7284	Quiropráctico
7	Walker	Bette	1584 F. Street	North Hollywood	91615	(213)555-9174	Abogado
8	Castillo	Carl	1965 Park Avenue	North Hollywood	91615	(213)555-5192	Banquero
9	Davis	John	P.O. Box 2333	North Hollywood	91615	(213)555-8129	Estudiante
10	Dixon	Amy	237 Albee Street	North Hollywood	91615	(213)555-8917	Ortopedista

COMBINACIONES DE TECLAS

AGREGAR UN ENCABEZADO AL FORMULARIO

1. Vea la presentación de diseño de formulario.

2. Haga clic en **View** .... Alt + V

3. Haga clic en la opción deseada para seleccionar:

   Pag**e Header/Footer** .... A

   Form Header/Footer .... H

BORRAR ENCABEZADO

1. Vea la presentación de diseño de formulario.

2. Haga clic en **View** .... Alt + V

3. Haga clic en la opción deseada para eliminar:

   Pag**e Header/Footer** .... A

   Form Header/Footer .... H

CREAR ETIQUETA

1. Vea la presentación de diseño de formulario.

2. Haga clic en el icono de etiqueta [A].

3. Haga clic y arrastre el cuadro de etiqueta hasta el tamaño y la ubicación deseados.

4. Inserte el texto.

5. Ajuste el tamaño según sea necesario.

PREPARAR PÁGINA PARA ORIENTACIÓN HORIZONTAL

1. Haga clic en **File** .... Alt + F

2. Haga clic en **Page Setup** .... U

3. Seleccione la orientación en la ficha **Page**:

   Portr**ait** .... Alt + R

   O

   Landscape .... Alt + L

4. Haga clic en **OK** .... Enter

PREPARAR PÁGINA PARA MÁRGENES

1. Haga clic en **File** .... Alt + F

2. Haga clic en **Page Setup** .... U

3. En la ficha **Margins** escriba la medida de los márgenes:

   Top (Superior) .... Alt + T

   Bottom (Inferior) .... Alt + B

   Lef**t (Izquierdo)** .... Alt + F

   Right (Derecho) .... Alt + G

4. Haga clic en **OK** .... Enter

PREPARAR PÁGINA PARA FORMULARIOS

1. Haga clic en **File** .... Alt + F

2. Haga clic en **Page Setup** .... U

3. En la ficha **Columns**, escriba la configuración para:

   CONFIGURACIÓN DE LA CUADRÍCULA

   Number of **C**olumns .... Alt + C

   Row Spacing .... Alt + W

   TAMAÑO DE LAS COLUMNAS

   Width .... Alt + I

   Heig**ht** .... Alt + E

   DISEÑO DE LAS COLUMNAS

   Down, then Across .... Alt + O

   Across, then **Down** .... Alt + N

4. Haga clic en **OK** .... Enter

Ejercicio

10

■ **Editar un registro** ■ **Agregar y borrar un registro**
■ **Eliminar líneas de división** ■ **Fondos de formularios**

NOTAS

Editar un registro

■ Para cambiar datos que ya se insertaron en un campo, resalte la información existente y escriba la nueva. Esto puede hacerse tanto en la presentación de hoja de datos como en la de formulario. También es posible colocar el cursor en la posición en la que se insertarán los datos y realizar los cambios necesarios.

■ Para borrar el contenido de un campo, seleccione la información y, a continuación, oprima la tecla Delete (Suprimir), o seleccione Delete (Borrar) en el menú Edit (Edición).

Agregar un registro

■ Es posible agregar registros tanto desde la presentación de hoja de datos como desde la de formulario, pero sólo al final de los registros existentes. Existe la opción de ordenar los registros, que se tratará en el Lección 3.

Borrar un registro

■ Los registros se borran desde la presentación de hoja de datos y desde la de formulario por medio de la opción Select Record (Seleccionar Registro) del menú Edit (Edición) y la tecla Delete (Suprimir). Access volverá a numerar los registros cuando se agregue un registro nuevo o se borre uno existente.

Eliminar líneas de división

■ Si desea imprimir una hoja de datos sin líneas de división, elimínelas seleccionado la condición Off (Desactivar) en la casilla de verificación Gridlines Shown (Mostrar líneas de división) del cuadro de diálogo Format, Cells Effects (Formato, Efectos de celdas). Deben seleccionarse tanto las líneas horizontales como las verticales para eliminarlas.

Cuadro de diálogo Efectos de celdas

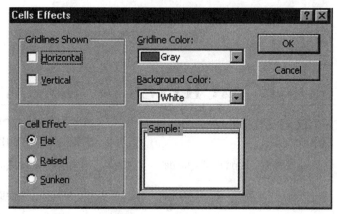

Fondos de formularios

■ Es posible agregar un logotipo u otro fondo gráfico a un formulario para dar realce a su diseño. Existe la opción de agregar al formulario una imagen creada con Microsoft Paint, una hoja de trabajo de Excel, o un documento de Word. El CD-ROM de Microsoft Office 97 contiene una carpeta CLIPART (Biblioteca de gráficos) que contiene imágenes, fotografías y fondos.

■ Para agregar un fondo a un formulario, use la presentación de diseño de formulario. Abra la hoja de Propiedades haciendo clic en View, Properties (Ver, Propiedades), o con doble clic en el selector del formulario. (Observe la ilustración del selector de formulario.)

Selector de formulario

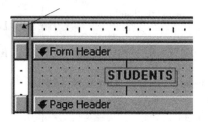

- En la hoja de propiedades, que se ilustra a la derecha, haga clic en el campo Picture (Imagen) y, a continuación, haga doble clic en botón Build (Crear) para localizar el archivo de la imagen deseada. Observe que cuando se selecciona un archivo de imagen de fondo aparece como fondo del formulario.

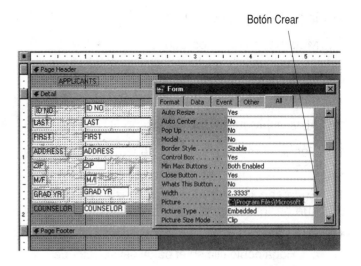

Botón Crear

Se han descartado algunas solicitudes de inscripción de varios estudiantes a la National Honor Society (NHS), en tanto que algunos estudiantes nuevos han presentado solicitud de admisión. También descubrió algunos errores en los registros. Será necesario editar las hojas de datos para reflejar estos cambios. Acaban de recibirse varias solicitudes para el Academy of Finance Program (AFP). Necesitará agregarlas a su hoja de datos.

INSTRUCCIONES PARA EL EJERCICIO

1. Abra la base de datos ⌨**CLUBS,** o abra 🖫**10CLUBS**.

2. Abra la tabla STUDENTS.

3. Los estudiantes de la lista de abajo presentaron su solicitud de admisión al Academy of Finance Program (AFP). Agregue sus registros a la base de datos y seleccione AFP en el cuadro de lista del campo Clubs.

ID NO	LAST	FIRST	ADDRESS	ZIP	M/F	GRAD YR	COUNSELOR
6661	DeLorenzo	Kristen	871 River Road	11554	F	1997	Litt
9976	Chasin	Matthew	99 Bridle Lane	11554	M	1996	Lifton
1212	Wilkinson	Chad	2 Token Court	11554	M	1996	Lifton
5555	Rivers	Ebony	33 Pine St.	11554	F	1997	Litt
8888	Juliana	Jennifer	78 Token Court	11554	F	1997	Litt

4. Se ha descartado la solicitud de inscripción de Ron Russo a la NHS; borre su registro.

5. Los estudiantes de la lista que sigue presentaron solicitud de admisión a la NHS; agregue sus registros a la hoja de datos y seleccione NHS en el cuadro de lista del campo Clubs.

ID NO	LAST	FIRST	ADDRESS	ZIP	M/F	GRAD YR	COUNSELOR
5536	Chou	Wendy	9005 Hylan Blvd.	11554	F	1997	Cohen
2234	Smith	Rick	9012 Hylan Blvd.	11554	M	1997	Cohen

6. Ajuste el ancho de las columnas para dar cabida a la entrada más grande.

7. Guarde la hoja de datos.

8. Oculte las columnas de ADDRESS y ZIP.

9. Use el cuadro de diálogo Format, Cells (Formato, Celdas) para eliminar las líneas de división.

10. Vea su página en el modo de Print Preview (Presentación preliminar).

11. Imprima la hoja de datos.

12. Muestre los campos ocultos.

13. Vuelva a seleccionar las líneas de división.

14. Guarde y cierre la hoja de datos.

15. Abra la presentación de diseño STFORM.

16. Desde el menú Ver, active encabezado/pie de página.

17. En la sección de nuevo encabezado de página que aparece, escriba el título APPLICANTS.

18. Agregue un fondo al formulario.
    a. Haga doble clic en el botón del selector de formulario para mostrar la hoja de propiedades.
    b. Haga doble clic en el botón Crear del cuadro de propiedades de imagen.

c. Localice el fondo de ladrillos seleccionando lo siguiente del CD-ROM de Office 97: CLIPART\PHOTOS\BACKGRND\BLOCKS

d. Cierre la hoja de propiedades.

19. Guarde el diseño.

20. Cambie a la presentación de formulario.

21. Use Preparar página para configurar la impresión a dos columnas.

    ✓ Si los formularios son muy anchos, modifique el tamaño moviendo los campos hasta que sea adecuado.

22. Vea Print Preview (la Presentación preliminar).

23. Imprima los registros.

24. Cierre el archivo de base de datos **CLUBS.**

COMBINACIONES DE TECLAS

EDITAR DATOS

Reemplazar datos en un campo:

✓ Access guarda de manera automática los cambios en los campos cuando usted avanza al siguiente registro. Un icono de lápiz aparece a la izquierda del registro en la presentación de hoja de datos y en la parte superior izquierda en la de la ventana de presentación de formulario para indicar que todavía no se guardan los cambios.

1. Coloque el punto de inserción .... | en el campo que desee cambiar.

   O

   Presione la tecla de flecha abajo
   Down-Arrow .... ↓

   O

   Haga clic y arrastre para seleccionar el contenido del campo.

2. Escriba el nuevo valor deseado ..... *valor*

BORRAR UN REGISTRO

En presentación de formulario:

1. Vaya al registro que desee borrar.

2. Haga clic en **Edit** .... Alt + E

3. Haga clic en **Select record** L

4. Presione **Delete** .... Del

   O

   a. Haga clic en **Edit** .... Alt + E

   b. Haga clic en **Delete Record** .... D

5. Haga clic en **OK** .... Enter

BORRAR UN REGISTRO

En presentación de hoja de datos:

1. Haga clic en el borde izquierdo del registro a borrar.

2. Haga clic en **Edit** .... Alt + E

3. Haga clic en **Delete Record** .... R

4. Haga clic en **OK** .... Enter

ELIMINAR LÍNEAS DE DIVISIÓN

En presentación de hoja de datos:

1. Haga clic en **Format** .... Alt + O

2. Haga clic en **Cells** .... E

3. Cancele la selección de Mostrar líneas de división para

   Horizontal .... Alt + H

   Vertical .... Alt + V

4. Haga clic en **OK** .... Enter

FONDOS DE FORMULARIOS

En presentación de diseño de formulario:

1. Haga clic en **View** .... Alt + V

2. Haga clic en **Properties** .... P

3. Seleccione la ficha Format .... Ctrl + Tab

4. Desplácese hacia abajo al campo Picture.

5. Haga clic en el botón Build cuando el campo de imagen esté seleccionado.

6. Siga los pasos indicados por el asistente para insertar la imagen del fondo.

Ejercicio 11

- ■ **Ventana entre objetos** ■ **Autoformato de formulario**
- ■ **Valores del campo de búsqueda de otra tabla**

NOTAS

Ventana entre objetos

- El menú View (Ver) permite pasar de la presentación de formulario a la de diseño de formulario, o de la presentación de tabla a la de diseño de tabla. Sin embargo, cuando trabaja con varios objetos al mismo tiempo (como un formulario y una tabla) y todos están abiertos, puede cambiar con facilidad de uno a otro seleccionando el menú Window (Ventana) y el objeto de base de datos deseado de la lista de los que están abiertos. Observe la ilustración del menú Ventana con una lista de varios objetos de base de datos abiertos. La selección "clubs: Database" lo llevará a la ventana de objetos de base de datos. Las tablas se listan y etiquetan, y los formularios aparecen en una lista por su título. Por ejemplo, "STUDENTS" en la ilustración de abajo es el formulario.

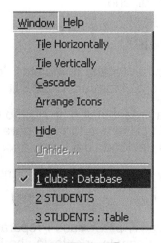

Autoformato de formulario

- Puesto que muchas empresas usan la presentación de formulario para ingresar datos, sería conveniente dar formato a la pantalla con un fondo interesante. Access ofrece una función de autoformato en la presentación de diseño de formulario, que le permite designar fondos de color

o con dibujos. Los comandos Format, AutoFormat (Formato, Autoformato) abrirán el cuadro de diálogo Autoformato con la configuración Estándar. La configuración en el cuadro de autoformato que se muestra a continuación corresponde al de Nubes.

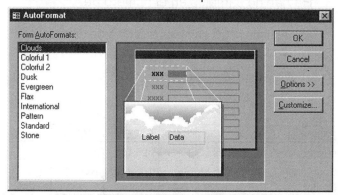

- La selección de Options (Opciones) del cuadro le permite eliminar las configuraciones de color, fuente o bordes, a su gusto.

- Las configuraciones de Customize (Personalizar) le permiten crear su propio formato y usarlo como autoformato. La configuración preestablecida en este cuadro de diálogo aplica el nuevo formato a sus datos.

Valores del campo de búsqueda de otra tabla

- En el Ejercicio 7 usamos el asistente de búsquedas para crear una lista de valores para un campo. También es posible usar el campo de búsquedas para seleccionar valores de otra tabla. Si emplea una clave principal de texto que se insertará en tablas relacionadas, corre el riesgo de escribir mal los datos de texto y, de este modo, echar a perder el vínculo. En lugar de escribir campos de texto que actúen como vínculos, como BRANCH, en las tablas relacionadas, use el asistente de búsquedas para localizar el texto exacto en la tabla de origen con la clave principal.

Bit-Byte abrió varias sucursales nuevas. En algunas de ellas se han realizado cambios de personal. Por lo tanto, la hoja de datos STORES necesita actualizarse. Los campos de sucursal en las tablas de hardware y software se cambiarán a campos de búsqueda para que la entrada BRANCH sea más precisa.

INSTRUCCIONES PARA EL EJERCICIO

1. Abra la base de datos 🖰**COMPANY,** o abra 💾**11COMPAN**.

2. Abra la tabla STORES.

3. Agregue las siguientes sucursales nuevas a la hoja de datos.

4. Ajuste el ancho de las columnas para dar cabida a la entrada más grande.

5. Ha habido cambios en el número de empleados en las siguientes sucursales.
   - Aplique estos cambios a la hoja de datos:

Big Apple	20
Wheatland	11
Sunset	13
Astro Center	12
Peach Tree	16

BRANCH	CITY	ST	SALES	EVE	STAFF
Liberty	Philadelphia	PA	423,150	Yes	19
Seal City Center	Anchorage	AK	185,420	NO	6
Central States	San Diego	CA	144,524	NO	14
Federal Plaza	Washington	DC	245,860	NO	11
Desert View Mall	Phoenix	AZ	189,252	Yes	8
Rocky Mountain	Denver	CO	102,563	Yes	9
Southland	Mobile	AL	104,566	NO	7
River View Plaza	Atlanta	GA	215,400	NO	6
Dixieland	Atlanta	GA	352,622	Yes	14
Iron City Plaza	Cleveland	OH	543,233	NO	13

6. La sucursal de Twin Cities cerró; borre su registro.

7. Elimine las líneas de división de la hoja de datos.

   ✓ Use el comando Format, Cells y cancele la opción Show Gridlines, tanto horizontales como verticales.

8. Use el menú Window para cambiar a la ventana de objetos de base de datos y abrir la tabla HARDWARE en presentación de diseño.

9. Para cambiar el campo BRANCH por medio del asistente de búsquedas:
   - Seleccione el cuadro de tipo de datos BRANCH y seleccione el asistente de búsquedas.
   - Seleccione "I want the lookup column to lookup values in a table or query" ("Quiero que la columna de búsqueda busque valores en una tabla o en una consulta."
   - Haga clic en Siguiente. Seleccione STORES como la tabla a la que se proporcionarán los valores.
   - Haga clic en Siguiente.
   - Haga clic en el botón de la fecha para Seleccionar BRANCH como el campo que contiene los valores.
   - Haga clic en Siguiente.
   - Ajuste el ancho de las columnas, en caso necesario.
   - Haga clic en Finish (Terminado).

10. Guarde el diseño.

11. Repita los pasos 9 y 10 para la tabla SOFTWARE.

12. Cambie a la ventana de objetos de base de datos y abra el formulario SOFTFORM.

13. Pase a la presentación de diseño de formulario. Use autoformato para configurar el diseño del fondo del formulario.

14. Guarde y cierre el diseño de formulario.

15. Cierre el formulario SOFTFORM.

16. En la tabla STORES, use Preparar página para establecer la orientación horizontal del papel.

17. Imprima la hoja de datos.

18. Restablezca las líneas de división de la hoja de datos a la configuración preestablecida.

19. Guarde y cierre la hoja de datos.

COMBINACIONES DE TECLAS

AUTOFORMATO DE FORMULARIO

En presentación de diseño de formulario:

1. Haga clic en **Format**.............. `Alt`+`O`

2. Haga clic en **AutoFormat** .... `F`

3. Seleccione el formato deseado . `↓` `↑`

Para seleccionar opciones:

1. Haga clic en **Options**.............. `Alt`+`O`

2. Cancele la selección de las
características que guste .. `Tab`,`Space`

Para personalizar formato:

1. Haga clic en **Customize**.......... `Alt`+`C`

2. Seleccione las opciones deseadas . `Tab`

Ejercicio

12

■ **Resumen**

Parte I

> *Con anterioridad, los registros de inventario del equipo de computación de la compañía se llevaban en "tarjetas de inventarios". En un ejercicio anterior, usted creó HARDWARE, un diseño de hoja de datos para inventarios. En este ejercicio, vaciará la información de esas tarjetas a la base de datos.*

INSTRUCCIONES PARA EL EJERCICIO

1. Abra la base de datos ▨**COMPANY,** o abra 🖫**12COMPAN.**

2. Abra HARDWARE en presentación de diseño de tabla.

3. Agregue dos campos de texto al final del diseño existente:

   ASSIGNED TO (Asignado a) (Field size - 15); SERIAL # (Serie #) (Field size - 7).

4. Guarde el diseño nuevo.

5. Cambie a la presentación de hoja de datos.

6. La lista de abajo representa la información de las tarjetas de inventario. Escriba los datos de los campos con mayúsculas y minúsculas, salvo donde se usen iniciales que representen un nombre (NEC, IBM, etc.). Cambie la configuración preestablecida de WARRANTY, donde sea necesario. Las entradas del campo BRANCH ahora son valores de búsqueda.

7. Ajuste el ancho de las columnas.

8. Imprima la hoja de datos.

9. Guarde la hoja de datos; no la cierre.

10. Cree una presentación de formulario de esta hoja de datos.

11. Guarde la presentación de formulario; llámela **HARDFORM**.

12. Use Preparar página del menú File (Archivo) para hacer los siguientes cambios: orientación horizontal; todos los márgenes de impresión a .5"; configure para imprimir 3 elementos a lo ancho. Ajuste el aspecto del formulario si hace falta.

13. Imprima los registros del formulario.

14. Guarde y cierre la presentación de formulario.

BRANCH	ITEM	MFG	MODEL	COST	PURDATE	WARRANTY	ASSIGNED TO	SERIAL#
Big Apple	Computadora	IBM	PS2	1248.50	6/1/95	Yes	Contabilidad	651198
Big Apple	Impresora	IBM	ExecJet II	335.00	6/1/95	Yes	Contabilidad	55211
Sunset	Computadora	IBM	Thinkpad 350C	2199.00	6/1/95	Yes	Contabilidad	AB2059
Pacific	Computadora	IBM	Thinkpad 500	1399.00	6/1/95	Yes	Contabilidad	671150
Pacific	Disco duro	Quantum	LPS40 170MB	199.00	6/1/95	Yes	Contabilidad	54219
Sunset	Disco duro	Conner	CFS4 210MB	200.00	6/1/95	No	Compras	12345
Pacific	Impresora	HP	Laserjet	1479.00	7/1/95	No	Contabilidad	88842
Bean Town	Computadora	Canon	Notebook 486	1889.00	1/1/96	Yes	Embarques	1445A

Parte II

Su compañía adquirió equipo nuevo. Hay que agregar esas compras al inventario. Cuando verifique la hoja de datos encontrará algunos errores que deben corregirse.

INSTRUCCIONES PARA EL EJERCICIO

1. Abra la tabla **HARDWARE**.

2. Agregue a la tabla los datos que se proporcionan a continuación. Las entradas del campo BRANCH ahora son valores de búsqueda.

3. Ajuste el ancho de las columnas de ser necesario.

4. El costo correcto de la IBM PS2, comprada el 6/1/95, fue $1.348,50; haga la corrección.

5. El disco duro Quantum no tiene garantía; aplique la corrección.

6. La impresora HP Laserjet, adquirida el 7/1/95, ya no se usa; borre el registro de la hoja de datos.

7. Cambie la fuente de la hoja de datos a Times New Roman de 12 puntos.

8. Cambie la altura de las filas de la hoja de datos a 14.

9. Vea la hoja de datos en el modo de Presentación preliminar. (La vista previa tendrá dos paginas.)

10. Cambie la orientación del papel a horizontal.

11. Vea esta configuración en el modo de Presentación preliminar.

12. Regrese a la hoja de datos; ajuste el ancho de las columnas como guste.

13. Imprima una copia de la hoja de datos.

14. Restablezca la fuente a la configuración preestablecida (MS Sans Serif, 10 puntos).

15. Restablezca la altura de las filas a la configuración de Alto estándar.

16. Guarde y cierre la base de datos.

BRANCH	ITEM	MFG	MODEL	COST	PURDATE	WARRANTY	ASSIGNED TO	SERIAL
Wheatland	Impresora	NEC	FGE/3V	539.00	8/1/95	No	Compras	87098
Lakeview	Impresora	NEC	FGE/3V	589.00	12/1/95	No	Embarques	11112
Bean Town	Módem	Intel	PMCIA	115.00	9/1/95	No	Contabilidad	098A
Bean Town	Impresora	Okidata	ML320	295.00	8/1/95	Yes	Embarques	98983
Sunset	Impresora	HP	Deskjet	429.00	11/1/95	Yes	Contabilidad	99911
Pacific	Impresora	HP	Deskjet	429.00	11/1/95	Yes	Compras	22230
Wheatland	Computadora	Canon	Notebook	2436.00	8/1/95	Yes	Compras	98763
Lakeview	Computadora	Canon	Notebook	2436.00	8/1/95	Yes	Embarques	76666

■ **Buscar registros** ■ **Buscar registros y reemplazar datos**
■ **Búsqueda con carácteres comodines**

NOTAS

Buscar registros

■ El menú Edit (Edición) contiene opciones que lo guiarán en la localización y reemplazo de información. Estas opciones están disponibles tanto en la presentación de hoja de datos como en la de formulario.

■ Quizá desee buscar un registro específico para editarlo o consultarlo. Es posible localizar los registros buscando en toda la base de datos o seleccionando un campo específico para la búsqueda. Buscar datos en un campo específico agilizará el proceso de localización. Después de abrir la presentación de hoja de datos o la de formulario que contenga los registros que desee buscar, seleccione Find (Buscar) en el menú Edit (Edición) y aparecerá el cuadro de diálogo Buscar:

Cuadro de diálogo Buscar

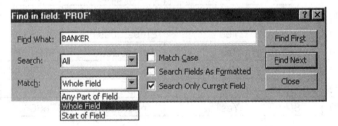

■ Después de escribir la entrada apropiada en el cuadro Find What (Buscar), determine las condiciones de la ventana Buscar:

Search (Dirección de la búsqueda) – es una lista desplegable de opciones para buscar en todo el documento, hacia arriba o hacia abajo de un registro seleccionado.

Match (Coincidir) – Coincidir en todo el campo, cualquier parte del campo o principio del campo.

Match Case (Coincidir Mayúsculas y minúsculas) – Seleccione para buscar

coincidencias exactas de entradas en mayúsculas o minúsculas o, si no se selecciona, la búsqueda no tomará en consideración tal aspecto.

Search Fields As Formatted (Buscar campos con formato) (si el formato de los datos en la presentación es diferente del formato definido) - Seleccionado o no.

Search only Current Field (Buscar sólo en el campo activo) – Buscar en un campo específico para agilizar la búsqueda.

■ Una vez establecidas todas las condiciones apropiadas, seleccione Find First (Buscar primero) para iniciar la búsqueda. Aparecerá el primer registro que contenga la información buscada con ésta resaltada. Entonces podrá ver o editar el registro detectado. Para editarlo, cierre la ventana Buscar, realice los cambios necesarios y vuelva a abrir la ventana para continuar.

■ Para buscar otro registro que contenga la misma información, seleccione Find Next (Buscar siguiente). Aparecerá el siguiente registro con la información buscada, o un mensaje de que no se encontraron más registros.

Buscar y reemplazar

■ Si sabe que todos los registros con la misma información de campo deben reemplazarse, puede utilizar la opción Find and Replace (Buscar y reemplazar). Después de seleccionar Replace en el menú Edit, aparecerá el cuadro de diálogo Reemplazar, como se ilustra a continuación.

Cuadro de diálogo Reemplazar

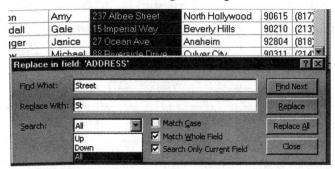

- El cuadro de diálogo Reemplazar tiene muchas de las mismas opciones del cuadro Buscar. En la ventana Reemplazar, escriba los datos adecuados en los cuadros Find What (Buscar) y Replace With (Reemplazar con). Cuando se hayan establecido las condiciones apropiadas, seleccione Find Next para localizar cada ocurrencia de la entrada de búsqueda. Usted escogerá hacer el reemplazo o buscar la siguiente ocurrencia.

O

Seleccione Replace (Reemplazar) – para reemplazar una ocurrencia de la información buscada.

O

Seleccione Replace All (Reemplazar todo) – para cambiar automáticamente todas las ocurrencias. Access NO le pedirá confirmación de los cambios.

Búsqueda con carácteres comodines

- Un comodín es un símbolo que se utiliza en un valor de búsqueda para sustituir carácteres desconocidos. Hay dos símbolos comodines que amplían el comando Edición, Buscar: el asterisco (*) y el signo de interrogación (?).

- El asterisco (*) se usa para indicar un grupo de carácteres desconocidos. Por ejemplo: si busca un nombre en particular pero sólo está seguro de las últimas tres letras, indicará el valor de la búsqueda como *sky. De esa manera se detectarán todos los registros en los que el apellido que terminen con sky.

- El signo de interrogación (?) se usa para sustituir un solo carácter desconocido. Si buscara un nombre en particular pero no estuviese seguro de algunas letras de la ortografía, la búsqueda se pediría como, por ejemplo, Br?wn o Br?w? o B??wn. De esa manera se localizarían los registros con cualquier letra que se encuentre en la misma posición del signo de interrogación.

Varios integrantes nuevos se unieron a HUG, su grupo de usuarios de computadora. Además, se le comunicó que es necesario actualizar varios registros de integrantes. Después de actualizar sus registros, será capaz de proporcionar mejor información de los integrantes.

INSTRUCCIONES PARA EL EJERCICIO

1. Abra la base de datos ⌨**HUGCLUB,** o abra 🖥**13HUGCLB**.

2. De la información que se proporciona a continuación, agregue los integrantes nuevos a su hoja de datos actual. Ajuste el ancho de las columnas, en caso necesario.

NUMBER	LAST	FIRST	ADDRESS	CITY	ZIP	PHONE	PROF
11	Kendall	Gale	15 Imperial Way	Beverly Hills	90210	(213)555-9888	Maestro
12	Dagger	Janice	27 Ocean Avenue	Anaheim	92804	(213)555-7777	Ortopedista
13	Chow	Michael	188 Riverside Drive	Culver City	90311	(213)555-7655	Contador
14	Wagner	David	879 Beverly Drive	Beverly Hills	90210	(213)555-6676	Banquero
15	Smith	Cleo	90 Rodeo Drive	Beverly Hills	90210	(213)555-2222	Estudiante
16	Anderson	Carolyn	666 Santa Ana Drive	Culver City	90312	(213)555-9988	Abogada
17	Ramaz	Nadine	9012 Wilshire Blvd.	Beverly Hills	90210	(213)555-2211	Maestra
18	Yakar	Winston	776 Prince Lane	North Hollywood	91615	(213)555-1584	Estudiante
19	Mancuso	Mary	12 Pacific Court	North Hollywood	91615	(213)555-7773	Banquera

3. Utilice los comandos Edición, Buscar, para localizar en la base de datos las respuestas a las siguientes preguntas. Tome nota de las respuestas.
   a) ¿Qué integrantes viven en Anaheim?
   b) ¿Qué integrantes viven en Beverly Hills?
   c) ¿Cuántos integrantes son abogados?
   d) ¿Cuántos integrantes son estudiantes?
   e) ¿Cuál es la profesión de Trina Smith?

4. Localice el registro de Michael Moon. Aplique los siguientes cambios:
   • Su dirección nueva es 32 Oak Street, situada en la misma ciudad y código postal.
   • Su nuevo número telefónico es (213)555-8750.

5. Localice el registro de Bette Walker. Realice los siguientes cambios en su registro:
   • Su nombre nuevo es Bette Walker-Sim.
   • Su nueva dirección es 1745 River Street, situada en North Hollywood, 91615.
   • Su nuevo número telefónico es (213)555-8520.

6. Localice el registro de una integrante llamada Sheila Smith. Sabemos que vive en Anaheim. Cambie su número de teléfono a (213)555-5672.

7. Use un comodín para buscar un integrante cuyo apellido comienza con Ram para verificar una firma. ¿Qué integrantes empiezan su firma con Ram?

8. Seleccione la columna de Address en la tabla para buscar y reemplazar todas las ocurrencias de Avenue con Ave.
   ✓ *Desactive Match Whole Field.*

9. Ajuste el ancho de las columnas, según sea necesario.

10. Guarde y cierre la hoja de datos.

11. Guarde la base de datos **HUGCLUB**.

COMBINACIONES DE TECLAS

BUSCAR Y REEMPLAZAR DATOS

1. Haga clic en el campo a verificar o, en presentación de hoja de datos, haga clic en el selector de campo o en cualquier campo en columna.

2. Haga clic en **Edit** .... Alt + E

3. Haga clic en **Replace** .... E

4. Escriba los datos a reemplazar ..... *datos* en el cuadro de texto **Find What**.

5. Escriba los datos de reemplazo..... *datos* en el cuadro de texto **Replace With**.

6. Haga clic en el cuadro de lista **Search** para seleccionar la opción deseada:

   All (Todo)

   Up (Hacia arriba)

   Down (Hacia abajo)

   - Haga clic en **Match Case** .... Alt + C para restringir la búsqueda.

   - Haga clic en **Match Whole Field** .... Alt + W para restringir la búsqueda.

   - Haga clic en **Search only Current Field** para restringir la búsqueda....................... Alt + E

Para reemplazar texto en el campo actual:

7. Haga clic en **Replace** .... Alt + R

Para reemplazar texto en los campos de ocurrencia de una sola vez:

Haga clic en **Replace All** .... Alt + A

Para ver el siguiente campo de ocurrencia:

Haga clic en **Find Next** .... Alt + F

8. Haga clic en **Close** cuando termine.

9. Haga clic en **OK** .... Enter para confirmar los cambios.

BUSCAR REGISTROS UTILIZANDO OPCIONES DE BÚSQUEDA

1. Haga clic en el campo a buscar o, en presentación de hoja de datos, haga clic en el selector de campo o en cualquier campo en columna.

2. Haga clic en botón **Find**.................. 🔍

   O

   Haga clic en **Edit**.................. Alt + E

   Haga clic en **Find**........................... F

3. Escriba el valor en el cuadro de texto **Find What**....................... *valor*

4. Seleccione **Match**.................. Alt + H para la parte deseada del campo.

   Any Part of Field (Cualquier parte del campo)

   Whole Field (Todo el campo)

   Start of Field (Principio del campo)

5. Haga clic en la opción deseada del cuadro de lista **Search**:

   All

   Up

   Down

   - Haga clic en **Match Case**..... Alt + C para restringir la búsqueda.

   - Haga clic en **Search only Current Field** para restringir la búsqueda. .... Alt + E

   - Haga clic en **Search Field as Formatted** para restringir la búsqueda. .... Alt + O

   ✓ Coincidencias de **formato** de los campos de número, fecha, moneda y sí/no, más que información propiamente dicha almacenada en la tabla.

6. Haga clic en **Find Next** .... Alt + F

   O

   Haga clic en **Find First** .... Alt + S

Ejercicio 14

■ **Ordenar registros** ■ **Ordenación rápida** ■ **Ordenación múltiple**

NOTAS

Ordenar registros (Sort records)

■ Con frecuencia, el orden en el que se insertan los registros no es adecuado para localizarlos y actualizarlos. El comando Sort (Ordenar) le permite reacomodar la información para poder verla de diferentes maneras.

■ Ordenar una serie de registros ofrece lo siguiente:

- Datos dispuestos en orden alfabético o numérico.

- Datos dispuestos para ver el número más grande o más pequeño en un campo numérico.

- Datos organizados en grupos. (Por ejemplo: Todos los clientes que viven en Washington.)

- Un método para detectar entradas duplicadas.

■ Los registros de base de datos se ordenan tanto en la presentación de hoja de datos como en la de formulario. Sin embargo, es más fácil ver los registros reordenados en la presentación de hoja de datos.

■ La ordenación se realiza tanto en sentido ascendente como descendente. El criterio de ordenación ascendente clasifica la información en forma alfabética de la A a la Z, o en orden numérico progresivo. Las fechas y las horas se ordenan de las más antiguas a las más recientes. Lo opuesto es el orden descendente.

Ordenación rápida (Quick Sort)

■ Existe una opción de ordenación rápida en el menú Records (Registros), ya sea en la presentación de hoja de datos o en la de formulario. Cuando se selecciona Records, Sort (Registros, Ordenar), se ofrece la opción de elegir el orden ascendente o descendente. La ordenación también puede ejecutarse por medio de los botones de Orden ascendente o descendente de la barra de herramientas, tanto de la presentación de hoja de datos de la tabla como de la de formulario.

Botones de ordenar

Botón Orden ascendente ⟶ [A↓Z Z↓A] ⟵ Botón Orden descendente

✓ *Nota:* *La columna(s) seleccionada(s) se ordenará(n) TEMPORALMENTE. Los registros ordenados pueden imprimirse en este momento. Esta versión será permanente sólo si guarda la tabla o el formulario.*

Ordenación múltiple

■ Es posible ordenar varias columnas de datos de una sola vez, y determinar los criterios de ordenación de cada columna en forma independiente, a fin de obtener una ordenación basada en criterios múltiples. Una hoja de datos puede ordenarse con criterios múltiples seleccionando dos o más columnas adyacentes al mismo tiempo y luego ordenándolas en progresión ascendente o descendente. Se ordena primero la columna que se encuentra más a la izquierda. En presentación de formulario sólo es posible ordenar un campo a la vez. Si desea realizar una ordenación múltiple, deberá utilizar las funciones que se explican más adelante en este texto.

■ Para deshacer la ordenación, seleccione Remove Filter/Sort (Eliminar filtro/ordenación) en el menú Records (Registros).

El gerente de su compañía solicitó la ordenación de los registros de la hoja de datos de las tiendas para que fuera más fácil hallar la información. En este ejercicio, ordenará registros usando uno o más campos.

INSTRUCCIONES PARA EL EJERCICIO

1. Abra la base de datos ⌨**COMPANY,** o abra 💾**14COMPAN**.

2. Abra la tabla HARDWARE.

3. Ordene la hoja de datos en cada una de las siguientes maneras:
   a. en orden ascendente (alfabético) por ITEM.
      - ¿Cuántas computadoras hay en inventario?
   b. en orden ascendente por ASSIGNED TO.
      - ¿Qué impresora tiene el departamento de contabilidad en la tienda de Sunset?
   c. en orden descendente por COST.
      - ¿Qué artículo de computación fue el más costoso?
   d. en orden alfabético por ITEM y por MFG. Imprima una copia de esta ordenación en orientación horizontal.

4. Abra la tabla SOFTWARE.

5. Ordene la hoja de datos en forma ascendente por TYPE y PRICE.

6. Imprima un ejemplar de esta ordenación con orientación horizontal.

7. Abra HARDFORM.

8. Ordene los formularios en cada una de las siguientes maneras:
   a. en orden ascendente (alfabético) por BRANCH.
   b. en orden descendente por PURDATE.
   c. en orden descendente por COST. Imprima los formularios.

9. Cierre todos los objetos de base de datos sin guardarlos.

10. Cierre la base de datos **COMPANY**.

COMBINACIONES DE TECLAS

USAR ORDENAR

1. Abra la hoja de datos o formulario.

2. Seleccione la(s) columna(s) a ordenar en presentación de hoja de datos, o un campo en presentación de formulario.

3. Haga clic en **Records** .... Alt + R

4. Haga clic en **Sort** .... S

5. Seleccione **Ascending** o **Descending** .... A + C

o

Haga clic en el botón **Ascending** ..... A↓Z

o en el botón **Descending** .... Z↓A

ELIMINAR ORDENACIÓN

1. Haga clic en **Records** .... Alt + R

2. Haga clic en **Remove Filter/Sort**. ..... R

Ejercicio

15

- ■ **Filtrar un subgrupo de registros**
- ■ **Ordenar un subgrupo de registros**
- ■ **Editar un subgrupo de registros** ■ **Acceso rápido a filtros**

Filtrar por selección   Filtrar por Formulario   Aplicar Filtro/orden

NOTAS

Filtrar registros (Filter Records)

■ Hay ocasiones en que la forma más eficaz de recopilar información de los registros de una hoja de datos o formulario consiste en aislar (filtrar) sólo aquellos registros que cumplen con un conjunto de condiciones específicas en un **subgrupo**.

■ El comando Records, Filter (Registros, Filtrar) brinda tres opciones para filtrar un grupo de registros:

- Filter by Form (Filtrar por formulario)
- Filter by Selection (Filtrar por selección)
- Advanced Filter/Sort (Filtro/Orden avanzado)

Las opciones de filtrar por formulario y por selección también son accesibles mediante el uso de los botones correspondientes de la barra de herramientas Estándar. Observe los señalamientos en la ilustración de la barra de herramientas que se muestra arriba.

■ Filtrar por selección y por formulario son dos maneras sencillas de filtrar registros en un formulario o una hoja de datos.

■ Filtrar por selección se emplea cuando desee seleccionar un elemento o parte de éste en un campo y filtrar todas las ocurrencias de ese elemento. Por ejemplo, si desea seleccionar a todos los integrantes que viven en Oradell, seleccione un elemento "Oradell" del campo CITY y haga clic en Filtrar por selección. Todos los integrantes que vivan en Oradell aparecerán por separado en formato de tabla.

■ Filtrar por formulario se usa en las presentaciones de hoja de datos o de formulario cuando desee establecer filtros de información en más de un campo, o si no encuentra la opción necesaria a través del filtro por selección. Le permite insertar la información deseada en un formulario de muestra y establecer un criterio "o" con la ficha Or (O). En la ilustración del cuadro de diálogo Filtrar por formulario que se muestra a continuación, se ha introducido el criterio de buscar a los integrantes llamados Carl, en la zona postal 90311. Ambos criterios tienen que establecerse en los campos apropiados.

Cuadro de diálogo Filtrar por formulario

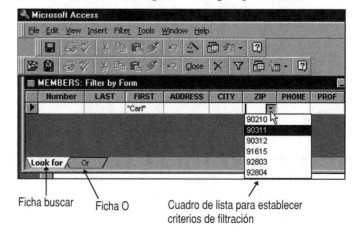

Ficha buscar   Ficha O   Cuadro de lista para establecer criterios de filtración

- Hay otra opción de Filter (Filtrar),que está disponible en le menú Records (Archivos) y el comando Filter Excluding Selection (Filtrar excluyendo selección), esta opción selecciona todo los archivos excepto esos que contienen la selección que especifica.El comando Advanced Filter/Sort (Filtro/Orden avanzado) se usa cuando hay varios filtros y criterios de ordenación. Se tratará en el Ejercicio 16.

- Cuando se guarda una tabla con un filtro, el resultado de la filtración puede usarse en un informe. *(Véase Lección 5, Informes.)*

Filtros de método abreviado

- En Access 97 es posible usar los menús de método abreviado para facilitar aun más las filtraciones. Si hace clic con el botón derecho del *mouse* en un campo de formulario u hoja de datos y, a continuación, selecciona Filter For: (Filtrar por:), podrá escribir el valor exacto que busca en ese campo. También puede emplear Filtrar por selección, como se explicó anteriormente. A la inversa, si selecciona todo o parte de un valor en un campo y luego hace clic en Filter Excluding Selection (Filtrar excluyendo selección), buscará todos los registros que no contienen el valor seleccionado.

La hoja de datos de los integrantes de Hugclub necesita revisión. Debido al crecimiento de la población, la compañía de teléfonos decidió revisar los enlaces telefónicos. Anaheim y North Hollywood tendrán ahora un código de área diferente. Usted usará un filtro para aislar a los integrantes de cada ciudad y llevar a cabo las correcciones necesarias. Luego imprimirá una lista ordenada de los integrantes.

INSTRUCCIONES PARA EL EJERCICIO

1. Abra la base de datos 📠**HUGCLUB,** o abra 💾**15HUGCLB**.

2. Abra la tabla MEMBERS.

3. Seleccione el campo PHONE y borre la propiedad de plantilla.
   ✓ *Usaremos este campo para la característica de reemplazo.*

4. Seleccione una entrada que contenga Anaheim en el campo CIUDAD.

5. Cambie a la presentation de hoja de datos.

6. Seleccione Filtrar, Filtrar por selección, del menú Registros, o use el botón de filtrar por selección de la barra de herramientas.
   ✓ *Aparecerá una lista filtrada sólo de los integrantes que residen en Anaheim.*

7. Resalte el campo TELÉFONO.

8. Seleccione Reemplazar del menú Edición.

9. Haga las siguientes entradas:
   - Find What (Buscar)   213
     Replace With (Reemplazar con)   818
   - Search All (Buscar en todo el documento)
     Replace All (Reemplazar todo)
   - Desactive Match Whole Field (Coincidir todo el campo)
   ✓ *Se harán los reemplazos (Responda "Yes" to unable to Unod).*

10. Cierre la ventana Reemplazar.

11. Seleccione Eliminar filtro/orden del menú Registros.

12. Seleccione la opción Filtrar, Filtrar por formulario, en el menú Registros.

13. Haga clic en la flecha de la casilla de lista del campo CITY y seleccione North Hollywood.

14. Seleccione Apply Filter/Sort en el menú Filter que aparece.
    ✓ *Aparecerá una lista filtrada sólo de los integrantes que residen en North Hollywood.*

15. Use el comando Replace (Reemplazar) para cambiar el código de área a 817 para North Hollywood.

16. Cierre la ventana Replace (Reemplazar).

17. Seleccione Remove Filter/Sort (Eliminar filtro/orden) en el menú de método abreviado.

18. Haga clic con el botón derecho del mouse en cualquier elemento de información del campo CITY. Seleccione Filter for Input (Filtro para Entrada). Escriba Culver City.

19. Cambie el código de área de Culver City a 214.

20. Cree una lista alfabética de integrantes que viven en Anaheim.

21. Imprima esos registros.

22. Cambie a Design view (la presentación de diseño) y restablezca la configuración de plantilla para el campo PHONE.

23. Cierre y guarde la base de datos **HUGCLUB**.

COMBINACIONES DE TECLAS

FILTRAR REGISTROS POR SELECCIÓN

✓ *Filtra y muestra los registros que coinciden con un elemento seleccionado.*

1. Vea el formulario u hoja de datos deseado.

2. Seleccione la información deseada en un campo.

3. Haga clic en el botón **Filter by Selection** 🔲

   O

   a. Haga clic en **Records**......... Alt + R

   b. Haga clic en **Filter**.............. F

   c. Haga clic en **Filter by Selection** . S

   ✓ *Aparecerán los registros que contienen la información seleccionada.*

FILTRAR REGISTROS POR FORMULARIO

✓ *Filtra y muestra los registros que cumplen con los criterios seleccionados.*

1. Vea el formulario u hoja de datos deseado.

2. Haga clic en el botón

   Filter by Form 🔲

   O

   a. Haga clic en **Records**......... Alt + R

   b. Haga clic en **Filter**..................... F

   c. Haga clic en **Filter by Form** .... F

3. Inserte los elementos necesarios en los campos apropiados.

   O

   a. Haga clic en la flecha de la casilla de lista del campo deseado.

   b. Seleccione la información deseada.

4. Haga clic en **Filter** .... Alt + R

5. Haga clic en **Apply Filter/Sort** .... Y

   ✓ *Aparecerá el resultado de la filtración.*

FILTRAR EXCLUYENDO SELECCIÓN

1. Seleccione la información del campo que desee excluir.

2. Haga clic con el botón derecho del *mouse*.

3. Seleccione **Filter Excluding Selection** X

   ✓ *Aparecerán los registros que no contengan la información seleccionada.*

FILTRAR UTILIZANDO EL *MOUSE*

1. Haga clic con el botón derecho del *mouse* en el campo de una hoja de datos o formulario.

2. Seleccione **Filter for**: .... F

3. Escriba el valor de búsqueda .... *texto*

   ✓ *Aparecerán los registros que coincidan.*

ELIMINAR UN FILTRO

1. Haga clic en **Records**............. Alt + R

2. Haga clic en **Remove Filter/Sort**...... R

Ejercicio

16

- ■ **Filtro/orden avanzado** ■ **Filtrar formularios**
- ■ **Ordenar un subgrupo de formularios**

NOTAS

Filtro/orden avanzado (Advanced Filter/Sort)

- Se usa Filtro/orden avanzado cuando existen múltiples criterios que deben definirse y ordenarse. Cuando se selecciona Advanced Filter/Sort (Filtro/orden avanzado) del menú Records, Filter (Registros, Filtrar), aparece un cuadro de diálogo como el que se muestra más adelante.

- Se seleccionan los registros para el cuadro de diálogo Filtrar/Ordenar arrastrando el o los campos necesarios a la tabla del panel inferior. Las instrucciones de ordenación se especificarán y se añadirán los criterios adicionales utilizando la información de los campos o los operadores de relación.

- Si incluye instrucciones de ordenación y ordena en más de un campo, arregle los campos en la cuadrícula en el orden en que desee que se realicen las clasificaciones. Access ordena primero el campo que se encuentra más a la izquierda y luego continúa con el siguiente. Por ejemplo, si desea ordenar primero una base de datos por LAST y luego por FIRST, hay que poner los campos en esa secuencia. Los apellidos estarán en orden alfabético y los nombres se ordenarán dentro de cada grupo de apellidos.

- Si se agregan criterios a un campo, se obtendrá un subgrupo más específico de registros. Observe la ilustración de un cuadro de diálogo de filtro avanzado que muestra las configuraciones de los campos COUNSELOR y M/F.

Cuadro de diálogo Filtro avanzado

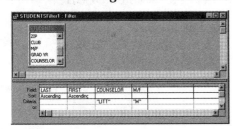

- Para eliminar un filtro/orden, cancele la selección del botón Aplicar filtro de la barra de herramientas.

- Las técnicas aplicadas para crear un subgrupo de registros son las mismas cuando se trabaja en la presentación de formulario que en la de hoja de datos.

- Un subgrupo de un subgrupo se llama **dynaset.** Por ejemplo, si los registros se filtran por estudiantes asignados a un asesor, es posible que desee después pasar otro filtro para ver sólo las estudiantes mujeres que se gradúan este año. Los dynasets se crean de un subgrupo al repetir el proceso de filtración en el subgrupo de registros.

- Es posible definir con mayor detalle los registros que desee filtrar del grupo completo. Use cualquiera de los **operadores de relación** en el área de criterios del cuadro Filtro:

Use:	Para el criterio:
=	Es igual a (el símbolo preestablecido puede omitirse)
<	Es menor que
<=	Es menor que o igual a
>	Es mayor que
>=	Es mayor que o igual a
<>	Distinto de
Like (Como)	Coincidencia de un patrón de carácteres
And (Y)	Seleccionar registros que satisfagan 2 o más condiciones
Or (O)	Seleccionar registros que satisfagan cualquiera de las condiciones de la lista
Between...And (Entre... y)	Seleccionar un valor en un rango dado
In (En)	Seleccionar un valor de una lista de ellos
Is (Es)	Determinar si un valor es nulo

Por ejemplo: para filtrar a los estudiantes con número de identificación mayor que 6000, usará el campo apropiado y la configuración del criterio >6000 (mayor que 6000) para seleccionar esos registros. Observe la ilustración de la derecha:

Cuadro de diálogo Filtro/orden avanzado

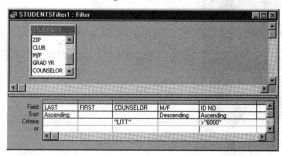

Necesita crear subgrupos y dynasets de registros de STUDENTS para responder a solicitudes de información. Decide usar los registros de los estudiantes en presentación de formulario para realizar sus búsquedas.

INSTRUCCIONES PARA EL EJERCICIO

1. Abra la base de datos 📼**CLUBS,** o abra 🖳**16CLUBS**.

2. Abra STFORM.

3. Busque el primer formulario que indique Litt como asesor. Seleccione el nombre Litt del formulario.

4. Seleccione Filtrar por selección de los menús Registros, Filtrar.

   ✓ *Aparecerá una nota de que ese formulario es uno de seis formularios filtrados.*

5. Desplácese por los formularios de registros presentados.

6. Cree un dynaset de registros para el señor Litt que contendrá una lista de los estudiantes varones en orden alfabético.
   a. Seleccione Filtro/orden avanzado de los menús Registros, Filtrar.
   b. Observe la selección de asesor Litt.
   c. Desplácese para encontrar el campo M/F en el panel superior. Arrastre el campo M/F hacia la tabla.
   d. Inserte M en el cuadro de criterios.
   e. Si aún no está en su lugar, arrastre el campo LAST a la tabla.
   f. Seleccione Ascending sort (Orden ascendente) para el campo LAST.
   g. Seleccione Aplicar filtro/orden en el menú Filtro.
   h. Desplácese para verificar que los formularios restantes son de hombres, en orden alfabético, que tienen como asesor al señor Litt.

7. Elimine filtro/orden de los formularios.

8. Seleccione Filtrar por formulario de los menús Registros, Filtrar. Observe que aparece un formulario.

9. Filtre los registros de estudiantes varones de los señores Litt o Lifton.

   SUGERENCIA: Use el campo COUNSELOR.
   a. Inserte M y Litt.
   b. Seleccione O.
   c. Inserte M y Lifton.

10. Seleccione Aplicar filtro/orden de los menús de filtro.

11. Desplácese por los formularios para verificar el proceso de filtración.

12. Cambie a la presentación de hoja de datos.

13. Use cualquier método de filtración para crear un subgrupo de registros con las siguientes características:
    Counselor - Señor Litt
    Estudiantes en orden M/F
    Estudiantes en orden alfabético por LAST
    ID #s (Números de identificación) mayores que 6000

14. Imprima esos registros.

15. Cierre la base de datos **CLUBS**.

COMBINACIONES DE TECLAS

FILTRO/ORDEN AVANZADO

✓ *Ordena y muestra los registros especificados en presentación de formulario o de hoja de datos y permitir establecer criterios de ordenación y selección.*

1. Vea el formulario o la hoja de datos deseada.

2. Haga clic en el botón **Advanced Filter/Sort** ▽⁄

   0

a. Haga clic en **Records** .... `Alt`+`R`

b. Haga clic en **Filter** .... `F`

c. Haga clic en **Advanced Filter/Sort** .... `A`

3. Arrastre el campo deseado de la lista de campos a la celda de campos en la parte inferior de la ventana.

4. Haga clic en **Sort** y seleccione la dirección del orden.

5. Coloque el puntero en la casilla de *criterios*

6. Escriba los criterios.

7. Repita los pasos 3 a 6 para cada campo adicional que desee buscar u ordenar.

8. Haga clic en **Filter** .... `Alt`+`R`

9. Haga clic en **Apply Filter/Sort** .... `Y`

Ejercicio

17

■ **Resumen**

Parte I

La dueña de Jane's Boutique, una tienda de ropa de la localidad, le contrató para crear un sistema de inventario para la tienda. La ropa se clasifica por número de estilo, tipo de prenda, color y talla. Esta tienda se especializa en tallas para jovencitas de la 5 a la 13. En este ejercicio, creará una base de datos para dar seguimiento al inventario y el número de prendas a disposición. Después buscará en ella cuando los clientes pregunten acerca de la disponibilidad de las existencias, o cuando se necesite información para volver a ordenar la mercancía.

INSTRUCCIONES PARA EL EJERCICIO

1. Cree un archivo nuevo de base datos; llámelo **JANESHOP**.

2. A partir de la información de la lista que aparece a continuación, cree un diseño de hoja de datos para su base. Use los encabezados de las columnas como nombres de los campos. Determine las propiedades adecuadas tomando la información mostrada en los campos.

STYLE	TYPE	COLOR	J5	J7	J9	J11	J13	DATEORD
J8510	SKIRT	BLACK	4	4	2	4	2	10/18/96
J5540	BLOUSE	WHITE	5	6	6	4	3	11/12/96
J4309	PANTS	TAN	2	12	12	4	4	11/17/96
J3254	DRESS	BLUE	4	15	16	3	14	7/16/96
J7654	SUIT	GREEN	12	17	34	12	12	9/18/96
J7455	BLAZER	BLACK	23	32	21	32	32	9/23/96
J3280	DRESS	YELLOW	5	7	4	34	12	11/17/96
J5532	SKIRT	PURPLE	12	21	32	5	21	10/19/96
J4230	PANTS	GRAY	24	4	6	12	13	12/12/96
J5550	BLOUSE	ORANGE	12	24	43	7	4	8/21/96
J7676	SUIT	WHITE	9	6	5	25	7	8/21/96
J7405	BLAZER	YELLOW	12	32	32	3	21	10/8/96
J5555	BLOUSE	GREEN	13	32	45	6	9	6/19/96
J3290	DRESS	BLUE	23	32	33	23	12	11/17/96
J3317	DRESS	WHITE	3	6	7	3	4	1/7/96
J2222	PANTS	BLACK	32	23	32	54	16	2/2/96
J3290	DRESS	RED	17	21	35	32	18	10/8/96

3. Guarde la hoja de datos; llámela STOCK. (No establezca clave principal.)

4. Inserte la información de cada elemento.

5. Ajuste el ancho de las columnas para dar cabida a la información de campo más extensa donde sea necesario.

6. Guarde el cambio de diseño.

7. Busque en la hoja de datos las respuestas de las siguientes preguntas:

   a. ¿De qué color es el estilo número J7654?

   b. ¿Qué artículo es naranja?

   c. ¿Cuáles son los números de estilo de los artículos negros?

8. Reemplace la descripción de tipo BLAZER con JACKET.

9. Guarde y cierre el archivo de base de datos.

Parte II

Jane Blackwell, su jefa en Jane's Boutique, le ha pedido que agregue las compras nuevas en el inventario electrónico que usted creó con anterioridad (STOCK). Además, le gustaría que se agregara un campo nuevo, se borrarán los artículos vendidos del inventario y que luego se ordenaran e imprimirán los registros.

INSTRUCCIONES PARA EL EJERCICIO

1. Abra la tabla STOCK, si es necesario, o abra 🖫**17JANE**.

2. Agregue la información resaltada a su hoja de datos en las posiciones indicadas.

3. Ya no hay existencias de los siguientes artículos. Borre los registros: J3280, J7405, J2222.

4. Dé formato al precio para que el signo $ aparezca.

STYLE	TYPE	COLOR	J5	J7	J9	J11	J13	PRICE	DATEORD
J8510	SKIRT	BLACK	4	4	2	4	2	26.00	10/18/96
J5540	BLOUSE	WHITE	5	6	6	4	3	18.59	11/12/96
J4309	PANTS	TAN	2	12	12	4	4	44.50	11/17/96
J3254	DRESS	BLUE	4	15	16	3	14	61.99	7/16/96
J7654	SUIT	GREEN	12	17	34	12	12	85.50	9/18/96
J7455	JACKET	BLACK	23	32	21	32	32	50.99	9/23/96
J3280	DRESS	YELLOW	5	7	4	34	12	59.44	11/17/96
J5532	SKIRT	PURPLE	12	21	32	5	21	23.67	10/19/96
J4230	PANTS	GRAY	24	4	6	12	13	49.99	12/12/96
J5550	BLOUSE	ORANGE	12	24	43	7	4	23.99	8/21/96
J7676	SUIT	WHITE	9	6	5	25	7	106.99	8/21/96
J7405	JACKET	YELLOW	12	32	32	3	21	48.50	10/8/96
J5555	BLOUSE	GREEN	13	32	45	6	9	19.99	6/19/96
J3290	DRESS	BLUE	23	32	33	23	12	56.88	11/17/96
J3317	DRESS	WHITE	3	6	7	3	4	62.65	1/7/96
J2222	PANTS	BLACK	32	23	32	54	16	39.99	2/2/96
J3290	DRESS	RED	17	21	35	32	18	48.25	10/8/96
J2121	SWEATER	BROWN	40	4	6	6	7	29.99	2/7/97
J2123	SWEATER	OLIVE	5	5	6	7	9	35.75	2/7/97
J7699	SUIT	NAVY	12	10	10	8	7	110.10	2/7/97
J9090	VEST	RED	23	22	22	25	25	20.00	2/7/97
P214	BLOUSE	RED	5	6	8	9	9	25.50	2/10/97
P232	SKIRT	BLACK	5	5	5	5	7	29.50	2/10/97
P287	JACKET	NAVY	7	9	11	14	14	75.50	2/10/97
P987	SKIRT	BLACK	3	4	5	6	7	30.75	2/10/97
P998	SKIRT	NAVY	2	4	4	5	7	35.40	2/10/97
P999	VEST	NAVY	6	6	7	7	7	25.50	2/10/97
P765	JACKET	RED	7	9	11	11	11	60.99	2/10/97

5. Busque en la hoja de datos la respuesta a las siguientes preguntas:

   ✓ *SUGERENCIA: Use filtros. Escriba las respuestas a las siguientes preguntas.*

   a. ¿Qué artículo cuesta $19.99?

   b. ¿Qué artículos cuestan más de $50?

   c. ¿Cuáles son los números de estilo de las chaquetas negras?

   d. ¿Qué faldas cuestan menos de $40?

   e. ¿De cuántos artículos hay disponibles más de 15 prendas en la talla J13? Haga una lista de estos artículos para que el número de piezas aparezca en orden descendente.

   f. ¿Qué artículos son blancos o negros? Haga una lista de estos artículos en orden alfabético por color.

   g. ¿Qué artículos se ordenaron después del 10/31/95 y tienen 13 o más prendas J7 en inventario?

6. Filtre y ordene los registros de la hoja de datos en cada una de las siguientes formas:

   ✓ *Use Filtro/orden avanzado y elimine la ordenación entre problemas.*

   a. en orden alfabético por COLOR y orden ascendente por PRICE dentro de cada color;
   b. faldas por COLOR y en orden descendente por PRICE;
   c. en orden alfabético por TYPE y COLOR y en orden ascendente por PRICE;
   d. en orden alfabético por COLOR, en orden alfabético por TIPO y en orden ascendente por STYLE.

7. Use Preparar página, establezca la medida de los márgenes derecho e izquierdo en .5" y la del superior en 2.5"; configure la orientación de la impresión en horizontal.

8. Imprima una copia del subgrupo de registros 6d (arriba).

9. Cierre el archivo de base de datos.

Ejercicio

18

- ■ **Crear una consulta** ■ **Cambiar un diseño de consulta**
- ■ **Guardar una consulta**

NOTAS

- ■ Como se explicó en la Lección 3, Access le permite buscar registros específicos, reemplazar datos, filtrar un subgrupo de registros e imprimir el subgrupo en el orden original de la hoja de datos y con todos los campos incluidos. Access también proporciona una herramienta de búsqueda más poderosa, llamada **query** (**consulta**).

- ■ Una **consulta** es un objeto de base de datos en el cual es posible aislar un grupo de registros, limitar los campos incluidos y determinar el orden de presentación. Incluso se puede crear utilizando información proveniente de más de una tabla dentro de una base de datos. Las consultas se guardan y usan como base para los informes. Los filtros por formulario o selección también pueden guardarse como consultas y emplearse posteriormente para los informes.

Crear una consulta (Query)

- ■ Access ofrece asistentes que lo guían para crear consultas; sin embargo, en estos ejercicios creará consultas sin recurrir al asistente respectivo. Después de abrir el archivo de base de datos que se consultará y, seleccionar la ficha Query y New (Nueva), aparecerá el siguiente cuadro de diálogo:

Cuadro de diálogo Consulta nueva

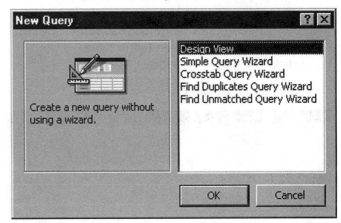

- ■ Cuando seleccione la presentación de diseño, aparecerán dos ventanas como se ven a continuación. El cuadro de diálogo Mostrar tabla proporciona una lista de las tablas de la base de datos que pueden utilizarse en la consulta. Con la opción de seleccionar todas las tablas de una base de datos, es posible crear consultas e informes personalizados. Las tablas que desee incluir se resaltan y agregan a la consulta antes de cerrar el cuadro de diálogo.

Cuadro de diálogo Mostrar tabla

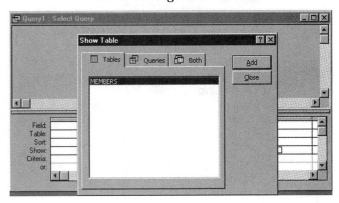

■ Cuando se cierra el cuadro de diálogo Show Table (Mostrar tabla), aparece la ventana de diseño de consulta con la(s) tabla(s) previamente seleccionada(s). Observe la ilustración que sigue. Se parece mucho a una pantalla de Filtro, salvo por la opción de una fila adicional: Show (Mostrar). El cuadro Mostrar estará activo, como valor predeterminado, siempre que se inserte el nombre de un campo en una columna. Haga clic en este cuadro si quiere que el campo forme parte de la consulta, pero no desea mostrarlo en el formato de la hoja de datos resultante.

■ Estos campos se seleccionarán en cualquier orden y determinarán la secuencia de las columnas de la hoja de datos resultante. Deben indicarse los criterios del campo o las condiciones de ordenación.

Ventana de diseño de consulta

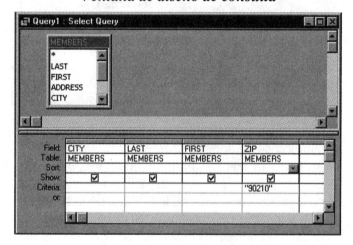

✔ *Nota:*   *Los campos listados en la primera fila del diseño de consulta se relacionan por medio de un "Y" implícito. Cuando desee aplicar criterios múltiples para un campo ("O"), use la fila de criterios y las que le siguen.*

Los datos de la consulta ilustrada se organizarán por CITY y LAST, en orden alfabético; incluirán sólo aquellos nombres de la zona postal 90210 y se imprimirá sólo la ciudad, el nombre y apellido.

■ Para ver los resultados del diseño de consulta, use:

- El menú View (Ver), en la opción hoja de datos

   o

- la opción Run (Ejecutar) en el menú Query (Consulta)

   o

- el botón Run (Ejecutar) de la barra de herramientas.

Presentación de hoja de datos de consulta

CITY	LAST	FIRST
Anaheim	Barnes	Leanne
Anaheim	Brown	Miles
Beverly Hills	Griffith	Stuart
Beverly Hills	Moon	Michael
Anaheim	Smith	Trina
Anaheim	Smith	Sheila
North Hollywood	Walker-Sim	Bette
North Hollywood	Castillo	Carl

Query1 : Select Query

■ Para regresar a la pantalla de diseño de consulta de la de hoja de datos, use el menú View (Ver), opción Query Design (Diseño de consulta).

Cambiar el diseño de consulta

■ Es posible cambiar las entradas de campo o su orden en el diseño de consulta de diversas maneras.

Para agregar un campo al diseño:

Arrastre el nombre del campo desde la ventana de la tabla a la columna deseada. Los campos a la derecha de esa posición se desplazarán de manera automática a la derecha para hacer espacio a la inserción.

O

Coloque el cursor en la columna que recibirá el campo nuevo y seleccione la opción Column (Columnas) del menú Insert (Insertar). Se insertará una columna en blanco y los campos existentes a la derecha de esta posición se moverán automáticamente a la derecha. Ahora es posible arrastrar un nombre de campo nuevo a la columna en blanco, o usar las opciones Copy (Copiar), Cut (Cortar) o Paste (Pegar) del menú Edit (Edición) para mover una entrada existente.

- Si dos columnas listan el mismo campo, tendrá entradas duplicadas en su hoja de datos. Las columnas con campos duplicados deben borrarse.

  Para borrar un campo del diseño:

  Seleccione la columna de campo completa y oprima la tecla Del (Suprimir).

  O

  Coloque el cursor en la columna que desee borrar y seleccione la opción Delete Column (Borrar columna) en el menú de edición.

- Es posible cambiar o mejorar el aspecto de las hojas de datos de consulta, tal como sucede con las otras hojas de datos. Use las opciones Font (Fuente), Row Height (Alto de fila), Column Width (Ancho de columna), Hide Columns (Ocultar columnas), Unhide Columns (Mostrar columnas ocultas) y Cells (Celdas) del menú Format (Formato) para personalizar la hoja de datos de consulta.

Guardar una consulta

- Cuando se salva una consulta y se abre más tarde, todos los datos nuevos que hayan sido insertados y que cumplan con los criterios establecidos aparecerán en la consulta. Guarde la consulta desde el menú File (Archivo), ya sea seleccionando Save Query (Guardar consulta), Save Query As (Guardar consulta como) o elija Close para cerrarla sin guardar. Los nombres de las consulta admiten un máximo de hasta 64 caracteres, incluidos los espacios y, por lo tanto, pueden definir el contenido. Access asigna nombres numerados preestablecidos a las consultas (Query1, Query2, etc.).

Como secretario del HUG Club, se le solicitó insertar un campo de título a la hoja de datos MEMBERS. Este campo se usará para envíos futuros de correspondencia. También se le ha pedido buscar en la hoja de datos para encontrar los registros que cumplan con varios criterios. Para ahorrar tiempo y esfuerzo, guardará algunas de las condiciones de búsqueda para uso posterior.

INSTRUCCIONES PARA EL EJERCICIO

1. Abra la base de datos 🖫 **HUGCLUB**, o 🖫 **18HUGCLB**.

2. Abra la hoja de datos MEMBERS.

3. Agregue el campo de título y la información del campo que se proporciona en la página siguiente.

4. Cierre la hoja de datos.

5. Seleccione la ficha Queries (Consultas).

6. Seleccione New.

7. Seleccione Design view (Presentación de diseño).

8. Con la tabla MEMBERS resaltada, seleccione Add (Agregar) en la ventana Mostrar tabla.

9. Seleccione Close on the Show Table Window (Cerrar en la ventana Mostrar tabla).

10. Cree una consulta para obtener una lista de todos los integrantes del club por orden de ciudad.

    Seleccione los campos de la lista de abajo y agregue las condiciones indicadas:
    CITY Orden - Ascendente
    LAST Orden - Ascendente
    FIRST Orden - Ascendente
    PROF

11. Cambie a la presentación de hoja de datos.

12. Seleccione Guardar en el menú Archivo; llame a la consulta MEMBERS BY CITY.

13. Pase a la presentación de diseño de consulta.

14. Inserte PROF en la columna 2 y ordene en forma alfabética. Recuerde borrar todos los campos duplicados.

15. Agregue PHONE como último campo de la consulta.

16. Cambie a la presentación de hoja de datos.

17. Guarde la consulta con el nombre MEMBERS PROFESSION BY CITY y cierre la consulta.

18. Cree una consulta nueva para hacer una lista de las integrantes del sexo femenino por profesión.

    Incluya los campos: PROF, TITLE, FIRST, LAST y PHONE.
    Ordene PROF y LAST en forma alfabética.
    Establezca los criterios para seleccionar a las mujeres integrantes.

19. Cambie a la presentación de hoja de datos.

20. Pase a la presentación de diseño de consulta.

21. Aplique los siguientes cambios:

    Desactive Mostrar para el campo TITLE.
    Agregue CITY entre LAST y PHONE.

22. Pase a la presentación de hoja de datos.

23. Guarde y cierre la consulta; llámela FEMALE MEMBERS BY PROFESSION.

24. Cree consultas nuevas o utilice las existentes para responder las siguientes preguntas. Después de determinar la información necesaria, cierre la consulta sin guardarla.
    a. ¿Qué integrantes viven en Beverly Hills y son maestros?
    b. ¿Qué integrantes viven en North Hollywood y son banqueros?
    c. ¿Qué integrantes tienen apellidos que empiezan con "D" y viven en North Hollywood? Cambie el número de teléfono de John Davis a (817)555-8563.
    d. ¿Qué integrantes tienen apellidos que empiezan con "D" o "M" y viven en North Hollywood?

25. Cierre la base de datos **HUGCLUB**.

NUMBER	TITLE	LAST	FIRST	ADDRESS	CITY	ZIP	PHONE	PROF
1	Ms.	Barnes	Leanne	808 Summer Street	Anaheim	92803	(818)555-4987	Student
2	Mr.	Brown	Miles	154 Newburg Road	Anaheim	92803	(818)555-4837	Accountant
3	Mr.	Griffith	Stuart	1551 Dean Street	Beverly Hills	90210	(213)555-3010	Lawyer
4	Mr.	Moon	Michael	32 Oak Street	Beverly Hills	90210	(213)555-8750	Teacher
5	Ms.	Smith	Trina	3954 Wood Ave.	Anaheim	92803	(818)555-7283	Student
6	Ms.	Smith	Sheila	417 Specific Court	Anaheim	92803	(818)555-5672	Chiropractor
7	Ms.	Walker-Sim	Bette	1745 River St.	North Hollywood	91615	(817)555-8520	Lawyer
8	Mr.	Castillo	Carl	1956 Park Ave.	North Hollywood	91615	(817)555-5192	Banker
9	Mr.	Davis	John	P.O. Box 2333	North Hollywood	91615	(817)555-8563	Student
10	Ms.	Dixon	Amy	237 Albee Street	North Hollywood	91615	(817)555-8917	Orthopedist
11	Ms.	Kendall	Gale	15 Imperial Way	Beverly Hills	90210	(213)555-9888	Teacher
12	Ms.	Dagger	Janice	27 Ocean Ave.	Anaheim	92804	(818)555-7777	Orthopedist
13	Mr.	Chow	Michael	88 Riverside Drive	Culver City	90311	(214)555-7655	Accountant
14	Mr.	Wagner	David	879 Beverly Drive	Beverly Hills	90210	(213)555-6676	Banker
15	Ms.	Smith	Cleo	90 Rodeo Drive	Beverly Hills	90210	(213)555-2222	Student
16	Ms.	Anderson	Carolyn	666 Santa Ana Drive	Culver City	90312	(214)555-9988	Lawyer
17	Ms.	Ramaz	Nadine	9012 Wilshire Blvd.	Beverly Hills	90210	(213)555-2211	Teacher
18	Mr.	Yakar	Winston	776 Prince Lane	North Hollywood	9615	(817)555-1584	Student
19	Ms.	Mancuso	Mary	12 Pacific Court	North Hollywood	9615	(817)555-7773	Banker

COMBINACIONES DE TECLAS

CONSULTAS - CREAR

1. Seleccione la ficha **Queries** en la ventana de objetos de base de datos.

2. Haga clic en **New**.................. Alt + N

3. Seleccione **Design View**...... ↓ , Enter

4. Escoja la categoría deseada a desplegar:

   Tables (Tablas)

   Queries (Consultas)

   Both (Ambas)

5. Seleccione la **Tabla/Consulta** .... ↓ que desee incluir.

6. Haga clic en **Add**............................. A

7. Repita los pasos 4 y 5 para cada tabla o consulta que se agregue.

8. Haga clic en **Close**......................... C

CONSULTAS - GUARDAR

1. Haga clic en el botón **Save** .... 💾

   O

   a. Haga clic en **File** .... Alt + F

   b. Haga clic en **Save** .... S

2. Escriba el nombre de la consulta .... *texto* si la guarda por primera vez.

   ✓ *No dé un nombre que ya existe a la consulta, a menos de que desee sustituir la tabla existente.*

3. Haga clic en **OK**.......................... Enter

Ejercicio

19

- ■ **Usar todos los campos de una tabla para una consulta**
- ■ **Cambio de posición de una columna de hoja de datos**
- ■ **Cambiar nombre de una consulta**
- ■ **Imprimir una hoja de datos de consulta**

NOTAS

Usar todos los campos de una tabla para una consulta

- ■ Cuando aparece una tabla seleccionada en el panel superior de la ventana de diseño de consulta, la primera opción de campo es un asterisco (*), que representa **todos los campos** de la tabla. Si éste se selecciona, sólo aparece el nombre de la tabla en el panel inferior y todos los campos estarán en la consulta.

Diseño de consulta con todos los campos seleccionados

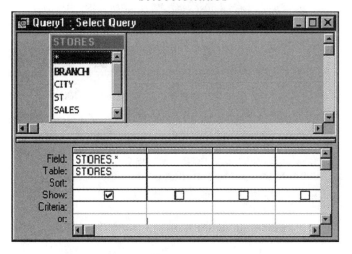

- ■ Para ordenar o establecer criterios para uno o más campos cuando se seleccionan todos, agregue ese campo y fije las condiciones deseadas; pero será necesario desactivar la opción Show (Mostrar), o habrá entradas duplicadas. Por ejemplo, si selecciona todos los campos de la tabla STORES y quiere que se ordenen por ST, hay que agregar ese campo a la consulta, establecer la secuencia de la ordenación y cancelar la selección de la opción Show. Puesto que se seleccionaron todos los campos, el campo adicional estará duplicado.

Cambio de posición de una columna de hoja de datos

- ■ En la presentación de hoja de datos de una consulta, es posible cambiar la posición de las columnas como sigue:

  - Seleccione la columna haciendo clic en el nombre del campo. (La columna se verá en video inverso, es decir, texto claro sobre fondo oscuro.)

  - Haga clic de nuevo en el nombre del campo, sin soltar el botón del *mouse*. (La columna estará representada por una línea gruesa en video inverso.)

  - Arrastre esa línea hasta la línea vertical de la cuadrícula que se convertirá en el nuevo límite izquierdo de la columna trasladada.

  - Suelte el botón del *mouse*.

Cambiar nombre de una consulta

- ■ Si se equivocó al escribir el nombre de una consulta o desea cambiar de nombre a una consulta existente, debe resaltar el nombre a editar en la lista de la ficha Queries, hacer clic en él de nuevo y volver a escribir el nombre.

Imprimir una hoja de datos de consulta

- ■ Una hoja de datos de consulta se imprime de la misma manera que los demás objetos de base de datos.

  La impresión incluirá:

  - Un encabezado con el nombre de la consulta y la fecha actual, y

  - Un pie que contiene el número de la página actual en cada página.

El gerente de las tiendas Bit-Byte Computer tiene muchas preguntas acerca de las sucursales. Usted es capaz de darle las respuestas por medio de la base de datos de la compañía que creó.

INSTRUCCIONES PARA EL EJERCICIO

1. Abra la base de datos ⌨**COMPANY,** o abra 🖫**19COMPAN**.

2. Cree una consulta nueva para todas las tiendas de la compañía. Use la tabla STORES.
   - Se usarán todos los campos de la tabla STORES.
   - Los campos ST y CITY se agregarán y ordenarán de manera alfabética. Asegúrese de cancelar la selección del cuadro Mostrar.

3. Vea la hoja de datos resultante.

4. Mueva las columnas en el siguiente orden: ST, CITY, BRANCH, SALES, STAFF, EVE.

5. Guarde la consulta como Tiendas **Bit-Byte Store in State Order**.

6. Cambie el diseño de consulta para seleccionar sólo las tiendas que trabajan en horario nocturno.

7. Vea la hoja de datos resultante.

8. Cambie a la presentación de diseño y desactive la condición Show EVE.

9. Guarde como **Has Evening Hours**.

10. Cambie el diseño de consulta para seleccionar todas las tiendas que no trabajan en horario nocturno.

11. Cambie a la presentación de hoja de datos.

12. Guarde y cierre la consulta; llámela **Stores without Evening Hours**.

13. Seleccione **Has Evening Hours** y cambie el nombre a **Stores WITH Evening Hours**.

14. Cree una consulta nueva para localizar las tiendas que tienen ventas menores a $400,000.

    No use el signo de dólar ($) ni la coma (,) al establecer los criterios.

    - La consulta debe incluir los nombres de BRANCH (en orden alfabético), CITY, STAFF y SALES.
    - Guarde la consulta; llámela **DOOR PERFORMERS** (Malos vendedores).

15. Aplique los siguientes cambios en la presentación de hoja de datos:
    - Tamaño de la fuente a 12 puntos
    - El ancho de las columnas para mejorar el aspecto general
    - La columna BRANCH a la derecha de la columna CITY

16. Vea la hoja de datos en el modo de Presentación preliminar.
    - Regrese a la hoja de datos, si es necesario hacer ajustes.

17. Imprima la hoja de datos de consulta.

18. Guarde y cierre la consulta.

19. Abra la consulta apropiada, o cree una nueva que conteste a cada una de las siguientes preguntas.
    ✓ *Un diseño de consulta puede cambiarse de manera temporal para ayudar a una búsqueda. NO GUARDE LAS REVISIONES.*

    a. ¿Qué tiendas se localizan en Atlanta?
    b. ¿En qué ciudad está la tienda Federal Plaza?
    c. ¿Qué tienda vendió exactamente $245,860 de mercancías?
    d. ¿Qué tiendas vendieron más de $400,000 de mercancías?
    e. ¿Qué tiendas vendieron más de $400,000 de mercancía y abren por las noches?
    f. ¿Qué tiendas vendieron más de $400,000 de mercancía y tienen más de 10 empleados?
    g. ¿Qué tiendas están en CA (California) o GA (Georgia)?

20. Regrese a la ventana de la base de datos COMPANY.

21. Cierre la base de datos.

COMBINACIONES DE TECLAS

MOVER UNA COLUMNA EN UNA CONSULTA

1. Haga clic en la barra del encabezado de la columna que desee mover.

   La columna completa quedará resaltada.

2. Arrastre la barra del encabezado a la ubicación deseada.

   La columna estará representada por una línea vertical gruesa.

3. Suelte el botón del *mouse*.

CAMBIAR DE NOMBRE A UNA CONSULTA

1. Vea la ventana de objetos de la base de datos.

2. Seleccione la ficha **Queries**

3. Seleccione la consulta a la que desee cambiar de nombre.

4. Haga clic en el nombre de la consulta.

5. Escriba el nombre nuevo.

USAR TODOS LOS CAMPOS DE UNA CONSULTA

1. Haga doble clic en la barra de título de la lista de campos.

   O

   Haga clic en el asterisco (*) en la parte superior de lista de campos de la tabla.

   ✓ *Si se usa el asterisco, siempre se usarán todos los campos de la tabla en la consulta, aunque la tabla se modifique más tarde.*

2. Arrastre el grupo a la cuadrícula QBE (panel inferior).

Ejercicio

20

- Cambiar formato de campo en dise ño de consulta
- Cambiar nombres de campos en dise ño de consulta

NOTAS

Cambiar formato de campo en diseño de consulta

- La información en una hoja de datos de consulta contiene las propiedades de la tabla original, como experimentó con los datos del tipo Sí/No (Yes/No) del Ejercicio 19. Sin embargo, es posible cambiar algunas propiedades para los fines de la consulta. Por ejemplo: si se estableció un tipo de dato de moneda para un formato, que no incluye los símbolos de dólar ($) o coma (,), usted podría modificar su hoja de datos de consulta para incluirlos.

- Para cambiar el formato de campo en la presentación de diseño de consulta:

  - Haga clic en el cuadro del nombre del campo que desee revisar.

  - Seleccione la opción Properties (Propiedades) del menú View (Ver).

  - Inserte el nombre del formato deseado en la fila de formato. *(Es posible ver el cambio en la presentación de hoja de datos.)*

Cambiar nombres de campos en diseño de consulta

- Tal vez desee cambiar el nombre de un campo en una consulta para ver resultados. El cambio de nombre en la consulta no afecta al diseño de la tabla ni al del formulario. El nombre de campo se cambia en la presentación de diseño de la siguiente manera:

  - Haga clic a la izquierda de la primera letra del nombre del campo que se reemplazará en el panel inferior de la presentación de diseño.

  - Escriba el nombre nuevo seguido de dos puntos (:) antes del nombre del campo. *(Su reemplazo aparecerá en la hoja de datos de la consulta y es posible que requiera ajustar el ancho de la columna.)* Observe el ejemplo de abajo que muestra el cambio de nombre del campo de CITY a Store Location. El nombre del campo CITY permanece en la misma línea porque no se ha modificado.

Nombre nuevo de campo.   Dos puntos   Nombre del campo

> *Su compañía se prepara para adquirir equipo de computación nuevo. Antes de hacerlo, la gerencia necesita saber datos acerca del inventario actual. Su supervisor le ha pedido que responda a una encuesta por medio de búsquedas en la tabla de hardware.*

INSTRUCCIONES PARA EL EJERCICIO

1. Abra la base de datos ⌨COMPANY, o abra 💾20COMPAN.

2. Cree una consulta nueva para la tabla HARDWARE:

   - Incluya los campos BRANCH, ITEM, MFG, MODEL, COST, WTY y PURDATE.
   - Los primeros dos campos se ordenarán alfabéticamente.
   - Vea la hoja de datos.
   - Guarde la consulta; llámela **All Hardware**.

3. Aplique los siguientes cambios en la hoja de datos de consulta:

   a. El disco duro Quantum tiene garantía vigente.
   b. El número de modelo correcto de la impresora Okidata es ML330RR.
   c. Regrese a la presentación de diseño y realice los siguientes cambios:
   d. Cambie el nombre de campo PURDATE por DATE OF PURCHASE; ajuste el ancho del campo como necesario.
   e. Cambie el formato del campo COST para incluir signos de dólar ($) y las comas (,).

4. Vea los resultados en la presentación de hoja de datos.

5. Vuelva a guardar el nuevo formato.

6. Imprima la hoja de datos ALL HARDWARE.

7. Cree una consulta nueva para la tabla HARDWARE. Incluya los campos ASSIGNED TO BRANCH, ITEM, MFG, MODEL y COST.

- Los primeros tres campos se ordenarán en forma alfabética.
- Vea la hoja de datos.
- Guarde y cierre la consulta; llámela **Department Hardware Assignments**.

8. Abra la consulta ALL HARDWARE.

9. Aplique los siguientes cambios al diseño de consulta para crear una consulta nueva que aísle los registros que tienen garantía vigente:
   - Los criterios para **WTY** establecidos en **Yes**.
   - La opción **Show** desactivada.

   ✓ *El campo WTY se configuró como: tipo de datos Yes/No (-1,0)*

10. Vea la hoja de datos.

11. Guarde como **Hardware under Warranty**.

12. Vuelva a la presentación de diseño; cambie los criterios de WTY a No.

13. Cierre y guarde como **Hardware not under Warranty**.

14. Abra la consulta adecuada para determinar la fecha de compra de computadoras que tienen garantía vigente y que costaron menos de $2,000. ¿Cuántas hay?

15. Cierre la consulta.

16. Cierre y guarde la base de datos.

COMBINACIONES DE TECLAS

EDITAR NOMBRES DE CAMPOS

✓ *Los cambios de nombre de campo en una consulta no afectan el diseño de tabla.*

En presentación de diseño de consulta:

1. Coloque el cursor antes del nombre de campo a cambiar. (No lo resalte.)

2. Escriba el nombre nuevo del campo seguido de dos puntos.

3. Oprima **Enter** .... `Enter`

CAMBIAR FORMATO DE CAMPO

1. Resalte el nombre de campo que desee cambiar.

2. Haga clic en **View** .... `Alt`+`V`

3. Haga clic en **Properties** .... `P`

4. Haga clic en la ficha **General**.

5. Haga clic en el cuadro de formato.

6. Escriba el nombre del formato personalizado .... *texto*

   0

   Seleccione de la lista desplegable.

7. Cierre la ventana de propiedades .... `Alt`+`F4`

Ejercicio

21

■ Crear una consulta utilizando datos de varias tablas
■ Imprimir una tabla de consulta

NOTAS

Crear una consulta utilizando datos de varias tablas

■ Es posible crear una consulta que contenga datos de campos de varias hojas de datos o consultas, lo que le permite encontrar datos por medio de información proveniente de toda la base de datos. Para consultar más de un objeto:

- Seleccione la ficha Queries (Consultas) en la ventana de objetos de base de datos.

- Seleccione presentación de diseño en la ventana Consulta nueva.

- Seleccione en el cuadro de diálogo Show Table (Mostrar tabla) el acceso a la lista de tablas, consultas o ambas de la base de datos. Observe la ilustración que muestra el cuadro de diálogo Mostrar tabla con la ficha Both (Ambas) seleccionada.

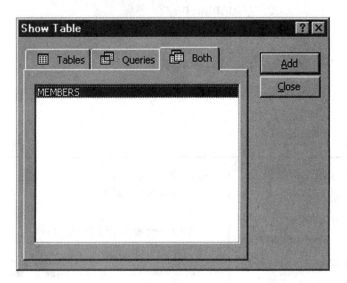

- Agregue todas las tablas o consultas que necesite antes de cerrar la ventana Add Table (Agregar Tabla).

- Seleccione los nombres de campo de las listas disponibles y arrástrelos a la ubicación deseada en el diseño de consulta.

- Trace una línea de unión entre los objetos de base de datos seleccionados para indicar la relación que existe entre ellos. Observe la ilustración de la cuadrícula de diseño de consulta con una línea de unión entre los campos BRANCH.

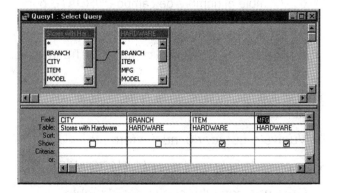

- Proceda, como se explicó anteriormente, a dar nombre, guardar y ver la hoja de datos resultante.

> *El gerente de las tiendas Bit-Byte Computer tiene muchas preguntas respecto a las sucursales. Usted conseguirá las respuestas si busca en los objetos de la base de datos que creó para la compañía.*

INSTRUCCIONES PARA EL EJERCICIO

1. Abra la base de datos ▨**COMPANY,** o abra ▯**21COMPAN.**

2. Seleccione la pantalla de la ficha Queries.

3. Cree un diseño nuevo de consulta.

4. Del cuadro de diálogo Mostrar tabla, agregue las tablas STORES y HARDWARE y cierre la ventana.

5. Una los campos de BRANCH, si aún no están ligados por una línea.

6. Cree una consult por medio de los siguientes campos: BRANCH, CITY, ST, ITEM, MODEL y COST.

7. Ordene los campos BRANCH, ST y ITEM en forma alfabética.

8. Vea la hoja de datos de la consulta.

9. Vuelva a la presentación de diseño y guarde esta consulta; llámela **Hardware Store Assignments**.

10. Cambie el formato del campo COST a currency (moneda).

✓ *SUGERENCIA: Consulte las NOTAS del Ejercicio 20.*

11. Vea la hoja de datos de la consulta.

12. Guarde este formato nuevo.

13. Cierre la consulta.

14. Cree una consulta nueva que presentará una lista de las sucursales que tienen equipo sin garantía.

    - Use la tabla TIENDAS y la consulta **Hardware not under Warranty**.
    - Relacione los campos de BRANCH.
    - La consulta debe contener BRANCH, CITY, ITEM, MODEL, COST y DATE OF PURCHASE y ajuste el ancho de las columnas como necesario
    - BRANCH y ITEM se ordenarán alfabéticamente.

15. Guarde esta consulta como **Stores with Hardware not under Warranty**.

16. Imprima la hoja de datos con los agregados.

17. Guarde los agregados de la consulta.

18. Cierre la consulta.

19. Cierre y guarde la base de datos.

COMBINACIONES DE TECLAS

HOJAS DE DATOS MÚLTIPLES DE CONSULTA O CONSULTAS

1. Vea la ventana de objetos de base de datos.

2. Haga clic en la ficha **Queries**.

3. Haga clic en **New** .... ▨**Alt**+▨**N**

4. Seleccione **Design View**.

5. Seleccione la ficha **Both**.

6. Resalte la Tabla/Consulta que desee agregar.

7. Haga clic en **Add** .... ▨A

8. Repita los pasos 6 y 7 hasta que se agreguen todas las Tablas/Consultas deseadas.

9. Haga clic en **Close** .... ▨C

CREAR LÍNEA DE UNIÓN

En la sección de campos de la tabla de diseño de consulta, arrastre un nombre de campo de una de las listas y colóquelo en la parte superior de su campo relacionado de la otra lista.

Ejercicio
22

■ Resumen

Se le ha pedido recopilar información relacionada con todo el equipo de computación de hardware y software. Tendrá que extraer datos de varias tablas de la base de datos de la compañía.

INSTRUCCIONES PARA EL EJERCICIO

1. Abra la base de datos 🖳**COMPANY**, o abra
   🖫**22COMPAN**.

2. Cree un diseño de consulta utilizando los campos de la tabla SOFTWARE:
   - TYPE (en orden alfabético)
   - TITLE (en orden alfabético)
   - PRICE, BRANCH, PURDATE
   - Llámelo **Software by Type**.

3. Cambie:
   - PURDATE por PURCHASED
   - Aplique el siguiente formato a PURCHASED: Medium Date (fecha mediana) y PRICE a currency (moneda)

4. Vea la hoja de datos; ajuste y amplíe las columnas.

5. Imprima la hoja de datos de consulta.

6. Cierre y guarde la consulta.

7. Cree un diseño de consulta con STORES y SOFTWARE.

   - Trace una línea de unión entre los campos de BRANCH, si es necesario.
   - Use los campos: BRANCH (en orden alfabético), CITY, TYPE (en orden alfabético) y TITLE. Llámelo **Software used in Cities**.
   - Vea la hoja de datos; ajuste y amplíe las columnas.

8. Cree un diseño de consulta con información proveniente de HARDWARE, Software by Type y STORES. Trace una línea de unión entre los campos de BRANCH, en caso necesario.

   - Use los campos:
     BRANCH (en orden alfabético) ST, TYPE (en orden alfabético) TITLE, PRICE, ITEM, MFG, y COST.

   - Llámelo **Branch Hardware and Software**.

9. Cambie los nombres de campo de la consulta: TYPE a SOFTWARE y ITEM a HARDWARE.

10. Cambie el formato de las columnas de dinero a Moneda, si es necesario.

11. Vea la hoja de datos; ajuste las columnas según se requiera.

12. Cambie:
    - Fuente (a su elección) - 10 puntos
    - Altura de la fila a 11
    - Orientación de la impresión a horizontal
    - Todos los márgenes de impresión a .5".

13. Vea la hoja de datos en el modo de Presentación preliminar; aplique los cambios que sean necesarios.

14. Imprima la hoja de datos.

15. Guarde y cierre la consulta.

16. Seleccione una consulta para responder a cada una de las siguientes preguntas en la forma más eficiente:
    a. ¿Cuántos programas de procesamiento de palabras se usan?
    b. ¿Cuántos programas de procesamiento de palabras y de hoja de cálculo electrónica se usan?
    c. ¿Cuánto se pagó por el programa Tulip5?
    d. ¿Qué software costó menos de $470 y es un procesador de palabras?
    e. ¿Qué programas de base de datos costaron menos de $500?

17. Cierre y guarde la base de datos.

Microsoft PowerPoint 97

Lección 1: Crear, guardar e imprimir una presentación

Lección 2: Mejorar el aspecto de una diapositiva; trabajar con texto y objetos

Lección 3: Trabajar con presentaciones de diapositivas

Ejercicio **1**	■ **Acerca de PowerPoint** ■ **Iniciar PowerPoint** ■ **La opción de presentación en blanco** ■ **La pantalla de PowerPoint** ■ **Usar la opción de plantilla** ■ **Agregar texto a los marcadores de posición** ■ **Agregar diapositivas a una presentación** ■ **Guardar una presentación** ■ **Guardar un archivo como HTML** ■ **Cerrar una Presentación** ■ **Salir de PowerPoint**

NOTAS

Acerca de PowerPoint

■ PowerPoint es el componente de presentaciones gráficas de Microsoft Office que le permite crearlas y guardarlas.

■ Una presentación es una colección de diapositivas relacionadas con un mismo tema que se presentan para resumir información y dar énfasis a los aspectos importantes mientras se ofrece un informe oral. A partir de las diapositivas de la presentación, es posible preparar documentos para distribuirlos entre el público, notas para el que orador use durante su exposición, o esquemas que brinden un panorama general de la presentación. Además, es posible utilizar las diapositivas como índice de materias y trasparencias para proyectar. También pueden crearse diapositivas de 35mm para la presentación.

■ Las diapositivas de PowerPoint pueden incluir texto, dibujos, tablas, esquemas, gráficos, clips de vídeo y/o sonido.

■ Existe la opción de importar a una diapositiva de PowerPoint los esquemas creados en Word o los datos de Access o Excel. Una diapositiva de PowerPoint se puede importar a un documento Word. (*Véase Capítulo de integración, Ejercicio 9.*)

Iniciar PowerPoint

■ PowerPoint se inicia a través de cualquiera de los siguientes procedimientos: (*Véase Conceptos básicos de Office, Lección 1, pág. 3.*)

• Con la barra de tareas de Windows 95: haga clic en *Start (Inicio)*, señale *Programs (Programas)*, señale y seleccione *Microsoft PowerPoint.*

• Con la barra de herramientas de Windows 95: Haga clic en *Inicio*, resalte y seleccione *New Office Document (Nuevo documento de Office)*. Haga clic en *Blank Presentation* (Presentación en blanco), o haga clic en la ficha *Presentation Designs (Diseños de presentaciones)*, seleccione un diseño de presentación y haga clic en OK (Aceptar).

• Con la barra de accesos directos de Office: Haga clic en *Start a New Document (Abrir nuevo documento)* y haga clic en Blank Presentation (presentación en blanco), o haga clic en la ficha *Diseños de presentaciones*, seleccione un diseño de presentación y haga clic en Aceptar.

■ Si abre PowerPoint con el primer método, aparece el siguiente cuadro de diálogo de PowerPoint que presenta las opciones Create a New Presentation (Crear una presentación nueva) y Open an Existing Presentation (Abrir una presentación existente). Una de las opciones usa un AutoContent Wizard (Asistente para autocontenido). Como ya se explicó en otras aplicaciones, los asistentes lo guían en el proceso de creación de una presentación.

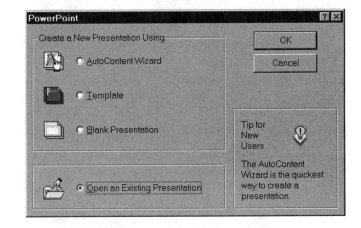

- Si abre PowerPoint con los métodos dos y tres, tendrá la opción de crear una presentación en blanco o usar un diseño de plantilla. Seleccione la ficha y la opción apropiadas en el cuadro de diálogo Nuevo documento de Office.

Haga clic en la ficha de Presentaciones para abrir presentaciones prediseñadas

Haga clic en la ficha General para seleccionar la opción de Presentación en blanco

Haga clic en la ficha de Diseños de presentaciones para ver las plantillas

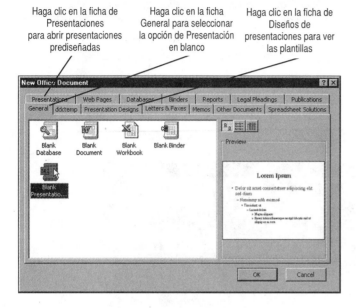

La opción de presentación en blanco

- La opción de Presentación en blanco le permite integrar una presentación única a partir de diapositivas en blanco que contienen formatos y diseños estándar preestablecidos.

- Después de seleccionar Presentación en blanco y hacer clic en aceptar aparecerá el cuadro de diálogo New Slide (Nueva diapositiva).

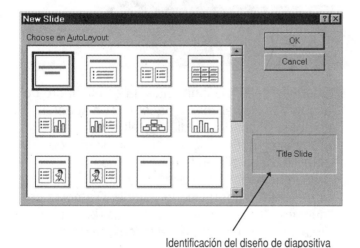

Identificación del diseño de diapositiva

- El cuadro de diálogo Nueva diapositiva incluye un conjunto de 24 formatos diferentes de autodiseños (AutoLayout) que dan cabida a varios tipos de objetos en las diapositivas. Los objetos incluyen cosas como títulos, tablas, gráficos o listas con viñetas (objetos estándares que normalmente se incluirían en una diapositiva).

- Los formatos de autodiseño siguen la progresión natural de su presentación. Empiezan con el formato de la diapositiva de título y pasan a diseños más complejos.

  ✓ Nota: En ejercicios posteriores, aprenderá a reorganizar objetos y a crear sus propios diseños para que las diapositivas se apeguen más a sus necesidades.

- Cada diseño se identifica en un cuadro en la esquina inferior derecha de la ventana de diseño de nueva diapositiva. Seleccione un diseño de diapositiva apropiado para la información que desee presentar. La diapositiva de título es la configuración estándar para la primera diapositiva de todas las presentaciones.

- Después de seleccionar el diseño de diapositiva de título y hacer clic en aceptar, aparece la pantalla de PowerPoint.

La pantalla de PowerPoint

- PowerPoint asigna el título genérico *Presentación* en la **barra de título** de cada presentación que elabore. (*La pantalla de PowerPoint se ilustra en la página siguiente.*)

- La **barra de herramientas Estándar** contiene muchos botones que aparecen en las otras aplicaciones, pero también incluye botones exclusivos de PowerPoint. Cada botón se presentará cuando sea relevante para algún ejercicio.

- La **barra de herramientas de dibujo**, localizada sobre la barra de estado en la parte inferior de la pantalla, contiene algunas de las herramientas más usuales para agregar dibujos a las diapositivas.

- La **barra de herramientas de tareas comunes** se despliega cuando abre una presentación nueva. Algunas de las funciones más comunes se encuentran disponibles en esta barra de herramientas. Puede cerrar la barra si le estorba.

- El **Asistente de Office** aparece al abrir una presentación de PowerPoint por primera vez. *(Véase la página 12 para más detalles sobre el Asistente de Office.)*

- Los **botones de vista**, localizados en la parte inferior de la ventana de la presentación, controlan el número de diapositivas que PowerPoint muestra y el diseño de presentación. *(Las vistas se tratarán en el Ejercicio 2.)*

- La **barra de estado**, localizada en la parte inferior de la ventana de PowerPoint, contiene información y botones que hacen que las tareas más comunes sean más eficientes:

Número de diapositiva	Identifica la diapositiva que se muestra en pantalla.
Nombre de la plantilla	Identifica el nombre del diseño de plantilla.
Verificación de ortografía	Indica si el verificador automático de ortografía está activado o no.

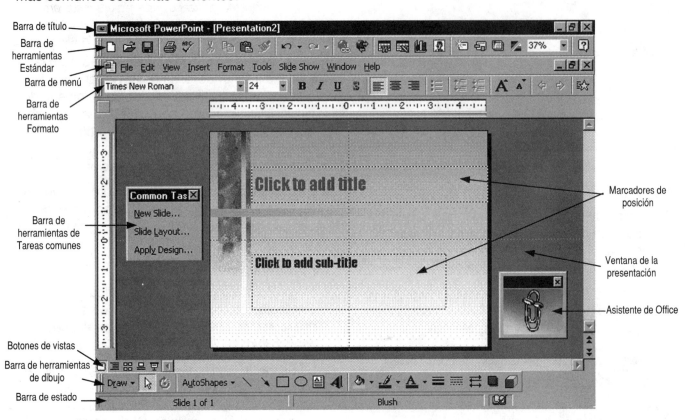

Usar la opción de plantilla

- La opción de **plantilla** (template) le permite crear diapositivas con un formato prediseñado. PowerPoint ofrece mas de 100 formatos profesionalmente diseñados con fondos coloridos y textos entre los cuales puede elegir.

- Después de seleccionar plantilla en el cuadro de diálogo de PowerPoint y hacer clic en aceptar, se abrirá el cuadro de diálogo Nueva presentación. Para seleccionar un diseño de plantilla, haga clic en la ficha Diseños de presentaciones. Cada plantilla está representada por un icono grande. (También se muestran las plantillas en las vistas de Lista o Detalles haciendo clic en el icono apropiado.)

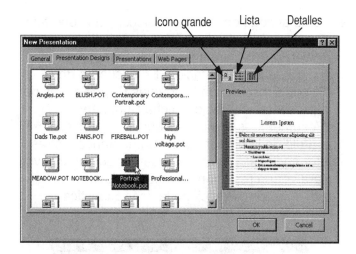

Icono grande   Lista   Detalles

- PowerPoint también ofrece una serie de diapositivas con formato prediseñado y sugerencias para tipos específicos de presentación. Por ejemplo, suponga que desea elaborar un informe sobre el estado de un proyecto. PowerPoint contiene una presentación de 10 diapositivas con sugerencias de títulos e información presentada en una lista con viñetas. Para obtener acceso a presentaciones específicas de diapositivas, haga clic en la ficha Presentaciones en el cuadro de diálogo Nuevo o Nueva presentación. Observe a continuación cuatro diapositivas de una presentación de una compañía de alimentos.

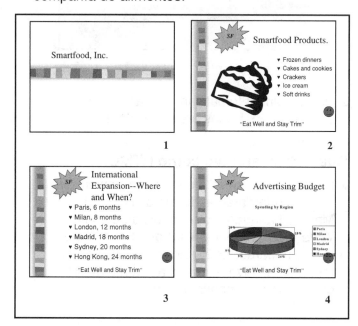

- Después de seleccionar el diseño de plantilla que desea y hacer clic en aceptar, seleccione un diseño de la pantalla de autodiseño y haga clic en aceptar, aparecerá la pantalla de PowerPoint.

- El grupo de diseño de presentaciones incluye plantillas para diseñar presentaciones en línea. Los diseños de estas presentaciones proponen la ubicación de los botones para vínculos con otros sitios y demás elementos que se usan con frecuencia para crear una presentación para la World Wide Web. Dichos diseños también sirven para elaborar presentaciones de diapositivas.

Agregar texto a los marcadores de posición

- PowerPoint muestra una diapositiva que contiene **marcadores de posición** (placeholders) (uno o varios cuadros vacíos) que identifican la colocación y ubicación de objetos en la diapositiva. Cada marcador de posición contiene instrucciones que le ayudarán a llenar la diapositiva.

- Ya sea que seleccione la presentación en blanco o la opción de plantilla, **los marcadores de posición para título** contienen el formato para el texto del título mientras que los **marcadores de posición para el texto independiente** incluyen formato y diseño para subtítulos o listas con viñetas.

- Para insertar texto en el marcador de posición, haga clic dentro de él y observe los controladores del cuadro que aparecen. Escriba el texto, conforme a las indicaciones.

- Si comienza a escribir sin seleccionar un marcador de posición para texto, PowerPoint automáticamente colocará lo escrito en el primer marcador de posición para texto.

Instrucción

Marcador de posición seleccionado

Click to add title

Controlador

Agregar diapositivas a una presentación

■ Para agregar una diapositiva nueva a una presentación, haga clic en el botón Insert New Slide (Insertar una diapositiva nueva) en la barra de herramientas Estándar. Cuando aparezca el cuadro de diálogo Autolayout (Autodiseño), seleccione un diseño para la diapositiva nueva.

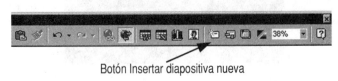

Botón Insertar diapositiva nueva

■ El formato de lista con viñetas se selecciona automáticamente cuando se agrega una segunda diapositiva a la presentación.

■ Se encuentran a disposición cinco subniveles diferentes de viñetas. Si se presiona el tabulador se sangra el texto y se producen subniveles de puntos con viñetas. Formas diferentes de viñetas identifican cada uno de los niveles de tabulación y el tamaño del texto se hace más pequeño con cada subnivel. Si se presiona Shift+Tab regresa el punto de inserción al nivel anterior de viñetas.

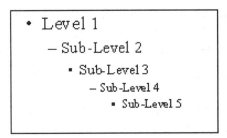

- • Level 1
-   – Sub-Level 2
-     ■ Sub-Level 3
-       – Sub-Level 4
-         ■ Sub-Level 5

■ PowerPoint coloca la diapositiva nueva enseguida de la que está a la vista o se seleccionó en el momento de crear la nueva.

Guardar una presentación

■ Las presentaciones se guardan con los mismos procedimientos que se usan con los documentos Word y las hojas de datos de Excel.

■ Como sucede en Word, si selecciona Properties (Propiedades) del menú File (Archivo), PowerPoint le permite agregar un resumen acerca de la presentación. En el cuadro de diálogo Presentation Properties (Propiedades de la presentación), bajo la ficha Summary (Resumen), es posible agregar palabras clave, el título de la presentación, comentarios y otras informaciones que desee guardar con el archivo. Para ver un resumen estadístico de su presentación, seleccione la ficha Statistics (Estadísticas).

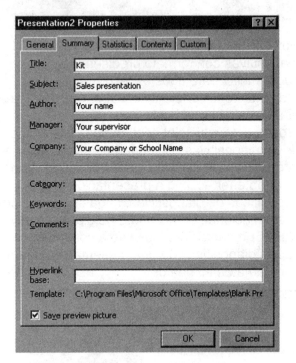

■ PowerPoint automáticamente añade una extensión .PPT a las presentaciones.

Guardar un archivo como HTML

■ Las presentaciones creadas con PowerPoint pueden guardarse en formato HTML (Hypertext Markup Language) para publicarse en la World Wide Web. Cuando seleccione Save File as HTML (Guardar archivo como HTML) en el menú de archivo, surge el asistente de HTML que se ilustra a continuación.

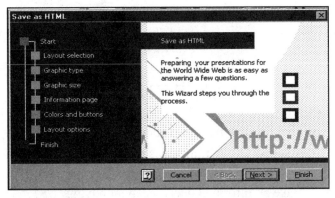

- El asistente de HTML lo guiará en los pasos para crear una presentación en línea. Es posible guardar la configuración en línea para volver a utilizarla con otras presentaciones.

- Para mayor información respecto a la creación de archivos HTML, abra el menú Help (Ayuda), seleccione Microsoft on the Web (Microsoft en la Web) y haga clic en Product News (Noticias de productos).

Cerrar una presentación/salir de PowerPoint

- PowerPoint sigue los mismos procedimientos para cerrar el archivo y salir del programa que las aplicaciones Word y Excel.

- Si la presentación en la que trabajó se modificó o no se ha guardado, se le pedirá que lo haga.

En la Parte I de este ejercicio, creará una diapositiva de título y una diapositiva con una lista con viñetas utilizando la opción de presentación en blanco. En la Parte II del ejercicio, creará una diapositiva de título y una diapositiva con una lista con viñetas utilizando la opción de plantilla. Guardará ambas como una presentación.

INSTRUCCIONES PARA EL EJERCICIO

Parte I

1. Inicie PowerPoint con la barra de tareas de Windows (señale Programas) y cree una presentación en blanco nueva.

2. Acepte el diseño de diapositiva de título preestablecido para la primera de ellas.

3. Escriba el título que se ve en la ilustración A.

4. Seleccione Nueva diapositiva y acepte la diapositiva de lista con viñetas preestablecida como segunda.

5. Escriba la lista con viñetas como se muestra en la Ilustración A.

6. Guarde la presentación; llámela **KIT**. Llene la información del resumen como sigue:

Title:	(Acepte el preestablecido)
Subject:	Presentación de ventas
Author:	Su nombre
Manager:	El nombre de su supervisor o maestro
Company:	El nombre de su compañía o escuela
Category:	Ventas
Keywords:	Cliente, producto

7. Cierre la ventana de la presentación.

Parte II

1. Utilice el diseño Zesty para crear una presentación nueva con plantilla.

2. Acepte el diseño de diapositiva de título preestablecido para la primera y la de lista con viñetas para la segunda.

3. Escriba el título y la lista de diapositivas con viñetas que se muestran en la ilustración B de la página 368.

4. Guarde la presentación; llámela **FLAGSHIP**. Llene la información del resumen como sigue:

Title:	(Acepte el preestablecido)
Subject:	Presentación de la compañía
Author:	Su nombre
Manager:	El nombre de su supervisor o maestro
Company:	El nombre de su compañía o escuela
Category:	Ventas
Keywords:	North Fork

5. Cierre la ventana de la presentación.

ILUSTRACIÓN A

CREATIVE SALES

Sales Meeting
June 8, 1997

SALES KITS

- Tool for making initial client contact
- A support system for sales rep
- Way to provide clients with material to make an informed decision about buying your product

ILUSTRACIÓN B

FLAGSHIP REALTY

Jawanza Hughes, President

QUALIFIED LEADER IN DISTINCTIVE PROPERTIES

- Unparalleled knowledge of commitment to high-end properties on North Fork.
- Demonstrated track record.
- Unique ability to match client needs and inventory.
- Broad international client base.

COMBINACIONES DE TECLAS

INICIAR POWERPOINT

Con la barra de tareas:

1. Haga clic en **Start**................. `Ctrl` + `Esc`

2. Resalte **Programs** .... `P`

3. Seleccione **Microsoft PowerPoint** `⬚`

   O

1. Haga clic en **Start**................. `Ctrl` + `Esc`

2. Haga clic en **New Office Document** `⬚`

3. Haga doble clic en **Blank** `⬚`
   Presentation para crear una
   presentación en blanco.

   O

   a. Haga clic en la ficha **Presentation Designs** tab.

   b. Seleccione un diseño de plantilla para crear una presentación diseñada.

   c. Haga clic en **OK**..................... `Enter`

O

1. Haga clic en la ficha **Presentations**

2. Seleccione Presentación.

3. Haga clic en **OK** .... `Enter`

Con la barra de accesos directos de Office:

   a. Haga clic en el botón **Start a New Document** `⬚`

   b. Haga doble clic en **Blank Presentation** `⬚` para crear una presentación en blanco.

   O

   a. Haga clic en la ficha **Presentation Designs**.

   b. Seleccione **Template design** para crear una presentación diseñada.

   c. Haga clic en **OK** .... `Enter`

GUARDAR UNA PRESENTACIÓN

1. Haga clic en el botón **Save** `⬚`

   O

   a. Haga clic en **File** .... `Alt` + `F`

   b. Haga clic en **Save**...................... `S`

2. Haga clic en el cuadro de texto
   Save in .... `Alt` + `I`
   para seleccionar unidad y/o carpeta.

3. Seleccione la unidad .... `↓`, `Enter`
   y/o carpeta deseada.

Para seleccionar un subdirectorio, si es necesario:

   • Haga doble clic en la
     carpeta .... `Tab`, `↓`, `Enter`

4. Haga clic en el cuadro de texto
   File name .... `Alt` + `N`

5. Escriba el nombre de la
   presentación .... *nombre del archivo*

6. Haga clic en **Save** .... `Enter`

   ✓ *Los archivos de presentación guardados tendrán la extensión .PPT.*

Ejercicio 2

- ■ **Abrir una presentación** ■ **Vistas de diapositivas**
- ■ **Moverse de una diapositiva a otra** ■ **Revisión de ortografía**
- ■ **Imprimir una presentación**
- ■ **Cambiar la plantilla de una diapositiva**

Abrir una presentación · Imprimir · Revisión de ortografía

NOTAS

Abrir una presentación

■ Para abrir una presentación, seleccione Open an Existing Presentation (Abrir una presentación existente) en el cuadro de diálogo de PowerPoint o utilice los procedimientos para abrir documentos de otras aplicaciones de Microsoft Office.

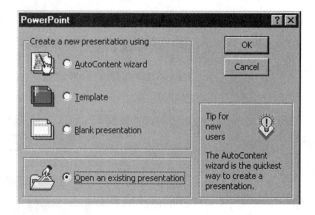

Slide Views (Vistas de diapositivas)

■ PowerPoint le permite ver su presentación de cinco maneras diferentes.

- • **Slide View (Vista de diapositiva)**, que es el valor predeterminado, muestra una sola diapositiva en una pantalla. En esta presentación es posible editar o modificar una diapositiva.

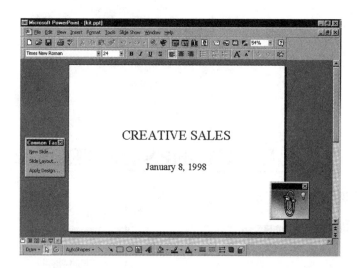

- • **Outline view (Vista de esquema)** muestra el texto de la diapositiva en un diseño de página de bloc de notas para brindar una vista general del contenido de la presentación. Úsela para organizar una presentación. *(Esta vista se tratará en un ejercicio posterior.)*

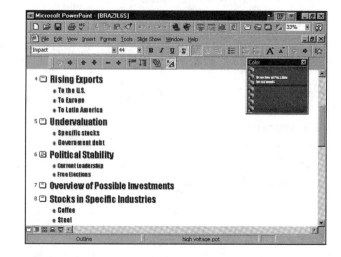

- **Slide Sorter View (Vista Clasificador de diapositivas)** le permite ver en pantalla copias en miniatura de sus diapositivas para revisar la secuencia de su presentación. Use esta vista para mover, copiar y borrar diapositivas. *(Mover, copiar y borrar diapositivas se explicará en el ejercicio 8.)*

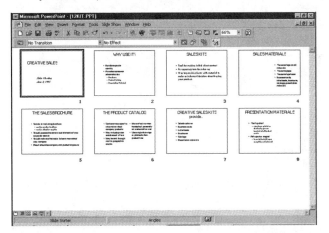

- **Notes Page View (Vista Página de notas)** le permite ver páginas de notas del orador para cada diapositiva. *(Esta vista se explicará en un ejercicio posterior.)*

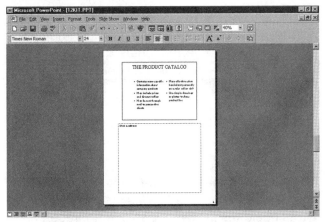

- **Slide Show View (Vista de Presentación con diapositivas)** le permite ver sus diapositivas como se presentarán en una pantalla. *(Esta vista se explicará en un ejercicio posterior.)*

■ Es posible cambiar vistas si se hace clic en el botón apropiado de vista de la parte inferior izquierda de la ventana de presentación, o si se selecciona la vista deseada en el menú <u>V</u>iew (Ver).

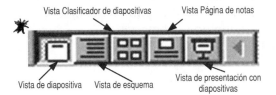

Vista Clasificador de diapositivas   Vista Página de notas

Vista de diapositiva   Vista de esquema   Vista de presentación con diapositivas

Moverse de una diapositiva a otra

■ Cuando hay varias diapositivas en una presentación, será necesario moverse entre ellas para editar, ampliar o ver la información. PowerPoint ofrece varias maneras de seleccionar y mostrar diapositivas en la Vista de diapositiva:

- Oprima PgDn (AvPág) para mostrar la diapositiva siguiente, o PgUp (RePág) para mostrar la anterior.

- Haga clic en los botones **Next Slide (Siguiente diapositiva)** o **Previous Slide (Diapositiva anterior)** en la barra de desplazamiento vertical.

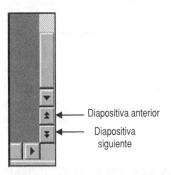

Diapositiva anterior

Diapositiva siguiente

- Arrastre el cuadro deslizante de la barra de desplazamiento vertical hacia arriba o abajo hasta aparezca el número de la diapositiva deseada.

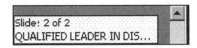

Revisión de ortografía

- Si la verificación automática de ortografía está activada, aparecerán líneas onduladas rojas debajo de las palabras que PowerPoint identifica como posibles errores.
Para desactivar la verificación automática de ortografía:

  - Haga clic en <u>O</u>ptions en el menú <u>T</u>ools (Herramientas).

  - Seleccione la ficha Spelling (Ortografía).

  - Cancele la selección de S<u>p</u>elling (Ortografía),
  O

  - Haga clic en Hide <u>s</u>pelling errors (Ocultar errores de ortografía).

✓ *Al terminar la presentación, puede cancelar la selección de Ocultar errores de ortografía y verificar las palabras identificadas como errores probables.*

- La función de ortografía se usa en PowerPoint igual que en otras aplicaciones de Office.

- Después de crear su presentación, haga clic en el botón de ortografía ✓ en la barra de herramientas o seleccione Ortografía en el menú Herramientas.

Imprimir una presentación

- Es posible usar las diapositivas de su presentación como una presentación en pantalla, transparencias, diapositivas de 35mm, páginas de notas, documentos o esquema. Por lo tanto, hay que especificar cierta información para configurar de acuerdo al uso que desee dar a las diapositivas o impresiones. Seleccione Page Setup (Configurar página) del menú File (Archivo) e indique las especificaciones de impresión en el cuadro de diálogo Configurar página que aparece a continuación.

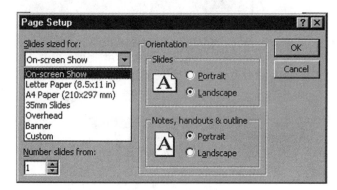

- Imprimir con PowerPoint es similar a imprimir páginas de un documento de Word y hojas de trabajo de Excel. Para imprimir diapositivas PowerPoint, seleccione Print (Imprimir) en el menú de archivo o presione Ctrl+P. En el cuadro de diálogo Imprimir, que aparece enseguida, puede imprimir la diapositiva activa, un rango seleccionado de ellas o todas las de una presentación. Cuando imprima todas las diapositivas de una presentación, cada una aparecerá en una página por separado.

- La característica Print What (Imprimir qué) le permite indicar si desea la presentación impresa como diapositiva, página de notas, documento con 2, 3, o 6 diapositivas por página o esquema. *(Las páginas de notas y los folletos se abordarán en el Ejercicio 17.)*

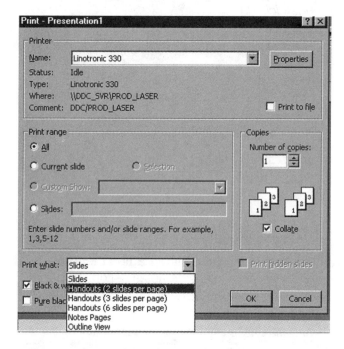

- También puede hacer clic en el botón Imprimir 🖨 en la barra de herramientas Estándar. Si usa esta técnica, pasa por alto la ventana de impresión y manda una orden directa a la impresora. PowerPoint imprime en forma automática la información utilizando la última configuración que se seleccionó en la ventana de impresión.

- La selección preestablecida en la ventana de impresión es All slides (Todas las diapositivas). Otras opciones incluyen. Las que aparecen en la página siguiente.

Cambiar la plantilla de una diapositiva

- Las plantillas se organizan por tipo y se guardan en el subdirectorio (carpeta) Presentation Designs (Diseños de presentación) dentro del directorio de Microsoft Office.

- Cuando selecciona una plantilla de la lista de archivos, aparece un ejemplo del diseño en el lado derecho de la ventana.

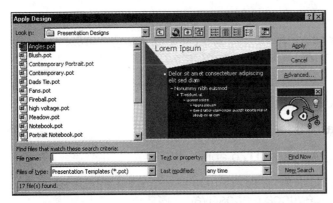

- A veces el color y el diseño de la plantilla distraen mientras se elabora la información de la diapositiva. Para mostrar la diapositiva en blanco y negro, haga clic en el botón de vista en blanco y negro ![icono] de la barra de herramientas, o seleccione **B**lack and White (Blanco y negro)) en el menú **V**iew (Ver). Si se selecciona Slide M**i**niature (Diapositiva en miniatura) en el menú Ver, aparecerá en la pantalla una diapositiva en miniatura que incluye todas sus características de color y diseño.

- Para cambiar el diseño de plantilla, haga doble clic en el botón del nombre de la plantilla en la barra de estado, o seleccione Appl**y** Design (Aplicar diseño) en el menú F**o**rmat (Formato), o haga clic en el botón Aplicar diseño ![icono] de la barra de herramientas Estándar. El cuadro de diálogo Aplicar diseño aparece y le permite seleccionar otra plantilla.

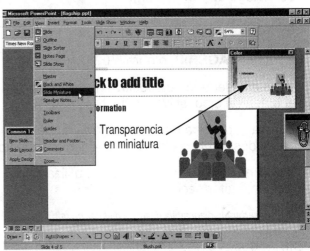

Transparencia en miniatura

Nombre de diapositiva   Nombre de la plantilla   Barra de estado

Opciones de Imprimir

Opción	Descripción
Properties (Propiedades)	Cambia elementos específicos de la impresora, como tamaño del papel, orientación, gráficos, fuentes, etc.
Print to fi**l**e (Imprimir en un archivo)	Imprime la presentación en un archivo en disco para poder enviarlo a un servicio de impresión en un formato alterno, como diapositivas de 35 mm.
Print **h**idden slides (Imprimir diapositivas ocultas)	Imprime las diapositivas ocultas.
Black & white (Blanco y negro)	Convierte todos los colores de relleno a blanco y agrega un marco negro delgado a todos los objetos sin borde ni texto. Use esta opción si planea utilizar sus diapositivas como transparencias a proyectar o si tiene una impresora sólo para blanco y negro.
Colla**t**e (Compaginar)	Imprime múltiples copias como juegos compaginados.
Scale to **f**it paper (Ajustar al tamaño del papel)	Ajusta las diapositivas de la presentación al tamaño de papel establecido o a uno diferente.
Fra**m**e slides (Enmarcar diapositivas)	Agrega un marco a la diapositiva al imprimirla.
P**u**re black & white (Blanco y negro puros)	Imprime en blanco y negro sin escala de grises.

En este ejercicio, agregará diapositivas nuevas a la presentación antes creada. Luego utilizará las diferentes vistas de diapositivas para ver la secuencia de la presentación.

INSTRUCCIONES PARA EL EJERCICIO

Parte I

1. Inicie PowerPoint con la barra de tareas de Windows (haga clic en Programas) y seleccione abrir una presentación existente en el cuadro de diálogo de PowerPoint.

   ✓ *Si PowerPoint ya está abierto, seleccione File (Archivo), Open (Abrir) para abrir una presentación.*

2. Abra ⌨**FLAGSHIP**, o abra 💾**02FLAGSHIP**.

3. Vaya a la segunda diapositiva haciendo clic en el botón de diapositiva siguiente.

4. Vaya a la primera diapositiva arrastrando el botón deslizante de la barra de desplazamiento.

5. Cree una lista nueva con viñetas, utilizando la siguiente información:

   ✓ *Se insertará la diapositiva después de la primera. La moverá al orden deseado en un ejercicio posterior.*

   ```
   SERVICES INCLUDE

   • Private financial evaluation
   • Mortgage payment table constructed for each
     buyer
   • Property tour videos
   • Internet access for international sales and
     listings
   ```

6. Cambie a la Slide Sorter view (vista Clasificador de diapositivas).

7. Regrese a la vista de Diapositivas.

8. Corrija todos los errores de ortografía.

9. Vea su presentación en blanco y negro.

10. En el cuadro de diálogo Imprimir, seleccione Handouts (Documento) con tres diapositivas por página como opción de impresión. Imprima un ejemplar en blanco y negro.

11. Cierre el archivo; guarde los cambios.

Parte II

1. Abra ⌨**KIT**, o abra 💾**02KIT**.

2. Utilice la tecla PgDn (AvPág) para mostrar la segunda diapositiva.

3. Utilice la tecla PgUp (RePág) para mostrar la primera diapositiva.

4. Cree una diapositiva nueva de lista con viñetas utilizando la siguiente información:

   ```
   CORPORATE IDENTITY

   • Prepare a well-thought logo and corporate
     image
   • Use logo on all company-related materials
     – correspondence
     – invoices
     – price sheets
   ```

5. Cambie a la vista Clasificador de diapositivas.

6. Pase a la vista de Diapositiva.

7. Aplique el diseño de plantilla Meadow (Pradera).

8. Corrija todos los errores de ortografía.

9. Vea su presentación en blanco y negro y con diapositivas en miniatura.

10. Use la configuración preestablecida de impresión de diapositivas.

11. En el cuadro de diálogo Imprimir, seleccione Handouts (Documentos) con tres diapositivas por página en la opción Print what (Imprimir). Imprima un ejemplar en blanco y negro.

12. Cierre el archivo; guarde los cambios.

COMBINACIONES DE TECLAS

ABRIR UNA PRESENTACIÓN

CTRL + O

1. Haga clic en 🖼 .... Alt + F , O

2. Haga clic en el cuadro Look in y seleccione la unidad y/o carpeta que contiene el archivo.

3. Escriba el nombre de la presentación .... *texto* en el cuadro de texto **File name,** o seleccione una presentación de la lista.

4. Haga clic en **Open** .... Enter

REVISIÓN DE ORTOGRAFÍA

F7

1. Haga clic en el botón **Spelling** 🔤 en la barra de herramientas.

   O

   a. Haga clic en **Tools** .... Alt + T

   b. Haga clic en **Spelling** .... S

   ✓ Si la verificación automática de ortografía está activada, aparecerán líneas onduladas rojas debajo de las palabras mal escritas. Para corregirlas, haga clic con el botón derecho del mouse en la(s) palabra(s) y seleccione la opción deseada.

CAMBIAR DE VISTAS

Seleccione el botón de vista deseada:

🖵 **Slide** .... Alt + V , S

📃 **Outline** .... Alt + V , O

🔲 **Slide Sorter** .... Alt + V , D

🖥 **Notes Page** .... Alt + V , N

🖵 **Slide Show** .... Alt + V , W

AGREGAR SUBNIVELES

Presione **Tab** .... Tab
para sangrar el texto al siguiente nivel.

   ✓ Hay cinco subniveles de viñetas diferentes. Las formas diferentes de las viñetas identifican los niveles de tabulación. El tamaño del texto se hace más pequeño con cada subnivel.

   O

Presione **Shift+Tab** .... Shift + Tab
para regresar al nivel anterior.

MOSTRAR DIAPOSITIVAS

Presione **PgUp** .... Page Up
para ver la diapositiva anterior.

   O

Presione **PgDn** .... Page Down
para mostrar la diapositiva siguiente.

   O

Haga clic en los botones **Next Slide** 🔽 o **Previous Slide** 🔼 de la barra de desplazamiento.

   O

Arrastre el cuadro deslizable hasta que aparezca en pantalla la diapositiva deseada.

IMPRIMIR UNA PRESENTACIÓN

CTRL + P

1. Haga clic en **File** .... Alt + F

2. Haga clic en **Print** .... P

3. Seleccione las opciones deseadas.

4. Haga clic en **OK** .... Enter

   O

   Haga clic en el botón 🖨 para imprimir la presentación con la última configuración seleccionada en el cuadro de diálogo Imprimir.

<table>
<tr><td rowspan="2">**Ejercicio**
3</td><td>■ **Trabajar con objetos de diapositivas**   ■ **Usar Deshacer**</td></tr>
<tr><td>■ **Cambiar el diseño de una diapositiva**</td></tr>
</table>

Barra de herramientas Estándar

Insertar imagen prediseñada   Aplique diseño de plantilla

NOTAS

Trabajar con objetos de diapositivas

■ En el Ejercicio 1 aprendió que un marcador de posición es un cuadro vacío que indica dónde deben colocarse los objetos en una diapositiva. Insertó texto en los marcadores de título y de listas con viñetas. Sin embargo, algunas diapositivas contienen marcadores de posición especiales para incluir un tipo particular de elemento, como una imagen prediseñada, gráfico o cuadro. Algunas diapositivas contienen un marcador de posición de objeto capaz de contener cualquier tipo de ellos: texto, imagen, cuadro o clip de sonido o vídeo.

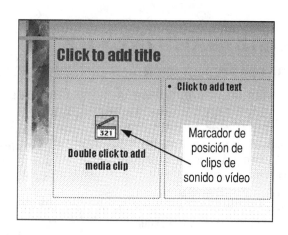

Marcador de posición de clips de sonido o vídeo

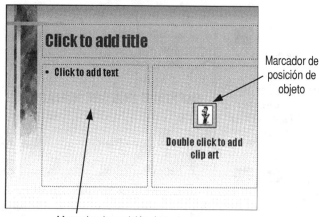

Marcador de posición de objeto

Marcador de posición de texto

■ Cuando se selecciona un diseño de diapositiva que contiene un marcador de posición especial, éste le solicita hacer doble clic en su interior para añadir un objeto. Si, por ejemplo, agrega una imagen de una biblioteca de gráficos, el doble clic en el marcador abrirá la galería de imágenes Microsoft para que inserte una en el marcador.

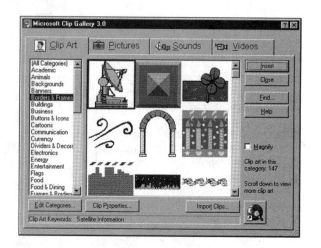

- También puede insertar imágenes prediseñadas haciendo clic en el botón Insert Clip Art (Insertar imagen prediseñada) 🖼 en la barra de herramientas Estándar. En ejercicios posteriores aprenderá a insertar gráficos, cuadros o clips de sonido y vídeo en los marcadores de posición, así como a mover y cambiar el tamaño de los objetos insertados.

- La función AutoClipArt (Autoimagen) sugiere imágenes pertinentes con base en el texto que escribió en sus diapositivas. Para usar Autoimagen, seleccione AutoClipArt en el menú Tools (Herramientas). El cuadro de diálogo de Autoimagen que sigue ofrece dos flechas de casillas de lista. Hacer clic en la primera muestra las palabras de su presentación para las que PowerPoint encontró imágenes relevantes. El cuadro de texto On Slide (En la diapositiva) indica el número de diapositiva en la que se halla la palabra. Seleccione la palabra y el número de la diapositiva en la que desee agregar la imagen sugerida.

- Para ver la(s) imagen(es) sugerida(s), haga clic en el botón View Clip Art (Ver imagen prediseñada). La galería de imágenes Microsoft se abre y muestra la(s) imagen(es) que más se relacionan con las palabras de la diapositiva.

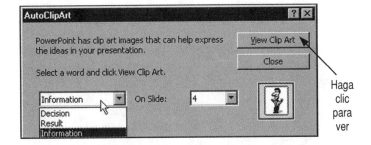

Haga clic para ver

- Sin embargo, quizá la imagen o imágenes seleccionadas por PowerPoint no sean lo que usted desea. Recuerde que sólo se trata de una propuesta.

Usar deshacer

- Al igual que en otras aplicaciones de Microsoft Office, la función Undo (Deshacer) revierte la acción anterior. Las combinaciones de teclas de la página 379 repasan los procedimientos para Deshacer.

Cambiar el diseño de una diapositiva

- El diseño o la plantilla de la diapositiva pueden cambiarse en cualquier momento. Si hay objetos en la diapositiva cuando se cambia el diseño, éstos no se perderán, sino que volverán a acomodarse.

- Use la vista de diapositiva cuando cambie el diseño o la plantilla de una diapositiva.

- Para cambiar el diseño, haga clic en el botón Slide Layout (Diseño de diapositiva) en la barra de herramientas de Tareas comunes, o seleccione Slide Layout (Diseño de diapositiva) en el menú Format (Formato). Aparecerá el cuadro de diálogo de diseño de diapositiva, en el que podrá seleccionar otro diseño.

En este ejercicio, agregará una diapositiva a cada una de las presentaciones creadas en los ejercicios anteriores. También cambiará el diseño y la plantilla de cada presentación.

INSTRUCCIONES PARA EL EJERCICIO

Parte I

1. Abra 📠**FLAGSHIP**, o abra 🖥**03FLAGSHIP**.

2. Cree una diapositiva nueva con el diseño de Texto e imagen.

   ✓ *Esta diapositiva se insertará después de la primera. Moverá las diapositivas al orden deseado en el siguiente ejercicio.*

3. Inserte la información de la lista con viñetas que se muestra en la Ilustración A del ejercicio. Inserte cualquier imagen relacionada.

4. Cree otra diapositiva nueva con el diseño de Texto e imagen (ClipArt and Text Layout).

5. Inserte la información de la lista con viñetas de la Ilustración B del ejercicio. Inserte cualquier imagen relacionada.

6. Cambie a la Slide Sorter View (vista Clasificador de diapositivas).

7. Regrese a la vista de diapositiva.

8. Use la configuración preestablecida de impresión de diapositivas.

9. Corrija todos los errores ortográficos.

10. En el cuadro de diálogo Imprimir, seleccione documento con seis diapositivas por página como opción de impresión.

11. Imprima un ejemplar en blanco y negro.

12. Cierre el archivo; guarde los cambios.

Parte II

1. Abra 🖬**KIT**, o abra 🖬**03KIT**.

2. Cree una diapositiva nueva con el diseño de Texto e imagen.
   ✓ *Esta diapositiva se insertará después de la primera. Moverá las diapositivas al orden deseado en el siguiente ejercicio.*

3. Inserte la información de la lista con viñetas que se muestra en la Ilustración C del ejercicio. Inserte cualquier imagen relacionada.

4. Cree otra diapositiva nueva con el diseño de Texto e imagen.

5. Inserte la información de la lista con viñetas que se muestra en la Ilustración D de la página 379; inserte cualquier imagen relacionada.

6. Cambie a la vista Clasificador de diapositivas.

7. Regrese a la vista de diapositiva.

8. Cambie la plantilla al diseño Angles (Ángulos).

9. Cambie la vista de diapositiva a Blanco y negro. Muestre la diapositiva en miniatura. Cambie la vista de diapositiva nuevamente a color.

10. Use la configuración preestablecida de impresión de diapositivas.

11. En el cuadro de diálogo Imprimir, seleccione documento con seis diapositivas por página como la opción a imprimir.

12. Imprima un ejemplar en blanco y negro.

13. Cierre el archivo; guarde los cambios.

ILUSTRACIÓN A

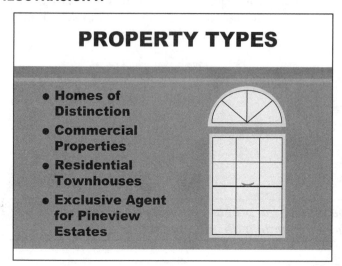

ILUSTRACIÓN B

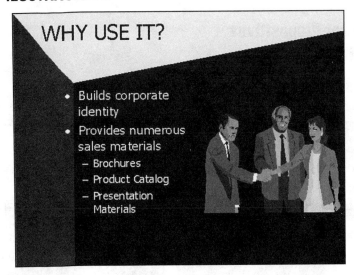

WHY USE IT?

- Builds corporate identity
- Provides numerous sales materials
  - Brochures
  - Product Catalog
  - Presentation Materials

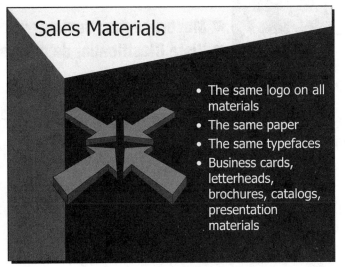

Sales Materials

- The same logo on all materials
- The same paper
- The same typefaces
- Business cards, letterheads, brochures, catalogs, presentation materials

COMBINACIONES DE TECLAS

MOSTRAR VISTA DE DIAPOSITIVA

Haga clic en el botón **Slide View**.......... ▣

O

a. Haga clic en **V**iew............. `Alt`+`V`

b. Haga clic en **S**lide...................... `S`

CAMBIAR DISEÑO

Muestre la vista de Diapositiva:

1. Haga clic en **Slide Layout** 🔲 en la barra de herramientas Estándar.

O

a. Haga clic en **F**ormat.......... `Alt`+`O`

b. Haga clic en **Slide L**ayout .... `L`

2. Seleccione el diseño deseado.

3. Haga clic en **rea**pply.............. `Alt`+`A`

CAMBIAR PLANTILLA

1. Haga clic en el botón **Apply Design** 🔲 en la barra de herramientas Estándar.

O

Haga doble clic en el nombre de la plantilla en la barra de estado (Angles, Blush, etc.).

O

a. Haga clic en **F**ormat........... `Alt`+`O`

b. Haga clic en **Appl**y Design........... `Y`

2. Seleccione un diseño de plantilla.

3. Haga clic en **A**pply.................. `Alt`+`P`

DESHACER

CTRL + Z

Haga clic en 🔄 .... `Alt`+`E`, `U`

USAR DISEÑO DE DIAPOSITIVA PARA INSERTAR UNA IMAGEN PREDISEÑADA

1. Seleccione un diseño que tenga una opción de imagen prediseñada disponible.

2. Haga doble clic en el icono de Imagen en la plantilla.

O

a. Haga clic en **I**nsert .... `Alt`+`I`

b. Haga clic en **P**icture .... `P`

c. Seleccione **C**lip Art................... `C`

3. Haga clic en el gráfico deseado de la biblioteca.

4. Haga clic en **I**nsert .... `Enter`

AUTOIMAGEN

1. Haga clic en **T**ools................. `Alt`+`T`

2. Haga clic en A**u**toClipArt................ `U`

3. Haga clic en la primera flecha de lista para mostrar las palabras de la presentación que tienen una imagen relacionada.

4. Seleccione la palabra.

5. Haga clic en **V**iew Clip Art ..... `Alt`+`V`

6. Seleccione la imagen pertinente.

7. Haga clic en **I**nsert .... `Enter`

Ejercicio 4

■ **Mover, copiar, duplicar y borrar diapositivas**
■ **Vista Clasificador de diapositivas**

NOTAS

Mover, copiar, duplicar, y borrar diapositivas

■ Cada diapositiva forma parte de la presentación entera. Existe la opción de mover, copiar, duplicar o borrar las diapositivas dentro de la presentación. También puede moverlas y copiarlas de una presentación a otra.

■ El comando **Duplicate** slide **(Duplicar diapositiva)** le permite crear una copia en la vista de diapositiva. El comando Copiar no está disponible en la vista de diapositiva. Si creó una diapositiva personalizada que contenga efectos que desee repetir en otras subsecuentes, PowerPoint le permite duplicarla. El comando Duplicar diapositiva también puede usarse en las vistas Esquema y Clasificador de diapositivas. Para duplicar una diapositiva, elija una diapositiva y luego seleccione Duplicate Slide (Duplicar diapositiva) en el menú Insert (Insertar). El duplicado se insertará inmediatamente después del original.

■ Es recomendable guardar la presentación antes de mover, copiar, duplicar o borrar diapositivas a fin de evitar la pérdida de información. Si mueve, copia o borra una diapositiva y luego cambia de opinión, utilice la función Deshacer para revertir la acción.

Vista Clasificador de diapositivas (Slide Sorter View)

■ Es posible mover, copiar o borrar diapositivas con los comandos del menú o mediante los procedimientos de cortar/copiar y pegar. Sin embargo, es más sencillo y eficaz realizar estas tareas en la vista Clasificador de diapositivas, ya que en ella aparecen todas las diapositivas en miniatura y se oberva con facilidad la secuencia de la presentación.

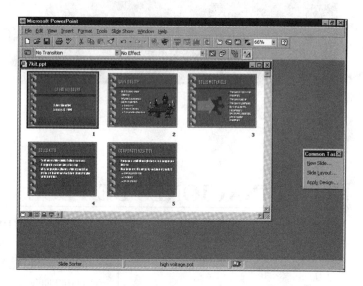

■ Para mover, copiar o borrar una diapositiva en la vista Clasificador de diapositivas, haga clic en el botón del clasificador de diapositivas 🔲, o seleccione Slide Sorter (Clasificador de diapositivas) en el menú View (Ver).

■ Seleccione la diapositiva que desee mover, copiar o borrar. (Las diapositivas seleccionadas quedan señaladas con un borde más oscuro.) Se seleccionan las diapositivas a través de varias técnicas entre las que puede elegir:

• Haga clic en la diapositiva seleccionada.

• Oprima las teclas de dirección del punto de inserción hasta que el borde oscuro marque el contorno de la diapositiva seleccionada.

• Presione Shift y haga clic en cada diapositiva cuando desee seleccionar varias de ellas. Seleccionar varias diapositivas permite moverlas, copiarlas, duplicarlas o borrarlas como grupo.

- La manera más sencilla de mover una diapositiva en la vista Clasificador de diapositivas consiste en seleccionarla y arrastrarla a la ubicación nueva. Cuando se mueve la diapositiva, el puntero del *mouse* se transforma en icono de diapositiva y una línea vertical señala la nueva posición. Cuando la línea aparezca en la posición donde desea colocar la diapositiva, suelte el botón del *mouse*.

- Para copiar una diapositiva, oprima la tecla Ctrl y arrastre la que quiera copiar hasta la ubicación nueva. El puntero del *mouse* se convertirá en un icono de diapositiva con un signo +.

- Para borrar una diapositiva, selecciónela y oprima la tecla Delete (Suprimir).

Regresar a la vista de diapositiva (Slide View)

- Puesto que no es posible editar el contenido de las diapositivas en la vista Clasificador de diapositivas, necesitará volver a la vista de diapositiva para realizar los cambios y ajustar el texto. Para regresar a la vista diapositiva, utilice alguna de las siguientes técnicas

  - Haga doble clic en una diapositiva.
  - Seleccione la diapositiva y haga clic en el botón de vista de diapositiva 🔲 en la barra de estado.
  - Seleccione la diapositiva deseada y elija Slide (Diapositiva) en el menú Ver.

En este ejercicio, insertará varias diapositivas en una presentación existente.

INSTRUCCIONES PARA EL EJERCICIO

1. Abra ⌨KIT, o abra 🖥04KIT.

2. Cree una diapositiva nueva con el diseño de lista con viñetas.

3. Inserte la información mostrada en la Ilustración A.

4. Cree una diapositiva nueva con diseño de texto a dos columnas (2 Column Text Layout).

5. Inserte la información de la Ilustración B de la página 382.

6. Cree una diapositiva nueva con el diseño de texto e imagen.

7. Inserte la información mostrada en la Ilustración C. Inserte un gráfico relacionado.

8. Cambie a la vista Clasificador de diapositivas.

9. Borre la diapositiva titulada CORPORATE IDENTITY.

10. Mueva las diapositivas en el orden indicado en la Ilustración D de la página 383.

11. Cambie a la vista de diapositiva.

12. Corrija todos los errores de ortografía.

13. Vea la presentación en blanco y negro.

14. Imprima un ejemplar de la presentación como documento con seis diapositivas por página en blanco y negro.

15. Cierre el archivo; guarde los cambios.

ILUSTRACIÓN A

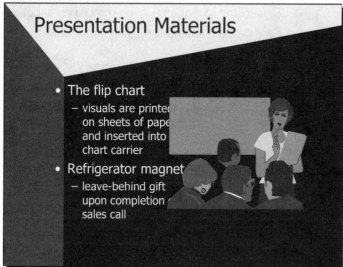

THE SALES BROCHURE

- Similar to marketing brochure
  - –contain creative
  - –contain attractive
- Should possess the same visual elements of your corporate identity
- Should motivate the reader to learn more about your company
- Result should be company and product exposure

ILUSTRACIÓN B

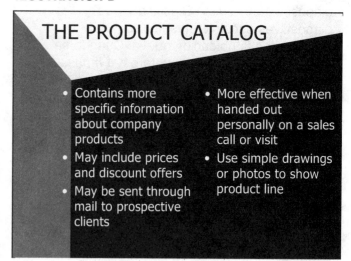

THE PRODUCT CATALOG

- Contains more specific information about company products
- May include prices and discount offers
- May be sent through mail to prospective clients
- More effective when handed out personally on a sales call or visit
- Use simple drawings or photos to show product line

ILUSTRACIÓN C

Presentation Materials

- The flip chart
  - visuals are printed on sheets of pape and inserted into chart carrier
- Refrigerator magnet
  - leave-behind gift upon completion sales call

COMBINACIONES DE TECLAS

MOVER DIAPOSITIVAS

–EN VISTA CLASIFICADOR DE DIAPOSITIVAS–

1. Seleccione la diapositiva que desee mover.
2. Arrastre la diapositiva a su nueva posición.

COPIAR DIAPOSITIVAS

–EN VISTA CLASIFICADOR DE DIAPOSITIVAS–

1. Seleccione la diapositiva que desee copiar.
2. Presione Ctrl y arrastre la diapositiva a la nueva posición.

DUPLICAR DIAPOSITIVAS

–EN VISTA CLASIFICADOR DE DIAPOSITIVAS–

1. Seleccione la diapositiva que desee duplicar.
2. Haga clic en **Insert** .... Alt + I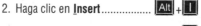
3. Haga clic en **Duplicate Slide**. .... D

BORRAR DIAPOSITIVAS

–EN VISTA CLASIFICADOR DE DIAPOSITIVA –

1. Seleccione la diapositiva que desee borrar.
2. Presione **Delete** .... Del

CREATIVE SALES

Sales Meeting
June 8, 1997

1

WHY USE IT?

- Builds corporate identity
- Provides numerous sales materials
  - Brochures
  - Product Catalog
  - Presentation Materials

2

SALES KITS

- Tool for making initial client contact
- A support system for sales rep
- Way to provide clients with material to make an informed decision about buying your product.

3

Sales Materials

- The same logo on all materials
- The same paper
- The same typefaces
- Business cards, letterheads, brochures, catalogs, presentation materials

4

THE SALES BROCHURE

- Similar to marketing brochure
  - contain creative headlines
  - contain attractive graphics
- Should possess the same visual elements of your corporate identity
- Should motivate the reader to learn more about your company
- Result should be company and product exposure

5

THE PRODUCT CATALOG

- Contains more specific information about company products
- May include prices and discount offers
- May be sent through mail to prospective clients
- More effective when handed out personally on a sales call or visit
- Use simple drawings or photos to show product line

6

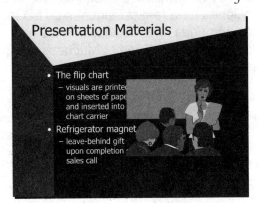

Presentation Materials

- The flip chart
  - visuals are printed on sheets of paper and inserted into chart carrier
- Refrigerator magnet
  - leave-behind gift upon completion of sales call

7

Ejercicio 5

- ■ Vista Esquema   ■ Agregar diapositivas en la vista Esquema
- ■ Imprímir un esquema

NOTAS

Vista Esquema (Outline View)

- La vista **Esquema** muestra el texto de las diapositivas como títulos y subtítulos en formato de esquema para brindar un panorama general del contenido de la presentación. Esta vista se emplea para organizar la presentación.

- Para mostrar la vista Esquema, haga clic en el botón de vista Esquema 🟦 en la parte inferior izquierda de la ventana de la presentación, o seleccione Outline (Esquema) en el menú View (Ver).

- La vista de esquema se usa antes de crear el texto en las diapositivas para organizar ideas en un formato de esquema. O primero se arma la presentación en la vista de diapositiva y luego se pasa a la de esquema para ver la secuencia de la presentación en formato de esquema. La vista Esquema también puede utilizarse como índice de materias para distribuir entre el público.

  Observe la siguiente ilustración en la que se ve la presentación KIT en vista de Esquema. Las diapositivas están numeradas en orden descendente a la izquierda de la pantalla y los iconos de diapositiva indican el principio de cada una de ellas. Una miniatura de la diapositiva seleccionada aparece en la ventana. Si no es así, seleccione Slide Miniature (Diapositiva en miniatura) en el menú View (Ver).

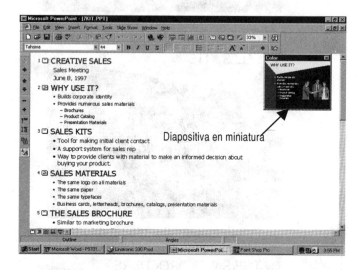

Diapositiva en miniatura

- Si Diapositiva en miniatura no está activada, no podrá ver los gráficos ni los objetos en la vista Esquema. No obstante, una diapositiva que contenga dichos elementos se identificará con formas en el icono de diapositiva en miniatura 🟦 que aparece a la derecha de los números de las transparencias.

- La barra de herramientas Esquema sustituye a la de dibujo en la ventana de presentación. La barra de herramientas Esquema contiene las funciones para realizar algunas de las tareas más comunes relacionadas con los esquemas de manera más eficiente. Muchas de estas tareas no están disponibles en los menús.

Barra de herramientas Esquema

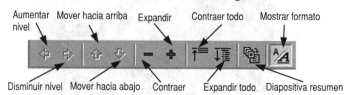

- Los botones **Promote/Demote (Aumentar/Disminuir nivel** ← → le permiten cambiar con rapidez el nivel de los textos de las listas con viñetas: de texto independiente a título (aumentar nivel) y de título a texto subordinado (disminuir nivel).

- **Los botones Move up/Move down (Mover hacia arriba o hacia abajo)** ↑ ↓ se usan para seleccionar texto de una diapositiva y llevarlo a una ubicación nueva. Este procedimiento es útil para mover y reubicar con eficacia tanto elementos de texto individuales como diapositivas completas.

- **El botón Expand Selection (Expandir selección)** ✚ le permite desplegar todo el texto del título, así como el texto de los subniveles, en diapositivas seleccionadas y/o elementos que contienen varios niveles y subniveles.

- El botón **Collapse Selection (Contraer selección)** ━ se emplea para eliminar de la pantalla subniveles de elementos individuales o grupos seleccionados de ellos.

- El botón **Collapse All (Contraer todo)** 📄 le permite mostrar sólo el texto del título de todas las diapositivas de una presentación.

- El botón **Expand All (Expandir todo)** 📄 le permite mostrar todos los niveles de texto de cada diapositiva de una presentación.

- El botón **Summary Slide (Diapositiva resumen)** 📄 crea una diapositiva nueva con los títulos de las diapositivas seleccionadas en la vista Clasificador de diapositivas o Esquema y crea una lista con viñetas de los títulos.

- El botón **Show Formatting (Mostrar formato)** 📄 muestra el texto con formato y mejorado, como aparece en la diapositiva. Cuando está opción está inactiva, el texto de las diapositivas aparece como texto común y corriente en la fuente preestablecida.

Agregar diapositivas en la vista Esquema

- Se usan los mismos cuatro procedimientos para añadir diapositivas en la vista Esquema que en la vista de diapositiva:

  - Haga clic en el botón Insert New Slide (Insertar nueva diapositiva) 📄 en la barra de herramientas Estándar.

  - Haga clic en New Slide (Nueva diapositiva) en la barra de herramientas de Tareas comunes.

  - Presione Ctrl+M.

  - Seleccione Insert (Insertar), New Slide (Nueva diapositiva) en el menú.

Imprimir un esquema

- Para imprimir un esquema se utilizan los mismos procedimientos básicos que se emplean para imprimir copias de las diapositivas. Sin embargo, hay que seleccionar la vista Esquema en la lista desplegable de la opción Print what (Imprimir qué).

En este ejercicio, creará una presentación en vista de esquema. Después de elaborar la presentación, moverá diapositivas e imprimirá la presentación.

INSTRUCCIONES PARA EL EJERCICIO

1. Cree una nueva presentación en blanco y seleccione diapositiva de título como primer diseño.

2. Cambie a la vista Esquema.

3. Inserte los siguientes títulos y subtítulos para elaborar su esquema.

1. Smartfood, Inc.
   "Eat Well and Stay Trim"

2. Smartfood Products
   - Frozen dinners
   - Cakes and cookies
   - Crackers
   - Ice cream
   - Soft drinks

3. Smartfood's Success...
- People are eating healthier to reduce body fat.
- People want low-fat, low-calorie foods that taste great!

4. International Expansion--Where and When?
- Paris, 6 months
- Milan, 8 months
- London, 12 months
- Madrid, 18 months
- Sydney, 20 months
- Hong Kong, 24 months
  - ✓ *Si la miniatura de la diapositiva 4 no aparece en pantalla, muéstrela.*

4. Cambie a la vista de diapositiva.

5. Muestre la diapositiva 1.
   - ✓ *PowerPoint seleccionó los diseños de diapositiva. Sin embargo, usted puede cambiarlos.*

6. Cambie a la vista Clasificador de diapositivas.

7. Mueva la diapositiva 4 para que se convierta en la 3.

8. Cambie a la vista de diapositiva y muestre la diapositiva 2 (Smartfood Products).

9. Cambie el diseño a imagen y texto. Inserte un gráfico que considere pertinente.

10. Aplique el diseño de plantilla Dads Tie (Corbata).

11. Inserte una nueva diapositiva en formato de lista con viñetas, después de la diapositiva 3, que diga:

> U.S. Markets
> - East-New York
> - North-Illinois
> - West-California
> - South-Florida

12. Cambie el diseño a imagen y texto. Inserte una gráfica relacionada.

13. Pase a la vista Clasificador de diapositivas, y luego a la vista Esquema.

14. Corrija todos los errores de ortografía.

15. En el cuadro de diálogo Configurar página, cambie la orientación de Handouts (Documentos) a Landscape (Horizontal).

16. Imprima una copia como documento con seis diapositivas por página, en blanco y negro puros.

17. En el cuadro de diálogo Configurar página, cambie la orientación de Handouts (Documentos) a Portrait (Vertical).

18. Imprima una copia como documento con seis diapositivas por página, en blanco y negro puros.

19. Guarde el archivo; llámelo **FOOD**. Escriba la información adecuada en el resumen.

20. Cierre la ventana de la presentación.

COMBINACIONES DE TECLAS

CAMBIAR A VISTA ESQUEMA

Haga clic en 📄 .... Alt + V , O

AGREGAR DIAPOSITIVAS EN VISTA ESQUEMA

CTRL + M

Haga clic en el botón **New Slide** 📑 en la barra de herramientas Estándar.

O

1. Haga clic en **Insert** .... Alt + I

2. Haga clic en **New Slide** .... N

AGREGAR TEXTO EN VISTA ESQUEMA

Haga clic en ◄ ► para .... Tab sangrar o agregar subelementos.

- ✓ *Para agregar un elemento de una lista con viñetas bajo la línea de título, presione Entrar y luego presione Tab.*

O

Haga clic en ◄ ► .... Shift + Tab para regresar un nivel de texto o subelemento.

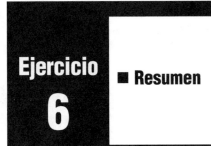

Ejercicio 6

■ **Resumen**

En este ejercicio, creará una presentación en vista de Esquema. Moverá las diapositivas, cambiará los diseños de las diapositivas seleccionadas e imprimirá la presentación.

INSTRUCCIONES PARA EL EJERCICIO

1. Cree una presentación en blanco nueva.

2. Pase a la vista Esquema.

3. Cree el esquema que se muestra en la siguiente página. Active la Diapositiva en miniatura.

4. Imprima un ejemplar del esquema (seleccione Esquema en el menú desplegable de la opción Imprimir).

5. Cambie a vista de diapositiva

6. Muestre la diapositiva 1 (Brazil).

7. Aplique el diseño de plantilla High voltage (Alto voltaje).

8. Cambie a la vista Clasificador de diapositivas.

9. Mueva la diapositiva 5 (Rising Exports) para que se convierta en la número 4.

10. Borre la diapositiva 8 (Bonds).

11. Deshaga la acción anterior.

12. Muestre la diapositiva 3 (Why is the Brazilian...) y cambie el diseño a diapositiva de título.

13. Muestre la diapositiva 6 (Overview of Possible Investments) y cambie el diseño a diapositiva de título.

14. Muestre la diapositiva 9 (Conclusion) y cambie el diseño a texto e imagen. Inserte un gráfico relacionado.

15. Muestre la diapositiva 8 (Bonds) y cambie el diseño a texto e imagen. Inserte un gráfico relacionado.

16. Inserte una diapositiva nueva después de Undervaluation que diga:

    ✓ *Use un diseño que incluya una imagen. Inserte un gráfico.*

    > Political Stability
    > - Current Leadership
    > - Free Elections

17. Corrija los errores de ortografía.

18. Cambie a la vista Clasificador de diapositivas.

19. Imprima un ejemplar como documento con seis diapositivas por página en blanco y negro.

20. Guarde el archivo; llámelo **BRAZIL**. Escriba la información apropiada en el resumen.

21. Cierre la ventana de la presentación.

1 ▢ **BRAZIL**
- Investment Opportunities
- Simpson Investment Advisors, Inc.

2 ▢ **Brief History of the Brazilian Economy**
- Debt crisis in the 1980s
  - increased foreign borrowing
  - rising international interest rates
- Recent recovery of the economy
- Research Department's report on the history of the economy

3 ▢ **Why is the Brazilian Economy Ready for Foreign Investment?**

4 ▢ **Undervaluation**
- Specific stocks
- Government debt

5 ▢ **Rising Exports**
- To the U.S.
- To Europe
- To Latin America

6 ▢ **Overview of Possible Investments**

7 ▢ **Stocks in Specific Industries**
- Coffee
- Steel
- Chemical

8 ▢ **Bonds**
- Short term
- Long term

9 ▢ **Conclusion**
- Reasons to invest through Simpson Investment Advisors
  - rate of return on investments
  - global trading
  - highly trained professionals
- To Summarize...

Ejercicio 7

- ■ **Seleccionar texto** ■ **Alinear texto** ■ **Cambiar la apariencia del texto**
- ■ **Cambiar mayúsculas y minúsculas**
- ■ **Cambiar la combinación de colores de una diapositiva**

Barra de herramientas Formato

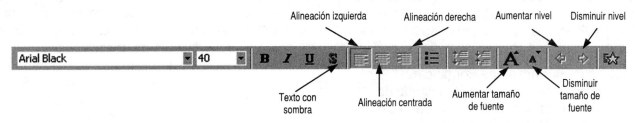

NOTAS

Seleccionar texto

- Cuando se señala texto con el mouse, el puntero adopta la forma de I, que significa que el modo de inserción de texto está activo, al igual que en Word. Haga clic en el texto que desee editar y use en PowerPoint las mismas técnicas para seleccionar bloques de texto que en Word:

  - Haga doble clic para seleccionar una palabra.
  - Haga triple clic para seleccionar un párrafo, título completo o elemento de una lista con viñetas, incluyendo todos los subelementos.

- Estas técnicas se usan para seleccionar y editar texto en las vistas de diapositiva o esquema. El texto no puede editarse en las vistas de clasificador de diapositivas o página de notas.

Alinear texto

- PowerPoint permite alinear texto a la izquierda, al centro o a la derecha en un marcador de posición o cuadro de texto, así como justificarlo dentro del marcador de posición o cuadro de texto. Dado que las alineaciones que se utilizan con mayor frecuencia en PowerPoint son a la izquierda, centro y derecha, se incluyen botones para estas tres opciones de alineación en la barra de herramientas Formato. La alineación justificada se puede aplicar al seleccionar Alignment (Alineación), Justify (Justificar) en el menú Format (Formato).

- Para cambiar la alineación del texto de título o la de algún elemento de la lista con viñetas, coloque el puntero en forma de I en el título o elemento de la lista y haga clic en el botón de alineación deseado. Para cambiar la alineación de más de un elemento de la lista con viñetas, seleccione el texto de los elementos de la lista que desee cambiar antes de hacer clic en el botón de alineación o seleccionar la opción de alineación en el menú.

- Aunque es posible establecer la alineación tanto en la vista de esquema como en la de diapositiva, use la segunda para modificar la alineación del texto, porque en ella aparece el texto con formato.

- Cuando quiera cambiar la alineación del título, todo el texto del marcador de posición de título de esa diapositiva volverá a alinearse. Para alinear el texto de una sola línea del título de manera distinta de las demás, quite del marcador de posición de título las líneas a las que desee aplicar una alineación diferente e inclúyalas en el marcador de posición del cuerpo del texto. Entonces podrá alinear cada una de las líneas por separado.

Cambiar la apariencia del texto

■ PowerPoint controla la fuente, tamaño, alineación, énfasis (negrita, cursiva, sombra, subrayado) y color del diseño de cada diapositiva. Sin embargo, para cambiar esos atributos se emplean las mismas técnicas descritas en Word y Excel.

■ Use la barra de herramientas Formato para aplicar con rapidez un cambio de formato en el texto; use el cuadro de diálogo Font (Fuente) para realizar más de un cambio de formato en el texto.

■ La barra de herramientas Formato de PowerPoint incluye varios botones que no aparecen en las barras de herramientas de Word y Excel. Dichos botones realizan tareas únicas de PowerPoint:

- Use los botones Increase/Decrease Font Size (Aumentar/disminuir tamaño de fuente) para hacer crecer o reducir gradualmente el tamaño de la fuente y para que el texto se ajuste al espacio que necesita.
- Use el botón Text Shadow (Texto con sombra) para aplicar el efecto de sombra al texto.
- Utilice los botones Promote (Indent less) [Aumentar nivel (Sangrar menos)] y Demote (Indent more) [Disminuir nivel (Sangrar más)] para ajustar los niveles de los elementos de las listas con viñetas.
- Utilice el botón Animation Effects (Efectos de animación) para aplicar efectos a los objetos y el texto de una diapositiva. Tales efectos se activarán cuando proyecte una presentación de diapositivas. (Los efectos de animación se explicarán en el Ejercicio 15.)

■ Los cambios de formato y modificaciones para dar realce al texto afectan la palabra completa que contiene el punto de inserción, a menos que haya seleccionado un texto específico.

■ Puede cambiar la fuente de todas las diapositivas al mismo tiempo, si selecciona Replace Fonts (Reemplazar fuentes) en el menú de formato. En el cuadro de diálogo Reemplazar fuente que aparece a continuación, seleccione la fuente que desee reemplazar en el cuadro de texto Replace (Reemplazar); seleccione otra que la sustituirá en el cuadro de texto With (Con) y haga clic en Replace (Reemplazar).

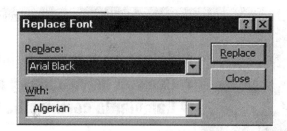

■ El botón Show Formatting (Mostrar formato) de la barra de herramientas Esquema está configurado de manera predeterminada para mostrar estilo de fuente, tamaño, negrita, cursiva y subrayado. Cuando se desactiva la característica Mostrar formato, el texto aparece en la fuente preestablecida, sin formato. El botón Mostrar formato está disponible en las vistas de Esquema y Clasificador de diapositivas.

Cambiar mayúsculas y minúsculas

■ Como en un procesador de palabras, la función de cambio de mayúsculas y minúsculas permite cambiar un bloque existente de texto a formato tipo oración, minúsculas, mayúsculas o tipo inverso. Para aplicar el cambio, señale el texto y seleccione Change Case (Cambiar mayúsculas y minúsculas) en el menú Format (Formato). Emplee el formato deseado en el cuadro de diálogo Cambiar mayúsculas/minúsculas.

Cambiar la combinación de colores de una diapositiva

■ Cada diseño de plantilla tiene una combinación de colores preestablecida. Se seleccionaron colores específicos para el fondo de la diapositiva, el texto del título, rellenos, líneas, sombras y acentos. PowerPoint le permite cambiar la combinación completa de colores de la plantilla o modificar sólo partes individuales de ésta (por ejemplo, únicamente los colores de las líneas y del fondo de la diapositiva). Es posible cambiar la combinación de colores de una o de todas las diapositivas de la presentación.

■ Para cambiar la combinación de colores de una diapositiva, seleccione Slide Color Scheme (Combinación de colores de la diapositiva) en el menú Format (Formato), o en el menú de acceso directo. En el cuadro de diálogo Combinación de colores que sigue, seleccione una de las opciones preestablecidas indicadas en la ficha Estándar.

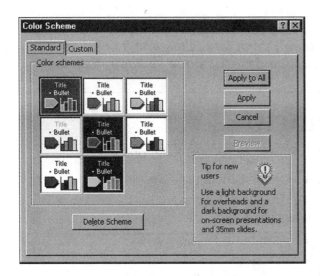

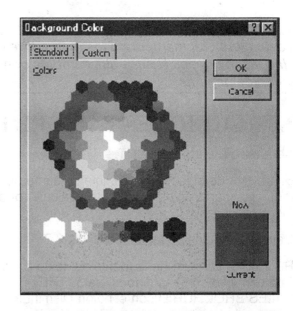

■ Para aplicar cambios personalizados, haga clic en la ficha Personalizar. Podrá entonces elegir el color recomendado para cada elemento (fondo, texto y líneas, texto de título, etc.), o seleccionar otros colores haciendo clic en el botón Change Color (Cambiar color) y elegir en la paleta de colores. La ventana de Vista previa muestra los resultados de sus elecciones. Haga clic en Apply to All (Aplicar a todo) para cambiar todas las diapositivas o haga clic en Apply (Aplicar) para cambiar sólo la diapositiva en uso.

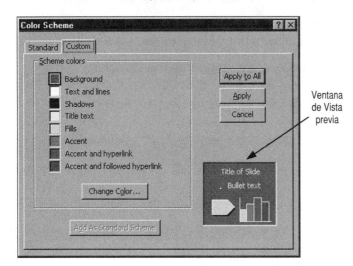

Ventana
de Vista
previa

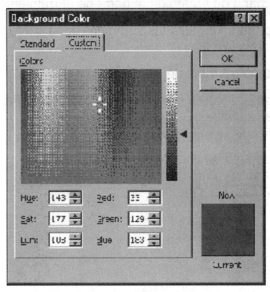

■ También es posible aplicar colores de fondo sombreados, con diseños o textura a las diapositivas si se selecciona Background (Fondo) en el menú Formato y haciendo clic en la flecha de lista. Aparece una variedad de combinaciones de colores. Además, existe la alternativa de hacer clic en More Colors (Más colores) y Fill Effects (Efectos de relleno) para elegir opciones adicionales. Una ventana de vista previa muestra los resultados de su selección.

En este ejercicio, manipulará los marcadores de posición y cambiará el tamaño y color del texto de las diapositivas. Revise sus cambios con los resultados deseados que se ilustran en las siguientes páginas.

INSTRUCCIONES PARA EL EJERCICIO

1. Abra 📠**KIT**, o abra 💾**07KIT**.

2. En la vista de diapositiva, cambie la fuente de todas las diapositivas a Jester (o cualquier otra fuente decorativa).

3. Centre los títulos de las diapositivas 2-7.

4. Reduzca el tamaño de la fuente del texto de la lista con viñetas de la diapositiva 5 (THE SALES BROCHURE) con el botón Disminuir tamaño de fuente de la barra de herramientas.

5. Ponga en cursiva los subtítulos de la diapositiva 1.

6. Cambie a vista de Esquema.

7. Use el botón Mostrar formato de la barra de herramientas Esquema para activar y desactivar el formato.

8. Después de la diapositiva 6, inserte una diapositiva nueva con formato de lista con viñetas que diga:

CREATIVE SALES KITS provide...

- Sales Brochures
- Business Cards
- Letterheads
- Brochures
- Catalogs
- Presentation Materials

---

9. Cambie a la vista de diapositiva.

10. Aplique a la nueva diapositiva los mismos cambios de formato que realizó en las otras.

11. Cambie la combinación de colores de todas las diapositivas como sigue:

Background	Gris oscuro
Accent	Amarillo
Fills	Azul

12. Cambie a la vista Clasificador de diapositivas.

13. Imprima un ejemplar como documento con tres diapositivas por página en blanco y negro.

14. Cierre el archivo; guarde los cambios.

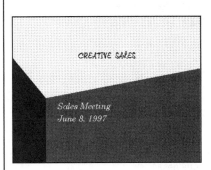

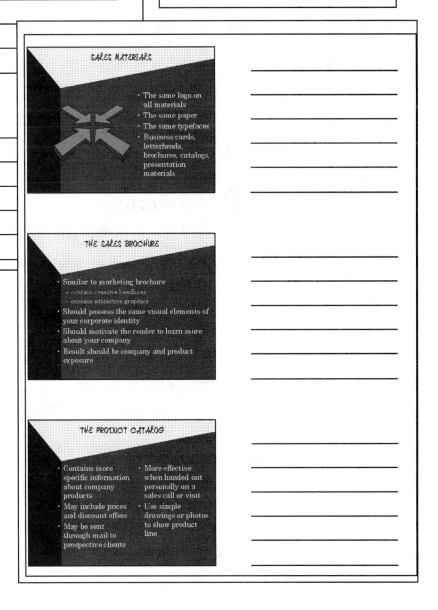

COMBINACIONES DE TECLAS

CAMBIAR FUENTE

1. Coloque el punto de inserción en la palabra que recibirá el formato.

   O

2. Seleccione el texto al que desee dar formato.

3. Seleccione la fuente deseada
   `Times New Roman` ▾ en la lista desplegable Font de la barra de herramientas Formato.

   O

1. Haga clic en

   Format, Font.............. `Alt` + `O` , `F`

2. Seleccione la fuente y opciones deseadas.

3. Haga clic en **OK** .... `Enter`

REEMPLAZAR FUENTES

1. Haga clic en **Format** .... `Alt` + `O`

2. Haga clic en **Replace Fonts** .... `P`

3. Seleccione la fuente que desee reemplazar en **Replace** .... `Alt` + `R`

4. Seleccione la fuente sustituta en **Replace With** .... `Alt` + `W`

5. Haga clic en **Replace** .... `Alt` + `R`

CAMBIAR TAMAÑO DE FUENTE

1. Coloque el punto de inserción en la palabra que recibirá el formato.

   O

   Seleccione el texto que desee cambiar.

2. Seleccione el tamaño `24` ▾ deseado en la lista desplegable **Font Size** de la barra de herramientas Formato.

   O

1. Haga clic en

   Format, Font.................. `Alt` + `O` , `F`

2. Seleccione el tamaño de fuente deseado.

---

3. Haga clic en **OK**........................ `Enter`

   O

   Haga clic en para aumentar/disminuir gradualmente el tamaño de la fuente.

CAMBIAR EL ÉNFASIS (NEGRITA, CURSIVA, SOMBRA, SUBRAYADO, COLOR)

1. Coloque el punto de inserción en la palabra que desee cambiar.

   O

2. Seleccione el texto que desee modificar.

3. Haga clic en el icono del énfasis deseado en la barra de herramientas Formato.

   O

   a. Haga clic en
      Format, Font............ `Alt` + `O` , `F`

   b. Haga clic en **Font Style** ..... `Alt` + `O`

   c. Seleccione las opciones deseadas.

   d. Haga clic en **OK** .... `Enter`

ALINEAR TEXTO

1. Coloque el punto de inserción en el texto que desee alinear.

2. Haga clic en la opción de Alineación que desee en la barra de herramientas Formato:

   • Haga clic en **Left**

   • Haga clic en **Right**

   • Haga clic en **Center**

   O

3. Haga clic en .... `Alt` + `O` , `A`
   Format, Alignment.

4. Seleccione la alineación deseada:

   • **Left** .... `L`

   • **Center** .... `C`

   • **Right**.. `R`

   • **Justify**..................................... `J`

CAMBIAR MAYÚSCULAS Y MINÚSCULAS

1. Seleccione el texto que desee cambiar .... *texto*

2. Haga clic en **Format** .... `Alt` + `O`

3. Haga clic en **Change Case**.............. `E`

4. Seleccione las mayúsculas/minúsculas que desee.

5. Haga clic en **OK** .... `Enter`

CAMBIAR LA COMBINACIÓN DE COLORES DE UNA DIAPOSITIVA

1. Haga clic en **Format** .... `Alt` + `O`

2. Haga clic en
   Slide Color Scheme...................... `C`

   –EN LA FICHA ESTÁNDAR–

3. Haga clic en las .... `Alt` + `C` combinaciones de colores deseadas.

   O

   Haga clic en la ficha **Custom** tab.

   a. Haga clic en cada elemento, según desee (Fondo, texto y líneas, etc.)

   b. Haga clic en
      Change Color .... `Alt` + `O`

   c. Seleccione el color deseado.

   d. Haga clic en **OK** .... `Enter`

4. Haga clic en
   Apply to All .... `Alt` + `T`

   O

   Haga clic en **Apply**................. `Alt` + `A` para aplicar los cambios a la diapositiva en uso.

Ejercicio

8

- ■ **Copiar formato de texto (Format Painter)**
- ■ **Copiar y Mover texto en una dispositiva**
- ■ **Aumentar/disminuir espacios entre párrafos**
- ■ **Mover y cambiar tamaño a los marcadores de posición**

Copiar formato

NOTAS

Copiar formato de texto (Format Painter)

■ Igual que en Word, la función Copiar formato se usa en PowerPoint para copiar aspectos como tipo, estilo, tamaño y color de la fuente de una parte del texto a otra.

■ Para copiar el formato de una ubicación a otra, seleccione el texto que contiene el formato que desee copiar. A continuación, haga clic el botón Copiar formato [🖌] de la barra de herramientas Estándar (el puntero en forma de I se convierte en una brocha) y seleccione el texto que recibirá el formato. Para copiar un formato de una ubicación a varias otras, seleccione el texto que contiene el formato a copiar y haga doble clic en el botón Copiar formato [🖌]. Seleccione el texto que recibirá el formato, suelte el botón del *mouse* y seleccione los otros textos en cualquier parte del documento. Para desactivar esta función y volver al puntero en forma de I, haga clic botón Copiar formato, o presione Escape.

■ Cuando use Copiar formato en la vista de esquema, algunos aspectos del formato no aparecerán sino hasta que regrese a la vista de diapositiva.

Copiar y mover texto en una diapositiva

■ En PowerPoint se usan los mismos métodos para cortar, copiar, pegar y arrastrar y colocar que en Word y Excel. Además, puede utilizar los botones Move Up (Mover hacia arriba) o Move Down (Mover hacia abajo) [↑][↓] de la barra de herramientas Esquema para cambiar la posición del texto una línea hacia arriba o una línea hacia abajo cada vez.

■ Sólo se puede mover texto en las vistas de diapositiva y esquema. Sin embargo, es más eficaz si se recurre a la vista Esquema para mover o copiar el texto de una diapositiva.

■ Use las técnicas cortar/copiar y pegar a fin de copiar texto a más de una ubicación nueva o a una presentación diferente. Emplee la técnica de arrastrar y colocar en la vista Esquema con objeto de mover o copiar texto a una ubicación nueva o modificar las listas con viñetas. Use la técnica de arrastrar y colocar en la vista de diapositiva para mover texto en una diapositiva.

■ Para mover o copiar listas con viñetas en las vista de esquema, coloque el puntero del *mouse* en la viñeta hasta que se convierta en una flecha de cuatro puntas y haga clic una vez. El elemento de la lista con viñetas, así como sus subniveles, quedarán resaltados. Coloque el puntero del *mouse* en la selección, presione y arrastre hasta que vea la línea horizontal donde desea insertar el texto. Suelte el botón del *mouse* y el texto se colocará en ese lugar.

Aumentar/disminuir espacios entre párrafos

■ Es posible ajustar el espacio entre párrafos de manera gradual si se seleccionan los párrafos a modificar y se hace clic en botón Increase (Aumentar) o Decrease (Disminuir) Paragraph Spacing (espacio entre párrafos) en la barra de herramientas Formato. También se puede ajustar el espacio en una cantidad específica seleccionando Line Spacing (Interlineado) del menú Format (Formato).

Mover y cambiar tamaño a los marcadores de posición

■ Los marcadores de posición de texto, imágenes prediseñadas y objetos pueden moverse, copiarse, cambiar de tamaño y borrarse.

■ Para mover, copiar, dar tamaño o borrar un marcador de posición, es necesario mostrar primero los controladores para cambiar el marcador de posición al modo de edición. Haga clic en el texto para que aparezca el marcador de posición, luego haga clic en el borde del marcador para que aparezcan los controladores. Haga clic en la imagen o el objeto para que aparezcan los controladores.

■ Cuando aparezcan los controles, podrá ajustar el tamaño del marcador de posición como se hace al trabajar con imágenes. Arrastre el controlador central de la parte superior o inferior para cambiar la dimensión vertical (altura); arrastre un controlador central del lado izquierdo o derecho para cambiar la dimensión horizontal (ancho); arrastre el controlador de una esquina para modificar el tamaño del marcador de posición en forma proporcional. Al dar tamaño a un marcador de posición de texto, el texto en su interior se ajustará a las nuevas dimensiones.

■ Se puede mover un marcador de posición y su contenido si se muestran los controladores, se coloca el puntero en el borde (no en el controlador) y se hace clic y mantiene presionado el botón izquierdo del mouse mientras se arrastra el marcador a la ubicación deseada.

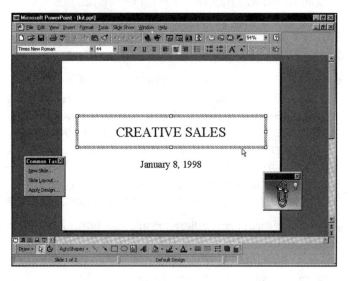

En este ejercicio, manipulará los marcadores de posición y cambiará el tamaño y color del texto de las diapositivas. Verifique sus cambios con los resultados deseados ilustrados en la siguiente página.

INSTRUCCIONES PARA EL EJERCICIO

1. Abra **BRAZIL**, o abra **08BRAZIL**.

2. Cambie a la vista de diapositiva.

3. Aplique un nuevo diseño de plantilla: Contemporary Portrait.

4. Cambie la fuente de todas las diapositivas a Times New Roman.

5. Utilice Copiar formato para aplicar estilo de cursiva a todos los títulos de las diapositivas y luego céntrelos.

6. Muestre la diapositiva 1 (BRAZIL).

7. Mueva BRAZIL debajo de la línea horizontal.

8. Vaya a la diapositiva 2 (Brief History) y cambie a la vista Esquema. Muestre la diapositiva en miniatura.

9. Mueva hacia abajo el segundo elemento de la lista con viñetas para que se convierta en el último.

10. Cambie a la vista de diapositiva.

11. Cambie el color de los subelementos a verde.

12. Cree una combinación de colores personalizada para todas las diapositivas como se indica a continuación:

   - Texto y líneas   Azul oscuro
   - Texto del título   Rojo
   - Relleno   Rojo
   - Acento   Verde brillante

13. Muestre la diapositiva 3 (Why is …?).

   - Cambie el diseño a imagen y texto.
   - Borre el marcador de posición de texto.
   - Inserte una imagen relacionada en el marcador de posición de imagen. Muévalo al centro de la diapositiva y ajuste el tamaño proporcionalmente para llenar el centro de la diapositiva.

14. Muestre la diapositiva 7 (Overview of Possible Investments).

   - Cambie el diseño a imagen y texto.
   - Borre el marcador de posición de texto.

   - Inserte dos imágenes relacionadas en el marcador de posición de imagen. Colóquelas en el centro de la diapositiva y ajuste su tamaño de manera proporcional para llenar el centro de la diapositiva.

15. Vaya a la diapositiva 8 (Stocks in Specific Industries).

   - Aumente el tamaño del texto de la lista con viñetas a 48 puntos e incremente el espacio entre párrafos para que el texto se ajuste verticalmente en el marcador de posición. Señale el texto y haga clic en Copiar formato.

16. Muestre la diapositiva 6 (Political Stability).

   - Use Copiar formato para aumentar el tamaño del texto de la lista con viñetas a 48 puntos.
   - Borre la imagen.
   - Use AutoClipArt (Autoimagen) para reemplazar la imagen con la que propone PowerPoint.

17. Vaya a la diapositiva 9 (Bonds).

   - Aumente el tamaño del texto de la lista con viñetas a 48 puntos.
   - Disminuya el tamaño del marcador de posición de texto.
   - Mueva el marcador de posición a la parte media a la derecha de la diapositiva.

18. Muestre la diapositiva 5 (Undervaluation).

   - Aumente el tamaño del texto de la lista con viñetas a 48 puntos.
   - Disminuya el tamaño del marcador de posición.
   - Mueva el marcador de posición al centro de la diapositiva.

19. Muestre la diapositiva 4 (Rising Exports).

   - Aumente el tamaño del texto de la lista con viñetas a 48 puntos.
   - Disminuya el tamaño del marcador de posición.
   - Mueva el marcador de posición al centro de la diapositiva.

20. Cambie a la vista Clasificador de diapositivas.

21. Vea la presentación en blanco y negro.

22. Imprima un ejemplar como documento con seis diapositivas por página en blanco y negro puros.

23. Cierre el archivo; guarde los cambios.

RESULTADO DESEADO

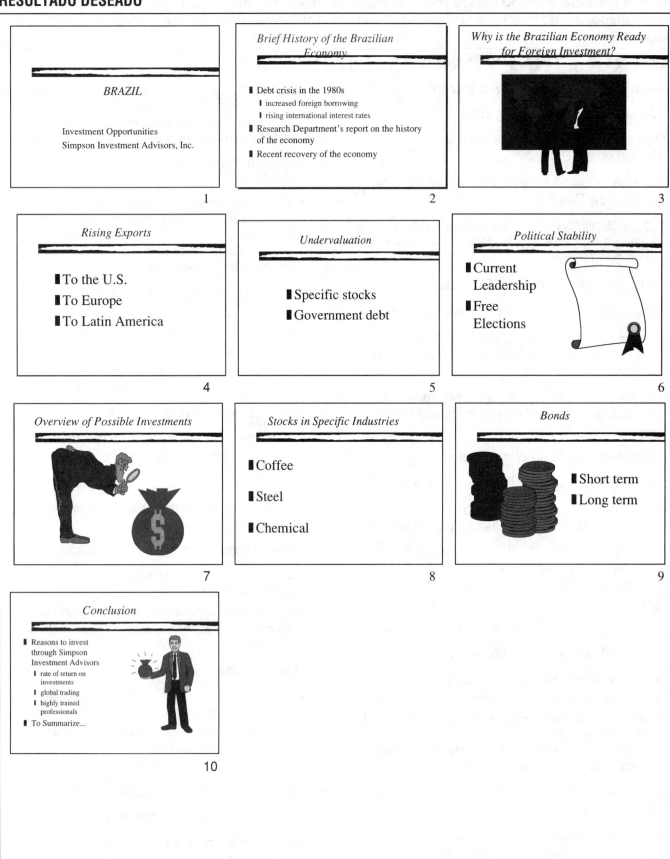

COMBINACIONES DE TECLAS

COPIAR FORMATO DE TEXTO

1. Coloque el punto de inserción en el texto que contiene el formato a copiar.

2. Haga clic en

   ✓ *Haga doble clic en el icono si el formato se aplicará a varias selecciones de texto.*

3. Seleccione con la brocha  el texto que desee cambiar o haga clic para aplicar formato a una palabra.

4. Presione **Esc** para .... Esc
   desactivar Copiar formato, en caso necesario.

COPIAR

CTRL + C

1. Seleccione el texto que desee copiar.

2. Haga clic en .... Alt + E , C

   O

   Seleccione **Copy** del menú de accesos directos.

MOVER (CORTAR)

CTRL + X

1. Seleccione el texto que desee mover (cortar).

2. Haga clic en .... Alt + E , T

   O

   Seleccione **Cut** en el menú de accesos directos.

PEGAR

CTRL + V

1. Coloque el cursor en el lugar donde desee insertar el texto.

2. Haga clic en .... Alt + E , P

   O

   Seleccione **Paste** del menú de accesos directos.

ARRASTRAR Y COLOCAR

1. Seleccione el texto o la sección de la lista con viñetas que desee copiar o mover.

2. Coloque el puntero del mouse en el texto seleccionado.

   ✓ *La forma del puntero del mouse debe ser una flecha blanca ⬚, con una flecha negra de cuatro cabezas.*

3. Haga clic y arrastre el texto hasta que la barra vertical (u horizontal, si está en la vista Esquema) aparezca en la nueva ubicación de texto.

   ✓ *Para copiar texto utilizando este proceso, mantenga presionada la tecla Ctrl ⬚ mientras arrastra el texto.*

4. Suelte el botón del mouse.

EDITAR MARCADORES DE POSICIÓN

Para mostrar los controladores:

1. Haga clic dentro del marcador de posición del texto.

2. Haga clic en el borde del marcador de posición.

   O

   Haga clic en el gráfico prediseñado o en el objeto.

Mover

1. Muestre los controladores.

2. Coloque el puntero del mouse en el borde (no en un controlador de tamaño).

3. Mantenga presionado el botón izquierdo del mouse y arrastre el marcador de posición a su nueva ubicación.

4. Suelte el botón del mouse.

Copiar

1. Muestre los controladores.

2. Coloque el puntero del mouse en el borde (no en un controlador).

3. Presione **Ctrl** y mantenga oprimido el botón del mouse mientras arrastra el texto a su nueva ubicación.

4. Suelte el botón del mouse.

Ajustar tamaño

1. Muestre los controladores.

2. Coloque el puntero del mouse en un controlador central en la parte superior o inferior para cambiar la altura; en un controlador izquierdo o derecho para modificar el ancho, o en un controlador en una de las esquinas para cambiar el tamaño proporcionalmente.

3. Arrastre el controlador hasta que el marcador de posición tenga el tamaño deseado.

Borrar

1. Muestre los controladores.

2. Presione **Delete** .... Del

   ✓ *Si borra un marcador de posición de título o texto, aparecerá un marcador de posición de texto vacío. Presione Delete otra vez para borrar todo el marcador de texto.*

AUMENTAR/DISMINUIR ESPACIOS ENTRE PÁRRAFOS

1. Seleccione los párrafos que desee afectar.

2. Haga clic en los botones Aumentar o Disminuir en la barra de herramientas Formato para ajustar gradualmente el espacio.

   O

   a. Haga clic en **Format** .... Alt + O

   b. Haga clic en **Line Spacing** .... S

   c. Escriba la cantidad deseada en los cuadros de texto **Before paragraph** y/o **After paragraph** Alt + B O Alt + A

   d. Haga clic en **OK** .... Enter

AGREGAR/EDITAR TEXTO DENTRO DE LOS MARCADORES DE POSICIÓN

1. Haga clic dentro del marcador de posición hasta que aparezca el puntero en forma de I.

2. Use el puntero en forma de I para editar el texto de la manera acostumbrada.

Ejercicio 9

- ■ Usar patrones de diapositivas y títulos
- ■ Insertar número de diapositiva/fecha y hora/pies de página
- ■ Dar formato a viñetas

NOTAS

Usar patrones de diapositivas y títulos

- ■ El **patrón de diapositivas** contiene la configuración preestablecida para el formato de las diapositivas de la presentación. El **patrón de títulos** contiene la configuración preestablecida para el formato de la diapositiva de título. Si cambia el formato (estilo de fuente, tamaño, color y/o posición) de los marcadores de posición de texto u objetos del patrón de diapositivas, el formato de todas las diapositivas de la presentación cambia automáticamente de manera uniforme. Si, por ejemplo, desea incluir una imagen como el logotipo de su empresa o una frase o cita en todas las diapositivas de la presentación, es necesario incluirla en el patrón de diapositivas para que aparezca en todas las diapositivas de la presentación.

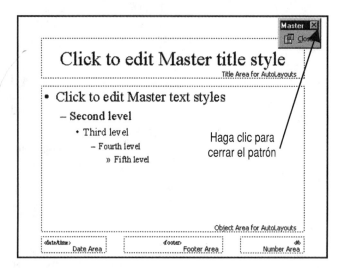

- ■ El formato aplicado al texto en las diapositivas individuales invalida los cambios hechos en el patrón de diapositivas.

- ■ Los cambios aplicados al patrón de diapositivas afectan a *todas* las diapositivas de la presentación, *con excepción* del formato de autodiseño de la diapositiva de título. Los cambios en el patrón de diapositivas sólo afectan a la presentación activa.

- ■ Para abrir el patrón de diapositivas, seleccione <u>M</u>aster (Patrón) en el menú <u>V</u>iew (Ver) y luego elija <u>S</u>lide Master (Patrón de diapositivas). O mantenga presionada la tecla Shift mientras oprime el botón de vista de diapositiva.

- ■ Después de realizar los cambios deseados en el patrón de diapositivas, haga clic en la vista de diapositiva y abra cada una de ellas en la presentación para ver los efectos. Quizás el patrón necesite ajustes después de ver los resultados en las diapositivas individuales.

Insertar número de diapositiva/fecha y hora/pies de página

- ■ Es posible incluir el número de diapositiva, la fecha y/o hora y/o pies de página en las diapositivas individuales o en todas. Para hacerlo, seleccione <u>H</u>eader and Footer (Encabezado y pie de página) en el menú Ver. En el cuadro de diálogo Encabezado y pie de página que aparece enseguida, haga clic en la casilla de selección apropiada para indicar si quiere la fecha y hora (<u>D</u>ate and time), número (Slide <u>n</u>umber) o pie de página (<u>F</u>ooter) en la diapositiva activa o en todas (Appl<u>y</u> to All).

- Si desea incluir la fecha y hora, o sólo la hora, y que se actualicen cada vez que se abre la presentación, haga clic en la opción Update automatically (Actualizar automáticamente). Haga clic en la flecha de la casilla de lista para seleccionar un formato de fecha y/o hora.

- Si no desea que aparezcan los números de página, la fecha y hora, y el pie de página en la diapositiva de título, haga clic en la opción Don't show on title slide (No mostrar en la diapositiva de título).

Seleccione para actualizar la fecha y hora automáticamente

Header and Footer

Slide | Notes and Handouts

Include on Slide

☑ Date and Time
  ○ Update Automatically
     9/14/95
  ● Fixed
     November 27, 1995

☑ Slide Number

☐ Footer

Preview

Apply to All

Apply

Cancel

Haga clic para seleccionar un formato de fecha y hora

☐ Don't Show on Title Slide

Opción No mostrar

- Puesto que el patrón de diapositivas contiene la configuración preestablecida de formato de las diapositivas, PowerPoint crea y coloca los marcadores de posición de fecha y hora, número y pie de página. *(Véase la ilustración de patrón de diapositivas de la página anterior.)* La ventana de vista previa en el cuadro de diálogo Encabezado y pie de página le permite ver cómo aparecerán esos elementos en la diapositiva. La fecha y la hora aparecen en la parte inferior izquierda, el pie en el centro y el número de diapositiva en la esquina inferior derecha.

- Si desea modificar la ubicación de estos elementos en la diapositiva, debe aplicar los cambios en el patrón de diapositivas para mover el numero de página, por ejemplo, seleccione el marcador de espacio correspondiente (para que aparezcan los controladores) y arrástrelo a la ubicación nueva en el patrón de diapositivas. Si quiere centrar el número de página en la parte inferior de la diapositiva, borre el marcador de posición del pie y mueva el de número de página a la posición central.

- Puede dar formato a los números de página, fecha y hora y pie igual que a cualquier otro texto en un marcador de posición.

- El número de la diapositiva aparecerá en éstas cuando las imprime y durante una presentación con diapositivas. *(Las presentaciones con diapositivas se explicarán en el Ejercicio 14.)*

Dar formato a viñetas

- Muchos formatos de autodiseño incluyen texto en listas con viñetas. Los estilos y formas de las viñetas se especifican en el patrón de diapositivas. Se puede cambiar el estilo, tamaño y forma de manera individual para cada elemento de la lista con viñetas de cada diapositiva, o ahorrar tiempo y mantener un formato consistente si utiliza el patrón de diapositivas. Las viñetas que reciben formato individualmente invalidarán el formato especificado en el patrón.

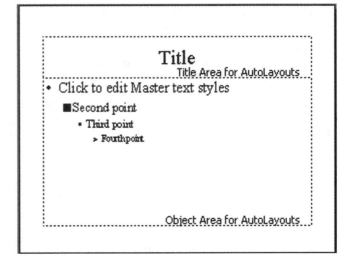

Title
Title Area for AutoLayouts
- Click to edit Master text styles
  ■ Second point
    ▪ Third point
      ➤ Fourth point

Object Area for AutoLayouts

■ Si desea incluir texto debajo de los elementos de las listas con viñetas, pero preferiría no tener viñeta en el texto explicativo, puede eliminarlas. Haga clic en el botón para activar o desactivar las viñetas ☰ en la barra de herramientas Formato para activarlas o desactivarlas en elementos individuales o en texto seleccionado. También es posible activar o desactivar la característica de lista con viñetas si selecciona o cancela la selección de la casilla Use a Bullet (Usar viñeta) en el cuadro de diálogo Viñetas.

■ Para cambiar el formato y tamaño de las viñetas, muestre la diapositiva o el patrón de diapositivas y coloque el punto de inserción en el elemento de la lista con viñetas o en el nivel de la lista que desee cambiar. A continuación, seleccione Bullet (Viñetas) en el menú Format (Formato). Si el punto de inserción no se coloca en un texto con viñeta o no se selecciona ningún elemento de la lista con viñetas, la opción no estará disponible. En el cuadro de diálogo Viñetas que sigue, seleccione el tipo de viñeta, tamaño y color deseados.

■ Existen varios conjuntos de carácteres con símbolos y formas (Wingdings, SymbolsA, etc.) para escoger un estilo de viñetas.

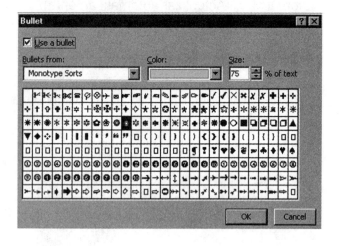

En este ejercicio, usará el patrón de diapositivas para agregar un gráfico, cambiar las viñetas e insertar números de página que afecten a todas las diapositivas de la presentación. Vea los resultados deseados en la página.

INSTRUCCIONES PARA EL EJERCICIO

1. Abra ▭**FLAGSHIP**, o abra ▭**09FLAGSHIP**.

2. Cambie a la vista de patrón de títulos.

3. Dé formato al patrón de títulos como se indica a continuación:
   • Para representar el logotipo de la empresa, inserte cualquier imagen a la izquierda de la diapositiva.
   • Borre los marcador es de posición de Fecha/hora y de pie e inserte el número de la diapositiva centrado en la parte inferior de la diapositiva.

4. Cambie a la vista de patrón de diapositivas.

5. Dé formato al patrón de diapositivas como sigue:
   • Disminuya el ancho del marcador de posición del estilo de título del patrón y muévalo un poco a la derecha.
   • Inserte la misma imagen utilizada en la diapositiva de título sobre el cuadro (ver ilustración en la página siguiente).
   • Borre los marcadores de posición de fecha/hora y del pie e inserte el número de diapositiva centrado en la parte inferior.

6. Cambie el formato de las viñetas como sigue:
   • Viñeta principal: bandera azul (conjunto de carácteres Wingdings).
   • Viñeta del primer subnivel: flecha roja.
   • Viñeta del cuarto nivel: amarillo brillante.

7. Pase a la vista de diapositiva.

8. Abra la diapositiva 2. (Property Types).
   • Mueva el gráfico al extremo derecho de la diapositiva.
   • Haga más ancho el marcador de posición de texto.
   • Aumente el espaciado entre párrafos para que el texto llene verticalmente el marcador.

9. Muestre la diapositiva 5 (Qualified Leader in…).
   • Haga clic en el botón Disminuir tamaño de fuente en la barra de herramientas Estándar para reducir la fuente del título.

10. Vea la presentación en blanco y negro.

11. Imprima un ejemplar como documento con seis diapositivas por página en blanco y negro.

12. Cierre el archivo; guarde los cambios.

PATRÓN DE TÍTULO

Borrar marcador
de posición
Fecha/Hora

Inserte número de diapositiva centrado

PATRÓN DE DIAPOSITIVAS

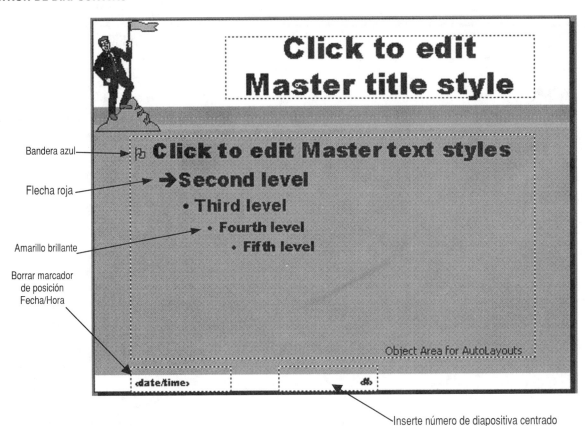

Bandera azul

Flecha roja

Amarillo brillante

Borrar marcador
de posición
Fecha/Hora

Inserte número de diapositiva centrado

RESULTADO DESEADO

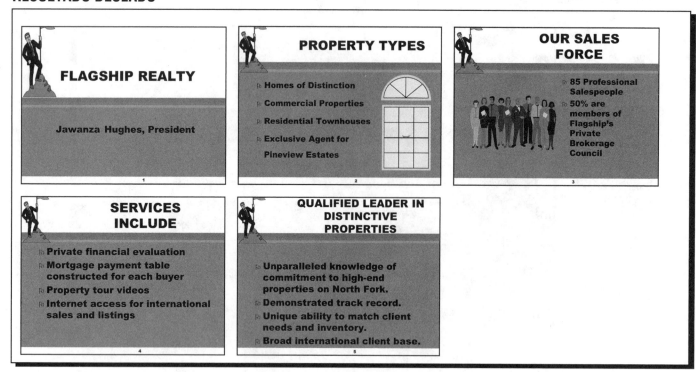

COMBINACIONES DE TECLAS

DAR FORMATO AL TEXTO EN LOS PATRONES DE TÍTULO O DIAPOSITIVA

1. Abra la presentación deseada o cree una nueva.

2. Haga clic en **V**iew .... `Alt`+`V`

3. Haga clic en **M**aster .... `M`

4. Haga clic en **S**lide Master............... `S`

   O

   Haga clic en

   Title Master......................... `Alt`+`T`

5. Seleccione el marcador de posición que desee cambiar.

   O

   Seleccione el nivel de texto a cambiar.

6. Dé formato a la fuente del texto, tamaño, alineación y aplique otras modificaciones, como desee.

7. Haga clic en ▣ .... `Alt`+`V`, `S`

BORRAR MARCADOR DE POSICIÓN

1. Seleccione el marcador de posición que desee borrar.

2. Presione **Delete** .... `Del`

ACTIVAR/DESACTIVAR VIÑETAS

1. Seleccione el párrafo con viñetas que desee desactivar.

2. Haga clic en

   ▤ .... `Alt`+`O`, `B`, `U`, `Enter`

   ✓ *Una X en el cuadro al lado de U̲se a Bullet indica que la función está activa. Un cuadro vacío significa que la función está inactiva y que no se insertará ninguna viñeta.*

CAMBIAR CARÁCTERES DE VIÑETAS

1. Coloque el punto de inserción en el elemento deseado de la lista con viñetas o seleccione varios elementos de la lista.

2. Haga clic en **F**ormat .... `Alt`+`O`

3. Haga clic en **B**ullet .... `B`

4. Seleccione el .... `Alt`+`B`, `↓` juego de carácteres deseado de la lista **Bullets from**.

5. Seleccione el carácter deseado para la viñeta.

6. Haga clic en

   Use a bullet .... `Alt`+`U` en caso necesario.

7. Haga clic en **OK** .... `Enter`

CAMBIAR EL TAMAÑO DE LA VIÑETA

1. Coloque el punto de inserción en el elemento de la lista con viñetas que desee cambiar, o seleccione varios elementos de la lista.

2. Haga clic en **F**ormat .... `Alt`+`O`

3. Haga clic en **B**ullet .... `B`

4. Seleccione el cuadro **S**ize....... `Alt`+`S` en la esquina superior derecha.

5. Escriba el tamaño deseado de porcentaje .... *número*

   O

   Haga clic en ▲▼ para aumentar o disminuir el tamaño de la viñeta.

6. Haga clic en **OK** .... `Enter`

INSERTAR NÚMEROS DE PÁGINA/FECHA Y HORA/PIE DE PÁGINA

1. Haga clic en **V**iew .... `Alt`+`V`

2. Haga clic en

   Header and Footer......................... `H`

3. Haga clic en la ficha **Slide** tab.

4. Haga clic en la casilla de selección apropiada:

   - **D**ate and time................. `Alt`+`D`

   - Slide **n**umber.................. `Alt`+`N`

   - **F**ooter .... `Alt`+`F`

   - **D**on't show on .... `Alt`+`S` title **s**lide.

5. Haga clic en **Appl**y to all .... `Alt`+`Y`

   O

   En **A**pply.............................. `Alt`+`A`

   ✓ *Los números de página aparecerán al imprimirse o durante una presentación con diapositivas.*

Ejercicio 10

- ■ Usar reglas y guías de las diapositivas ■ Barras de herramientas flotantes
- ■Dibujar objetos gráficos ■ Autoformas ■ Crear objetos de textos
- ■ Agrupar y desagrupar objetos ■ Capas de objetos

Barra de herramientas Dibujo

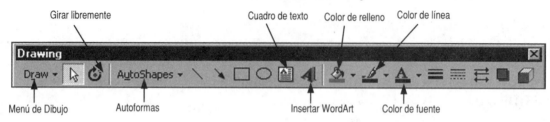

Girar libremente — Cuadro de texto — Color de relleno — Color de línea

Menú de Dibujo — Autoformas — Insertar WordArt — Color de fuente

NOTAS

Usar reglas y Guías de las diapositivas

- En PowerPoint puede mostrar las reglas horizontal y vertical. Las reglas permiten que los objetos y el texto se coloquen en la diapositiva con mayor precisión. Las reglas aparecen en pantalla cuando se selecciona Ruler (Regla) en el menú View (Ver).

- Las medidas de las reglas son diferentes, de acuerdo con lo que se seleccionó en la diapositiva. Si se selecciona un objeto, la regla adopta el *modo de dibujo,* y el punto cero se halla en el centro de cada regla. Si se selecciona texto, la regla aparece en *modo de texto* e indica las medidas del marcador de posición de texto.

- La diapositiva mide 10 pulgadas de ancho por 7.5 de alto. Observe a la derecha las ilustraciones de las pantallas que muestran las reglas en los modos de dibujo y de texto.

- Al mover el *mouse* en la diapositiva, el indicador correspondiente de las reglas muestra las posiciones horizontal y vertical del puntero del *mouse* en la diapositiva.

- Las **guías** aparecen en pantalla si se selecciona Guides (Guías) en el menú View. Son útiles para alinear objetos o texto en una diapositiva. Observe la ilustración del modo de texto con las guías.

Modo de dibujo

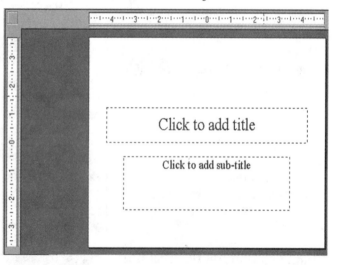

Modo de texto

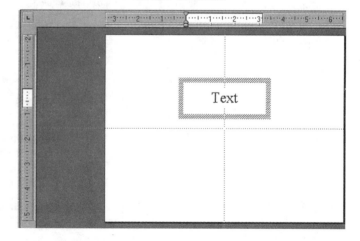

Barras de herramientas flotantes

- Si aparece un submenú con una barra de movimiento, haga clic y arrástrelo fuera del menú para dejarlo en la pantalla. Para cerrar una barra de herramientas flotante, haga clic en el botón de cerrar de la propia barra de herramientas.

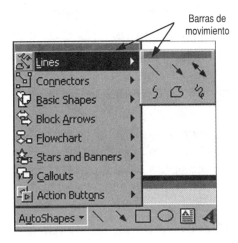

Barras de movimiento

Dibujar objetos gráficos

- Las **herramientas de dibujo** se usan para crear objetos o dibujos simples en las diapositivas. Se hallan en la barra de herramientas de dibujo, que se abre, como valor predeterminado, en las vistas de diapositiva, patrón de diapositivas y página de notas.

- Los dibujos creados con la barra de herramientas de dibujo se consideran objetos. Los objetos incluyen líneas, formas y diseños libres. Las formas cerradas pueden llenarse con un color o diseño.

- Los dibujos sólo pueden agregarse a las diapositivas en las vistas de dispositiva o patrón de diapositivas.

- Para dibujar un objeto, haga clic en el botón del objeto que desee dibujar en la barra de herramientas. El punto de inserción se convierte en una cruz (+). Coloque la cruz en el punto donde quiera que empiece el objeto; haga clic, no suelte el botón y arrastre la cruz hasta el punto donde desee que termine·el objeto. Después de dibujar el objeto, éste aparecerá con controladores. Para eliminarlos, oprima la tecla Escape. Para que vuelvan a aparecer, haga clic en el objeto.

- Mostrar las reglas y guías cuando se dibujan objetos permite determinar el tamaño y posición del objeto en relación con el tamaño de la diapositiva.

- Algunas de las herramientas que se emplean con mayor frecuencia aparecen en la barra de herramientas de dibujo. Muchos otros diseños se encuentran en el menú AutoShapes (Autoformas) (*véase* Autoformas).

  - Use la **herramienta de líneas** para trazar una línea recta. Puede cambiar el estilo y color de la línea si la selecciona y hace clic en los botones estilo de línea, tipo de línea, estilo de flecha, o color de línea en la barra de herramientas de dibujo.

  - Use la **herramienta de flechas** para dibujar flechas. Hay opciones para cambiar el estilo de la flecha si la selecciona, haga clic en el botón estilo de flecha en la barra de herramientas de dibujo y selecciona un estilo diferente. Para cambiar el color de la flecha, haga clic en More Arrows (Más flechas) en el menú emergente y seleccione otro color.

  - Use la **herramienta de rectángulos** para dibujar cuadrados o rectángulos. Para dibujar un cuadrado perfecto, oprima la tecla Shift mientras arrastra el *mouse.*

  - Use la **herramienta de óvalos** para dibujar círculos u óvalos. Para dibujar un círculo perfecto, mantenga oprimida la tecla Shift mientras arrastra el *mouse.*

Autoformas (AutoShapes)

- Cuando se selecciona **Autoformas** en la barra de herramientas Dibujo, se abren varios menús que contienen una variedad de formas (líneas, conectores, elementos de diagramas de flujo, llamadas, etc.). Es posible separar cada opción del menú emergente para obtener acceso rápido. Más adelante, en la página siguiente, se ilustra y explica cada categoría del menú de Autoformas.

Líneas

Se usa para crear líneas curvas, de forma libre e irregular. Las herramientas de líneas rectas y flechas también están disponibles en este menú.

Conectores

Conecte objetos con líneas rectas, en ángulo o curvas. Las líneas de conexión permanecen adheridas a los objetos cuando éstos se reacomodan.

Botones de acción

Utilícelos para crear una presentación para Internet. Los botones de navegación como Home, Help, Back, Next, etc., ayudan a desplazarse por una presentación.

Formas básicas

Flechas de bloque

Diagrama de flujo

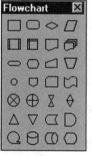

Cintas y estrellas

Llamadas

- Para dibujar una Autoforma, haga clic en la forma deseada de la paleta, luego haga clic y arrastre el *mouse* para extender la forma hasta el tamaño deseado. El color de la forma se cambia seleccionándola con la herramienta de selección y haciendo clic en el botón de color de relleno de la barra de herramientas Dibujo.

Crear objetos de texto

- Hasta ahora, el texto insertado en las diapositivas se ha colocado en los marcadores de posición. También es posible añadir texto con la herramienta de cuadro de texto para crear un objeto independiente que permite moverlo, cambiar su tamaño, borrarlo, etc., sin afectar el texto de los marcadores de posición.

- Use la herramienta de Text Box cuadro de texto de la barra de herramientas Dibujo, para agregar texto a imágenes u otros objetos, incluyendo los marcadores de posición.

- Después de seleccionar la herramienta de cuadro de texto, marque el área de la diapositiva que ocupará el texto utilizando los procedimientos para dibujar un rectángulo. El cuadro crecerá conforme inserte el texto.

Agrupar (Group) y desagrupar (Ungroup) objetos

- Cuando el dibujo está compuesto por varias formas básicas, resulta difícil mover, copiar o duplicar todas las formas como si fueran un solo objeto. **Agrupar** le permite seleccionar todas las formas de un grupo y tratarlas como un solo objeto, con lo que copiar, duplicar y mover el objeto es posible.

- Para agrupar un objeto compuesto por varias formas, seleccione cada una de ellas (mantenga oprimida la tecla Shift mientras hace clic en cada forma). Seleccione Group (Agrupar) del menú emergente Draw (Dibujo) de la barra de herramientas Dibujo. Para separar los objetos agrupados, seleccione Ungroup (Desagrupar) en el menú de dibujo. También puede hacer clic en el botón derecho del *mouse* e usar el menú de accesos directos para ejecutar estos comandos.

Capas de objetos (Layer Objects)

- Las formas se pueden colocar en capas o apilar unas sobre otras para crear efectos interesantes. Las capas se ajustan colocando los objetos adelante y atrás en la pila. Para ajustar las capas de formas u objetos, haga clic en una forma u objeto y seleccione Send to Back (Enviar al fondo) o Bring to Front (Traer al frente) submenú Order en el menú de Dibujo.

En este ejercicio, creará un logotipo usando las herramientas Autoformas y cuadro de texto de la barra de herramientas de dibujo y lo colocará en el patrón de diapositivas. Luego abrirá todas las diapositivas de la presentación para ver los efectos.

INSTRUCCIONES PARA EL EJERCICIO

1. Open 📷**FOOD**, o abra 💾**10FOOD**.

2. Cambie a la vista del patrón de diapositivas.

3. Muestre las reglas y guías de la diapositiva.

4. Dé formato al patrón de diapositivas como se muestra en la Ilustración A a continuación. La Ilustración B muestra el resultado de los cambios hechos al patrón de diapositivas.
   - Disminuya el marcador de posición de título a 5 pulgadas de ancho.
   - Inserte una Autoforma Explosión 2, de dos pulgadas, en la esquina superior izquierda de la diapositiva y rellénela de amarillo.
   - Con la herramienta de texto cree un marcador de posición de texto e inserte las iniciales SF en serif de 28 puntos, negrita cursiva. Centre las iniciales en el marcador de posición de texto. Aplique color azul al texto y colóquelo en medio de la forma, como se muestra.
   - Inserte una cara sonriente de media pulgada con la paleta de formas básicas y colóquela en la esquina inferior derecha de la diapositiva; Coloree de azul.

   - Agrupe la forma explosión y el texto. Mueva los objetos agrupados a la parte inferior izquierda, luego regréselos a la parte superior izquierda.
   - Con la herramienta de texto, cree un objeto de texto con las palabras "Eat Well and Stay Trim" en sans serif de 28 puntos. Dé color azul al texto y colóquelo en la parte inferior central de la diapositiva, como se muestra.

5. Cambie el formato de la viñeta principal a un corazón verde (Conjunto de carácteres Wingdings).

6. Cambie a la vista de diapositiva.

7. Muestre la diapositiva 1 (Smartfood Products).
   - Borre el marcador de posición del subtítulo.

8. Imprima un ejemplar como documento con seis diapositivas por página en blanco y negro.

9. Cierre el archivo; guarde los cambios.

ILUSTRACIÓN A

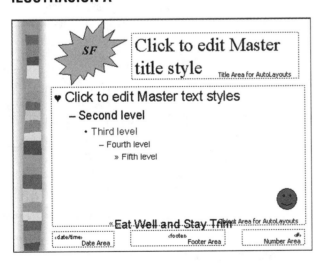

ILUSTRACIÓN B

COMBINACIONES DE TECLAS

MOSTRAR REGLAS Y GUÍAS

1. Haga clic en **V**iew .... `Alt` + `V`

2. Haga clic en **R**uler .... `R`

   Y/O

   Haga clic en **G**uides .... `G`

DIBUJAR AUTOFORMAS

1. Haga clic en A**u**toShapes ..... `Alt` + `U`
   en la barra de herramientas de dibujo.

2. Haga clic en la forma deseada del menú emergente:

   - **L**ines .... `L`

   ✓ Vea más adelante las instrucciones especiales para dibujar líneas curvas, de forma libre e irregular.

   - Co**n**nectors .... `N`

   - **B**asic Shapes .... `B`

   - Block **A**rrows .... `A`

   - **F**lowchart .... `F`

   - **S**tars and Banners .... `S`

   - **C**allouts .... `C`

   - Action Butt**o**ns .... `O`

3. Coloque la cruz (+) en el lugar donde empezará la forma.

4. Haga clic y arrastre hasta el punto deseado de terminación.

   ✓ La mayor parte de las formas de dibujo requiere el mismo procedimiento. Haga clic sin soltar el botón del mouse, y arrastre el puntero a la derecha y hacia abajo. Algunas formas requieren acciones adicionales para obtener el resultado deseado. La distancia y dirección en la que se arrastra determinan el tamaño y la forma del objeto.

DIBUJAR UN CÍRCULO/CUADRADO PERFECTO

1. Haga clic en `□` o en `○` de la barra de herramientas Dibujo.

2. Coloque la cruz (+) en el punto donde empezará la forma.

3. Presione la tecla **Shift** mientras arrastra el *mouse* diagonalmente hacia el punto de terminación.

4. Suelte el botón del *mouse*.

DIBUJAR FLECHAS

1. Haga clic en la flecha de la barra de herramientas de dibujo.

2. Coloque la cruz (+) en el punto de inicio.

3. Haga clic y arrastre hasta el punto final.

DIBUJAR LÍNEAS Y FORMAS LIBRES

1. Haga clic en A**u**toShapes .... `Alt` + `U`
   en la barra de herramientas de dibujo.

2. Haga clic en **L**ines .... `L`
   en el menú emergente.

3. Seleccione una línea, flecha, línea irregular o forma libre.

4. Mueva el puntero para dibujar la línea o forma; haga clic para cambiar de dirección o ángulo, si es necesario.

5. Haga doble clic para terminar de dibujar.

CREAR OBJETOS DE TEXTO

1. Haga clic en `▣` de la barra de herramientas de dibujo.

2. Coloque el puntero en forma de I en la posición de inicio del cuadro de texto.

3. Haga clic y arrastre para dar forma a un cuadro de texto cerrado.

   O

   a. Haga clic para escribir sin resaltar el cuadro.

   b. Escriba el texto deseado.

   c. Presione **Esc** cuando .... `Esc`
      termine de escribir.

AGRUPAR OBJETOS

1. Mantenga presionada la tecla **Shift** mientras selecciona los objetos que desea agrupar.

2. Haga clic en D**r**aw .... `Alt` + `R`

3. Haga clic en **G**roup .... `G`

DESAGRUPAR OBJETOS

1. Seleccione el objeto agrupado que desee.

2. Haga clic en D**r**aw .... `Alt` + `R`

3. Haga clic en **U**ngroup .... `U`

REAGRUPAR OBJETOS

   ✓ Reagrupa el último objeto desagrupado. Si la diapositiva que contiene un objeto desagrupado no está activa, el objeto no se reagrupará con este procedimiento. Tendrá que agruparse de nuevo.

1. Haga clic en D**r**aw .... `Alt` + `R`

2. Haga clic en Re**g**roup .... `O`

CAPAS DE OBJETOS

1. Seleccione el objeto deseado.

2. Haga clic en D**r**aw .... `Alt` + `R`

3. Haga clic en **O**rder .... `R`

4. Haga clic en Send **B**ackward .... `B`
   para enviar un objeto una capa hacia atrás.

   O

   Haga clic en Bring **F**orward .... `F`
   para enviar un objeto una capa al frente.

5. Repita el paso 4 hasta que el objeto se coloque adecuadamente.

   O

1. Seleccione el objeto deseado.

2. Haga clic con el botón derecho del *mouse* en el objeto seleccionado.

3. Haga clic en **O**rder .... `R`

4. Seleccione la opción deseada:

OPTION	MOVEMENT
Bring to Fron**t**	Coloca el objeto encima de todos los demás.
Send to Bac**k**	Coloca el objeto debajo de todos los demás.
Bring **F**orward	Mueve el objeto una capa hacia delante en la pila.
Send **B**ackward	Mueve el objeto una capa hacia atrás en la pila.

CICLO DE OBJETOS

1. Presione **Ctrl+A** .... `Ctrl` + `A`
   para seleccionar todos los objetos.

2. Presione **Tab** hasta seleccionar el objeto deseado .... `A`

Ejercicio 11

■ Crear una gráfica ■ Crear una tabla ■ Crear una hoja de trabajo de Excel

Barra de herramientas Estándar

Insertar gráfica

NOTAS

Crear una gráfica

■ Para agregar una gráfica a una diapositiva de PowerPoint, importe una ya creada en Excel, o use la diapositiva de gráficas de PowerPoint para crearla. *(Ver el Capítulo de Integración para importar gráficas y hojas de datos de Excel.)*

■ Para crear una gráfica en una diapositiva, haga doble clic en un marcador de posición de gráfica en una diapositiva de Autodiseño, o seleccione Chart (Gráfica) en el menú Insert (Insertar), o haga clic en el botón Insertar gráfica en la barra de herramientas Estándar.

■ Se abre una ventana de hoja de datos junto con una barra de herramientas de gráficas que reemplaza a la Estándar. Aparecerán varias funciones de gráficas en la barra de herramientas Formato. Inserte los datos que desee incluir en la gráfica (y borre la información de muestra) como se hace en Excel. La gráfica responderá a los nuevos datos. Haga clic en la diapositiva (no en la gráfica) para ocultar la hoja de datos. Para ver de nuevo la hoja de datos, haga doble clic en la gráfica.

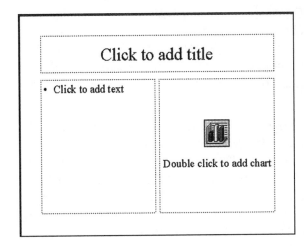

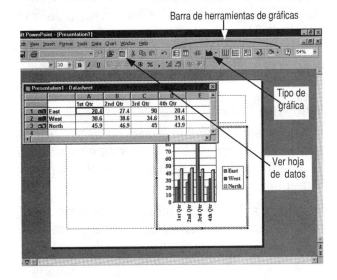

Barra de herramientas de gráficas

Tipo de gráfica

Ver hoja de datos

- El tipo de gráfica predeterminada es de columnas en tercera dimensión. Sin embargo, es posible cambiar el tipo de gráfica antes o después de escribir los datos en la hoja de datos si hace clic en la gráfica de la diapositiva y selecciona Chart Type (Tipo de gráfica) en el menú Chart (Gráfica), o hace clic en la flecha de la casilla de lista al lado del botón Tipo de gráfica ![icono] en la barra de herramientas de Gráficas. Seleccione uno de los tipos de gráficas entre las elecciones que aparecen.

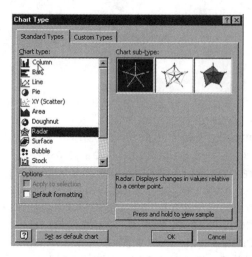

- Puede mejorar el aspecto de la gráfica con un título y etiquetas de datos. Las etiquetas de datos le permiten indicar el valor exacto de cada punto de información. Aplique las combinaciones de teclas para insertar título y etiquetas de datos a una tabla.

Crear una tabla

- Para agregar una tabla a una diapositiva de PowerPoint importe una ya creada en Word o con la diapositiva de tabla de PowerPoint para crear una nueva

- La importación de una tabla ya creada de Word a una diapositiva PowerPoint se tratará en el Capítulo 6 de Integración

- Para crear una tabla en una diapositiva, haga doble clic en un marcador de posición de tabla de una diapositiva de Autodiseño o seleccione Microsoft Word Table (Tabla de Microsoft Word) en el submenú Picture (Imágenes) del menú Insert (Insertar). PowerPoint ofrece una diapositiva con autodiseño que contiene un formato de tabla.

- Después de hacer clic en el marcador de posición de tabla, el cuadro de diálogo Insertar tabla de Word aparece para usted indique la cantidad de columnas y filas que necesita para la tabla.

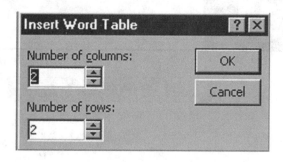

- También puede crear una tabla si hace clic en el botón Insertar tabla de Microsoft Word ![icono] en la barra de herramientas Estándar y arrastra el *mouse* a lo ancho de la cuadrícula para indicar el número de filas y columnas deseado. Cuando suelte el botón del *mouse*, aparecerá una tabla en su diapositiva y las barras de herramientas y de menú de PowerPoint se reemplazan temporalmente con las de Word. Esto permite usar las funciones de edición de tabla de Word en PowerPoint.

- Haga clic en una celda e inserte el texto deseado. Oprima la tecla de tabulación para mover el punto de inserción de una celda a la otra.

- Después de insertar el texto de la tabla, haga clic en la diapositiva que contiene la tabla para regresar a PowerPoint u oprima Escape. Es posible volver a la tabla y aplicar cambios en cualquier momento si se hace doble clic en el interior de la tabla.

- Si usa una diapositiva de tabla para insertar una tabla, las columnas y filas se distribuirán de manera uniforme en el marcador de posición. Puede ajustar el ancho de las columnas y la altura de las filas igual que en Word. Si crea la tabla en una diapositiva que no contenga un marcador de posición de tabla y usa la cuadrícula para crear las columnas y filas, quizá necesite cambiar la posición de la tabla a la ubicación deseada en la diapositiva. Al igual que con otros objetos, haga clic dentro de la tabla y arrástrela a la ubicación deseada; arrastre un controlador para ajustar el tamaño de la tabla.

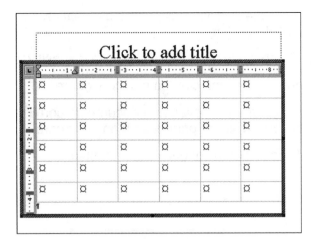

Las barras de herramientas Estándar y de menú de PowerPoint se reemplazarán temporalmente con las de Excel. (Véase el Capítulo de Integración para importar gráficas y hojas de cálculo de Excel.)

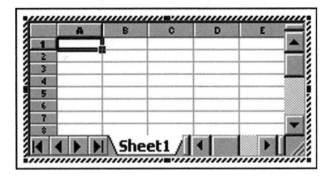

Crear una hoja de trabajo de Excel

■ Para crear una hoja de cálculo de Excel en una diapositiva, haga clic en el botón Insertar hoja de trabajo de Microsoft Excel en la barra de herramientas. Aparecerá una cuadrícula desplegable como con las tablas. Haga clic y arrastre a lo ancho y hacia abajo para indicar el número de columnas y filas que desea en la hoja de trabajo. Cuando suelte el mouse, aparecerá una hoja de cálculo, lista para insertar datos.

En este ejercicio, insertará una diapositiva de gráfica y otra de tabla en una presentación ya creada.

INSTRUCCIONES PARA EL EJERCICIO

1. Abra 🖳**FLAGSHIP**, o abra 🖬**11FLAGSHIP**.

2. Inserte una diapositiva nueva y seleccione el autodiseño de gráfica.

3. Muestre las reglas y guías de la diapositiva.

4. Inserte el título de la diapositiva que se muestra en la ilustración A de la siguiente página y disminuya el tamaño de fuente lo necesario. Haga doble clic en el icono de gráfica, borre la información de la hoja de datos e inserte los nuevos datos que se muestran a continuación:

	1994	1995	1996	1997
Townhouses	20	40	85	88
Comm. Prop.	8	12	24	31
Houses	45	44	87	91

• Cambie la fuente a Arial (no Arial Black).

5. Inserte un título de gráfico que diga: Townhouse, Commercial Property and House Unit Sales over Four Years. Déle color azul al texto. Determine el tamaño de texto en18 puntos y cambie la fuente a Arial.

6. Incluya las etiquetas de datos de la gráfica (mostrar valor).

7. Cambie a la vista Clasificador de diapositivas.

8. Mueva esta diapositiva nueva para sea la 4.

9. Pase a la vista de diapositiva.

10. Muestre la diapositiva 5 (Sample inventory) y seleccione el autodiseño de diapositiva de tabla.

11. Inserte los datos para tabla de la ilustración C.
    - Cree 5 columnas y 4 filas.
    - Establezca el texto del encabezado de columna a Arial de 24 puntos para las columnas 1-4; ponga el encabezado de la columna 5 a 18 puntos.
    - Establezca el texto de columna en sans serif de 18 puntos, negrita.
    - Centre los encabezados de columnas, así como el texto de las columnas 2 y 3.
    - Ajuste el ancho de las columnas y la altura de las filas para que el texto aparezca como en la ilustración.

    - Inserte el título de diapositiva que se muestra en la ilustración.

12. Cambie a la vista Clasificador de diapositivas.

13. Vea la presentación en blanco y negro.

14. Imprima una copia como documento con 6 diapositivas por página en blanco y negro.

15. Cierre el archivo; guarde los cambios.

ILUSTRACIÓN A

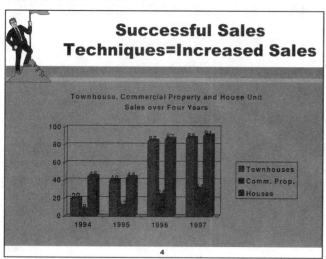

ILUSTRACIÓN B

ILUSTRACIÓN C

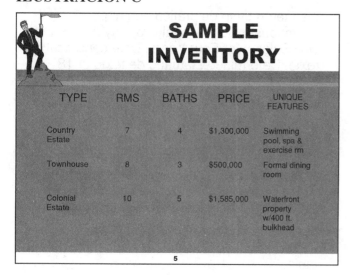

COMBINACIONES DE TECLAS

CREAR UNA GRÁFICA EN UNA DIAPOSITIVA

1. Seleccione una diapositiva con un marcador de posición de gráfica en el autodiseño.

2. Haga doble clic en el marcador de espacio de gráfica.

3. Inserte los datos para la gráfica en la hoja de datos.

   Para borrar información en una hoja de datos:

   a. Presione **Ctrl+A** .... `Ctrl`+`A` para seleccionar la información.

   b. Presione **Delete** .... `Del`

4. Haga clic en la gráfica para ocultar la hoja de datos.

   O

   Haga clic en el botón **View Datasheet** `⊞`.

Para insertar un título:

1. Haga doble clic en la gráfica.

2. Haga clic en **Chart** .... `Alt`+`C`

3. Haga clic en **Chart Options** .... `O`

4. Haga clic en la ficha **Titles**.

5. Haga clic en **Chart title** .... `Alt`+`T`

6. Escriba el título .... *texto*

7. Haga clic en **OK** .... `Enter`

Para dar color al título de la gráfica:

1. Haga clic con el botón derecho del *mouse* en el título de la gráfica.

2. Haga clic en **Format Chart Title** .... `Alt`+`O`

3. Haga clic en la ficha **Font** .... `F`

4. Haga clic en **Color** .... `Alt`+`C`

5. Seleccione el color deseado.

6. Haga clic en **OK** .... `Enter`

Insertar etiquetas de datos:

1. Haga clic con el botón derecho del *mouse* en la gráfica.

2. Haga clic en **Chart Options** .... `Alt`+`O`

3. Haga clic en la ficha **Data Labels** .... `D`

4. Seleccione el tipo deseado de etiqueta.

5. Haga clic en **OK** .... `Enter`

CAMBIAR FUENTE

1. Haga clic con el botón derecho del *mouse* en el elemento de la gráfica que desee cambiar.

2. Haga clic en **Format Legend** .... `O` o en **Format Axis**

3. Haga clic en la ficha **Font** .... `Ctrl`+`Tab`

4. Seleccione la fuente deseada.

5. Haga clic en **OK** .... `Enter`

CREAR UNA TABLA EN UNA DIAPOSITIVA

1. Haga clic en el botón Insertar tabla de Microsoft Word `⊞` de la barra de herramientas estándar.

2. Arrastre para señalar el número deseado de filas y columnas.

   O

1. Haga clic en **Insert** .... `Alt`+`I`

2. Haga clic en **Picture** .... `P`

3. Haga clic en **Microsoft Word Table** .... `T`

   O

1. Seleccione un diseño de diapositiva con un marcador de posición de tabla.

2. Inserte el título en el marcador de posición correspondiente.

3. Haga doble clic en el marcador de posición de tabla.

4. Inserte el número deseado de columnas en **Number of columns**.

5. Inserte el número deseado de filas en **Number of rows**.

6. Haga clic en **OK** .... `Enter`

7. Haga clic en la primera celda e inserte el texto deseado.

8. Oprima **Tab** .... `Tab` para avanzar a la celda siguiente.

   O

   Presione **Shift + Tab** .... `Shift`+`Tab` para ir a la celda anterior.

9. Haga clic en la diapositiva para insertar la tabla y regresar a PowerPoint

Ejercicio 12

■ **Insertar una diapositiva con organigrama**

NOTAS

Insertar una diapositiva con organigrama

- Un Organigrama se usa para ilustrar la estructura jerárquica de una empresa.

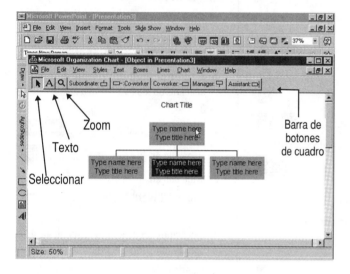

- Los organigramas también se emplean para mostrar el avance de un proyecto o un árbol genealógico.

- PowerPoint contiene un Autodiseño de organigrama, Para crear un organigrama, seleccione el Autodiseño de organigrama y haga doble clic en el marcador de posición correspondiente.

- Aparecen en forma preestablecida cuatro cuadros. No obstante, es posible agregar cuadros adicionales a los ya existentes y volver a ordenarlos. Además, hay opciones para aplicar formato a cada cuadro con fuentes diferentes, tamaños, colores de relleno y bordes, así como alineación de texto a la izquierda, centro o derecha dentro del cuadro.

- Hay cuatro tipos de cuadros: Gerente, Subordinado, Colega y Asistente; cada tipo de cuadro nuevo se integra a los existentes de manera diferente. Observe los tipos de cuadros en la barra de botones de cuadros.

- Es posible insertar hasta cuatro líneas de texto en cada cuadro. Mientras escribe, la caja ajustará su tamaño para dar cabida al texto.

- Después de agregar las cajas deseadas e insertar el texto correspondiente, seleccione Close and Return to Presentation (Cerrar y regresar a la presentación) del menú de File (Archivo).

INSTRUCCIONES PARA EL EJERCICIO

1. Abra 🖳**KIT**, o abra 🖫**12KIT**.

2. Cambie a la vista de diapositiva.

3. Inserte una diapositiva nueva y seleccione el Autodiseño de organigrama.

4. Inserte el nombre de la empresa como se muestra en la Ilustración A con una fuente sans serif negra. Dé color amarillo al título.
   ✓ *Agregue un cuadro de asistente pata incluir la información del cuadro 5.*

5. Inserte una diapositiva nueva y seleccione el Autodiseño de gráfica.

6. Inserte el título de la diapositiva mostrado en la Ilustración B de la siguiente página. Borre la información de la hoja de datos e inserte la de abajo:

Sales Before and After Using Creative Kits		
	Great Foods	Harly Hotel	Venus Graphics
Before	100	485	195
After	200	555	305

   ✓ *Puesto que no necesita todas las columnas y filas de la hoja de datos, resalte la fila y/o columna que no necesite y seleccione Exclude Rows/Columns (Excluir filas/columnas) en el menú de datos.*

7. Pase a la vista Clasificador de diapositivas.

8. Mueva la diapositiva de gráfica para que sea la 9 y la diapositiva del organigrama para que sea la 10 (la última).

9. Pase a la vista del patrón de diapositivas.

10. Reduzca el marcador de posición de título.

11. Con Autoformas, cree una cinta curvada e inserte las iniciales CS con una fuente roja de 48 puntos, negrita, en el centro, como se ve en la Ilustración C.

12. Inserte número de diapositiva negro en la parte inferior derecha.

13. Cambie a la vista de patrón de título.

14. Reduzca el marcador de posición del título y ubíquelo en la parte superior derecha.

15. Con Autoformas, cree una cinta curvada amarilla. Inserte las iniciales CS con una fuente roja de 48 puntos, negrita, en el centro del sello.

16. Pase a la vista de diapositiva y abra la 1

17. Abra la diapositiva 7 (CREATIVE SALES KITS provide...).

18. Cambie el diseño de la diapositiva a texto e imagen e inserte un gráfico con cualquier diseño de imagen de Autoformas.

19. Imprima un ejemplar como documento con 6 diapositivas por página en blanco y negro.

20. Cierre el archivo; guarde los cambios.

COMBINACIONES DE TECLAS

CREAR UN ORGANIGRAMA EN UNA DIAPOSITIVA DE AUTODISEÑO

1. Seleccione una diapositiva de Autodiseño que contenga un organigrama.

2. Inserte el título en el marcador de posición correspondiente.

3. Haga doble clic en el marcador de posición de organigrama.

4. Seleccione el cuadro para insertar texto.

5. Escriba el nombre y oprima **Enter**.

6. Escriba el puesto y oprima **Enter**.

7. Escriba un comentario (si lo desea) y oprima **Enter**.

8. Haga clic en otro cuadro y repita los pasos 5-7.

   O

   Haga clic fuera del cuadro para cerrarlo.

9. Haga clic en **File** .... Alt + F

10. Haga clic en **Close and Return to Presentation** C

11. Haga clic en **Yes** para guardar su organigrama.

Insertar un cuadro:

12. Haga clic en la herramienta de cuadro apropiada para el que desea agregar.

13. Haga clic en el cuadro existente al que desea unir el nuevo.

Reordenar cuadros:

14. Seleccione el cuadro que desee mover.

15. Coloque el puntero del mouse en la orilla del cuadro a mover.

16. Arrastre el cuadro a su nueva ubicación.

17. Suelte el botón del mouse

ILUSTRACIÓN A

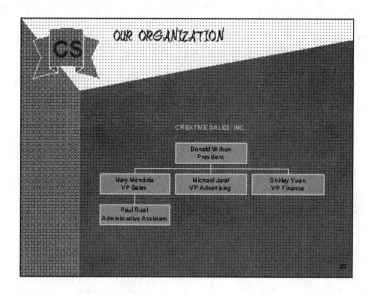

ILUSTRACIÓN B

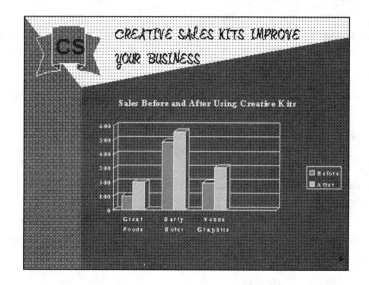

ILUSTRACIÓN C

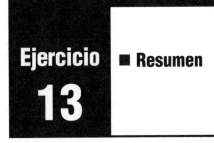

Ejercicio

13

■ **Resumen**

En este ejercicio, creará una presentación para GreatGains Mutual Fund, una compañía que necesita más inversionistas que compren sus valores bursátiles. Esta presentación incluirá una tabla, una gráfica, y diapositivas de imágenes. Usará los patrones de título y de diapositivas para incluir la información en todas las diapositivas.

INSTRUCCIONES PARA EL EJERCICIO

1. Cree una presentación nueva con plantilla; use el diseño Fans (Abanicos).

2. Pase a la vista del patrón de títulos.

3. Muestre las reglas y las guías de la diapositiva.

4. Cree los logotipos que se muestran en las esquinas superior e inferior derechas (en la marca de 4 pulgadas) de la presentación, en la diapositiva 1 que se muestra en la Ilustración A.

   Sugerencia: Para crear el logotipo de la doble G en la parte superior derecha, cree cuadros separados de texto e inserte la letra G en cada uno. Ponga una de las letras en 54 puntos y la otra en 28. Superponga los cuadros y dibuje un círculo (con Autoformas) alrededor de los cuadros. Mande el círculo al fondo y agrupe los elementos. Luego ajuste el tamaño de los elementos agrupados. Necesitará recurrir a un procedimiento similar para crear el texto y la llamada de Autoformas en la parte inferior derecha de la diapositiva. Use una fuente serif de 14 puntos, blanca, para el texto y relleno azul agua para la llamada.

   - Inserte los números de diapositiva en donde se muestran, en 18 puntos, con una fuente color rosado.
   - Cambie los carácteres preestablecidos de las primeras dos viñetas a otro estilo.
   - Ajuste el marcador de posición del título para que no interfiera con el logotipo.

5. Copie el primer logotipo.

6. Pase a la vista del patrón de diapositivas.

7. Pegue el logotipo en la misma posición que en la diapositiva 1.

8. Copie el segundo logotipo.

9. Pegue el logotipo en la misma posición que en la diapositiva 1.

10. Cambie a la vista de diapositiva.

11. Cree la presentación que se muestra en la Ilustración B, con los diseños apropiados de diapositiva.
    - Inserte los datos de abajo para crear una gráfica:

Sales (in $ millions)			
	1995	**1996**	**1997**
GreatGains	200	325	420
FastMoney	156	173	165

12. Use los nombres y puestos que siguen para el organigrama:
    Rachael Black: Head Fund Manager
    John Chou: Vice President
    Pamela Haupt: Vice President
    Jaime Cohen: Vice President
    Harry Smith: Associate
    David Stuart: Associate
    Chandra Rao: Associate

13. Vea cada una de las diapositivas. Ajuste los marcadores de posición y/o el tamaño de la fuente de los puestos para que no interfieran con los logotipos.

14. Abra la diapositiva 6.

15. Dé color amarillo al texto (subtexto) de la viñeta de estrella.

16. Corrija todos los errores de ortografía.

17. Guarde el archivo; llámelo **INVEST**. Acepte la información preestablecida del resumen.

18. Imprima un ejemplar de cada diapositiva en blanco y negro. Compare cada una con las de la ilustración B.

19. Imprima un ejemplar en la vista Esquema.

20. Cierre la ventana de presentación.

ILUSTRACIÓN A
PATRÓN DE TÍTULO

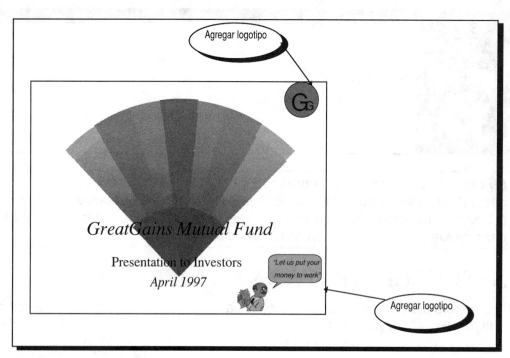

ILUSTRACIÓN B

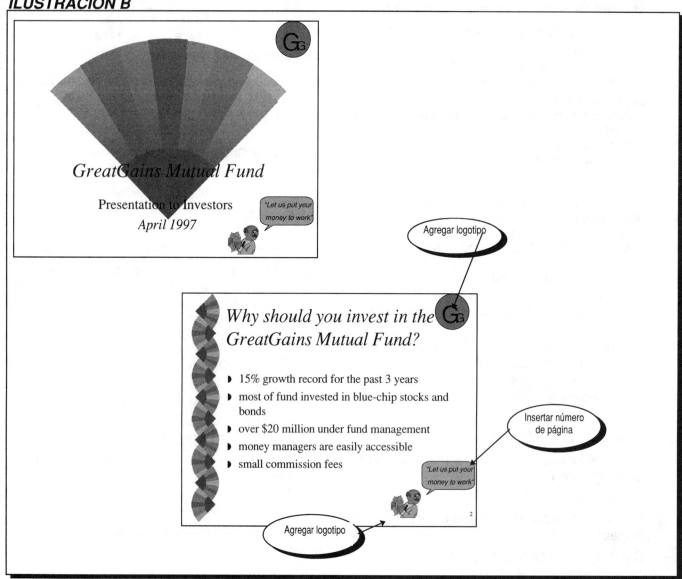

ILUSTRACIÓN C

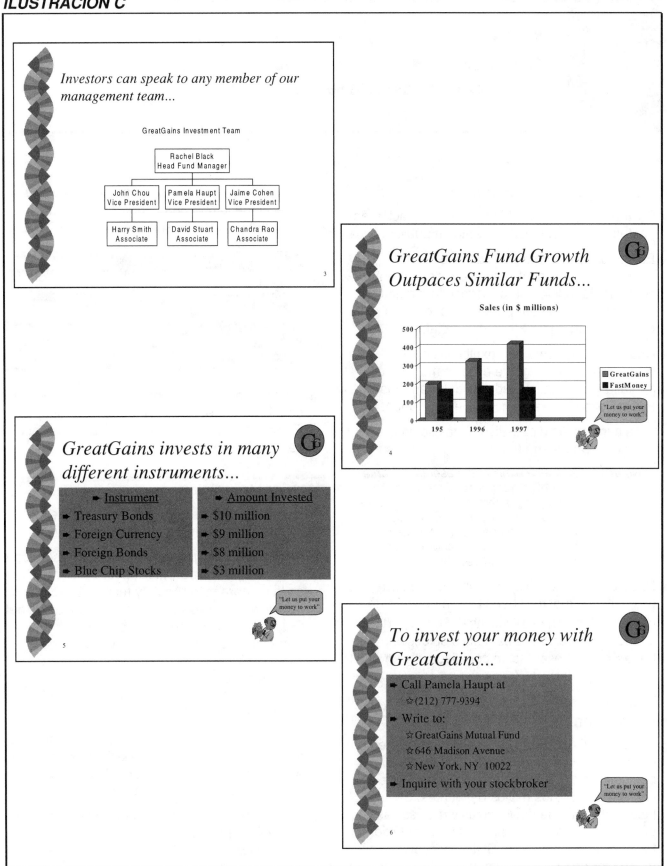

Ejercicio 14

■ **Exhibir una presentación** ■ **Agregar transiciones**
■ **Agregar sonido** ■ **Agregar intervalos**
■ **Revisar diapositivas antes de la presentación**

NOTAS

Exhibir (Show) una presentación

- PowerPoint permite exhibir una presentación en pantalla de las diapositivas ante un público.

- Es posible pasar una diapositiva a la vez conforme se da un informe oral o de manera continua. La opción de pasar continuamente es conveniente si desea, por ejemplo, dar una demostración en una feria comercial.

- Cuando se presenta una exhibición de diapositivas, cada una de ellas se muestra en pantalla completa, sin indicios del programa PowerPoint (barras de herramientas y menús).

- Para cambiar de diapositiva haga clic en el mouse u oprima una tecla.

  ✔ *Nota:* *Si planea exhibir su presentación ante un público numeroso, necesitará proyectar la imagen de la computadora en una pantalla grande. Esto exige un aparato de proyección. Consulte a su distribuidor de computadoras respecto a aparatos de proyección.*

- Para activar una exhibición, abra la primera diapositiva a mostrar, haga clic en el botón de presentación con diapositivas 🖵 en la parte inferior izquierda de la pantalla o seleccione Slide Sho̲w (Presentación con diapositivas) en el menú Vi̲ew (Ver).

Revisar diapositivas antes de la presentación

- La función **Corrector de estilos** permite, dentro de PowerPoint, hacer una revisión en sus diapositivas de errores ortográficos, claridad visual (demasiados estilos de fuentes) e inconsistencias de mayúsculas y minúsculas y puntuación, antes de exhibir una presentación. Para hacerlo, seleccione St̲yle Checker (Corrector de estilos) del menú T̲ools (Herramientas). En el cuadro de diálogo

Corrector de estilos que aparece enseguida, seleccione lo que desea que PowerPoint verifique y haga clic en Start (Iniciar).

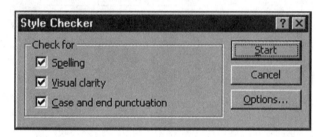

- Después de revisar la presentación, PowerPoint despliega un resumen de los resultados. Entonces es posible regresar a la presentación para aplicar los cambios.

Agregar transiciones

- Las **transiciones** controlan la manera en la que las diapositivas entran y salen de la pantalla.

- Las transiciones pueden agregarse desde todas la vistas, pero la de Clasificador de diapositivas es la manera más rápida y fácil de añadir transiciones, pues la barra de herramientas del Clasificador de diapositivas contiene herramientas específicas para esas tareas.

Haga clic para seleccionar un efecto de transición   Ensayar intervalos

- Haga clic en la flecha de la casilla lista que sigue al cuadro de texto No Transition (Sin transición). Aparecerá un menú desplegable de opciones de transición. Seleccione un efecto de transición.

- En la vista Clasificador de diapositivas, las que incluyen transición se marcan con un icono de dispositiva que aparece en la parte inferior, a la izquierda de la imagen de la diapositiva en miniatura.

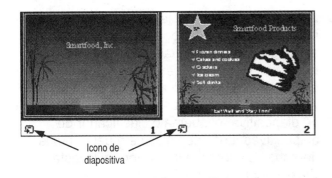

Icono de
diapositiva

■ Para agregar transiciones en vistas que no sean
la de Clasificador de diapositivas, seleccione
Slide Transition (Transición de diapositivas) del
menú Slide Show (Presentación con
diapositivas). En el cuadro de diálogo transición
de diapositiva que surge, seleccione un efecto,
la velocidad de la transición y si quiere cambiar
las diapositivas manualmente (por medio de un
clic en el *mouse*) o de manera automática
(después de un determinado número de
segundos).

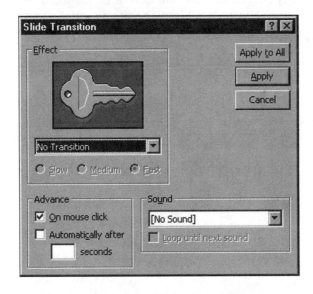

■ Las transiciones incluyen varios efectos
especiales. Seleccione un tipo de transición y
observe su efecto en la transparencia del perro a
la izquierda del cuadro de diálogo. A
continuación, hallará una descripción de los
tipos de transición y sus efectos.

Blinds (Persianas)	Crea el efecto de abrir y cerrar persianas venecianas de manera horizontal o vertical.
Box (Recuadro)	Forma un cuadro y se abre del centro hacia fuera, o de los bordes hacia adentro.
Checkerboard (Tablero de ajedrez)	Crea un efecto de cuadrícula colocando al azar pequeños cuadros negros en la pantalla, que abren la nueva diapositiva.
Cover (Cubrir)	Reemplaza una diapositiva con la siguiente en una dirección determinada.
Cut (Cortar)	Reemplaza la diapositiva con la siguiente sin movimiento con dirección.
Dissolve (Disolver)	Gradualmente borra y restaura la pantalla con la nueva diapositiva.
Fade (Desvanecimiento)	Gradualmente oscurece la diapositiva hasta el negro, antes de mostrar la siguiente.
Random Bars (Barras al azar)	Muestra la siguiente diapositiva de manera gradual colocando barras horizontales o verticales en la pantalla.
Split (División)	Muestra y desplaza una diapositiva del centro hacia fuera o de afuera hacia adentro, en forma horizontal o vertical.
Strips (Franjas)	Muestra y elimina una diapositiva de una esquina de la pantalla a otra, en varias direcciones.
Uncover (Descubrir)	Muestra una transparencia nueva mientras elimina la activa.
Wipe (Barrido)	Saca de la pantalla una diapositiva en la dirección especificada, al tiempo que muestra la nueva.
Random (Transición al azar)	Determina un efecto de transición al azar conforme pasa de una diapositiva a otra. Configurar así varias diapositivas genera una gama aleatoria de transiciones.

Agregar sonido

- Además de añadir una transición visual al pasar en la pantalla de una diapositiva a otra, se pueden agregar efectos de sonido. Si desea que el efecto de sonido se produzca en una diapositiva, seleccione la diapositiva que recibirá el efecto de sonido, luego elija el efecto de la lista desplegable de sonidos en el cuadro de diálogo Transición de diapositivas. Si quiere que el sonido permanezca hasta que el siguiente efecto sonoro se encuentre en una diapositiva, haga clic en la casilla de verificación Loop until next sound (Repetir hasta el siguiente sonido).

Agregar intervalos

- Los **intervalos** controlan la velocidad con la que se reemplazan las diapositivas. Al establecer un intervalo se indica a PowerPoint cuánto tiempo permanecerá la diapositiva en la pantalla.

- Los intervalos pueden incluirse como parte de la transición. Se indican en segundos: .05 representa 5 segundos.

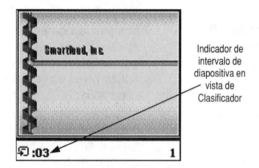

Indicador de intervalo de diapositiva en vista de Clasificador

- Los intervalos se establecen tanto de manera individual como para todas las diapositivas. Sin embargo, las diapositivas que contengan intervalos se pueden desplazar manualmente si es necesario. Los intervalos se indican en la ventana de transición de diapositiva en las vistas de diapositiva, esquema o clasificador de diapositivas. Los intervalos se muestran a la derecha del icono de transición en la vista Clasificador de diapositivas.

- La característica Ensayar intervalos (Rehearse Timings) permite probar su presentación para determinar cuánto tiempo le gustaría que cada diapositiva permanezca en pantalla. Para ensayar una presentación, haga clic en el botón Rehearse Timings (Ensayar intervalos) 🕒 en la barra de herramientas de transición. Cada diapositiva aparecerá en la pantalla con un contador de segundos que lleva un registro del tiempo. Observe cuánto tiempo le gustaría que cada diapositiva permaneciera en pantalla. Después vuelva a las diapositivas individuales para aplicar cambios en el tiempo.

En este ejercicio, editará una presentación creada con anterioridad para agregar elementos a los patrones de diapositivas y de título, insertar diapositivas nuevas y agregar transiciones, sonidos e intervalos a diapositivas seleccionadas. También verá su presentación de diapositivas.

INSTRUCCIONES PARA EL EJERCICIO

1. Abra 📠**BRAZIL**, o abra 💾**14BRAZIL**.

2. Pase a la vista de diapositiva.

3. Muestre las reglas y guías de la diapositiva.

4. Cambie a la vista del patrón de diapositivas.
   - Borre los marcadores de posición de las áreas de fecha y pie de página.
   - Inserte el nombre de la compañía en la esquina izquierda de la diapositiva (3 pulgadas en sentido vertical) en fuente serif, de 20 puntos, azul. Con Autoformas, cree una estrella roja de 4 puntos después del nombre de la compañía como se muestra en la Ilustración A.
   - Inserte un número de página en la posición preestablecida, con la fuente y el tamaño ya determinados.

5. Pase a la vista del patrón de títulos.
   - Inserte el nombre de la compañía y la estrella como se describió anteriormente.

6. Cambie a la vista de diapositiva.

7. Inserte una dispositiva nueva y seleccione el Autodiseño de organigrama.

8. Inserte la información para la tabla que se muestra en la Ilustración B. (No incluya un título de tabla.) Dé formato al título usando la misma fuente y estilo de las otras diapositivas.
   - Configure el texto de cada cuadro en negrita y dé a cada cuadro un color diferente. Use colores vivos para cada nombre de industria.

9. Pase a la vista Clasificador de diapositivas.

10. Haga que la diapositiva nueva se convierta en la 10.

11. Seleccione las diapositivas 1 y 4 y aplique un efecto de transición de la lista desplegable de efectos en la barra de herramientas del Clasificador de diapositiva.

12. Seleccione la dispositiva 1 y aplique un efecto de sonido.

13. Cambie a la vista de esquema y aplique una transición y un efecto de sonido, así como una velocidad de transición para las diapositivas 2 y 3 con el cuadro de diálogo de transición.

14. Guarde los cambios de la presentación; no cierre el archivo.

15. Con el corrector de estilos, revise la presentación. Haga los cambios sugeridos si son pertinentes. No elimine los puntos de U.S.

16. Vea la presentación con diapositivas.

17. Agregue intervalos a cada dispositiva, como desee.

18. Cambie el método de avance para pasar las diapositivas automáticamente.

19. Vea de nuevo la presentación con diapositivas.

20. Imprima un ejemplar como documento con seis diapositivas por página en blanco y negro.

21. Cierre el archivo; guarde los cambios.

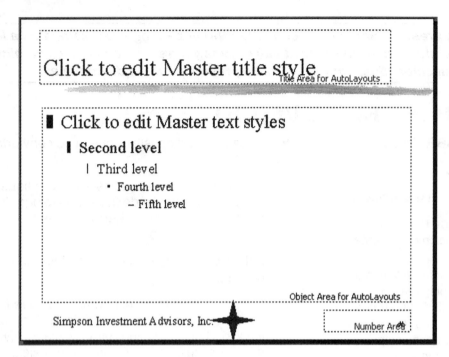

ILUSTRACIÓN A

ILUSTRACIÓN B

COMBINACIONES DE TECLAS

REVISAR DIAPOSITIVAS ANTES DE LA PRESENTACIÓN

1. Abra la presentación deseada.
2. Haga clic en **Tools** .... `Alt` + `T`
3. Haga clic en **Style Checker** .... `Y`
4. Haga clic en la opción deseada.
5. Haga clic en **Start** .... `Alt` + `S`

EXHIBIR PRESENTACIÓN

1. Abra la presentación deseada.
2. Haga clic en 🖳.

   O

   a. Haga clic en **View** .... `Alt` + `V`
   b. Haga clic en **Slide Show** .... `W`

ADELANTAR DIAPOSITIVAS

1. Inicie la presentación.
2. Haga clic con el botón izquierdo del mouse.

   O

3. Presione **Enter** .... `Enter`

AGREGAR TRANSICIONES

✓ *Los siguientes comandos están disponibles en las vistas de diapositiva, clasificador de diapositivas, esquema notas.*

1. Abra la presentación deseada.
2. Seleccione la diapositiva deseada.
3. Seleccione la vista **Slide Sorter**.
4. Haga clic en `No Transition ▾` de la barra de herramientas **Slide Sorter** para mostrar una lista de efectos.

   O

   Haga clic en 🔲 .... `Alt` + `E` la barra de herramientas Slide Sorter y haga clic en la lista desplegable Effect.
5. Seleccione la transición deseada.
6. Haga clic en **OK** .... `Enter` en caso necesario.

AGREGAR TRANSICIÓN

1. Los siguientes comandos están disponibles en las vistas de diapositiva, clasificador de diapositivas, esquema notas. Abra la presentación deseada.
2. Muestre la diapositiva deseada.
3. Haga clic en **Slide Show** .... `Alt` + `D`
4. Haga clic en **Slide Transition** .... `T`

   ✓ *No hay opciones de transición disponibles hasta que se seleccione un efecto.*

5. Seleccione la transición deseada de la lista desplegable **Effect**.

6. Seleccione la velocidad deseada para la transición:
   - **Slow** .... `Alt` + `S`
   - **Medium** .... `Alt` + `M`
   - **Fast** .... `Alt` + `F`
7. Seleccione el método deseado de avance:
   - **On mouse click** .... `Alt` + `O`
   - **Automatically** ... `Alt` + `C` , *número after # seconds*
8. Seleccione el efecto de sonido deseado en **Sound** .... `Alt` + `U` de la lista desplegable.
9. Haga clic en **OK** .... `Enter`

ESTABLECER INTERVALOS ENTRE DIAPOSITIVAS

1. Abra la presentación deseada.
2. Seleccione la diapositiva.
3. Haga clic en **Slide Show** .... `Alt` + `D`
4. Haga clic en **Slide Transition** .... `T`
5. Haga clic en **Automatically after** .... `Alt` + `C` **# seconds**.
6. Escriba el número de segundos .... *número*
7. Haga clic en **OK** .... `Enter`

Ejercicio 15

- Animar texto y objetos ■ Animación para listas con viñetas
- Animación personalizada ■ PowerPoint Central

NOTAS

Animar texto y objetos

- Además de crear una variedad de transiciones de una diapositiva a otra, existen las funciones de **animación** de PowerPoint para controlar la manera en la que el texto y los objetos aparecerán en una presentación de diapositivas. Por ejemplo, en una diapositiva con texto en lista con viñetas, se puede mostrar toda la lista de una vez, o uno por uno cada elemento de la lista. Durante la presentación de diapositivas, los puntos de la lista aparecerán cuando haga clic en el mouse o en el momento que usted determine. Mostrar el contenido de una lista con viñetas, punto por punto, suele llamarse construcción.

- También hay opción de aplicar animación a objetos, como gráficos e imágenes, mediante el cuadro de diálogo **Personalizar animación**. A través de este cuadro de diálogo se asignan efectos, se establece el orden de la animación, se determinan los intervalos (cuando se activará el efecto) y se ve la configuración en vista previa.

  ✓*Nota:*   *PowerPoint cuenta con varias herramientas adicionales de animación/grabación que le permiten crear presentaciones multimedia muy interactivas.*

Barra de herramientas de Efectos de animación

- La barra de herramientas de efectos de animación permite aplicar efectos a secciones individuales de la diapositiva. La barra de herramientas está a disposición en las vistas de diapositiva, Clasificador de diapositivas y página de notas; sin embargo, muchas de las funciones sólo se hallan en la vista de diapositiva.

- Haga clic en el menú <u>V</u>iew (Ver) y seleccione <u>T</u>oolbars (Barras de herramientas). Haga clic en Animation Effects (Efectos de animación) para activar la barra de herramientas. También puede hacer clic en el botón de efectos de animación de la barra de herramientas Formato. El botón de efectos de animación no está disponible en la vista Clasificador de diapositiva.

Animación para listas con viñetas

- Para realizar animaciones de construcción para listas con viñetas, abra la barra de herramientas de efectos de animación y pase a la vista de diapositiva. Seleccione la diapositiva a la que aplicará la animación y haga clic en la lista con viñetas en la diapositiva. Haga clic en el efecto de animación deseado para construir la lista con viñetas. Los efectos de sonido acompañan a muchos efectos de animación preestablecidos.

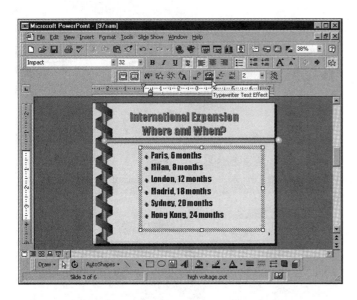

- También pueden aplicarse los efectos de animación seleccionando Preset Animation (Preestablecer animación) en el menú Slide Show (Presentación de diapositivas). Seleccione la construcción deseada o desactive la actual (haciendo clic en Off) en este submenú.

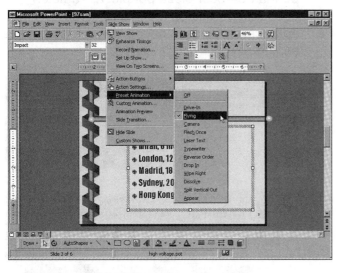

- Para ver una presentación preliminar de cómo aparecerá la construcción al pasar las diapositivas, haga clic en le menú Presentación de diapositivas y seleccione Animation Preview (Vista previa de la animación). Una diapositiva en miniatura mostrará cómo se verá en una presentación. Haga clic en el cuadro Cerrar para quitar la miniatura de la pantalla.

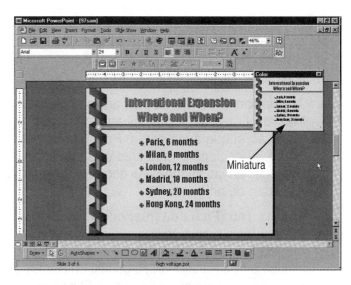

Animación personalizada

- En el cuadro de diálogo Personalizar animación se controlan varios efectos de animación y se aplican a elementos diferentes de la diapositiva, entre ellos gráficas e imágenes.

- Pase a la vista de diapositiva y seleccione la que incluirá la animación. Haga clic en el objeto que desee animar; luego haga clic en el menú Presentación de diapositivas y seleccione Custom Animation (Personalizar animación). En cuadro de diálogo de personalizar animación que aparece, seleccione una opción de animación.

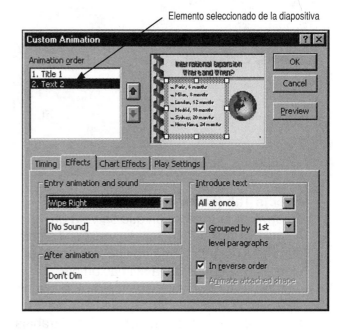

■ A continuación, se presentan las explicaciones de las opciones de animación. Las opciones disponibles dependen del objeto o texto a animar.

- **Animation order (Orden de animación).** Muestra una lista de objetos animados y el orden en el que aparecerán. Para cambiar el orden, seleccione el elemento que moverá y haga clic en las flechas a la derecha del cuadro de orden de animación.

- **Timing Tab (Ficha de intervalos).** Muestra los objetos sin animación en la diapositiva elegida Seleccione de la lista un objeto, texto, gráfica o título a animar. Haga clic en Animate (Animar) para aplicar los efectos. El intervalo preestablecido consiste en que la animación comience cuando haga clic en el mouse. Si hace clic en Automatically (Automáticamente), es posible especificar el número de segundos que esperará el efecto después del acontecimiento anterior.

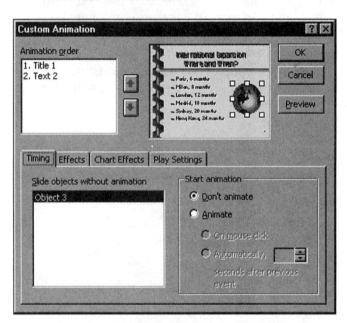

- **Effects Tab (Ficha efectos).** Permite determinar la manera en que se verá un elementos aplicar efectos de sonido. También permite ajustar la forma en que aparecerá un elemento después de la animación por ejemplo, cuánto tiempo se mostrará, o invertir el orden de una lista con viñetas. Algunas de estas opciones no están disponibles si trabaja con un objeto.

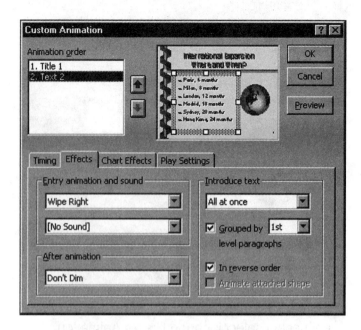

- **Chart Effects Tab (Ficha Efectos de gráficas).** Anima secciones de una gráfica. La gráfica aparecerá completa de una vez o por categoría. Por ejemplo, una gráfica circular podría aparecer pieza por pieza. También puede determinarse la manera cómo aparecerán las secciones y agregar efectos de sonido.

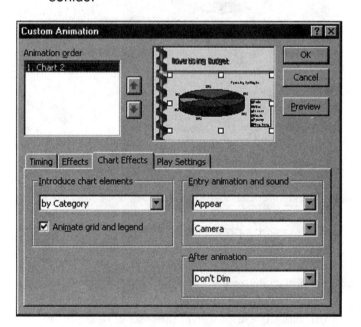

- **Play Settings Tab (Ficha Configuraciones de presentación).** Ajusta la manera como se reproducirán los clips de vídeo y sonido durante la presentación.

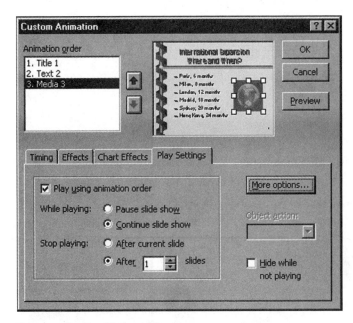

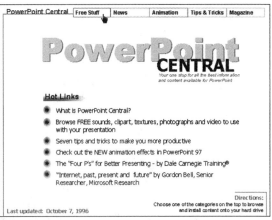

■ Si instaló Office 97 de un CD-ROM, existe la opción de abrir Valupak para ver las opciones disponibles. Haga clic en la opción que quiera explorar. También puede conectarse en línea y seleccionar varios hipervínculos para conseguir información, clips de sonido y videos, así como material útil para las presentaciones.

PowerPoint Central

■ Si tiene acceso a la World Wide Web, puede conectarse en línea y tener acceso a hipervínculos que ofrecen plantillas, sugerencias recientes e información acerca de PowerPoint. Para acceder a PowerPoint Central, haga clic en Tools (Herramientas), PowerPoint Central.

En este ejercicio, editará una presentación ya creada al añadirle una diapositiva de gráfica, construcciones, sonido e intervalos a diapositivas seleccionadas. Luego verá su presentación de diapositivas.

INSTRUCCIONES PARA EL EJERCICIO

1. Abra 🖥**FOOD**, o abra 💾**15FOOD**.

2. Pase a la vista de diapositiva.

3. Inserte una diapositiva nueva y seleccione el autodiseño de gráfica.

4. Seleccione Pie Chart (Gráfica circular) como el tipo de gráfica. Inserte el título de diapositiva de la ilustración A. Borre la información de la hoja de datos e inserte los siguientes datos:

Paris	Milan	London	Madrid	Sydney	Hong Kong
400	600	800	300	300	900

- Cree un título de gráfica y colóquelo como se muestra en la ilustración.
- Inserte las etiquetas de datos y seleccione Show Percent (Mostrar porcentajes).

5. Cambie a la vista Clasificador de diapositivas.

6. Mueva la diapositiva nueva para que sea la 4.

7. Cree un efecto de transición para cada diapositiva.

8. Agregue un intervalo de 5 segundos para la diapositiva 4.

9. Cree una construcción de animación para el texto de la lista con viñetas de las diapositivas 2, 3, 5 y 6 con las opciones que guste.

10. Anime los gráficos de las diapositivas 2 y 5 con los efectos que quiera.

11. Muestre la diapositiva de la gráfica. Anime la gráfica circular por categoría y añada sonido con cualquier efecto.

    Opcional: Si está conectado en línea, acceda a PowerPoint Central desde el menú herramientas, seleccione una plantilla en la WWW y aplíquela a todas las diapositivas de la presentación.

12. Guarde los cambios de la presentación; no cierre el archivo.

13. Vea la presentación con diapositivas.

14. Imprima una copia de la diapositiva 4 (la gráfica circular) en blanco y negro.

15. Cierre la ventana de presentación.

ILUSTRACIÓN A

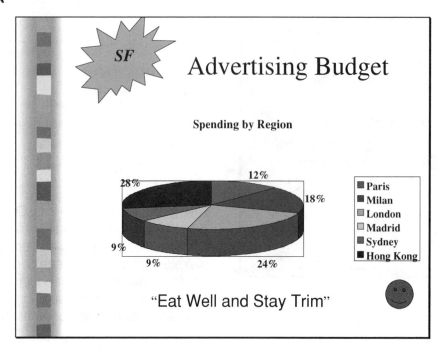

COMBINACIONES DE TECLAS

APLICAR ANIMACIÓN PREESTABLECIDA A LISTAS, OBJETOS O GRÁFICOS

✓ *Muchos de los siguientes pasos pueden realizarse en otras vistas, pero la vista de diapositiva es la que tiene todas las características disponibles.*

– DESDE LA BARRA DE HERRAMIENTAS DE EFECTOS DE ANIMACIÓN –

1. Seleccione la diapositiva con la lista, objeto o gráfico que desee animar.

2. Haga clic en el interior de la lista, objeto o gráfico a animar.

3. Haga clic en el efecto de animación deseado en la barra de herramientas.

Para vista previa de la animación:

a. Haga clic en **Sli̲de Show**.... `Alt` + `D`

b. Haga clic en **Animation Pre̲view** `E`

✓ *Aparecerá en pantalla una diapositiva en miniatura con la construcción seleccionada.*

– DESDE LA VISTA DE DIAPOSITIVA –

1. Seleccione la diapositiva con la lista, objeto o gráfico que desee animar.

a. Haga clic en **Sli̲de Show**.... `Alt` + `D`

b. Haga clic en **P̲reset Animation**... `P`

2. Seleccione el efecto deseado.

O

Haga clic en **O̲ff** .... `O`
para desactivar todos los efectos.

Para vista previa de la animación:

a. Haga clic en **Sli̲de Show**.... `Alt` + `D`

b. Haga clic en **Animation Pre̲view** `E`

Aparecerá en pantalla una diapositiva en miniatura con la construcción seleccionada.

APLICAR ANIMACIÓN PERSONALIZADA A LISTAS

✓ *Muchos de los pasos siguientes pueden realizarse en otras vista, pero la vista de diapositivas es la que tiene todas las funciones disponibles..*

1. Seleccione la diapositiva con la lista, objeto o gráfico que desee animar.

2. Haga clic en el interior de la lista, objeto o gráfico a animar.

3. Haga clic en Custom Animation 🔧 en la barra de herramientas Efectos de animación.

O

a. Haga clic en **Sli̲de Show**.... `Alt` + `D`

b. Haga clic en **Custo̲m Animation** . `M`

4. Seleccione las opciones para la lista, objeto o gráfico que desee animar:

- **Animation order** Seleccione el orden de los diferentes elementos que aparecen en la diapositiva.

- **Timing** Seleccione cómo, cuándo y/o si los elementos aparecerán animados en la diapositiva.

- **Effects** Seleccione los efectos de animación y sonido.

- **Chart Effects** Seleccione la manera en que los elementos de gráfica se introducirán en la diapositiva que contenga una gráfica.

- **Play Settings** Determine la configuración para los clips de vídeo y sonido en la diapositiva.

✓ *Las opciones aparecen atenuadas cuando no son aplicables al elemento seleccionado que desea animar..*

Para vista previa de la animación:

a. Haga clic en **Sli̲de Show** ... `Alt` + `D`

b. Haga clic en **Animation Pre̲view**. `E`

✓ *Aparece en pantalla una miniatura de la diapositiva con la construcción seleccionada.*

Ejercicio 16

■ **Función Notas** ■ **Crear presentaciones que pasan continuamente**

NOTAS

Función Notas (The Annotator)

■ Con la **función Notas**, es posible hacer marcas en una diapositivas durante la presentación. Las anotaciones hechas en la pantalla durante una presentación no alteran de ninguna manera la diapositiva. Los intervalos se suspenden mientras se hacen las notas y comienzan de nuevo cuando éstas se desactivan. Las notas no son permanentes y desaparecen al pasar a otra diapositiva.

■ La función de notas se activa haciendo clic en icono [icono] de notas que aparece en la esquina inferior izquierda de la pantalla durante una exhibición de diapositivas. Seleccione Pen (Pluma) en el menú emergente. El puntero del mouse se convertirá en una pluma para escribir en la pantalla. Para desactivar, haga clic en el icono y seleccione Arrow (Flecha) en el menú.

■ Para borrar todas las notas de la diapositiva activa, oprima la letra E en el teclado.

> ✔ *Nota:* *Si el icono no aparece, mueva el mouse para mostrarlo. También es posible hacer clic en el botón derecho y seleccionar Pen en el menú de accesos directos.*

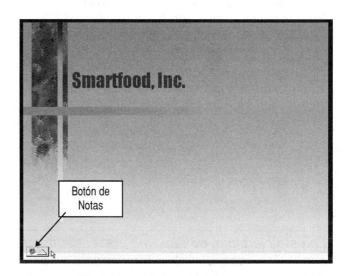

Crear presentaciones que pasan continuamente

■ Existe la opción de que las presentaciones pasen de manera continua, de tal forma que no se necesite hacer clic en el mouse o presionar una tecla para activar una diapositiva. Las presentaciones con avance preestablecido de diapositivas son muy útiles en las ferias comerciales o en un mostrador de ventas.

■ Hay que determinar intervalos para cada diapositiva de una presentación continua a fin de indicar a PowerPoint cuánto tiempo debe permanecer en la pantalla cada diapositiva. Es importante establecer el tiempo suficiente para que la gente vea la información que presenta cada diapositiva al determinar los intervalos para una presentación que pasa continuamente.

- Para crear una presentación continua, cambie a la vista Clasificador de diapositivas; presione Ctrl + A para seleccionar todas las diapositivas. Seleccione Set Up show (Configurar presentación), Loop Continuously Until 'Esc' (Repetir el ciclo continuamente hasta 'Esc') en el menú Slide Show (Presentaciones de diapositivas).

- La presentación continua se interrumpe presionando Esc.

- Seleccione Slide Transition (Transición de diapositivas) en el menú Slide Show (Presentación de diapositivas). En el cuadro de diálogo Transición de diapositivas, seleccione Automatically (Automáticamente) e indique el número de segundos que desea que cada diapositiva permanezca en la pantalla.

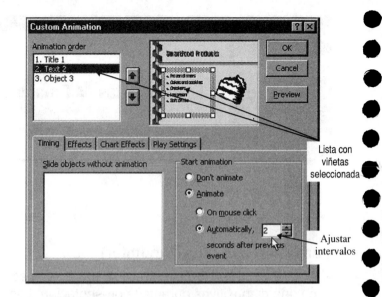

- Es posible controlar los intervalos de los elementos individuales de las listas con viñetas, objetos y gráficos, además de regular los intervalos de la diapositiva completa. Ajuste el intervalo de los elementos individuales de la diapositiva con las opciones de intervalo del cuadro de diálogo Personalizar animación.

En este ejercicio, editará una presentación creada con anterioridad agregando transiciones, construcciones, sonido e intervalos a diapositivas seleccionadas. También usará la función Notas durante la presentación de las diapositivas.

INSTRUCCIONES PARA EL EJERCICIO

1. Abra 📼**FLAGSHIP**, o abra 💾**16FLAGSH**.

2. Pase a la vista de diapositiva.

3. Aplique un efecto y una velocidad de transición a cada diapositiva de la presentación en el cuadro de diálogo Transición de diapositivas.

4. Aplique una construcción animada a los textos de las listas con viñetas de las diapositivas 2, 3, 6 y 7 utilizando cualquier efecto que desee. Atenúe todos los puntos anteriores con cualquier color.
   - Anime y agregue sonido a la imagen de la diapositiva 3, y añada un intervalo de 5 segundos. Use cualquier efecto deseado.
   - Anime el gráfico de llamada con cualquier efecto de diseño que le agrade.
   - Muestre la diapositiva 4 (diapositiva de gráfica). Anime la gráfica por series y agregue cualquier efecto de sonido que desee.

5. Guarde los cambios de la presentación.

6. Vea la presentación de diapositivas. Use la función Notas para encerrar en un círculo Pineview Estates en la diapositiva 2 y la fila Country Estates en la diapositiva 5.

7. Agregue intervalos de diapositivas a cada una de ellas y cambie el método de avance a automáticamente.

8. Configure la presentación para que pase de manera continua y véala de nuevo.

9. Después de ver toda la presentación, deténgala.

10. Cierre el archivo; guarde los cambios.

COMBINACIONES DE TECLAS

HACER NOTAS DURANTE LAS PRESENTACIONES DE DIAPOSITIVAS

1. Abra la presentación deseada e inicie la exhibición.

2. Haga clic en [icono] en la esquina inferior izquierda de la pantalla para activar las notas.

3. Seleccione **Pen** en el menú emergente.

4. Oprima el botón izquierdo del mouse mientras escribe en la diapositiva con la "pluma."

Para desactivar Notas:

1. Haga clic en el botón de notas.

2. Seleccione **Arrow** .... `A`

PRESENTACIONES DE DIAPOSITIVAS CONTINUAS

1. Abra la presentación deseada.

2. Haga clic en **S̲lide Show**......... `Alt`+`D`

3. Haga clic en **Slide T̲ransition**. .... `T`

4. Haga clic en **Automati̲cally** .... `Alt`+`C` **after seconds**

5. Inserte el número de segundos .... *número*

6. Haga clic en **Apply t̲o All** .... `Alt`+`T`

7. Haga clic en **Sli̲de Show** .... `Alt`+`D`

8. Haga clic en **S̲et Up Show** .... `S`

9. Haga clic en **Loop Continuously** .... `Alt`+`L` **Until 'Esc'**

Para detener una presentación continua:

Presione **Esc** .... `Esc`

<table>
<tr><td>

Ejercicio

17

</td><td>

■ **Crear páginas de notas y documentos**
■ **Patrón de notas y patrón de documentos**
■ **Dar formato a páginas de notas**
■ **Imprimir páginas de notas y documentos**
■ **Presentaciones portátiles**

</td></tr>
</table>

NOTAS

Crear páginas de notas (Notes Pages) y documentos (Handouts)

■ En los ejercicios anteriores, imprimió la presentación tanto como diapositivas individuales o en forma de documento con seis diapositivas por página. PowerPoint ofrece otras opciones para imprimir la presentación.

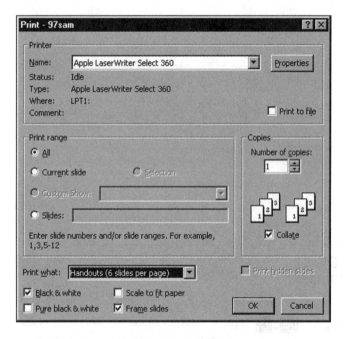

■ La opción de **páginas de notas** imprime la presentación con una imagen pequeña en la parte superior de la página y un cuadro en blanco (marcador de posición de notas) debajo de la imagen. Es posible insertar recordatorios y/ o información adicional sobre la diapositiva en el marcador de posición de notas o dejarlo en blanco para que el público haga sus propias notas.

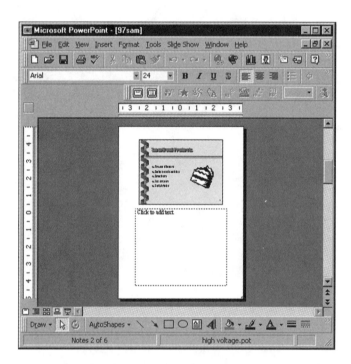

■ Para añadir notas a las diapositivas, haga clic en el botón de vista de página de notas en la parte inferior izquierda de la pantalla, o seleccione Notes Page (Página de notas) en el menú principal View (Ver). Luego inserte el texto deseado en el marcador de posición de notas. O agregue notas del orador mientras está en las vistas de diapositiva o Clasificador de diapositivas seleccionando la diapositiva que incluirá las notas y después Speaker Notes (Notas del orador) en el menú Ver.

436

Patrón de notas y de documentos

- En el Ejercicio 9, aprendió a usar el patrón de diapositivas si quería insertar texto o imágenes que aparecerían en todas las diapositivas de la presentación.

- Utilizar el patrón de notas y el patrón de documentos también le permite insertar texto y/o imágenes en una página de sus notas o documentos que aparecerán en todas las páginas. Con frecuencia, la hora, fecha y nombre del orador se incluyen en los documentos para el público.

- Para obtener acceso al patrón de notas y al patrón de documentos, seleccione Master (Patrón), Notes Master (Patrón de notas), o Handout Master (Patrón de documentos) en el menú View (Ver).

- El procedimiento para incluir la fecha, hora, encabezado y/o pie de página en los patrones de notas y de documentos es el mismo que para los patrones de diapositivas y de títulos. Vea la explicación del ejercicio 9.

Dar formato a páginas de notas

- Puede dar formato al texto de las páginas de notas antes o después de escribirlo. Use los comandos de la barra de herramientas Formato o todos los comandos (fuente, espaciado de líneas, viñeta, etc.) del menú Format (Formato).

Imprimir páginas de notas y documentos

- Use los mismos procedimientos para imprimir páginas de notas y documentos que para las diapositivas.

Presentaciones portátiles (Pack and Go)

- Con **presentaciones portátiles**, es posible guardar una presentación que se va a "desempacar" y ver en otra computadora. Si la computadora que se usará para ver la presentación no tiene PowerPoint instalado, el PowerPoint Viewer también se almacenará con la presentación. Cuando la presentación se "desempaca" en la computadora, es posible verla. Si se usan archivos vinculados, se almacenarán dichos archivos con la presentación.

- El **PowerPoint Viewer** es un programa que permite pasar una presentación de diapositivas creada en PowerPoint en computadoras donde no está instalado dicho programa. Está a disposición en forma gratuita y no necesita licencia. Si instaló Office desde un CD-ROM, encontrará PowerPoint Viewer en la capeta ValuPack de Office 97. El PowerPoint Viewer también se halla disponible en la sede de Microsoft en la World Wide Web.

- PowerPoint Viewer funciona tanto con presentaciones preparadas en PowerPoint 95 como con PowerPoint 97.

- Cuando selecciona Pack and Go (Presentaciones portátiles) en el menú File (Archivo), el **Pack and Go Wizard (Asistente de presentaciones portátiles)** lo guia a preparar la presentación y verla en otra computadora.

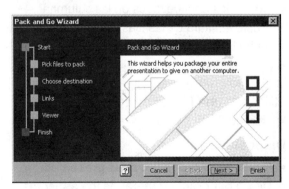

- Sólo siga los pasos para:
  - Seleccionar los archivos a empacar.
  - Seleccionar dónde desea guardar la presentación; por ejemplo, en la unidad A.
  - Incluir los archivos vinculados con la presentación.
  - Incluir PowerPoint Viewer si la presentación se usará en una computadora que no tiene instalado PowerPoint.
- Para ver una exhibición empacada con presentaciones portátiles:

- Use el Explorador de Windows para localizar dónde se halla la presentación, por ejemplo, en un disquete en la unidad A.
- Haga doble clic en Pngsetup (Pack and Go Setup) (Instalación de Presentaciones portátiles).
- Indique a dónde desea copiar la presentación.
- Haga doble clic en PowerPoint Viewer (Ppview32).
- Haga clic en la presentación que desea ejecutar.

En este ejercicio, creará una diapositiva de tabla y añadirá recordatorios en las páginas de notas. También usará el patrón de páginas de notas para insertar texto que aparecerá en todas las páginas de notas.

INSTRUCCIONES PARA EL EJERCICIO

1. Abra 🖼**FOOD**, o abra 🖫**17FOOD**.

2. Pase a la vista de diapositiva.

3. Vaya a la diapositiva 4. Cambie el título de la diapositiva para que diga International Advertising Budget.

4. Abra la diapositiva 5.

5. Inserte una diapositiva nueva y seleccione autodiseño de tabla.
   ✓ *La diapositiva nueva será la 6.*
   - Cree 3 columnas y 5 filas.
   - Inserte el título de la diapositiva y los datos de la tabla de la Ilustración A.
   - Establezca el texto de los encabezados de las columnas en sans serif de 28 puntos, negrita cursiva. Use el tamaño de fuente preestablecido para el texto de columnas.
   - Centre los encabezados de las columnas.
   - Ajuste la altura de las filas para dar cabida al texto de manera atractiva en la diapositiva.

6. Pase a la vista Páginas de notas. Añada las siguientes notas a las diapositivas indicadas utilizando una fuente de 16 puntos en las viñetas (vea el ejemplo de la ilustración B):

Diapositiva 1:
- **Explique el propósito de la presentación.**
- **Dé un panorama general de los aspectos que se tratarán en la presentación.**

Diapositiva 2:
- **Examine los diferentes productos Smartfood disponibles e identifique las características de cada uno.**

Diapositiva 3:
- **Explique la expansión del mercado nuevo y por qué se seleccionaron estos mercados.**

Diapositiva 4:
- **Explique los mercados locales y las razones del éxito de cada uno.**

7. Pase a patrón de notas.

8. Inserte la información de pie de la página de notas que se presenta en la ilustración B en 12 puntos.

9. Pase a patrón de documentos.

10. Inserte la misma información de pie del patrón de páginas de notas con el mismo tamaño de fuente en el patrón de documentos que se muestra en la ilustración C.

11. Imprima un ejemplar de las páginas de notas 1-4.

12. Imprima un ejemplar de la presentación como documento con tres diapositivas por página en blanco y negro.

13. Cierre el archivo; guarde los cambios.

ILUSTRACIÓN A

ILUSTRACIÓN B

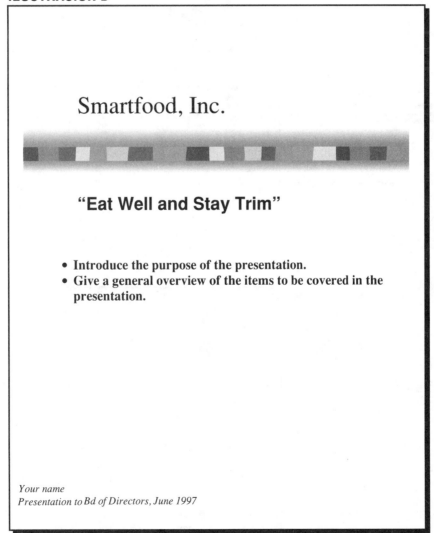

ILUSTRACIÓN C

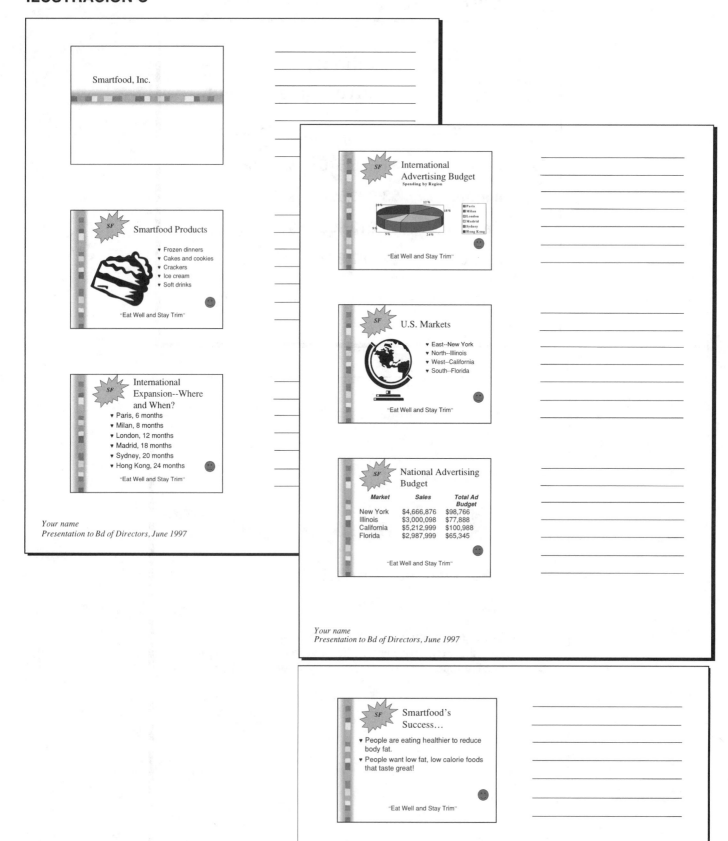

COMBINACIONES DE TECLAS

CREAR PÁGINAS DE NOTAS

1. Abra la presentación deseada.
2. Haga clic en 🖥️ .... Alt + V , N
   para ver página de notas.
3. Haga clic en el marcador de posición de notas en la parte inferior de la página
4. Escriba las notas.

IMPRIMIR PÁGINAS DE NOTAS Y DOCUMENTOS

1. Abra la presentación deseada.
2. Prepare páginas de notas.
3. Haga clic en **File** .... Alt + F
4. Haga clic en **Print**............................ P
5. Haga clic en la flecha de la casilla de lista **Print what** .... Alt + W , ↓
6. Seleccione **Notes Pages** o **Handouts**.
7. Seleccione las opciones deseadas, si es necesario.
8. Haga clic en **OK**.......................... Enter

INSERTAR NÚMEROS DE PÁGINA/FECHA Y HORA/ENCABEZADOS Y PIES DE PÁGINA

Vea las combinaciones de teclas del Ejercicio 9.

DAR FORMATO AL TEXTO DE LAS PÁGINAS DE NOTAS

1. Inserte el texto al que desee dar formato.

   O

   Seleccione el texto al que aplicará el formato.
2. Haga clic en **Format** .... Alt + O
   para seleccionar los formatos deseados.

   O

   Use los botones de la barra de herramientas Formato para aplicar el formato.

DAR FORMATO AL TEXTO DEL PATRÓN DE NOTAS Y DEL PATRÓN DE DOCUMENTOS

1. Abra una presentación o cree una nueva.
2. Haga clic en **View**.................. Alt + V
3. Haga clic en **Master** .... M
4. Haga clic en **Notes Master**.............. N

   O

   Handout Master .... D
5. Seleccione el marcador de posición para cambiar el formato.

   O

   Con las herramientas de texto, dibujo y/o formato cree el información deseada para el patrón.
6. Haga clic en 🖥️ .... Alt + V , N

   ✓ Para ver el efecto de los agregados en el patrón de documentos, imprima un ejemplar de documento con cualquier número de diapositivas por página.

Ejercicio
18
■ Resumen

En este ejercicio, preparará su presentación para exhibirla. Agregará transiciones, construcciones e intervalos, elaborará documentos para el público y páginas de notas. Usará el patrón de páginas de notas para añadir información a todas las páginas de notas.

INSTRUCCIONES PARA EL EJERCICIO

1. Abra 📟**INVEST** o abra 💾**18INVEST**.

2. Pase a la vista Clasificador de diapositivas.

3. Aplique un efecto de transición, una velocidad de transición y un sonido a cada diapositiva de la presentación.

4. Cambie a la vista de diapositiva.

5. Aplique una construcción de animación para los textos de las diapositivas 2 (Why should…) y 6 (To invest…) con cualquier efecto que desee. Atenúe los puntos anteriores con cualquier color.

6. Muestre la diapositiva 3 (Investors…). Anime el organigrama en una serie y añada un efecto de sonido cualquiera.

7. Vea la diapositiva 4 (diapositiva de gráfica). Anime la gráfica por elementos en una serie y añada un efecto de sonido.

8. Guarde los cambios de la presentación; no cierre el archivo.

9. Vea la presentación de diapositivas.

10. Use la función de notas para encerrar en un círculo la columna más alta de la gráfica.

11. Pase a la vista de patrón de notas.

12. Con la herramienta de cuadro de texto, cree el nombre de la compañía y la fecha como se muestra en la Ilustración A en sans serif de 20 puntos. Use la herramienta de líneas para trazar una línea horizontal. Inserte el número de página en la esquina superior derecha. Borre los marcadores de posición de encabezado, pie y fecha.

13. Agregue las siguientes notas a las diapositivas indicadas:
    Diapositiva 1:
    - **Preséntese e informe su puesto en la compañía.**
    - **Explique el propósito de la presentación.**

    Diapositiva 2:
    - **Repase cada razón para invertir en GreatGains Mutual Fund.**
    - **Haga énfasis en las acciones de primera clase.**
    - **Ofrezca tres ejemplos.**

    Diapositiva 4:
    - **Explique las razones del crecimiento significativo en 1997.**

    Diapositiva 5:
    - **Repase cada instrumento.**

14. Use la característica Copiar para capturar el texto de la parte inferior (nombre de la compañía y fecha) en el portapapeles.

15. Cambie a la vista patrón de documentos.

16. Pegue el texto con el nombre de la compañía y la fecha en la parte inferior de la página. Cree una línea horizontal bajo el nombre y la fecha. Inserte número de página en la parte superior derecha de la página como se muestra en la ilustración B. Borre los marcadores de posición de encabezado, pie y número de página.

17. Imprima un ejemplar de cada página de notas en blanco y negro.

18. Imprima un ejemplar de la presentación como documento con tres diapositivas por página en blanco y negro.

19. Añada intervalos a cada diapositiva y cambie el método de avance a automáticamente.

20. Configure la exhibición para pasar continuamente y vea la presentación de nuevo.

21. Luego de ver la presentación completa, deténgala.

22. Cierre el archivo; salve los cambios.

ILUSTRACIÓN A

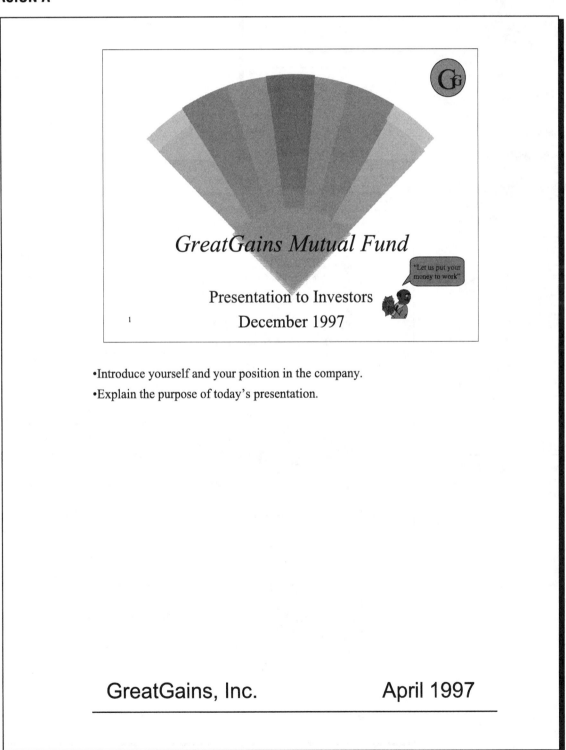

ILUSTRACIÓN B

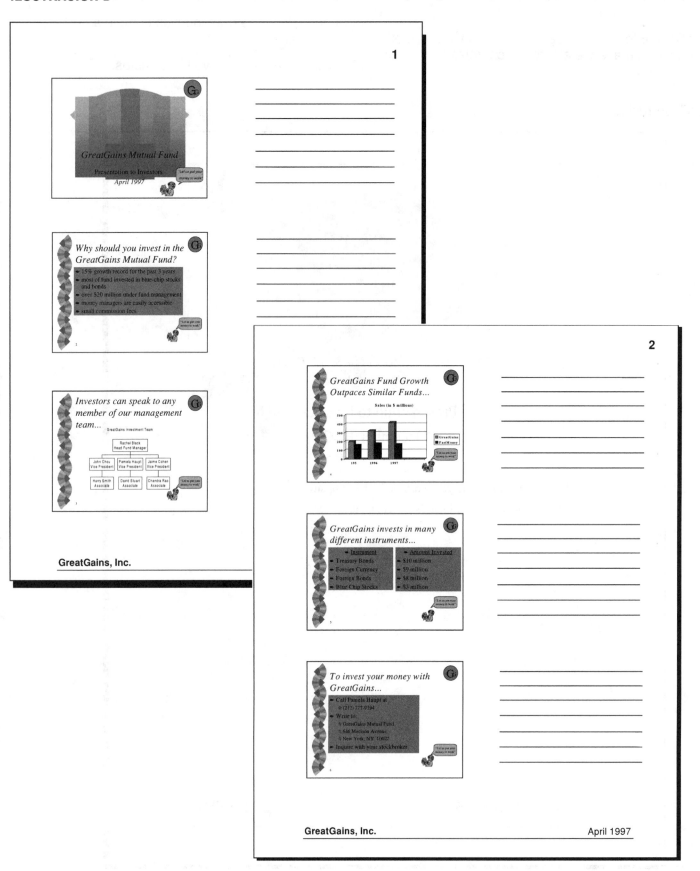

Integración

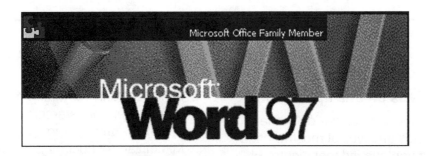

Ejercicio 1	■ Ventanas de archivos en una aplicación ■ Ventanas de archivos de aplicaciones diferentes

NOTAS

Ventanas de archivos en una aplicación

■ Microsoft Office le permite trabajar de manera simultánea con varios archivos al mostrar cada documento en una ventana independiente. El número exacto de archivos que pueden utilizarse a la vez depende de la memoria disponible. La presentación en ventanas diferentes posibilita ver los archivos a medida que trabaja con ellos.

■ Cuando se inicia una aplicación nueva, Office presenta una pantalla completa o ventana maximizada para trabajar en ella. Los controles de la barra de título le permiten cambiar el tamaño y organizar las ventanas de las aplicaciones de Office dentro de la pantalla de Windows. Los controles a la izquierda y derecha de la barra de menú le permiten modificar el tamaño y organizar las ventanas de los documentos de la aplicación en uso. *(Véase Capítulo I – Conceptos básicos de Office, Ejercicio 2, así como la ilustración a la derecha.)*

■ Minimizar una ventana o reducir su tamaño le permite ver varios archivos a la vez. Para minimizar una ventana, haga clic en el botón Minimizar del documento, cerca del extremo derecho de la barra de menú. El archivo se reducirá a una pequeña barra de título que muestra los botones Restaurar, Maximizar y Cerrar, así como un menú cuando se selecciona. El icono puede restaurarse o maximizarse si se selecciona la característica deseada. Véase la ilustración a continuacíon.

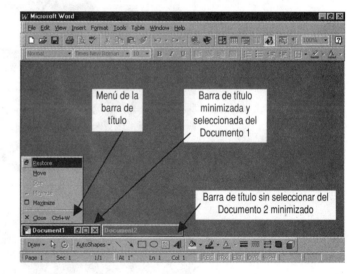

446

- Es posible mover un documento minimizado si se selecciona y se arrastra a una nueva posición. Si trabaja con varios archivos creados en la misma aplicación, puede ver a la vez los documentos abiertos en la pantalla mediante el uso del comando Arrange All (Organizar todo) del menú Window (Ventana). Los documentos se organizarán en el estilo de mosaico de manera que todos puedan verse y resaltarse.

- Cuando los archivos se organizan u ordenan en forma de mosaico, todos los documentos quedan visibles sin traslaparse. La ventana activa se indica por la barra de título sombreada. Puede hacer clic en cualquier ventana para activarla y en el botón Maximizar □, en el extremo derecho de la barra de título, para ampliar o maximizar el archivo. Observe la ilustración que se presenta a continuación.

Documentos organizados u ordenados en forma de mosaico

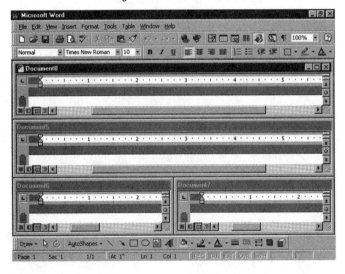

- En Excel, Access y PowerPoint existe la opción de organizar los archivos en forma de cascada. Las ventanas en cascada le permiten ver la barra de título de cada documento abierto. Las ventanas se sobreponen unas a otras para mostrar la barra de título de cada archivo. Observe la ilustración de tres archivos de PowerPoint organizados en cascada con la presentación activa al frente. Para activar una presentación, haga clic en cualquier parte visible de la ventana deseada.

Documentos organizados en cascada

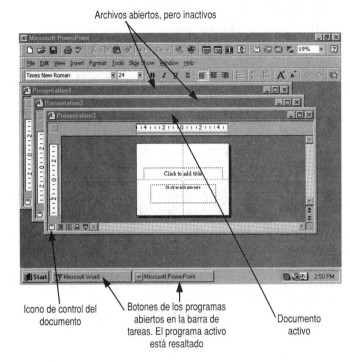

Archivos abiertos, pero inactivos

Icono de control del documento

Botones de los programas abiertos en la barra de tareas. El programa activo está resaltado

Documento activo

- También es posible cambiar entre ventanas de archivos, ya sea que estén visibles en pantalla o no, si se selecciona Window (Ventana) del menú y se elige el documento en la lista de archivos abiertos.

- Para cerrar una ventana, haga clic en el botón Cerrar o haga doble clic en el icono del menú de control, que es el que se localiza a la izquierda de la barra de título.

Ventanas de archivos de aplicaciones diferentes

- Si desea desplazarse entre un documento abierto de Word y un archivo de libro de trabajo de Excel o entre cualquiera de los programas de Office abiertos, haga clic en el botón correspondiente en la barra de tareas de Windows 95, situada en la parte inferior de la pantalla. Cuando se abre un programa o se pasa de uno a otro, Windows 95 coloca un botón en la barra de tareas en la parte inferior de la pantalla. Si se hace clic en el botón, se obtiene acceso al archivo abierto en el programa seleccionado. Observe la barra de tareas en la ilustración anterior.

■ Si desea ver archivos de varios programas al mismo tiempo, haga clic con el botón derecho del *mouse* en la barra de tareas de Windows 95 y seleccione la opción de presentación que prefiera. Es posible organizar los documentos en Cascade (Cascada), Tile Horizontally (Mosaico horizontal), o Tile Vertically (Mosaico vertical). Observe la ilustración del menú que aparece cuando se hace clic con el botón derecho del *mouse* en la barra de tareas.

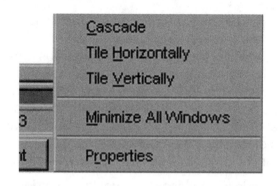

En este ejercicio, trabajará con cuatro libros de trabajo de Excel y un documento de Word. Organizará los libros de trabajo de manera que pueda ver cada archivo y utilizará los botones de la barra de tareas para ver las hojas de cálculo y el documento.

INSTRUCCIONES PARA EL EJERCICIO

1. Cree un libro de trabajo nuevo en Excel.

2. Abra 🖫**WAGON** o abra 🖫**01WAGON.XLS**.

3. Abra 🖫**PAYMENT** o abra 🖫**01PAYMENT.XLS**.

4. Abra 🖫**PRICE** o abra 🖫**01PRICE.XLS**.

5. Abra 🖫**INVENY** o abra 🖫**01INVEN.XLS**.

6. Organice todos los libros de trabajo.

7. Active el libro de trabajo WAGON (01WAGON).

8. Active el libro de trabajo PAYMENT (01PAYMENT).

9. Minimice INVEN (01INVEN) a un icono de barra de título.

10. Restaure INVEN (01INVEN).

11. Seleccione el elemento Open Office Document (Abrir documento de Office) en el menú Start (Inicio).

12. Busque en la ubicación en la que almacena sus archivos.

13. Abra 🖫**BLOCK** o abra 🖫**01BLOCK.DOC**.

14. Pase nuevamente a la pantalla de Excel haciendo clic en el botón de Excel en la barra de tareas.

15. Active el libro de trabajo WAGON (1WAGON).

16. Ajuste el tamaño de la ventana para hacerla más grande.

17. Organice las hojas de cálculo en las distribuciones Vertical, Horizontal y Cascada y vea cada una de estas presentaciones.
    ✓ *El archivo activo conserva su condición a través de los cambios en las diferentes organizaciones en pantalla de los documentos.*

18. Vea los archivos de Excel y Word haciendo clic con el botón derecho del *mouse* en la barra de tareas y seleccionando la opción Tile Vertically (Mosaico vertical).

19. Use este método para ver las presentaciones en Cascada y Mosaico horizontal de todos los archivos.

20. Cierre cada ventana.

21. Salga de Excel y de Word.

COMBINACIONES DE TECLAS

ORGANIZAR (TODO)

Coloca las ventanas de los documentos una al lado de la otra, en forma de mosaicos que no se traslapan. Combinaciones de teclas para Word y Excel.

1. Haga clic en **Window** .... `Alt`+`W`

2. Haga clic en **Arrange All** .... `A`

   Excel, PowerPoint y Access ofrecen opciones adicionales:

   * **Tiled** .... `T`

   * **Horizontal** .... `O`

   * **Vertical** .... `V`

   * **Cascade** .... `C`

CERRAR VENTANA

Haga doble clic en el icono del menú de control de la ventana del documento activo.

O

1. Haga clic en **Control menu** .... `Alt`+`-`

2. Haga clic en **Close** .... `C`

   O

   Presione **Ctrl+W** (Word) .... `Alt`+`W`

   O

   Presione **Ctrl+F4** .... `Ctrl`+`N`
   (Excel o Access)

MAXIMIZAR VENTANA

Llena toda la ventana de la aplicación con el archivo activo.

Haga clic en el cuadro Maximizar `▢` del archivo activo (no está disponible si la ventana ya está maximizada.)

O

1. Haga clic en **Control menu** ..... `Alt`+`-`

2. Haga clic en **Maximize** .... `X`

   O

   Presione **Ctrl+F10** .... `Ctrl`+`F10`
   (Word o Excel)

MINIMIZAR VENTANA

Reduce a un icono la ventana del archivo activo.

Haga clic en el cuadro Minimizar `▬` del archivo activo (sólo está visible si la ventana se ha cambiado a una vista cuyo tamaño pueda ajustarse con el comando Restaurar.)

O

1. Haga clic en **Control menu** ..... `Ctrl`+`-`

2. Haga clic en **Minimize** .... `N`

   O

   Presione **Ctrl +F9** .... `Ctrl`+`F9`
   (Excel)

CAMBIAR ENTRE DOCUMENTOS ABIERTOS

Haga clic en cualquier parte visible del documento deseado.

O

1. Haga clic en **Window** .... `Alt`+`W`

2. Haga clic en el nombre del documento deseado.

VENTANAS DE ARCHIVOS DE APLICACIONES DIFERENTES

1. Abra el primer programa.

2. Abra el archivo deseado.

3. Abra el segundo programa utilizando el menú **Start**, **Programs**.

4. Abra el archivo deseado.

5. Seleccione el botón de la barra de tareas correspondiente al primer programa.

6. Haga clic con el botón derecho del *mouse* en un área en blanco de la barra de tareas.

7. Seleccione la opción deseada:

   * **Cascade** .... `C`

   * **Tile Horizontally** .... `H`

   * **Tile Vertically** .... `V`

   * **Minimize all Windows** .... `M`

   * **Undo Minimize All** .... `U`

Ejercicio 2

- ■ Integrar una hoja de cálculo de Excel y un documento de Word
- ■ Conceptos básicos de Internet ■ Uso de las características de Internet

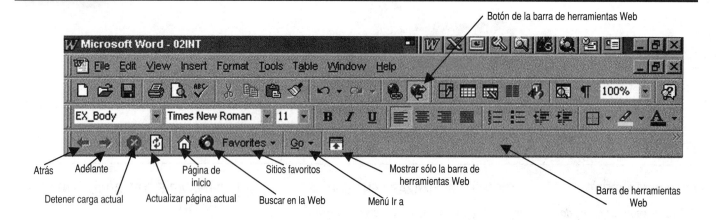

Botón de la barra de herramientas Web

Atrás Adelante Página de inicio Sitios favoritos Mostrar sólo la barra de herramientas Web

Detener carga actual Actualizar página actual Buscar en la Web Menú Ir a Barra de herramientas Web

NOTAS

Integrar una hoja de cálculo de Excel y un documento de Word

- ■ Integrar significa compartir o combinar información entre las herramientas de Microsoft Office. El archivo fuente se usa para enviar los datos; el archivo de destino se utiliza para recibirlos. Por ejemplo, un gráfico o una hoja de cálculo de Excel (el archivo fuente) pueden añadir documentación visual o de apoyo a un documento de Word (el archivo de destino).

- ■ El botón Abrir documento de la barra de acceso directo de Office se utiliza para abrir archivos en aplicaciones diferentes, en tanto que los botones de la barra de tareas se usan para cambiar de un programa a otro a fin de compartir información entre aplicaciones. Por ejemplo, para integrar una tabla de Excel a un documento de Word, se pueden copiar y pegar los datos o utilizar el procedimiento de arrastrar y colocar. Ambos métodos colocan la tabla en el documento, en el que es posible editarla. Sin embargo, la tabla integrada no conserva ninguna relación con la hoja de cálculo original, por lo que no es posible acceder a las fórmulas. Estos métodos sólo deben emplearse cuando no se requieren datos actualizados y vinculados y cuando no es necesario editar las fórmulas.

- ■ El comando Copiar coloca los datos en el portapapeles para después pegarlos en la posición deseada. Abra tanto el documento de Word como la hoja de cálculo de Excel; active la hoja de cálculo de Excel y copie la información que necesite. A continuación, active el documento de Word y pegue la hoja de cálculo en la posición específica en el documento.

- ■ También es posible emplear la técnica de arrastrar y colocar para copiar y pegar los datos si tanto el documento fuente como el de destino están visibles mediante el uso de la opción de presentación en ventanas explicada en el Ejercicio 1. Cuando se usa arrastrar y colocar, se pasa por alto el portapapeles y los datos se copian directamente. Sin embargo, debe presionar y mantener oprimida la tecla Ctrl para copiar la información (en lugar de moverla).

   ✓ Nota: *Si tiene dificultades para colocar la hoja de cálculo, arrástrela a cualquier lugar del documento; a continuación, maximice la ventana del documento y ajuste la colocación.*

450

Conceptos básicos de Internet

- **Internet** es una red mundial de computadoras. Estas computadoras se localizan en empresas, escuelas, fundaciones de investigación y/o en los hogares de personas individuales. Aquellos que se conectan a esta red pueden compartir información entre sí, comunicarse a través del correo electrónico y buscar información.

- La **World Wide Web (WWW)** es un servicio de Internet en el que las páginas, creadas por compañías, individuos, escuelas y agencias gubernamentales de todo el mundo, están vinculadas.

- Las **ligas o vínculos de hipertexto** pueden aparecer en un **color** diferente, subrayados o **ambos**. Hacer clic con el *mouse* en uno de estos vínculos lo traslada a una página nueva que contiene información relacionada. Cuando el cursor se desplaza sobre un vínculo, la flecha se convierte en una mano.

- Un **navegador** o explorador de la Web es un programa en su computadora que muestra la información recuperada de Internet en un formato legible. Los navegadores más populares para la Web son Microsoft Internet Explorer y Netscape Navigator.

- Un l**ocalizador universal de recursos**, o URL, por sus siglas en inglés, es una dirección en la World Wide Web. El sistema de URL es como un fichero enorme que permite a las computadoras conectadas a la World Wide Web encontrar el sitio designado.

- Cuando se introduce una dirección en la línea de URL, a menudo la dirección del sitio se inicia con **http** o **ftp**. Http es un acrónimo de **HyperText Transfer Protocol (Protocolo de transferencia de hipertexto)**, que se refiere al protocolo de comunicaciones que permite a las páginas de la Web conectarse entre sí, sin importar el tipo de sistema operativo que se emplee para mostrar u obtener acceso a los archivos. **File Transfer Protocol (Protocolo de transferencia de archivos)** (**ftp**, por sus siglas en inglés) le permite transferir archivos de una computadora a otra por una red (o a través de Internet).

- Cuando necesite buscar información en Internet, debe acceder a un **Sitio de mecanismo de búsqueda**. Los mecanismos de búsqueda (Yahoo, AltaVista, InfoSeek, HotBoot, Magellan, etc.) son sitios de la Web que contienen catálogos de recursos de la Red en los que es posible efectuar búsquedas por títulos, URL y palabras claves.

Uso de las características de Internet

- Internet proporciona acceso a innumerables sitios en la Web, muchos de los cuales contienen información y documentación que puede utilizarse para investigar un tema o materia en particular.

- Microsoft Office 97 ofrece acceso sencillo a Internet a través de los menús y los botones de las barras de herramientas. Cuando se hace clic en el botón **Web toolbar (Barra de herramientas Web)** 🌐, o se seleccionan los comandos View (Ver), Toolbars (Barras de herramientas), Web, aparece en pantalla la barra de herramientas Web. Observe la ilustración de la página anterior del botón y la barra de herramientas Web en Word.

- A continuación, se presenta una explicación de los botones de la barra de herramientas Web.

← →	Se utilizan para moverse hacia **Atrás** y **Adelante** entre las páginas almacenadas en el historial de sus hipervínculos.
⊗	**Detener** la carga o actualización de una página. Use este botón cuando parece que una página tarda demasiado en cargarse o cuando decida llevar a cabo una acción diferente.
▣	**Actualizar** la página actual. Es conveniente emplear este botón cuando una página no se carga por completo o correctamente.
⌂	Ir a la **Página de inicio**; también denominada Página principal. Es posible cambiar la página que se carga como Página de inicio.

	Al hacer clic en el botón **Buscar en la Web**, se trasladará a la página principal del mecanismo de búsqueda del sitio de Microsoft en la World Wide Web.
Favorites ▾	Muestra el contenido actual de su carpeta de sitios **Favoritos**. Use la carpeta Favoritos para almacenar direcciones de la WWW que visite con frecuencia. Una lista de los sitios favoritos creados en Internet Explorer aparecerá cuando abra esta carpeta. Puede agregar carpetas y direcciones utilizando esta opción, aun cuando no se encuentre conectado en línea.
Go ▾	Abre un menú que proporciona maneras adicionales de interaccionar con Internet Explorer.  Cuando se hace clic en O_pen (Abrir) en el menú G_o (Ir a), aparece el cuadro de diálogo Open Internet Address (Abrir dirección de Internet) 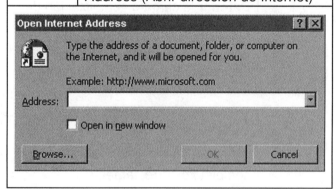

	Haga clic en **Show Web Toolbar Only (Mostrar sólo la barra de herramientas Web)** para ocultar las demás barras de herramientas. Haga clic nuevamente en el botón para volver a mostrar otras barras de herramientas.

- Recopilará información de Internet para el resto de los ejercicios de esta lección.

  - Si se encuentra conectado a Internet, use los sitios sugeridos de la Web o seleccione otros que resulten apropiados.

  - Si no está conectado al Internet, use el CD-ROM que se incluye en este manual. Todas las acciones de Internet descritas en los ejercicios están simuladas en este CD. Puede utilizar la información del CD-ROM para realizar los ejercicios en este manual.

- Si desea utilizar el CD-ROM para llevar a cabo estos ejercicios, siga las instrucciones de instalación que aparecen en la página VIII.

Para iniciar la simulación desde la unidad de disco duro:

  - En la barra de herramientas Web, haga clic en **Go (Ir a)**, y seleccione **Open (Abrir)**.

  - Escriba **C:\DDCPUB\OFF97INT.IMR** en la línea de la dirección. Si instaló los archivos en otra unidad que no sea C, use la letra asignada a dicha unidad. Por ejemplo, si instaló los archivos de DDC en la unidad D, teclee D en lugar de C.

  - Haga clic en **OK** para abrir la simulación.

Para iniciar la simulación desde la unidad de CD-ROM:

  - Instale los archivos en un disco duro y cerciórese de que el CD-ROM se encuentre dentro de la unidad de disco correspondiente.

  - En la barra de herramientas Web, haga clic en **Go** y seleccione **Open**.

  - Escriba **E:\DDCPUB\OFF97INT.IMR** en la línea de la dirección. Use la letra correcta asignada a la unidad de CD-ROM.

  - Haga clic en **OK** para abrir la simulación.

En este ejercicio, editará una carta de Avi Lanch de Hemisphere Travel para incluir texto adicional y una hoja de cálculo que muestre los precios de alquiler de esquíes. Para ello, será necesario encontrar los datos para la hoja de cálculo mediante una búsqueda en la Web de información acerca de monedas extranjeras y tipos de cambio. Guardará el documento recién integrado bajo un nuevo nombre. Si planea utilizar la simulación de DDC, asegúrese de haberla instalado previamente en su disco duro (consulte la página VIIIi) y de leer la información de la página anterior.

INSTRUCCIONES PARA EL EJERCICIO

1. Haga clic en el botón Abrir documento de Office en la barra de acceso directo.

2. Escriba la carta de la página 457 o bien abra 🖫**02SKI.DOC**, que se abre en Word.

3. Añada el texto adicional al tercer párrafo, como se muestra en la Ilustración A.

4. Haga clic en el botón Abrir documento en la barra de acceso directo.

5. Cree la hoja de cálculo de la página 458 o abra 🖫**02CURRENCY.XLS**, que se abre en Excel. Vea la Ilustración B.

6. Muestre la barra de herramientas Web.

7. Use la conexión a Internet o la simulación del CD-ROM de DDC para completar la hoja de cálculo. Encuentre los nombres de las monedas extranjeras y el tipo de cambio actual del dólar estadounidense de cada divisa. Haga lo siguiente:

   a. Establezca la conexión con su proveedor de servicios de Internet.

      O

      - Para tener acceso a la simulación de Internet de DDC, haga clic en Go (Ir), Open (Abrir) en la barra de herramientas Web.
      - Escriba C:\DDCPUB\OFF97INT.IMR. (Asegúrese de haber instalado la simulación en su disco duro. Si los archivos se encuentran en otra unidad que no sea C, reemplace C con la letra correcta.)
      - Haga clic en **OK** para iniciar la simulación.
      - Seleccione **Exercise 2: Currency Convert**.

   b. Use el mecanismo de búsqueda Yahoo para efectuar una búsqueda con las palabras "universal currency converter."
      ✓ *Puede utilizar otros métodos de búsqueda.*

   c. Vea los sitios que ofrezcan información sobre divisas y tipos de cambio.

   d. Seleccione un sitio y busque las monedas y tipos de cambio de Austria, Francia, Italia y Suiza.

   e. Anote la información deseada.

   f. Salga del navegador y desconéctese de su proveedor de servicios; o bien salga de la simulación de Internet de DDC.

8. Introduzca los datos que obtuvo como resultado de su búsqueda en Internet, correspondientes a COUNTRY CURRENCY (MONEDA DEL PAÍS) y FOREIGN EXCHANGE (TIPO DE CAMBIO) en la hoja de cálculo.

9. Use el FOREIGN EXCHANGE para determinar el precio del equipo para esquiar en la moneda extranjera.

10. Copie la fórmula para todas las monedas.

11. Dé formato a las columnas de valores monetarios para que las cantidades muestren dos posiciones decimales.

12. Copie la hoja de cálculo completa.

13. Cambie al documento de Word utilizando el botón de Word en la barra de tareas.

14. Pegue la hoja de cálculo en el memorándum, como se indica.

15. Ajuste el tamaño de las columnas de modo que los títulos quepan en una sola línea.
    ✓ *Es posible cambiar los datos, pero no se pueden ver o editar las fórmulas. Éste es el modo de Tabla.*

16. Seleccione y elimine los datos de la hoja de cálculo en el documento para que pueda integrarlos de nuevo mediante otro método.

17. Muestre tanto el archivo de Excel como el documento de Word en la pantalla utilizando la opción Tile Vertically (Mosaico vertical).
    ✓ *Haga clic con el botón derecho del mouse en un área en blanco de la barra de tareas y seleccione la opción Tile Vertically.*

18. Use la tecla Ctrl y el método de arrastrar y colocar para seleccionar y copiar la hoja de cálculo al documento de Word.

19. Efectúe todos los ajustes de tamaño que sean necesarios.

20. Incluya el siguiente encabezado de segunda página:
    - Upson Downs Ski Club
    - Page 2

21. Imprima un ejemplar.

22. Guarde el archivo como **SKICUR**.

23. Cierre todos los archivos.

ILUSTRACIÓN A

HEMISPHERE *Travel*

555 World Class Way
Burlington, VT 01234
Phone: (802) 333-3333
Fax: (802) 222-2222
E-mail: hemtrav@win.com

Date

Ms. Wendy Ascend, President
Upson Downs Ski Club
224 Mountaintop Lane
Burlington, VT

Dear Ms. Ascend:

Thank you for your inquiry about group rates for European ski vacations.

We will be glad to present a seminar to your group on the premier European ski resorts and the unique features of each.

Traveling to Europe can be very expensive. After hearing our presentation, you will be able to decide which vacation best suits your travel and economic needs.

Inserte este texto aquí

Our Leisure Travel Department is available for consultation from 9 a.m. to 7 p.m., 7 days a week. We look forward to working closely with your group.

Sincerely,

Inserte la hoja de cálculo aquí

As a sample of our services, note the table below analyzing ski rental charges with current foreign exchange rates.

Avi Lanch, Vice President
Leisure Travel Department

av/yo

ILUSTRACIÓN B

	A	B	C	D	E
1	SKIS, POLES AND BOOTS RENTAL				
2					RENTAL IN
3		SKI RENTAL	COUNTRY	FOREIGN	FOREIGN
4	COUNTRY	US DOLLAR	CURRENCY	EXCHANGE	CURRENCY
5	Austria	27			
6	France	28			
7	Italy	13			
8	Switzerland	37			
9					
10					
11					
12					
13					
14					
15					

> Busque en Internet la moneda del país y el tipo de cambio actual con el dólar estadounidense.

COMBINACIONES DE TECLAS

COPIAR Y PEGAR INFORMACIÓN ENTRE APLICACIONES

1. Abra ambas aplicaciones y los archivos apropiados.

2. En el archivo fuente, resalte la información que desee copiar.

3. Haga clic en **Edit** .... `Alt` + `E`

4. Haga clic en **Copy** .... `C`

5. Cambie al archivo de destino.

6. Coloque el cursor en el punto de inserción.

7. Haga clic en **Edit** .... `Alt` + `E`

8. Haga clic en **Paste Cells** .... `P`

   O

   Haga clic en **Paste** .... `P`

COPIAR INFORMACIÓN ENTRE APLICACIONES CON EL MÉTODO DE EDICIÓN ARRASTRAR Y COLOCAR

1. Abra y muestre ambas aplicaciones y archivos.

2. En el archivo fuente, resalte la información que desee copiar.

3. Mueva el puntero hacia el borde derecho de la selección hasta que aparezca una flecha.

4. Oprima, sin soltar, la tecla Ctrl mientras arrastra los datos a la posición deseada en el archivo de destino.

MOSTRAR LA BARRA DE HERRAMIENTAS WEB

En todas las aplicaciones de Microsoft:

Haga clic en el botón Barra de herramientas Web 🌐

O

1. Haga clic en **View** .... `Alt` + `V`

2. Haga clic en **Toolbars** .... `T`

3. Seleccione la barra de herramientas Web .... `↓`

   ✓ Para ocultar la barra de herramientas Web, haga clic en el botón de la barra de herramientas Web, o cancele su selección en la lista de las barras de herramientas.

- ■ **Vincular e incrustar objetos** ■ **Vincular archivos**
- ■ **Editar un archivo vinculado** ■ **Incrustar un archivo**
- ■ **Vínculos con Office** ■ **Información financiera en Internet**

NOTAS

Vincular e incrustar objetos (Object Linking and Embedding)

- **Vincular e incrustar objetos** u OLE (siglas en inglés de Object Linking and Embedding) es el sistema que Microsoft emplea para vincular o incrustar objetos entre aplicaciones.

Vincular archivos

- Como se explicó en el Ejercicio 25 de Excel, vincular archivos permite que la información del archivo de destino se modifique si el archivo fuente se actualiza. Suponga que colocó una hoja de cálculo de Excel (archivo fuente) en un documento de Word (archivo de destino), pero necesita actualizar semanalmente los datos de su hoja de cálculo. Al vincular los archivos de la hoja de cálculo y del documento, el documento de Word se actualiza de manera automática con los datos más recientes. Además, el procedimiento de vinculación ahorra espacio en el disco, puesto que el archivo se almacena en la ubicación fuente y el vínculo es un acceso directo a dicha ubicación.

- La vinculación de archivos se realiza mediante los comandos Edit (Edición), Copy (Copiar), y Edit (Edición), Paste Special (Pegado especial), con la opción Paste Link (Pegar vínculo) seleccionada. Antes de elegir Paste Link, es necesario identificar el objeto o tipo de archivo, puesto que está copiando entre aplicaciones; por ejemplo, "Microsoft Excel Worksheet Object" ("Objeto de hoja de cálculo de Microsoft Excel").

Editar un archivo vinculado

- Cuando se hace doble clic en un archivo vinculado de una aplicación, dentro de otra aplicación, la aplicación y el archivo fuente se abren para permitirle editarlo. Por ejemplo, si hace doble clic en una hoja de cálculo vinculada de Excel en un archivo de Word, se trasladará a Excel para llevar a cabo las ediciones. Los cambios realizados en el archivo fuente aparecen automáticamente en el archivo vinculado. A la inversa, si aplica los cambios directamente en el archivo fuente y después abre el archivo de destino que contiene la información vinculada, aparecerá la hoja de cálculo actualizada.

Incrustar un archivo

- Incrustar archivos le permite editar datos dentro de la aplicación fuente, pero no cambia o modifica el archivo fuente. Este método es preferible si desea realizar cambios dentro de Excel que no se reflejen en el archivo fuente, o si éste no siempre está disponible. Hacer doble clic en una hoja de cálculo incrustada en un documento de Word le permite llevar a cabo ediciones en Excel que no modifican el archivo fuente. A diferencia de vincular, incrustar crea un archivo de destino más grande, puesto que el archivo incrustado se incluye en el de destino.

- Para incrustar un archivo, utilice las opciones Insert (Insertar), Object (Objeto), Create from File (Crear desde un archivo), o bien los comandos Copy (Copiar), Paste Special (Pegado especial) del menú Edit (Edición), SIN seleccionar la opción Paste Link (Pegar vínculo).

Vínculos con Office

- Es posible utilizar los vínculos con Office para crear una nueva hoja de cálculo incrustada en un documento de Word, si se hace clic en el botón Insert Microsoft Excel Worksheet (Insertar hoja de cálculo de Microsoft Excel) ▧ en la barra de herramientas Estándar de Word. El tamaño de la hoja de cálculo puede ajustarse utilizando los controladores de la hoja y ésta se crea mediante los menús de Excel que aparecen. Para incrustar un archivo nuevo utilizando el menú, use los comandos Insert (Insertar), Object (Objeto), Create New (Crear nuevo). El libro de trabajo creado dentro de un documento proporciona todas las capacidades de Excel dentro del documento.

Información financiera en Internet

- Internet ofrece una amplia variedad de información financiera actualizada. Las principales publicaciones financieras tienen sitios en la Web que ofrecen datos de mercado, información sobre compañías específicas y noticias económicas y comerciales. Los precios del mercado se actualizan varias veces cada hora y reflejan los precios reales para ese día.

- En la mayor parte de los sitios de la Web que ofrecen cotizaciones del mercado bursátil, es necesario buscar las acciones utilizando el símbolo de teletipo. Por lo general, también existe un procedimiento de búsqueda del símbolo del teletipo. La simulación de DDC proporciona los precios de las acciones; sin embargo, los precios actualizados deberán obtenerse a través de Internet.

En este ejercicio, Carol D. Jones prepara una carta a una compañía de corretaje con el fin de transferir su cartera de valores a dicha empresa. Ella integrará una hoja de cálculo que contenga sus inversiones actuales utilizando los modos de vinculación e incrustación. Los precios reales y actualizados de las acciones se investigarán a través de Internet.

INSTRUCCIONES PARA EL EJERCICIO

1. Haga clic en el botón Abrir documento en la barra de acceso directo de Office.

2. Escriba la carta que aparece en la página 459 o abra 🖫**03INVEST.DOC**, que se abre en Word.

3. Aplique los cambios indicados en el documento, como se muestra en la Ilustración A.

4. Haga clic en el icono Abrir documento de Office en la barra de acceso directo.

5. Cree la hoja de cálculo que se muestra en la ilustración B, o abra 🖫**03STOCK.XLS**.

6. Haga clic con el botón derecho del *mouse* en la barra de tareas, para organizar estos archivos verticalmente.

7. Coloque el cursor en el documento de Word, en el lugar en el que desee insertar la hoja de cálculo.

8. Use las opciones Insertar, Objeto, Crear desde un archivo para incrustar la hoja de cálculo en el documento.

   ✓ *Éste es un archivo incrustado que forma parte del documento de Word. Puede editarse sin cambiar el archivo fuente.*

9. Haga doble clic en la hoja de cálculo incrustada en el documento y dé formato a los títulos de las columnas en estilo de negrita.

   ✓ *La hoja de cálculo en Excel no se modificó.*

10. Seleccione y elimine la hoja de cálculo completa del documento.

11. Use la conexión a Internet o la simulación del CD-ROM de DDC para buscar el precio actual de mercado de las inversiones, como sigue:

   a. Establezca la conexión con su proveedor de servicios de Internet.

      O

      - Para tener acceso a la simulación de Internet de DDC, haga clic en **Go (Ir)**, **Open (Abrir)** en la barra de herramientas Web.

      - Escriba **C:\DDCPUB\OFF97INT.IMR**. (Asegúrese de haber instalado la simulación en su disco duro. Si los archivos se encuentran en otra unidad que no sea C, reemplace C con la letra correcta.)

      - Haga clic en **OK** para iniciar la simulación.

      - Seleccione **Exercise 3: Stock Market**.

b. Utilice el mecanismo de búsqueda Excite para efectuar una búsqueda con las palabras "quick quotes."

✓ *Puede utilizar otros métodos de búsqueda.*

c. Vea los sitios que ofrecen información sobre cotizaciones de acciones bursátiles.

d. Seleccione Money Quick Quotes, si está disponible.

e. Encuentre los símbolos de teletipo de Apple Computers y Sun Microsystems.

f. Busque las cotizaciones actuales de:

ABR Information Services

American Telephone and Telegraph

Apple Computers

General Electric

Sun Microsystems

g. Anote el último precio de cada acción.

h. Salga del navegador y desconéctese de su proveedor de servicios, o salga de la simulación de Internet de DDC.

12. Introduzca los precios actuales de cada STOCK (ACCIÓN), utilizando formato de fracciones, en la columna MARKET PRICE (PRECIO DE MERCADO) de la hoja de cálculo. Copie la hoja de cálculo.

✓ *Las columnas Market Value (Valor de mercado) y Gain or Loss (Utilidad o Pérdida) se modificarán.*

13. Active el documento de Word haciendo clic en la barra de título o seleccionando Word en la barra de tareas.

14. Vincule la hoja de cálculo, por medio de las opciones Paste Special (Pegado especial), Paste Link (Pegar vínculo) en la posición que se muestra en el documento.

✓ *Éste es un archivo vinculado que reflejará los cambios realizados en el archivo fuente.*

15. Minimice la hoja de cálculo de Excel.

16. Haga doble clic en la hoja de cálculo en el archivo de Word. (Esto lo llevará a Excel.)

17. Añada un tercer título de la hoja de cálculo en B3: Market Prices as of March 1, 1997 (Precios de mercado al 1º de marzo de 1997), o inserte la fecha actual.

18. Mueva el título de tres líneas a la columna A.

19. Haga clic en el botón de Word en la barra de tareas para regresar al documento y observe la hoja de cálculo actualizada.

20. Haga clic en el botón de Excel para regresar a la hoja de cálculo e insertar una fila debajo del título.

21. Regrese a Word y observe la hoja de cálculo actualizada.

22. Use la opción Shrink to fit (Reducir hasta ajustar) para mantener el texto en una sola página.

23. Imprima un ejemplar de la carta.

24. Cierre y guarde el archivo como **INVSTK**.

25. Cierre el archivo de Word.

26. Guarde y cierre el archivo de Excel; llámelo **STOCK**.

Carol D. Jones
470 WEST END AVENUE
NEW YORK, NY 10023
Phone: 212-999-9999
e-mail: CDJ@westlake.com

March 1, 1997

Ms. Winifred Thomas
Thomas & Young Securities
40 Wall Street
New York, NY 10001

Dear Ms. Thomas:

As we discussed, I am interested in transferring my entire portfolio to your firm. My investment objective has not been met with my present brokerage company, and after meeting with you, I have decided to transfer my account.

Your request for a summary of my portfolio is provided below. I have used today's market value.

Inserta

I look forward to our scheduled meeting on Monday, March 15 to discuss investment strategies and to doing business with your company.

Insertar hoja de cálculo

Sincerely,

Carole D. Jones

cdj

ILUSTRACIÓN B

	A	B	C	D	E	F	G	H
1		CAROL D. JONES						
2		CURRENT INVESTMENT PORTFOLIO						
3								
4	DATE		TICKER	COST		MARKET	MARKET	GAIN OR
5	BOUGHT	COMPANY	SYMBOL	PRICE	SHARES	PRICE	VALUE	LOSS
6	3/18/96	ABR Information Services	ABRX	2955.45	100	25 1/2	2,550.00	(405.45)
7	4/15/96	Am. Telephone and Telegraph	T	8250.87	200	40 1/8	8,025.00	(225.87)
8	3/27/96	Apple Computer		1943.95	100	17 3/8	1,737.50	(206.45)
9	3/12/96	General Electric	GE	10250.55	100	104 1/2	10,450.00	199.45
10	5/25/96	Sun Microsystems		4568.75	200	25 5/8	5,125.00	556.25
11								
12		TOTALS		27,969.57	700.00		27,887.50	(82.07)
13								
14								
15								
16								
17								

> Localice el símbolo de teletipo en Internet

> Reemplace estos valores con los precios actuales de mercado obtenidos a través de Internet.

COMBINACIONES DE TECLAS

VINCULAR INFORMACIÓN ENTRE APLICACIONES

1. Abra ambas aplicaciones y los archivos apropiados.

2. En el archivo fuente, resalte la información que desee copiar.

3. Haga clic en **Edit** .... `Alt`+`E`

4. Haga clic en **Copy** .... `C`

5. Cambie al archivo de destino.

6. Coloque el cursor en el punto de inserción.

7. Haga clic en **Edit** .... `Alt`+`E`

8. Haga clic en **Paste Special** .... `S`

9. Haga clic en **Paste Link** .... `L`

10. Haga clic en el cuadro **As** para seleccionar el formato .... `↑/↓`

11. Haga clic en **OK** .... `↵`

OBJETOS INCRUSTADOS

Crear uno nuevo:

1. Haga clic en **Insert** .... `Alt`+`I`

2. Haga clic en **Object** .... `O`

   ✓ El cuadro de diálogo Objeto aparecerá.

3. Haga clic en la ficha
   Create New .... `Alt`+`C`

4. Haga clic en el cuadro de lista
   Object type .... `Alt`+`T`

5. Seleccione la aplicación .... `↑/↓`
   desde la cual desea crear el objeto.

6. Haga clic en **OK** para
   crear el objeto .... `Enter`

   ✓ La aplicación seleccionada se abrirá.

7. Cree la información deseada.

8. Haga clic fuera del objeto para regresar a la aplicación original.

Crear desde un archivo:

1. Haga clic en **Insert** .... `Alt`+`I`

2. Haga clic en **Object** .... `Alt`+`O`

   ✓ El cuadro de diálogo Objeto aparecerá.

3. Haga clic en la ficha
   Create from File .... `Alt`+`F`

4. Haga clic en **Browse** .... `Alt`+`B`

5. Haga clic en el cuadro de lista
   desplegable **Look in** .... `Alt`+`I`

6. Escriba o seleccione la letra de la
   unidad de disco o .... `↑/↓`
   de la unidad que contiene el archivo
   que desee insertar.

7. Haga doble clic en la casilla de lista Directories, en el directorio que contenga el archivo que desee insertar. ✱

8. Haga doble clic en el archivo .. `Alt`+`N`
   en el cuadro de lista **File name**.

9. Haga clic en **OK** .... `Enter`

   ✱ Este método puede utilizarse para vincular el archivo, si se marca la casilla de selección Link to File en este momento.

INCRUSTAR INFORMACIÓN UTILIZANDO PEGADO ESPECIAL

1. Abra ambas aplicaciones y los archivos apropiados.

2. En el archivo fuente, resalte la información que desee copiar.

3. Haga clic en **Edit** .... `Alt`+`E`

4. Haga clic en **Copy** .... `C`

5. Cambie al archivo de destino.

6. Coloque el cursor en el punto de inserción.

7. Haga clic en **Edit** .... `Alt`+`E`

8. Haga clic en **Paste Special** .... `S`

9. Haga clic en **OK** .... `Enter`

<table>
<tr><td>

Ejercicio

4

</td><td>

■ **Integrar un gráfico de Excel y un documento de Word (OLE)**
■ **Incrustar un gráfico** ■ **Vincular un gráfico** ■ **Editar un gráfico**
■ **Sitios favoritos en la barra de herramientas Web**

</td></tr>
</table>

NOTAS

Integrar un gráfico de Excel y un documento de Word (OLE)

■ Es posible insertar un gráfico de Excel en un documento de Word mediante el uso de los comandos Vincular o Incrustar. El sistema OLE y las consecuencias de usar los métodos para vincular o incrustar, tal como se describen en el Ejercicio 3, se aplican también a los gráficos. Si el gráfico forma parte de la hoja de cálculo, use el procedimiento Copy (Copiar), Paste Special (Pegado especial), puesto que el gráfico puede seleccionarse y aislarse. Si el gráfico se encuentra en una hoja independiente, utilice el procedimiento Insert (Insertar), Object (Objeto), Create from File (Crear desde un archivo).

Incrustar un gráfico

■ Si desea editar un gráfico en Word, sin modificar el material de origen, debe incrustarlo. Al hacer doble clic en el gráfico, los menús y las barras de herramientas de Excel aparecen para propósitos de edición. Puede volver al documento de Word haciendo clic fuera del objeto, o en el botón de Word en la barra de tareas.

Vincular un gráfico

■ Si el gráfico se refiere a información que se actualiza de manera periódica, o si desea minimizar el tamaño del archivo de Word, debe vincular el objeto del gráfico. Las ediciones que realice en el objeto del gráfico vinculado afectan al archivo fuente; o si modifica el archivo fuente, el objeto en el archivo de destino se actualiza automáticamente.

Editar un gráfico

■ Un libro de trabajo puede incluir varias hojas y es posible que el gráfico se encuentre en una hoja independiente. La hoja que estaba activa la última vez que se guardó el libro de trabajo aparecerá como el objeto incrustado. Al hacer doble clic en el objeto, podrá ajustar su tamaño, editar la información y cambiar a la hoja adecuada, en caso necesario.

Sitios Favoritos en la barra de herramientas Web

■ Utilice la barra de herramientas Web para ir de un sitio a otro, o para desplazarse hacia atrás o adelante por los documentos. Si encuentra un sitio interesante que desee visitar de nuevo, debe agregarlo a la carpeta Favorites (Favoritos) en la barra de herramientas Web, haciendo clic en Favorites (Favoritos), Add to Favorites (Agregar a Favoritos). Cuando desee visitar el sitio otra vez, haga clic en Favorites (Favoritos), Open Favorites (Abrir Favoritos) y después en el nombre de la página de la Web. También puede hacer clic en los sitios de la Web abiertos recientemente, enumerados en el menú, como se ilustra a continuación.

Sitio abierto
recientemente

En este ejercicio, a Avi Lanch de Hemisphere Travel le gustaría elaborar un gráfico con la información de la hoja de cálculo incluida en su carta dirigida al Upson Downs Ski Club. Usted abrirá un gráfico, lo vinculará al documento de Word y lo actualizará al agregar información correspondiente a Alemania.

INSTRUCCIONES PARA EL EJERCICIO

1. Haga clic en el icono Abrir documento de Office en la barra de acceso directo.

2. Abra 🖮**SKICUR.DOC** o abra 💾**04SKICUR.DOC,** que lo lleva a Word.

3. Realice los cambios indicados en la página 2 del documento, como se muestra en la Ilustración A.

4. Haga clic en el icono Abrir documento de Office en la barra de acceso directo.

5. Abra 🖮**CURRENCY.XLS** o abra 💾**04CURRENCY.XLS**.

6. Cambie a la hoja de gráfico Chart1.

7. Haga clic en Edit (Editar), Copy (Copiar) para seleccionar y copiar el gráfico.

8. Cambie al documento de Word haciendo clic en el botón correspondiente en la barra de tareas.

9. Vincule el objeto del gráfico de MS Excel utilizando las opciones Edit (Edición), Paste Special (Pegado especial), Paste Link (Pegar vínculo) en la ubicación que se muestra en el documento.

   ✓ Nota: Éste es un archivo vinculado que reflejará los cambios en el archivo fuente.

10. Haga doble clic en el gráfico en el archivo de Word. (Esto lo llevará a Excel.)

11. Agregue un subtítulo al gráfico: Skis, Poles, and Boots.

12. Haga clic fuera del objeto para regresar al documento o haga clic en el icono de Word y observe el gráfico actualizado.

13. Cambie a Excel y observe el subtítulo en el gráfico.

14. Pase a la hoja de cálculo Sheet1 e inserte una línea para Alemania, debajo de Francia, en la hoja de cálculo, como se indica a continuación:

    Country: Germany   Ski Rental U.S. $: 32.00

15. Use la conexión a Internet, o la simulación del CD-ROM de DDC para completar la hoja de cálculo. Busque el nombre de la moneda que se utiliza en Alemania y el valor actual del dólar estadounidense equivalente a dicha divisa.

a. Establezca la conexión con su proveedor de servicios de Internet.

   O

   • Para tener acceso a la simulación de Internet de DDC, haga clic en **Go (Ir)**, **Open (Abrir)** en la barra de herramientas Web.

   • Escriba **C:\DDCPUB\OFF97INT.IMR**. (Asegúrese de haber instalado la simulación en su disco duro. Si los archivos se encuentran en otra unidad que no sea C, reemplace C con la letra correcta.)

   • Haga clic en **OK** para iniciar la simulación.

   • Seleccione **Exercise 4: Currency Convert**.

b. Utilice el mecanismo de búsqueda Yahoo para efectuar una búsqueda con las palabras "currency convert."

   ✓ Puede utilizar otros métodos de búsqueda.

c. Busque la moneda alemana y su tipo de cambio.

d. Agregue el sitio de Conversión de tipos de cambio a su carpeta de Favoritos.

e. Anote la información deseada.

f. Salga del navegador y desconéctese de su proveedor de servicios, o salga de la simulación de Internet de DDC.

16. Agregue la información nueva para completar la hoja de cálculo.

17. Observe los cambios en el gráfico.

18. Cambie al documento de Word y observe el objeto de gráfico vinculado ya actualizado.

19. En la página uno de la carta, observe la hoja de cálculo incrustada que no se modificó con la actualización. Elimine la hoja de cálculo original.

20. Inserte la hoja de cálculo en la página uno como un objeto vinculado.

21. Cambie al documento de Word y ajuste el tamaño del gráfico, de modo que éste se extienda hacia los márgenes del documento.

22. Imprima un ejemplar de SKICUR.

23. Cierre y guarde el archivo de Word; llámelo **SKICUR**.

24. Cierre y guarde el archivo de Excel; llámelo **CURRENCY**.

HEMISPHERE *Travel*

555 World Class Way
Burlington, VT 01234
Phone: (802) 333-3333
Fax: (802) 222-2222
E-mail: hemtrav@win.com

Date

Ms. Wendy Ascend, President
Upson Downs Ski Club
224 Mountaintop Lane
Burlington, VT 01234

Dear Ms. Ascend:

Thank you for your inquiry about group rates for European ski vacations.

We will be glad to present a seminar to your group on the premier European ski resorts and the unique features of each.

Traveling to Europe can be very expensive. After hearing our presentation, you will be able to decide which vacation best suits your travel and economic needs. As a sample of our services, note the table below analyzing ski rental charges with current foreign exchange rates.

SKIS, POLES AND BOOTS RENTAL

COUNTRY	SKI RENTAL US DOLLAR	COUNTRY CURRENCY	FOREIGN EXCHANGE	RENTAL IN FOREIGN CURRENCY
Austria	27.00	Schilling	11.87	320.49
France	28.00	Franc	5.70	159.60
Italy	13.00	Lira	1675.74	21784.62
Switzerland	37.00	Franc	1.47	54.39

Upson Downs Ski Club
Page 2

When the ski rental rates are charted, as shown below, you can see where your dollar buys more.

Insertar gráfico aquí

Our Leisure Travel Department is available for consultation from 9 a.m. to 7 p.m., 7 days a week. We look forward to working closely with your group.

Sincerely,

Avi Lanch, Vice President
Leisure Travel Department

av/yo

Ejercicio 5

- **Vínculos con Office**
- **Exportar una base de datos de Access a un archivo de Excel**
- **Copiar imágenes de Internet**

NOTAS

Vínculos con Office

- El botón Vínculos con Office de la barra de herramientas de Access ofrece la capacidad para crear vínculos de manera sencilla entre una base de datos de Access y MS Word o MS Excel. Observe la ilustración del botón Vínculos con Office de la barra de herramientas de Access y su lista desplegable.

Barra de herramientas Base de datos de Access
(Botón Vínculos con Office)

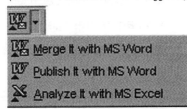

Exportar una base de datos de Access a Excel

- Es posible que desee utilizar un libro de trabajo de Excel para resumir y analizar información guardada en una base de datos de Access. Un método para lograrlo consiste en exportar, o enviar, datos de Access a Excel. Use Exporting (Exportar) si desea crear un nuevo archivo de libro de trabajo con la información de la base de datos o con parte de una tabla de base de datos.

- Para exportar una base de datos de Access a Excel, utilice el botón Vínculos con Office y la opción Analyze It With MS Excel (Analizar con MS Excel). Esta opción guardará, exportará y abrirá el archivo nuevo en Excel.

- Para exportar una tabla de Access utilizando el menú, seleccione la tabla de Access y, a continuación, elija los comandos File (Archivo), Save As/ Export (Guardar como/Exportar). En el cuadro de diálogo Guardar como, haga clic en To an External File or Database

(En un archivo o una base de datos externos) y haga clic en OK. Seleccione el formato de Excel, la unidad o carpeta para el archivo y seleccione Save Formatted (Guardar con formato) para preservar los formatos de los datos. A continuación, cambie a Excel para abrir el archivo nuevo. Como se explicó anteriormente, todos estos pasos pueden llevarse a cabo con el botón Vínculos con Office.

- También es posible obtener acceso al comando Analyze It With MS Excel (Analizar con MS Excel) si se hace clic en los menús Tools (Herramientas), Office Links (Vínculos con Office).

- Una vez que el archivo se exporta o se carga su salida a Excel, podrá trabajar con él como si se tratara de un archivo creado en esta aplicación. Los títulos de las columnas son los nombres de los campos utilizados en la base de datos y pueden editarse o modificarse en el formato de Excel.

Copiar imágenes de Internet

- Es posible que desee insertar una imagen en un archivo que no está incluido en la galería de imágenes prediseñadas de Microsoft. Existen sitios que ofrecen imágenes del dominio público (gratuitas) que puede utilizar en sus archivos. Los archivos de imágenes consisten de caricaturas, iconos, arte, fotografías o mapas que pueden copiarse y pegarse en el documento. Localice el objeto que desee copiar, seleccione y copie el objeto, cambie a su documento y péguelo. Las aplicaciones de Microsoft Office aceptan archivos de imágenes en formato .PCX o .BMP. Los archivos gráficos que tienen formato .GIF pueden guardarse en uno de esos formatos para pegarlos en los documentos de Office.

En este ejercicio, Jane's Boutique desea analizar la información de la tabla Stock (Existencias) de su base de datos de inventarios. Exportará la base de datos a un archivo de Excel y cambiará el formato de los datos para propósitos de presentación y análisis. Copiará una imagen de Internet a fin de mejorar la apariencia del informe.

INSTRUCCIONES PARA EL EJERCICIO

1. Haga clic en el botón Abrir documento en la barra de acceso directo de Office.

2. Abra ⌨ **JANESHOP** o abra 💾 **05JANSHOP.MDB**, que lo llevará a Access.

3. Seleccione la tabla STOCK, pero no la abra.
   ✓ Si la barra de herramientas Base de datos no aparece en pantalla, seleccione View (Ver), Toolbars (Barras de herramientas) y la barra de herramientas Database (Base de datos).

4. En la barra de herramientas Base de datos de Access, haga clic en la flecha de la lista desplegable Vínculos con Office y seleccione Analizar con MS Excel.
   ✓ Carga la salida de la tabla seleccionada en Excel; la tabla se abrirá como un archivo de Excel.

5. Realice los siguientes cambios en el archivo en Excel:
   a. Inserte cinco filas antes de la tabla para crear espacio para un título y un subtítulo.
   b. Escriba los siguientes títulos de la hoja de cálculo en la celda A2:
      JANE'S BOUTIQUE
      INVENTORY - MARCH 31, 199-
   c. Dé formato a los títulos como se indica: fuente Metro, 16 puntos, negrita.
   d. Vuelva a escribir los títulos de las columnas en letras mayúsculas.
   e. Ajuste el ancho de las columnas para dar cabida a la entrada más larga.
   f. Inserte una columna nueva después de la columna Color.
   g. Corte y pegue la columna Date Ordered a la columna nueva.
   h. Ajuste el formato de fecha de la columna Date Ordered, en caso necesario.
   i. Inserte una columna nueva después de J13 y escriba el título TOTAL.
   j. Inserte una columna nueva después de la columna PRICE y titúlela VALUATION.

   k. Aplique formato a los encabezados de las columnas para que sean consistentes en el sombreado (use Format Painter [Copiar formato]).
   l. Obtenga la cantidad total de artículos en existencia para cada prenda en la columna TOTAL.
   m. Encuentre la Valuación del inventario de cada artículo multiplicando la cantidad Total de artículos por el precio unitario.
   n. Dé formato a los datos de la columna Valuation con el estilo de moneda.
   o. Salte una línea debajo de la tabla e inserte el rótulo TOTAL.
   p. Obtenga la Valuación total del inventario.

6. Use la conexión a Internet o la simulación del CD-ROM de DDC para localizar, copiar e insertar una imagen de una flor.
   a. Establezca la conexión con su proveedor de servicios de Internet.
      O
      • Para tener acceso a la simulación de Internet de DDC, haga clic en **Go (Ir), Open (Abrir)** en la barra de herramientas Web.
      • Escriba **C:\DDCPUB\OFF97INT.IMR.** (Asegúrese de haber instalado la simulación en su disco duro. Si los archivos se encuentran en otra unidad que no sea C, reemplace C con la letra correcta.)
      • Haga clic en **OK** para iniciar la simulación.
      • Seleccione **Exercise 5: Clipart Search**.
   b. Utilice el mecanismo de búsqueda Yahoo para efectuar una búsqueda con las palabras "clipart collection."
   ✓ Puede utilizar otros métodos de búsqueda. La Clip Art Collection tiene una biblioteca de imágenes prediseñadas, clasificadas por temas específicos.
   c. Si trabaja conectado a Internet, guarde la imagen de una flor: una camelia o un tulipán, utilizando los tipos de archivo .BMP o .PCX. (Estos formatos se seleccionan de la lista desplegable Save as Type [Guardar como tipo] en el cuadro de diálogo Save [Guardar].) O, si trabaja con la simulación de Internet, copie la flor (Edit [Edición], Copy [Copiar]).

d. Salga del navegador y desconéctese de su proveedor de servicios, o salga de la simulación de Internet de DDC.

7. En la hoja de cálculo, coloque el cursor en K1.

8. Si guardó la flor como archivo gráfico tipo .BMP o .PCX, use Insert (Insertar), Picture (Imagen), From file (Desde archivo) para insertar la imagen en la hoja de cálculo. O bien, si copió la flor de la simulación, pegue la imagen en la hoja de cálculo (Edit [Editar], Paste [Pegar]).

9. Seleccione la imagen y ajuste su tamaño para que ocupe el espacio del rango K1:L6.

10. Use la característica Autoformato en las columnas y datos de la hoja de cálculo para aplicar el estilo Classic 2.

11. Dé formato al color del fondo de las filas 1:5 a gris para que combine con la hoja de cálculo.

12. Guarde el archivo como **STOCKEX**.

13. Imprima un ejemplar de la hoja de cálculo que se ajuste al tamaño de una página.

14. Cierre todos los archivos.

	A	B	C	D	E	F	G	H	I	J	K	L
1												
2	JANE'S BOUTIQUE											
3	INVENTORY - MARCH 31, 199-											
4												
5												
6	STYLE	TYPE	COLOR	DATEORD	J5	J7	J9	J11	J13	TOTAL	PRICE	VALUATION
7	J7455	JACKET	BLACK	9/23/96	23	32	21	32	32	140	$50.99	$7,138.60
8	J8510	SKIRT	BLACK	10/18/96	4	4	2	4	2	16	$26.00	$416.00
9	P232	SKIRT	BLACK	2/10/97	5	5	5	5	7	27	$29.50	$796.50
10	P987	SKIRT	BLACK	2/10/97	3	4	5	6	7	25	$30.75	$768.75
11	J3254	DRESS	BLUE	7/16/96	4	15	16	3	14	52	$61.99	$3,223.48
12	J3290	DRESS	BLUE	11/17/96	23	32	33	23	12	123	$56.88	$6,996.24
13	J2121	SWEATER	BROWN	2/7/97	40	4	6	6	7	63	$29.99	$1,889.37
14	J4230	PANTS	GRAY	12/12/96	24	4	6	12	13	59	$49.99	$2,949.41
15	J5555	BLOUSE	GREEN	6/19/96	13	32	45	6	9	105	$19.99	$2,098.95
16	J7654	SUIT	GREEN	9/18/96	12	17	34	12	12	87	$85.50	$7,438.50
17	P287	JACKET	NAVY	2/10/97	7	9	11	14	14	55	$75.50	$4,152.50
18	P998	SKIRT	NAVY	2/10/97	2	4	4	5	7	22	$35.40	$778.80
19	J7699	SUIT	NAVY	2/7/97	12	10	10	8	7	47	$110.10	$5,174.70
20	P999	VEST	NAVY	2/10/97	6	6	7	7	7	33	$25.50	$841.50
21	J2123	SWEATER	OLIVE	2/7/97	5	5	6	7	9	32	$35.75	$1,144.00
22	J5550	BLOUSE	ORANGE	8/21/96	12	24	43	7	4	90	$23.99	$2,159.10
23	J5532	SKIRT	PURPLE	10/19/96	12	21	32	5	21	91	$23.67	$2,153.97
24	P214	BLOUSE	RED	2/10/97	5	6	8	9	9	37	$25.50	$943.50
25	J3290	DRESS	RED	10/8/96	17	21	35	32	18	123	$48.25	$5,934.75
26	P765	JACKET	RED	2/10/97	7	9	11	11	11	49	$60.99	$2,988.51
27	J9090	VEST	RED	2/7/97	23	22	22	25	25	117	$20.00	$2,340.00
28	J4309	PANTS	TAN	11/17/96	2	12	12	4	4	34	$44.50	$1,513.00
29	J5540	BLOUSE	WHITE	11/12/96	5	6	6	4	3	24	$18.59	$446.16
30	J3317	DRESS	WHITE	1/7/96	3	6	7	3	4	23	$62.65	$1,440.95
31	J7676	SUIT	WHITE	8/21/96	9	6	5	25	7	52	$106.99	$5,563.48
32												
33		TOTAL										$71,290.72
34												
35												

COMBINACIONES DE TECLAS

EXPORTAR UNA TABLA DE ACCESS

Los datos aparecerán en el formato predeterminado de destino.

1. Abra la base de datos.
2. Seleccione la tabla que desee exportar.
3. Haga clic en **File** .... `Alt`+`F`
4. Haga clic en **Save As/Export** .... `A`
5. Seleccione el destino de los datos:

   To an External File or Database (En un archivo o una base de datos externos) .... `E`

   O

   Within the Current Database as (En la base de datos activa como) .... `C`

   (Si selecciona esta opción, puede escribir el nuevo título en el cuadro Nuevo nombre.)

6. Haga clic en **OK** .... `Enter`
7. En el cuadro de diálogo **Save as** type, seleccione el formato deseado.
8. En el cuadro de diálogo **Save in**, seleccione la unidad de disco o carpeta a la que se exportará el archivo .... `↓`
9. Escriba el nombre del archivo a exportar.
10. Haga clic en **Export**.

ANALIZAR UNA TABLA DE ACCESS CON EXCEL

1. Abra la base de datos.
2. Seleccione la tabla que desee exportar.
3. Haga clic en el botón **Office Links** en la barra de herramientas Base de datos.

   O

   a. Haga clic en **Tools** .... `Alt`+`T`
   b. Haga clic en **Office Links** .... `L`
   c. Seleccione **Analyze It with MS Excel** .... `A`
4. Elija **Analyze It with MS Excel**.

IMPORTAR UNA IMAGEN DESDE UN ARCHIVO

En Excel:

1. Coloque el cursor en la celda que recibirá la imagen.
2. Haga clic en **Insert** .... `Alt`+`I`
3. Haga clic en **Picture** .... `P`
4. Haga clic en **From file** .... `F`
5. Seleccione el directorio y el archivo.
6. Haga clic en **Insert** .... `Alt`+`R`

| Ejercicio 6 | ■ Combinar una tabla de Access con un documento principal de Word ■ Combinar correspondencia ■ Uso de sitios de Localización y Mapas en Internet |

Barra de herramientas Combinar correspondencia

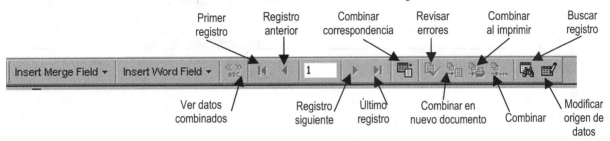

NOTAS

Combinar una tabla de Access con un documento principal de Word

■ Es posible combinar la información de una base de datos de Access con un documento principal creado en Word. Este proceso se automatiza con la característica Combinar correspondencia, que se explica en la lección avanzada del mismo nombre en el CD-ROM adjunto. También existe la opción de combinar correspondencia utilizando datos de una hoja de cálculo de Excel o de una tabla de Word.

Combinar correspondencia (Mail Merge)

■ El primer paso en el proceso es configurar el documento principal en Word para que acepte información de una base de datos de Access. Use el menú Tools (Herramientas) de Word y seleccione Mail Merge (Combinar correspondencia) para abrir el cuadro de diálogo del Asistente para combinar correspondencia, que se ilustra a continuación:

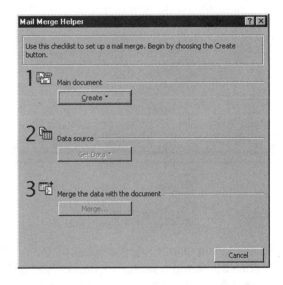

■ Como notará enseguida, los tres pasos del procedimiento son: crear el documento principal, identificar el origen de los datos variables y combinar el archivo de datos con el del documento principal.

• En primer término, cree el documento principal en Word. Es posible utilizar un documento abierto si se selecciona la opción Active Window (Ventana activa) del cuadro de diálogo Cartas modelo; de otra manera, seleccione la opción Create New (Crear nuevo documento principal). Después de crear un documento para combinar correspondencia, aparece, en pantalla, la barra de herramientas Combinar correspondencia.

- En segundo lugar, identifique el origen de los datos como una tabla de Access y seleccione la tabla específica. Los nombres de los campos utilizados en el documento principal de Word deben ser los mismos que se emplearon en la base de datos de Access. Al especificar la base de datos como el origen de éstos, los campos estarán disponibles en una lista desplegable cuando se hace clic en el botón Insert Merge Field (Insertar campo de combinación) en la barra de herramientas Combinar correspondencia. Inserte los nombres de los campos de la lista desplegable en su documento principal. Use Edit the Main Document (Editar el documento principal) si los nombres de los campos no concuerdan. Si es posible, la base de datos debe planearse para emplear los títulos de los campos que se usan con mayor frecuencia, con el objeto de agilizar la característica de combinar.

- Tercero, seleccione Merge (Combinar) en el cuadro de diálogo, después de insertar todos los campos en la carta.

- Al concluir el procedimiento de combinación de correspondencia, la información de la tabla de Access seleccionada se combinará con la carta modelo en las posiciones especificadas para cada campo. Un documento nuevo, que contiene la información personal en las posiciones de los campos, se crea para cada registro de la base de datos. Cada carta debe estar dividida por un salto de sección y la carta modelo permanece intacta para usarla en el futuro.

- La operación de combinar puede iniciarse desde Access si se utiliza la opción Merge It (Combinar) del comando Tools (Herramientas), Office Links (Vínculos con Office), o si se emplea la opción Merge it del botón Vínculos con Office en la barra de herramientas Base de datos. Cuando se hace clic en el botón Combinar, aparece el Asistente de Microsoft para Combinar correspondencia, que lo guiará a través del procedimiento y lo transferirá a Word para completar el documento principal.

Uso de sitios de localización y mapas

- Internet ofrece sitios que lo ayudan a localizar información de directorios telefónicos y comerciales, así como de las guías nacionales de la Sección amarilla. Una vez que se introduce una dirección de correo, muchos de estos sitios ofrecen instrucciones puerta a puerta para llegar en automóvil, con mapas de las áreas metropolitanas.

En este ejercicio, Nadine Ramaz, Presidenta de Users' Group, envía una carta a los integrantes de la asociación para informarles sobre la celebración de una convención utilizando una base de datos de los miembros. Usted realizará una búsqueda en Internet para encontrar información con el fin de proporcionar un mapa y localizar las atracciones turísticas. Usará esta información para editar la carta modelo, la que después combinará con la base de datos, para crear una carta dirigida a cada uno de los integrantes.

IMPORTANTE: Antes de realizar este ejercicio, se recomienda completar la lección Combinar correspondencia en Word, que se incluye en el CD-ROM de DDC adjunto.

INSTRUCCIONES PARA EL EJERCICIO

1. Haga clic en el botón Abrir documento de Office en la barra de acceso directo.

2. Escriba la carta que aparece en la página 473, o abra 🖫**06NYMEET.DOC**, que se abre en Word.

3. Inserte la fecha actual donde se indica.

4. Añada el párrafo que se muestra en la ilustración.

5. Guarde el documento como **NYMEET**. No cierre el archivo.

6. Cree un documento principal a partir de este archivo seleccionando Herramientas, Combinar correspondencia. Seleccione Main document (Documento principal), Create (Crear) y seleccione la opción Active window (Ventana activa).

7. Para seleccionar el origen de los datos, haga lo siguiente:
   a. En el cuadro de diálogo del Asistente para combinar correspondencia, seleccione el botón Get Data (Obtener datos) y, a continuación, seleccione Open Data Source (Abrir origen de datos).
   b. Seleccione Files of Type (Tipo de archivo): MS Access Database (Base de datos de MS Access).
   c. Seleccione el directorio apropiado para abrir 🖾**HUGCLUB** o 🖫**06HUGCLU.MDB**.
   d. Haga clic en Abrir.
   e. Haga clic en la ficha Table (Tabla) y en la tabla Members y, a continuación, haga clic en OK.
   f. Seleccione Edit Main Document (Editar documento principal). Elija NYMEET.
   ✓ *La barra de herramientas Combinar correspondencia aparece ahora, en caso de que no lo haya hecho antes.*

8. Edite el documento principal para insertar los campos de combinación que concuerden con la base de datos, mediante lo siguiente:
   a. Coloque el cursor en la primera posición de datos variables (el campo Title [Título]).
   b. Seleccione la primera línea de la dirección y haga clic en el botón Insert Merge Field (Insertar campo de combinación).
   c. Elija el campo para el título (Titl), e inserte un espacio.
   d. Repita el procedimiento hasta que todos los campos de la primera y segunda línea de la dirección queden insertados.
   e. Puesto que no hay campo para State (Estado) en la base de datos, inserte el campo City (Ciudad), una coma, CA (abreviatura de California) y, a continuación, el campo Zip (Zona postal). Asegúrese de insertar los espacios y puntuación en donde sea necesario.
   f. Inserte los campos en las posiciones apropiadas en el saludo.

9. Use la conexión a Internet o la simulación del CD-ROM de DDC para buscar un mapa de los alrededores de la reunión. Use el mapa para localizar y hacer una lista de los lugares turísticos en la carta.
   a. Establezca la conexión con su proveedor de servicios de Internet.
      O
      • Para tener acceso a la simulación de Internet de DDC, haga clic en **Go (Ir)**, **Open (Abrir)** en la barra de herramientas Web.
      • Escriba **C:\DDCPUB\OFF97INT.IMR**. (Asegúrese de haber instalado la simulación en su disco duro. Si los archivos se encuentran en otra unidad que no sea C, reemplace C con la letra correcta.)
      • Haga clic en **OK** para iniciar la simulación.
      • Seleccione **Exercise 6: City Maps**.

b. Vaya a http://www.vicinity.com que es un sitio en la Web que ofrece servicios de mapas y localización.

c. Puede utilizar otros sitios de la Web que produzcan la misma información.

d. Seleccione MapBlast y Locate para mostrar un mapa detallado de las calles que circundan el domicilio 275 Madison Avenue, New York, NY,10016.

e. Copie los nombres de cinco atracciones turísticas en los alrededores.

f. Salga del navegador y desconéctese de su proveedor de servicios, o salga de la simulación de Internet de DDC.

10. Use la información del mapa para elaborar una lista de cinco atracciones turísticas de la ciudad de Nueva York en los alrededores del domicilio en el que se celebrará la reunión.

11. Guarde los cambios realizados en **NYMEET**.

12. Para combinar los archivos, siga estas instrucciones:

a. Seleccione Tools (Herramientas), Mail Merge (Combinar correspondencia).

b. En el cuadro del Asistente para combinar correspondencia, seleccione el botón Merge.

c. En el cuadro de diálogo Combinar, seleccione el botón Merge.

✓ *La configuración predeterminada es crear un documento nuevo consistente en las cartas combinadas.*

13. Guarde el documento nuevo como **NYHUG**.

14. Guarde y cierre todos los documentos de Word.

COMBINACIONES DE TECLAS

ADJUNTAR ORIGEN DE LOS DATOS

1. Siga los procedimientos descritos en Configurar documento principal, Word, Lección 9.

2. Haga clic en **Tools**................ Alt + T

3. Haga clic en **Mail Merge**................. R

✓ *Aparece el cuadro de diálogo Combinar correspondencia.*

4. Haga clic en **Get Data** .... Alt + G

✓ *Esta opción no está disponible si el documento activo de Word no se ha configurado como documento principal para combinar correspondencia.*

5. Seleccione **Open Data Source**......... O

6. Siga los procedimientos para Abrir un archivo.

7. Seleccione la ficha Tabla y la tabla que desee utilizar.

8. Haga clic en **OK** .... Enter

Nadine Ramaz
9012 Wilshire Boulevard
Beverly Hills, Ca 90210
(213)555-2211

Today's date

«TITL» «FIRST» «LAST»
«ADDRESS»
«CITY», CA «ZIP»

Dear «TITL» «LAST»:

As you know, this year the Users' Group Convention will be held on April 15-17 in New York City—the capital of the world!

Our meetings will be held at 275 Madison Avenue, in the heart of midtown New York. As you can see from the enclosed map, there are numerous tourist attractions within walking distance of our meeting location.

On April 16 in the afternoon, we will have time to visit one or two sites. From the attractions listed below, select two that interest you most by checking them on the registration form which is on the back of this month's newsletter.

1.
2.
3.
4.
5.

Insertar párrafo y usar los datos del mapa para completar la lista.

Be sure to send in your registration form as early as possible. We look forward to a very exciting convention and to your participation.

Sincerely,

Nadine Ramaz
President

Enclosure

Ejercicio 7

■ Importar/Exportar un esquema ■ Vincular una hoja de cálculo de Excel

NOTAS

Importar/Exportar un esquema

■ Es posible utilizar un esquema creado en Word como texto para una presentación de PowerPoint. Desde PowerPoint, puede importar el esquema al convertir el formato del documento en un archivo de presentación. Es necesario cerrar el esquema de Word antes de importarlo. También es posible exportar, o enviar, un esquema desde Word si guarda el archivo como RTF (Rich Text Format), para poder abrirlo y utilizarlo en PowerPoint.

■ En un esquema de Word, que se ve en la Presentación de Esquema, los niveles de los títulos proporcionan la estructura de los datos. Cuando se importa el esquema a PowerPoint, cada nivel Heading 1 (Título 1) se convierte en una diapositiva independiente. Los demás niveles se muestran como subtemas en la diapositiva. El formato o los estilos del esquema de Word se importarán a PowerPoint. Vea la ilustración que se muestra a continuación:

■ También se puede editar y mejorar la apariencia de un esquema importado, dentro de PowerPoint. Aplique una plantilla al esquema para darle un aspecto profesional.

Vincular una hoja de cálculo de Excel

■ Existe la opción de vincular información de Word o de otra aplicación a PowerPoint para que la diapositiva de PowerPoint se actualice en caso de que el archivo vinculado se modifique. También puede vincular o incrustar gráficos en PowerPoint. Como se explicó con anterioridad, al vincular archivos de Word y de Excel, las opciones Copy (Copiar), Paste Special (Pegado especial), Paste Link (Pegar vínculo) se seleccionan para vincular archivos de la aplicación en PowerPoint.

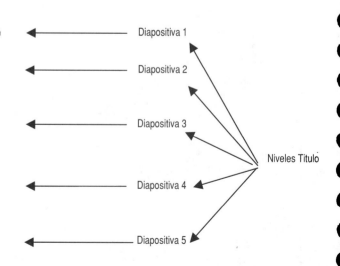

474

En este ejercicio, importará a PowerPoint un esquema creado en Word para Hemisphere Travel, utilizando dos métodos. Mejorará el aspecto de las diapositivas, agregará un gráfico y aplicará un estilo de plantilla a la presentación. Investigará también datos adicionales para la presentación a través de Internet.

IMPORTANTE: Para realizar este ejercicio, necesitará usar los archivos de datos proporcionados en el CD-ROM.

INSTRUCCIONES PARA EL EJERCICIO

1. Para importar un esquema:
   a. Abra PowerPoint por medio de las selecciones Start (Inicio), Programs (Programas), Microsoft PowerPoint.
   b. Haga clic en la opción Open an existing presentation (Abrir una presentación existente) y después haga clic en OK.
   c. Haga clic en All Outlines (Todos los esquemas) en el cuadro de lista Files of Types (Tipos de archivo) del cuadro de diálogo Abrir.
      ✓ Los archivos que tengan una extensión .DOC pueden abrirse mediante la opción del tipo Esquemas.
   d. Abra 07SKIOUT.DOC.
      ✓ El esquema se convierte en una presentación y se importa a PowerPoint en Vista de esquema.
   e. Haga clic en la vista Slide Sorter (Clasificador de diapositivas) para ver el esquema con formato de diapositivas.

2. Para aplicar un diseño de plantilla a las diapositivas:
   a. Haga clic en Format (Formato), Apply Design (Aplicar diseño).
   b. Seleccione High Voltage (Alto voltaje).
   c. Haga clic en Apply (Aplicar).

3. Edite la primera diapositiva; agregue el siguiente texto:

   ★ Presentation to:
   – Upson Downs Ski Club
   – Burlington, VT

4. Agregue una diapositiva en la última posición utilizando el formato de la segunda diapositiva. Escriba el siguiente texto:

   QUESTIONS AND ANSWERS

   ★ Members of our staff will be available for questions.
   ✍ Brochures
      ✍   Sample Itineraries
      ✍   Slides

5. Agregue una diapositiva nueva después de la 9 con formato Title only (Sólo el título).

6. Escriba como título: "Price Comparison Data".

7. Vincule un gráfico de Excel a la diapositiva:
   a. Haga clic en el icono Abrir documento de Office en la barra de acceso directo.
   b. Abra 07CURREN.XLS, que se abre en Excel.
   c. Vaya a la hoja de gráfico Chart1.
   d. Seleccione y copie el gráfico que muestra la comparación de precios de alquiler de esquís.
   e. Cambie a PowerPoint haciendo clic en el botón correspondiente de la barra de tareas.
   f. En vista de diapositiva, use los comandos Edit (Edición), Paste Special (Pegado especial), Paste Link (Pegar vínculo) para insertar el gráfico en la diapositiva nueva.
   g. Ajuste el tamaño del gráfico para adaptarlo al de la diapositiva.

8. Guarde el archivo como SKIOUTPP.

9. No cierre PowerPoint.

10. Cambie a la vista de Clasificador de diapositivas y agregue los efectos deseados de Transición y Formación.

11. Verifique la presentación utilizando la vista Presentación con diapositivas.

12. Use la conexión a Internet o la simulación del CD-ROM de DDC para investigar información respecto a Bressanone/Brixen e Innsbruck que resulte útil para su presentación. Introduzca la información en las notas del orador relacionadas con las diapositivas de Bressanone/Brixen, Italia e Innsbruck, Austria.

a. Establezca la conexión con su proveedor de servicios de Internet.

O

- Para tener acceso a la simulación de Internet de DDC, haga clic en **Go (Ir), Open (Abrir)** en la barra de herramientas Web.
- Escriba **C:\DDCPUB\OFF97INT.IMR**. (Asegúrese de haber instalado la simulación en su disco duro. Si los archivos se encuentran en otra unidad que no sea C, reemplace C con la letra correcta.)
- Haga clic en **OK** para iniciar la simulación.
- Seleccione **Exercise 7: Skiing Europe**.

b. Use el mecanismo de búsqueda Yahoo para efectuar una búsqueda con las palabras "ski Europe" o utilice la dirección http://www.ski.europe.com

✓ *Puede emplear otros métodos de búsqueda.*

c. Use el sitio Ski Europe para buscar información relativa a cada viñeta (Elevation, Vertical Drop, Lifts, Trails).

d. Anote la información deseada.

e. Salga del navegador y desconéctese de su proveedor de servicios o salga de la simulación de Internet de DDC.

13. Utilice la información para insertar los datos adecuados en las notas del orador correspondientes a las diapositivas 7 y 8.

14. Imprima las páginas de las notas del orador relativas a las diapositivas 7 y 8.

15. Guarde y cierre todos los archivos.

Ejercicio 8

- **Hipervínculos**
- **Crear hipervínculos en Word**
- **Hipervínculos a Internet**

NOTAS

Hipervínculos (Hyperlinks)

- Un hipervínculo es una "zona interactiva", o acceso directo, que le permite saltar a otra ubicación. Por ejemplo, al hacer clic en un hipervínculo, puede saltar a otro archivo que se encuentre en su disco duro o red, o a una dirección de Internet. No es necesario estar conectado a Internet para usar los hipervínculos.

- Un hipervínculo es un campo que contiene la ruta de acceso a un archivo y puede incluir códigos de cambio para usar opciones durante el proceso de vinculación. El formato para el código de campo de un hipervínculo es:

  {HIPERVÍNCULO "nombre del archivo"[interruptores]}.

  Puede introducir el código de campo para crear un hipervínculo o bien emplear la técnica de arrastrar y colocar para generar un hipervínculo entre los archivos de Microsoft. Los hipervínculos se representan por texto interactivo que aparece en pantalla y que por lo general se presenta en color azul y subrayado. Cuando se coloca el puntero sobre un hipervínculo, éste adopta la forma de una mano.

  Por ejemplo, suponga que desea crear un documento que contenga un hipervínculo a una hoja de cálculo de Excel. A continuación, se ilustran ejemplos de texto de un informe con el código del hipervínculo y texto de un informe con el texto interactivo mostrado en pantalla:

  Texto con código de campo de un hipervínculo: "El resumen de la información sobre la producción muestra una tendencia interesante. Haga clic en {HIPERVÍNCULO"C:\DATA\08TOYS.XLS"} para ver las cifras trimestrales."

  Texto con texto interactivo mostrado en pantalla: "El resumen de la información sobre la producción muestra una tendencia interesante. Haga clic en Informe de producción 1997 para ver las cifras trimestrales."

  Observe que en el segundo ejemplo, el código de campo del hipervínculo fue editado y reemplazado con texto interactivo que se inserta en el informe. Al hacer clic en el texto de pantalla azul, subrayado, el hipervínculo lo llevará al archivo de Excel 08TOYS.

Crear hipervínculos en Word

- Para crear un hipervínculo, haga clic en el botón Insertar hipervínculo o haga clic en Insert (Insertar), Hyperlink (Hipervínculo). Escriba la ruta de acceso para localizar el archivo y el nombre de éste o la URL (dirección de Internet) en el cuadro de diálogo, como se ilustra a continuación. Puede utilizar el botón Browse (Examinar) para buscar el archivo. También es posible insertar el nombre de un rango o una ubicación específica dentro del archivo. El archivo seleccionado debe cerrarse y guardarse. Si desea vincular un gráfico, debe darle nombre al rango en el que se encuentra el gráfico y escribirlo en el cuadro Named location in file (Ubicación dentro del archivo).

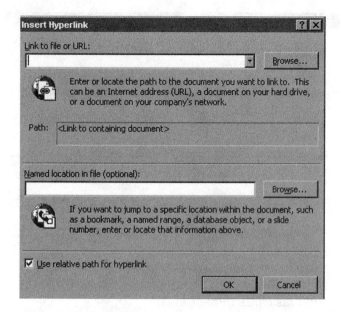

- También se puede crear un hipervínculo arrastrando el texto, imágenes, diapositivas, rangos u objetos de base de datos seleccionados de una aplicación de Microsoft Office a otra. Si arrastra texto o gráficos a un documento de Word desde un programa de Office, Word creará la entrada de campo del hipervínculo.

- También puede crear un hipervínculo si copia la información de destino y selecciona el comando Paste As Hyperlink (Pegar como hipervínculo) del menú Edit (Edición), o arrastrando y colocando los datos de destino. Para crear un hipervínculo en Word con el método de arrastrar y colocar:

  - Muestre ambos archivos en la pantalla. En caso de que vaya a usar dos archivos de Word, use los comandos Window (Ventana), Arrange All (Organizar todo).

  - ✓ Nota: Use el menú de acceso directo de la barra de tareas para mostrar los archivos de otros programas, como se explicó en el Ejercicio 1.

- Seleccione el texto, imagen, rango u otro elemento en el documento de destino.

- Utilice el botón derecho del mouse para arrastrar la selección a la ubicación del hipervínculo. Suelte el botón del mouse.

- Haga clic en Create Hyperlink Here (Crear hipervínculo aquí) en el menú de acceso directo.

- Editar un hipervínculo presenta un problema, puesto que al hacer clic en el texto, el hipervínculo lo transfiere a la posición especificada. Para editar el texto de un hipervínculo mostrado en pantalla, haga clic justo a la izquierda del texto que desee editar, arrastre el *mouse* a lo ancho del texto hasta seleccionarlo y luego edite el texto. También es posible hacer clic con el botón derecho del *mouse* en el texto del hipervínculo, mostrar el menú de acceso directo y seleccionar Hyperlink (Hipervínculo), Select Hyperlink (Seleccionar hipervínculo) para seleccionarlo y escribir el texto interactivo que se muestra en pantalla.

Hipervínculos a Internet

- Si se encuentra conectado a Internet, puede hacer clic en los hipervínculos a direcciones de Internet para saltar automáticamente a su proveedor de servicios y a esa ubicación cuando esté en línea. Al escribir una dirección de Internet en un documento de Word, el programa aplica automáticamente el formato de hipervínculo: texto de color azul y subrayado. El puntero del mouse se convierte en una mano y la dirección de Internet aparece dentro de un cuadro cuando se señala el hipervínculo.

En este ejercicio, la empresa Tickle Toy Company crea un informe en el que analiza su producción para la División Este. Les gustaría incluir hipervínculos a una hoja de cálculo y gráficos de Excel y a Internet.

INSTRUCCIONES PARA EL EJERCICIO

1. Haga clic en el botón Abrir documento de Office en la barra de acceso directo.

2. Escriba el informe que aparece en la página 481, o abra **08TICKLE.DOC**, que lo llevará a Word.

3. Observe las áreas encerradas entre paréntesis angulares en la ilustración y en el documento, que indican la posición de los hipervínculos.

4. Haga clic en el icono Abrir documento de Office en la barra de acceso directo.

5. Abra **08TOYS.XLS** o abra **08TOYS.XLS**, que lo llevará a Excel.

6. Cambie a la hoja de gráfico llamada Pie Chart y seleccione la hoja completa. (Seleccione el cuadro de la esquina izquierda de la hoja de cálculo.)

7. Dé el siguiente nombre al rango: PIE.

8. Cambie a la hoja de gráfico llamada Line-Column Chart y seleccione la hoja completa.

9. Dé el siguiente nombre al rango: COMBIN

10. Pase de nuevo a la hoja de datos.

11. Guarde y cierre el archivo; llámelo **TOYS**.

12. En el documento de Word, vaya a la primera ubicación de hipervínculo y borre la información encerrada entre paréntesis angulares.

13. Inserte un hipervínculo a la hoja de cálculo TOYS como sigue:
    - Haga clic en Insertar.
    - Haga clic en Hipervínculo.
    - Escriba TOYS en el cuadro Link to File (Vincular al archivo) o haga clic en Browse (Examinar) para localizar el archivo.
    - Haga clic en OK. Aparecerá un código de campo del hipervínculo en color azul y subrayado.

14. Edite el código de campo del hipervínculo para que muestre en pantalla el siguiente texto interactivo:

- Haga clic con el botón derecho del mouse en el código del hipervínculo.
- Seleccione Hipervínculo, Seleccionar hipervínculo, para resaltar el texto de hipervínculo.
- Escriba Production Data.
- Haga clic en otra ubicación para detener la entrada del texto interactivo.
- ✓ *El texto interactivo azul, subrayado, reemplazará al código de campo del hipervínculo.*

15. Desplácese a la segunda posición de hipervínculo e inserte un hipervínculo a la hoja Pie Chart en la hoja de cálculo TOYS. En el cuadro Named location in file (Ubicación dentro del archivo), escriba PIE como la posición del rango con nombre.

16. Seleccione el código de campo del hipervínculo y cambie el texto interactivo a "Pie Chart."

17. Desplácese a la tercera posición de hipervínculo e inserte un hipervínculo al gráfico de líneas y columnas en la hoja de cálculo TOYS. En el cuadro Ubicación dentro del archivo, escriba COMBIN como la posición del rango con nombre.

18. Seleccione el código de campo del hipervínculo y cambie el texto interactivo a "Comparison Chart."

19. En la última posición de hipervínculo, escriba la dirección de Internet http://www.toy-tma.com para hacer referencia a un sitio en la Web preparado por la compañía Toy Manufacturers of America.

20. Seleccione el hipervínculo y el texto interactivo y cámbielo a Our Web Site.

21. Verifique los hipervínculos.
    - Haga clic en el primer hipervínculo.
    - Aparecerá en pantalla la hoja de cálculo Toys.
    - Cierre la hoja de cálculo y seleccione el archivo de Word en la barra de tareas.
    - Repita el mismo procedimiento con todos los hipervínculos, con excepción de la conexión a Internet.

22. Si cuenta con una conexión a Internet, seleccione el hipervínculo a Internet. Se conectará con su proveedor de servicios, en donde el sitio se insertará como la dirección.

   O

   - Para tener acceso a la simulación de Internet de DDC, haga clic en **Go (Ir), Open (Abrir)** en la barra de herramientas Web.
   - Escriba **C:\DDCPUB\OFF97INT.IMR**. (Asegúrese de haber instalado la simulación en su disco duro. Si los archivos se encuentran en otra unidad que no sea C, reemplace C con la letra correcta.)
   - Haga clic en **OK** para iniciar la simulación.
   - Seleccione **Exercise 8: Toys**.

23. Salga del navegador y desconéctese de su proveedor de servicios, o salga de la simulación de Internet de DDC.

24. Cierre y guarde el archivo; llámelo **TICKLE**.

COMBINACIONES DE TECLAS

INSERTAR UN HIPERVÍNCULO

1. Coloque el cursor en la posición donde se ubicará el vínculo.
2. Haga clic en **Insert** .... `Alt`+`I`
3. Haga clic en **Hyperlink** .... `L`
4. En el cuadro **Link to File or URL:**, escriba el nombre del archivo o la URL .... *texto*

O

Haga clic en **Browse** para localizar el archivo .... `Alt`+`B`

5. Si se desea, en el cuadro **Named location in file**, ... `Alt`+`N` escriba el nombre del rango o marcador.

6. Haga clic en **OK** .... `Enter`

EDITAR Y SELECCIONAR TEXTO DE HIPERVÍNCULO

1. Haga clic con el botón derecho del mouse en el texto del hipervínculo.
2. Haga clic en **Hyperlink** .... `H`
3. Haga clic en **Select Hyperlink** .... `S`
4. Escriba el texto interactivo.

TICKLE TOY COMPANY
PRODUCTION ANALYSIS-EASTERN DIVISION
First Quarter – 199-

We will be looking at our production capacities in the Eastern Division with an eye to improving efficiencies and increasing capacities.

Our Eastern Division consists of plants in Delaware, Georgia, and Virginia. The plant in Reston, Virginia is our largest in this division and its production data reflects that fact. Our Newark, Delaware plant is our next largest plant and the data is unsatisfactory in comparison to that from Marietta, Georgia, our smallest plant. Click on **<Enter hyperlink to TOYS.xls, display text "Production Data">** for more information.

The product lines manufactured at Eastern Division plants are Toys, Games and Stuffed Toys. This year our marketing department has succeeded in promoting our Toy line, especially the Tickle Tot Dolls. We have geared up our production capacity in our other divisions to meet the demand. The primary product of all Eastern Division plants has been Toys. Click on **<Enter hyperlink to TOYS.xls, PIE named range, display text "PIE">** to see the components of our Reston, Virginia production.

In order to improve the efficiency and output of the Newark, Delaware plant, we have had the plant under study by the Meister Efficiency Company. We have hired Mr. Tony Playsome to implement their recommendations as follows:

- Bring production equipment into good repair.

- Set manufacturing goals and develop production team involvement.

- Institute Quality Control circles within the production area.

- Upgrade employee facilities.

- Establish standards for the workplace and apply them evenly.

We are looking forward to improvement in the second quarter this year.

The overall production of the Eastern Division was satisfactory, and we expect that our Newark, Delaware plant will begin to show improvement. Click on **<Enter hyperlink to TOYS.xls, COMBIN named range, display text "Combination Chart">**to view the production volume for the Eastern Division. Our Eastern Division summary shows that our employees have continued to give us excellent products in varied markets.

You can view the Web site prepared by the Toy Manufacturers of America, of which we are members, by clicking on **<Enter hyperlink to http://www.toy-tma.com, display text "Our Web Site">**.

Ejercicio 9

■ Exportar una diapositiva o archivo de PowerPoint a un documento de Word
■ Importar una presentación de PowerPoint en un documento de Word
■ Investigación en Internet

NOTAS

■ Es posible enviar sus notas e imágenes de diapositivas individuales de PowerPoint a un documento de Word, o incluir una presentación completa de PowerPoint en un documento de Word.

Exportar una diapositiva o archivo de PowerPoint a un documento de Word

■ Para insertar una diapositiva de PowerPoint en un documento de Word, abra PowerPoint, muestre en pantalla la vista de Clasificador de diapositivas y seleccione la diapositiva que desee exportar. Haga clic en Copy (Copiar). A continuación, abra el documento de Word y haga clic en Paste (Pegar). La diapositiva de PowerPoint se insertará en el documento de Word.

■ Para vincular la diapositiva de modo que cualquier cambio que se realice en el archivo de la presentación actualice automáticamente la diapositiva insertada en el documento de Word, haga clic en Paste Special (Pegado especial) (en vez de en Paste). En el cuadro de diálogo Pegado especial que aparece a continuación, seleccione Paste link (Pegar vínculo) y resalte Microsoft PowerPoint Slide Object (Objeto de diapositiva de Microsoft PowerPoint).

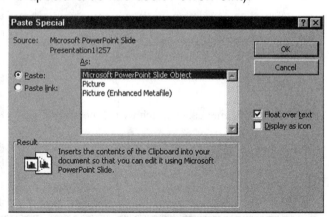

■ También es posible enviar un archivo de PowerPoint a un documento de Word si abre el archivo de PowerPoint y selecciona a continuación los comandos File (Archivo), Send To (Enviar a), Microsoft Word. En el cuadro de diálogo Exportar a Word que aparece enseguida, seleccione la manera en que desee que las diapositivas de PowerPoint reciban formato una vez que se importen en Word. También será necesario elegir la opción Paste (Pegar) o Paste link (Pegar vínculo).

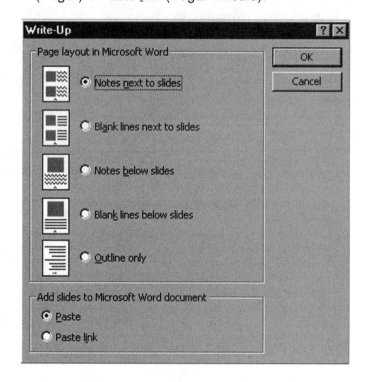

Importar una presentación de PowerPoint en un documento de Word

■ Es posible importar una presentación completa de PowerPoint en un documento de Word si se inserta como un objeto. Word le permite ver la presentación aun cuando PowerPoint no se encuentre instalado. Para insertar una presentación mientras está en Word, coloque el cursor en el punto de inserción. Seleccione Insert (Insertar), Object (Objeto), y haga clic en la ficha Create from File (Crear desde un archivo). En el cuadro de diálogo Objeto, escriba el nombre del archivo de la presentación o haga clic en Browse (Examinar) y seleccione la presentación.

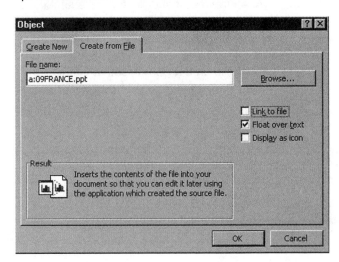

■ Sólo la primera diapositiva de la presentación aparecerá en el documento. Puede cambiar el tamaño de la diapositiva para que se ajuste mejor al documento. Para ver la presentación, haga doble clic en el objeto. Aparecerá una vista de pantalla completa de la primera diapositiva. Haga clic en la primera diapositiva para pasar a la segunda y subsecuentes. Al hacer clic en la última diapositiva, regresará al documento de Word. Observe la siguiente ilustración de una presentación incrustada.

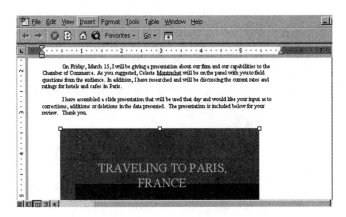

Investigación en Internet

■ Si accede a sitios extranjeros en la Web, es posible que la información resultante se encuentre expresada en el idioma de ese país. Sin embargo, muchos sitios extranjeros en la Web ofrecen versiones en varios idiomas. Seleccione el icono de la bandera británica para mostrar la versión en inglés de la información.

En este ejercicio, Claudine Vilmay de Allez-Vous Travel Consultants, continúa preparándose para su presentación sobre viajes turísticos a Francia. El texto de las diapositivas se utilizará para crear un documento de Word dirigido a clientes potenciales. Además, ella usará Internet para investigar hoteles de tres o cuatro estrellas y restaurantes interesantes en París. La información se añadirá a la presentación y se insertará en una carta acerca del seminario de viajes.

IMPORTANTE: Para realizar este ejercicio, necesitará utilizar los archivos de datos que se proporcionan en el CD-ROM.

INSTRUCCIONES PARA EL EJERCICIO

Para exportar una diapositiva:

1. Haga clic en el botón Abrir documento de Office en la barra de acceso directo.

2. Abra el archivo de Word 🖫**09MEMO.DOC** o cree el memorándum que se muestra en la Ilustración A.

3. Inserte el texto adicional después del segundo párrafo.

4. Haga clic en el icono Abrir documento de Office en la barra de acceso directo.

5. Abra el archivo de PowerPoint 🖫**09FRANCE.PPT**.

6. En la vista de Clasificador de diapositivas, seleccione la última diapositiva.

7. Copie la diapositiva, cambie al memorándum en Word y pegue la diapositiva en la posición indicada.

8. Haga clic en la diapositiva para seleccionarla y ajuste su tamaño de manera apropiada para el memorándum.

9. Guarde el archivo como **MEMO**.

10. Cierre el archivo.

11. En la vista de Clasificador de diapositivas de PowerPoint, observe que las diapositivas de Restaurants y Hotels necesitan completarse.

12. Edite la diapositiva Restaurants y cambie el título a Cafés.

13. Use la conexión a Internet o la simulación del CD-ROM de DDC para buscar cuatro hoteles en París que tengan clasificación de cuatro estrellas.
    a. Establezca la conexión con su proveedor de servicios de Internet.

    O

- Para tener acceso a la simulación de Internet de DDC, haga clic en **Go (Ir)**, **Open (Abrir)** en la barra de herramientas Web.
- Escriba **C:\DDCPUB\OFF97INT.IMR**. (Asegúrese de haber instalado la simulación en su disco duro. Si los archivos se encuentran en otra unidad que no sea C, reemplace C con la letra correcta.)
- Haga clic en **OK** para iniciar la simulación.
- Seleccione **Exercise 9: Paris Hotel Search**.

    b. Busque en Paris and hotels, o France and hotels, o en The Paris Pages.
    c. Vea los sitios que podrían proporcionar una lista de hoteles de cuatro estrellas en París.
    d. Seleccione cuatro hoteles de estos sitios y anote sus nombres. NO SE DESCONECTE.

14. A continuación, buscará cinco cafés en París que tengan buenas reseñas. Para investigar los cafés de París:
    a. Busque en Paris cafes, o en The Paris Pages.
    ✓ *Puede utilizar otros métodos de búsqueda. Es posible que su proveedor ofrezca guías turísticas para todos los países, que contengan esta información.*
    b. Vea los sitios que podrían proporcionar una lista de los cafés de París.
    c. Seleccione cinco cafés de estos sitios y anote sus nombres.
    d. Salga del navegador y desconéctese de su proveedor de servicios o salga de la simulación de Internet de DDC.

15. Escriba los nombres de los cuatro hoteles en la diapositiva correspondiente.

16. Escriba los nombres de los cinco cafés en la diapositiva Cafés.

17. Agregue cualquier información adicional a las Notas para el orador relativas a la diapositiva.

18. Guarde la presentación como **FRANCE**.

Para incrustar una presentación de PowerPoint:

19. Abra 🖬**09APPROVE.DOC** o cree el memorándum como se indica en la Ilustración B.

20. En el punto de inserción especificado, use el procedimiento de seleccionar los comandos Insertar, Objeto, ficha Crear desde un archivo para insertar el archivo **FRANCE.PPT** como un objeto incrustado en el memorándum.

21. Encuentre el borde de la diapositiva de la presentación, haga clic en él y cambie el tamaño de la diapositiva para que se ajuste de manera apropiada al memorándum.

    ✓ *La primera diapositiva de la presentación aparecerá en el memorándum.*

22. Haga doble clic en la diapositiva para verla en pantalla completa. Haga clic para cambiar de diapositiva y revisar cada una de ellas.

23. Guarde el memorándum como **APPROVE**.

24. Imprima un ejemplar.

25. Cierre todos los archivos en todas las aplicaciones.

COMBINACIONES DE TECLAS

COPIAR UNA DIAPOSITIVA DE POWERPOINT A UN DOCUMENTO DE WORD

1. Abra la presentación de PowerPoint.

2. Seleccione la diapositiva que desee copiar en la vista de Clasificador de diapositivas.

3. Haga clic en **Edit** .... `Alt` + `E`

4. Haga clic en **Copy** .... `C`

5. Abra el documento de destino en Word.

6. Coloque el cursor en el punto de inserción.

7. Haga clic en **Edit** .... `Alt` + `E`

8. Haga clic en **Paste** .... `P`

IMPORTAR UNA PRESENTACIÓN DE POWERPOINT EN UN DOCUMENTO DE WORD

1. Abra el documento de Word que recibirá la presentación.

2. Haga clic en **Insert** .... `Alt` + `I`

3. Haga clic en **Object** .... `O`

4. Seleccione
   Create from File .... `Tab` `Alt` + `F`

5. Seleccione el directorio y el archivo de .... `↰` `↱` PowerPoint que desee importar.

6. Haga clic en el borde del archivo para ajustar su tamaño.

   ✓ *La primera diapositiva de la presentación aparecerá en el memorándum.*

VER UNA PRESENTACIÓN INCRUSTADA

✓ *PowerPoint Viewer, que es una aplicación independiente de PowerPoint, debe cargarse en PowerPoint con el fin de que la presentación puede verse en Word sin tener PowerPoint cargado.*

1. Haga doble clic en la primera diapositiva de la presentación incrustada.

2. Haga clic en la diapositiva para pasar a la siguiente.

3. Después de la última diapositiva, regresará al documento.

ILUSTRACIÓN A

MEMORANDUM

TO: Celeste Montrachet, Guide

FROM: Claudine Vilmay, Vice President

RE: March 15 Presentation

DATE: February 15, 199-

On Friday, March 15, we will be giving a presentation about French travel, our firm and our services to the Chamber of Commerce. In our presentation, we will be discussing French travel, tourist attractions, hotels and restaurants and will provide time for questions from the audience.

Since this will be a large meeting, I hope you will be able to attend. The members of the Chamber may be using a trip to France for their annual fundraiser.

Thank you for your assistance with this important project.

Insertar la última diapositiva antes del tercer párrafo.

Insertar este texto:
Note the list of services we will be discussing.

ILUSTRACIÓN B

MEMORANDUM

TO: John LeByron, President

FROM: Claudine Vilmay, Vice President

RE: March 15 Presentation

DATE: February 15, 199-

On Friday, March 15, I will be giving a presentation about our firm and our capabilities to the Chamber of Commerce. As you suggested, Celeste Montrachet will be on the panel with you to field questions from the audience. In addition, I have researched and will be discussing the current rates and ratings for hotels and cafes in Paris.

I have assembled a slide presentation that will be used that day and would like your input as to additions or deletions in the data presented. The presentation is included below for your review.

Thank you.

Insertar presentación aquí

INTEGRACIÓN

Ejercicio 10 ■ Resumen

En este ejercicio, Michael Miller, del departamento de Finanzas de la universidad, está preparando una presentación acerca de invertir en Brasil para sus colegas profesores universitarios. A él le gustaría obtener información de la señora Washington, su asesora en inversiones de una compañía filial, quien será su asistente en la reunión. Usted incorporará las sugerencias de ella en la presentación y utilizará el procedimiento para Combinar correspondencia para enviar un memorándum a los profesores universitarios que asistirán a la reunión. Incorporará una diapositiva en el memorándum.

IMPORTANTE: Antes de realizar este ejercicio, se recomienda completar la lección Combinar correspondencia en Word, incluida en el CD-ROM de DDC adjunto.

Puesto que éste es un ejercicio exhaustivo y es posible que requiera más de una sesión de trabajo, indicamos las ubicaciones en el problema en donde podría suspender y reanudar el escenario en un momento posterior. El símbolo ☝ antes de un paso numerado indica que esa sección no debe iniciarse, a menos que tenga tiempo para completar el segmento.

INSTRUCCIONES PARA EL EJERCICIO

1. Haga clic en el botón Abrir documento de Office en la barra de acceso directo.

2. Abra ⊟**10SHOW.DOC** en Word, o cree la carta como se indica en la Ilustración A.

3. Haga clic en el botón Abrir documento de Office en la barra de acceso directo.

4. Abra ⊟**10BRAZIL.PPT** en PowerPoint y cambie a la vista de esquema.

5. Copie el esquema desde PowerPoint al documento de Word, en el lugar indicado en la carta.
   ✓ *Ajuste el tamaño de la fuente a 12 puntos, en caso necesario.*

6. Inserte un encabezado apropiado en la segunda página de la carta.

7. Guarde el archivo como **SHOW**. Imprima un ejemplar.

☝ 8. Cierre el archivo.

9. Haga clic en el botón Abrir documento de Office en la barra de acceso directo.

10. Abra ⊟**10REPLY.DOC** o cree la respuesta como se indica en la Ilustración B.

11. Haga clic en el icono Abrir documento de Office en la barra de acceso directo.

12. Abra ⊟**10INFLAT.XLS** en Excel como se muestra en la Ilustración C.

13. Seleccione el gráfico y use el procedimiento de Copy (Copiar), Paste Special (Pegado especial), para incrustar el gráfico en la carta de Word, en el lugar que se indica en el texto.

14. Guarde el archivo como **REPLY** e imprima un ejemplar.

15. Cambie a Excel y cierre el archivo.

16. Cambie a PowerPoint. En la vista de diapositiva, modifique la presentación como sigue:

   Inserte una diapositiva nueva de gráfico como la Diapositiva 7 con el título "Low Inflation."

17. Cambie a Word y seleccione el objeto de gráfico de Excel haciendo doble clic en él. Cópielo y péguelo debajo del título Low Inflation en la Diapositiva 7 de la presentación de PowerPoint.

18. Continúe modificando la presentación como se indica a continuación:
    - Edite el título de la Diapositiva 1 para que diga: Economic and Historical Prospective on Brazilian Investment
    - Edite el subtítulo de la Diapositiva 1 para que diga: Presenter: Michael Miller, Finance Department
    - Assistant: Jennifer Washington, Simpson Investment Advisors

19. Vea la presentación.

20. Guarde la presentación; llámela **BRAZIL**.

21. Cambie a Word y cierre **REPLY**.

22. Abra 🖫**10INVITE.DOC** o cree el memorándum como se indica en la Ilustración D.

23. Cambie a PowerPoint y seleccione la primera diapositiva en las vistas de Diapositiva o Clasificador de diapositivas. Cópiela al memorándum debajo del texto.

24. Cree un documento principal (carta modelo) utilizando el memorándum.

25. Abra 💾**COLLEGE.MDB** o 🖫**10COLLEGE.MDB** como el origen de los datos.

26. Edite el documento principal para insertar campos de combinación que concuerden con la base de datos.

27. Combine los archivos en un documento nuevo.

28. Desplácese por el documento recién combinado para verificar la combinación.

29. Guarde el archivo como **INVITMER**.

30. Haga clic en el botón Abrir documento de Office en la barra de acceso directo. Abra un documento de Word.

31. Use la conexión a Internet o la simulación del CD-ROM de DDC para buscar información actualizada acerca de la economía brasileña para agregarla a las notas del orador.
    a. Establezca la conexión con su proveedor de servicios de Internet.

       O
       - Para tener acceso a la simulación de Internet de DDC, haga clic en **Go (Ir)**, **Open (Abrir)** en la barra de herramientas Web.
       - Escriba **C:\DDCPUB\OFF97INT.IMR**. (Asegúrese de haber instalado la simulación en su disco duro. Si los archivos se encuentran en otra unidad que no sea C, reemplace C con la letra correcta.)
       - Haga clic en **OK** para iniciar la simulación.
       - Seleccione **Exercise 10: Brazil Economy**.
    b. Utilice el mecanismo de búsqueda Excite para realizar una búsqueda sobre Brazil Economy, y luego seleccione Trade Climate.
    c. Copie (Edición, Copiar) el documento completo.
    d. Salga del navegador y desconéctese de su proveedor de servicios, o salga de la simulación de Internet de DDC.
    e. Pegue la información en el documento de Word.
    f. Guarde el archivo; llámelo **BRAZIL1.DOC**.
    g. Imprima o copie la información para agregarla a la Diapositiva 2.

32. Agregue la información a la sección de notas del orador de la Diapositiva 2.

33. Imprima la Diapositiva 2 con las notas del orador.

34. Cierre y guarde todos los archivos.

ILUSTRACIÓN A

Today's date

Ms. Jennifer Washington
Simpson Investment Advisors
777 Madison Avenue
New York, NY 10022

Dear Ms. Washington:

I am writing regarding the upcoming presentation we will be making to the staff at the college on the topic of investments in Brazil. I will be using the historical and economic background of the country to interest the group in Brazilian investment. It is my position that the Brazilian economy has substantially recovered since the Brazilian debt crisis in the 1980s and that this may be a good time to invest profitably in specific situations in Brazil.

Find below a preliminary outline, which I have drafted, for the presentation:

If you have any suggestions or anything to add to this outline, please contact me as soon as possible. Otherwise, I will be in touch with you the week prior to the meeting to confirm hotel arrangements.

Sincerely yours,

Inserte el esquema de PowerPoint aquí.

Michael Miller
Finance Department

ILUSTRACIÓN B

Today's date

Mr. Michael Miller
Boynton College
342 Palm Boulevard
Ocean City, VA 05555

Dear Mr. Miller:

Thank you for your letter regarding our presentation at the college on Brazilian investments. I trust that you will be filling in the historical and economic background from your extensive knowledge of the country.

In addition to setting up an introductory heading in the outline, I would suggest that you include some data on the vast changes in the inflation rate. I am including below a chart showing the trend of the inflation rate over the last 15 years. This is a clear indication of the changes that have taken place and it should be included in the section where you discuss the current low inflation rate.

I look forward to seeing you in two weeks and will call to confirm my arrangements for the visit. Thank you.

Sincerely yours,

Inserte el gráfico aquí.

Jennifer Washington
Investment Advisor

ILUSTRACIÓN C

	A	B	C	D	E	F	G	H	I	J	K
1	BRAZILIAN ECONOMY										
2	INFLATION RATE										
3											
4	1980	100%									
5	1988	500%									
6	1996	20%									
7											
8											
9											
10											
11											
12											
13											
14											
15											

Brazilian Inflation Rates

Year

1996

1988

1980

0%   100%   200%   300%   400%   500%

Inflation Rate

ILUSTRACIÓN D

M E M O R A N D U M

TO: Title FirstName LastName
DEPARTMENT: Department
BUILDING: Building

FROM: Michael Miller
                  Finance Department

RE: Monthly Investment Seminar

DATE: Today's date

This month our meeting will focus on Brazil. Ms. Jennifer Washington Simpson Investment Advisors group will join us. The meeting will be held in Beaver Hall at 8:00 p.m. on the last Tuesday

As in the past, please note below the introductory slide of our presentation and post this notice in your department office.

← *Inserte la primera diapositiva de BRAZIL*

Index

Index